Augsburger
Ökologische Schriften

„Bäume im Lebensraum Stadt"
Straßen und Plätze – Extremstandorte

Wißner

Augsburger
Ökologische Schriften

3 Bäume im Lebensraum Stadt

Straßen und Plätze – Extremstandorte

Stadt Augsburg

Referat Umwelt
und Kommunales

Amt für Grünordnung
und Naturschutz

Wißner

Inhalt

		Seite
	Vorwort von Oberbürgermeister Dr. Peter Menacher	9
	Einführung von Umweltreferent Reinhold Wenninger und Kurt R. Schmidt, Leiter des Amtes für Grünordnung und Naturschutz	10
1	Kurt R. Schmidt Öffentliches Baumgrün in Augsburg – Eine historische Betrachtung	13
2	Kurt R. Schmidt Augsburger Straßenbäume und Alleen – Situation heute	89
3	Ulrich Schneider Bestandsentwicklung der Augsburger Straßenbäume	133
4	Hartmut Tauchnitz Qualitätsanforderungen an Straßenbäume in der Stadt	147
5	Ulrich Schneider und Maria Dobner Das Baumumfeld der Augsburger Straßenbäume	153
6	Maria Dobner, Franz Schindele und Ulrich Schneider Maßnahmen zur Pflege, Entwicklung und Erhaltung eines gesunden Baumbestandes an Straßen	169
7	Maria Dobner Ökonomischer Wert von Bäumen	189
8	Hartmut Balder Krankheiten und Schädlinge an verschiedenen Straßenbaumarten – Möglichkeiten einer umweltverträglichen Behandlung	209
9	Hermann Reinartz und Michael Schlag Holzzerstörende Pilze an Stadtbäumen – Erkennung und fachgerechte Behandlung	221
10	Ulrich Schneider und Gerhard Schmidt Verordnung zum Schutz des Baumbestandes in der Stadt – Erfahrungen aus der Praxis	231
11	Maria Dobner Bau und Funktion der Bäume	243
12	Gerlinde Höppler Stadtbäume – ihre klimatologische und lufthygienische Wirkung	249
13	Hans Frei Bäume im Glauben und Brauchtum	265

Paul Günter
Der ewige Kreislauf

Vorwort

Stadt und Land sind fürs erste Gegensätze. Schon weil die Stadt dem Wald den Platz streitig macht, weil meist da, wo heute Stadt ist, der Wald gerodet wurde, weichen mußte – und beim Expansionsdrang unserer Städte und der zu ihnen führenden Verkehrsstrecken weiter gerodet wird.

Heute haben wir längst die Wichtigkeit der Symbiose, des Zusammenlebens, Miteinanderlebens erkannt, auch die Notwendigkeit des Waldes, die Notwendigkeit, ihn zu wahren und zu schützen: Bäume sind nicht nur im Sommer ideale Schattenspender, sind nicht nur Garanten für den Luftausgleich und dafür, daß wir das nötige Trinkwasser bekommen, sie sind die Regulatoren des ökologischen Systems, in dem wir leben, auf das wir angewiesen sind. Bäume sind auch Bestandteil der Urbanität unserer Stadt. Denn gerade diese Stadtlandschaft braucht die Einbindung der Natur zum Leben.

Die Einbeziehung des Baumes in eben unsere Stadtlandschaft ist Aufgabe, von der auch unser gemeinsames Wohl abhängt; der Baum muß seinen festen Platz im Lebensraum Stadt bewahren. Helfen Sie, sehr verehrte Mitbürgerinnen und Mitbürger, dabei mit. Die vorliegende Broschüre gibt Ihnen dazu Rat, Hilfe und Anregungen.

Augsburg, im März 1993

Peter Menacher

Dr. Peter Menacher
Oberbürgermeister der
Stadt Augsburg

Einführung

„Bäume sind für mich immer die eindringlichsten Prediger gewesen. Ich verehrte sie, wenn sie in Völkern und Familien leben, in Wäldern und Hainen. Und noch mehr verehre ich sie, wenn sie einzeln stehen. Sie sind wie Einsame. Nicht wie Einsiedler, welche aus irgendeiner Schwäche sich davongestohlen haben, sondern wie große, vereinsamte Menschen, wie Beethoven und Nietzsche."
Kein geringerer als Hermann HESSE (1877–1962) – Erzähler, Lyriker und Nobelpreisträger (1946) – hat diese tiefsinningen Gedanken über Bäume der Nachwelt hinterlassen.

Sehen, Nachdenken und Handeln sind denn auch die drei wesentlichen Worte, die am Beginn von Heft 3 der Augsburger Ökologischen Schriften – „Bäume im Lebensraum Stadt ..." – stehen. Mit ihrem kreativen Grundcharakter beflügeln sie Gedanken und regen zum Weiterdenken an. Das ist eines der wesentlichen Ziele, die mit dieser Informationsschrift über Straßenbäume und Alleen in Augsburg und darüber hinaus verfolgt werden.
Das jüngste Werk über einen zwar kleinen, aber in vielfältiger Hinsicht doch sehr bedeutsamen Teilbereich des Augsburger Stadtgrüns – die Straßenbäume und Alleen – ist auch als eine konsequente Fortführung der 1981/82 formulierten Leitidee „Grün im Lebensraum Stadt" zu sehen. Die daraus schon früher hervorgegangenen, das Stadtgrün in positiver Weise beeinflussenden, vielfältigen Aktivitäten fanden im Jubiläumsjahr 1985 bei der 2000-Jahr-Feier in der ganzen Stadt und besonders im „neuen" Botanischen Garten ihren gartenkulturellen Höhepunkt.

Solche längerfristig wirkenden Zusammenhänge aufzuzeigen ist wichtig, um die unterschiedlichen Entwicklungen beim Stadtgrün, das für die Lebensqualität der Bürger mit entscheidend ist, immer wieder neu bewußt zu machen. Was liegt also näher, als in diesem hier angesprochenen Gedankenkreis auch an Hans JONAS († 1993), einen der ganz großen Naturphilosophen unserer Zeit, zu erinnern; denn er hat die bedeutsamen Worte „Hoffnung – Verantwortung – Langzeitdenken" zu den drei gestaltenden Prinzipien unseres Lebens erklärt.
Was wäre die Alternative hierzu, wenn es um die Erhaltung und die Gestaltung unseres „Lebensraumes Stadt" geht?
Heute, im Jahre 1993, stehen in Augsburg an Straßen und auf Plätzen im öffentlichen Raum über 22.000 Alleebäume. Es sei hier zuallererst an das großartige Erbe, die hoch in den Himmel gewachsenen alten Kastanien- und Lindenalleen um die historische Augsburger Altstadt erinnert, die vor bald einem Vierteljahrtausend auf Betreiben des damaligen Stadtmagistrates ihren Anfang nahmen. Auch wenn es im Laufe der Zeit immer wieder Veränderungen gab, haben diese Alleen von ihrer majestätisch wirkenden Ausstrahlungskraft bis auf den heutigen Tag nichts eingebüßt.
Aber auch die großartig gestalteten Alleen, die in jüngster Zeit im neuen Stadtteil Universitätsviertel und an anderen Orten der Stadt entstanden sind, dokumentieren den Willen von Stadtrat und Verwaltung, neue Bäume dort zu pflanzen, wo immer es möglich und sinnvoll ist. Dieses Bemühen entspricht auch einer alten Augsburger Gärtnertradition. Die Bedeutung der Bäume kann für die in der Stadt lebenden Menschen nicht hoch genug eingeschätzt werden. Deswegen ist es wichtig, daß wir sie als Lebewesen sehen, anerkennen und auch ehrlich behandeln. Dazu gehört nicht nur ein ganz spezielles Fachwissen, sondern vor allem ein Bewußtsein, das sich im Umgang mit Natur und Umwelt am Grundsatz der „Rücksichtnahme" orientiert.
Sehen sollten wir auch die baumlosen Straßen, die verdrängten Baumstandorte, die einasphaltierten und stark geschädigten sowie die unnötig gefällten Bäume, ohne dabei in Schwarzmalerei zu verfallen.
Bedenkenswert ist auch, was einst Eugen ROTH (1885–1976) in den ermahnenden Worten zum Ausdruck

brachte: „Zu fällen einen schönen Baum, braucht's eine halbe Stunde kaum. Zu warten bis man ihn bewundert, Mensch bedenk' es ein Jahrhundert."

Es muß aber nicht immer die Säge sein, die einem alten Baum ein Ende setzt. Auch eine artfremde Behandlung von Krone und Stamm sowie die Zerstörung des lebensnotwendigen Wurzelraumes durch Eingriffe verschiedenster Art können das „Lebewesen Stadtbaum" zugrunde richten. Deshalb ist es wichtig, das zeitlose Thema „Stadtbäume" im Rahmen einer fachlich qualifizierten Öffentlichkeitsarbeit aktuell anzusprechen und zu diskutieren. Nicht zuletzt aus dieser Intention heraus ist Heft 3 der Augsburger Ökologischen Schriften über „Straßenbäume und Alleen" entstanden.
Mit dem vom Amt für Grünordnung und Naturschutz der Stadt Augsburg vorgegebenen Thema haben sich mehrere im Umgang mit Bäumen erfahrene Fachleute aus unterschiedlichen Arbeitsgebieten in dreizehn facettenreichen Einzelbeiträgen auseinandergesetzt. Das erfreuliche Ergebnis einer langjährigen Arbeit über eine ganz bestimmte, für das Stadtbild aber ganz besonders wichtige Kategorie von Stadtbäumen – die Straßenbäume und Alleen – wird in dieser Schrift erstmals einer breiten Öffentlichkeit vorgestellt.

Danksagung

Abschließend möchte die Stadt Augsburg allen danken, die zum Gelingen dieser Veröffentlichung über einen äußerst bedeutsamen Teilbereich des Stadtgrüns beigetragen haben. Dank gebührt den Schreibkräften Roswitha Miller (Vorzimmer), Sabine Haumann, Petra Bissinger, Sandra Rieger und Verwaltungsleiter Joachim Schnürer im Amt für Grünordnung und Naturschutz, die unter großem Einsatz dazu beigetragen haben, daß die amtsinternen Beiträge termingerecht geschrieben und verarbeitet werden konnten sowie den Mitarbeiterinnen im Referat 2 – Umwelt und Kommunales – für die gute Zusammenarbeit. Einbezogen in diesen Dank ist auch der Leiter des Stadtvermessungsamtes, Werner Landthaler, der durch seine fachliche Beratung bei der Auswahl von alten Karten und Stadtplänen sehr behilflich war; ebenso das Stadtarchiv sowie die Staats- und Stadtbibliothek.
Dank schuldet der Herausgeber auch allen Autorinnen und Autoren, die durch ihre Texte, Fotos und Zeichnungen zum Entstehen dieser Schrift in so positiver Weise beigetragen haben. Ohne das wertvolle Material und die damit eingebrachte Fachkompetenz hätte das Ergebnis in der vorliegenden Qualität nicht erzielt werden können.
Einen besonderen Dank verdient Richard Keller, der mit viel persönlichem Einsatz und aus vielseitger Erfahrung im Zusammenwirken mit seiner kreativen Mitarbeiterin, Helga Eisele, der „Augsburger Baumschrift" ihre Form gegeben hat.
Zu danken ist auch dem Verlag Dr. Bernd Wißner, Augsburg, für das Management, die zügige Umsetzung und Drucklegung sowie allen anderen Unternehmen, die in irgendeiner Weise mitgewirkt haben.

Referat 2
Umwelt und Kommunales

Reinhold Wenninger
Berufsmäßiger Stadtrat

Amt für Grünordnung
und Naturschutz

Kurt R. Schmidt
Ltd. Gartendirektor

Kapitel 1
Öffentliches Baumgrün in Augsburg – Eine historische Betrachtung

Kurt R. Schmidt

Inhalt

	Inhalt	Seite
1.	Einleitende Gedanken	14
2.	Gärtnertradition und Gartenkunst in Augsburg	14
3.	Alleen um die historische Stadt und an den nach außen führenden Straßen	17
3.1	Anonymer Plan von 1514	17
3.2	Seld-Plan von 1521	18
3.3	Kilian-Plan von 1626	18
3.4	Karten von Goedl und Sammet – 1808/09	19
3.5	Augsburg im Jahre 1814 – Plan von Reichenbach/Päringer	22
3.6	Topographischer Atlas von Bayern um 1815	22
3.7	Kollmann-Plan von 1823 – Teilbereich Wallanlagen „Pfannenstiel"	24
3.8	Plan von Augsburg mit seinen Umgebungen von 1839	24
3.9	Amtliche Flurkarten ab 1840 – Vermessungsamt Augsburg	25
3.10	Stadtplan von 1915 mit öffentlichen Anlagen und Baumzügen	26
3.11	Roemer-Plan von 1950	28
3.12	Landschaftsplan der Stadt Augsburg	29
4.	Straßenbäume und Alleen: Veränderungen – Entwicklungen	30
4.1	Herwartstraße – Bastion Lueginsland	30
4.2	Volkhartstraße – Teil der Ringstraße	30
4.3	Fuggerstraße – Teil der Ringstraße	31
4.4	Augsburger Bahnhofstraße im Jahre 1921	33
4.5	Elias-Holl-Platz	34
4.6	Moritzplatz	35
5.	Wellenburger Allee im Wertachtal	35
5.1	Jede Allee hat ihre eigene Geschichte	35
5.2	Sicherung des Lebensraumes der Bäume	36
5.3	Naturschutzgesetz – nur eine Möglichkeit	36
6.	Mit Obstbäumen bepflanzte Straßen	38
6.1	„Alleen" mit Obstbäumen in der Stadt Augsburg	38
6.2	Apfelbäume am Gemeindeverbindungsweg Inningen – Haunstetten	39
6.3	Alte Straßenobstbäume im Ortsteil Siebenbrunn	40
6.4	Apfelbäume an der Leitershofer Straße	40
7.	Neue Straßen – Neue Alleen	41
7.1	Neuer Stadtteil „Universitätsviertel"	41
7.2	Bürgermeister-Ulrich-Straße und andere Bereiche	42
7.3	Kreisverbindungsstraße AS 7: Haunstetten – Inningen – Bergheim	42
8.	Stadtbäume und Bürgeraktionen 1955–1993: Eine interessante Chronologie	44
9.	Wertvolle Dokumente über Augsburger Alleen	47
9.1	Hinweise zur Entwicklung von „Baumzügen"	47
9.2	Augsburger „Alleen-Verzeichnis" um 1918	47
9.3	Damals-Heute-Vergleich	47
10.	Schlußbetrachtung	50
11.	Literatur	50
12.	Anlagen:	52
12.1	„Verzeichnis über Alleebäume d. Stadtgemeinde Augsburg" um 1918	52
12.2	„Dienstes-Instruction für den Stadtgärtner von 1872"	86

1. Einleitende Gedanken

Augsburg (263.000 Ew.) gehört zu jenen Städten in Deutschland, die auf eine 2000jährige Geschichte zurückblicken können.
Weiträumig angelegte Straßenzüge und Plätze aus historischer Zeit, kunstvoll verzierte Brunnen, repräsentative Bauwerke, eindrucksvolle alte Alleen und vielfältiges Gartengrün geben dieser Stadt einen unverwechselbaren Charakter.
Als 1985 das Stadtjubiläum „2000 Jahre Augsburg" gefeiert wurde, bildete das Stadtgrün in seiner Vielgestaltigkeit einen besonderen Schwerpunkt. Dies kam in dem zeitlosen Leitthema „Grün im Lebensraum Stadt" (SCHMIDT 1981) zur Darstellung. Die Bürger waren begeistert.
Ausgehend von dieser positiven Erfahrung hatte der damalige Schulreferent und heutige Oberbürgermeister, Dr. Peter Menacher, das für die Augsburger Schulen so bedeutsame Arbeitsthema „Grün im Lebensraum Schule" formuliert und in einen entsprechenden Arbeitskreis von Pädagogen und gärtnerischen Fachleuten einmünden lassen.
Was liegt also näher, als diesen auf der Grundidee „Grün im Lebensraum Stadt" aufbauenden Gedanken in einer konkreten Aufgabe weiterzuführen?
Aus dieser Überlegung heraus und in der Absicht, die fachliche Arbeit zu stärken sowie der Öffentlichkeitsarbeit über das immer aktuelle Thema „Stadtbäume" neue Impulse zu geben, wurde dieses Arbeitsfeld in Heft 3 der Augsburger Ökologischen Schriften konsequenterweise mit dem Titel „Bäume im Lebensraum Stadt – Straßen und Plätze – Extremstandorte" überschrieben.

Über das „Lebewesen Stadtbaum" nachzudenken, heißt aber auch, verlorengegangenes Wissen, z. B. ehemals baumbestandene Straßen wieder in Erinnerung zu bringen und die daraus sich ergebenden neuen Aufgaben als solche zu erkennen. Betrachtet man alte Karten und Stadtpläne von Augsburg und den angrenzenden Gebieten, von denen einige inzwischen eingemeindet worden sind, so ist unschwer nachzuweisen, daß in früherer Zeit Straßen, die heute „nackt und leer" daliegen oder wo nur noch wegen des eingeschränkten Lebensraumes einige dahinsiechende Bäume ein kärgliches Dasein führen, Alleen standen. Diese Tatsache muß, ausgehend von den historischen Grundlagen, herausgearbeitet und wieder stärker in das Bewußtsein der Öffentlichkeit, und vor allem aber in die Gedankenwelt der Planenden und Entscheidenden gerückt werden.
Bereits 1976 hat das heutige Amt für Grünordnung und Naturschutz mit der Erarbeitung eines „Alleenplanes", der sich schwerpunktmäßig mit verschiedenen Problemen des Straßenbaumbestandes befaßte, begonnen. Dazu zählen Maßnahmen wie die Standortsicherung von Straßenbäumen und Alleen, Überprüfung des Gesundheitszustandes der Bäume, Schaffung neuer Standorte, vor allem in Bereichen der dichtbesiedelten Innenstadt und im Stadtteil Oberhausen, ebenso wie die statistische Dokumentation. Der Umweltschutzausschuß des Stadtrates hat sich wiederholt mit dem „Alleenplan Augsburg" befaßt und dazu einstimmige Beschlüsse (1987/1992) gefaßt.

Ein wichtiges Ziel wäre es, zu einem umfassenden, aussagekräftigen „Alleenplan Augsburg" zu kommen, der alte, längst verschollene Baumstandorte und Alleen sowohl in der Innenstadt als auch an den nach außen führenden Straßen wieder aufgreift und fachliche realisierbare Vorschläge in die Diskussion bringt. Hier ergeben sich bei kritischer Betrachtung in Zukunft Möglichkeiten, die im Zusammenhang mit den nach 1945 neu ausgebauten und erweiterten Straßenzügen gesehen werden müssen. Es ist keine Frage, zuviel Asphalt macht krank. Weniger Asphalt und wieder mehr Baumgrün, dort wo es fehlt und möglich ist, wäre ein wichtiger Beitrag zur Verbesserung und nachhaltigen Sicherung der Lebensqualität für die in der Stadt Augsburg lebenden Menschen.

2. Gärtnertradition und Gartenkunst in Augsburg

Bei dem Bemühen, über eine historische Betrachtung des öffentlichen Baumgrüns in Augsburg Ansatzpunkte für eine zukünftige Entwicklung zu finden, ist es naheliegend, auch eine gedankliche Verbindung zum Berufsstand der Gärtner herzustellen. Sie haben eine lange Tradition in dieser Stadt und wirkten in unterschiedlicher Weise für das Augsburger Stadtgrün bis zum heutigen Tage.
Einige Schlaglichter aus dem Zunftwesen, der Literatur und der Gartenkunst, der Landschaftsökologie und dem Naturschutz mögen dies verdeutlichen:

Abb. 1: Zunftwappen der Hucker

1368: „Einer von 17 politischen Zunftverbänden, in welche 1368 die ganze Bürgerschaft eingeteilt wurde, war die Huckerzunft. Wie schon im Stadtbuch von 1276 die 'Obster' rechtlich zu dieser Gewerbsgruppe gezählt wurden, so gliederte man in der Zunftzeit den Obst- und Kräuterhandel und die Gartenbauleute, außerdem die Seiler, denen auch der Kleinverkauf gewisser landwirtschaftlicher Artikel zustand, in die Huckerzunft ein. Jede der drei Gruppen, Hucker (Mehl- und Hülsenfrüchtehändler), Obster und Seiler behielt ihr eigenes Gewerbe- und Handelsrecht für sich, zusammen jedoch bildeten sie den politischen Verband der Huckerzunft, der wie die übrigen 16 Zünfte alljährlich einen Zunftmeister und einen Zwölfterausschuß zur Leitung seiner Angelegenheiten und als Mitglieder des kleinen und großen Rates wählte." (DIRR 1913)

1415: Interessant ist auch, daß es schon um diese Zeit eine Baumwartausbildung gegeben hat, also ein Baumpflegeberuf, wie man heute sagen würde. Damals ging es jedoch noch nicht um die Pflege von Alleen, sondern in erster Linie um die fachgerechte Behandlung von Obstbäumen. So werden bei HEERWAGEN (1915) „die Baumkünste der Alt-Augsburger Gärtner" besonders hervorgehoben. Bereits 1415 wurden in Augsburg die „Baumpelzer" (Baumveredler) erwähnt. Diese gärtnerische Berufsgruppe wurde zu den freien Künsten gezählt (SCHMIDT Gg., 1974).

1530: Am 5. November 1530 erschien bei dem Drukker Heinrich STAYNER in Augsburg das erste in deutscher Sprache gedruckte Gartenbuch mit dem Titel „Lustgärten und Pflanzungen mit wunnsamer Zyerd". Der Inhalt bezog sich auf die Anlage und Pflege kleinerer Kräutergärtchen, größerer Ziergärten und auch fürstlicher Gärten; dies berichtet Georg SCHMIDT in seiner vielbeachteten Veröffentlichung „Der Gartenbau in Bayern" (1974).

1559: Der Patrizier Johann Heinrich HERWARTH durfte sich 1559 rühmen, die erste in Augsburg zum Blühen gebrachte Tulpe zu haben. Conrad GESNER, einer der berühmtesten Naturforscher und Botaniker seiner Zeit, war bei einem Besuch in HERWARTHS Garten so beeindruckt, daß er sie unter dem Namen „Tulipa turcarum" in einem Holzschnitt darstellen ließ.

1725: „Der Kunstverleger Martin Engelbrecht brachte 1725 ein Album unter der Überschrift 'Augspurgische Garten-Lust' heraus, in dem die Lust- und Ziergärten von Augsburg und Umgebung dargestellt wurden, ganz im Banne des damals alles beherrschenden französichen Stils." (Abb. 2 und 3)

1754: Stadtkornmesser und Gärtner Franz SCHUSTER pflanzt und pflegt Bäume im Auftrag des Stadtmagistrates, ein wichtiger Hinweis auf beginnende öffentliche Baumpflanzungen. Nach HEERWAGEN (1915) sind die ersten Alleen in Augsburg 1754 urkundlich belegt. Zu dieser Zeit gab es auch schon ein besonderes Konto mit der Bezeichnung „Alleen".

1774: Nachweislich ließ die Stadtverwaltung ab 1774 jährlich 150–300 Bäume innerhalb der Stadt pflanzen. 1771 bis 1830 wurden kleine „Promenaden" am Schießgraben und entlang der Stadtmauern angelegt. 1831 bis 1835 entstanden Maulbeer- und Pappelalleen (GRAEBNER u. a. 1926).

1790: Kunst- und Handelsgärtner Johann BECK, langjähriger Vorsteher der Gärtnerinnung, kann als der erste angestellte Leiter für öffentliche Anlagen und Alleen betrachtet werden. Seine Hauptaufgabe war es, die etwas heruntergekommenen Alleen, die an frühere Gärtner- und Baumzüchter vergeben waren, wieder in die Höhe zu bringen (HEERWAGEN 1915).

1830: Nach BECKs Tode, im Jahre 1830, sah sich der Magistrat veranlaßt, für die „Aufsicht über Alleen", Baumschulen und Anlagen der hiesigen Stadt „ein neues Individuum" ohne allen Anspruch auf Pension oder Alimentation, lediglich auf die Dauer der Zufriedenheit gegen ein jährliches Wartegeld anzustellen. Die Witwe BECKs, die unter anderen Bewerbern auftrat, wollte mit ihren Arbeitern die Geschäfte ihres Mannes gegen eine jährliche Pauschale ... weiterführen. Dafür versprach sie, die Kastanienbäume gratis

Abb. 2: Der Köpff'sche „Baumgarten" am Hunoldsgraben in der Stadt Augsburg: Gartenschönheit auf engstem Raum inmitten dichter Bebauung.

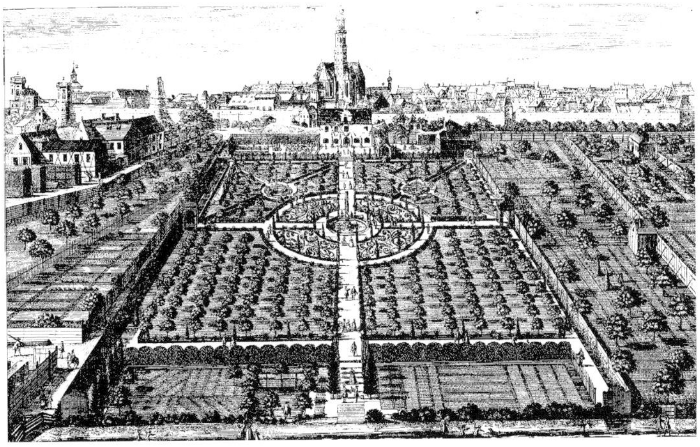

Abb. 3: Garten des kaiserlichen Rates Johann Kaspar Schaur zwischen Schwibbogenplatz und Sparrenlech: ein längst verschwundenes Kunstwerk der Barockzeit.

zum Rekrutieren der Alleen zu geben und ihre Armenspende ... zu erhöhen. Nachfolger BECKs wurde aber der bürgerliche Gärtnermeister Johann SCHWEIGERT, der von 1831–1835 die Geschäfte leitete.

1835: Ein weiterer Wechsel hat sich am 1. Oktober 1835 ergeben: Jakob MARTIN wurde gegen ein „Wochengeld" ... zum Stadtgärtner ernannt. Er war nach den Magistratsakten „ein sehr brauchbares, fleißiges Subjekt", dessen Werk die Ausgestaltung der Baumschule am Roten Tor ... war. Diese Baumschule erstreckte sich bis in den Eserwall hinein und erreichte 1852 einen Bestand von 21.991 Bäumen und Sträuchern. „Im Jahre 1875/76 wurde die im Stadtgraben am rothen Thore befindliche alte Baumschule, welche beständig im Grundwasser stand, ausgeräumt und die neue städtische Baumschule neben dem Bräuer-Pich-Platz, am Beginn der Siebentischparkanlagen angelegt, welche heute noch in Betrieb steht."

1865: Kunst- und Handelsgärtner TEPLY trat ab 1865 an MARTINs Stelle. In seiner bis 1873 währenden „Stadtgärtnereigenschaft" nahmen die Mehrungen im öffentlichen Baumbestand gewaltig zu. Die Baumzüge verlängerten sich von 16 km um 8 km auf 24 km in den Jahren 1873/75 (HEERWAGEN 1915).

1873: Ein weiterer wichtiger Schritt der Grünentwicklung wurde getan, als der Herrschaftsgärtner und königliche Ökonomierat Karl JUNG im Jahre 1873 die „Stadtgärtnereigenschaft" übernahm, die er bis 1919 innehatte. Während dieser Zeit nahmen auch die Baumanpflanzungen ständig zu". Nach HEERWAGEN gab es 1915 über 60 km Baumzüge in Augsburg. JUNG führte die Anlagen aus „auf den Wällen und Stadtgräben", die Siebentischanlagen (nach einem Entwurf des königlichen Hofgartendirektors Carl EFFNER, München), die Anlagen am Fronhof, Jakobertor, Halltor, Roten Tor, Prinzregentenplatz und an der Stadtbibliothek sowie den Wittelsbacher Park (GRAEBNER u. a. 1926).

1910: Von 1910 bis 1934 leitete Garteninspektor Leo HEERWAGEN die städtische Gartenbauinspektion. Er hat das „sanitäre und dekorative Grün auf 87 ha" erweitert. Hervorgehoben werden besonders seine Bemühungen zur „parkartigen Erschließung von Bachauen, die Umänderung des Prinzregentenplatzes". Aus seiner Feder stammt auch der Entwurf zur Gestaltung des „Waldparks Augsburg-Lechhausen", damit gemeint ist der „Lechhauser Lechpark" oder das „Griesle", wie diese 8 ha große öffentliche Grünanlage im Volksmund heute genannt wird (SCHMIDT 1991). HEERWAGEN hat sich auch schriftstellerisch hervorgetan. So verfaßte er 1915 das bekannte Buch „Gartenbau und Gartenkunst in der Stadt Augsburg – von den Anfängen bis zum heutigen Tage". Eine äußerst wertvolle Dokumentation über die Entwicklung des Augsburger Stadtgrüns (GRAEBNER u. a. 1926).

1934: Nach HEERWAGEN (1915) wirkten für das kommunal verwaltete Grün in der Stadt folgende Persönlichkeiten: Gartendirkektor Otto WEISS, Amtsleiter (1934–1945). Hauptaufgaben während dieser Zeit waren der Bau der neuen Stadtgärtnerei sowie die Errichtung des botanischen Schau- und Lehrgartens am Rande des Siebentischparkes, Keimzelle für den heutigen Botanischen Garten.

1944: Karl VEIT, Gartenarchitekt, wirkte von 1944–1982 in verschiedenen städtischen Funktionen. Er war ein engagierter Verfechter für den Schutz und die Entwicklung des Augsburger Baumgrüns, vor allem in der schwierigen Nachkriegszeit, wo viele Grünanlagen, Altbaumbestände und Alleen durch Bomben zerstört oder stark geschädigt waren.

1948: Anton ZIEGLER, Amtsleiter (1948–1958), „... in dieser Zeit der ersten Nachkriegsjahre wurde dem kleinen Amt ein großer Einsatz zur Wiederherstellung der durch Kriegseinwirkungen und Schuttablagerungen in Mitleidenschaft gezogenen Anlagen abverlangt." (SENGENBERGER 1968)

1958: Gartendirektor Ernst SENGENBERGER (leitete das frühere Gartenamt von 1958–1975). Während seiner Amtsperiode wurden nicht nur die Kriegsschäden in den öffentlichen Grünanlagen beseitigt, sondern auch eine Reihe neuer Grünanlagen geplant und ausgeführt. Ein weiterer Schwerpunkt seines Wirkens waren die Stadtbäume. Zusammen mit dem renommierten Landschaftsarchitekten Prof. Ludwig ROEMER entwickelte er ein beispielhaftes Grünkonzept für die Stadt Augsburg, das 1950 im sogenannten „ROEMER-Plan" seinen Ausdruck fand. Diese Grünplanung war für die Bauleitplanung und Stadtentwicklung in der Nachkriegszeit ein wertvolles Arbeitsmittel.

1975: Am 1. April 1975 übernahm der Verfasser das damalige „Gartenamt", das in den folgenden Jahren entsprechend den jetzt herausgebildeten neuen Aufgabenschwerpunkten organisatorisch weiter entwickelt und zeitgemäß organisiert wurde. Diese Tatsache fand ihren Ausdruck in verschiedenen Amtsbezeichnungen wie „Amt für Umweltschutz und Grünordnung" (1984–1990) und „Amt für Grünordnung und Naturschutz" (ab 1990) mit der Unteren Naturschutzbehörde (ab 1984). Es war Absicht von Rat und Verwaltung, die fachlichen Aufgaben über den rein gärtnerischen Ansatz hinaus in einem leistungsstarken und fachkompetenten Amt organisatorisch zusammenzufassen. Bis 1984 gehörte dieser kommunale Aufgabenbereich zur Bauverwaltung (Referat 8). Seit diesem Zeitpunkt ist die sogenannte Aufgabengruppe „67 – Freiraumplanung, Landschaftsplanung, Grünflächen" (KGST 1992) in das „Referat 2 – Umwelt und Kommunales" integriert. Eine Lösung, die sich auf den Aufgabenvollzug bisher äußerst positiv auswirkte.

Abb. 4: Georg Balthasar Probst: „Stadtansicht von Osten“ (Staats- und Stadtbibliothek Augsburg – Graph. 16/42)

3. Alleen um die historische Stadt und an den nach außen führenden Straßen

Vergleicht man historische Kartenwerke, alte Stadtpläne und andere Quellen miteinander, so läßt sich daraus ein ziemlich genaues Bild über den jeweiligen Stand und die Entwicklung des Augsburger Baumgrüns entlang von Straßen und Wegen nachzeichnen. Dabei begegnet man immer wieder der Formulierung „Alleen um die historische Stadt und an den nach außen führenden Straßen“. Ein dem Gemeinwohl dienendes Anliegen, dem an der Schwelle zum dritten Jahrtausend eine „neue Aufmerksamkeit“ zukommt.

3.1 Anonymer Plan von 1514

Ein „Anonymer Plan“ von 1514 zeigt Augsburg als dichtbebaute Stadt ohne Grün innerhalb der Stadtmauern. Dies schließt jedoch nicht aus, daß es schon zur damaligen Zeit privates Gartengrün und schöne Klostergärten gab. Bäume, um die es hier geht, treten erst außerhalb der Stadtmauern, vor den Stadttoren im Bereich „Luginsland“, „Fischer thor“, „Jacober thor“, „Vogel thor“, „Roththor“, „Gökhinger thor“, „Wertachbrugger thor“ und an einigen anderen Stellen ins Blickfeld. Das Auwaldgrün des Lechs wurde in diesem Plan nicht sichtbar gemacht.

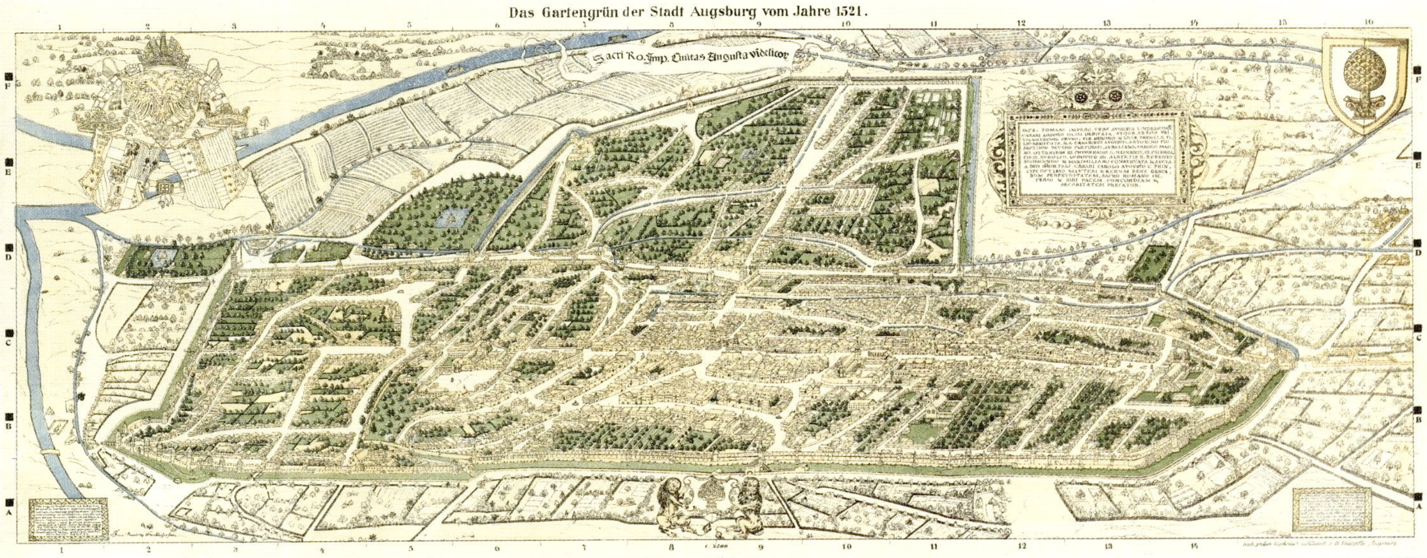

Abb. 5: Der sog. SELD-Plan von 1521 zeigt die Stadt mit dem „Gartengrün“ des späten Mittelalters in der „Vogelschau von Westen“ (HEERWAGEN 1915).

3.2 SELD-PLAN von 1521

Ein äußerst wichtiges Zeitdokument ist der SELD-PLAN, den der berühmte Augsburger Goldschmied Georg SELD 1521, also vor 472 Jahren, auf der Grundlage einer von ihm durchgeführten „Vermessung des Planes“ entworfen hat. Dieser Plan zeigt die Stadt von Westen „aus einer überwirklichen, doch der Erde nicht entrückten Höhe“ (BIEDERMANN 1985). „ ... Der SELD'SCHE PLAN von 1521 zeigt uns die Stadt des späteren Mittelalters, wie sie zur Zeit des Kaisers Maximilian mit ihrem steinernen und reich mit gothischen Türmen besetzten Mauerkranz aussah. Noch fehlen die aus Erde aufgeworfenen Festungswälle und Rundbastionen, die kurze Zeit hernach unter dem Einfluß des veränderten Kriegswesens entstanden und die in späteren Jahrhunderten, als sie ihre kriegerische Bestimmung mehr oder weniger eingebüßt hatten, die Träger so anziehender Baumanpflanzungen wurden, wie wir sie zum Teil heute noch am Roten Tor und an den Wällen der Jakober Vorstadt vor Augen haben ...“ (DIRR 1913)
Aus heutiger Sicht könnte man sagen, „das private Gartengrün schmückte auch den öffentlichen Raum“. Die freie Landschaft lag noch unmittelbar vor den Toren der Stadt in Fußgängerentfernung. Bei HEERWAGEN (1915) ist der Seld-Plan unter der Überschrift „Das Gartengrün der Stadt Augsburg vom Jahr 1521“ veröffentlicht. Auffallend ist hier das reichhaltige Grün der „Baum- und Nutzgärten“ sowohl innerhalb als auch außerhalb der Stadtmauern. Besonders reichhaltig war das Gartengrün bei St. Anna, entlang der Gögginger Mauer, um St. Ulrich, bei St. Georg und St. Stephan sowie in der Jakobervorstadt (Abb. 5).

3.3 KILIAN-PLAN von 1626

Der von Wolfgang KILIAN (1581–1663) in der Vogelperspektive hergestellte Stadtplan von 1626 „übertrifft nicht nur an Größe und Qualität, sondern auch in der Genauigkeit alles bisher Entstandene“. So ist dieser Plan im Augsburger Stadtlexikon (1985) kurz charakterisiert.
Diese Präzision des Kilian-Planes ermöglicht es uns heute, Näheres über das Stadtgrün, seine Entwicklung sowie die frühen Baumpflanzungen, vor allem im Bereich der Stadtumwallung, zu erfahren. Die Frage „Wann wurden in Augsburg nachweislich die ersten öffentlichen Baumpflanzungen vorgenommen?“ wurde in der Vergangenheit unterschiedlich beantwortet. Nach HEERWAGEN (1915) können die ersten Alleen urkundlich schon 1754 nachgewiesen werden. Bei GRAEBNER und LANGE (1926) ist dagegen unter dem Stichwort Augsburg folgendes zu lesen: „Die Stadtverwaltung ließ schon von 1774 ab jährlich 150–300 Bäume innerhalb des Weichbildes der Stadt pflanzen. 1791–1830 wurden kleine 'Promenaden' an dem Schießgraben und entlang der Stadtmauern angelegt. 1831 bis 1835 entstanden Maulbeer- und Pappelalleen. K. JUNG, 1873–1909, führt die Anlagen aus auf den Wällen und Stadtgräben, sowie die Siebentischanlagen, die die Stadt mit dem Siebentischwald verbinden, nach dem Entwurf von EFFNER, ferner die Anlagen am Fronhof, Jakober Tor, Halltor, Rothenthor und andere öffentliche Anlagen.“
Betrachtet man auf diesem Hintergrund den Kilian-Plan von 1626, so fallen, von der Architektur einmal abgesehen, zunächst die zahlreichen Gärten mit den überwiegend streng geordneten Baumanpflanzungen innerhalb und außerhalb der Befestigungsanlagen

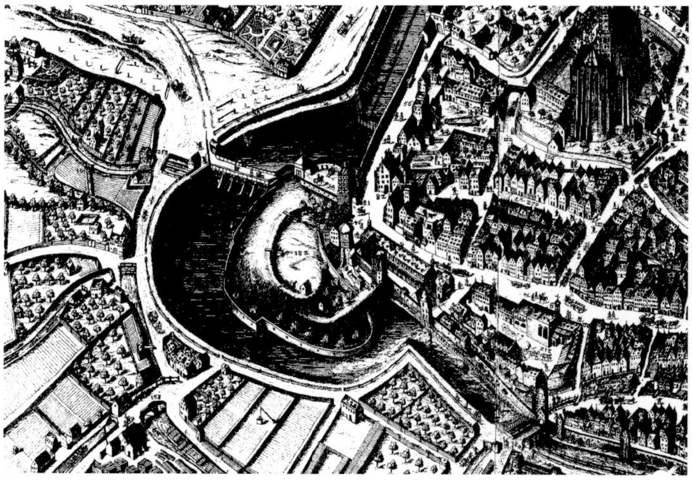

Abb. 6: Rotes Tor 1626: Ausschnitt aus dem Vogelschauplan von Wolfgang KILIAN: erste Anzeichen für öffentliche Baumanpflanzungen im Bereich des Stadtwalles.

Abb. 7: Rotes Tor 1993: Eindrucksvoller Baumbestand in den Wallanlagen prägt das Bild der einzelnen Straßenräume zwischen Eserwall, Schwibbogenplatz und Vogeltor.

Abb. 8: Bereich Gögginger Tor und Bastion: Erste Baumanpflanzungen entlang einer Stadtstraße sind anhand dieses Kartenausschnittes Anfang des 19. Jh. nachweisbar. (GOEDL u. SAMMET 1808/1809)

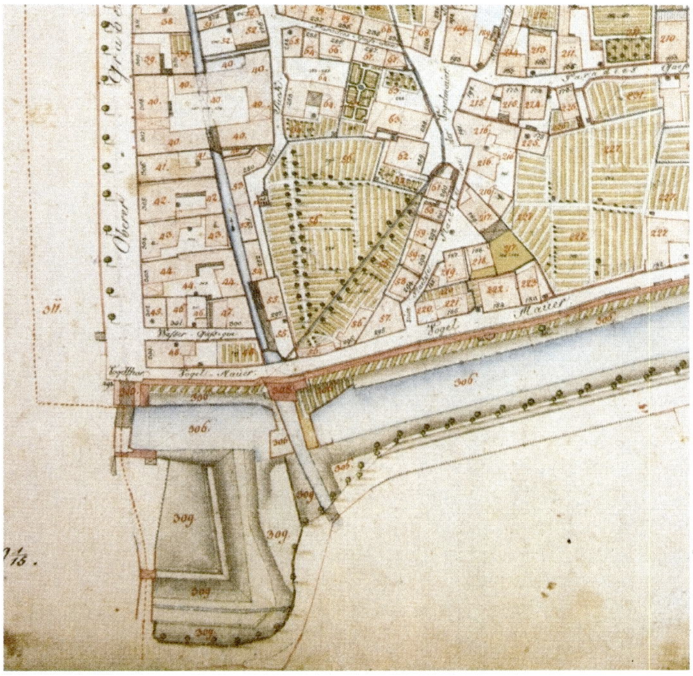

Abb. 9: Bereich Vogeltor – Oberer Graben – Jakoberwallstraße: Dieser Kartenausschnitt von GOEDL und SAMMET zeigt ein- und zweireihige Baumanpflanzungen an Straßen und in Gärten.

auf. Unmittelbar entlang der Stadtmauer und des wasserführenden Stadtgrabens sind an mehreren Stellen Bäume in „reihiger" Anordnung dargestellt; so z. B. zwischen Oblatterwall-Turm und Jakoberwall-Turm (heute Untere und Obere Jakobermauer) in Richtung Vogeltor (Vogelmauer). Aber auch zwischen dem Vogeltor und dem Roten Tor verläuft an gut sichtbarer Stelle außerhalb der Stadtmauer auf der Fläche zum Wallgraben hin eine Baumreihe. Um die Bastion am Roten Tor stehen parallel zu der geschwungenen Stadtmauer (Bereich Freilichtbühne) einige weithin sichtbare „Großbäume".

Entlang des Eserwalls in Richtung Westen sind noch keine Bäume nachweisbar, hier ist es allerdings auch sehr eng. Der Wallgraben schließt unmittelbar an die Stadtmauer und die Gebäude sowie die gegenüberliegende Wallstraße an. Dasselbe trifft für den wallbegleitenden Raum außerhalb der Stadtmauer zwischen „Eser-Bastion" (Theodor-Heuss-Platz) und „Gökinger Tor" zu. Außerhalb des Stadtwalles sind auf der „Gökinger-Bastion" (Bereich Königsplatz) einige Bäume im Wechsel mit Kanonen dargestellt.

Im weiteren Verlauf der Befestigungsanlagen in Richtung Alter Einlaß, Wertachbrucker Tor, Fischertor und Lueginsland hat KILIAN keine Bäume in seinem Bildplan aufgenommen. Ausgehend von der bereits erwähnten hohen Qualität und Genauigkeit des KILIAN-PLANES muß angenommen werden, daß in den zuletzt genannten Abschnitten, unmittelbar außerhalb und innerhalb der Stadtmauer, von den angrenzenden Gärten einmal abgesehen, auch keine „öffentliche" Baumanpflanzungen wie im südlichen Stadtgebiet vorhanden waren. Offensichtlich waren die räumlichen Voraussetzungen in diesem Teilbereich der Stadtbefestigungsanlagen nicht vorhanden. Möglicherweise sprachen aber auch militärische Überlegungen gegen sichtversperrende Baumanpflanzungen.

Versucht man den Wallring um die Stadt im noch fehlenden Abschnitt zwischen Lueginsland und Oblatterwall-Turm (Bereich Kahnfahrt) zu schließen, letzterer stand am Anfang dieser Betrachtung, so ist festzuhalten, daß bis etwa zur Schwedenstiege, gegenüber dem hier beginnenden Oblatterwall (Bert-Brecht-Straße), der KILIAN-PLAN keinen einzigen Baum aufweist. Wahrscheinlich aus denselben Gründen wie bereits schon dargelegt.

Es würde den Rahmen dieser Betrachtung sprengen, wollte man das exzellente Planwerk von Wolfgang KILIAN textlich im Detail weiter vertiefen. Ein abschließender Blick in den außerhalb der Stadtbefestigung liegenden Raum, die „freie Landschaft", zeigt sehr schön, wie man in Augsburg schon vor mehr als 367 Jahren mit dem Gestaltungselement Baum umgegangen ist. Die Frage nach den Baumarten, die möglicherweise verwendet worden sind, wäre noch klärungsbedürftig. Wir können aber davon ausgehen, daß es sich bei den damaligen Baumanpflanzungen überwiegend um die große Gruppe der „Nutzbäume" gehandelt hat. Darunter fallen Obstbäume verschiedenster Art, aber auch die Walnuß (Juglans regia), Maulbeerbaum (Morus nigra), Ebereschen und andere fruchttragende Baumgehölze. Auch wegemarkierende Schattenspender wie die Pyramiden-Pappel (Populus nigra „Italica") und standorttypische Waldbaumarten. Baumreihen befinden sich auch entlang von Grundstücksgrenzen, Parzellen und Flurgrenzen als Markierungen, Schutzanpflanzungen oder landschaftliche Gliederungselemente.

3.4 Karten von GOEDL und SAMMET – 1808/1809

Zwei interessante Kartenausschnitte „detailliert von Jos. GOEDL anno 1808" und „revidiert von Jos. SAMMET königl. Geometer 1809" zeigen in nachfol-

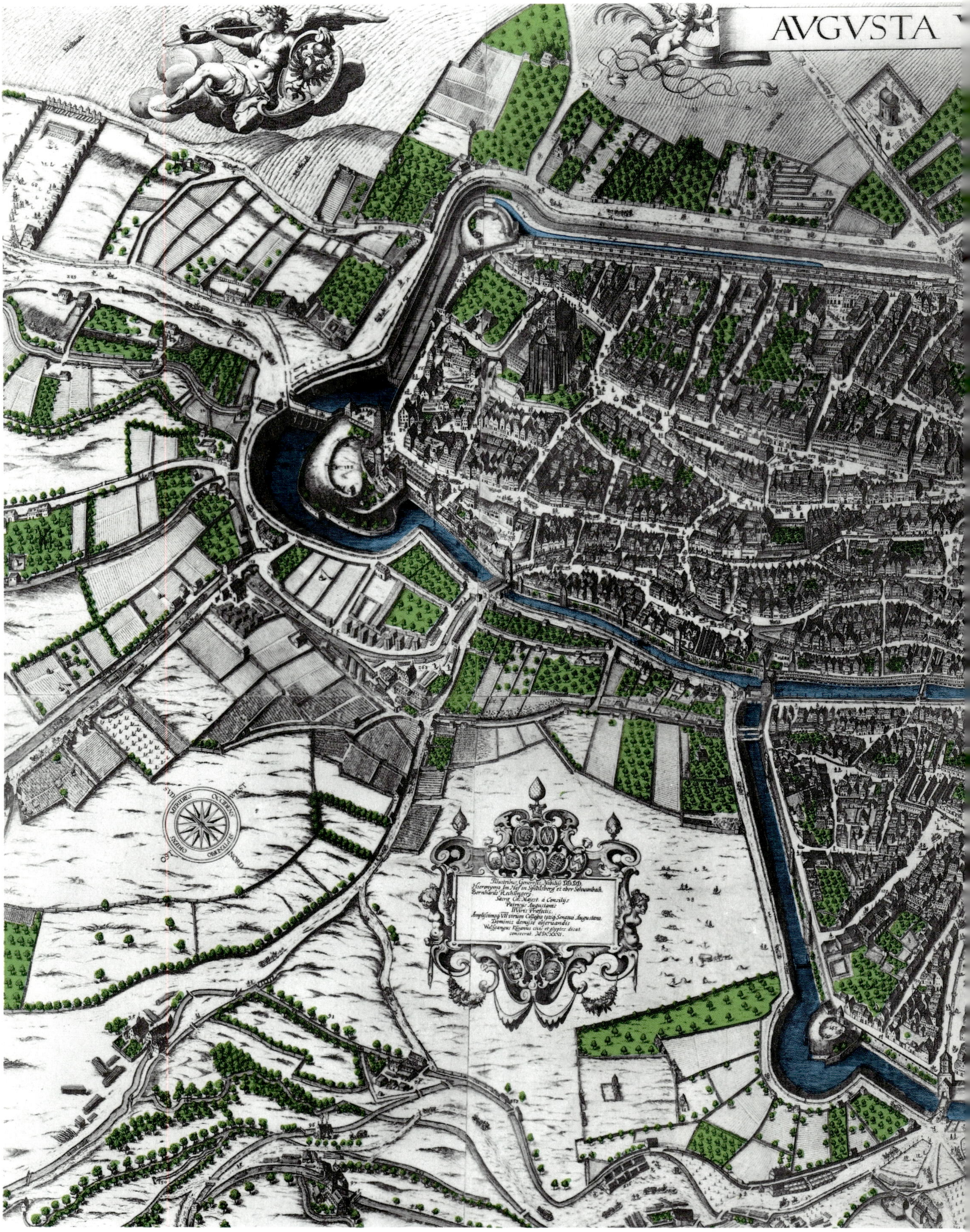
AVGVSTA
Sacræ Cæs. Majest. à Consilijs
Patricijs Augustanis
IIViris Præfectis.
Dominis demisse obseruandis
consecrat. MDCXXVI.

Abb 10: KILIAN-Plan von 1626: ein exzellent gearbeiteter „Vogelschauplan" der Stadt Augsburg von Osten. Er zeigt eindrucksvolle Stactarchitektur sowie die Verteilung des „Baum- und Gartengrüns" innerhalb und außerhalb der Stadtmauern (Farbe ergänzt 1993).

gend dargestellten Stadtbereichen öffentliche Baumanpflanzungen entlang von Straßen und Wegen:

• Bereich zwischen „Gögginger Bastion" (Königsplatz) und dem Alten Einlaß:
Hier ist an der damaligen Wallstraße (Schaezlerstraße) eine Baumreihe mit 44 Bäumen in gerader Linie eingezeichnet, drei Pyramiden-Bäume, die zeichnerisch dargestellt sind, stehen abgesetzt von der Baumreihe am Fuße der Gögginger Bastion. Wahrscheinlich waren es die pyramidal wachsenden „Napoleon-Schwarzpappeln". Die Fuggerstraße, mit der später bekannten sechsreihigen Allee, gab es zu dieser Zeit noch nicht. An der „Gögginger Mauer", die damals bis zur „Krotten Au" ging, lagen herrliche Gärten in freiem und geometrisch gebundenem Stil gestaltet.

• Bereich zwischen „Vogelthor und Jakobsstraße" (Jakoberstraße):
Nach den angeführten Quellen stand entlang der Wallstraße „Oberer Graben" eine Baumreihe mit 34 Bäumen zum Wallgraben hin im Straßenraum. Besonders auffallend sind in dieser Zeit die im östlich anschließenden Wohngebiet liegenden größeren Gärten, mit ihren kleinen „Versailles-Alleen".

• Bereich „Vogelthor in Richtung Jakoberthor":
Wo heute eine bildschöne alte Kastanienallee wächst, stand vor 185 Jahren die typische zweireihige „Promenaden-Allee" mit weit über 200 Bäumen, die ab 1754 um den Stadtwall herum schrittweise über eine längere Zeit angelegt und mit Bäumen zu einem grünen Ring gestaltet worden ist.

3.5 Augsburg im Jahre 1814 (Plan von REICHENBACH/PÄRINGER)

Wo früher in der Maximilianstraße das Siegelhaus stand, zeigt dieser Plan „Augsburg im Jahre 1814" von REICHENBACH und PÄRINGER zwischen „Maximilians-Platz" (heute Ulrichsplatz) und dem „Herkules-Brunnen" inmitten der historisch so bedeutsamen Augsburger Prachtstraße eine kleine „zweireihige Allee". An dieser Stelle dürften wohl zu keiner Zeit Bäume gestanden haben. Wahrscheinlich war die in der Maximilianstraße zeichnerisch mit 30 Bäumen dargestellte „Allee" nicht mehr als eine vorübergehende Dekorationsabsicht eines auf „Verschönerung" bedachten Zeitgeistes.
Im Augsburger Stadtlexikon (1985) wird dazu unter dem Stichwort „Spiegelhaus" vermerkt: „... um die freie Sicht auf das Ulrichsmünster zu gewährleisten und wohl auch aus verkehrstechnischen Gründen, wurde das Siegelhaus nach langen Verhandlungen 1809 abgerissen" (BAER 1985).

3.6 Topographischer Atlas von Bayern um 1815

Dieses historische Kartendokument zeigt die Stadt Augsburg noch innerhalb der Stadtumwallung. Aufschlußreich darin ist besonders die Darstellung der nach außen führenden Straßen, die überwiegend und sehr konsequent von doppelreihigen Alleen begleitet werden.

Einige Beispiele mögen dies belegen:

• „Chaussee von Memmingen und Kaufbeuren" (Gögginger Straße):
Dieser Straßenzug war zwischen Augsburg und den damals noch selbständigen Gemeinden Göggingen (Gögginger Straße) und Inningen (Lindauer Straße) und darüber hinaus Richtung Bobingen mit einer zweireihigen Allee versehen.

• „Chaussee von Landsberg" (Haunstetter Straße):
Auch diese übergeordnete Straße wurde von doppelreihigen Baumanpflanzungen eingefaßt. Sie begannen am Roten Tor und endeten in der Nähe des heutigen Stadtteils Haunstetten. Die in unserer Zeit noch vorhandene Lindenallee in der Ilsungstraße, die damals zu dem im Siebentischwald gelegenen Gasthaus „Sieben Tischen" führte, ist in der hier besprochenen topographischen Karte gut nachvollziehbar dargestellt.

• „Chaussee von München über Bruck" (Friedberger Straße):
Diese am Roten Tor beginnende und von Augsburg über den Lech (Meringer Straße) nach München führende wichtige „Verkehrsader" war um das Jahr 1815 nur im östlichen Bereich zwischen der „Pulvermühlschleuse" (Damaschkeplatz) und dem Lechübergang in Richtung „Hochzoll" mit einer gestalteten Allee ausgestattet. Im Straßenabschnitt zwischen Stadtwall und „Pulvermühlschleuse" dürften, ähnlich wie in späterer Zeit bis heute, freiwachsende Gehölzbestände entlang des Kaufbaches sowie kleine Einzelbäume auf angrenzenden Grundstücken das Bild geprägt haben. Interessant ist auch, daß südlich dieses Straßenzuges mehrere Alleen entlang von Ortsverbindungswegen in Richtung Lech–Hochablaß geführt werden. In Resten vorhanden und auch im Jahre 1993 noch als „Baumlinien" erkennbar sind die „Eschen-Alleen" in der Gentnerstraße, Spickelstraße und entlang der Bundesbahnlinie nach München zwischen Warndtstraße und Hauptstadtbach.

• „Chaussee nach Nürnberg über Eichstätt" (Lechhauser-, Neuburger Straße):
An dieser „nach außen führenden" Straße gab es zu Beginn des 19. Jahrhunderts offensichtlich noch keine gezielt angepflanzten „Waldbäume" entlang der Fahrbahn oder planmäßig angelegte Alleen, auch im Bereich des heutigen Stadtteils Lechhausen nicht. Viel-

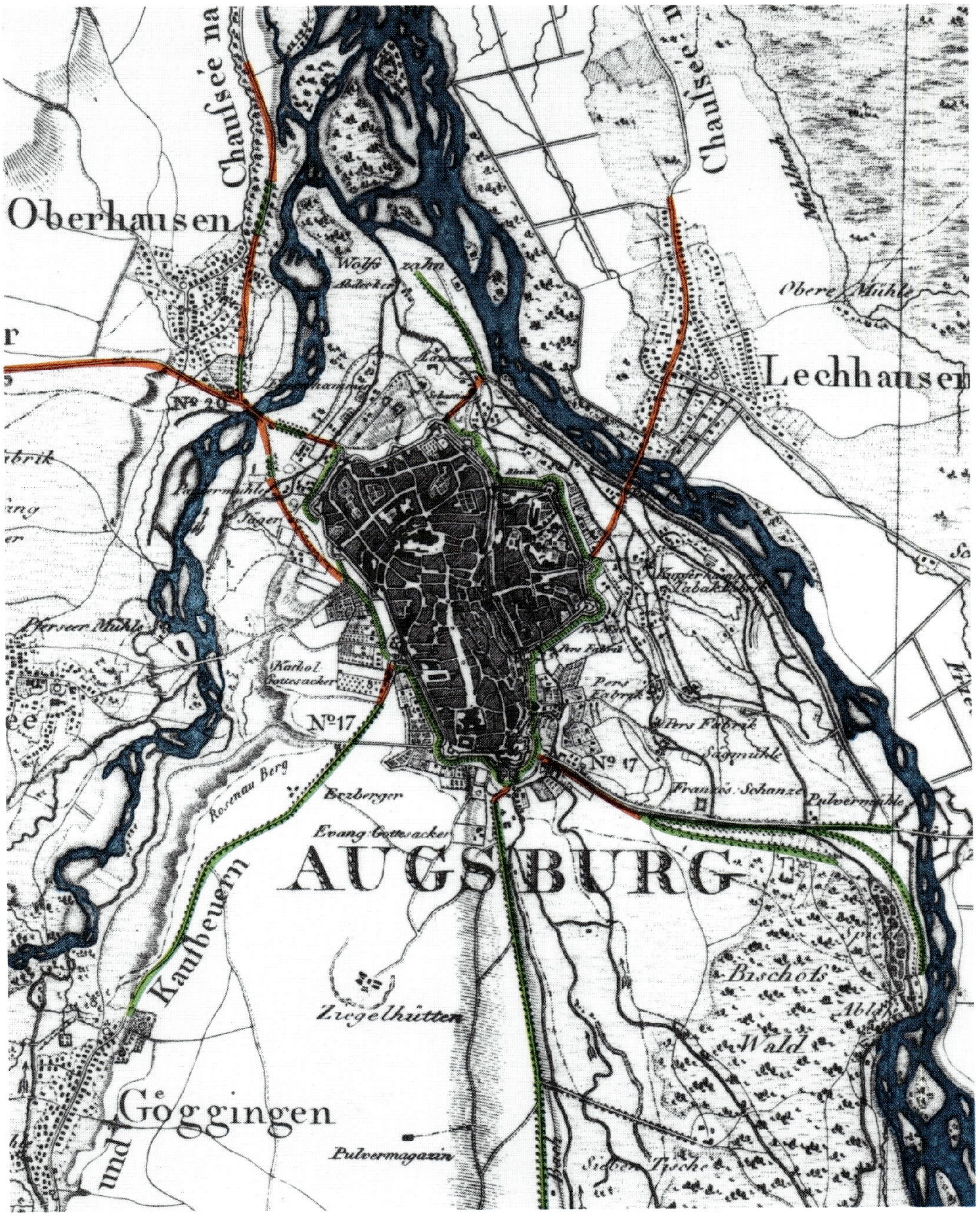

Abb. 11: Ausschnitt aus dem topographischen Atlas vom Königreich Bayern mit Darstellung der „Alleen-Straßen" (grün) und der „baumlosen" Straßenabschnitte (rot) um die historische Stadt und an den nach außen führenden Hauptstraßen. Bei diesem Kartenausschnitt handelt es sich um die älteste kartographische Darstellung des Augsburger Raumes aus der Zeit der bayerischen Landaufnahme vom Jahre 1815 (Bayer. Landesvermessungsamt 1982).

leicht waren es die topographischen Verhältnisse und die damals noch stärker mit Auwald durchsetzte Lechlandschaft, die gegen das architektonisch akzentuierte Gestaltungselement „Allee" sprachen. In späterer Zeit wurden innerhalb der Stadt fahrbahnbegleitende Baumreihen gepflanzt, die sich jedoch bis in die Gegenwart hinein nur spärlich entwickeln konnten. Der gewünschte, das Stadtbild prägende Alleencharakter zur äußeren optischen Gestaltung dieser Straße hat sich leider nicht eingestellt, weil der notwendige Lebensraum für die Bäume fehlt.

- „Chaussee nach Nürnberg über Donauwörth" (Donauwörther Straße):

Entlang dieser Verbindungsstraße sind zwischen dem Stadtwall beim Wertachbrucker Tor und der Wertach in dem damals noch kaum bebauten Gebiet drei Baumreihen als Allee dargestellt, ebenso auf der gegenüberliegenden Seite des Flußlaufes vor und nach der „Siedlung Oberhausen" eine doppelreihige Allee. Auch im weiteren Verlauf der Donauwörther Straße in Richtung Gersthofen zeigt diese „Chaussee" noch keine systematisierte landschaftsgliedernde Baumallee wie andere Straßen jener Zeit.

- „Chaussee von Günzburg" (Ulmer Straße):

Im Unterschied zu anderen von der historischen Stadt Augsburg nach außen führenden Straßen ist diese „Chaussee" in Richtung Ulm noch ohne erkennbares gestaltetes Baumgrün. Kriegshaber lag noch weit draußen in schönster landschaftlicher Lage, und die Alleen waren ein Attribut der Stadt.

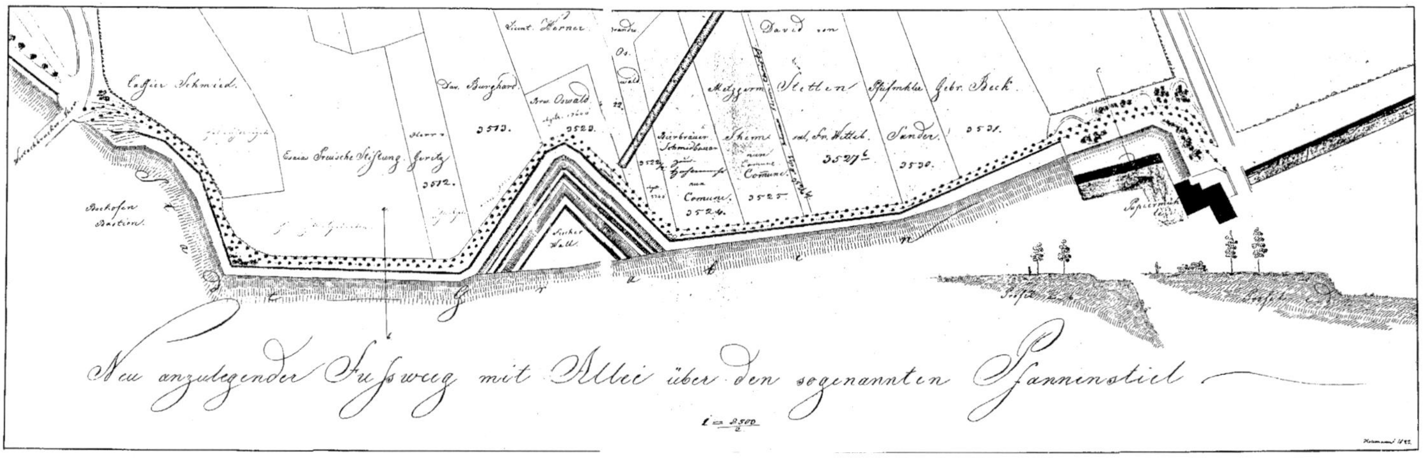

Abb. 12: KOLLMANN-Plan von 1823: Mit dieser grünfreundlichen Planung im nördlichen Stadtgebiet wurde zwischen Lueginsland und Wertachbrucker Tor die für Augsburg typische zweireihige „Promenaden-Allee" über den sog. „Pfannenstiel" geschaffen (vgl. Abb. 11 – Ausschnitt topographischer Atlas). Der Alleenring mit Bäumen und Fußweg um die historische Stadt war somit geschlossen (Stadtarchiv Augsburg).

3.7 KOLLMANN-PLAN von 1823 – Teilbereich Wallanlagen „Pfannenstiel"

Von 1834–1860 wirkte Franz Josef KOLLMANN als Baurat bei der Stadt Augsburg. In dem zuvor besprochenen Kartenwerk aus dem topographischen Atlas Bayern (1815) ist um den Stadtwall Augsburg herum ein fast vollständiger grüner Ring, bestehend aus einem Fußweg und der für Augsburg typischen zweireihigen Allee dargestellt. Zwischen dem „Wertachbrucker Thor", „Fischer-Wall" und „Papiermühle" (Bastion Lueginsland) fehlt diese Gestaltung noch. Mit dem Ziel vor Augen, den „Alleenring" zu ergänzen, erstellte Franz KOLLMANN im Jahre 1823 noch als Baupraktikant bei der Stadt Augsburg einen Entwurf mit einigen Schnittzeichnungen unter dem Titel „Neu anzulegender Fußweg mit Allee über den sogenannten Pfannenstiel". Nur wenige Jahre später ist in einem „Wegweiser für die Stadt Augsburg" über dieses Projekt „Zwischen Wertachbrucker- und Oblatterthor" folgendes zu lesen: „,... Der sogenannte Pfannenstiel, rechts am Wertachbruckerthore – eine Anhöhe mit Schanzen, über deren mit Wiesen bedeckten Rücken, mit zwei Reihen Bäumen und mit Ruhebänken besetzte Allee, an dem Lueg ins Land vorbei, gegen das Stephingerthor führt, auf welcher Promenade zugleich die schönste Aussicht auf die Dörfer der westlichen und nördlichen Gegend auf einige Stunden weit gewährt ist, und worauf noch vor 200 Jahren eine Art Vorstadt mit Fischerwohnungen stand, die ihre Verbindung mit der Stadt durch das noch sichtbare Fischertor hatte ..." An einer anderen Stelle der erwähnten Veröffentlichung wird die Bedeutung der jetzt um die ganze Stadt führenden Fußwege besonders hervorgehoben: „,... Von einem Thore zu dem anderen führen die schönsten schattigen Fußgänge, zum Theil mit Lindenbäumen, zum Theil aber mit Akazien- oder Vogelbeer-Bäumen besetzt, sowie breite Fahrwege ohne Unterbrechung rings um die Stadt. Um die ganze Stadt auf den Fußwegen zu gehen, braucht man in gewöhnlichen Schritten gegen zwei Stunden ..." (BÄUMER 1828).

3.8 Plan von Augsburg mit seinen Umgebungen von 1839

Dieses historische Planwerk „Bearbeitet in top. Bureau des k. b. Generalquartiermeister-Stabs, München 1839", zeigt die mit Alleen bestandenen und „nach außen führenden Straßen".

- „Chaussee von Memmingen und Kaufbeueren" (Gögginger Straße):

Die am „Gögginger Thor" (Königsplatz) beginnende, noch anbaufreie Straße, war schon vor über 150 Jahren ab dem „katholischen Gottesacker" (Hermanstraße) durchgehend mit einer Allee gestaltet. Nach dem damaligen Ort „Göggingen" ist westlich des „Wertach-Flusses" die „Wellenburger Allee" erkennbar.

Der Eserwall war über die „Hühner Straße" (Stettenstraße) mit der außerhalb der Stadt gelegenen „Chaussee" ebenfalls durch eine Allee verbunden. Der schon mehrfach angesprochene „Alleenring" um die historische Stadt Augsburg ist in dem Plan von 1839 nur im nördlichen Stadtgebiet „Auf dem Pfannenstiel" dargestellt (Vgl. KOLLMANN-PLAN v. 1823).

- „Chaussee nach Landsberg und Füssen" (Haunstetter Straße):

Ab „Rotes Thor" bis zum „Evang. Gottesacker" zeigt die Plansignatur eine Reihe Bäume. Einige hundert Meter südlich von dieser Begräbnisstätte beginnt eine mehrreihige Allee, die lückenlos nach Süden führt. Auch in diesem Plan ist die Wegeverbindung von der „Chaussee" zum Siebentischwald, die heutige Ilsungstraße, als „Alleenstraße" gekennzeichnet.

- „Chaussee über Dachau nach München" (Friedberger Straße):

Augsburg und Friedberg waren über diesen Straßenzug, wenn man die punktierte Plansignatur so interpretieren kann, um das Jahr 1835 durchgehend über den Lech hinweg mit einer stattlichen Allee verbunden.

- „Chaussee von Ulm" (Ulmer Straße):

Die vom Stadtwall her kommenden und in die „Chaussee nach Ulm" beim „Wertach-Fluß" einmündenden Straßen (Wertachstraße/Langenmantelstraße) waren nach diesem Plandokument mit Bäumen gefaßt. Ebenso die westlich der Wertach abzweigende „Chaussee von Donauwörth und Nürnberg" (Donauwörther Straße) bis in den damaligen Ortskern von „Oberhausen" hinein. Auch die heutige, damals noch überwiegend anbaufreie Ulmer Straße dürfte von der Wertach bis nach Kriegshaber eine „Alleenstraße" gewesen sein.

Aus diesem „Plan von Augsburg mit seinen Umgebungen" von 1839 läßt sich entnehmen, wo Bäume an Verkehrswegen als verbindende Orientierungs- und Gestaltungselemente in früherer Zeit standen. Wenn die Genauigkeit der zeichnerischen Darstellung auch nicht überbewertet werden darf, so bietet auch dieses Planwerk, zusammen mit den anderen hier erörterten historischen Karten, Ansatzpunkte für Überlegungen, die zu Lösungen und neuen Entwicklungen in der Gegenwart führen können.

3.9 Amtliche Flurkarten ab 1840 – Vermessungsamt Augsburg

Aus den amtlichen Flurkarten (M. 1 : 50.000), die beim Vermessungsamt Augsburg ab dem Jahre 1840 archiviert sind, geht eindrucksvoll hervor, wie das Augsburger Stadtgrün in der zweiten Hälfte des 19. Jahrhunderts verteilt und strukturiert war. Befaßt man sich auf dieser Arbeitsgrundlage tiefergehend mit den sogenannten Augsburger „Baumzügen", so ist auch hier wieder belegt, daß es außerhalb der historischen Stadt in früherer Zeit kaum eine Straße oder einen Weg ohne „Baumgrün" gegeben hat.

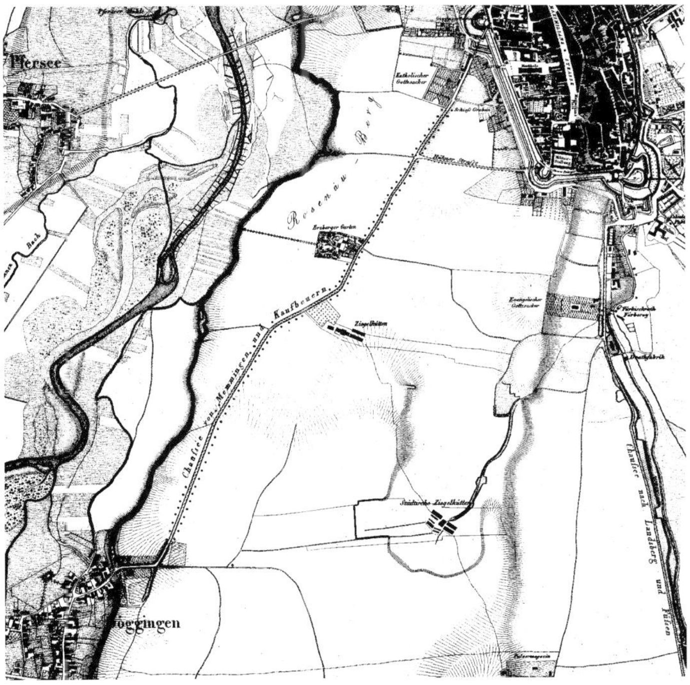

Abb. 13: Ausschnitt aus dem „Plan von Augsburg und Umgebung" von 1839: Die damals noch anbaufreie „Chaussee von Memmingen und Kaufbeuren" war mit straßenbegleitenden Bäumen doppelreihig bepflanzt.

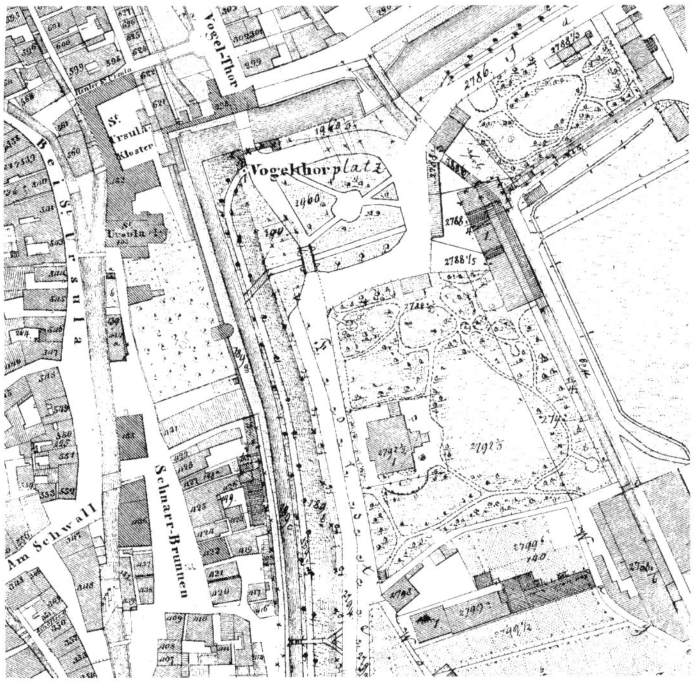

Abb. 14: Ausschnitt amtliche Flurkarte ab 1840: Neben den öffentlichen Baumanpflanzungen an Straßen und Wegen tritt hier die Grünanlage Vogeltorplatz und der private „Forsterpark" (seit 1993 Eigentum der Stadt) in Erscheinung (Vermessungsamt Augsburg).

Dies kommt auch in Zahlen, die bei HEERWAGEN (1915) dokumentiert sind, zum Ausdruck. Danach gab es, bezogen auf den hier besprochenen Zeitraum, 1845 in Augsburg zehn Kilometer mit Bäumen bepflanzter Straßen und 1895, fünfzig Jahre später, sollen es schon dreißig Kilometer gewesen sein. Am Beispiel des heutigen Königsplatzes läßt sich das Bemühen von Rat und Verwaltung, Plätze und Straßen mit Bäumen zu gestalten, sehr schön nachvollziehen.

In verschiedenen Quellen wird darüber berichtet: ,,... 1860 durften die Augsburger ihre Wehranlagen niederreißen, die dem Wachstum der Stadt empfindlich im Wege standen. ..." Zunächst fielen die Mauern zu beiden Seiten des 'Gögginger Tores'. Den Gögginger Torplatz schmückten bald Grünstreifen und Kastanien-Alleen." (SEYBOLTH 1977). Das Gögginger Tor wurde 1862 abgerissen, und 1869 erhielt der Platz den neuen Namen ,,Königsplatz".
Die hier erwähnten ,,Kastanien-Alleen" fanden ihre Fortsetzung in verschiedenen Richtungen im Wechsel mit anderen Baumarten an den für die Stadtentwicklung so wichtigen Straßenzügen wie der Fuggerstraße mit einer sechsreihigen Lindenallee, der Konrad-Adenauer-Allee (vier Reihen Kastanien, zusammen mit den drei Reihen Linden der Schießgrabenstraße insgesamt sieben Baumreihen) und der nach Westen führenden Bahnhofstraße mit einer zweireihigen Spitzahorn-Allee. In der Hermanstraße stand zwischen dem Königsplatz und dem Katholischen Friedhof eine verbindende Baumreihe, die nach der Begräbnisstätte in eine mehrreihige, nach Göggingen führende Lindenallee überging. Die amtlichen Flurkarten aus der zweiten Hälfte des vorigen Jahrhunderts zeigen auch

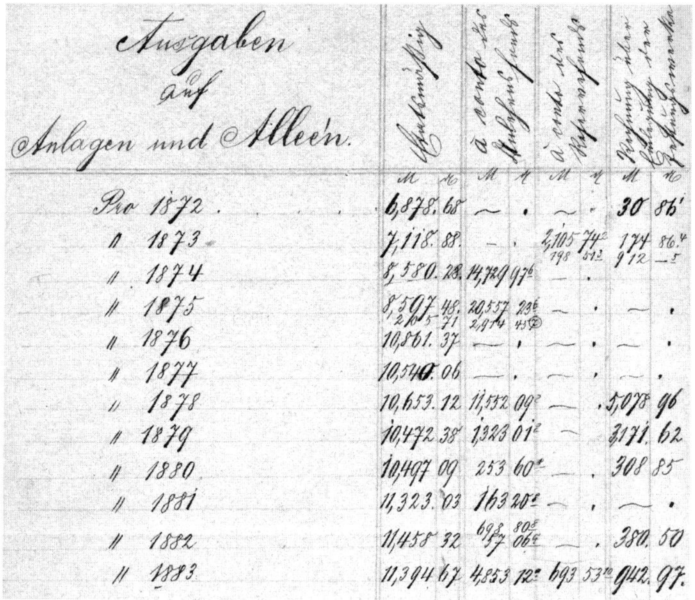
Ausgaben auf Anlagen und Alleen.

	M	₰	M	₰	M	₰	M	₰
Pro 1872	6,878.	68	—	.	—	.	30	86
" 1873	7,118.	88.	—	.	2,105 / 798	74 / 51	174 / 912	86 / 5
" 1874	8,580.	28.	14,729	97	—	.		
" 1875	8,597 / 2,105	48. / 71	20,557 / 2,914	23 / 45	—	.	—	.
" 1876	10,861.	37	—	.	—	.	—	.
" 1877	10,540.	06	—	.	—	.	—	.
" 1878	10,653.	12	11,552	09	—	.	5,078	96
" 1879	10,472	38	1,323	01	—		3,171.	62
" 1880	10,497	09	253	60	—	.	308	85
" 1881	11,323.	03	163	20	—	.	—	.
" 1882	11,458	32	698 / 57	80 / 06	—	.	380.	50
" 1883	11,394	67	4,853	12	693	53	942.	97.

Abb. 15: Zusammenstellung der ,,Ausgaben auf Anlagen und Alleen" von 1872–1883 (Stadt Augsburg – Amt für Grünordnung und Naturschutz)

sehr schön die Entwicklung der Wallanlagen zu öffentlichen Grünflächen mit der ,,Promenade", die mit einer aus zwei Baumreihen bestehenden Allee um die ganze Stadt führte. In manchen Bereichen der Stadt, wie zum Beispiel zwischen dem ,,Eserwall" und dem späteren Königsplatz oder dem ,,Schwibbogenplatz" und dem ,,Vogelthorplatz", bildete die ,,Promenaden-Allee" zusammen mit den jeweiligen Straßenalleen ausdrucksstarke, das Stadtbild in unvergleichlicher Weise prägende vielreihige ,,Baumzüge". Innerhalb der Stadtmauern zeigen die amtlichen Flurkarten ab 1840 noch üppiges privates Gartengrün, jedoch kaum Bäume an Straßen oder auf Stadtplätzen.

3.10 Stadtplan von 1915 mit öffentlichen Anlagen und Baumzügen

Der erste ,,Grünplan", der nach 1900 entstand und bei HEERWAGEN dokumentiert ist, trägt die Bezeichnung ,,Sanitäres und dekoratives Grün der Stadt Augsburg im Jahre 1915".

In einem Stadtplan (M. 1 : 20.000) sind ,,Die öffentlichen Anlagen und Baumzüge" aus jener Zeit grün eingetragen. Auch die projektierten und die ,,Schutzwürdigen" Naturgebilde sind vermerkt.

Ausgehend von den mit Bäumen bepflanzten Straßen, zeigt der hier besprochene Stadtplan zweierlei:
1. Der grüne Ring um die historische Altstadt ist bis auf den Bereich zwischen Klinkertorplatz und Liebigplatz (heute Bourges-Platz) geschlossen.
2. Die nach außen führenden Straßen sind überwiegend ,,grün" dargestellt, d. h. sie waren mit Bäumen bepflanzt.
   Auffallend ist, daß in der Friedberger Straße zwischen dem Stadtwall am Roten Tor und der Kreuzung Siebentisch-/Sanderstraße kein öffentliches Straßenbegleitgrün vorhanden ist. Erst nach dem bezeichneten Kreuzungspunkt ist die Signatur für Baumzüge wieder erkennbar. Stark betont dagegen sind die Alleen in der Wolfram-, Sander- und Siebentischstraße.
   Die nach außen führenden Hauptverkehrsstraßen (Haunstetter-, Gögginger-, Ulmer-, Donauwörther-, Lechhauser Straße) sind als ,,Baumzüge" gekennzeichnet. Sie alle stehen fast ausnahmslos in direkter Verbindung mit dem um die Altstadt führenden ,,Alleen-Ring" (Abb. 11).

,,Was die Straßenpflanzungen oder Baumzüge, diese Dokumente seltener Fürsorge anbetrifft, so ist der Bestand bis zum 1. Oktober 1915 auf 14.543 Bäume gestiegen, welche sich in einer Gesamtlänge von 60 km auf 126 Straßen verteilen; 19 Straßen sind einreihig, 74 Straßen zweireihig, 12 Straßen dreireihig, 10 Straßen vierreihig, 2 Straßen fünfreihig, 2 Straßen sechsreihig und 7 Straßen mit wechselnder Reihenzahl" (HEERWAGEN 1915).

Abb. 16: Sanitäres und dekoratives Grün der Stadt Augsburg im Jahre 1915:
Dieser erste nach 1900 entstandene „Grünplan" belegt eindrucksvoll die vielfältigen Bemühungen von Rat und Verwaltung um die Sicherung und Entwicklung des Stadtgrüns.

Die Plansignatur trifft drei fachliche Aussagen:
1. „Bestehende Anlagenflächen und Baumzüge" (dunkelgrün)
2. „Projektierte Anlagenflächen" (hellgrün)
3. „Schutzwürdige Naturgebilde"

HEERWAGEN (1915) nennt unter der Überschrift „Die schutzwürdigen Naturgebilde der Stadt Augsburg" z. B. folgende Baumarten und Heideflächen:
- Trauerweide an der St. Anna Kirche (1993 noch vorhanden!)
- Maulbeerbäume in der Eisenhammerstraße (heute: Heinrich-v.-Buz-Straße) (nicht mehr vorhanden!)
- Linde am Südostende des Wittelsbacher Parkes (?)
- Kaukasische Flügelnuß im Fronhof (nicht mehr vorhanden!)
- Großer Wandefeu (Hedera helix) an der Stadtmauer von St. Ursula beim Vogeltor, oben mehr als 20 m breit. Das imposante Naturgebilde ist vor einigen Jahren zurückgefroren und weitgehend abgestorben.
- Lindenallee am Schießgraben – ein wertvoller Grünbestand in Veränderung!
- Esche mit sichtbarem Wurzelwerk an der Schwedenstiege (1993 noch vorhanden! – vgl. Kap. 2, 3.1.4)
- Schwarzpappeln an der Lechdammstraße
- Dürren-Ast-Heide mit seltener Flora
- Siebentischwald mit Wald- und Wiesenflora
- Lechauen am linken Ufer mit subalpiner Flora

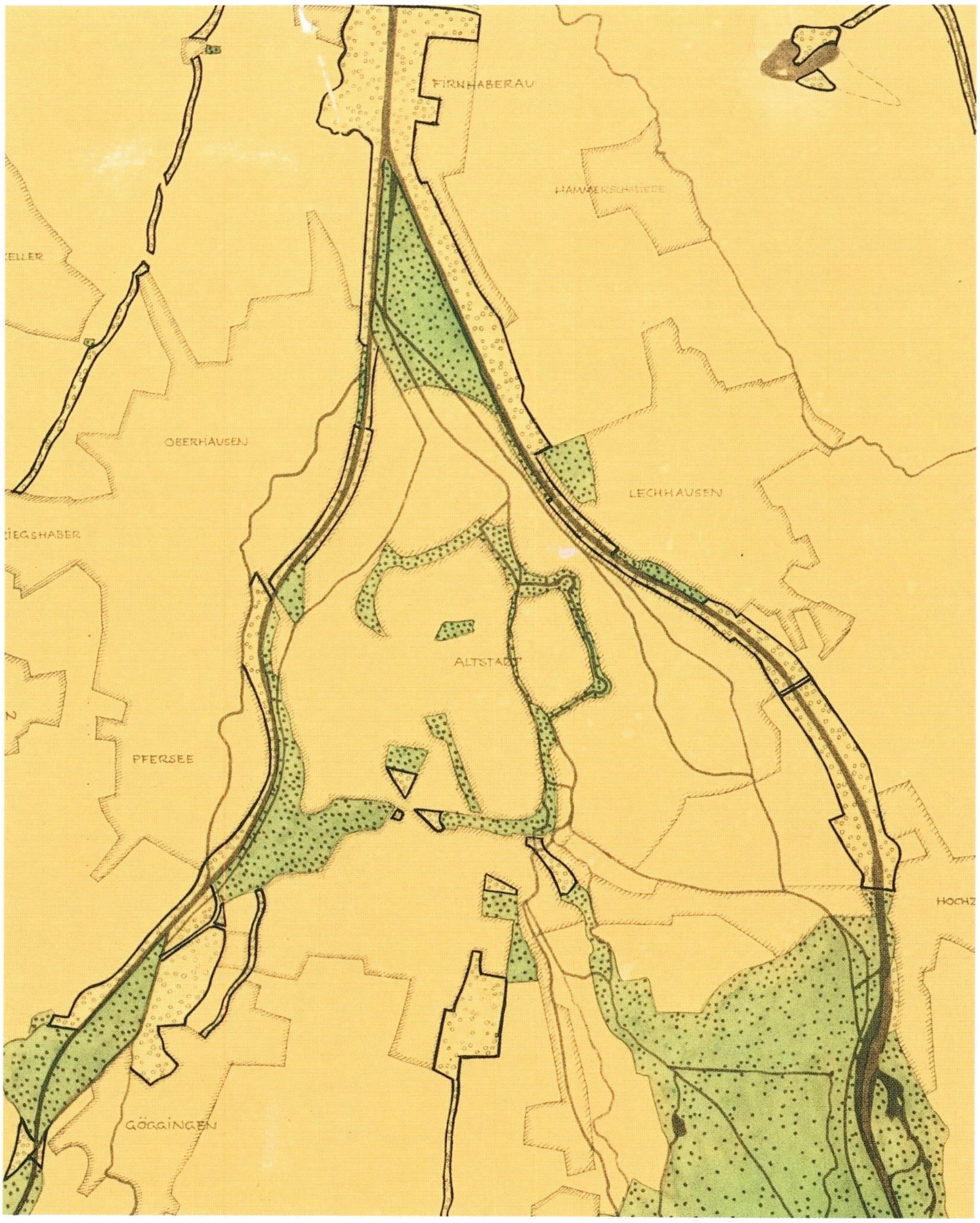

Abb. 17: ROEMER-Plan von 1950: Dieses wichtige Planwerk von Landschaftsarchitekt Prof. Ludwig ROEMER kann man als den ersten „Landschaftsplan" von Augsburg sehen. Der sog. „Grünraumplan" ist im Jahre 1950 im Zusammenhang mit der Aufstellung des „Wirtschaftsplanes der Stadt Augsburg" bearbeitet worden.

3.11 ROEMER-PLAN von 1950

Eines der bedeutsamsten Planwerke zur Grünentwicklung und Freiraumsicherung in Augsburg stellt der in jüngster Vergangenheit entstandene „ROEMER-Plan" dar. Er hat „Die wichtigsten Grünverbindungen im Raum Augsburg und die geplanten Ergänzungen – vorhandener Baumbestand – geplante Bepflanzung – Stand 1950" zum Inhalt. Was der Planverfasser, Landschaftsarchitekt Prof. Ludwig ROEMER schon 1950 feststellt, hat heute, im Jahre 1993, aufgrund verschiedenster Ereignisse eine „neue" Aktualität bekommen.

In seinem Bericht führte er dazu aus:
„... Die Stadt Augsburg befindet sich im Augenblick gerade in dem Stadium, wo sie den von der Natur gegebenen Rahmen zu sprengen droht und wo sie beginnt, zu einer unorganischen und ungestalteten An-

häufung von Bauten zu werden. Noch sind die Möglichkeiten zu einer gesunden Entwicklung offen, jedoch sind energische Anstrengungen nötig, um die weitere bauliche Ausbreitung der Stadt in die richtigen Bahnen zu lenken. Es gilt vor allem, durch Ausweisung zusammenhängender Grüngebiete größere Baueinheiten abzugrenzen und das Grün der Landschaft bis tief in den bebauten Raum hinein- und an den Stadtkern heranzuführen. Aufgabe der Grünplanung ist es, für diese Grünverbindungen die Flächen festzustellen, die hierfür besonders geeignet sind ..." (ROEMER 1950).

3.12 Der Landschaftsplan der Stadt Augsburg

Im Landschaftsplan, der auf der Grundlage des Bayerischen Naturschutzgesetzes (Art. 3 BayNatSchG) als Teilplan zum Flächennutzungsplan (vorbereitender Bauleitplan) erarbeitet worden ist, sind Aussagen über „zu sichernde und zu entwickelnde Gehölzstrukturen – Einzelbäume, Alleen" gemacht worden. Wichtig wäre, daß die Zielvorgaben nicht Makulatur bleiben, sondern mit dem gebotenem Nachdruck über konkrete Projektplanungen und Maßnahmenprogramme verwirklicht werden.

Abb. 18: Das Luftbild von EBERHARDINGER (1983) zeigt das Grün der Wallanlagen und die Alleen um die historische Stadt Augsburg.

4. Straßenbäume und Alleen: Veränderungen – Entwicklungen

Anhand von ausgewählten Beispielen wird in diesem Kapitel der Versuch unternommen, Entwicklungen und Veränderungen bei einigen mit Bäumen bepflanzten Straßen und Stadtplätzen darzustellen.

Hierbei wird unterschieden zwischen
- Straßen mit Bäumen in der historisch gewachsenen Stadt und
- Straßen, die in jüngster Zeit im Zusammenhang mit neuen Wohngebieten als „Alleenstraßen" entwickelt worden sind.

4.1 Herwartstraße – Bastion Lueginsland

Bereits in der ersten Hälfte des 19. Jahrhunderts ist in der Herwartstraße zwischen dem „Stephingerberg" und der Bastion „Lueginsland" oberhalb des wasserführenden Stadtgrabens entlang der Stadtmauer eine Baumreihe nachweisbar. Nach dem „Verzeichnis über Alleebäume d. Stadtgemeinde Augsburg" (um 1918) gab es eine Baumreihe mit 35 rot blühenden Kastanien. Mit zunehmender Motorisierung nach 1945 veränderte sich das Bild dieser Straße in der Altstadt. Von der Öffentlichkeit kaum wahrgenommen, verschwand ein Baum nach dem anderen. Auf dem Baumstreifen entstand ein Autoabstellplatz, der mit entsprechenden Verkehrsschildern nach Straßenverkehrsordnung (StVO) über viele Jahre legalisiert war: Eine logische behördliche Konsequenz, die aus der realen örtlichen Situation heraus entstanden ist. Geht man von dem hier dargestellten Beispiel einer „Nutzungsänderung" bei Flächen, die als Baumstandorte vorgesehen sind, aus, so könnte die Formel lauten: „Zunehmender Autoverkehr in der Stadt = Abnehmender Lebensraum für Straßenbäume und Alleen".

Abb. 19: Herwartstraße: Eine neue, gegen KFZ-Verkehr gesicherte Baumreihe ist von 1975–1985 wieder entstanden.

Abb. 20: Herwartstraße: Die letzte alte, rotblühende Kastanie, die den Verdrängungswettbewerb mit parkenden Autos überlebt hat.

• Einzelheiten zur Situation:
Von der historisch begründeten Baumanpflanzung in der Herwartstraße überlebten bis 1975 fünf von ursprünglich 35 rotblühenden Kastanien. Es waren 80–100jährige Bäume, die zwischen parkenden Autos hervorschauten. Die Baumstämme waren angefahren, die Rinde beschädigt, der lebensnotwendige Wurzelraum stark verdichtet und die Vitalität der Bäume zum „absterben" geschwächt. Versuche des für die Straßenbäume verantwortlichen städtischen Fachamtes, in dieser Straße wieder junge Bäume zu pflanzen, rief verschiedene Interessensgruppen auf den Plan. Eines der Hauptargumente für diesen „Parkplatz" lautete: „So nah am Rande eines Industriegebietes kann man auf keinen Stellplatz für Autos in der Herwartstraße verzichten". Auch das Argument, „es stünden ja sowieso fast keine Bäume mehr auf dem Grünstreifen ..." war oft zu hören, und im übrigen: „Nach StVO ist das Abstellen von Kraftfahrzeugen auf dem Baumstreifen ja ausdrücklich erlaubt". Die „Fahrmaschine" hatte in dieser Auseinandersetzung absolute Priorität im Denken.

• Ein langer Weg mit schwieriger Beweisführung:
Über eine sorgfältige Vermessung des Straßenraumes durch das Fachamt stellte sich heraus, daß die verschiedenen verkehrstechnischen Funktionen wie „Fahren" und „Parken" bei sparsamer Aufteilung des Straßenraumes auch ohne die Mitbenutzung des Baumstreifens möglich sind.
Hiervon ausgehend und mit Blick auf das bevorstehende Stadtjubiläum „2000 Jahre Augsburg" 1985 veränderte sich die bisherige Situation, die Kastanienreihe wurde in kleinen Schritten über mehrere Jahre verteilt wieder gepflanzt. Es war ein schwieriger Prozeß, der fast genau zehn Jahre (1975–1985) gedauert hat. Heute stehen in der Herwartstraße am alten Standort wieder 34 rot blühende Kastanien, 32 Jungbäume und zwei, die aus dem früheren Bestand so recht und schlecht überlebt haben. Fazit: Baumstreifen dürfen nicht als Autoabstellplätze mißbraucht werden, eine Forderung, die konsequent in der ganzen Stadt beachtet werden muß.

4.2 Volkhartstraße – Teil der Ringstraße

Die Volkhartstraße, ein Teil der Ringstraße, verbindet den Kennedy-Platz mit dem Klingertorplatz. Es sind keine hundert Jahre her, da standen an dieser Straße in der Innenstadt noch fünf Reihen Linden mit insgesamt 112 Bäumen. Bei einem Straßenprofil von 35,00 Metern Breite, dieses Maß ist im „Verzeichnis über Alleebäume d. Stadtgemeinde Augsburg" (um 1918) aufgezeichnet, standen zwei Baumreihen in der damals 10,70 m breiten Straße. Dies ist sehr wichtig zu wissen, um die inzwischen eingetretenen funktionalen und gestalterischen Veränderungen in der Volkhartstraße wieder bewußt zu machen. In der Vergangenheit gab es viele Bemühungen, in diesem Teilstück der Ringstraße wenigstens noch zwei Reihen Bäume zu erhalten. Am 3. März 1960 berichtet die „Augsburger Allgemeine" wie folgt darüber: „In der Volkhartstraße, die im Herbst verbreitert worden ist, wurden dieser Tage auf beiden Seiten Lindenbäume gesetzt. Insgesamt wurden fünf Bäume am Rand der Gehwege eingepflanzt." Hier drängt sich dem Verfasser die Frage auf: „Warum stehen heute in der Volkhartstraße nur noch so wenige Bäume, obwohl doch ständig welche nachgepflanzt worden sind?"

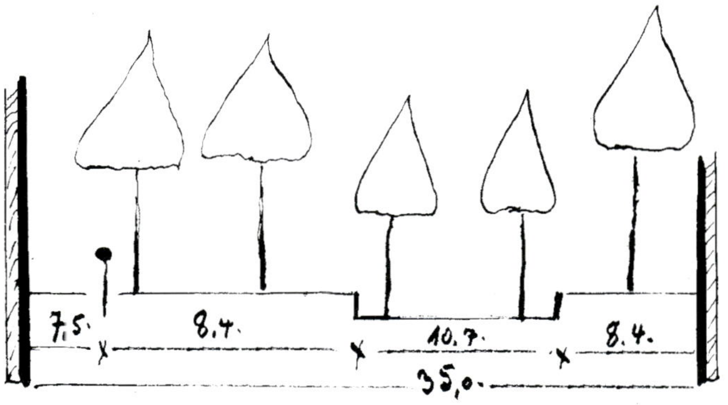

Abb. 21: Volkhartstraße – Teil der Ringstraße: Straßenprofil mit einer fünfreihigen Allee und Vorgärten, aufgenommen und dokumentiert um das Jahr 1918 (vgl. 12.1).

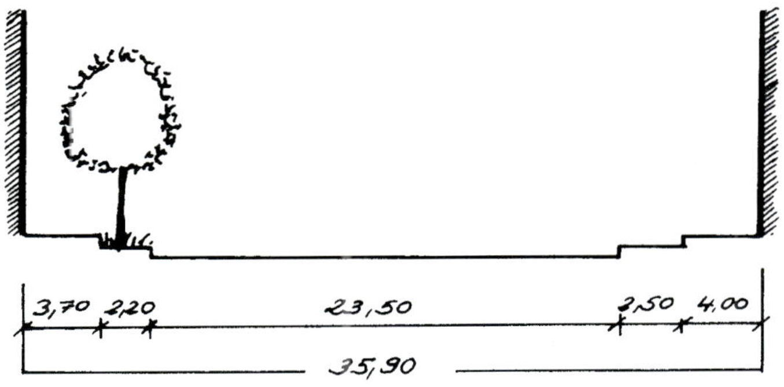

Abb. 22: Volkhartstraße 1993: Straßenprofil aufgenommen bei Haus-Nr. 12; heute ohne Vorgärten und mit nur noch einer Baumreihe (SCHINDELE, Amt für Grünordnung und Naturschutz).

Abb. 23: Volkhartstraße im Juni 1993: Das Foto zeigt vom Klinkertorplatz in Richtung Fuggerstraße links eine durchgehende Baumreihe; rechts die weitgehend „baumlose" Straßenseite.

Im Juli 1992 standen in diesem Teil der Ringstraße noch insgesamt 14 Linden im Alter zwischen 30 und 60 Jahren. Auf der Ostseite der Straße ist eine Baumreihe noch durchgehend mit 13 Bäumen vorhanden. Auf der gegenüberliegenden Straßenseite steht im Gehwegbereich Ecke Fröhlichstraße von den fünf 1960 gepflanzten Linden noch ein Baum.
Trotz der ansprechenden orientalisch wirkenden Architektur aus dem vorigen Jahrhundert und den noch vorhandenen wenigen Bäumen wirkt die Volkhartstraße eher als „Grau-schwarzes Asphaltband". Hier wäre ein konkreter Ansatz, das Straßenbild durch eine entsprechende Planung in positiver Weise zu verändern und den grünen Ring im Stadtzentrum mit einer lebensfähigen mehrreihigen Allee wieder zu schließen.

4.3 Fuggerstraße – Teil der Ringstraße

Als im Januar 1866 durch „Allerhöchste Entschließung" von König Ludwig II von Bayern nach jahrelangem Bemühen von Stadtmagistrat und Bürgerschaft, die Aufhebung der Festungseigenschaft von Augsburg bewirkt werden konnte, fielen in rascher Folge die Befestigungsanlagen. Schon im Jahre 1860 erfolgte die Niederlegung der Festungswerke und die Einebnung des Platzes vor dem Gögginger Tor, dem heutigen Königsplatz. Über dem aufgefüllten Stadtgraben verlaufen heute die Konrad-Adenauer-Allee, Fuggerstraße und Volkhartstraße (KIESSLING 1987).
Die Anlage Fuggerstraße wurde von dem städtischen Baurat Ludwig LEYBOLD (1833–1891) als erstes Stück einer „künftigen Ringstraße" ab 1866 geplant. Kernpunkte der Grünplanung waren breite Vorgärten entlang drei- bis viergeschossiger Mietshäuser im offenen System wechselnd, in spätklassizistischem Stil sowie eine aus sechs Baumreihen bestehende Lindenallee (DEBOLD-KRITTER 1979). Ein mustergültiges Beispiel für einen mit Baumgrün gestalteten Straßenraum.
Im Unterschied dazu ist die historisch sehr bedeutsame mittelalterliche Maximilianstraße, von Dichtern die „königliche" genannt, zu sehen. Ihr Gesicht wird nicht von Alleen, sondern auch heute noch von einer großartigen Architektur und faszinierenden Brunnen geprägt. Bei allem Lob für diese Augsburger Prachtstraße von europäischem Rang darf die heute das Bild bestimmende optische Dominanz des Automobils nicht übersehen werden.
Versucht man die LEYBOLD-Planung für die Fuggerstraße aus dem Jahre 1866 in Zahlen weiter zu ver-

deutlichen, so ergibt sich nach dem „Verzeichnis über Alleebäume der Stadtgemeinde Augsburg“(um 1918) folgendes Bild: Mit einer Gesamtbreite von 46,90 m, einer Fahrbahnbreite von 10,50 m sowie je zwei 8,20 m breiten „Promenaden“, einer sechsreihigen Allee und breiten Vorgärten hat LEYBOLD in der Fuggerstraße eine großartige grüne Architektur, eine wirkliche „Alleestraße“ wahrscheinlich in Erinnerung an die ausdrucksstarken Alleen von Versailles, in Szene gesetzt. Nach dem erwähnten Baumverzeichnis standen zur damaligen Zeit auf einer Länge von 320 Metern 132 Bäume: Auf dem „Fußsteig“ rechts und links der Fahrbahn 31 Linden (Tilia tomentosa), im „Fahrbahndamm“ 101 Sommerlinden (Tilia platyphyllos). Das Alter der Bäume wurde in der angeführten Quelle mit vierzig Jahren angegeben. Geht man davon aus, daß mit dem genannten Alter das Pflanzjahr gemeint ist, so wären die ersten Alleebäume in der Fuggerstraße 1878 gepflanzt worden.
Nach DEBOLD-KRITTER (1979) waren aber bereits 1872 sechs Baumreihen in der Fuggerstraße gepflanzt und photographisch dokumentiert. Bezogen auf das Jahr 1992 dürften die ersten Baumanpflanzungen in der neu angelegten Fuggerstraße somit vor etwa 120 bis 125 Jahren erfolgt sein. Als es diese Straße noch nicht gab, verlief zwischen dem Gögginger Tor und dem Alten Einlaß bereits ein schmaler Weg mit einer zweireihigen Allee, der mit dem „Alleenweg“ um den Stadtwall verbunden war. So dargestellt in alten Karten etwa um das Jahr 1850.
Nachdenklich stimmt, daß keiner der Lindenbäume aus der Erstpflanzzeit das Jahr 1940 überlebt hat. Das von den Bäumen erreichte Höchstalter lag somit knapp unter 70 Jahren (SCHMIDT 1984).
Nachdem aus der großzügig gestalteten „Alleestraße“ im Zuge der Stadtentwicklung eine mehrspurige „Autostraße“ wurde und für Bäume nur noch wenig Raum blieb, versuchten die Stadtgärtner ab 1940 wieder eine junge lebensfähige Allee aufzubauen. 1992 stand an dieser Stadtstraße eine zweireihige Allee mit insgesamt 66 Linden mit folgenden Arten: Krimlinde (Tilia euchlora), Winterlinde (Tilia cordata), Holländische Linde (Tilia europaea, Syn.: intermedia).
Im Vergleich über einen längeren Zeitraum zeigt dieses Beispiel gewisse Parallelen zu der festgestellten rückläufigen Entwicklung bei den Bäumen in der Volkhartstraße.
Der Entwicklung und Sicherung der Alleen dieses hier angesprochenen Straßenzuges zwischen Theodor-Heuss-Platz und Klinkertor-Platz und weiter in Richtung Wertachbrucker-Tor/Bourges-Platz mit Schwerpunkt Fuggerstraße/Volkhartstraße/An der Blauen Kappe/Am Katzenstadel sollte kommunalpolitisch in Zukunft eine hohe Priorität eingeräumt werden.

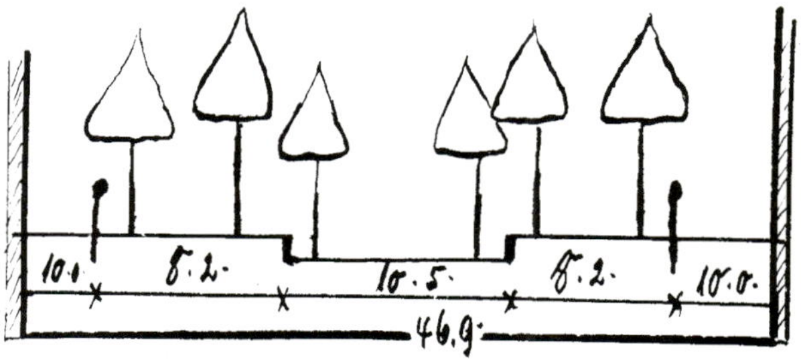

Abb. 24: Fuggerstraße – Teil der Ringstraße: Straßenprofil mit einer sechsreihigen Allee, aufgenommen und dokumentiert um das Jahr 1918 (vgl. 12.1).

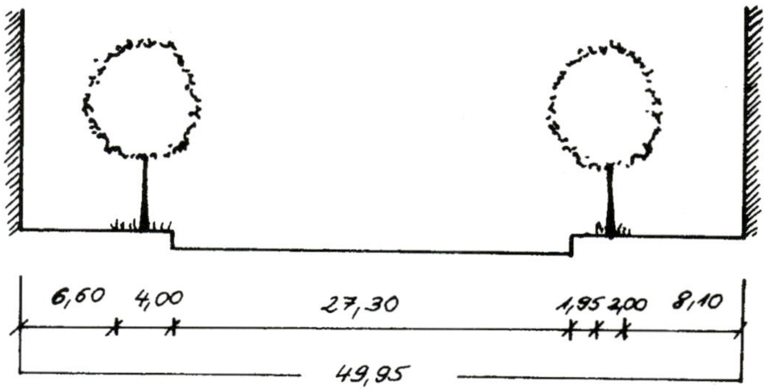

Abb. 25: Fuggerstraße 1993: Straßenprofil aufgenommen bei Haus-Nr. 12; ohne Vorgärten und mit heute noch zwei Baumreihen.

Abb. 26: Fuggerstraße im Juni 1993: Das Foto zeigt vom Stadttheater in Richtung Königsplatz links und rechts der Fahrbahn je eine Baumreihe. Fotos: Kurt R. Schmidt

4.4 Augsburger Bahnhofstraße im Jahre 1921

Die zwischen dem Königsplatz und dem Hauptbahnhof (eröffnet am 28.05.1846) liegende Bahnhofstraße wurde in der zweiten Hälfte des 19. Jahrhunderts mit einer doppelreihigen Ahorn-Allee (Acer platanoides) bepflanzt. Lange Zeit standen die Bäume in „bodenoffenen" Baumstreifen. Das Wachstum der Bäume schien im Unterschied zu heute recht üppig gewesen zu sein, und dies nicht immer zur Freude der Anwohner, wie das nachfolgende Pressedokument aus der „Augsburger Rundschau" vom 12. Februar 1921 belegt. Es wurde unter der Überschrift „Die Augsburger Bahnhofstraße" veröffentlicht.

Im Wortlaut:

> „Das Straßenbild der Städte durch Baumanpflanzungen zu beleben, gehört zu den dankbarsten Aufgaben der Gartenkultur. Diese Entwicklung hat sich naturgemäß Hand in Hand mit dem modernen Städtebau durchgesetzt, welcher von der Anlage enger und dunkler Gassen abwich. Pflanzliche Lebewesen, welche erhöhte Anforderungen an Luft, Licht, Wärme, Feuchtigkeit und Nährboden stellen, haben den Straßenbau nicht unwesentlich beeinflußt, da der Wille, Straßenanpflanzungen vorzunehmen, allenthalben in die Erscheinung trat. Dem Umstand, daß dabei in begrenzter Umgebung Pflanzungen schematisch durchgeführt wurden, ist es zuzuschreiben, wenn wir heute auf größere Nachteile der Alleebildung aufmerksam werden. Das behäbige Gefühl, im Schatten der Bäume zu promenieren, darf bei einer Straßenpflanzung nicht immer ausschlaggebendes Motiv sein. Bedenkt man, daß auf 12 Monate nur 3 Monate wärmere Zeit fallen, davon die Hälfte Zeit regnerisch und trüb ist, sodaß vielleicht 30–40 Tage als ausgesprochene Sommersonnentage in Betracht kommen, so empfindet der 'Lichtbedürftige' eine allgemeine Depression, wenn er wegen dieser paar Tage sich ein Jahr lang hinter Laub- und Geästschatten vergraben soll. Dies gilt insbesondere für den Wohnungsinhaber einer schattenreichen Straße.
> Unsere Bahnhofstraße gibt zu mancherlei Beanstandungen und Wünschen in dieser Hinsicht Anlaß. Von den ziemlich hohen, ineinandergreifenden Bäumen sieht der Passant den knorrigen Stamm, das Astgerüst und die dunkle Unterseite des Blätterdaches. Die Gesamtwirkung einer grünen Allee bleibt den Dachstuhlbewohnern vorbehalten, welche nebenbei erwähnt, den größten Vorteil einer dichten Laubbedachung genießen, weil sie eine sonnige und freundliche Wohnung haben. Der Fassadenwirkung ist naturgemäß nur ein sehr bescheidener Anteil eingeräumt. Das Bild ist gleich diesem, eines auf Säulen getragenen Daches, welches sich durch die Länge der Straße in dreiviertel Höhe der Fassaden hinzieht. Damit ist die Kehrseite einer Straßenbelebung durch Bäume entstanden. Wenn die Fassaden um eine Vorgartenbreite zurücktreten würden, könnte kein Einspruch erhoben werden. So aber verbietet das Anrecht auf eine gesunde und helle Wohnung eine weitere Beibehaltung dieses Zustandes.
> Das Straßenbett (Grundfläche mit Fassaden) wird aber auch keinesfalls verschönert, wenn es in einer bestimmten Höhe von der Sonne abgeschnitten wird. Das grüne oder bunte Laub, die Form der Krone, die Blüten, kommen nur wenig zur Geltung. Deshalb erscheint es zweckdienlich, bei Straßen, welche keine Vorgärten besitzen, sich einer anderen Pflanzmethode zu bedienen. Die Grünwirkung

Abb. 27: Bahnhofstraße im Juni 1993: Auch diese Stadtstraße hat mehrere Gesichter: Negativ wirkende Umwelteinflüsse und eine damit einhergehende Standortverschlechterung führen zum Absterben der Bäume.

Abb. 28: Dort, wo die Lebenssituation der Alleebäume in der Bahnhofstraße noch einigermaßen artgerecht ist, zeigen sie ein gesundes Wachstum und ein angenehmes Erscheinungsbild.

muß in das Gesichtsfeld springen und darf auch oben die ihr zugewiesene Form und Grenze nicht wesentlich überschreiten. Da die Pflanzung nur auf dem Randende des Fußsteiges vorgenommen werden kann und hier ein Wasserablauf nicht unterbunden werden darf, ist natürlich eine bestimmte Grenze für die Ausschmückungsmöglichkeit vorhanden, welche zum Beispiel eine Heckenbildung oder einen Rasenstreifen nicht zuläßt. Aber die Pflanzung mit Kugelbäumchen, welche untereinander mit wildem Wein oder anderen Schlingpflanzen ... verbunden werden, wäre empfehlenswert. Dadurch würde die Grünwirkung auf die Gesichtshöhe herabgedrückt werden, zum Vorteil des ganzen Straßenbildes, welches uns einen freundlicheren Anblick gewährte als dies durch hohe Storren erreicht wird in gegenwärtiger Erscheinung.
Und die Hausbewohner würden mit den Augen zwinkern, ob des Lichtscheins, der in ihre Wohnungen dringen würde.
Mit dem Abholzen könnte schon morgen begonnen werden" (FERNER 1921).

Genau siebzig Jahre nach dem Erscheinen dieses beachtenswerten Artikels über Bäume befaßte sich der Bauausschuß des Stadtrates im Jahre 1991 ausführlich mit der „Neugestaltung der Bahnhofstraße" (Grundsatzbeschluß). Dabei ging es bei dem auf 2,5 bis 2,9 Millionen Mark geschätzten Projekt auch um die Entwicklung und Sicherung von Baumstandorten sowie um die richtige Baumartenwahl.
Auch wenn die vorhandenen Straßenbäume überwiegend rückläufig und bedingt durch die verschiedensten Umwelteinwirkungen (Menschen, Verkehr, Luftschadstoffe) stark geschädigt sind, so empfiehlt es sich doch, die wenigen gesunden Bäume zu erhalten und mit in die Neugestaltung der Straße einzubeziehen.

Die diskutierte Überlegung, statt der Ahorn-Bäume Platanen zu wählen, wie am Bahnhofsvorplatz, ist aus fachlicher Sicht nicht zu empfehlen. Der Straßenraum ist für den Großbaum „Platane" zu eng. Auch wenn die Bäume im Schnitt gehalten würden, gäbe es Probleme mit den hochdrückenden Wurzeln im Gehwegbereich. Auch sollte man der Tendenz zur „Platanen-Monokultur" durch die Wahl einer anderen Baumart entgegenwirken, zumal die „stadtresistente" Platane in jüngster Zeit in Augsburg auch Schwächen gezeigt hat.

Eine hilfreiche Orientierung ist die von der Ständigen Konferenz der Gartenamtsleiter beim Deutschen Städtetag (GALK-DST) herausgegebene Liste zur „Beurteilung von Baumarten für die Verwendung im städtischen Straßenraum", die von Zeit zu Zeit von namhaften Fachleuten überarbeitet und veröffentlicht wird; (vgl. Das Gartenamt 40 [1991] Oktober).

Abb. 29: Elias-Holl-Platz: Früher eine nach barockem Vorbild gestaltete und mit kleinkronigen Bäumen bepflanzte öffentliche Anlage – heute ein Pflasterplatz, bepflanzt mit kastenförmig geschnittenen Platanen, auf dem gespielt, gefeiert und getanzt wird.

4.5 Elias-Holl-Platz

Durch den Abbruch des „Eisenhofes" wurde 1882 der Platz hinter dem Rathaus freigelegt, um den Neubau eines Verwaltungsgebäudes zu ermöglichen. Nach Protesten aus der Bevölkerung blieb der Platz frei und erhielt seinen Namen nach dem Erbauer des Rathauses Elias HOLL (1573–1646), (LIEB 1951).
In den folgenden Jahren entstand dann eine gärtnerische Anlage nach barockem Vorbild mit Blumenrondell, Kreuz- und Rahmenweg. Genau spiegelbildlich zu der platzbegrenzenden Architektur (Rathaus/Verwaltungsgebäude II) wurden zwei Reihen kleinkronige Bäume entlang der Sterngasse (östlicher Bereich) und Eisenberg (südlicher Bereich) gepflanzt. In dieser Zeit (1884) gab es einen Vorschlag für die Gestaltung des neugeschaffenen Elias-Holl-Platzes mit parkähnlicher Gartenanlage und Freitreppe zum Unteren Fletz des Rathauses sowie einer barocken Einfriedigung mit repräsentativem Eingangstor, ähnlich wie beim Hofgarten (KIESSLING 1986).
Mit Hinweis auf die „außerordentlichen Aufwendungen für öffentliche Anlagen" nennt HEERWAGEN (1915) in den Jahren 1890/91 für den Elias-Holl-Platz einen Betrag von 3.588,69 Mark.
An diesem Beispiel zur Erhaltung und Gestaltung eines Stadtplatzes mit historischem Umfeld werden frühere Einwirkungen der Bevölkerung auf Rat und Verwaltung ablesbar: Grün, und vor allem auch Bäume dort hinzubringen, wo ursprünglich keine waren. Heute stehen auf dem inzwischen gepflasterten Elias-Holl-Platz aus historischer Zeit neun „kastenförmig" geschnittene Platanen (Platanus acerifolia). Ein gutes Beispiel, wie ein „versteinerter" Stadtplatz, unter Rücksichtnahme auf die umgebende Architektur, mit Bäumen gestalterisch verbessert werden kann.

Abb. 30: Moritzplatz im Stadtzentrum 1992: Auch hier wurden in jüngster Zeit einige Platanen gepflanzt, die in „barocker Manier" kastenförmig geschnitten werden. Das rote Weberhaus im Hintergrund läßt mit dem sichtbaren Baumgrün die besondere Qualität dieses Stadtraumes erahnen.

Abb. 31: Wellenburger Allee im August 1992: eine der ganz besonderen Alleen im heutigen Augsburger Stadtgebiet

4.6 Moritzplatz

Ein weiteres Beispiel aus jüngster Zeit ist die Begrünung des ebenfalls mit Pflaster gestalteten Moritzplatzes im Stadtzentrum. Dort wurden ähnlich wie auf dem Elias-Holl-Platz wenige streng geschnittene Platanen gepflanzt. Der „graue" und „versteinerte" Eindruck, den man davor von diesem Stadtplatz optisch vermittelt bekam, ist einem eher freundlich wirkenden grünen Bild gewichen, ohne daß die vielfältigen Funktionen, die dieser wichtige öffentliche Freiraum zu erfüllen hat, dadurch nachteilig beeinflußt worden wären. Im Gegenteil: Viele positive Wirkungen stellten sich ein. So spenden die Bäume in heißen Sommern (1992 mit Tagestemperaturen von über 35 Grad Celsius) Schatten, kühlende und erholsame Frischluft für die Menschen in der Stadt. Die Bäume vermitteln Wohlbehagen und vieles mehr.

5. Wellenburger Allee im Wertachtal

Eine der prägnantesten Alleen im heutigen Stadtgebiet von Augsburg ist die Wellenburger Allee. Im Unterschied zu den in bebauten Bereichen an Straßen stehenden Baumanpflanzungen verläuft die Wellenburger Allee gradlinig durch die freie Landschaft des Wertachtals und verbindet den Stadtteil Göggingen mit Schloß Wellenburg. Richtet man seinen Blick von der Gögginger Wertachbrücke kommend bei Sonnenschein nach Westen in die Tiefe der Allee hinein, so ist man beeindruckt von ihrer ästhetischen Schönheit. Am Beginn der doppelreihigen Allee stehen hohe alte Bäume, die in der Unendlichkeit zu münden scheinen. Unwillkürlich kommt einem hier Christian MORGENSTERN (1871–1914) mit seinem tiefsinnigen Gedicht über „Die Allee" in den Sinn: „Ich liebe die geraden Alleen mit ihrer stolzen Flucht, ich meine sie münden zu sehen in blauer Himmelbucht."

5.1. Jede Allee hat ihre eigene Geschichte

Versucht man die Entstehungsgeschichte einer Allee aus früherer Zeit näher zu ergründen, so kommt man an den übermächtigen, von Menschenhand geschaffenen Baumarchitekturen im französischen Park des 17. Jahrhunderts nicht vorbei. Es sei hier nur an André LENOTRE (1613–1700), den großen französischen Gartenarchitekten erinnert, der für Ludwig XIV. in Versailles riesige Gärten mit eindrucksvollen Alleen anlegte. Diese Vorbilder wurden auch außerhalb Frankreichs in veränderter Form gerne nachgeahmt. Wann wurde die Wellenburger Allee gepflanzt? Diese Frage ist in der Vergangenheit immer wieder mit unterschiedlichen Jahreszahlen belegt worden. Hier muß unterschieden werden zwischen dem Alter der heute vorhandenen Bäume und dem Entstehungsjahr der Allee selbst.
Aus Unterlagen des Fugger-Archivs in Dillingen/Donau geht hervor, daß die Allee zwischen dem früher selbständigen Ort Göggingen und Schloß Wellenburg um 1840 angelegt worden sein soll. In einem Schreiben wird jedoch dazu berichtet, daß zwischen 1828 und 1834 aus dem Wellenburger Forst „Baumsetzlinge zur Unterhaltung der Straßen-Allee zwischen Wellenburg und Göggingen" abgegeben worden sind (FA 17.02.56 d. 1/4).

Abb 32: Blick auf Schloß Wellenburg im Wertachtal

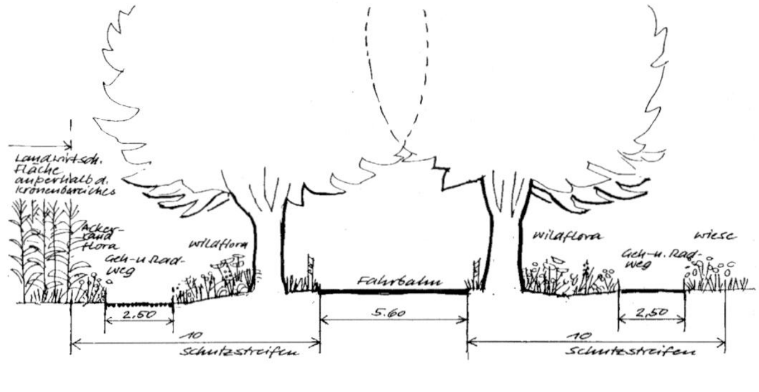

Abb. 33: Vorschlag zur Dimensionierung und Sicherung des notwendigen Lebensraumes für die Allee an der Wellenburger Straße

Abb. 34: Überlegungen zur Gestaltung und Pflege der Grünstreifen, auf denen die Alleebäume stehen.

Viel früher schon bestand die in den Akten als „Lindenallee" bezeichnete Anlage bei Radegundis. Im März 1826 stellte sich die Frage, wer für den Unterhalt der Straße nach Radegundis/Leitershofen aufkommen muß. Eine zum Aktenvorgang gehörende Handskizze aus der damaligen Zeit zeigt unter anderem eine Allee vor Radegundis. Die Allee an der nach Göggingen führenden Straße bestand um diese Zeit eindeutig noch nicht. Bezogen auf das bereits Ausgeführte darf angenommen werden, daß die Wellenburger Allee um das Jahr 1827 begonnen worden ist und somit rund 165 Jahre alt sein dürfte (1992). In einer historischen Karte, die um 1815 für den Topographischen Atlas Bayern über den Raum Augsburg gezeichnet worden ist, sind zwischen dem „Wertach-Fluss" (Gögginger Brücke) und einer etwa 500 m westlich davon gelegenen Reliefveränderung im Gelände (heute Bereich Isegrimstraße) zwei Baumreihen an der schnurgeraden, nach Wellenburg führenden Straße dargestellt. Sehr wahrscheinlich handelt es sich hier um die ersten Anfänge der zuvor beschriebenen rund zwei Kilometer langen Wellenburger Allee.

5.2 Sicherung des Lebensraumes der Bäume

Linden können an ihrem natürlichen Standort mehr als tausend Jahre alt werden. Als „Straßenbaum" verwendet hat diese vitale Baumart ihr Lebensoptimum oft schon mit 50 Jahren überschritten. Das Alter der unterschiedlichen Bäume in der Wellenburger Allee wird mit 70 bis 120 Jahren angenommen (1993). Daraus wird deutlich, daß kein einziger Alleebaum aus der Erstpflanzzeit bis heute überlebt hat. Warum? Im Unterschied zu vielen anderen Straßenbaumstandorten im stark bodenversiegelten Innenstadtbereich steht die Lindenallee an der Wellenburger Straße in einer landwirtschaftlich genutzten Feldflur. Das Problem hier ist nicht die Versiegelung der Bodenoberfläche, sondern die zu nah an das Schutzgut „Allee" herangeführte ackerbauliche Intensivnutzung. Will man diese Allee „erlich" erhalten – und daran besteht kein Zweifel –, dann muß zuallererst der Lebensraum für die Bäume nachhaltig gesichert werden.

5.3 Naturschutzgesetz – nur eine Möglichkeit

Seit dem 26. November 1975 stehen die Bäume der Wellenburger Allee unter dem Schutz des Bayerischen Naturschutzgesetzes (Art. 12 Abs. 1). Ein wichtiger Schritt, der jedoch zur Sicherung der Allee alleine nicht ausreicht. Gesetze und Verordnungen sind stumpfe Waffen, wenn nicht noch andere Schutz- und Entwicklungsmaßnahmen hinzukommen. Konkreter ausgedrückt: Es nützt wenig, wenn wir den Baum als Individuum zwar naturschutzrechtlich schützen, ihm aber den artgemäßen und notwendigen Lebensraum vorenthalten.

Eingriffe in den Wurzelbereich zerstören die Lebensgrundlage der Bäume: Am 5. November 1991 hat ein Landwirt entlang der Wellenburger Allee seinen Acker tief gepflügt; dabei wurde das Wurzelwerk von 18 alten Linden stark beschädigt.

Aufschlußreich dürfte auch sein, wie sich der schädigende Eingriff in den Wurzelraum der Wellenburger Allee im Verfahrensablauf einer Verwaltung darstellt und wie die örtliche Presse darauf reagierte:

15.11.1991: Wellenburger Allee – Untere Naturschutzbehörde erfährt von dem Eingriff in den Wurzelraum der Wellenburger Allee und nimmt die Ermittlungen auf.

08.01.1992: Landwirt bekommt von der Stadt einen Bußgeldbescheid über 1.900,– DM wegen Verstoß gegen die Verordnung zum Schutz der Wellenburger Allee und einen Bescheid zur Zahlung von 33.000,– DM für Baumbeschädigungen und Ausgleichsmaßnahmen.

28.01.1992: Landwirt erhebt Einspruch bzw. Widerspruch gegen die Bescheide der Unteren Naturschutzbehörde.

26.03.1992: Die Stadt Augsburg leitet das Widerspruchsverfahren an die Regierung von Schwaben weiter.

14.04.1992: Abgabe der Bußgeldsache an die Staatsanwaltschaft beim Landgericht Augsburg.

12.06.1992: Verhandlung der Bußgeldsache vor dem Amtsgericht Augsburg mit Verurteilung des Landwirts.

17.06.1992: Landwirt legt Rechtsbeschwerde gegen das Urteil vom 12.06.1992 ein.

17.08.1992: Begründung der Rechtsbeschwerde gegenüber dem Amtsgericht Augsburg.

09.10.1992: Regierung von Schwaben bittet Untere Naturschutzbehörde um Stellungnahme, ob anstelle der Ausgleichszahlung auch eine Sachersatznahme geleistet werden kann.

29.10.1992: Bayerisches Oberstes Landesgericht beschließt, daß das Urteil vom 12.06.1992 aufgrund eines Formfehlers aufgehoben wird und die Sache erneut vor dem Amtsgericht Augsburg verhandelt werden muß.

22.12.1992: Erneute Verhandlung in der Bußgeldsache vor dem Amtsgericht Augsburg. Richter vertagt die Verhandlung, um einen Sachverständigen (W. KOCH) einzuschalten.

26.01.1993: Die Untere Naturschutzbehörde teilt der Regierung von Schwaben mit, daß anstelle einer Ausgleichszahlung der Betroffene elf Winter-Linden innerhalb der Wellenburger Allee pflanzen könne.

14.06.1993: Der vom Gericht bestellte Sachverständige nimmt seine Ermittlungen auf. Ergebnis: wird in einer Sonderveröffentlichung dargestellt.

Der Naturschutzbeirat (20.01.1992) der Stadt Augsburg und der Umweltschutzausschuß (21.01.1992) des Stadtrates haben sich mit dem Eingriff in den Wurzelbereich der Wellenburger Allee eingehend befaßt und entsprechende Schritte gegen den Schadenverursacher gefordert.

Das Beratungsergebnis beider Gremien kommt in dem einstimmig gefaßten Beschluß des Umweltschutzausschusses zum Ausdruck:
„Die Verwaltung wird ... beauftragt,

1. Die Verordnung der Stadt Augsburg zum Schutze der Wellenburger Allee entsprechend zu ändern und
2. diese Privatflächen in städtischen Besitz zu überführen, d. h. möglichst zu erwerben, hilfsweise anzupachten und die entsprechenden Flächen über Förderprogramme extensiv bewirtschaften zu lassen." (Drucksache-Nr. 92/00022)

Sachverhalt	Zahlen/Fakten	Bemerkungen
Entstehungsjahr der Allee	1827/28–1840	Fürstl. u. Gräfl. Fuggersches Stiftungsarchiv Dillingen/Donau
Länge der Allee	ca. 2 km	–
Anzahl der Bäume	365 Stück	Stand: 1992 (einschl. Jungbäume)
Baumart	Linde	Tilia cordata u. a. Arten
Alter der Bäume	70–120 Jahre	Stand: 1993
Allee geschützt	26.11.1975	Art. 12 Abs. 1 BayNatSchG
Sturmschaden	Juli 1992	Sturm Windstärke 11
Gefährdung der Allee heute		Kfz-Verkehr Landwirtschaft Witterungseinflüsse

Übersicht: Wellenburger Allee

6. Mit Obstbäumen bepflanzte Straßen

Wer kennt noch die alten Straßenbilder mit den hochwachsenden Mostbirnenbäumen und den eher rundlich ausgeformten, vom Wind gerichteten Apfelbäumen entlang von Landstraßen?
„Man ist heutzutage geteilter Ansicht, ob es zweckmäßig sei, die Straßen und Wege, welche kreuz und quer das Land durchziehen, mit Obstbäumen zu bepflanzen", schrieb 1937 der bekannte Obstbaulehrer E. JUNGE.
Wenn wir heute, mehr als ein halbes Jahrhundert später, wieder damit beginnen, Obstbäume aus verschiedenen Beweggründen an unterschiedlichen Standorten zu pflanzen, dürfte es lehrreich sein zu erfahren, welche Vorteile man damals solchen Anpflanzungen zusprach:
„Die Bäume spenden Schatten; sie geben die Wegrichtung an; sie bringen Erträge und sichern somit auch Einnahmen. Richtig angelegte und gepflegte Straßenanpflanzungen können als Vorbild zur Nacheiferung dienen."
JUNGE (1937) nennt auch Ursachen für den Rückgang des Straßenobstbaues: „Mißgriff bei Anzucht und Pflege der Bäume; keine vorbildliche Anpflanzung; trostloser Pflegezustand; zunehmender Verkehr; Beherrschung der Straßen durch den Kraftwagen; geänderter Straßenbelag: vorzugsweise festes Pflaster, Beton oder Asphalt; und das diese feste Straßendecke den Bäumen nicht zusagt, liegt nahe. Das Befahren der Straßen mit den hohen Lastautos hatte zur Folge, daß viele Bäume in den Kronen stark beschädigt wurden, die Bäume mußten 'aufgeästet' werden, ein fast schon widernatürlicher Vorgang" (JUNGE 1937).

Untersucht man den einen oder anderen angesprochenen Punkt etwas genauer, bezogen auf das Augsburger Stadtgebiet, so zeigen sich interessante Ähnlichkeiten mit den verschiedenen Problemen und Entwicklungen in heutiger Zeit.
Wo gab es in Augsburg mit Obstbäumen bepflanzte Straßen?
Die allgemeine Antwort hierauf könnte lauten: „Überall, im Stadtzentrum ebenso wie an den nach außen führenden Straßen."

6.1 „Alleen" mit Obstbäumen in der Stadt Augsburg

Am 2. März 1899 antwortete das „Mag. Bureau der k. b. Kreishauptstadt Augsburg" auf ein Schreiben des Bienenzucht- und Obstbauvereins Augsburg wie folgt:

> „Mit Obstbäumen bepflanzte Alleen hatte die Stadtgemeinde nur an der Fröhlich- und Viktoriastraße. Diese Bäume mußten gefällt werden wegen Verbreiterung und Umbaues der Straßen sowie wegen Herstellung der Asphalt-Trettoirs. Daß diese Straßen bei der Neupflanzung nicht wieder mit Obstbäumen bepflanzt wurden, veranlaßte der traurige jammervolle Zustand wie diese Bäume von großen und kleinen Buben zugerichtet wurden. Sobald ein Fruchtansatz an den Bäumen sichtbar wurde, begann das Werfen mit Steinen, Prügeln, Latten p. p., daß die Passanten oft ernstlich gefährdet wurden. Das auf den Bäumen noch hängenbleibende Obst, hauptsächlich spätreifende Winteräpfel mußten kaum halb gewachsen gepflückt werden, um das die Bäume nicht ganz zerworfen und zerrissen wurden. Weiters standen noch einige 30 große Apfelbäume in der alten Anlage vor der Spinnerei Wertach. Von diesen erfroren die meisten Bäume in dem strengen Winter von 1879 auf 80, wodurch jedes Jahr welche abstarben und stehen z. Zt. nur noch einige Bäume. Nachgepflanzt wurden keine Obstbäume mehr. Die gemachte Erfahrung war eine ganz traurige. Das Werfen mit Steinen p. p. wird meist von halbwüchsigen Schul-, Lehr- und Fabrikbuben so betrieben, daß von Zeit zu Zeit die Steine mit dem Karren abgeführt werden mußten. Den jeweils die Anlagen zu beaufsichtigenden Anlagenwärter, ein alter pensionierter Schutzmann, lachten die Buben aus und sprangen davon. Daß solche Erfahrungen nicht begeisterten zur ferneren Anpflanzung von Obstbäumen zu Alleen oder in Anlagen, läßt sich denken.
> Das sind die Gründe, warum für diesen Zweig des Gartenbaues nichts geschehen ist. Die Anführung

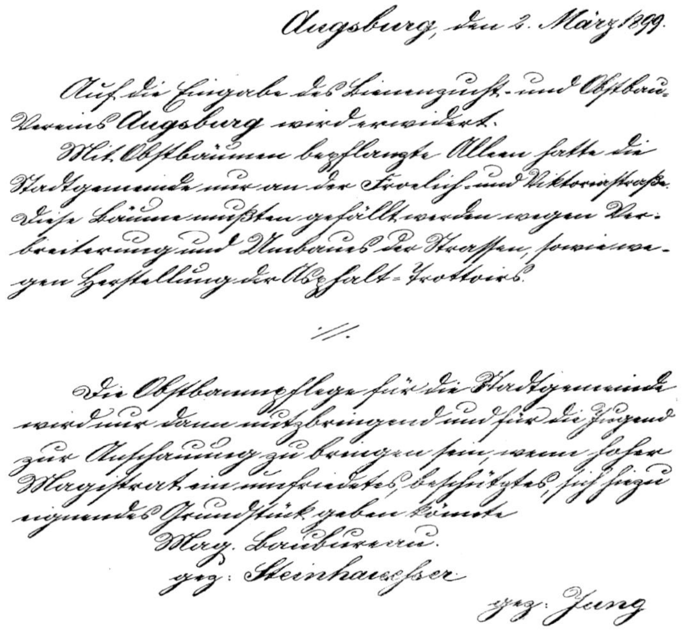
Augsburg, den 2. März 1899.
Auf die Eingabe des Bienenzucht- und Obstbau-Vereins Augsburg wird erwidert.
Mit Obstbäumen bepflanzte Alleen hatte die Stadtgemeinde nur an der Fröhlich- und Viktoriastraße. Diese Bäume mußten gefällt werden wegen Verbreiterung und Umbaues der Straßen sowie wegen Herstellung der Asphalt-Trottoirs.
//.
Die Obstbaumpflege für die Stadtgemeinde würde nur dann nutzbringend und für die Jugend zur Aufsicht zu bringen sein, wenn hiefür Magistrat ein umfriedetes, beschütztes, sich fügendes eigenes Grundstück geben könnte.
Mag. Bureau.
gez: Steinhauser
gez: Jung

Abb. 35: Originalauszug aus einem Brief des Mag. Bureaus an den Bienenzucht- und Obstbauverein Augsburg vom 2. März 1899

in dem Schreiben, daß die Augsburger Jugend die Blumenanpflanzungen schonen gelernt habe, ist hierauf nicht zutreffend. Würden die Blumen so wie Äpfel oder Birnen p. p. zum Essen sein, wo würde die Naschhaftigkeit der Buben ebenso zum Frevel reizen. Als Beweis von obigem wird angeführt, daß eßbare Früchte von Zierbäumen und Gesträuchen von gefräßigen Buben ebenso heruntergerissen und -geworfen werden die wirkliches Obst, z. B. in den Fronhofanlagen sind die Stämme der dort stehenden Zieräpfel-Sorten, welche so herrlich in Blüte wie Frucht sind, so glattt wie poliert von dem Aufsteigen und Abrutschen durch die Buben. Der Rasen unter den dort stehenden groß- und schönfrüchtigen Weißdorn-Arten p. p. ist jeden Herbst vollständig zertrampelt, desgleichen am Königsplatze sowie in der Anlage am Stephansplatze. In den Siebentisch-Parkanlagen, wo viele großfrüchtige Zeller-Haselnüsse stehen, welche jedes Jahr Mengen von Früchte bringen, werden die Nüsse oftmals mit den größten Ästen schon abgerissen, wenn sie noch ganz milchig sind. Eine reife Nuß wurde von den dortigen Anlagen-Arbeitern noch nie gefunden. Von dem Unfuge des Herunterwerfens der Kastanienfrüchte gar nicht zu reden. Hier dürfte von Seite der Herren Lehrer, der Eltern p. p. noch vieles zum Besseren gebracht werden, dann könnte der Versuch gemacht werden, obwohl sich Obstbäume für Alleen, an Straßen und Trottoirs wegen ihres meist niederen hängenden breiten Wuchses und des wenigen Schattens nicht sonderlich eignen. Auch vertragen Obstbäume das Anpissen durch die vielen hauptsächlich hier herumstreunenden Hunde ganz und gar nicht, z. B. starben jedes Jahr die am Unteren und Mittleren Graben gepflanzten Walnußbäume seit der Viehmark auf der Bleiche errichtet ist, durch die vielen großen Metzgerhunde, welche nicht vorbeilaufen, ohne jeden Baum anzupissen, wodurch die fleischigen Wurzeln des Walnußbaumes zerstört werden und solcher zugrunde geht.
In allen anderen Städten werden in und zunächst um die Städte ausschließlich nur mehr Zierbäume gepflanzt, wahrscheinlich auch aus obig angeführten Gründen. In kleineren Städten und Orten, wo fast jeder Bewohner selbst einen Garten mit mehr oder weniger vielen Obstbäumen hat, ist die Versuchung eine viel kleinere und meistens auch der Schutz ein besserer. Die Obstbaumpflege für die Stadtgemeinde wird nur dann nutzbringend und für die Jugend zur Anschauung zu bringen sein, wenn hoher Magistrat ein umfriedetes, beschütztes, sich hierzu eignendes Grundstück geben könnte." (Mag. Baubureau: gez.: STEINHAUESSER/ JUNG).

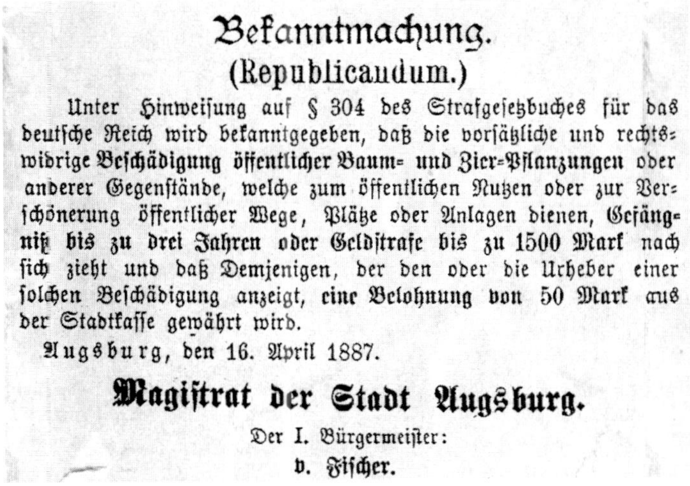
Bekanntmachung.
(Republicandum.)
Unter Hinweisung auf § 304 des Strafgesetzbuches für das deutsche Reich wird bekanntgegeben, daß die vorsätzliche und rechtswidrige **Beschädigung öffentlicher Baum- und Zier-Pflanzungen** oder anderer Gegenstände, welche zum öffentlichen Nutzen oder zur Verschönerung öffentlicher Wege, Plätze oder Anlagen dienen, **Gefängniß bis zu drei Jahren oder Geldstrafe bis zu 1500 Mark** nach sich zieht und daß Demjenigen, der den oder die Urheber einer solchen Beschädigung anzeigt, **eine Belohnung von 50 Mark** aus der Stadtkasse gewährt wird.
Augsburg, den 16. April 1887.
Magistrat der Stadt Augsburg.
Der I. Bürgermeister:
v. Fischer.

Abb. 36: Ein interessantes Dokument aus dem „Intelligenz-Blatt der Königlich-Bayerischen Stadt Augsburg Nr. 32 vom 21. April 1887

6.2 Apfelbäume am Gemeindeverbindungsweg Inningen – Haunstetten

Aus dem Jahresbericht des Kreisvereins für Bienenzucht und Obstbau in Schwaben und Neuburg von 1904 geht hervor, daß der 'Gemeindeverbindungsweg' zwischen den damals noch selbständigen Orten Inningen und Haunstetten mit Obstbäumen bepflanzt war: „Im Jahre 1904 wurden vom Verein Inningen aus der hiesigen Wolf'schen Gärtnerei 34 Stück Obstbäume zum Preise von 40,80 Mk. erworben und diese dann von den Mitgliedern ausgelost. In den letzten drei Jahren kamen durch den Verein 50 Stück Agata-Apfelstämmchen (rote) zur Anpflanzung des Gemeindeverbindungsweges Inningen–Haunstetten. Hiervon kostete das Stück 1,40 Mk. Baumschädlinge wurden nicht wahrgenommen. Infolge überreicher Fruchtbarkeit der Obstbäume sind deren Früchte mehrfach unter der normalen Größe zurückgeblieben." (BIHLER und UNGEWITTER 1904)

Verglichen mit heute ist man geneigt festzustellen: Die Bienen lebten dank der vielseitigen Bemühungen der Vereine im Wohlstand, die Menschen mußten sich in harter Arbeit um ihr täglich Brot bemühen. Obstbäume mit ihrem Fruchtertrag waren für das tägliche Leben, vor allem im Winter, eine Bereicherung der Tafel. Mit kritischem Blick sollten wir in der Gegenwart sehen, daß im Laufe der Zeit nicht nur die Apfelbäume in der Landschaft verschwunden sind und die verschiedenen Ortsverbindungsstraßen sich über eine lange Zeit „baumlos" präsentierten. Erst in jüngster Zeit wurden einige dieser Straßen mit verschiedenen Alleebaumarten wie Ahorn und Linde wieder bepflanzt.

Abb. 37: Hugenottenweg in Siebenbrunn: einer der wenigen erhalten gebliebenen „Mostbirnenbäume" einer alten „Obstbaum-Allee"

Abb. 38: Herbst 1992: Ein Mostbirnenbaum mit überreichem Fruchtbehang; Menschen und Tiere des Feldes ernähren sich von ihm.

6.3 Alte Straßenobstbäume im Ortsteil Siebenbrunn

Der letzte Augsburger öffentliche Weg, an dem heute noch Obstbäume stehen, ist der in Nord-Süd-Richtung verlaufende Hugenottenweg im Ortsteil Siebenbrunn am Rande des Naturschutzgebietes Stadtwald. Hier kann man noch hohe, eindrucksvolle Mostbirnenbäume und alte Apfelbäume in ihrer ganzen Pracht bewundern: Im Frühling die überreiche Baumblüte mit dem Bienenflug und im Herbst der zum genießen einladende, ungespritzte, naturbelasse Fruchtbehang.

Einige Daten zur Gestaltung dieser „Obstbaumallee": Auf einer Länge von rund 700 Metern stehen am Hugenottenweg insgesamt 86 Obstbäume (56 Birnen und 30 Äpfel); dort, wo die Baumanpflanzung zweireihig ist, teilweise wurde nur eine Baumreihe gepflanzt, hat der gemessene Regelquerschnitt des Weges mit den Obstbäumen eine Breite von 14 Metern (5 Meter Wiese, 4 Meter Weg, 5 Meter Wiese). An die mit Obstbäumen bestandenen Grünstreifen grenzen jeweils landwirtschaftliche Nutzungen (Acker, Wiese) an. Erwähnenswert ist auch die Sortenvielfalt und das unterschiedliche Alter der Bäume. Das Durchschnittsalter kann mit 40–50 Jahren angenommen werden. Einer der ältesten und auch eindrucksvollsten Baumgestalten ist ein hochgewachsener einhundert Jahre alter Mostbirnenbaum mit knapp drei Meter Stammumfang, gemessen einen Meter über dem Erdboden.
Es ist eine wichtige Aufgabe, auch aus naturschutzfachlicher Sicht, eine solche alte „Obstbaumallee" in der Stadt zu erhalten und zu pflegen. Nach der „Baumschutzverordnung" der Stadt Augsburg vom 19. Dezember 1989 sind Mostbirnenbäume und hochstämmige Apfelbäume nach Ortsrecht geschützt.

Diese Obstkulturen zu beschreiben und bewußt zu machen ist wichtig. Heute stellt sich die Frage: Wo können entlang von Wegen auch an anderen Standorten überhaupt noch Obstbäume gepflanzt werden?
Bezogen auf den hier angesprochenen Landschafts- und Siedlungsraum einige Beispiele: Es wäre wünschenswert und denkbar, daß z. B. die Verbindungswege zwischen der Bebauung von Haunstetten und Siebenbrunn (Ochsenbachweg, Ellensindstraße, verlängerte Krankenhausstraße) und dem Naturschutzgebiet Stadtwald mit bewährten, alten Lokalobstsorten bepflanzt würden. Dies wäre ein echter Beitrag zur Erhaltung der Artenvielfalt und eine Bereicherung des Landschaftsbildes.

6.4 Apfelbäume an der Leitershofer Straße

In einer handschriftlichen Aufzeichnung der Stadtgärtnerei Augsburg werden unter dem Datum 14. September 1920 insgesamt 197 Apfelbäume der Sorte „Trierer Weinapfel" an der Leitershofer Straße nachgewiesen.

Der Eintrag in das Tagebuch, der im Zusammenhang mit der damals üblichen Obstversteigerung zu sehen ist, lautet:
„... der Trier'sche Weinapfel blühte ds. Jahr wie noch nie zuvor, so daß der Ertrag im Juli auf 300 bis 350 Ztr. geschätzt wurde. Am 12. September (1920) waren noch 100 Ztr. bei der Nummerierung geschätzt. Das städt. Armenamt erhielt von der Wertsteigerung 22 Bäume mit einer Schätzung von 20 Ztr., welche durch dasselbe geerntet wurden. Die übrigen Bäume wurden in 20 Nummern geteilt. Soweit die Straße bebaut ist, war der Behang eines Baumes durchschnittlich 1½ bis 2 Ztr.; von dort ab waren die Bäume schon zum größten Teil geplündert." Der geschätzte Einnahmebetrag für die Apfelernte wurde mit 513 Mk. angegeben.

Auf dem Umweg über die Obstversteigerung kann nachgewiesen werden, daß um das Jahr 1920 vor allem die „nach außen führenden Stadtstraßen" mit Obstbäumen bepflanzt waren. Später ging der „Fruchtbaumbestand" allmählich verloren, teilweise wurden die „Obstalleen" durch „Waldbäume" ersetzt.
Im September 1920 werden in den genannten Aufzeichnungen weitere Straßen, an denen Obstbäume standen, beschrieben: Neusässer Straße mit 80 (Apfel-)bäumen; Donauwörther Straße mit 111 Apfelbäumen und 1 Birnbaum; Stadtberger Straße und Kaiserstraße (Konrad-Adenauer-Allee). Für die beiden letztgenannten Straßen wurden keine näheren Angaben über Art und Stückzahl der Bäume gemacht. Der Text schließt mit folgendem Hinweis über Obstversteigerungen an Straßen ab: „Stadtberger Straße und Kaiserstraße waren Anfang September schon vollständig geplündert."

Abb. 39: Uni-Viertel: Breite, leitungsfreie Grünstreifen bieten Bäumen den notwendigen Lebensraum.

Abb. 40: Uni-Viertel: Mit Bäumen gestaltete Plätze und Straßenräume kennzeichnen den noch jungen Stadtteil.

Abb. 41: Uni-Viertel: Wohnen im Grünen und trotzdem in der Stadt leben ist der Wunsch vieler Menschen.

Abb. 42: Uni-Viertel: Begegnung mit der Natur: ein Spitz-Ahorn mit seiner bunt gefärbten Herbstkrone.

7. Neue Straßen – Neue Alleen

Der weitgespannte Themenkreis über die „Augsburger Straßenbäume und Alleen" wäre kaum zu schließen, würden nicht auch einige prägnante Beispiele von Baumpflanzungen, die in jüngster Zeit entstanden sind, einbezogen. Stellvertretend für die Baum-Grünentwicklung in anderen Stadtteilen soll hier im wesentlichen das südliche Stadtgebiet mit dem städtebaulichen Entwicklungsgebiet „Alter Flugplatz/Neues Universitätsviertel" angesprochen werden.

7.1 Neuer Stadtteil „Universitätsviertel"

Wo noch vor wenigen Jahrzehnten Flugzeuge in den Himmel aufstiegen, auf dem sog. „Alten Flugplatz" im südlichen Stadtgebiet, ist ein neuer Stadtteil mit rund 12.000 Einwohnern (1993) entstanden. Ein wesentli-

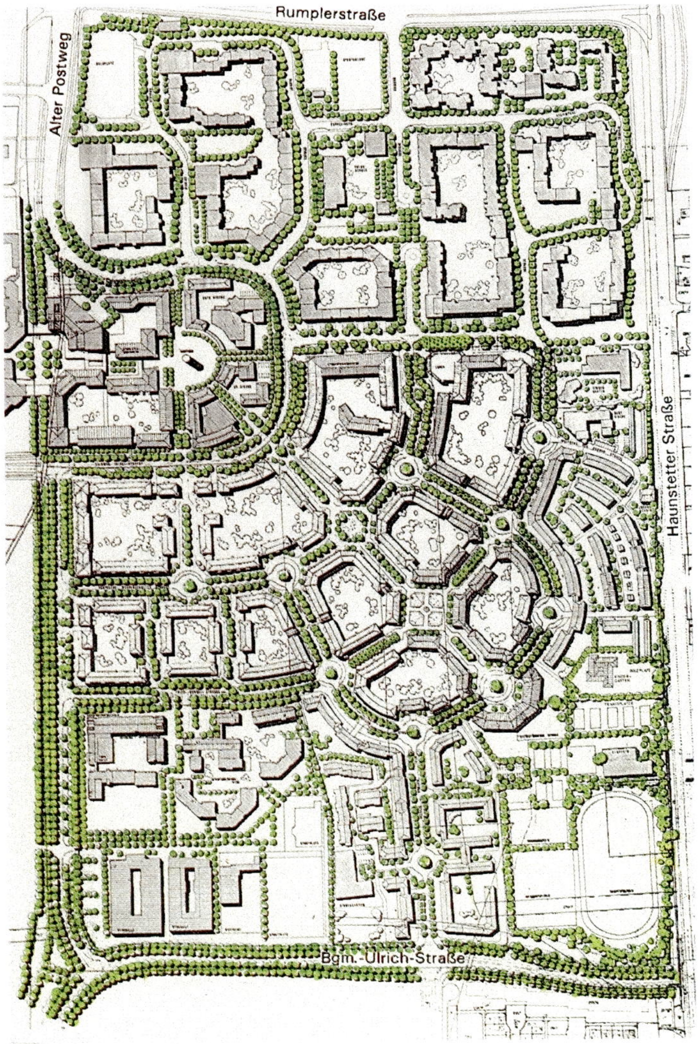

Abb. 43: Uni-Viertel: Der Übersichtsplan zeigt die Gestaltung und die im Text besprochenen Bereiche mit Alleen.

ches Gestaltungselement bei der städtebaulichen Konzeption stellen im Universitätsviertel die in unterschiedlicher Ausformung konzipierten und inzwischen auch gepflanzten Alleen dar. „Bäume kamen als bildprägende und auch funktional wirkende Gestaltungselemente in vielfältiger Weise zur Anwendung: Einzelbäume, freistehende Baumgruppen im privaten Bereich, zwei-/vierreihige klar gegliederte Alleen an öffentlichen Straßen, baumumstellte Plätze und Einzelbaumreihen geben dem 'Univiertel' schon heute eine grüne Note." Ohne Übertreibung kann man feststellen: „Hier sind echte Alleenstraßen, wie man sie von Wien, Budapest oder Paris her kennt, entstanden."

7.2 Bürgermeister-Ulrich-Straße und andere Bereiche

Als ein weiteres Beispiel für die Bemühungen der Stadt Augsburg, neue Alleen zu schaffen, kann die Bürgermeister-Ulrich-Straße (AS 6) im südlichen Bereich des neuen Universitätsviertels gesehen werden. Sie verbindet den Stadtteil Haunstetten mit dem Stadtteil Göggingen.
„Mit 670 Bäumen wächst eine Bürgermeister-Ulrich-Allee" lautete die Schlagzeile der Augsburger Allgemeinen am 31. März 1988.
Wichtige Grundlagen für diese Entwicklung waren die bereits 1976 eingeleiteten Untersuchungen für einen „Alleenplan Augsburg", die Vorgaben im Landschaftsplan sowie die daraus entwickelte Grünordnung auf der Ebene der verbindlichen Bauleitplanung. Die 1987/88 in der Bürgermeister-Ulrich-Straße neu geschaffene Allee ist ein weiterer Mosaikstein zur Gestaltung der verschiedenen Straßenräume und zu der angestrebten Verbesserung des Landschaftsbildes im südlichen Stadtgebiet.
Interessant sein dürfte auch eine Antwort auf die Frage, welche Baumarten/-sorten im Bereich Universitätsviertel verwendet worden sind?

Abb. 44: Bgm.-Ulrich-Straße (AS 6): Mehrreihige Alleen rahmen den neugestalteten Straßenzug zwischen Haunstetten und Göggingen.

Ausgehend von der Dreiteilung Hauptverkehrsstraßen, Erschließungsstraßen und Verkehrsberuhigte Bereiche ergibt sich folgendes Bild:

• Hauptverkehrsstraßen: Rumplerstraße; Friedrich-Ebert-Straße; Bürgermeister-Ulrich-Straße; Unterer Talweg (bis Schafweidstraße)
Gepflanzte Baumarten: 255 Tilia cordata (Winter-Linde); 44 Tilia cordata 'Greenspire'; 662 Tilia x europaea 'Pallida' (Krim-Linde). Insgesamt 991 Bäume.

• Erschließungsstraßen: Alter Postweg; Prof.-Messerschmitt-Straße; Fritz-Wendel-Straße; Salomon-Idler-Straße; Josef-Priller-Straße; Hermann-Köhl-Straße; Willi-Stör-Straße; Heini-Dittmar-Straße; Hugo-Eckener-Straße
Gepflanzte Baumarten: 137 Acer platanoides (Spitz-Ahorn); 6 Acer pseudoplatanus (Berg-Ahorn); 18 Aesculus hippocastanum (Roßkastanie); 4 Carpinus betulus 'Fastigiata' (Säulen-Hainbuche); 6 Crataegus x lavallei (Apfel-Dorn); 9 Platanus x acerifolia (Platane); 5 Populus nigra 'Italica' (Pyramiden-Pappel); 1 Quercus robur 'Fastigiata' (Säulen-Eiche); 4 Robinia pseudoacacia 'Bessoniana' (Kegel-Akazie); 354 Tilia cordata (Winter-Linde). Insgesamt 1081 Bäume.

• Verkehrsberuhigte Bereiche: Zentraler Bereich; Hugo-Junkers-Straße; Ernst-Heinkel-Straße; Ulrich-Schiegg-Straße; Wolfgang-von-Gronau-Straße
Gepflanzte Baumarten: 4 Acer platanoides 'Emerald Queen' (Spitz-Ahorn); 12 Aesculus x carnea 'Briotii'; 3 Aesculus hippocastanum (Roßkastanie); 55 Crataegus Crus-Galli (Hahnendorn); 13 Crataegus x lavallei (syn. c. x carrierei); 7 Coryllus colurna (Baum-Hasel, Türkische Nuß); 2 Prunus serrulata (Japanische Blüten-Kirsche); 32 Prunus serrulata 'Kanzan' (Hohe Nelkenkirsche); 13 Robinia pseudoacacia (Scheinakazie); 37 Robinia pseudoacacia 'Bessoniana' (Kegel-Akazie); 12 Robinia 'Umbraculifera' (Kugel-Akazie); 18 Sorbus serotina (Mahagoni-Eberesche); 6 Tilia cordata 'Greenspire'; 43 Tilia x europaea 'Pallida' (Kaiser-Linde). Insgesamt 281 Bäume.

Von 1985–1992 wurden somit im Stadtteil „Neues Universitätsviertel" mit den angrenzenden Straßen rund 2.353 Bäume in 29 verschiedenen Arten/Sorten gepflanzt. Ein gutes Ergebnis für die Stadt Augsburg, aber vor allem für die Menschen, die heute und in Zukunft hier leben werden.

7.3 Kreisverbindungsstraße AS 7: Haunstetten – Inningen – Bergheim

Ein wichtiges Ziel bei der kommunalen Grünplanung in Augsburg ist, die einzelnen Stadtteile konsequent mit Fuß- und Radwegen zu verbinden und diese „promenadenartig" mit ein-, zwei- oder auch mehrreihi-

gen Alleen zu gestalten. Obwohl die Kreisverbindungsstraße zwischen den Stadtteilen Haunstetten, Inningen und Bergheim durch ein, vom Wertachufergrün einmal abgesehen, fast baum- und strauchloses Gebiet führt, war es bisher nicht möglich, wie ursprünglich geplant, eine durchgehenden dreireihigen Ahorn-Allee zu pflanzen.
Es wäre durchaus interessant, einmal aufzulisten, wer alles (Personen, Ämter) bei dem Ansinnen, eine neue Allee zu entwickeln, gute Ratschläge gab und wer sich, als es an die Umsetzung des Alleen-Konzeptes ging, in die totale „Bedenkenwelt" zurückzog.
Wer wollte heute öffentlich von sich behaupten, daß er gegen die Pflanzung von Bäumen wäre?

Das Problem bei der Entwicklung der hier angesprochenen Allee war: Der Tiefbau forderte für die Baumstandorte vier Meter Abstand von der Fahrbahn, was an sich wünschenswert wäre, wenn die Liegenschaftsverwaltung hierfür die erforderlichen Flächen bereitstellen kann. Die Landwirtschaft wehrte sich gegen die Annäherung von Bäumen an die Äcker und Wiesen wegen Schattenbildung und Wurzeldruck (Ertragseinbußen). Wenn es auch schwer fällt, im intensiv genutzten städtischen Raum Standorte für Bäume oder Flächen für eine neue platzbeanspruchende Allee oder auch andere Anpflanzungen zu finden, so stehen dieser grünplanerischen Absicht in der Alltagspraxis unzählige Widerstände entgegen, die es zielstrebig zu bewältigen gilt.
Um so erfreulicher war es dann, als es im Rahmen der Flurbereinigung nach langjährigem zähem Ringen gelang, zusammen mit dem Bau eines Rad- und Fußweges einen Teil der geplanten Allee zu verwirklichen.
So wurden im Frühjahr 1987 in der Bergheimer Straße–Goldwiesenstraße zwischen der Inninger Wertachbrücke und dem Ostrand von Bergheim auf einer Länge von rund 2 Kilometern 351 Spitzahorn-Bäume (Acer platanoides 'Emerald Queen') gepflanzt. Der Pflanzabstand in der Reihe wurde mit 10 m weiter gewählt, als dies früher üblich war, damit sich die Alleebäume in der freien Landschaft ihrer Art entsprechend gesund entwickeln können. Die Herstellungskosten für diese Allee betrugen insgesamt 244.000,– DM. Von den ersten Überlegungen bis zur Pflanzung sind mehr als 10 Jahre vergangen. Ein deutlicher Hinweis darauf, daß auch in der Grünplanung gesteckte Ziele zum frühestmöglichen Zeitpunkt in die öffentliche Diskussion eingeführt und mit dem gebotenen Nachdruck zielgerichtet vertreten werden müssen. Seit der Pflanzung dieser Allee sind, ausgehend vom Jahr 1992, inzwischen fünf Jahre vergangen. Die einzelnen Bäume haben sich gut entwickelt. Das Landschaftsbild hat sich in positiver Weise verändert. Die bisher optisch von einem eher einheitlichen „Grün" geprägte bäuerliche Landschaft bekam durch diese doppelreihige Allee zu verschiedenen Jahreszeiten sehr angenehm wirkende Farbakzente: von besonderer Schönheit ist der im April einsetzende gelbe Blütenflor, der gleichzeitig auch eine gute Bienenweide darstellt, im Herbst ist es die faszinierende gelb-rote Herbstfärbung der Blätter. Schon heute ist diese junge Spitzahorn-Allee ein ästhetischer Genuß und eine vielseitige Bereicherung in der Landschaft.

Abb 45: „Baumloser", asphaltierter Weg in der freien Landschaft zwischen Inningen und Bergheim – Platz für Bäume und Sträucher.

Abb. 46: Eine neue Ahorn-Allee gliedert die Landschaft und verbindet die Stadtteile Inningen und Bergheim (AS 7).

Abb. 47: Der Rad- und Fußweg entlang der AS 7 ist durch einen Grünstreifen mit einer Baumreihe von der Fahrbahn getrennt.

8. Stadtbäume und Bürgeraktionen 1955–1993: Eine interessante Chronologie

Anhand einer kleinen Chronologie, die keinen Anspruch auf Vollständigkeit erhebt, werden in diesem Kapitel einige für den Bestand und die Entwicklung des Augsburger Stadtgrüns bedeutsame Ereignisse nach 1945 dargestellt, wobei der themenbezogene Schwerpunkt bei den Straßenbäumen und Alleen liegt.

1955: Auf Anregung und unter der Schirmherrschaft von Bundespräsident Theodor HEUSS, mit Bundeskanzler Konrad ADENAUER als Ehrenpräsident und Graf Lennart BERNADOTTE, dem Besitzer der Insel Mainau, wird 1955 die Deutsche Gartenbaugesellschaft wieder gegründet. Sie hat sich die Aufgabe gestellt, möglichst allen Menschen das „heilende und helfende Grün" in seinen vielfältigen Erscheinungsformen nahezubringen. Um diese Bestrebungen wirksam werden zu lassen, wurde im April 1957 beschlossen, in Städten und Gemeinden „Grüne Kreise" zu bilden.

1957: Am 9.12.1957 wird in Augsburg die Arbeitsgemeinschaft „Grüner Kreis" für Augsburg und Umgebung gegründet, eine starke Säule für den Schutz, die Pflege und Entwicklung des Stadtgrüns.
Es sei hier erlaubt, eine kritische Frage einzufügen: „Wieviel mehr Bäume wären wohl im Zuge von Baumaßnahmen gefallen, hätte es in Augsburg nicht den 'Grünen Kreis' gegeben?"

1964: Der frühere Oberbürgermeister der Stadt Augsburg und langjähriger Vorsitzende des „Grünen Kreises", Wolfgang PEPPER, macht in einem Presse-Interview folgende Aussage: „... Ziel einer fortschrittlichen Stadtplanung müsse es sein, daß man durch sämtliche Straßen unter Bäumen gehen könne und daß alle Kinder die Möglichkeit haben sollten, im Grünen zu spielen, denn schließlich seien für das Überleben der Menschen in einer Großstadt Bäume wichtiger als Autos – da war der Teufel los." „Romantische Ideen" und „wirklichkeitsfremd" waren noch die mildesten Worte, mit denen eine breite Öffentlichkeit ihn attakierte (GRÜNER KREIS 1992).

1966: Deutsche Gartenbaugesellschaft (DGG) veranstaltet am 6./7. Mai 1966 in Augsburg eine Arbeitstagung unter dem Thema „Bürger es geht um Deine Gemeinde – Mitarbeit an einer grünen Zukunft". Vertreter von „Grünen Kreisen" aus der ganzen Bundesrepublik nahmen daran teil.
Höhepunkt der Veranstaltung: Der Präsident der DGG, Graf Lennart BERNADOTTE, pflanzt zusammen mit hohen Repräsentanten aus Politik und Verwaltung hinter dem Augsburger Dom im Fronhof einen „Urwelt-Mammutbaum" (Metasequoia glyptostroboides, Hu et Cheng). Eine kleine Tafel, die vor dem Baum steht, trägt folgende Inschrift:
„Urwelt-Mammutbaum gepflanzt von S. H. Graf Lennart Bernadotte anläßlich der Tagung der Grünen Kreise in Augsburg am 7. Mai 1966."

Abb. 48: Deutsch-amerikanische Freundschaftswochen 1993: Am 8. Mai 1993 pflanzt Oberbürgermeister Dr. Peter Menacher zusammen mit zahlreichen Gästen eine „Amerikanische Roteiche" im Stadtteil Lechhausen – Grünanlage Radetzkystraße. Fotos: Kurt R. Schmidt

1975: Im Frühjahr 1975 wird im Rahmen der deutsch-amerikanischen Freundschaftswochen auf dem Kennedy-Platz (Alter Einlaß) der erste gemeinsame Baum im Augsburger Stadtgebiet gepflanzt. Eine entsprechende Baumpflanzaktion soll künftig in jedem Jahr durchgeführt werden. 1993 wurde der 18. Baum im Stadtteil Lechhausen gepflanzt).

1978: Bürgerinitiative Umweltschutz Augsburg (BUA) setzt sich mit Erfolg für die Begrünung der beiden im Ulrichsviertel liegenden Altstadtstraßen Kappeneck und Kitzenmarkt ein. Eine von der BUA veranlaßte Spendenaktion brachte 6.000,– DM. In Zusammenarbeit mit der Stadt Augsburg werden insgesamt 32 Spitz-Ahornbäume mit einem Gesamtkostenaufwand von 39.000,– DM eingebracht.

1980: „Ein Landschaftsbau-Unternehmen wird 75 Jahre alt." Firma Josef Saule GmbH spendet eine 20jährige Stiel-Eiche (Quercus robur) und pflanzt sie im Hof der berühmten Kirche St. Anna. Kostenaufwand 16.000,– DM. Oberbürgermeister Hans BREUER bedankte sich mit einer Ansprache für die Stadt Augsburg.

1981: Der Stadtrat beschließt am 16. Dezember 1981, im Jahr des Stadtjubiläums „2000 Jahre Augsburg" 1985 eine Landesgartenschau durchzuführen. Einen besonderen Schwerpunkt soll das Thema „Bäume in der Stadt" bilden. Aus der späteren Bewerbungsschrift, die den Titel „Grün im Lebensraum Stadt" trägt, ein kurzes Zitat:
„Ehrwürdiger alter Baumbestand und mehrere Generationen von Jungbäumen an Straßen und auf Plätzen, in Gärten und Grünanlagen prägen das Augsburger Stadtbild in ganz besonderer Weise. Ihre Bedeutung für die in der Stadt lebenden Menschen kann nicht hoch genug eingeschätzt werden. Doch die Wirklichkeit schafft, vor allem was den Gesundheitszustand, und somit die Qualität und Lebenserwartung der Bäume anbelangt, ständig neue Probleme: Abnehmende Vitalität und zunehmende Sterberaten bei Stadtbäumen kennzeichnen das Bild in vielen Städten der Bundesrepublik. Das sogenannte 'Baumsterben', still und schleichend in der Tendenz, erfordert unsere volle und kritische Aufmerksamkeit, vor allem aber aktives Handeln" (KELLER und SCHMIDT 1982).

1982: Eine weitere wichtige Aktion mit dem aktuellen Thema „Ein Baum für die Zukunft" wird von der „Augsburger Allgemeinen" in Zusammenarbeit mit der Stadt Augsburg eingeleitet. Von der Chefredaktion wird dazu u. a. ausgeführt:
„... Wir wollen unsere Leser im Großraum Augsburg aufrufen, Nachrichten von Umweltbedrohungen und Baumsterben nicht einfach gleichgültig oder gar resignierend zur Kenntnis zu nehmen, sondern selbst etwas in die Zukunft Weisendes zu tun. Beispielsweise einen Baum zu pflanzen. ..." (HOLLAND 1982). Auf dem Hintergrund des zunehmenden „Waldsterbens" wird die Bevölkerung aufgerufen, Bäume zu spenden und zu pflanzen. Es entstehen zwei kleinere „Bürgerwälder" in Siebenbrunn und im Stadtteil Hochzoll-Süd.

1983: Straßen, Plätze und Alleen werden in die Aktion „Ein Baum für die Zukunft" einbezogen. Auf dem Schwibbogenplatz wird eine von der „AZ" gespendete rotblühende Kastanie gepflanzt. Am 22. Oktober 1983 berichtet die Presse wie folgt darüber: „Mit dem Einpflanzen einer 20 Jahre alten Kastanie hat unsere Zeitung ihre vor einem Jahr begonnene Aktion 'Ein Baum für die Zukunft' auf die Augsburger Innenstadt ausgeweitet. Zusätzlich zu den schon weit über 1000 Bäumen, die von Lesern in zwei Bürgerwäldern gepflanzt wurden, sollen jetzt mit Leserspenden finanzierte Bäume zum Erhalt des Grüns in der Stadt beitragen."

- Bürgerinitiative Umweltschutz Augsburg (BUA) und Bund Naturschutz spenden 2.300 DM und pflanzen am Stadttheater eine 25 Jahre alte Linde, nachdem an derselben Stelle mehrere alte Ulmen abgestorben sind.

- Am 20. Oktober 1983 wird im Gedenken an Martin Luther am Klinkertor, wo der Reformator am 20. Oktober 1518 bei einer Nacht- und Nebelaktion durch das damalige „Klinker Törchen" die Stadt verlassen haben soll, eine „Luther-Eiche" gepflanzt. Der Baum ist ein Geschenk des Kreisverbandes für Gartenbau und Landschaftspflege an die „Lutherstadt Augsburg". Im Schulgarten des Stetten-Instituts wird zum gleichen Anlaß ein „Apfelbäumchen" eingesetzt.

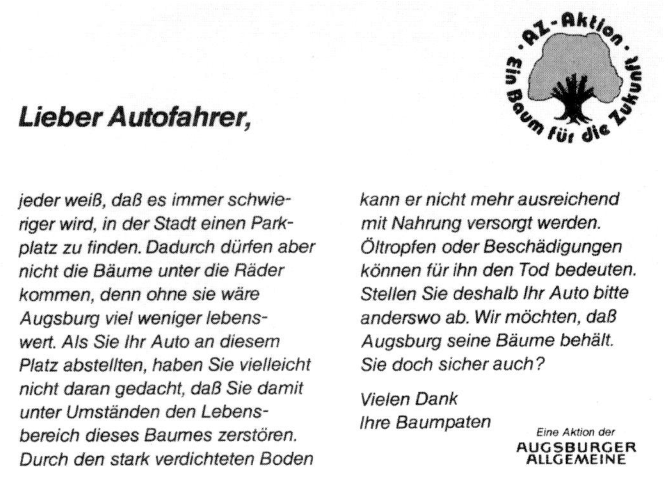

Abb. 49: Eine vielbeachtete Bürgeraktion zum Schutze der Stadtbäume, initiiert von der AZ und der Stadtgärtnerei Augsburg.

1984: In der bisher „baumlosen" Fußgängerzone Annastraße im Stadtkern werden mit Hilfe einer großzügigen Spende der NCR-Deutschland fünf etwa 20jährige Platanen gepflanzt. Ein erster Schritt, in diesem total versiegelten Innenstadtbereich weiteres Baumgrün einzubringen. Die Gesamtkosten betragen 25.000,– DM (NCR-Spende 15.000,– DM).
Eine eindrucksvolle öffentliche Demonstration für die Stadt-Bäume.

- Künstler malen Bäume: Die AZ-Aktion „Ein Baum für die Zukunft" soll jetzt auch künstlerische Unterstützung erfahren. Die junge Galerie möchte das Thema aufgreifen. Ein Vortrag über die Mythologie der Bäume und eine von 47 Künstlern mit insgesamt 80 bemalten Bildern gestaltete Ausstellung waren zwei stark ausstrahlende Beiträge. (AZ vom 18.09.1984)

1985: Landesgartenschau: „Augsburg zeigt sein Grün" als einen wichtigen Beitrag zur Öffentlichkeitsarbeit. Das Leitthema „Grün im Lebensraum Stadt" hat viele positive Wirkungen. Bei Führungen und Diskussionen stehen die Stadtbäume, vor allem die Augsburger Alleen immer wieder im Mittelpunkt des Interesses. Am 29. Juni 1985 besucht Alt-Bundespräsident Carl CARSTENS den Botanischen Garten und pflanzt mit seiner Gattin eines von zweihundert Kirschbäumchen, die Bürger der japanischen Partnerstadt Nagahama den Augsburgern als Zeichen der Freundschaft im Frühjahr 1985 schenkten.

1987: „Kunst gegen den Frust" – ein Projekt vom Kulturzentrum e.V., Verein für angewandte Kultur, Augsburg. „Arbeitslose arbeiten mit Künstlern". Im Mittelpunkt des Geschehens stehen die „Stadtbäume" auf dem Schwibbogenplatz und vor allem ein alter, abgestorbener Ulmenstamm: Farbe, bemalte Tücher und damit „verkleidete" Baumkronen waren sichtbare Zeichen dieser öffentlichen Aktion (STIEGELE und SCHNURA 1987).

Abb. 50: Schwibbogenplatz im Frühjahr 1987: Kunst gegen Frust – Arbeiten am Kunstobjekt „Stadtbaum"

1989: Nach langen und intensiven Bemühungen (15 Jahre) von Rat und Verwaltung, Grüner Kreis, Naturschutzorganisationen und Bürgerinitiativen tritt am 29. Dezember 1989 die erste „Verordnung zum Schutz des Baumbestandes im Stadtgebiet von Augsburg" (Baumschutzverordnung) in Kraft. Oberbürgermeister Dr. Peter MENACHER schreibt später in einem an die Bürger gerichteten Informationsblatt dazu: „... Helfen Sie mit, daß unsere Baumschutzverordnung nicht nur ein Stück Papier ist, sondern auch im wirklichen Leben dem Schutz der Natur und des Menschen dient ...".

1992: Das Bundesumweltamt in Berlin stellt den „Tag der Umwelt" unter das aktuelle Thema „Unser Klima – schützt was uns nützt".
Im Botanischen Garten werden – mit Schwerpunkt „Stadtbäume" – folgende Veranstaltungen durchgeführt:

• Vom 5. Juni bis 5. Juli: Ausstellung „Bäume im Lebensraum Stadt" (Fotos, Zeichnungen, Exponate, Führungen).
Veranstalter: Amt für Grünordnung und Naturschutz

• Ausstellung „Aktion Stadtgrün" – Eine kritische und konstruktive Dokumentation, die Probleme bewußtmacht und Ansätze für Lösungsmöglichkeiten aufzeigt.
Organisation: Jugendgruppe Bund Naturschutz Augsburg

• Öffentliche Diskussion über die Situation der Augsburger Straßenbäume und Alleen im Seminarraum des Botanischen Gartens.
Am Podium nahmen teil:
- Amt für Grünordnung und Naturschutz
- Arbeitsgemeinschaft „Grüner Kreis" für Augsburg und Umgebung
- Bauverwaltung Stadt Augsburg, Stadtbaurat
- Bayer. Fachverband Garten-, Landschafts- und Sportplatzbau
- Bund Naturschutz, Kreisverband Augsburg
- Bürgerinitiative Umweltschutz Augsburg (BUA)
- Freier Landschaftsarchitekt (BdLA)
- Heimatpfleger der Stadt Augsburg
- Stadtwerke Augsburg – Rohrnetzabteilung

Abb. 51: Kinder der Roten-Tor-Schule erforschen verschiedene Baumarten im Botanischen Garten, ein Beitrag zur Naturerziehung.

• Universität Augsburg – Fachdidaktik Biologie: In Zusammenarbeit Universität – Botanischer Garten fertigen Studenten pädagogisch wertvolle Arbeiten über Bäume.
Themen: „Warum die Gleditschie sticht ..." und „Mit dem Spatz durch den Fronhof". Beide Arbeiten sind darauf ausgerichtet, das „Lebewesen Baum" Kindern und Erwachsenen in der Stadt näherzubrigen und mit dem richtigen Namen ansprechen zu lernen.
Gedanklicher Hintergrund: Nur was man kennt, kann man schützen. Das Projekt wurde durch die Stadtsparkasse Augsburg finanziell gefördert.

1993: Am 4. und 5. Mai finden in der Kongreßhalle die 1. Augsburger Baumpflegetage statt.

Veranstalter: „Arbeitsgemeinschaft Augsburger Baumpflegetage“ – Dr. Stephan WIEBE, Memmingen, Stadt Augsburg – Amt für Grünordnung und Naturschutz in Zusammenarbeit mit dem Institut für Holzforschung der Ludwig-Maximilians-Universität München.

- **Tag der Umwelt** am 5. Juni im Botanischen Garten. Motto: „Artenschutz – gesunde Umwelt braucht natürliche Artenvielfalt“. Aktionen zum Thema „Bäume im Lebensraum Stadt“.

- „Mein Freund der Baum“: Augsburger Kinder zeigen ihre Arbeiten von einem Malwettbewerb über Bäume im Botanischen Graten. Am 20. Juni 1993 werden die besten von 500 eingereichten Bildern prämiert. Veranstalter: Deutsche Umweltaktion

9. Wertvolle Dokumente über Augsburger Alleen

Neben den in diesem Beitrag bereits aufgeführten historischen Karten und alten Stadtplänen gibt es noch zwei andere äußerst wertvolle Dokumente über die Augsburger Straßenbäume und Alleen, die besonders erwähnenswert sind.

9.1 Hinweise zur Entwicklung von „Baumzügen“

Eine wichtige Quelle findet man bei HEERWAGEN (1915) in seiner vielbeachteten Schrift „Gartenbau und Gartenkunst in der Stadt Augsburg – von den Anfängen bis zum heutigen Tage“, die er „Zum fünfzigsten Gedenktag des Bestehens der Schwäbisch-Bayerischen Gartenbau-Gesellschaft e.V.“ verfaßt hat. Interessant ist, daraus zu entnehmen, daß die „Baumzüge an den nach außen führenden Straßen“ in jener Zeit ständig erweitert worden sind. Die Keimzelle für diese Entwicklung beschreibt HEERWAGEN so: „... Im Jahre 1753/54 entstand zuerst die doppelte Baumreihe zwischen Rotem Tor–Ravelin und der Hühnergasse ...“ (heute Stettenstraße). Knapp einhundert Jahre nach dem Ende der Reichsstadtzeit (1806), im Jahre 1904, stehen in Augsburg an 33 Kilometern öffentlicher Straßen über 10.000 Bäume (HOFFMANN 1904); bis zum 1. Oktober 1915 sind es bereits 126 Straßen, die auf einer Gesamtlänge von rund 60 Kilometern mit 14.543 Alleebäumen bepflanzt waren. Als Hauptbaumarten werden entsprechend ihres zahlenmäßigen Vorkommens in der Reihenfolge bei HEERWAGEN (1915) genannt: Linde, Ahorn, Gewöhnliche Esche, Roßkastanie, Ulme, Birke, Robinie, Schwedische Mehlbeere, Schwarz-Pappel, Pyramiden-Pappel, Kugel-Esche in verschiedenen Arten sowie Obstbäume.

Abb. 52: IHK-Buche (Fagus-sylvatica) an der Stettenstraße: Mit einer der ältesten Stadtbäume in Augsburg, geschätztes Alter 200–220 Jahre! Zeichnung: Richard Keller

9.2 Augsburger „Alleen-Verzeichnis“ um 1918

Neben HEERWAGEN (1915) und den bereits an anderen Stellen erwähnten urkundlichen Quellen über Alleebäume ist das vom Verfasser 1982 wiederentdeckte „Verzeichnis über Alleebäume d. Stadtgemeinde Augsburg“ von Bedeutung. Es ist anonym verfaßt worden und hat keine offizielle Datierung. In altdeutscher Schrift ist darin lediglich vermerkt „dürfte um 1918 entstanden sein!“. Dieser Vermerk deckt sich mit dem Ergebnis fachlicher Nachforschungen. Mit welcher Sorgfalt die Aufzeichnungen schriftlich und zeichnerisch niedergelegt worden sind, geht aus der Verzeichnis-Gliederung eindrucksvoll hervor. In 18 Spalten mit verschiedenen Unterteilungen wurden alle wesentlichen Informationen über die Straßenbäume der damaligen Zeit und das jeweilige Straßenprofil übersichtlich und nachprüfbar zusammengestellt. In der handschriftlich geführten Kladde sind 117 mit Bäumen und Alleen gestaltete Augsburger Stadtstraßen und -wege aufgeführt sowie 133 Straßenquerschnitte zeichnerisch mit den entsprechenden Maßen dargestellt. Danach gab es um das Jahr 1918 in Augsburg 133 Straßen, die überwiegend mit mehreren Baumreihen (26 einreihig; 76 zweireihig; 15 dreireihig; 13 vierreihig; 1 fünfreihig; 2 sechsreihig) bepflanzt waren. Das inzwischen 75 Jahre alte „Alleen-Verzeichnis“ wird in Heft 3 der „Augsburger Ökologischen Schriften“ 1993 erstmals veröffentlicht (vgl. Anlage 12.1).

9.3 Damals–Heute–Vergleich

Es wäre sehr reizvoll, alle 133 Allee-Straßen aus der genannten Zeit einem Damals-Heute-Vergleich zu unterziehen, um daraus zu ersehen, wie sich die einzelnen Straßenräume, bezogen auf die Grünausstattung, in den vergangenen 75 Jahren verändert und entwikkelt haben. Da ein solches Ansinnen den Rahmen dieser Arbeit bei weitem übersteigen würde, sollen hier nur einige ausgewählte Straßenzüge vergleichend mit den Straßenquerschnitten dargestellt werden.

Bahnhofstraße: um 1918

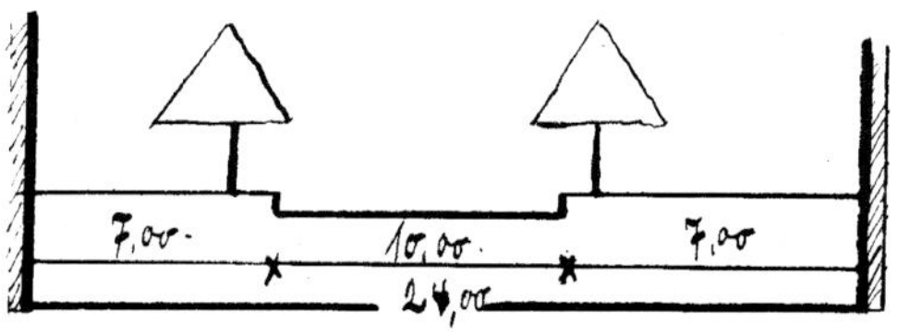

Bahnhofstraße: 1993

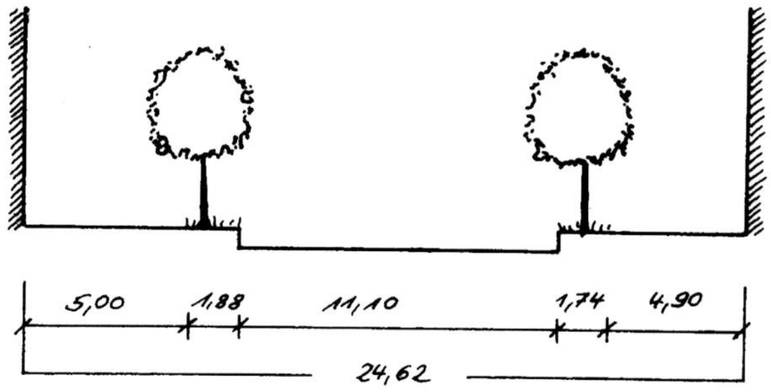

Donauwörther Straße: um 1918

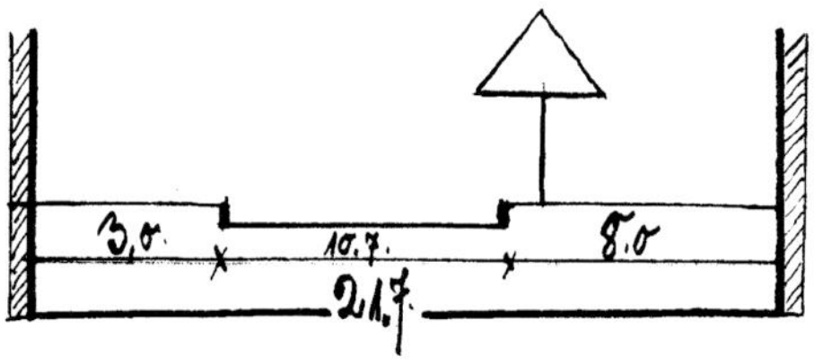

Donauwörther Straße: 1993

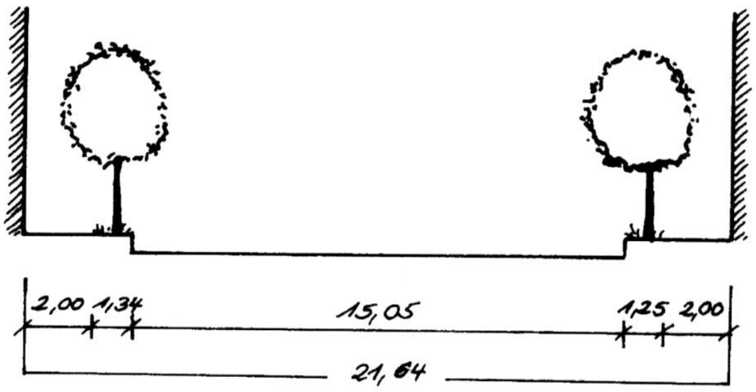

Eserwall: um 1918

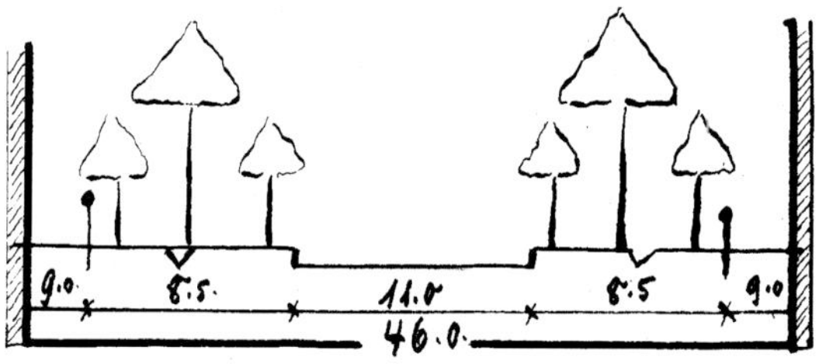

Eserwall: 1993

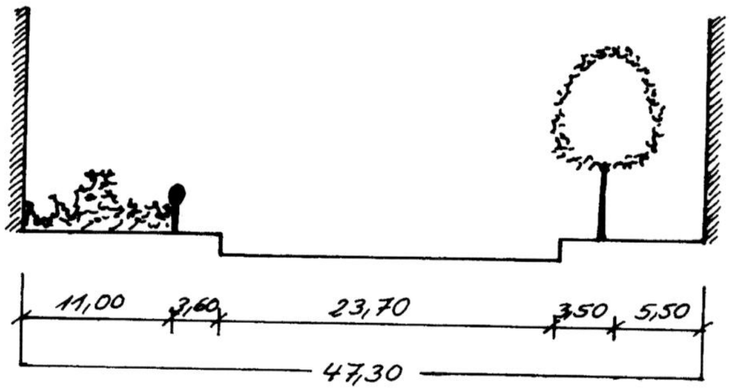

Gögginger Straße: um 1918

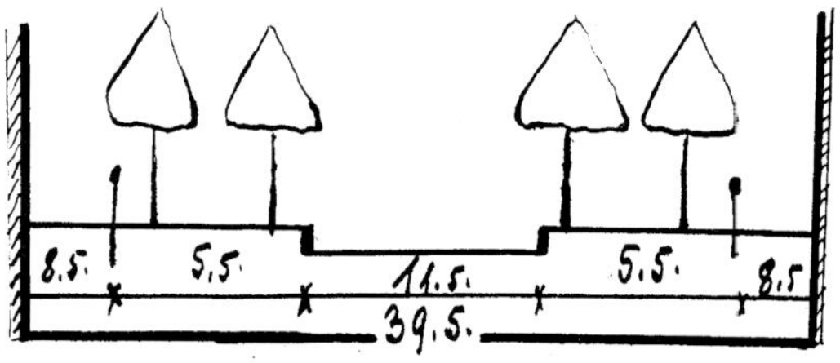

Gögginger Straße: 1993

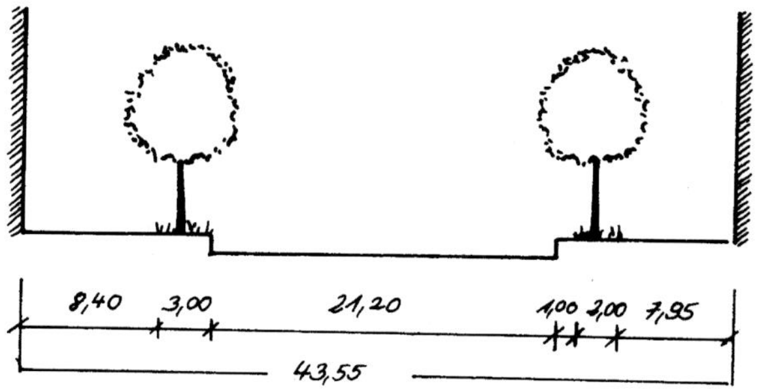

Haunstetter Straße: um 1918

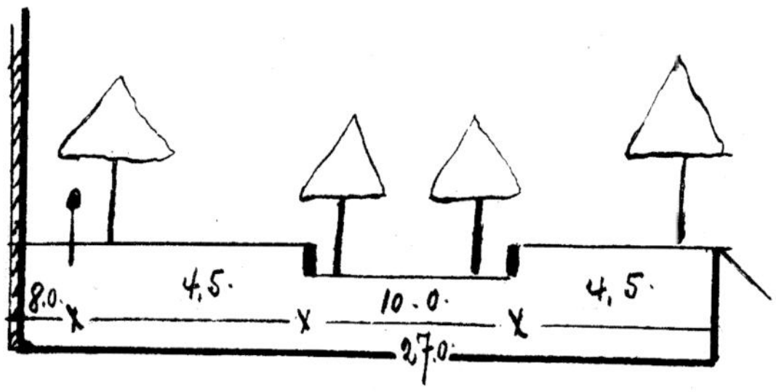

Haunstetter Straße: 1993

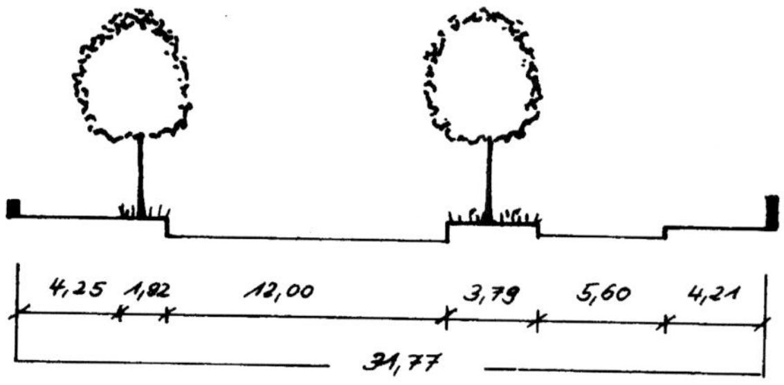

Abb. 53: Augsburger Alleenstraßen im Vergleich: Straßenprofile von 1918 und 1993.
Bearbeitung der neuen Schnittzeichnungen Franz SCHINDELE – Amt für Grünordnung und Naturschutz (1993).

Hermannstraße: um 1918

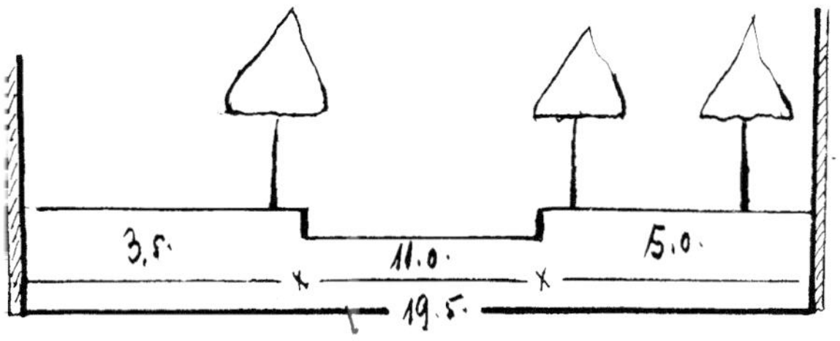

Hermannstraße: 1993 – Bei Haus-Nr. 11

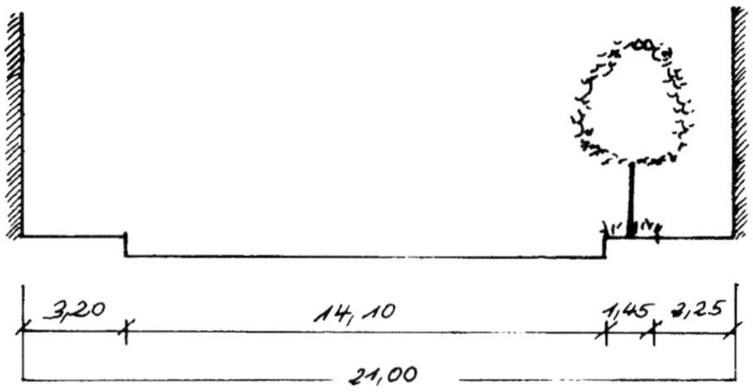

Lechhauser Straße: um 1918

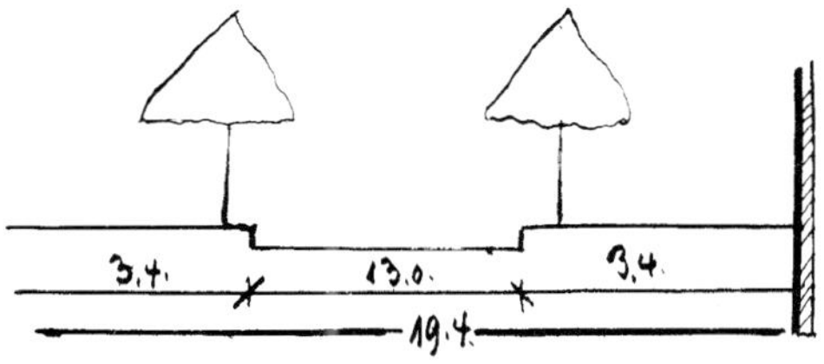

Lechhauser Straße: 1993

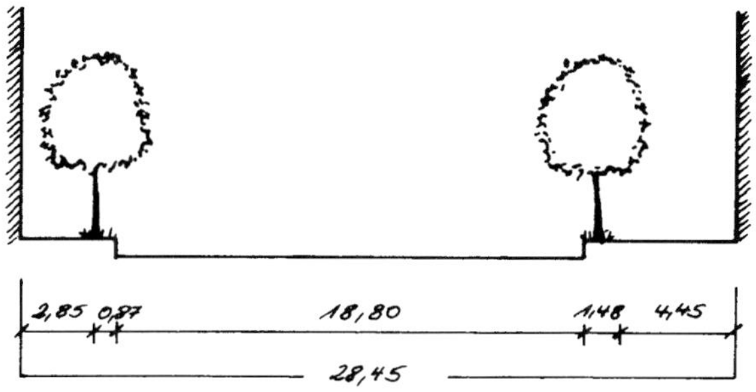

Neuburger Straße: um 1918

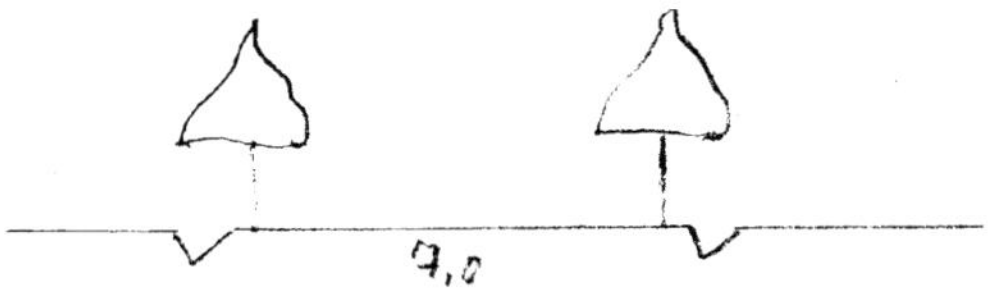

Neuburger Straße: 1993

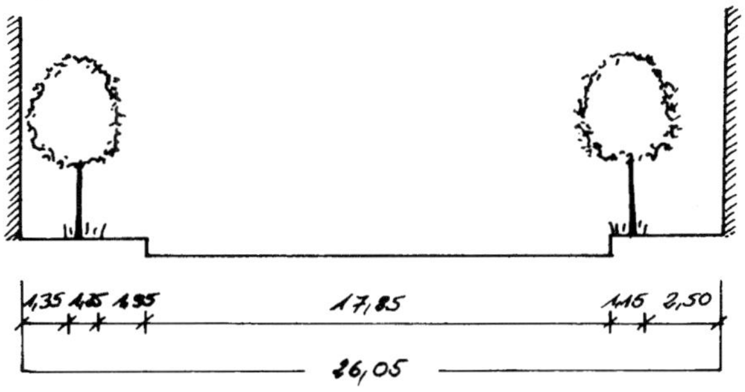

Prinzregentenstraße: um 1918

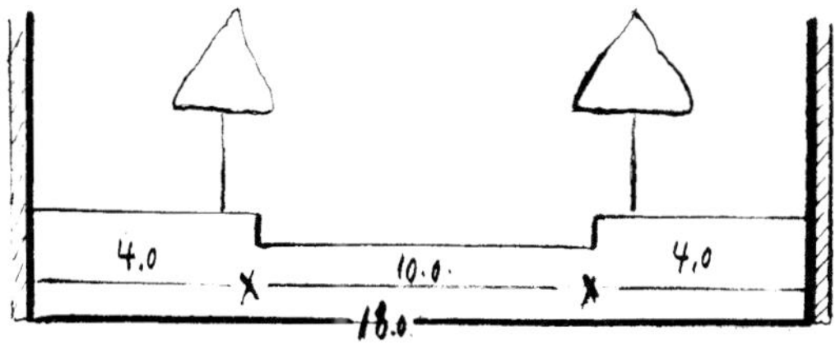

Prinzregentenstraße: 1993

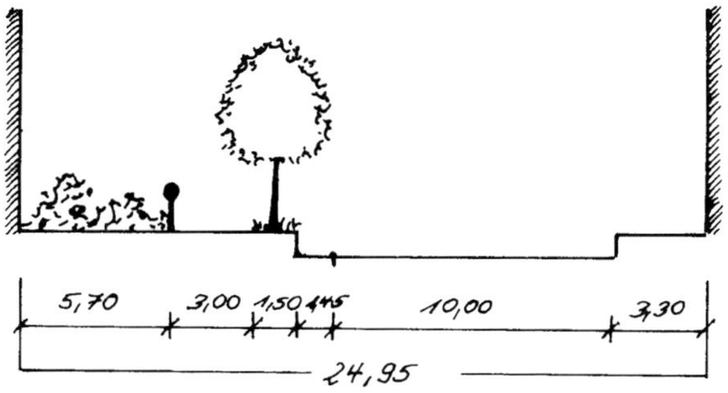

Schaezlerstraße: um 1918

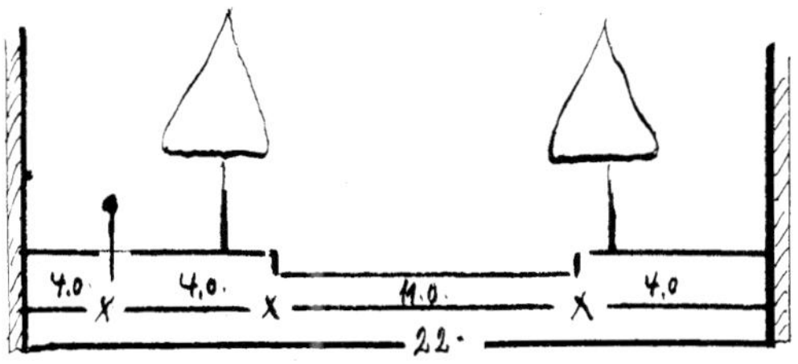

Schaezlerstraße: 1993

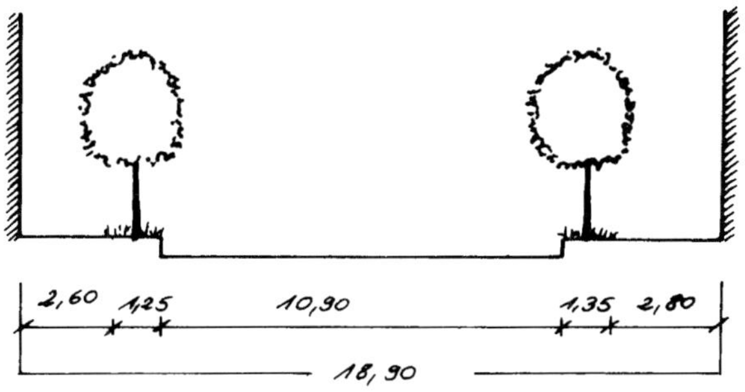

10. Schlußbetrachtung

Das hier bearbeitete Thema „Augsburger Straßenbäume und Alleen – Eine historische Betrachtung", könnte genausogut mit „Augsburger Alleen – Eine spannende Geschichte" überschrieben werden.
Seit der Gärtner Franz SCHUSTER im Auftrag des Stadtmagistrates die ersten öffentlichen Baumanpflanzungen an Straßen und an Wegen vorgenommen hat, sind genau 239 Jahre (1754–1993) vergangen. Bei Nachforschungen über die Entwicklung des Baumbestandes, besonders der Alleen entlang der Wallstraßen, stößt man immer wieder auf Hinweise über Bemühungen der Bürgerschaft, Straßen und Wege zur Verschönerung des Stadtbildes mit Alleebäumen einzufassen.
Es gibt über Augsburg eine Menge aufschlußreicher Literatur zur Geschichte der „Stadt mit römischer Vergangenheit" und über die „reichsstädtische Blütezeit". Nur selten jedoch erfahren wir etwas über die Alleebäume, die Straßenräume und Stadtplätze in wohltuender Weise schmücken.

Vor diesem Hintergrund war es denn auch eine reizvolle Aufgabe, in alten Akten, Jahresberichten und alten Städtplänen einmal nachzuforschen, wie und wo das Gestaltungselement „Alleebaum" in den verschiedenartigen Stadträumen, außerhalb von privaten Gärten in früher Zeit verwendet worden ist. Hier ergab sich plötzlich ein weites Arbeitsfeld, das im Rahmen dieser Veröffentlichung nur ansatzweise recherchiert und dokumentiert werden konnte. So orientiert sich diese Dokumentation im wesentlichen an den historisch vorgegebenen Ringstraßen um die Altstadt, einschließlich der Jakober Vorstadt, sowie an den nach außen führenden „Chausseen". Über das Studium unterschiedlicher Quellen ist es gelungen, einige interessante Zusammenhänge und Details über die Augsburger „Straßenbäume" aus früherer Zeit, von der Mitte des 18. Jahrhunderts bis in die Gegenwart hinein aufzuzeigen.

Abschließend soll an dieser Stelle noch kurz eine Quelle zitiert werden, die unter der Überschrift „Anlagen und Alleen der Stadt Augsburg" im Jahre 1904 über die „Garten- und Baumkultur" unter anderem folgendes aussagt: „Die prachtvollen weitberühmten Gärten, welche die reichen Patrizier sich im Mittelalter anlegten, sind nur mehr eine Sage. Nichts von ihnen hat sich bis zur Neuzeit erhalten. Dagegen bildeten die herrlichen Gartengüter reicher Augsburger Familien mit ihren wundervollen englischen Parkanlagen, die im vergangenen Jahrhundert unmittelbar vor den Toren der Stadt entstanden und es mit gar manchem fürstlichen Park einer Residenz an Schönheit und Größe aufnahmen, noch vor einem Jahrzehnt eine wunderbare Umrahmung unserer Stadt mit dichtem Grün. Aber auch damit hat das letzte Dezennium schon ziemlich aufgeräumt; ganze Bauquartiere entstanden an deren Stelle ... Die Stadt hat aber nicht versäumt, den drohenden Verlust dieser Privatanlagen, um die uns manche Stadt beneiden darf, dadurch auszugleichen, daß sie seit Jahrzehnten bemüht war, herrliche Anlagen und Baumanpflanzungen überall, wo es nur möglich war, zu schaffen. Der Schmuck unserer Anlagen, im Verein mit dem schönen architektonischen Bilde der Stadt ist es, der Augsburg jedem Besucher so sympathisch erscheinen läßt. Was in dieser Richtung Residenzstädte der Gunst ihrer Fürsten verdanken, hat Augsburg unermüdlich aus eigenen Mitteln erschaffen ..."

Nicht ohne Stolz erinnert sich Augsburg an die alle Zeiten überdauerte, tief verwurzelte Gärtnertradition und die hochgerühmte Gartenkunst in der Schwabenmetropole. Letztere hat sich zwar vom Erscheinungsbild her zeit- und entwicklungsbedingt verändert, doch ihre Wurzeln reichen tief und haben positive Auswirkungen bis in unsere Zeit hinein. Die unvergleichlichen, einmalig schönen Alleen im Bereich des Stadtwalls sind ein „gewachsenes" Beispiel dafür.

11. Literatur

ANONYM, o. J.: Verzeichnis über Alleebäume der Stadtgemeinde Augsburg 85 p., unveröffentlicht

BAER, W. u. a. (Hrsg.), 1985: Augsburger Stadtlexikon. Augsburg

BÄUMER, A., 1828: Wegweiser für die Stadt Augsburg mit Grundriß der Koenigl: baier: Kreishauptstadt Augsburg

BECK, G., o. J.: Herold Kultur Reiseführer – links und rechts der Romantischen Straße. München

BERNATZKY, A., 1960: Von der mittelalterlichen Stadtbefestigung zu den Wallgrünflächen von Heute. Berlin u. a.

BESSNER, L., 1912: Mitteilungen der Deutschen Dendrologischen Gesellschaft üb. d. Jahresversammlung zu Augsburg u. Ausflüge v. 4.–10. August 1912

BIEDERMANN, R., 1985: Stadtpläne. Augsburger Stadtlexikon. BAER, W. u. a. (Hrsg.) Augsburg

BIHLER, I. und UNGEWITTER, A., 1904: Jahresbericht des Kreisvereins für Bienenzucht und Obstbau in Schwaben und Neuburg. Augsburg

BLENDINGER, F. und ZORN, W. (Hrsg.), 1976: Augsburg – Geschichte in Bilddokumenten. Augsburg

BRÜNING, J. und KOMMER, B. R. (Hrsg.), 1992: Stadtbilder – Augsburger Ansichten des 15. bis 19. Jahrhunderts.

DEBOLD-KRITTER, A., 1979: Augsburg – In frühen Photographien 1860–1914. München

DEMMLER-MOSETTER, H., 1958: Anmerkungen zum Wirtschaftsplan der Stadt Augsburg. Städt. Bauverwaltung (Hrsg.)

DIRR, P., 1913: Jubiläums-Gedenkschrift des Gärtnervereins für gewerbliche Interessen. Augsburg

EBERHARDINGER, E. und HOGL, K., 1984: Blick auf Augsburg

FERNER, H., 1921: Augsburger Bahnhofstraße im Jahre 1921. In: Augsburger Rundschau 3. Jahrg. Nr. 20, 1921

FRANZ, G., 1984: Geschichte des Gartenbaues. Stuttgart

FREI, H., 1978: Augsburg. Altstadt. In: Exkursion in Schwaben und angrenzenden Gebieten. Ortsanschluß des 16. Deutschen Geographentages Augsburg (Hrsg.). Kiel
GEYER, K. A. (Hrsg.), 1851: Alleen und Schattengänge in Städten. In: Chronik des Gartenwesens u. Feuilleton der Isis. Jahrg./Nr. 15, S. 15
GRAEBNER, P. und LANGE, W. (Hrsg.), 1926: Illustriertes Gartenbau-Lexikon (4.Aufl.). Berlin
GRÜNER KREIS (Hrsg.), 1992: Dokumentation 35 Jahre Arbeitsgemeinschaft „GRÜNER KREIS" für Augsburg und Umgebung
HEERWAGEN, L., 1915: Gartenbau und Gartenkunst – von den Anfängen bis zum heutigen Tage. Augsburg
HENNEBO, D., 1979: Entwicklung des Stadtgrüns von der Antike bis in die Zeit des Absolutismus. Hannover
ders., 1977: Städtische Baumanpflanzungen in früherer Zeit. In: Bäume in der Stadt. MEYER, H. u. a. Hannover
HOFFMANN, A., 1904: Anlagen und Alleen in der Stadt Augsburg. In: Hygienische und soziale Betätigung deutscher Städte, 63-71. Düsseldorf
HOFFMANN, R., 1886: Die Thore und Befestigungen der Stadt Augsburg von dem 10. bis zum 15. Jahrhundert. In: Zeitschrift des Historischen Vereins für Schwaben und Neuburg, 1-48
JUNGE, E., 1937: Die Anlage und Unterhaltung von Obstbaumpflanzungen. In: MUTH-JUNGE: Die Praxis des Obstbaues, S. 164 ff. Berlin
KELLER, R. und SCHMIDT, K. R., 1982: Bäume in der Stadt. In: Präsentationsschrift Grün im Lebensraum Stadt – Konzept der Landesgartenschau Augsburg 1985. Stadt Augsburg – Baureferat (Hrsg.)
KIESSLING, H. und LOHRMANN, U., 1987: Türme – Tore – Bastionen. Die Reichsstädtischen Befestigungsanlagen Augsburgs. Augsburg
ders., 1986: Die Städtebauliche Entwicklung rund um das Rathaus. In: BAI-Nachrichten, 25-31
KOCH, H., 1914: Gartenkunst im Städtebau. Berlin
KRAUS, J., 1980: Das Militärwesen der Reichsstadt Augsburg 1548 bis 1806 – Kap. X Die Stadtbefestigung, 355-366. Augsburg
LIEB, N., 1951: Augsburgs bauliche Entwicklung als Ausdruck städtischen Kulturschicksals seit 1800. In: Wiederaufbau und Tradition. Histor. Verein für Schwaben (Hrsg.). Augsburg
MITULLA, R., 1985: Spaziergang durch Alt-Augsburg. Augsburg
PUCHNER, W., 1980: Bäume – Text von Hermann Hesse. Wien
ROECK, B., 1985: Elias Holl – Architekt einer europäischen Stadt. Regensburg
ROEMER, L., 1950: Textzitat bekannt; genaue Quelle nicht auffindbar
SCHMIDT, Gg., 1974: Der Gartenbau in Bayern. Bayer. Staatsministerium für Ernährung, Landwirtschaft und Forsten (Hrsg.). München
SCHMIDT, K. R., 1967: Der Stadtwall von Paderborn. In: DAS GARTENAMT 7, 97-100
ders., 1984: Sterben Bäume wirklich in der Stadt? In: Neue Landschaft 29, 785-795
ders., 1987: Eine neue Ahornallee. In: Beilage der Zeitschrift „Ebbes" – Heimatpflege in Schwaben
ders., 1988: Alleen haben in Augsburg Tradition. In: Festschrift 85 Jahre BAI, Augsburg, 84-86
ders., 1988: Grün im Lebensraum Stadt – Erfahrungshintergrund Augsburg. In: DAS GARTENAMT 37, 413-422
ders., 1988: Hintergründe und Ziele ökologischer Grundlagenforschung in Augsburg. In: Augsburger Ökologische Schriften. Stadt Augsburg – Amt für Umweltschutz und Grünordnung (Hrsg.) 17-24
ders., 1991: Lechlandschaft im Stadtgebiet Augsburg: Entwicklungen – Fragen – Lösungen. In: Augsburger Ökologische Schriften. Stadt Augsburg – Amt für Grünordnung und Naturschutz (Hrsg.) 137–166
SCHMIDT, W., 1968: Augsburgs städtebauliche Entwicklung. In: GARTEN UND LANDSCHAFT 5, 154-155
SCHNIEPER, A. und SCHNIEPER, X., 1981: Bäume: Mythos, Abbild, Sinnbild. München, Luzern
SCHWARZE, W., 1978: Alte Augsburger Stadtansichten. Wuppertal
SENGENBERGER, E., 1968: Gärten und Grünflächen in Augsburg – von den ersten Baumgärten zum heutigen Gartenamt. In: DAS GARTENAMT 6, 229-240
SEYBOTH, G., 1978: Augsburg – Wandlungen einer Stadt. Augsburg
dies., 1977: Blutgericht vor dem Gögginger Tor – zwei Bauern wurden enthauptet – Menagerie auf „freiem Platz". In: Augsburger Allgemeine Nr. 96, 4.77
dies., 1976: Augsburg früher und heute. Augsburg
STIEGELE, J. und SCHNURA, A. (Hrsg.), 1987: Kunst gegen den Frust – Arbeitslose arbeiten mit Künstlern
WILLKOMM, M., 1875: Forstliche Flora von Deutschland und Oesterreich. Leipzig–Heidelberg

12. Anlagen:

12.1 „Verzeichnis über Alleebäume des Stadtgemeinde Augsburg“ um 1918

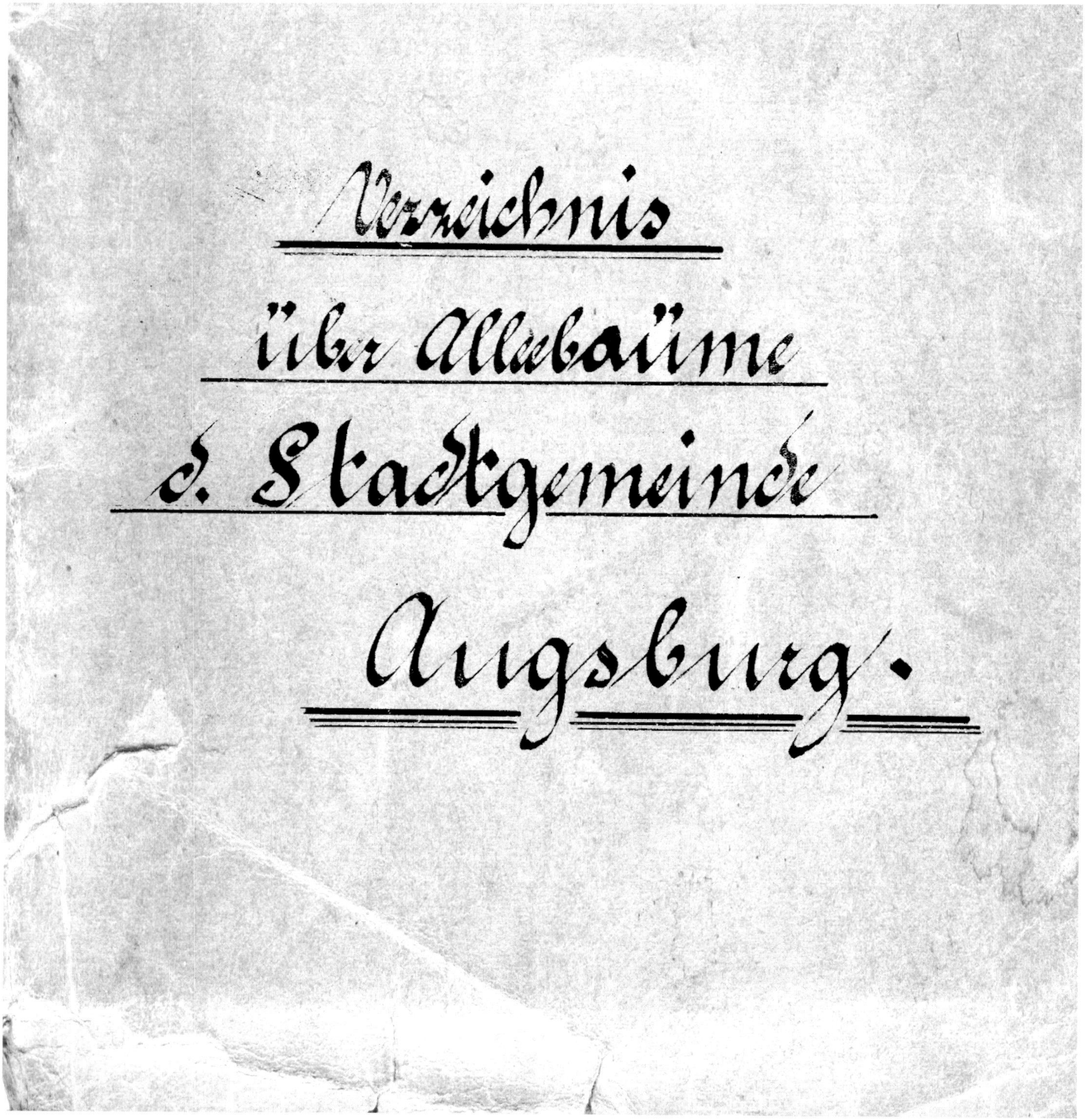
Verzeichnis
über Alleebäume
d. Stadtgemeinde
Augsburg.

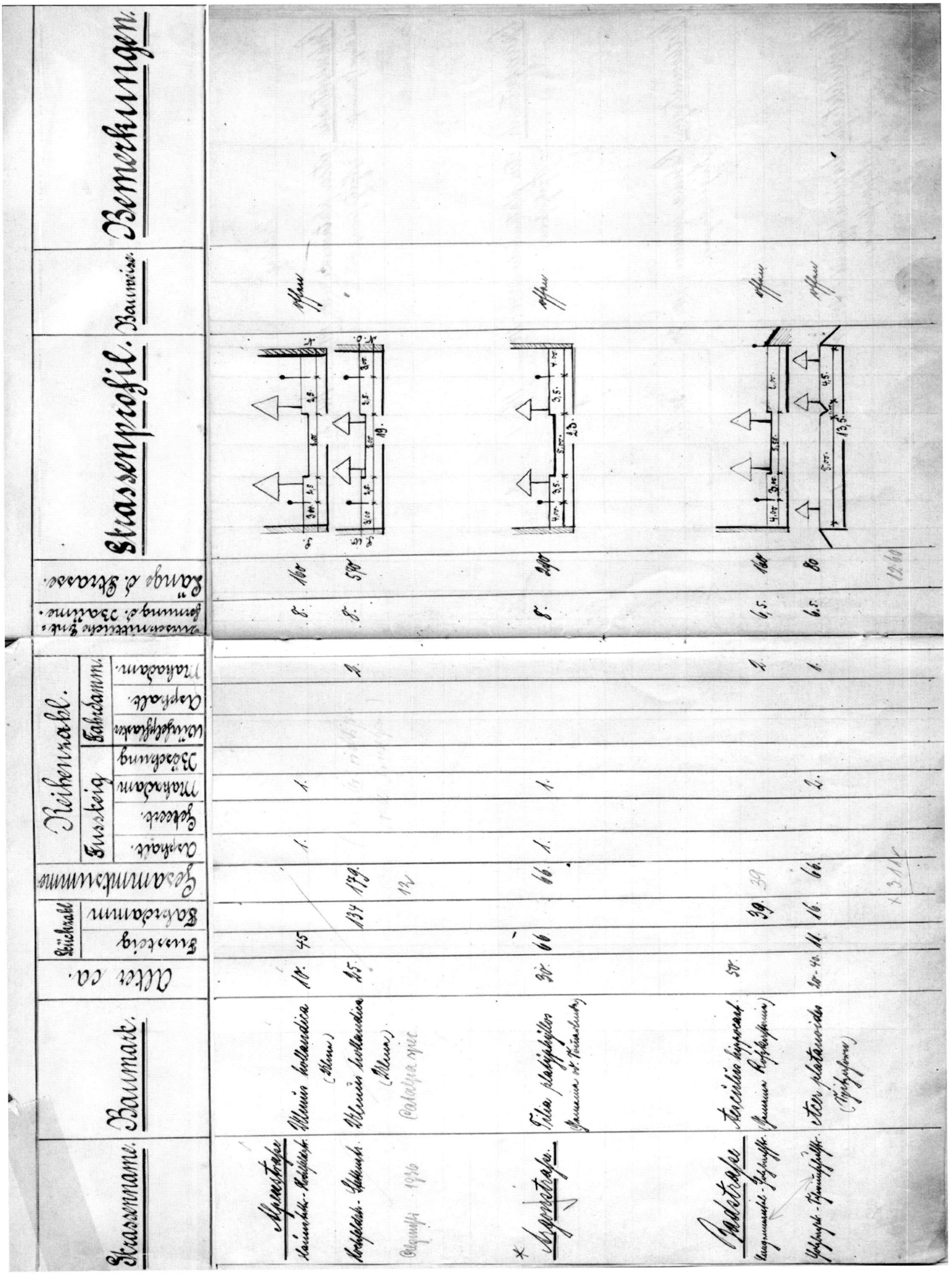
Strassenname.
Baumart.
Alter ca.
Stückzahl
Fusssteig
Fahrdamm
Gesammtsumme
Reihenzahl.
Fusssteig
Asphalt.
Gekiest.
Makadam
Böschung
Fahrdamm.
Würfelpflaster
Asphalt.
Makadam.
Länge d. Strasse.
Strassenprofil.
Bauweise.
Bemerkungen.
Alpenstraße
Ulmus hollandica
(Ulme)
Catalpa spec
Argonstraße.
Tilia platyphyllos
Badstraße
Aesculus hippocast.
Acer platanoides
offen

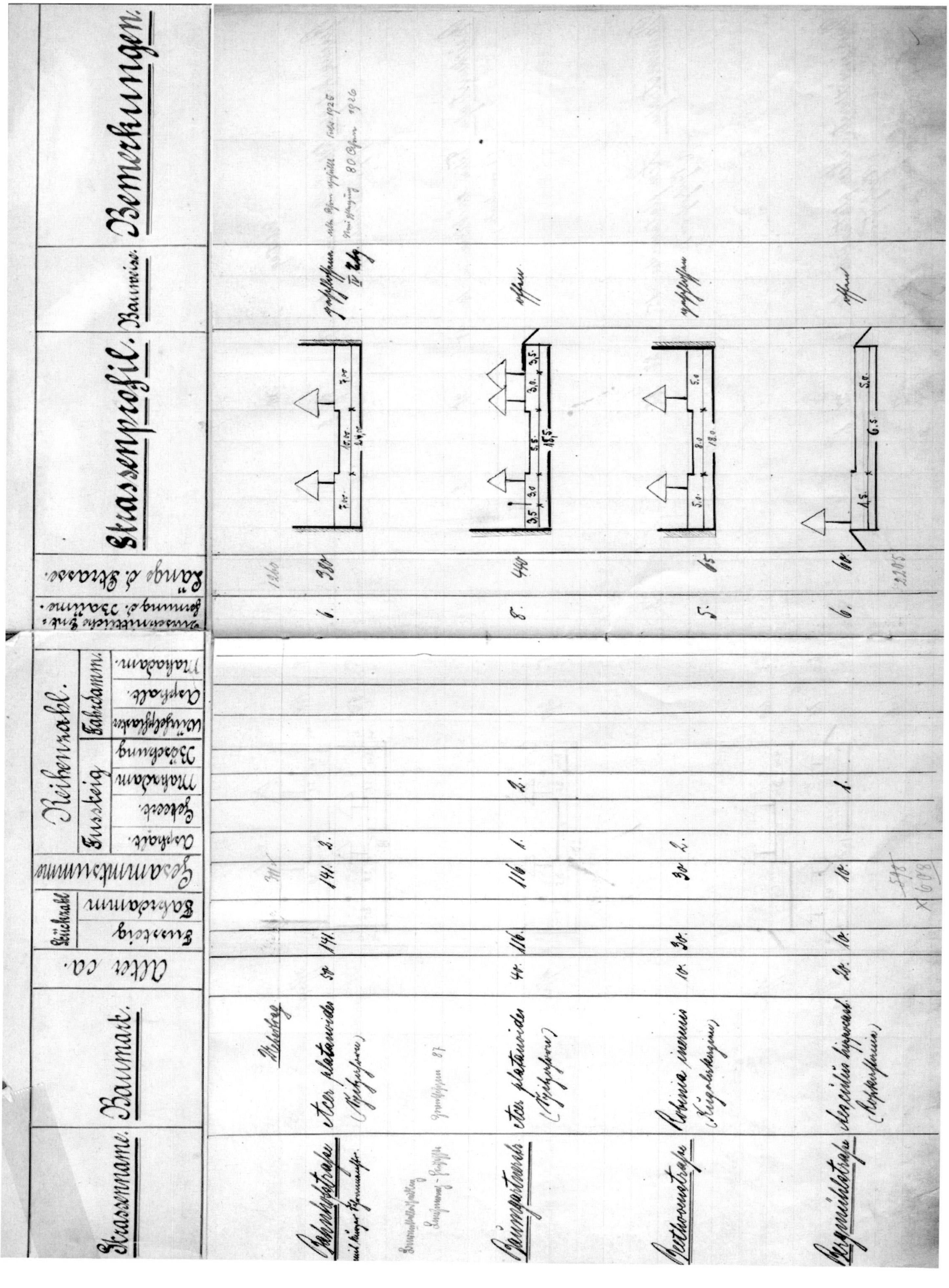
Strassenname.
Baumart.
Alter ca.
Stückzahl
Fusssteig
Fahrdamm
Gesammtsumme
Reihenzahl.
Fusssteig
Fahrdamm.
Länge d. Strasse.
Strassenprofil.
Bauweise.
Bemerkungen.

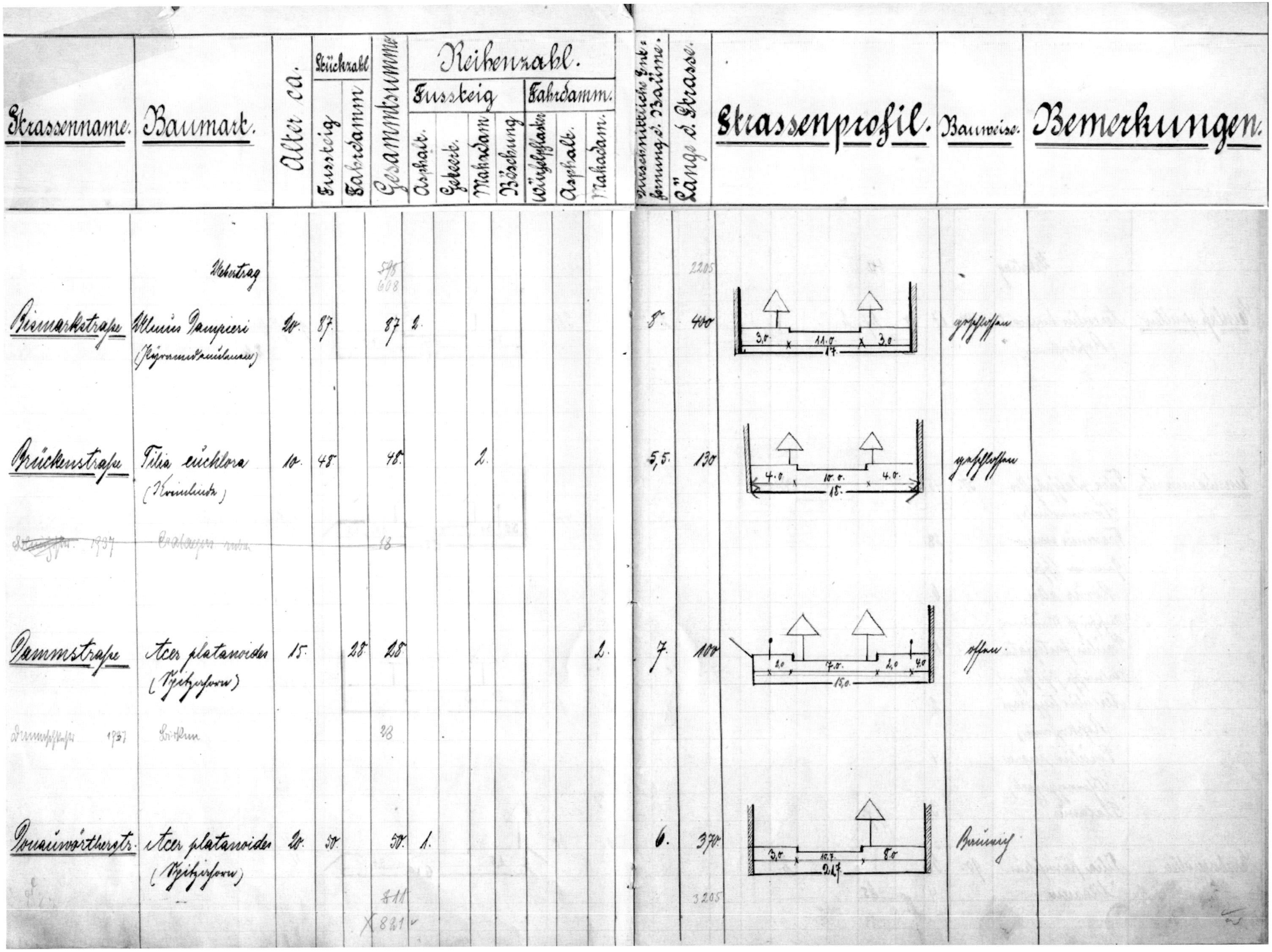

Strassenname.	Baumart.	Alter ca.	Stückzahl Fussteig	Stückzahl Fahrdamm	Gesammtsumme	Reihenzahl Fussteig Asphalt.	Reihenzahl Fussteig Gekiest.	Reihenzahl Fussteig Makadam	Reihenzahl Fussteig Böschung	Reihenzahl Fahrdamm Würfelpflaster	Reihenzahl Fahrdamm Asphalt.	Reihenzahl Fahrdamm Makadam.	Durchschnittliche Entfernung d. Bäume.	Länge d. Strasse.	Strassenprofil.	Bauweise.	Bemerkungen.
	Uebertrag				578 608									2205			
Bismarckstraße	Ulmus Dampieri (Pyramidenrüster)	20.	87.		87.	2.							5.	400	3,0 – 11,0 – 3,0; 17.	geschlossen	
Brückenstraße	Tilia euchlora (Krimlinde)	10.	48.		48.			2.					5,5.	130	4.0 – 10.0 – 4.0; 18.	geschlossen	
~~1937~~	~~Crataegus rubra~~				~~18~~												
Dammstraße	Acer platanoides (Spitzahorn)	15.		28.	28.							2.	7.	100	2,0 – 7,0 – 2,0 – 4,0; 15,0.	offen	
1937					28												
Donauwörtherstr.	Acer platanoides (Spitzahorn)	20.	50.		50.	1.							6.	370.	3,0 – 10,7 – 8,0; 21,7.	Bauwich	
					811 / 821									3205			

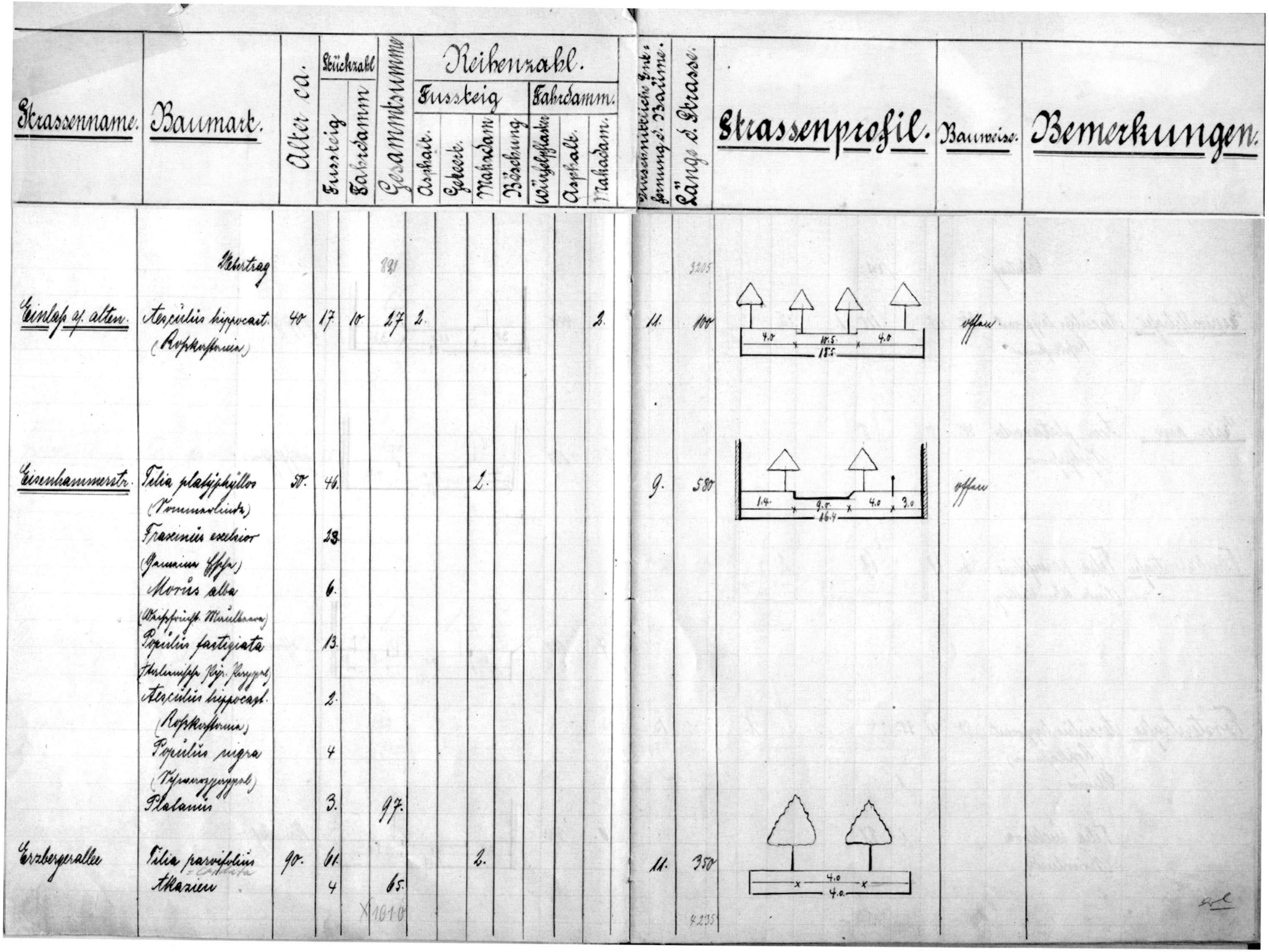

Strassenname.	Baumart.	Alter ca.	Stückzahl Fussteig	Stückzahl Fahrdamm	Gesamtsumme	Reihenzahl. Fussteig Asphalt.	Fussteig Gekeerk.	Fussteig Makadam	Fussteig Böschung	Fahrdamm. Würfelpflaster	Fahrdamm Asphalt.	Fahrdamm Makadam.	Durchschnittliche Entfernung d. Bäume.	Länge d. Strasse.	Strassenprofil.	Bauweise.	Bemerkungen.
	Uebertrag				881									3205			
Einlaß a. alten.	Aesculus hippocast. (Roßkastanie)	40	17.	10	27.	2.						2.	11.	100		offen	
Eisenhammerstr.	Tilia platyphyllos (Sommerlinde)	50.	46.					2.					9.	580		offen	
	Fraxinus excelsior (Gemeine Esche)		23.														
	Morus alba (Weißfrucht. Maulbeere)		6.														
	Populus fastigiata (Italienische Pyr. Pappel)		13.														
	Aesculus hippocast. (Roßkastanie)		2.														
	Populus nigra (Schwarzpappel)		4														
	Platanus		3.		97.												
Erzbergerallee	Tilia parvifolia = cordata	90.	61.					2.					11.	350			
	Akazien		4		65.												
					X1010									4235			

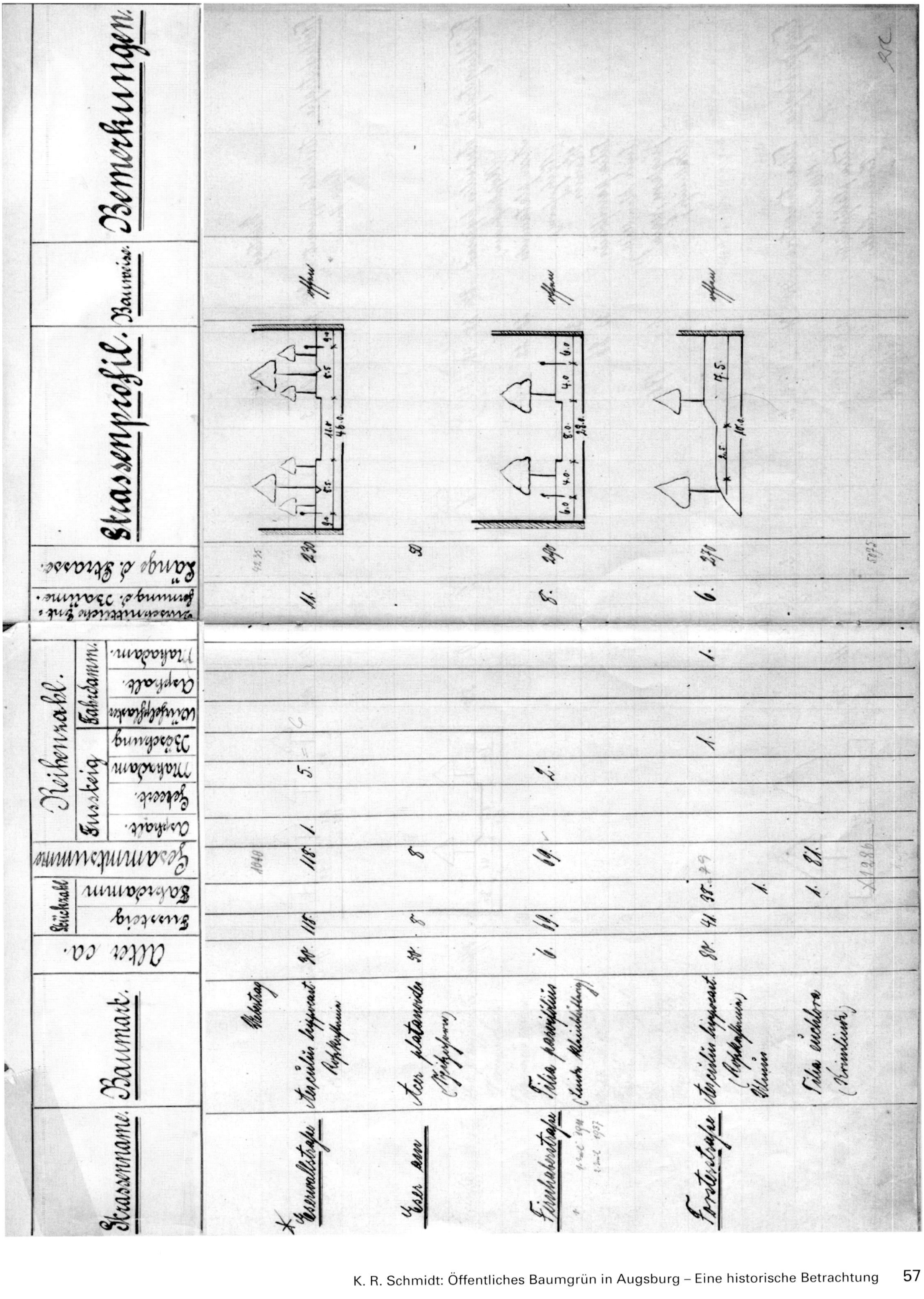

Strassenname	Baumart	Alter ca.	Stückzahl: Fussteig	Stückzahl: Fahrdamm	Gesammtsumme	Reihenzahl: Fussteig: Asphalt	Fussteig: Gekeest	Fussteig: Makadam	Fussteig: Böschung	Fahrdamm: Würfelpflaster	Fahrdamm: Asphalt	Fahrdamm: Makadam	Durchschnittliche Entfernung d. Bäume	Länge d. Strasse	Strassenprofil	Bauweise	Bemerkungen
	Uebertrag				1040									4235			
*Eserwallstraße	Aesculus hippocast. (Rosskastanie)	30.	118.		118.	1.		5.					11.	230	9.0 – 8.5 – 11.8 – 8.5 – 9.0; 46.0	offen	
Eser am	Acer platanoides (Spitzahorn)	50.	8		8									50			
Firnhaberstraße	Tilia parvifolius (Linde kleinblättrig)	6.	69.		69.			2.					8.	240	6.0 – 4.0 – 8.0 – 4.0 – 6.0; 28.0	offen	
Forsterstraße	Aesculus hippocast. (Rosskastanie)	80.	41.	38.	79				1.			1.	6.	270	2.5 – 7.5; 10.0	offen	
	Ulmus			1.													
	Tilia euchlora (Krimlinde)			1.	81.												
					X1286									5075			

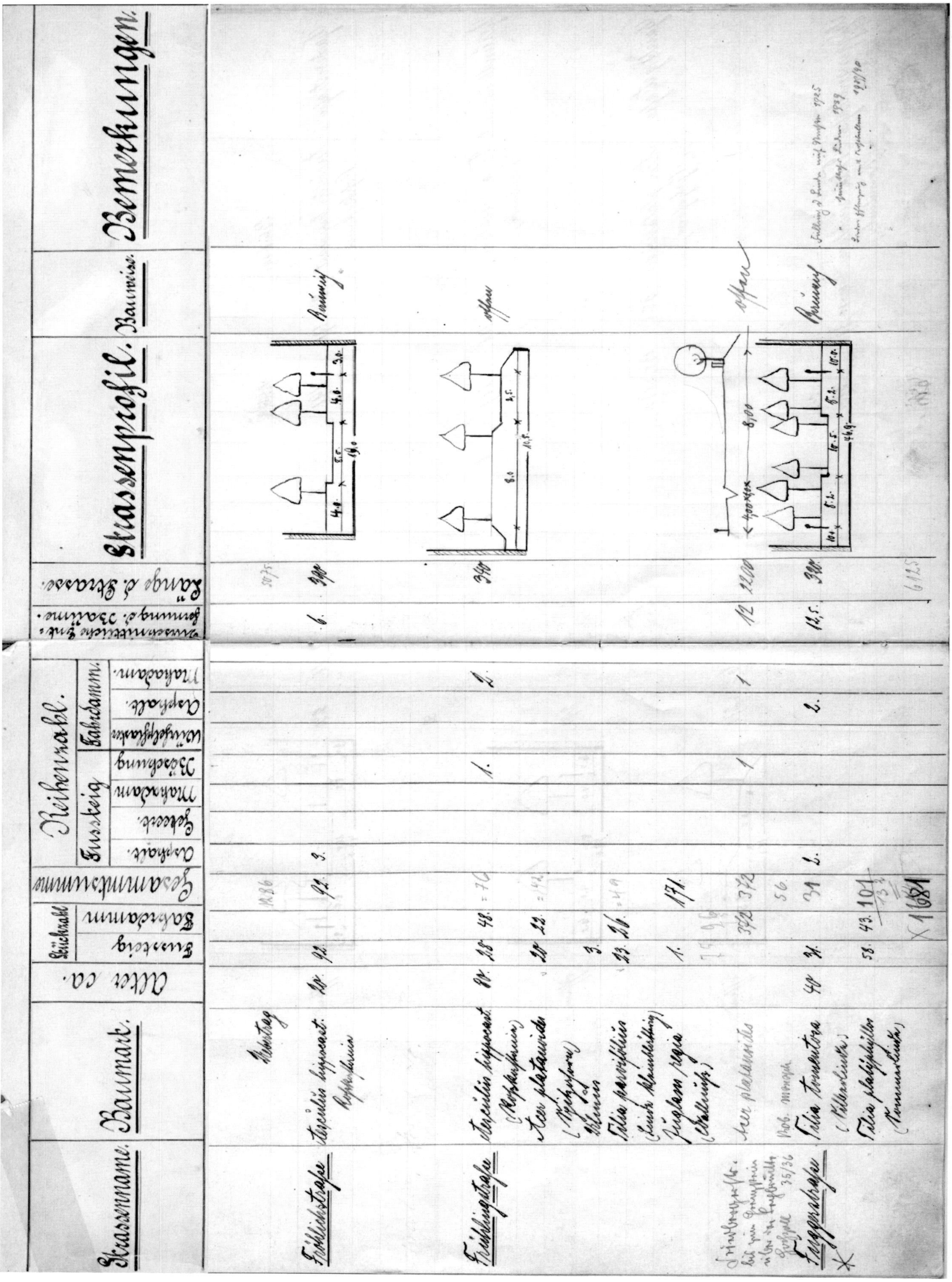
Strassenname.
Baumart.
Alter ca.
Stückzahl
Fussteig
Fahrdamm
Gesammtsumme
Reihenzahl.
Fussteig
Fahrdamm.
Asphalt.
Gekiest.
Makadam
Bödeckung
Würfelpflaster
Asphalt.
Makadam.
Länge d. Strasse.
Strassenprofil.
Bauweise.
Bemerkungen.

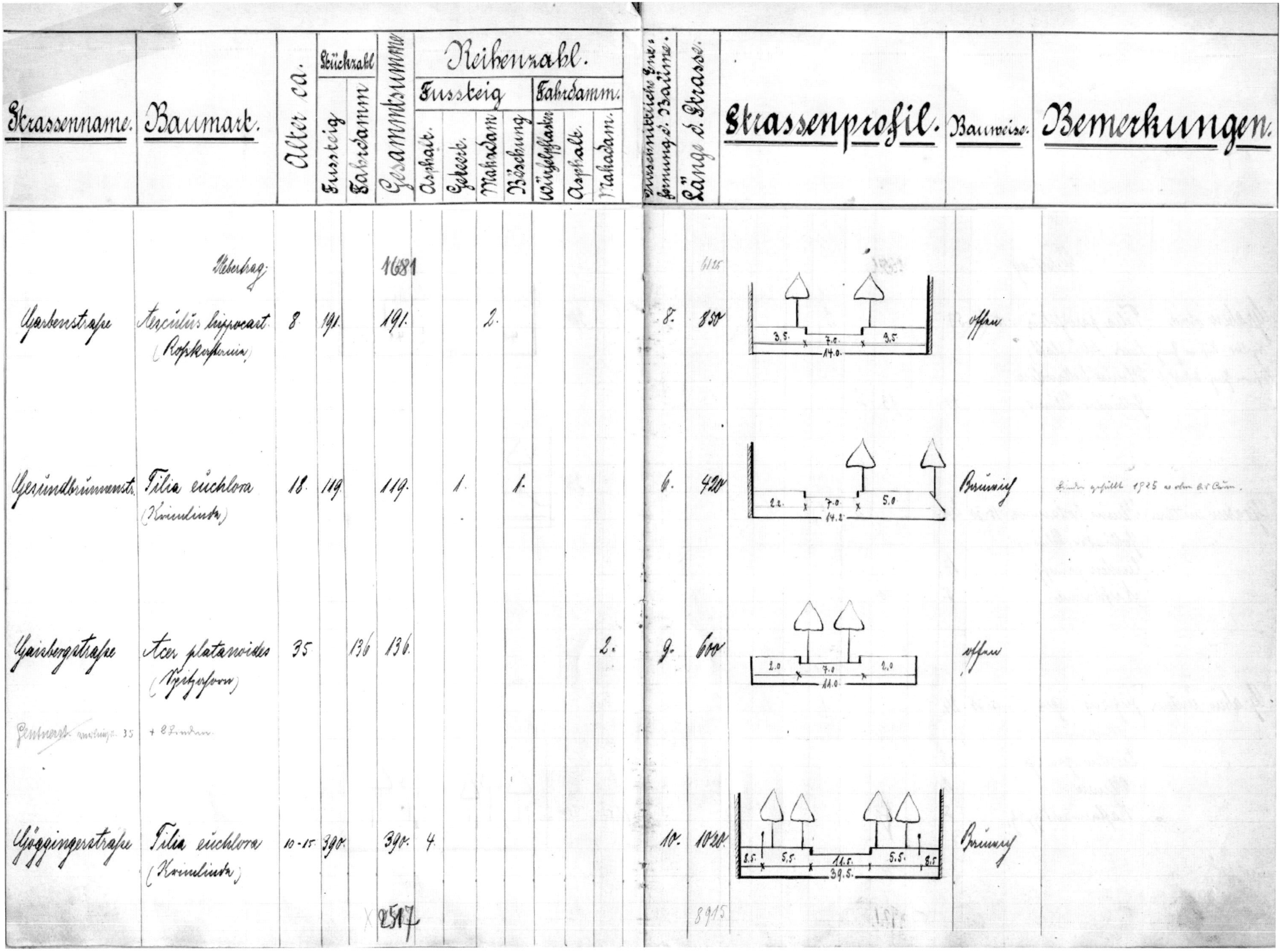

Strassenname.	Baumart.	Alter ca.	Stückzahl: Fussteig	Stückzahl: Fahrdamm	Gesamtsumme	Reihenzahl. Fussteig: Asphalt	Fussteig: Gekerst.	Fussteig: Makadam	Fussteig: Böschung	Fahrdamm: Würfelpflaster	Fahrdamm: Asphalt	Fahrdamm: Makadam	Durchschnittliche Entfernung d. Bäume.	Länge d. Strasse.	Strassenprofil.	Bauweise.	Bemerkungen.
	Uebertrag				1681									6125			
Garbenstraße	Aesculus hippocast. (Roßkastanie)	8	191.		191.			2.					8.	850	3.5 · 7.0 · 3.5 · 14.0	offen	
Gesundbrunnenstr.	Tilia euchlora (Krimlinde)	18.	119.		119.		1.		1.				6.	420	2.2 · 7.0 · 5.0 · 14.2	[illegible]	Linden gefällt 1925 [illegible]
Gaisbergstraße	Acer platanoides (Spitzahorn)	35		136	136.							2.	9.	600	2.0 · 7.0 · 2.0 · 11.0	offen	
~~Gentnerstr.~~ [illegible] 35	+ 8 Linden																
Göggingerstraße	Tilia euchlora (Krimlinde)	10-15.	390.		390.	4.							10.	1020.	8.5 · 5.5 · 11.5 · 5.5 · 8.5 · 39.5	[illegible]	
					X 2517									8915			

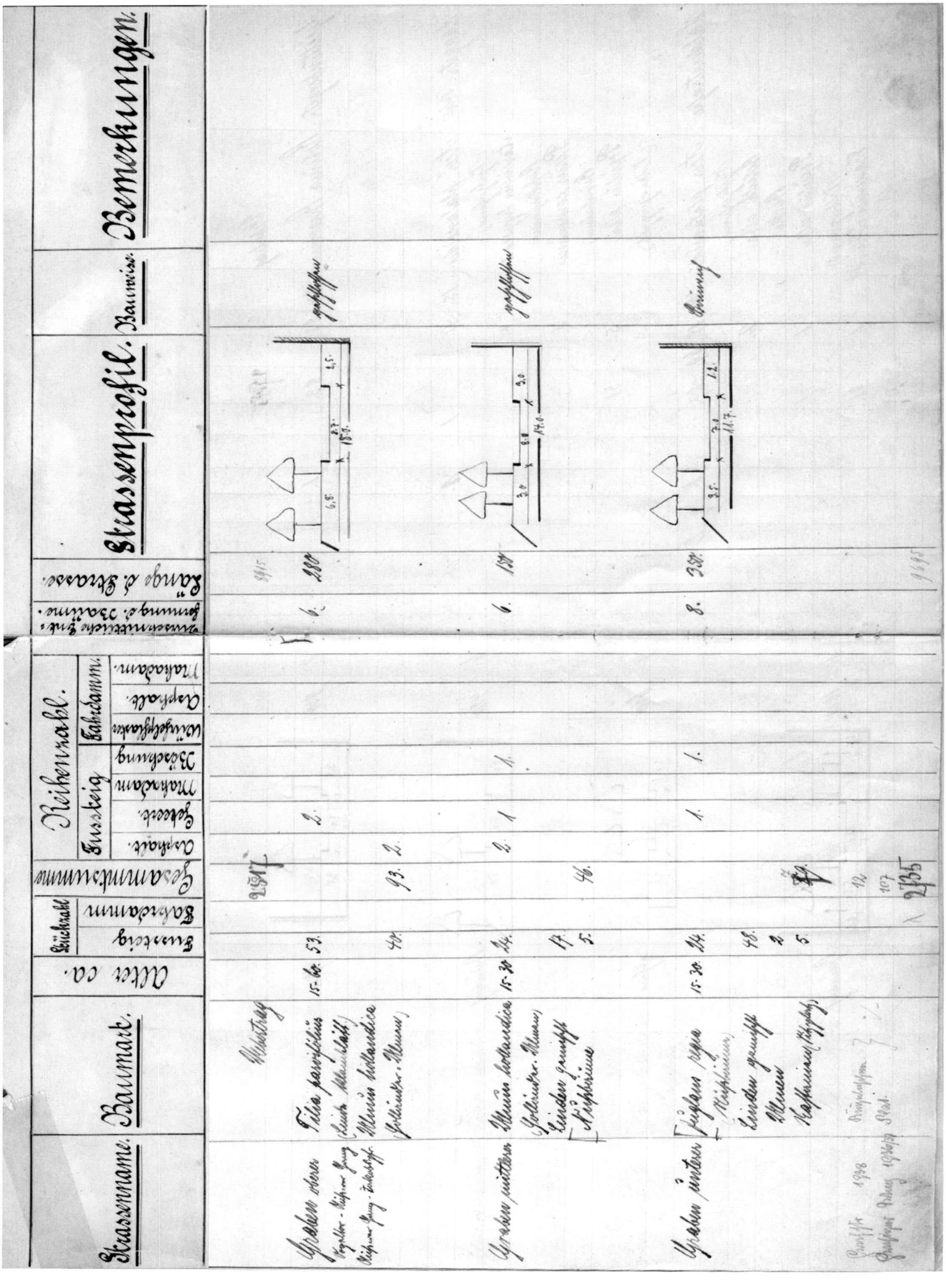

Strassenname.	Baumart.	Alter ca.	Stückzahl: Fussteig	Stückzahl: Fahrdamm	Gesamtsumme	Reihenzahl: Fussteig: Asphalt.	Fussteig: Gekiest.	Fussteig: Makadam	Fussteig: Böschung	Fahrdamm: Würfelpflaster	Fahrdamm: Asphalt.	Fahrdamm: Makadam.	Durchschnittliche Entfernung d. Bäume.	Länge d. Strasse.	Strassenprofil.	Bauweise.	Bemerkungen.
	Uebertrag				2517									8915			
Graben oberer Vogeltor - Kirchner Zwing Kirchner Zwing - Fischertor	Tilia parvifolius (Linde kleinblätt.)	15-60	53.				2.						6.	280	6.8 / 2.7 / 1.5 / 18.0	geschlossen	
	Ulmus hollandica (Holländer-Ulmen)		40.		93.	2.											
Graben mittlerer	Ulmus hollandica (Holländer-Ulmen)	15-30	24.			2.	1		1.				6.	150	3.0 / 8.0 / 3.0 / 14.0	geschlossen	
	Linden gemischt		17.														
	Nussbäume		5.		46.												
Graben unterer	Juglans regia (Nussbäume)	15-30	24.				1.		1.				8.	350.	3.5 / 7.0 / 1.2 / 11.7	Brünnig	
	Linden gemischt		48.														
	Ulmen		2														
	Kastanien (Schüsselgl.)		5.		79												
Gersthofer 1938	Brückenstr.				12												
Gersthofer Weg 1936/37	Plat.				107												
					2735									9695			

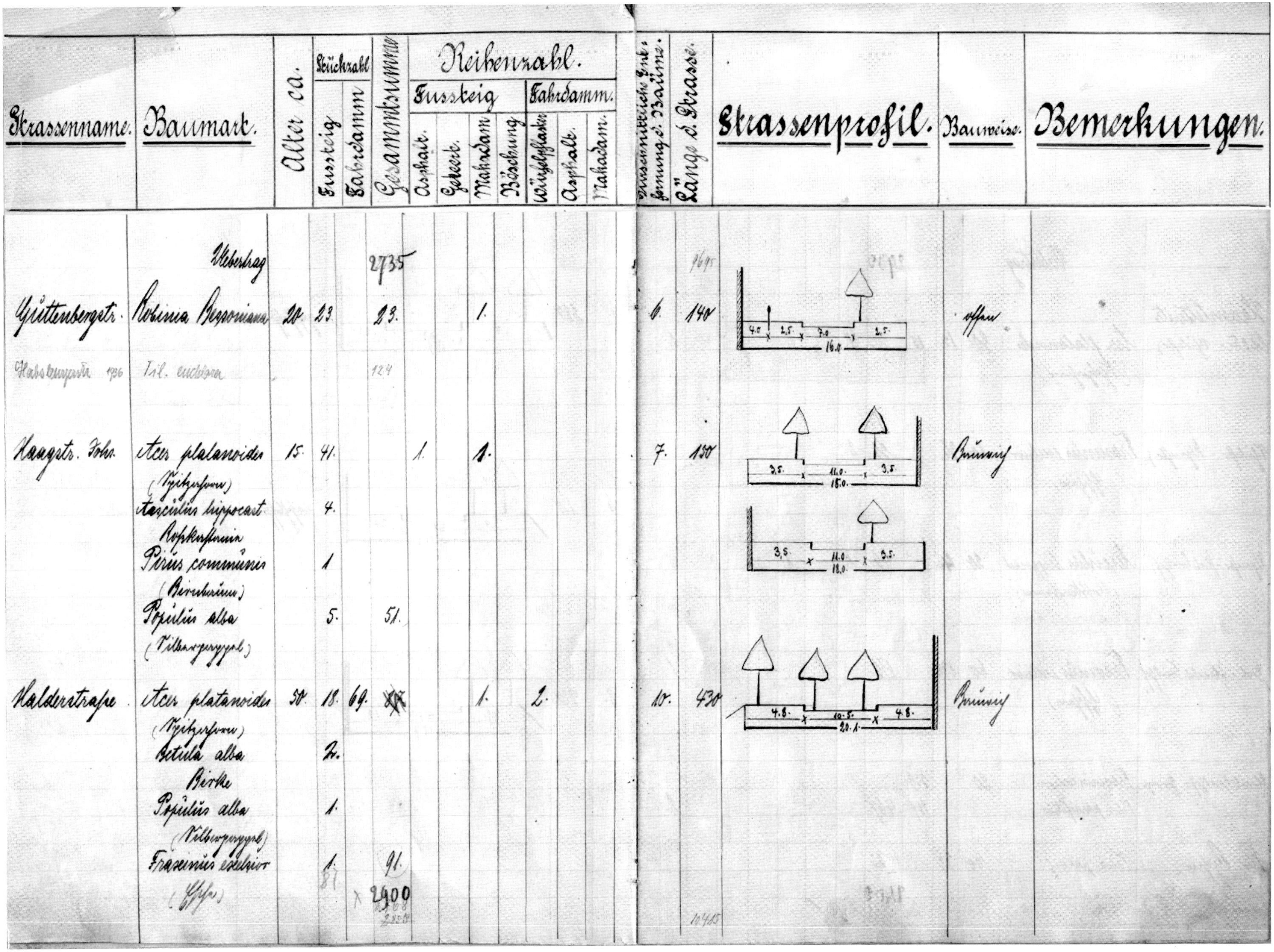

Strassenname.	Baumart.	Alter ca.	Stückzahl Fussteig	Stückzahl Fahrdamm	Gesammtsumme	Reihenzahl Fussteig Asphalt.	Gekiest.	Makadam.	Böschung	Reihenzahl Fahrdamm Würfelpflaster	Asphalt.	Makadam.	Durchschnittliche Entfernung d. Bäume.	Länge d. Strasse.	Strassenprofil.	Bauweise.	Bemerkungen.
	Uebertrag				2735									9695			
Guttenbergstr.	Robinia Bessoniana	20	23		23			1					6	140		offen	
Habsburgerstr. 136	Til. euchlora				124												
Haagstr. Joh.	Acer platanoides (Spitzahorn)	15	41			1		1					7	150		Bräunig	
	Aesculus hippocast. Rosskastanie		4														
	Pirus communis (Birnbaum)		1														
	Populus alba (Silberpappel)		5		51												
Halderstraße	Acer platanoides (Spitzahorn)	50	18	69	~~87~~			1		2			10	430		Bräunig	
	Betula alba Birke		2														
	Populus alba (Silberpappel)		1														
	Fraxinus excelsior (Esche)		1		91												
			81		x 2900 2868 2858									10415			

Strassenname.	Baumart.	Alter ca.	Stückzahl: Fussteig	Stückzahl: Fahrdamm	Gesamtsumme	Reihenzahl. Fussteig: Asphalt.	Fussteig: Gekeest.	Fussteig: Makadam	Fussteig: Böschung	Fahrdamm: Würfelpflaster	Fahrdamm: Asphalt.	Fahrdamm: Makadam.	Mittlere Entfernung d. Bäume.	Länge d. Strasse.	Strassenprofil.	Bauweise.	Bemerkungen.
	Uebertrag				2400 1768									10415			
Haunstetterstr. (Rotes Tor - Schillerstr.)	Acer platanoides (Spitzahorn)	30.	15.	15.	30. gefällt	1		1.				2.	12.	100		offen	
Schillerstr. - Alpenstr.)	Fraxinus excelsior (Esche)	60.	36.		36. gefällt	2.							10.	150			
[illegible]	[illegible] 17 Acer plat. 1936				17												
Alpenstr. - Prot. Friedhof	Aesculus hippocast. (Rosskastanie)	20.	46.		46.	1.		1.					8.	200			
[illegible] 1939	Pop. angulata cordata [illegible]				55 5												
Prot. - Israelit. Friedhof	Fraxinus excelsior (Esche)	60.	176.		176.		2.					1.		580			
Israel. Friedhof - Grenze	Fraxinus excelsior Tilia parvifolia	20.		350. 117.	467.							2.		1700 2730			
Zum Kurhaus	Tilia parvif.	100.	32		32.												
					3687 3432 3555									13145			

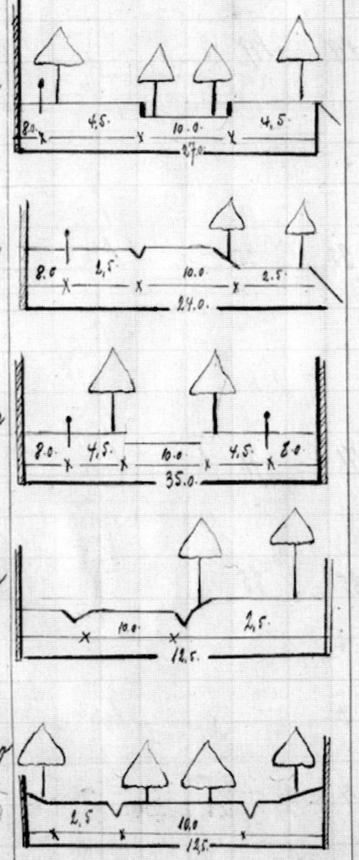

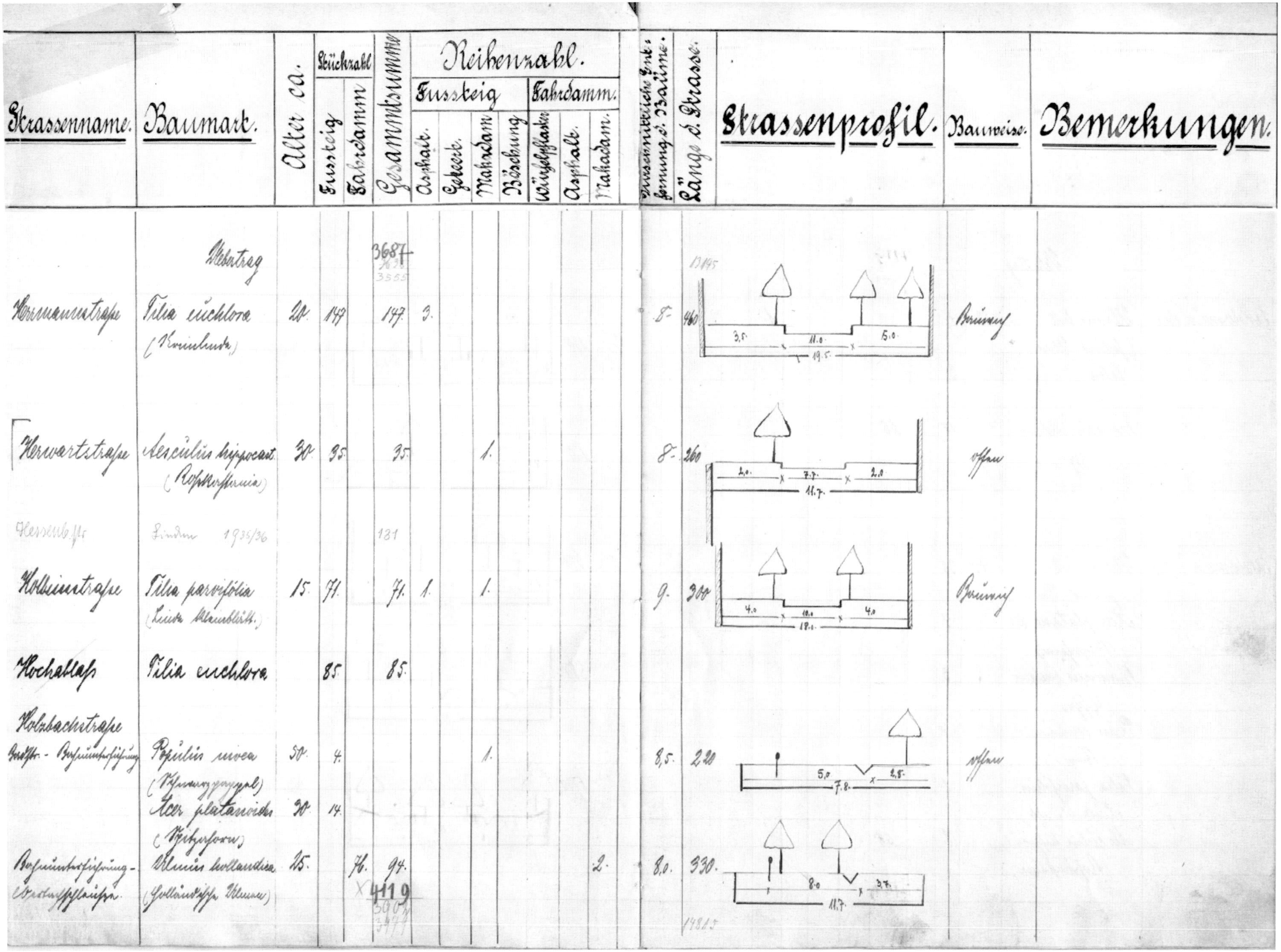

Strassenname.	Baumart.	Alter ca.	Stückzahl Fussteig	Stückzahl Fahrdamm	Gesamtsumme	Reihenzahl Fussteig Asphalt	Fussteig Gekiest	Fussteig Makadam	Fussteig Böschung	Fahrdamm Würfelpflaster	Fahrdamm Asphalt	Fahrdamm Makadam	Zwischenliche Entfernung d. Bäume	Länge d. Strasse	Strassenprofil.	Bauweise.	Bemerkungen.
	Uebertrag				3687 (3555)									13195			
Hermannstraße	Tilia euchlora (Krimlinde)	20	147		147	3							8	460		[illegible]	
Herwartstraße	Aesculus hippocast. (Rosskastanie)	30	35		35			1					8	260		offen	
Hessenb.str.	Linden 1935/36				131												
Holbeinstraße	Tilia parvifolia (Linde kleinblätt.)	15	71		71	1		1					9	300		[illegible]	
Hochablaß	Tilia euchlora		85		85												
Holzbachstraße [illegible]	Populus nivea ([illegible])	30	4					1					8,5	220		offen	
	Acer platanoides (Spitzahorn)	30	14														
[illegible]	Ulmus hollandica (Holländische Ulme)	25		76	94							2	8,0	330			
					4119									14815			

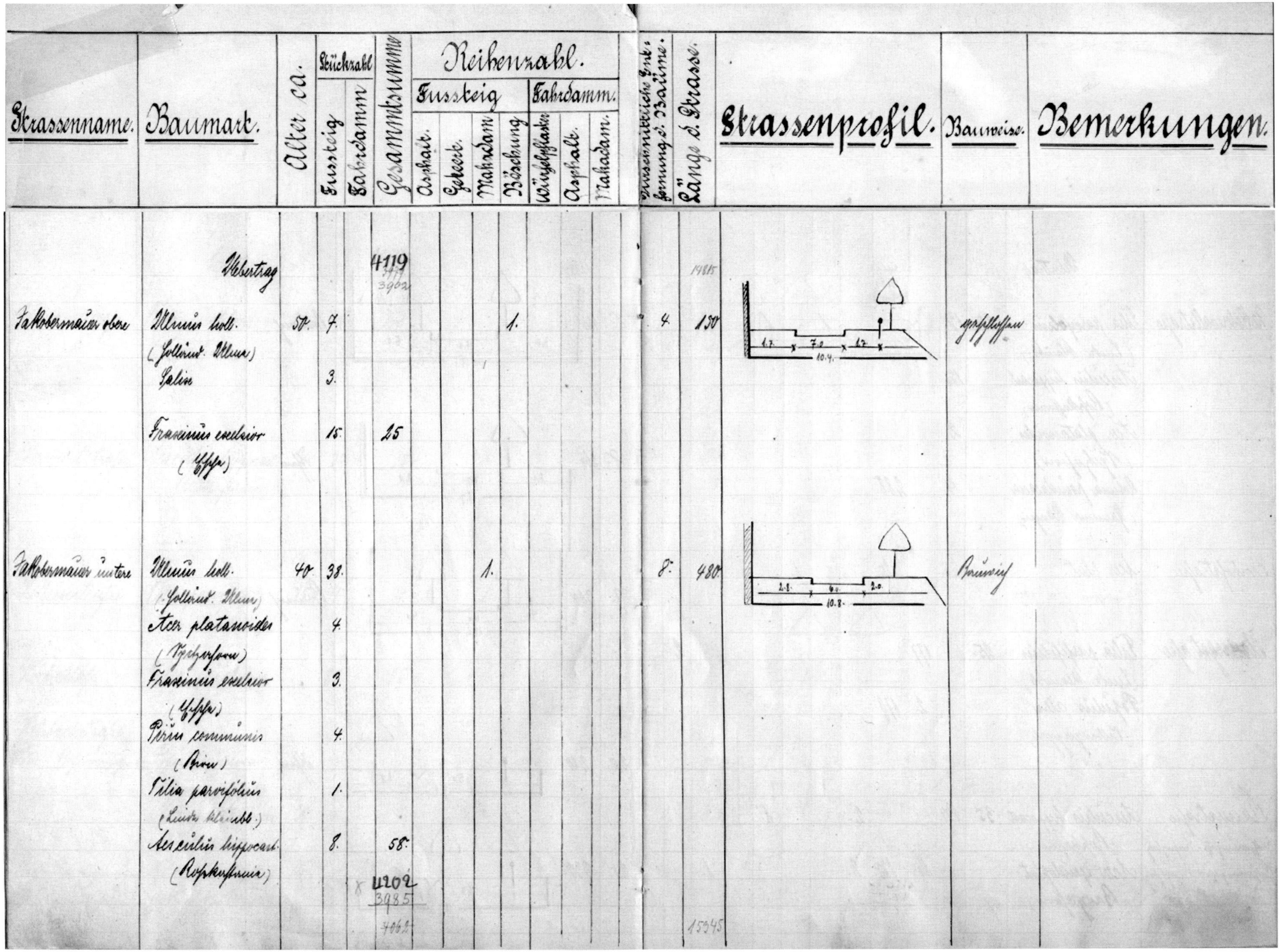

Strassenname.	Baumart.	Alter ca.	Stückzahl Fussteig	Stückzahl Fahrdamm	Gesammtsumme	Reihenzahl Fussteig Asphalt.	Gekeest.	Makadam	Böschung	Reihenzahl Fahrdamm Würfelpflaster	Asphalt.	Makadam.	Durchschnittliche Entfernung d. Bäume.	Länge d. Strasse.	Strassenprofil.	Bauweise.	Bemerkungen.
	Uebertrag				4119 (3902)									1985			
Jakobermauer obere	Ulmus holl. (Holländ. Ulme)	50.	7.						1.				4.	150	1.7 – 7.0 – 1.7; 10.4.	geschlossen	
	Salix		3.														
	Fraxinus excelsior (Esche)		15.		25												
Jakobermauer untere	Ulmus holl. (Holländ. Ulme)	40	38.						1.				8.	480.	2.8 – 6.0 – 2.0; 10.8.	Bauwich	
	Acer platanoides (Spitzahorn)		4.														
	Fraxinus excelsior (Esche)		3.														
	Pirus communis (Birn)		4.														
	Tilia parvifolia (Linde kleinbl.)		1.														
	Aesculus hippocast. (Rosskastanie)		8.		58.												
					4202 / 3985 / 4062									15345			

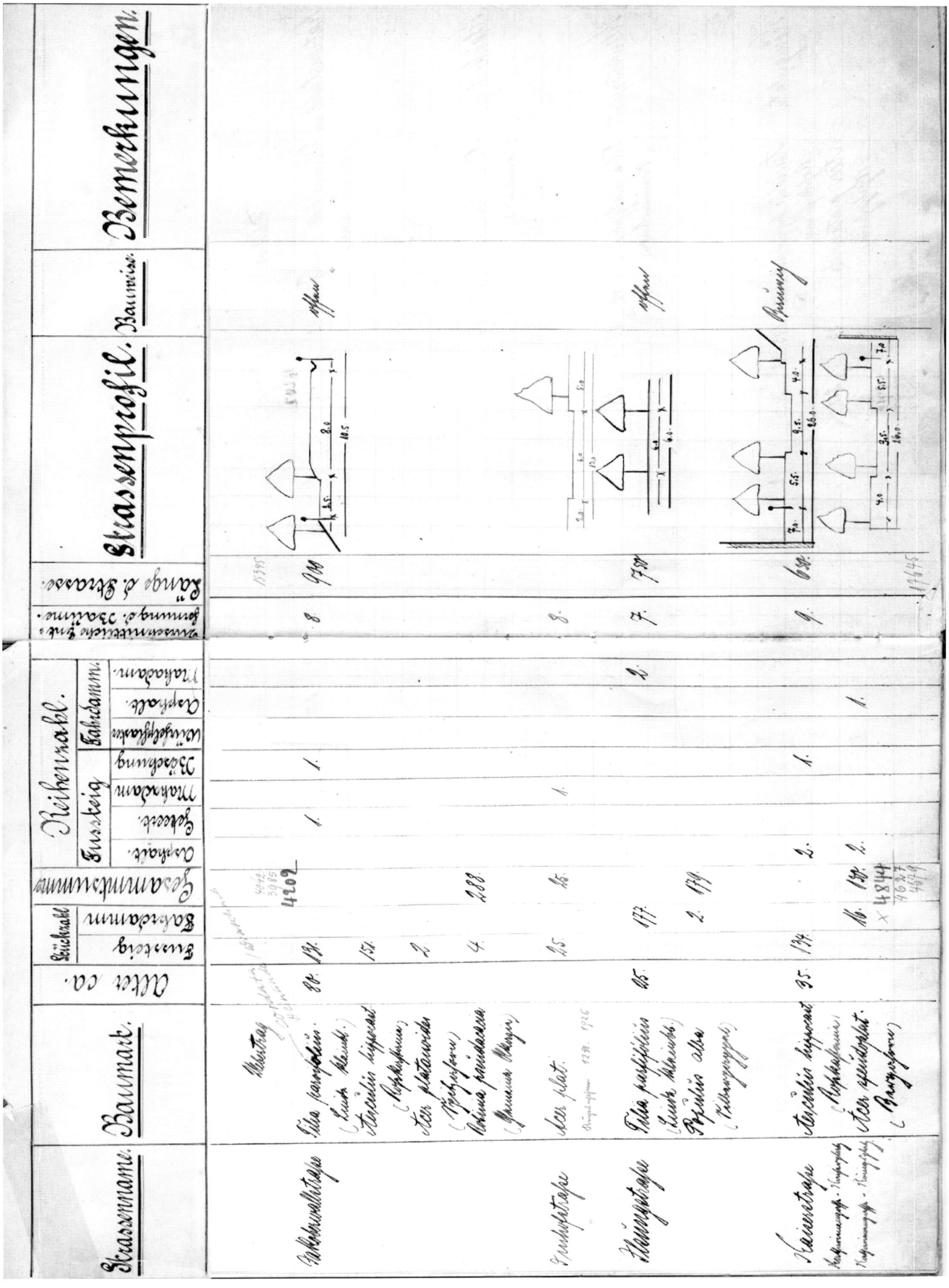

Strassenname	Baumart	Alter ca.	Stückzahl Fussteig	Stückzahl Fahrdamm	Gesamtsumme	Reihenzahl Fussteig Asphalt	Reihenzahl Fussteig Gekiest	Reihenzahl Fussteig Makadam	Reihenzahl Fussteig Böschung	Reihenzahl Fahrdamm Würfelpflaster	Reihenzahl Fahrdamm Asphalt	Reihenzahl Fahrdamm Makadam	Mittlere Entfernung d. Bäume	Länge d. Strasse	Strassenprofil	Bauweise	Bemerkungen
	Uebertrag				4042 3985 4202									15345			
Jakoberwallstraße	Tilia parvifolia (Linde kleinbl.)	80.	131.				1.		1.				8.	900		offen	
	Aesculus hippocast. (Rosskastanie)		151.														
	Acer platanoides (Spitzahorn)		2														
	Robinia pseudacacia (Gemeine Akazie)		4.		288.												
Bahnhofstraße	Acer plat.		25.		25.			1.					8.				
	Bergahorn 1291. 1926																
Hornungstraße	Tilia parvifolia (Linde kleinbl.)	05.		177.								2.	7.	750		offen	
	Populus alba (Silberpappel)			2.	179.												
Kaiserstraße	Aesculus hippocast. (Rosskastanie)	35.	134.			2.			1.				9.	650		geschlossen	
	Acer pseudoplat. (Bergahorn)			16.	150.	2.					1.						
					4844 4627 4679									17645			

Strassenname.	Baumart.	Alter ca.	Stückzahl Fussteig	Stückzahl Fahrdamm	Gesammtsumme	Reihenzahl Fussteig Asphalt.	Reihenzahl Fussteig Gekiest.	Reihenzahl Fussteig Makadam	Reihenzahl Fussteig Böschung	Reihenzahl Fahrdamm Würfelpflaster	Reihenzahl Fahrdamm Asphalt.	Reihenzahl Fahrdamm Makadam.	Durchschnittliche Entfernung d. Bäume.	Länge d. Strasse.	Strassenprofil.	Bauweise.	Bemerkungen.
	Uebertrag				4679 4627 4844									17645			
* Katzenstadel am	Ulmus holl. (Holländer Ulme)	6-40.	42.		42.			2.					12.	230	2.5 × 6.5 × 8.0 – 17.0	geschlossen	
Klaukestraße	Tilia euchlora. (Krimlinde)	15.	64.		64.	2.							5.5.	240	4.3 × 8.5 × 4.3 – 17.1	Brünnig	
Klinkertorplatz	Tilia platyphyllos (Sommerlinde)	40.	23.		23.	4.							11.	60	4.0 × 11.0 × 4.0 – 18.0	Brünnig	
Königsplatz	Aesculus hippocast. (Rosskastanie)	50.	143	42				2.		2.			10.	400.	2.5 × 11 × 4.0 – 17.5	Brünnig	
	Acer platanoides (Spitzahorn)		33		218.										4.0 × 11.0 × 4.0 – 19.0		
					X 5191 4974 3416									18575			

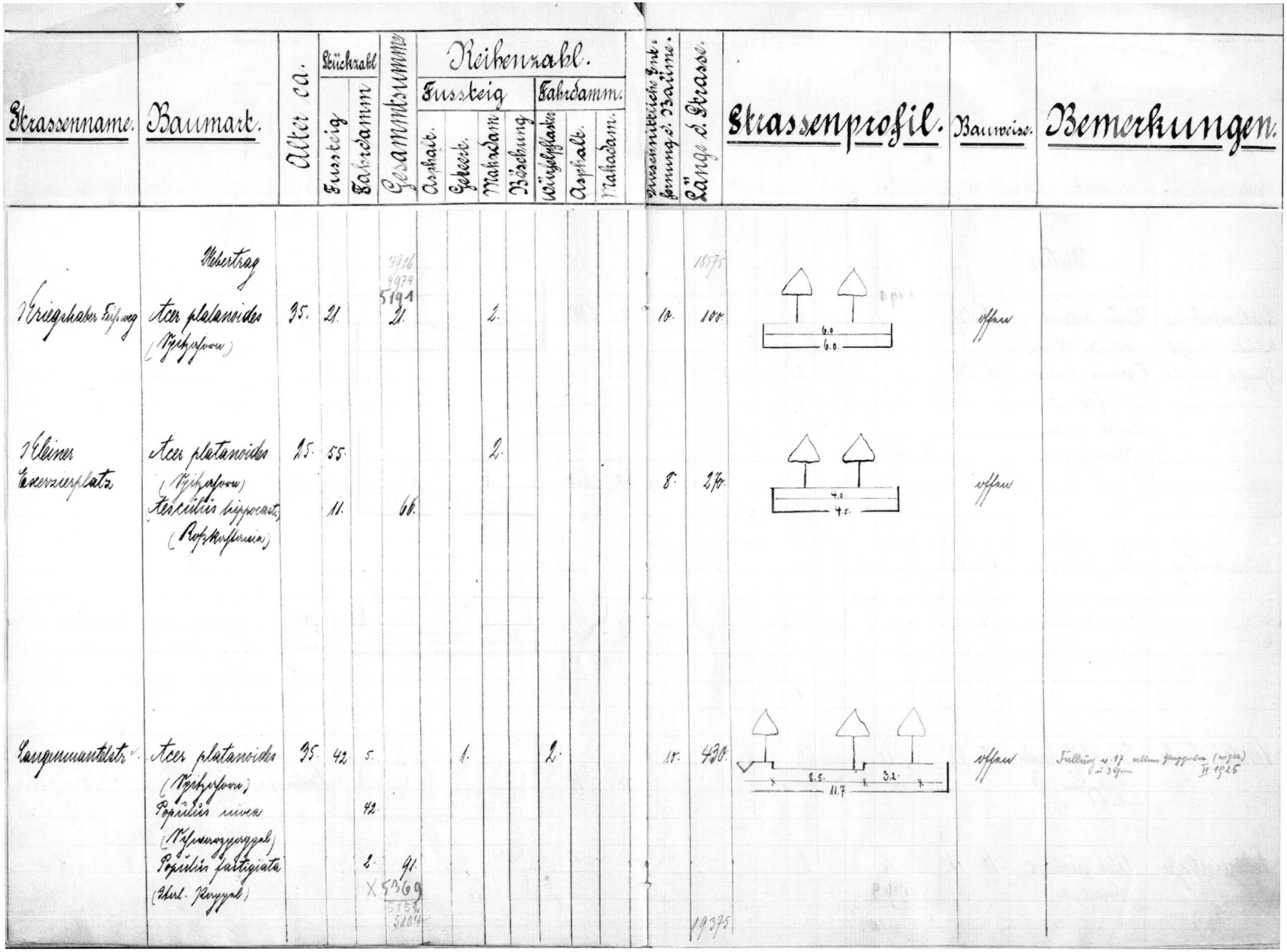

Strassenname.	Baumart.	Alter ca.	Stückzahl Fussteig	Stückzahl Fahrdamm	Gesamtsumme	Reihenzahl Fussteig Asphalt.	Reihenzahl Fussteig Gekiest.	Reihenzahl Fussteig Makadam	Reihenzahl Fussteig Böschung	Reihenzahl Fahrdamm Würfelpflaster	Reihenzahl Fahrdamm Asphalt.	Reihenzahl Fahrdamm Makadam.	Zwischenräumliche Entfernung d. Bäume.	Länge d. Strasse.	Strassenprofil.	Bauweise.	Bemerkungen.
	Uebertrag				4926 4974 5191									18575			
Kriegshaber Fußweg	Acer platanoides (Spitzahorn)	35.	21.		21.			2.					10.	100.	6.0 6.0	offen	
Kleiner Exerzierplatz	Acer platanoides (Spitzahorn)	25.	55.					2.					8.	270.	4.0 4.0	offen	
	Aesculus hippocast. (Rosskastanie)		11.		66.												
Langenmantelstr.	Acer platanoides (Spitzahorn)	35.	42.	5.			1.			2.			10.	430.	8.5 3.2 11.7	offen	Fällung v. 17 [illegible] (1925)
	Populus nivea (Silberpappel)			42.													
	Populus fastigiata (Ital. Pyramide)			2.	91. X 5369 5153 5204									19375			

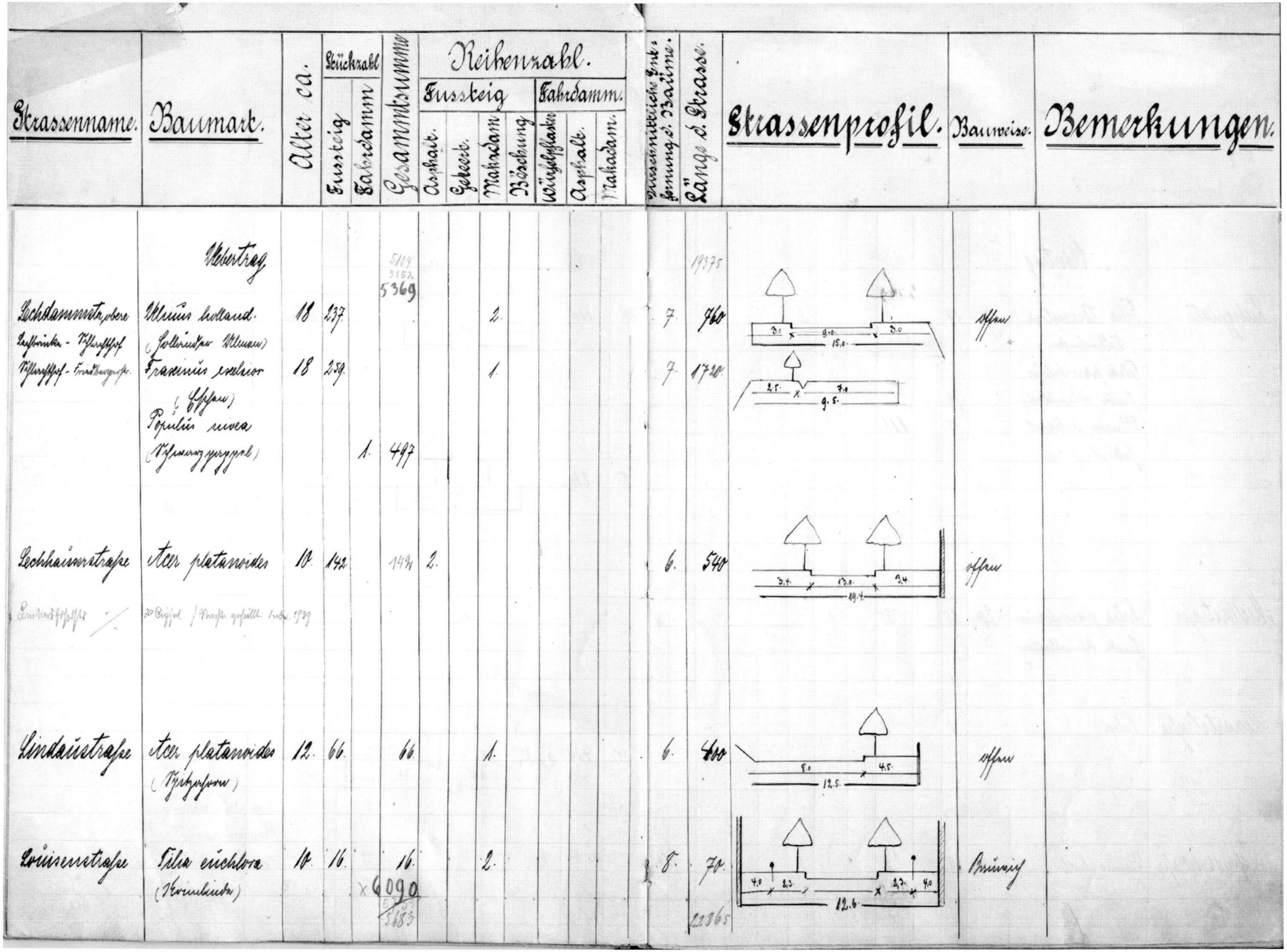

Strassenname.	Baumart.	Alter ca.	Stückzahl Fussteig	Stückzahl Fahrdamm	Gesamtsumme	Reihenzahl. Fussteig Asphalt.	Gekiest.	Makadam.	Böschung	Fahrdamm. Würfelpflaster	Asphalt.	Makadam.	Durchschnittliche Entfernung d. Bäume.	Länge d. Strasse.	Strassenprofil.	Bauweise.	Bemerkungen.
	Uebertrag				5104 / 3152 / 5369									19375			
Lechdammstraße, obere	Ulmus holland. (holländische Ulme)	18	237					2.					7	760		offen	
Luftbrücke - Schlachthof / Schlachthof - Friedbergerstr.	Fraxinus excelsior (Eschen)	18	259					1.					7	1720			
	Populus nivea (Schwarzpappel)			1.	497												
Lechhauserstraße	Acer platanoides	10	142		142	2.							6.	540		offen	
[illegible]	70 Stück / [illegible] gefällt [illegible] 1939																
Lindaustraße	Acer platanoides (Spitzahorn)	12.	66.		66.			1.					6.	400		offen	
Luisenstraße	Tilia euchlora (Krimlinde)	10	16.		16.			2.					8.	70.		[illegible]	
					x 6090 / 5… / 5683									22865			

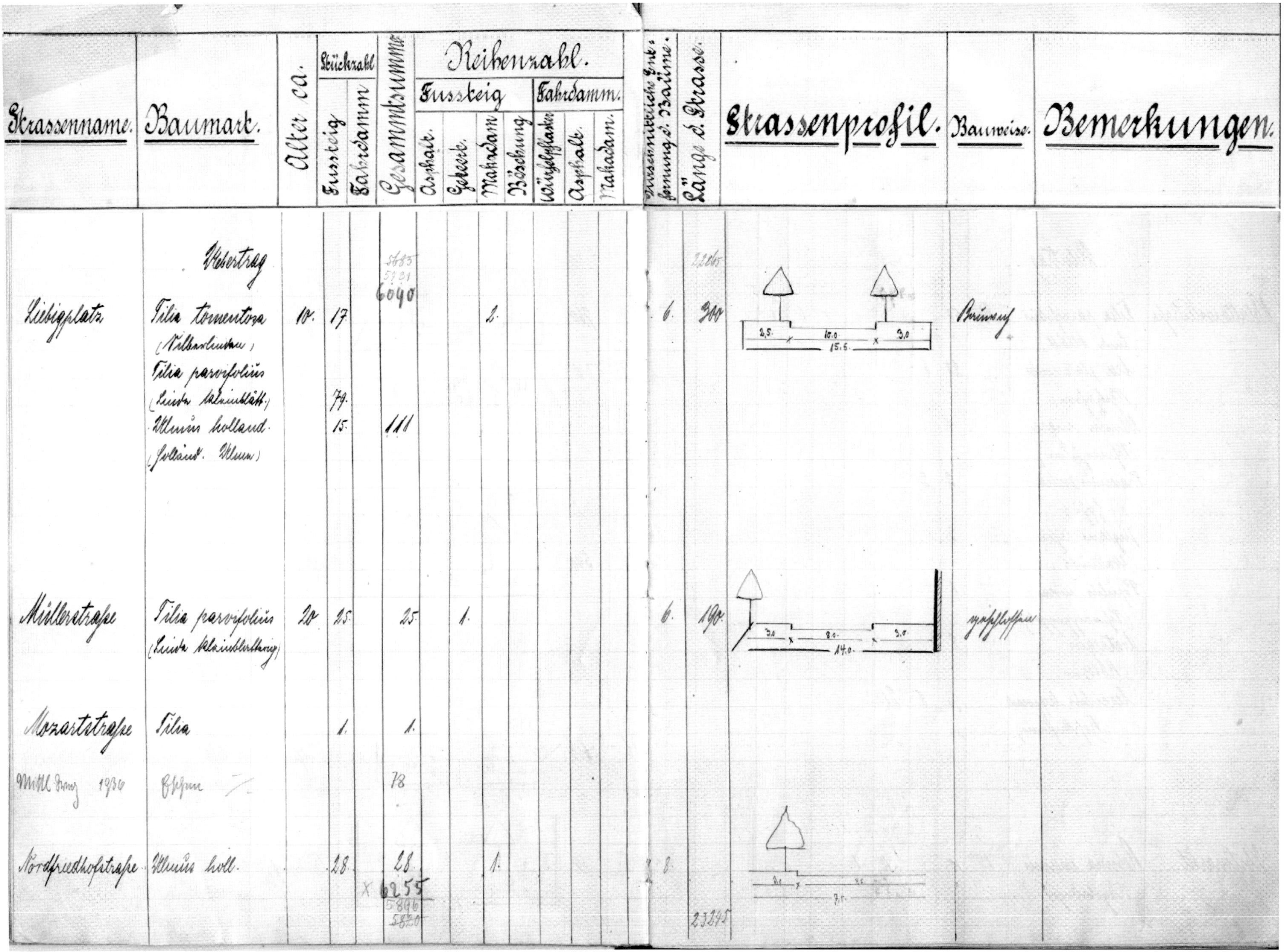

Strassenname.	Baumart.	Alter ca.	Stückzahl: Fussteig	Stückzahl: Fahrdamm	Gesamtsumme	Reihenzahl: Fussteig: Asphalt.	Reihenzahl: Fussteig: Gekiest.	Reihenzahl: Fussteig: Makadam	Reihenzahl: Fussteig: Böschung	Reihenzahl: Fahrdamm: Würfelpflaster	Reihenzahl: Fahrdamm: Asphalt.	Reihenzahl: Fahrdamm: Makadam.	Durchschnittliche Entfernung d. Bäume.	Länge d. Strasse.	Strassenprofil.	Bauweise.	Bemerkungen.
	Uebertrag				5683 5931 6040									2265			
Liebigplatz	Tilia tomentosa (Silberlinden)	10.	17					2.					6.	300	2.5 – 10.0 – 3.0; 15.5	Brünnes	
	Tilia parvifolius (Linde kleinblätt.)		79.														
	Ulmus holland. (holländ. Ulmen)		15.		111												
Müllerstraße	Tilia parvifolius (Linde kleinblättrig)	20	25.		25.		1.						6.	190.	3.0 – 8.0 – 3.0; 14.0	geschlossen	
Mozartstraße	Tilia		1.		1.												
Mittl. Ring 1936	Eschen				78												
Nordfriedhofstraße	Ulmus holl.		28.		28. X 6255 5896 5820			1.					8.	23245	3.0 – 4.5; 7.5		

Strassenname.	Baumart.	Alter ca.	Stückzahl Fussteig	Stückzahl Fahrdamm	Gesammtsumme	Reihenzahl. Fussteig Asphalt.	Reihenzahl. Fussteig Gekeest.	Reihenzahl. Fussteig Makadam	Reihenzahl. Fussteig Böschung	Reihenzahl. Fahrdamm. Würfelpflaster	Reihenzahl. Fahrdamm. Asphalt.	Reihenzahl. Fahrdamm. Makadam.	Mittlere Entfernung d. Bäume.	Länge d. Strasse.	Strassenprofil.	Bauweise.	Bemerkungen.
	Uebertrag				5820 5896 6255									23245			
* Blatterwallstraße	Tilia parvifolia (Linde kleinbl.)	80.	58					1.	1.				6.5.	700.	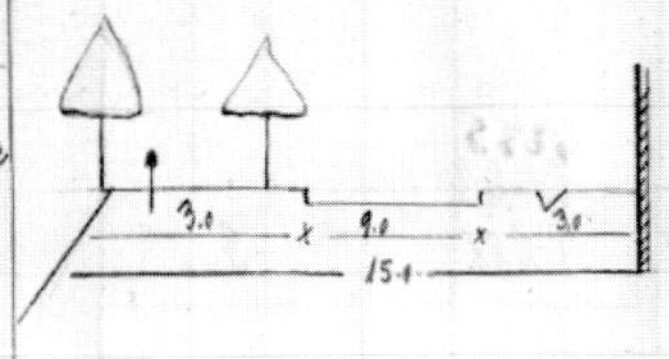	offen	
	Acer platanoides (Spitzahorn)		28	6.													
	Ulmus nigra (Schwarzulme)		4.														
	Fraxinus excelsa (Esche)		2.	2.													
	Juglans regia (Wallnuß)		3.														
	Populus nivea (Schwarzpappel)		1.														
	Crataegus (Rotdorn)		8.														
	Aesculus hippocast. (Roßkastanie)		96.	8	216.												
Obstmarkt	Robinia inermis Kugelakazie	15.	10.		10. 6481 6184 6046	1.							6.	70. 24015	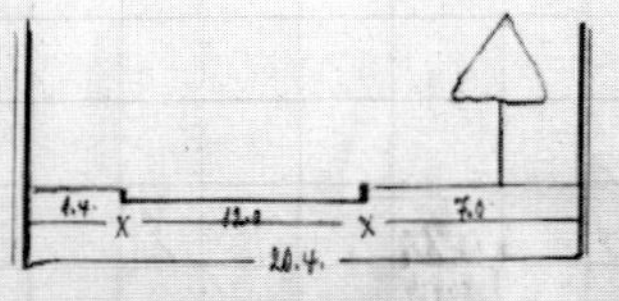	geschlossen	

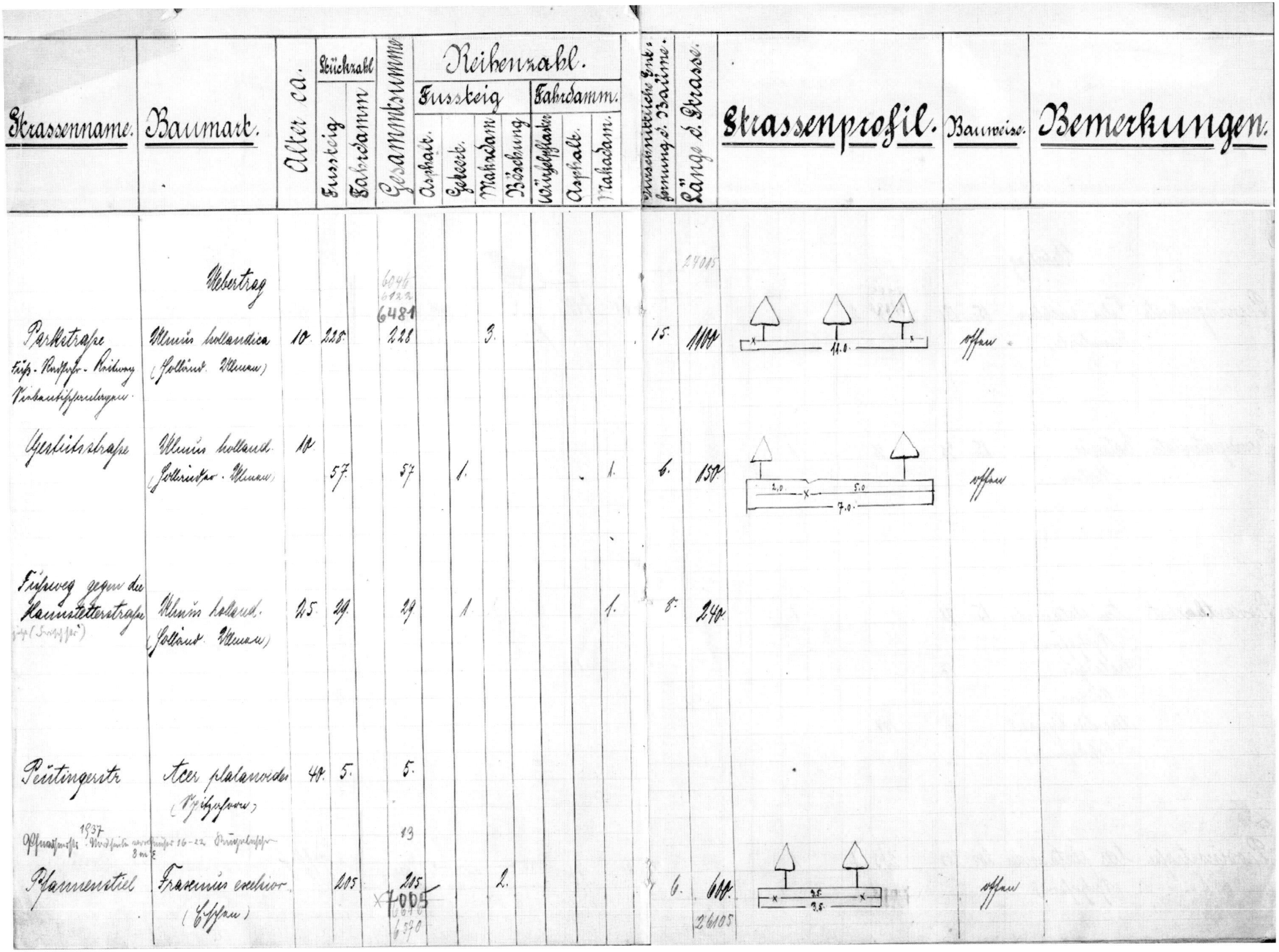

Strassenname.	Baumart.	Alter ca.	Stückzahl: Fussteig	Stückzahl: Fahrdamm	Gesamtsumme	Reihenzahl. Fussteig: Asphalt.	Geteert.	Makadam	Böschung	Fahrdamm: Würfelpflaster	Asphalt.	Makadam.	Zwischenliegende Entfernung d. Bäume.	Länge d. Strasse.	Strassenprofil.	Bauweise.	Bemerkungen.
	Uebertrag				6046 6122 6481									24015			
Parkstraße Fußw.-[illegible]-Reitweg [illegible]	Ulmus hollandica (Holländ. Ulmen)	10.	228.		228			3.					15.	1100	11.0	offen	
Gerlitzstraße	Ulmus holland. (Holländer-Ulmen)	10.	57.		57		1.					1.	6.	150	2.0 5.0 7.0	offen	
Fußweg gegen die Haunstetterstraße jetzt ([illegible])	Ulmus holland. (Holländ. Ulmen)	25.	29.		29		1					1.	8.	240.			
Peutingerstr.	Acer platanoides (Spitzahorn)	40.	5.		5.												
1937 [illegible] 16–22 [illegible] 8 m					13												
Pfannenstiel	Fraxinus excelsior (Eschen)		205		205 ×7005 6890 6570			2.					6.	600. 26105	3.5 3.5	offen	

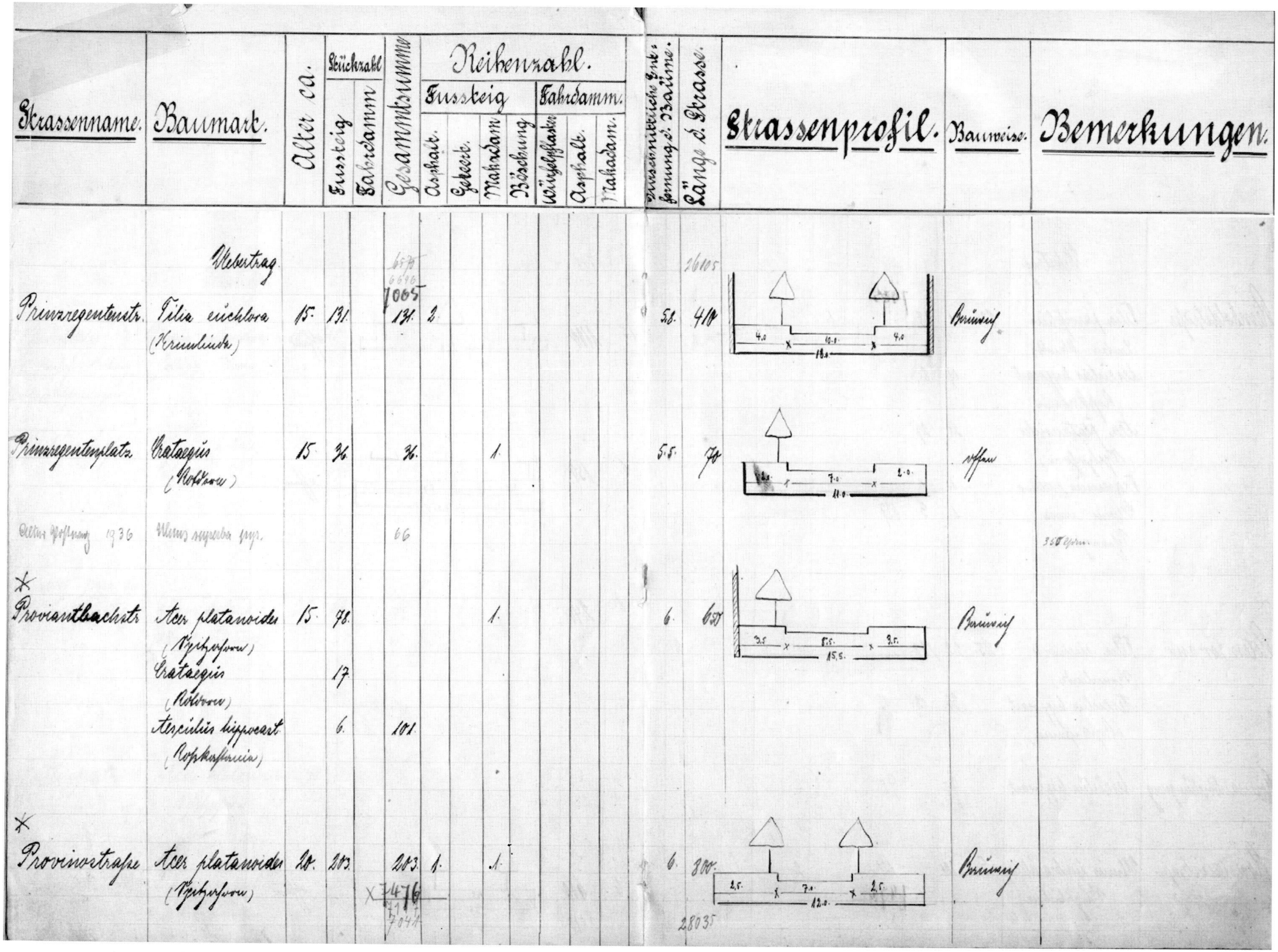

Strassenname.	Baumart.	Alter ca.	Stückzahl Fussteig	Stückzahl Fahrdamm	Gesamtsumme	Reihenzahl. Fussteig Asphalt.	Reihenzahl. Fussteig Gekiest.	Reihenzahl. Fussteig Makadam	Reihenzahl. Fussteig Böschung	Reihenzahl. Fahrdamm. Würfelpflaster	Reihenzahl. Fahrdamm. Asphalt.	Reihenzahl. Fahrdamm. Makadam.	Durchschnittliche Entfernung d. Bäume.	Länge d. Strasse.	Strassenprofil.	Bauweise.	Bemerkungen.
	Uebertrag				6579 6696 7005									26105			
Prinzregentenstr.	Tilia euchlora (Krimlinde)	15.	131.		131.	2.							5.8.	410	4.0 – 10.0 – 4.0; 18.0	geschlossen	
Prinzregentenplatz	Crataegus (Rotdorn)	15.	36.		36.			1.					5.5.	70	2.0 – 7.0 – 2.0; 11.0	offen	
[illegible] Pflanzung 1936	Ulmus superba [illegible]				66												350 [illegible]
× Proviantbachstr.	Acer platanoides (Spitzahorn)	15.	78.					1.					6.	650	3.5 – 8.5 – 3.5; 15.5	geschlossen	
	Crataegus (Rotdorn)		17.														
	Aesculus hippocast. (Rosskastanie)		6.		101.												
× Provinostraße	Acer platanoides (Spitzahorn)	20.	203.		203.	1.		1.					6.	800.	2.5 – 7.0 – 2.5; 12.0	geschlossen	
					X 7476 7177 7044									28035			

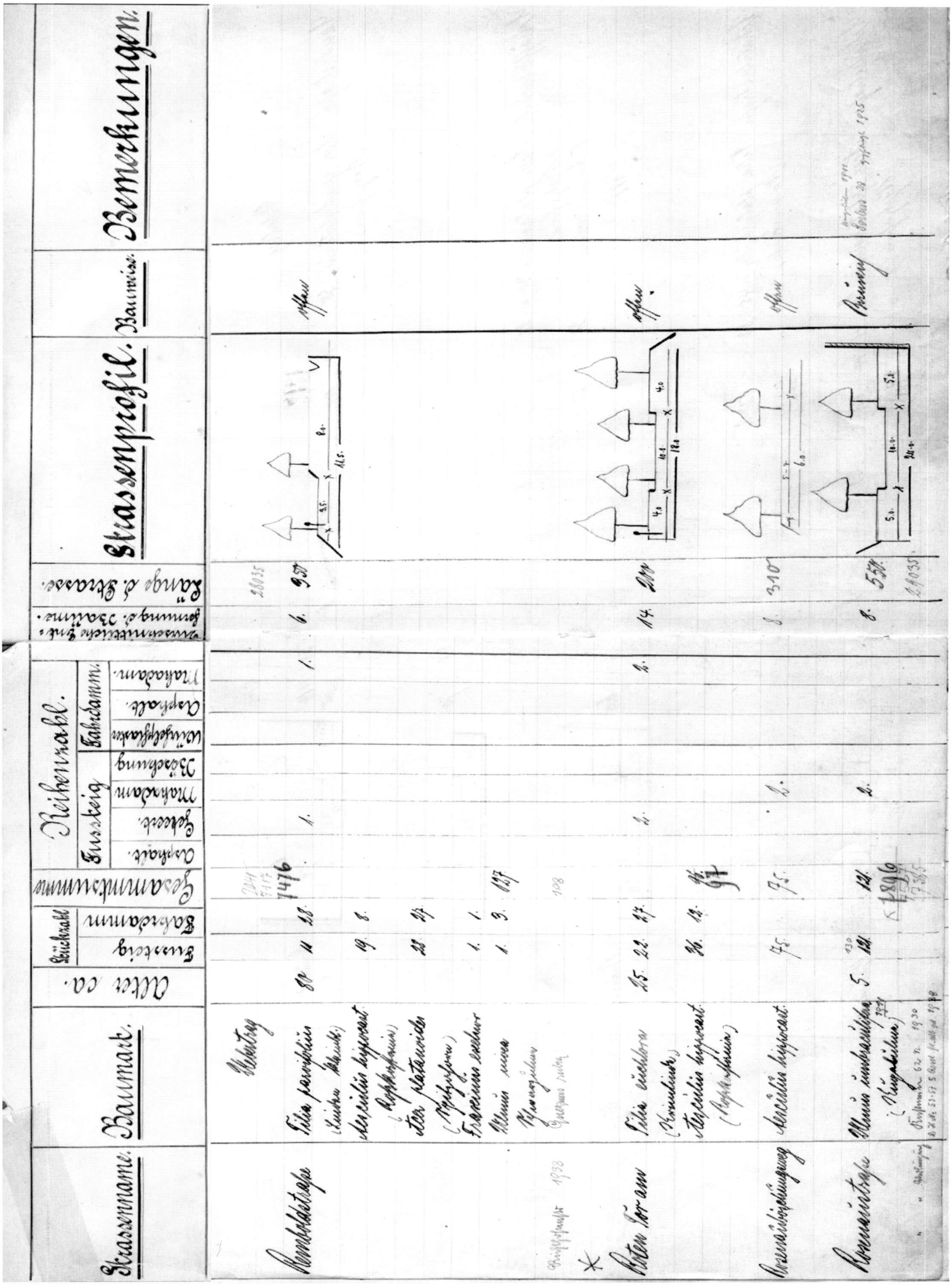
Strassenname.
Baumart.
Alter ca.
Stückzahl
Reihenzahl.
Fusssteig
Fahrdamm.
Länge d. Strasse.
Strassenprofil.
Bauweise
Bemerkungen.

Strassenname.	Baumart.	Alter ca.	Stückzahl: Fussteig	Stückzahl: Fahrdamm	Gesamtsumme	Reihenzahl. Fussteig: Asphalt.	Fussteig: Gekiest.	Fussteig: Makadam	Fussteig: Böschung	Fahrdamm: Würfelpflaster	Fahrdamm: Asphalt.	Fahrdamm: Makadam.	Durchschnittliche Entfernung d. Bäume.	Länge d. Strasse.	Strassenprofil.	Bauweise.	Bemerkungen.
	Uebertrag				7385 / 7537 / 7896									29135			
Sanderstraße	Acer pseudoplatanus (Bergahorn)	50		100	100							2.	7.	330	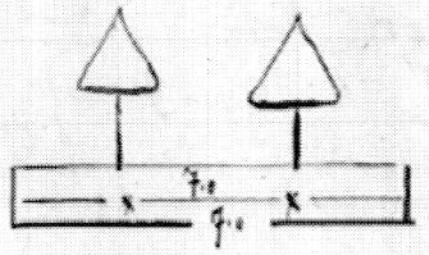	offen	
* Schäfflerbachstr.	Acer platanoides (Spitzahorn)	30-40	21.					1.					4.5.	220	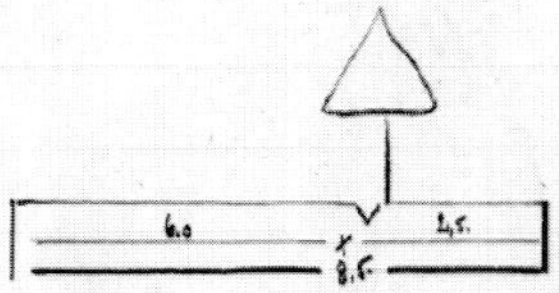	offen	
	Fraxinus excelsior (Esche)		31.		52.												
Schätzlerstraße	Tilia platyphyllos (Sommerlinde)	45.	82		82	2.							12.	580	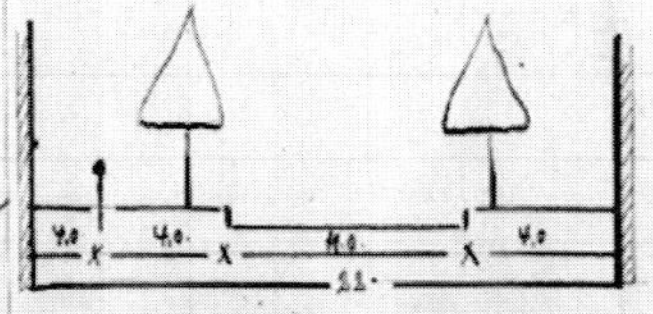	Brünnig	
[illegible] 1938																	
* Schulstraße	Acer platanoides (Spitzahorn)	25.	41	44	85. x 8215 / 7756 / 7697			2.				2.	12.	250	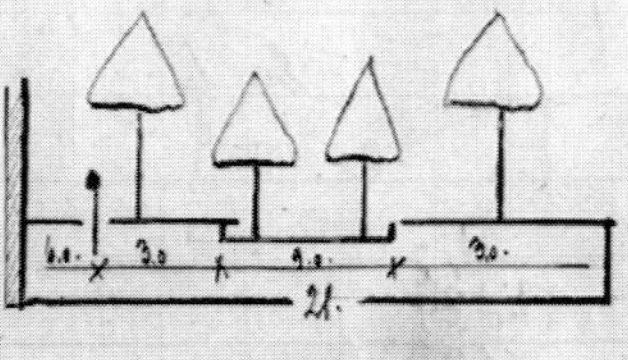	Brünnig	
														30435			

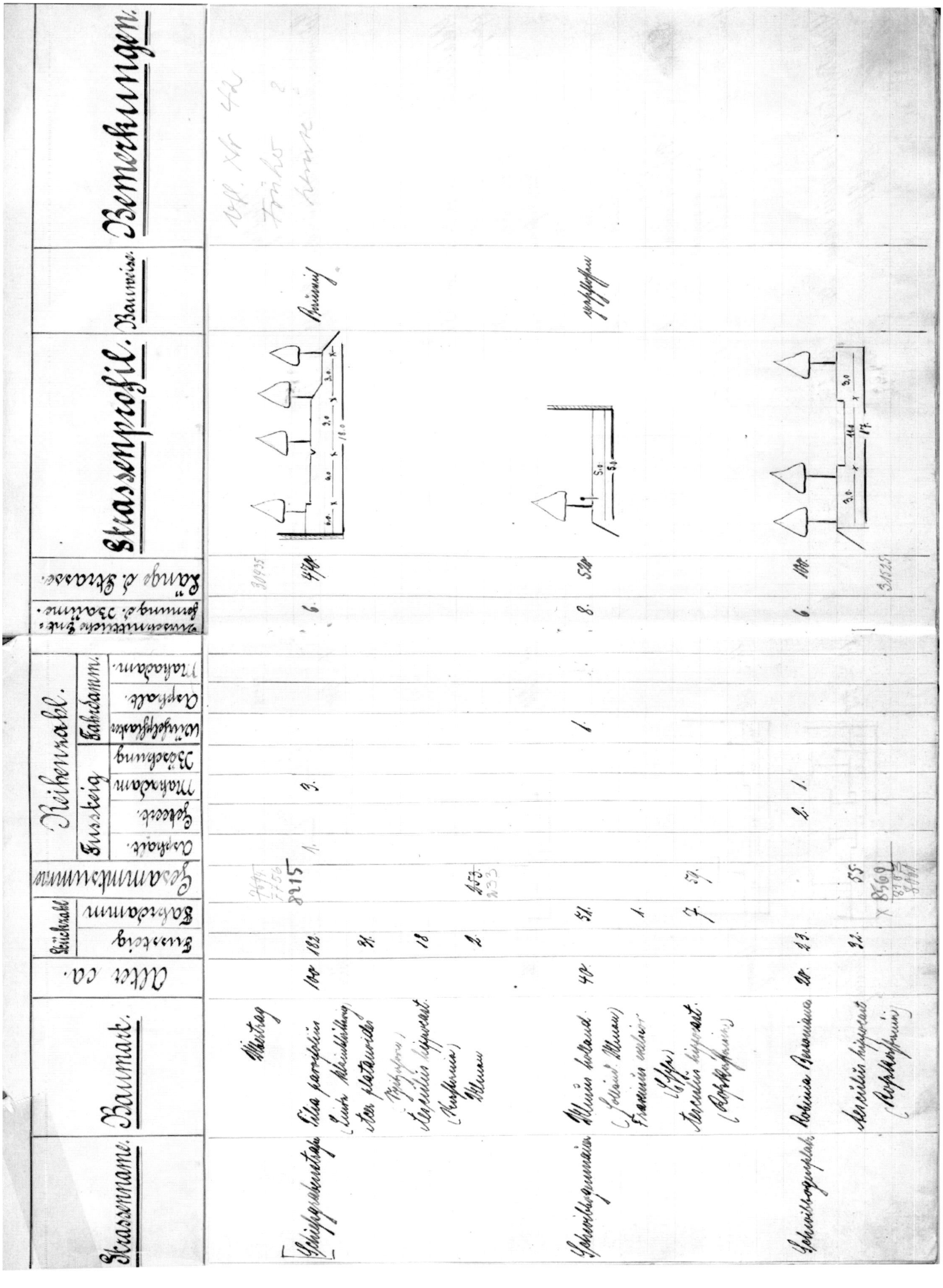

Strassenname.
Baumart.
Alter ca.
Stückzahl
Fussteig
Fahrdamm
Gesammtsumme
Reihenzahl.
Fussteig
Asphalt.
Gekiest.
Makadam
Bedachung
Fahrdamm
Würfelpflaster
Asphalt.
Makadam.
Durchschnittliche Entfernung d. Stämme.
Länge d. Strasse.
Strassenprofil.
Bauweise.
Bemerkungen.

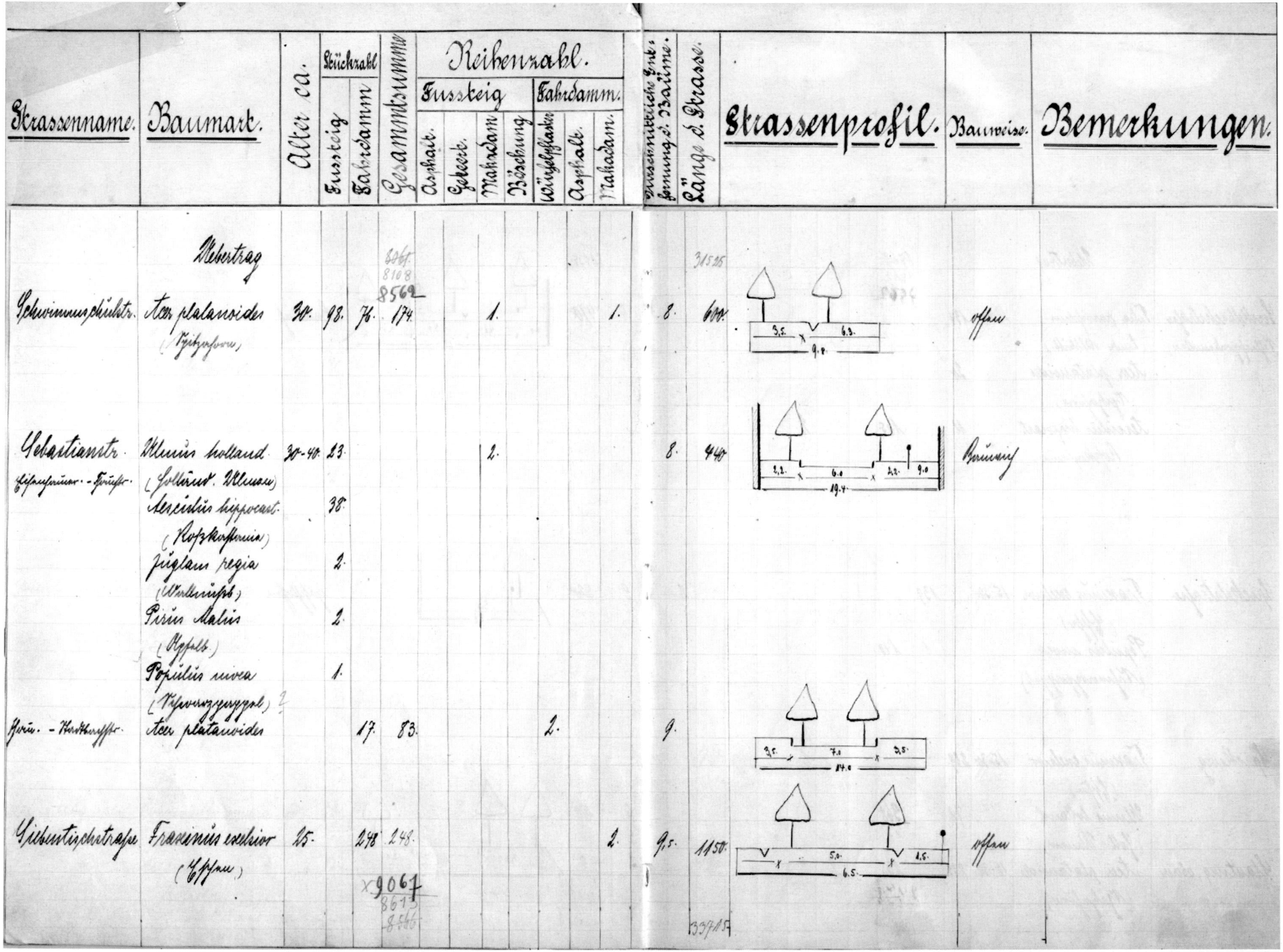

Strassenname.	Baumart.	Alter ca.	Stückzahl Fussteig	Stückzahl Fahrdamm	Gesamtsumme	Reihenzahl Fussteig Asphalt	Reihenzahl Fussteig Gekiest	Reihenzahl Fussteig Makadam	Reihenzahl Fussteig Böschung	Reihenzahl Fahrdamm Würfelpflaster	Reihenzahl Fahrdamm Asphalt	Reihenzahl Fahrdamm Makadam	Mittlere Entfernung d. Bäume	Länge d. Strasse	Strassenprofil.	Bauweise.	Bemerkungen.
	Uebertrag				8061 8108 8562									31525			
Schwimmschulstr.	Acer platanoides (Spitzahorn)	30.	98.	76.	174.			1.				1.	8.	600.	3.5 – 6.3 – 9.8	offen	
Sebastianstr. [illegible]	Ulmus holland. (Holländ. Ulmen)	30-40.	23.					2.					8.	440.	2.2 – 6.0 – 2.2 – 9.0 – 19.4	[illegible]	
	Aesculus hippocast. (Roßkastanie)		38.														
	Juglans regia (Walnuß)		2.														
	Pirus Malus (Apfel)		2.														
	Populus nivea ([illegible])		1.														
[illegible] - Straße	Acer platanoides			17.	83.					2.			9.		3.5 – 7.0 – 3.5 – 14.0		
Siebentischstraße	Fraxinus excelsior (Esche)	25.		248.	248.							2.	9.5.	1150.	5.0 – 1.5 – 6.5	offen	
					x 9067 8613 8546									33715			

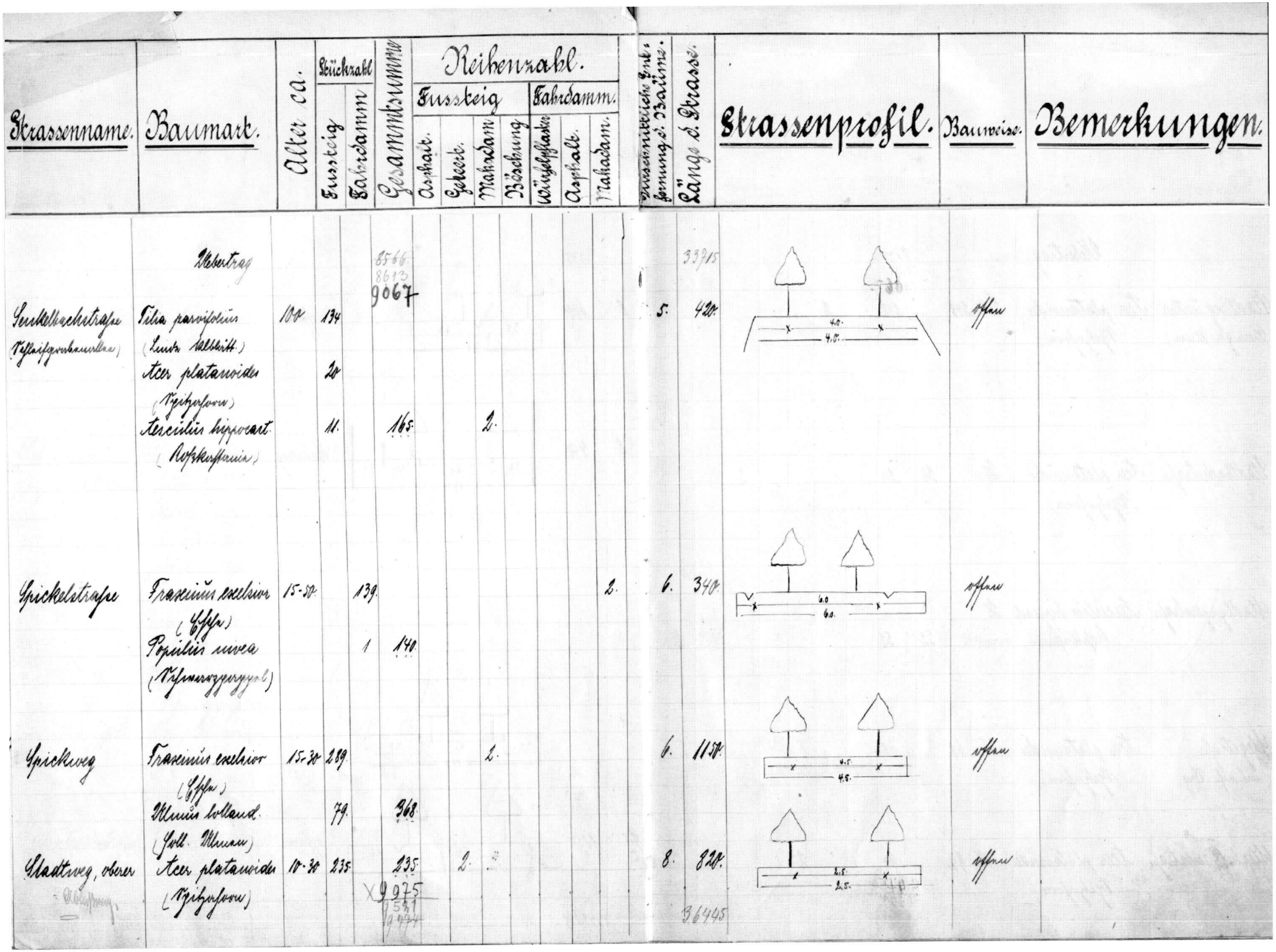

Strassenname.	Baumart.	Alter ca.	Stückzahl Fussteig	Stückzahl Fahrdamm	Gesammtsumme	Reihenzahl Fussteig Asphalt	Reihenzahl Fussteig Gekeste	Reihenzahl Fussteig Makadam	Reihenzahl Fussteig Böschung	Reihenzahl Fahrdamm Würfelpflaster	Reihenzahl Fahrdamm Asphalt	Reihenzahl Fahrdamm Makadam	Durchschnittliche Entfernung d. Bäume	Länge d. Strasse	Strassenprofil.	Bauweise.	Bemerkungen.
	Uebertrag				8566 8613 9067									33915			
Senkelbachstraße (Schleifgrabenallee)	Tilia parvifolius (Linde kleinbl.)	100	134										5.	420.	4.0 4.0	offen	
	Acer platanoides (Spitzahorn)		20														
	Aesculus hippocast. (Rosskastanie)		11.		165.			2.									
Spickelstraße	Fraxinus excelsior (Esche)	15-50.		139.								2.	6.	340.	6.0 6.0	offen	
	Populus nivea (Schwarzpappel)			1	140.												
Spickweg	Fraxinus excelsior (Esche)	15-30	289.					2.					6.	1150.	4.5 4.5	offen	
	Ulmus holland. (Holl. Ulme)		79.		368.												
Stadtweg, oberer (= Abzweig)	Acer platanoides (Spitzahorn)	10-30	235.		235.		2.						8.	820.	2.5 2.5	offen	
					9975 9541 9434									36445			

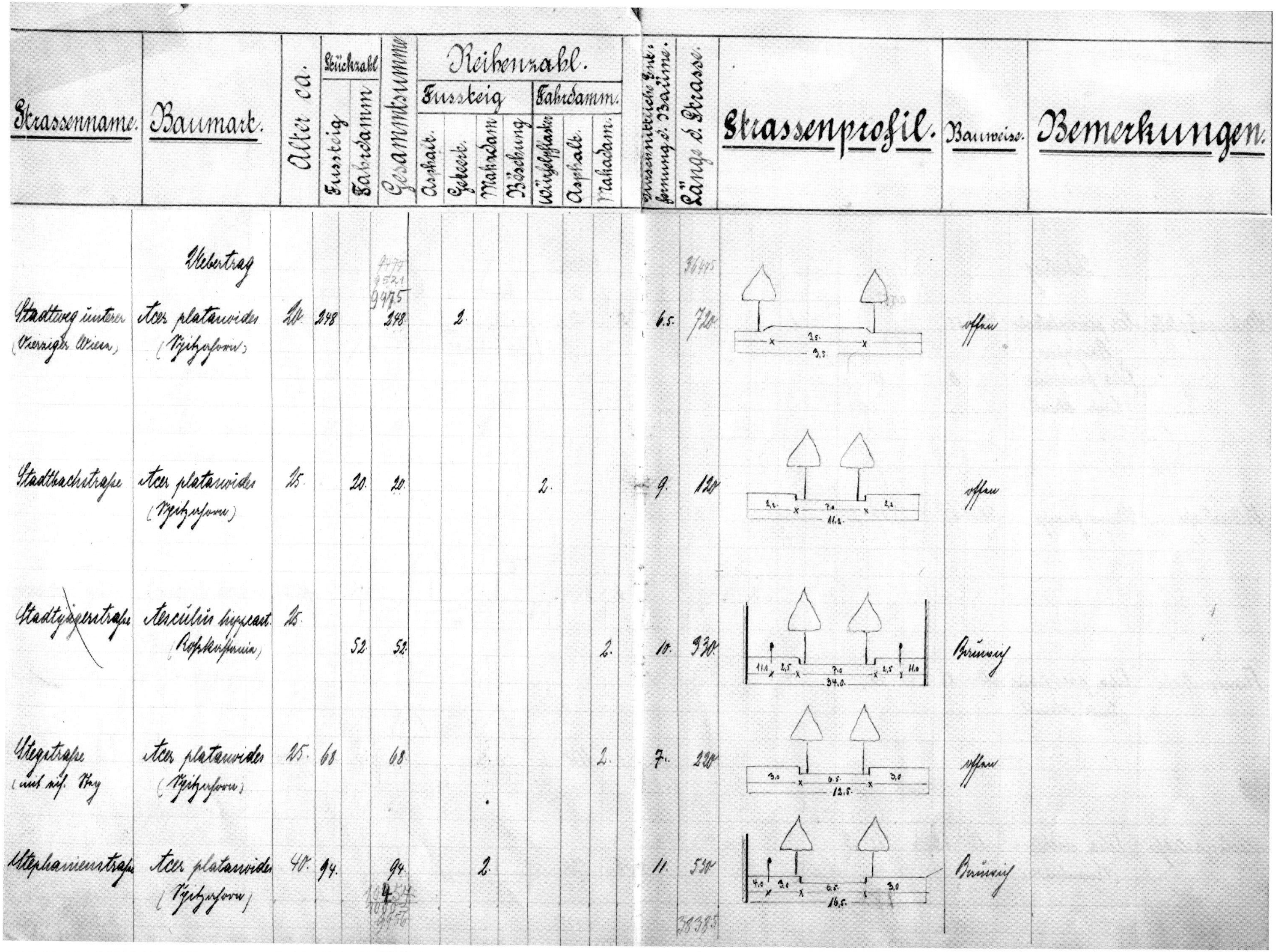

Strassenname.	Baumart.	Alter ca.	Stückzahl Fusssteig	Stückzahl Fahrdamm	Gesamtsumme	Reihenzahl Fusssteig Asphalt.	Gekiest.	Makadam	Böschung	Reihenzahl Fahrdamm Würfelpflaster	Asphalt.	Makadam.	Wurzelmittlere Entfernung d. Bäume.	Länge d. Strasse.	Strassenprofil.	Bauweise.	Bemerkungen.
	Uebertrag				9174 9521 9975									36445			
Stadtweg unterer (Vierziger Wiese)	Acer platanoides (Spitzahorn)	20.	248		248.		2.						6.5.	720		offen	
Stadtbachstraße	Acer platanoides (Spitzahorn)	25.		20.	20.					2.			9.	120		offen	
Stadtjägerstraße	Aesculus hippocast. (Roßkastanie)	25.		52.	52.							2.	10.	330.		bündig	
Stegestraße (mit öff. Weg)	Acer platanoides (Spitzahorn)	25.	68		68.							2.	7.	220		offen	
Stephanienstraße	Acer platanoides (Spitzahorn)	40.	94.		94. 10457 10083 9956		2.						11.	550		bündig	
														38385			

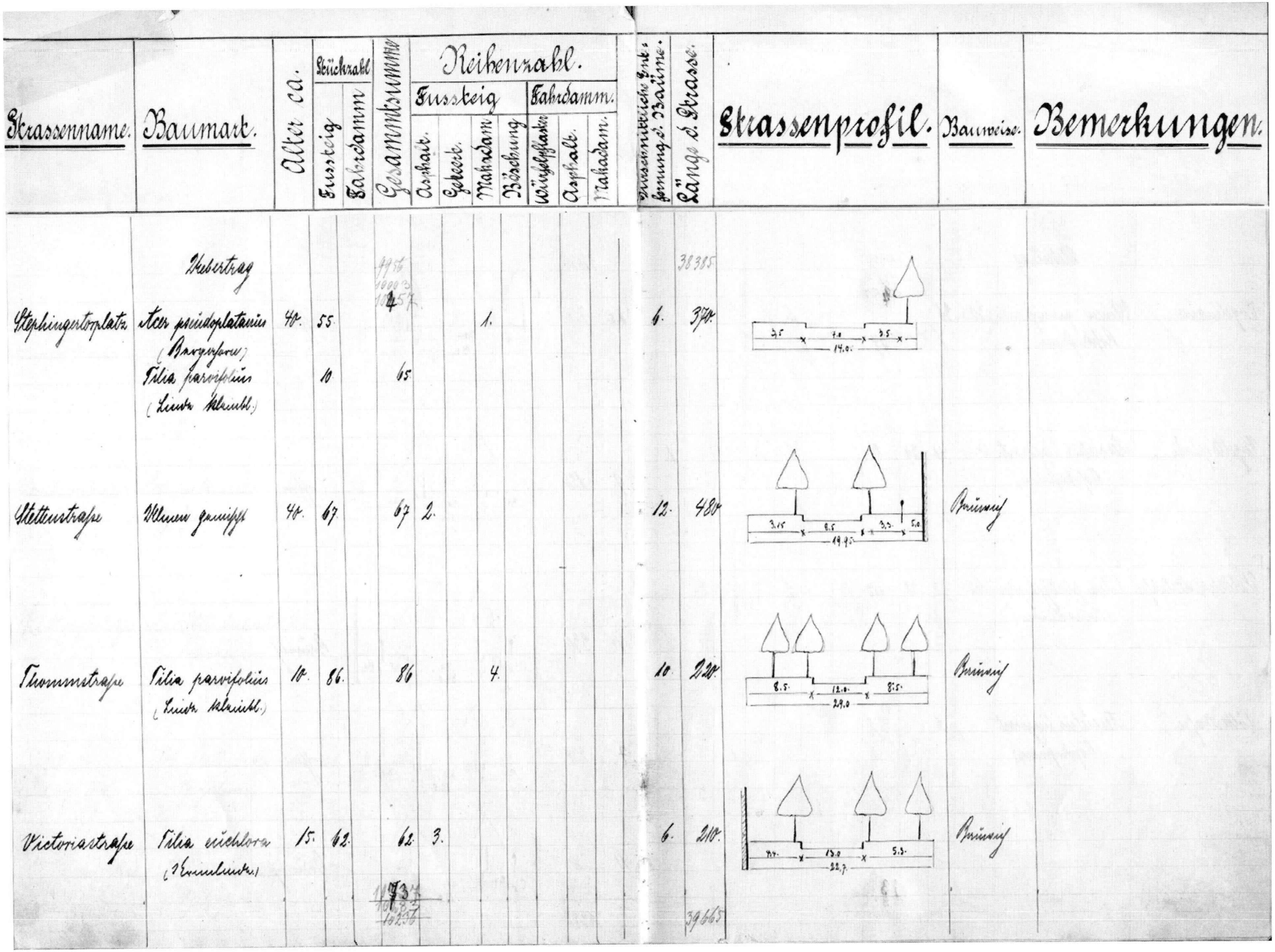

Strassenname.	Baumart.	Alter ca.	Stückzahl: Fusssteig	Stückzahl: Fahrdamm	Gesammtsumme	Reihenzahl: Fusssteig: Asphalt.	Gekiest.	Makadam	Böschung	Fahrdamm: Würfelpflaster	Asphalt.	Makadam.	Durchschnittliche Entfernung d. Bäume.	Länge d. Strasse.	Strassenprofil.	Bauweise.	Bemerkungen.
	Uebertrag				9976 / 10003 / 10057									38385			
Stephingertorplatz	Acer pseudoplatanus (Bergahorn)	40.	55.		4			1.					6.	370.	3.5 – 7.0 – 3.5 / 14.0		
	Tilia parvifolius (Linde kleinbl.)		10		65												
Stettenstraße	Ulmus [illegible]	40.	67		67	2.							12.	480	3.15 – 8.5 – 3.3 – 5.0 / 19.95	Brüning	
Thommstraße	Tilia parvifolius (Linde kleinbl.)	10.	86.		86			4.					10	220.	8.5 – 12.0 – 8.5 / 29.0	Brüning	
Victoriastraße	Tilia euchlora (Krimlinde)	15.	62.		62.	3.							6.	210.	4.4 – 13.0 – 5.3 / 22.7	Brüning	
					10173 / 10183 / 10235									39665			

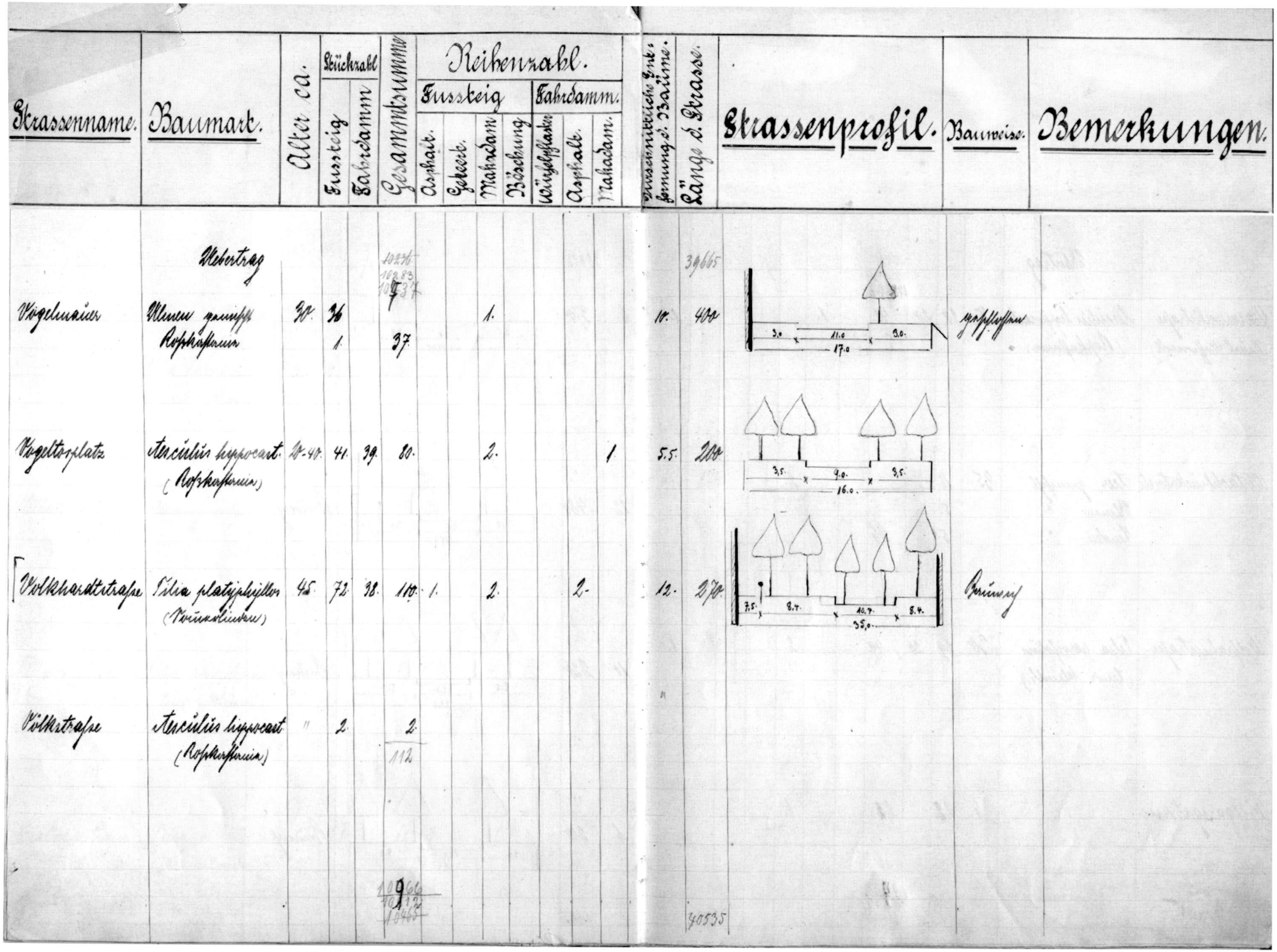

Strassenname.	Baumart.	Alter ca.	Stückzahl Fusssteig	Stückzahl Fahrdamm	Gesammtsumme	Reihenzahl Fusssteig Asphalt.	Gekiest.	Makadam	Böschung	Reihenzahl Fahrdamm Würfelpflaster	Asphalt.	Makadam.	Durchschnittliche Entfernung d. Bäume.	Länge d. Strasse.	Strassenprofil.	Bauweise.	Bemerkungen.
	Uebertrag				10296 10283 10237									39665			
Vogelmauer	Ulmen gemischt Roßkastanien	30.	36 1.		7 37.			1.					10.	400		geschlossen	
Vogeltorplatz	Aesculus hippocast. (Roßkastanien)	30-40.	41.	39.	80.			2.				1	5.5.	280			
Volkhardtstraße	Tilia platyphyllos (Brunnenlinden)	45.	72.	38.	110.	1.		2.			2.		12.	270.		[illegible]	
Völkstraße	Aesculus hippocast (Roßkastanien)	"	2.		2. 112												
					10966 10112 10465									40535			

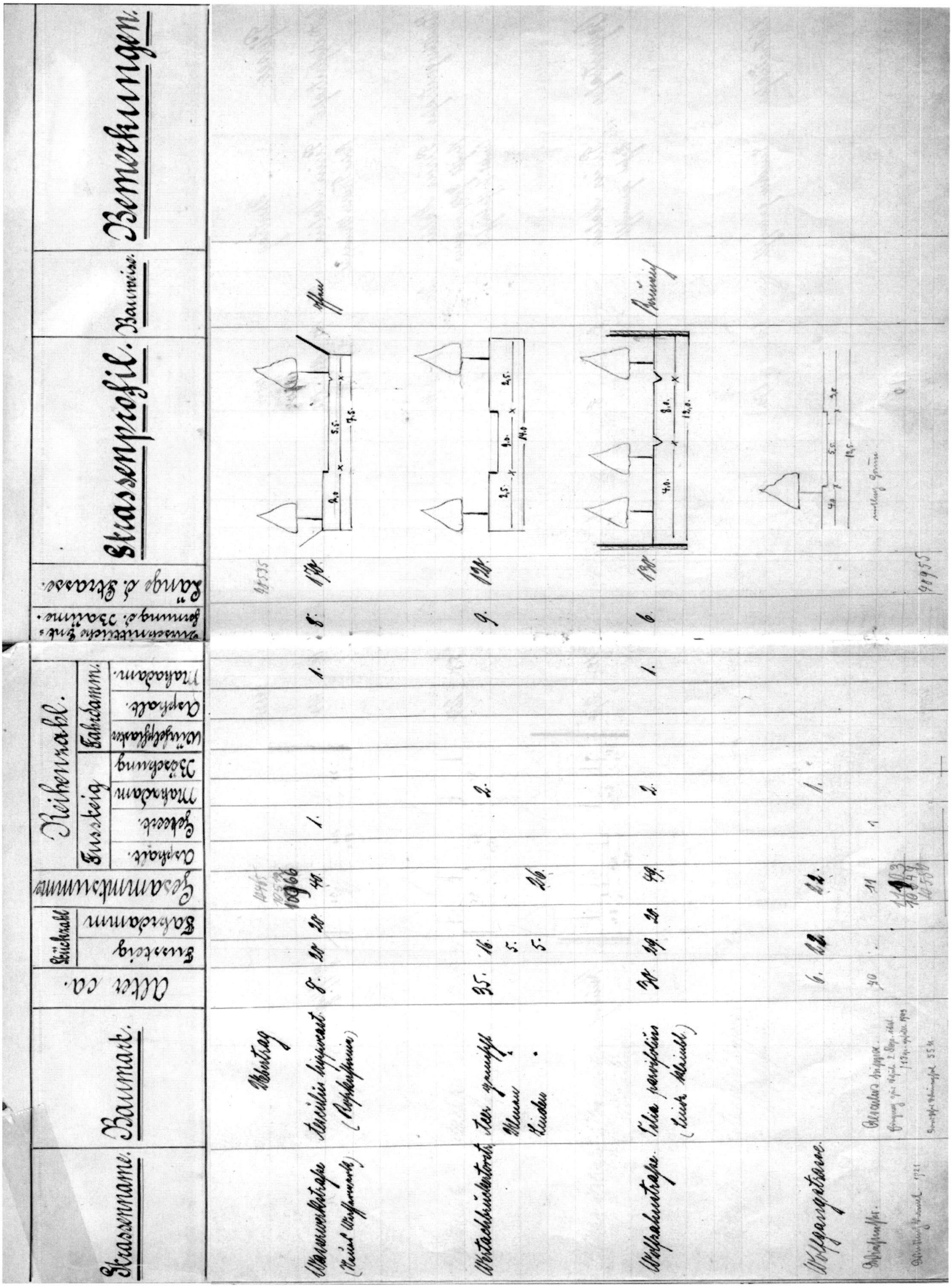
Strassenname.
Baumart.
Alter ca.
Stückzahl
Fussteig
Fahrdamm
Gesammtsumme
Reihenzahl.
Fussteig
Fahrdamm
Länge d. Strasse.
Strassenprofil.
Bauweise.
Bemerkungen.

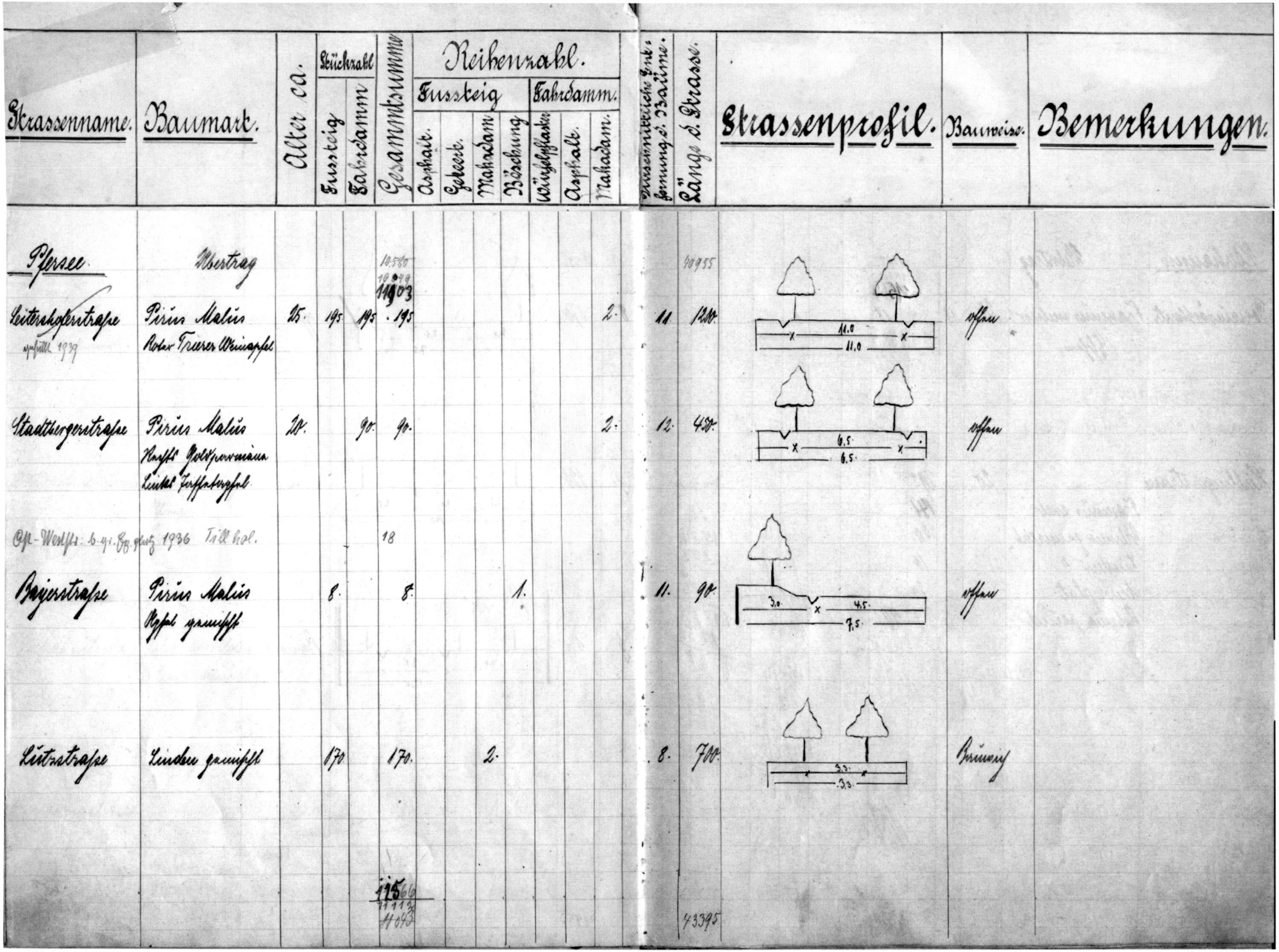

Strassenname.	Baumart.	Alter ca.	Stückzahl Fussteig	Stückzahl Fahrdamm	Gesamtsumme	Reihenzahl Fussteig Asphalt.	Reihenzahl Fussteig Gekiest.	Reihenzahl Fussteig Makadam	Reihenzahl Fussteig Böschung	Reihenzahl Fahrdamm Würfelpflaster	Reihenzahl Fahrdamm Asphalt.	Reihenzahl Fahrdamm Makadam.	Durchschnittliche Entfernung d. Bäume.	Länge d. Strasse.	Strassenprofil.	Bauweise.	Bemerkungen.
Pfersee	Übertrag				10.580 10.[illegible] 11903									40955			
Leitershoferstraße gefällt 1939	Pirus Malus Roter Trierer Weinapfel	25.	195.	195.	195.							2.	11.	1200.		offen	
Stadtbergerstraße	Pirus Malus Kraft Goldparmäne Lickel Zeppelinapfel	20.		90.	90.							2.	12.	450.		offen	
Opf.-Westf.: 6.41. [illegible] 1936 Till hol.					18												
Bayerstraße	Pirus Malus Apfel gemischt		8.		8.				1.				11.	90.		offen	
Lützstraße	Linden gemischt		170		170.			2.					8.	700.		Brünnig	
					1?566 11113 11043									43395			

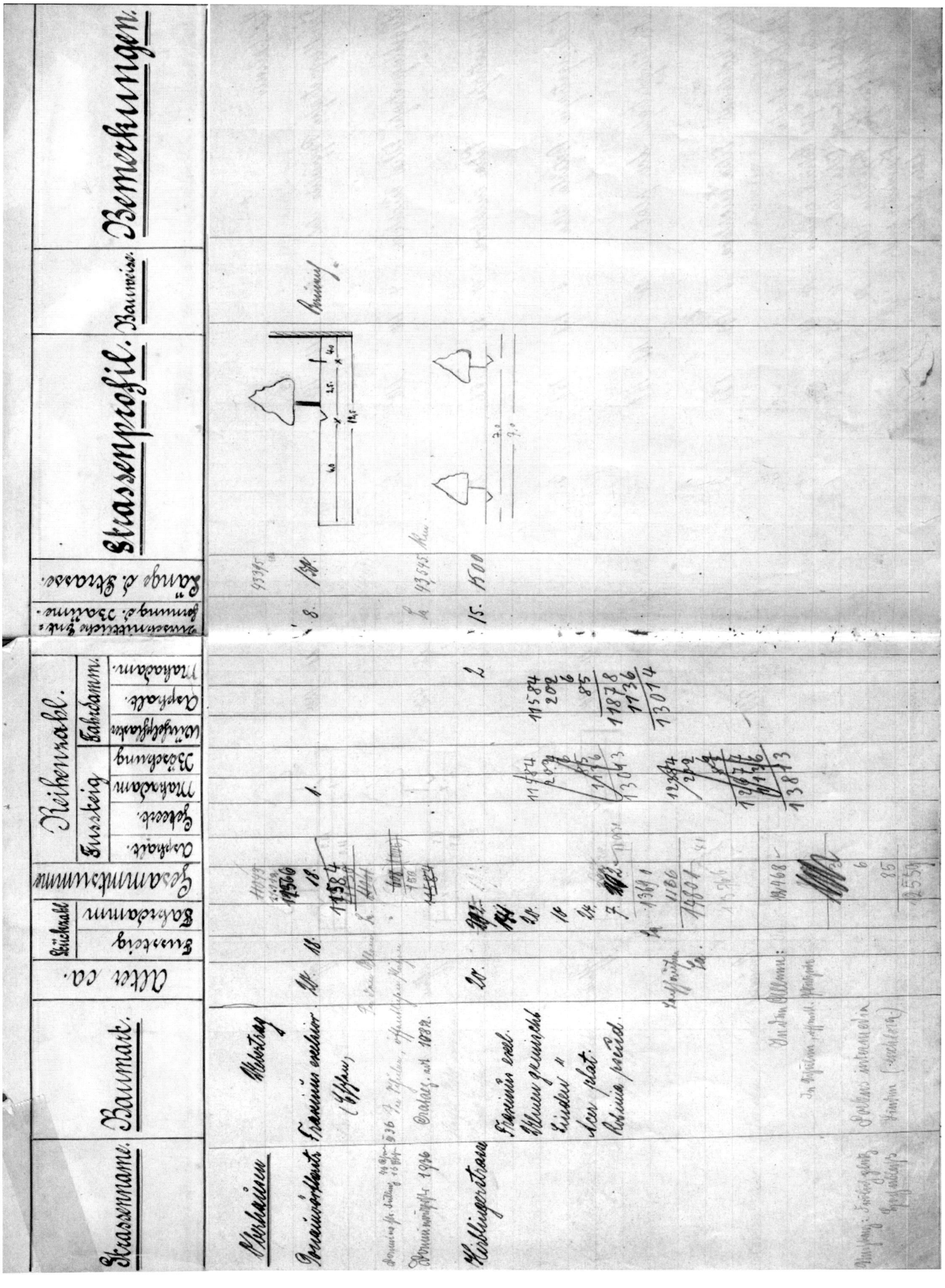
Strassenname. | Baumart. | Alter ca. | Stückzahl: Fusssteig, Fahrdamm | Gesammtsumme | Reihenzahl: Fusssteig (Asphalt, Zebeck, Makadam, Böschung), Fahrdamm (Würfelpflaster, Asphalt, Makadam) | Aussenmittlere Entfernung d. Bäume | Länge d. Strasse | Strassenprofil. | Bauweise | Bemerkungen.

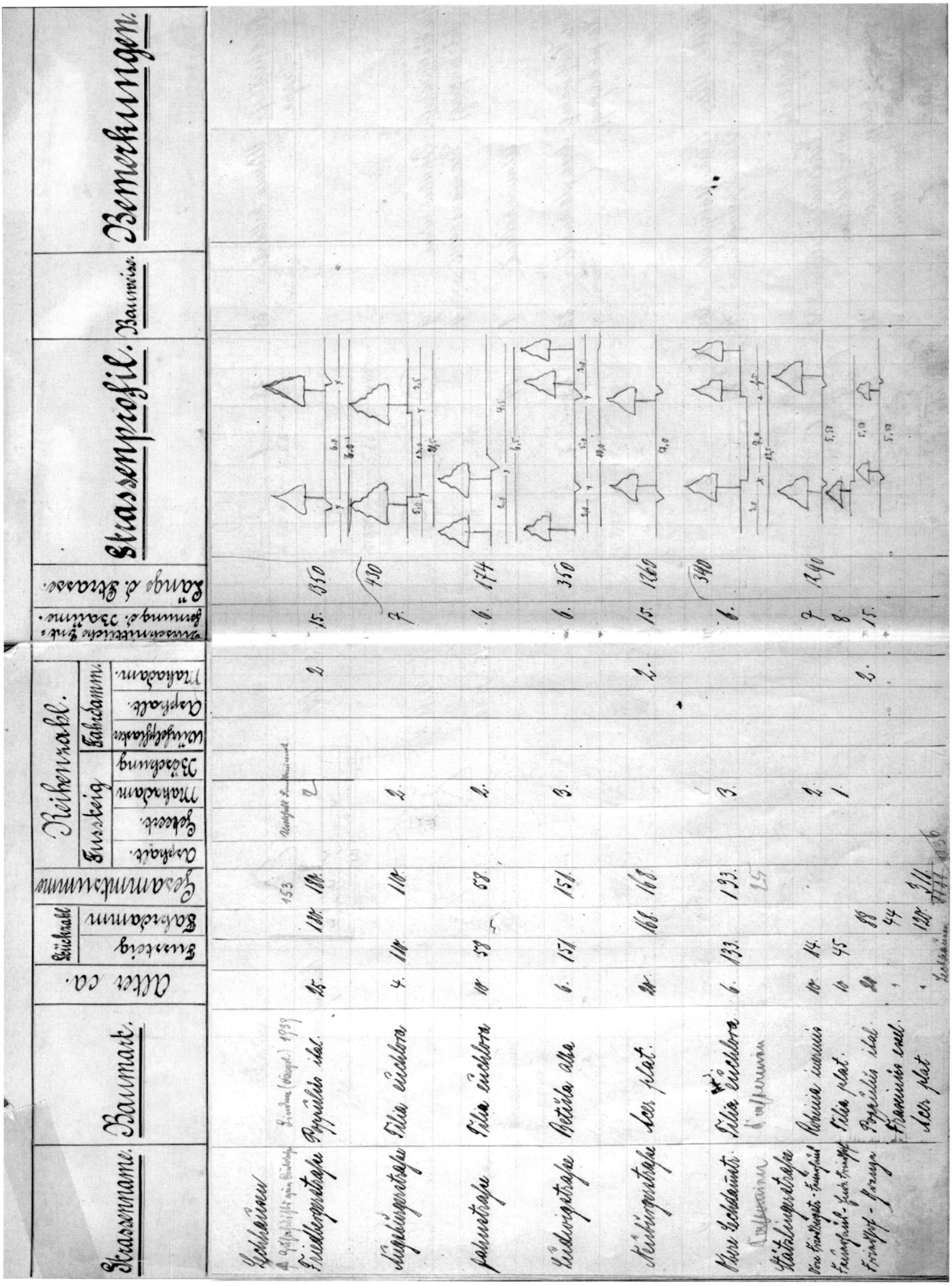

Strassenname.	Baumart.	Alter ca.	Stückzahl: Fussteig	Stückzahl: Fahrdamm	Gesammtsumme	Reihenzahl – Fussteig: Asphalt.	Gekeert.	Makadam	Böschung	Reihenzahl – Fahrdamm: Würfelpflaster	Asphalt.	Makadam.	Durchschnittliche Entfernung d. Bäume.	Länge d. Strasse.	Strassenprofil.	Bauweise.	Bemerkungen.
Lechhausen																	
Gasfabrikstr. zum Bruderhof	Linden (Vergl.) 1939				153	Unterhalb Sandweisenweg											
Friedbergerstraße	Populus ital.	25.		180.	180.			2				2	15.	1350			
Augsburgerstraße	Tilia euchlora	4.	110.		110.			2.					7.	430			
Jahnstraße	Tilia euchlora	10	58		58.			2.					6.	174			
Ludwigstraße	Betula alba	6.	151		151.			3.					6.	350			
Neuburgerstraße	Acer plat.	20		168.	168							2.	15.	1260			
Obere Lechdammstr.	Tilia euchlora	6.	133.		133.			3.					6.	340			
Lossprainer	Lossperrain				25												
Stätzlingerstraße																	
Von Friedbergstr.-Kreuzhäusl	Robinia inermis	10	14.					2.					7	1290			
Kreuzhäusl-Friedhof	Tilia plat.	10	45					1					8				
Friedhof - Grenze	Populus ital.	20		88								2.	15.				
	Fraxinus exel.			44													
	Acer plat			120.	311.												
Lechhausen					1111 1036												

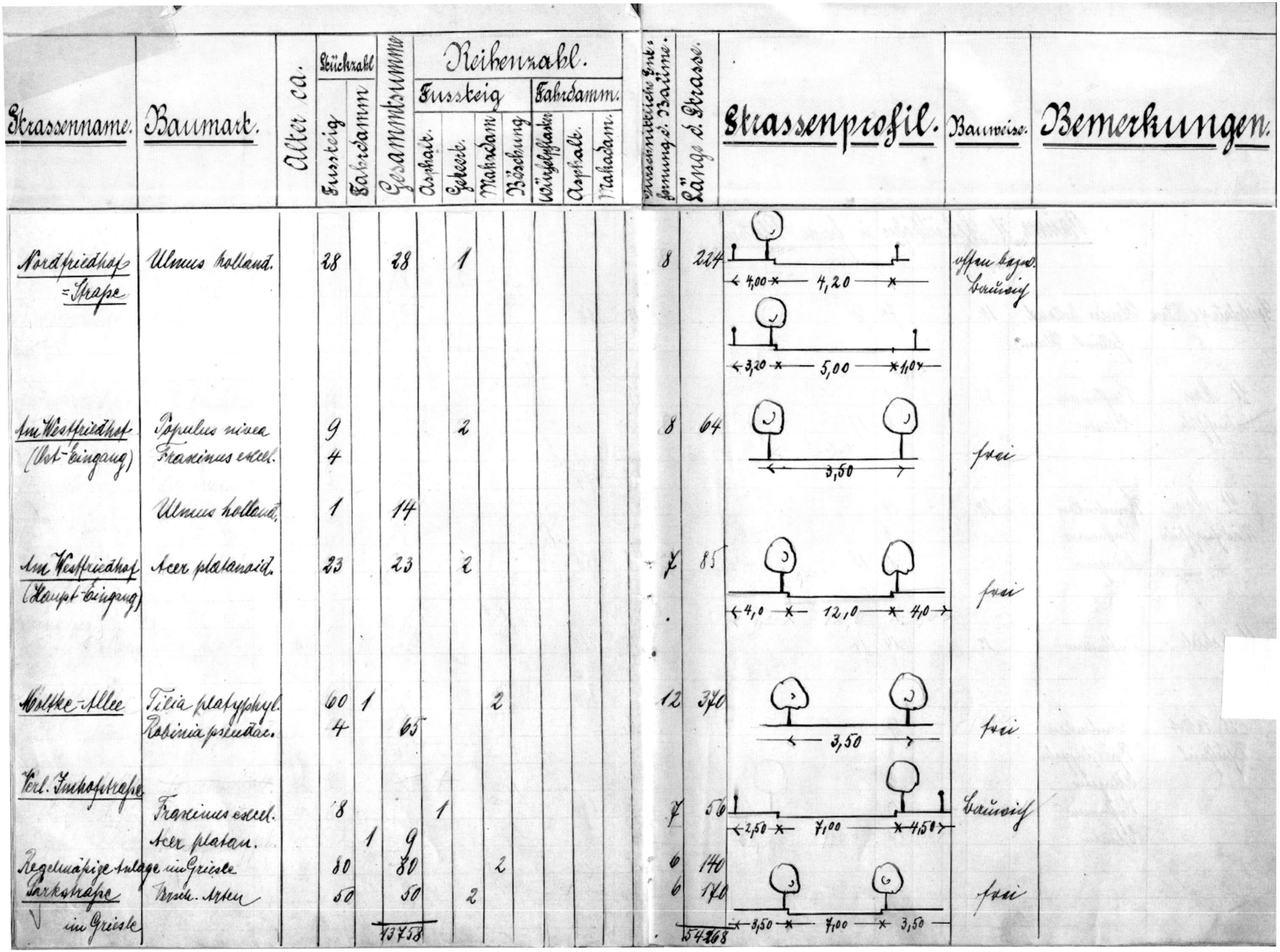

Strassenname.	Baumart.	Alter ca.	Stückzahl: Fussteig	Stückzahl: Fahrdamm	Gesammtsumme	Reihenzahl. Fussteig: Asphalt.	Reihenzahl. Fussteig: Gekiest.	Reihenzahl. Fussteig: Makadam	Reihenzahl. Fussteig: Böschung	Reihenzahl. Fahrdamm: Würfelpflaster	Reihenzahl. Fahrdamm: Asphalt.	Reihenzahl. Fahrdamm: Makadam.	…nittliche Entfernung d. Bäume.	Länge d. Strasse.	Strassenprofil.	Bauweise.	Bemerkungen.
Nordfriedhof=Straße	Ulmus holland.		28		28		1						8	224	4,00 – 4,20; 3,20 – 5,00 – 1,04	offen bzw. bauweise	
Am Westfriedhof (Ost-Eingang)	Populus nivea		9				2						8	64	3,50	frei	
	Fraxinus excel.		4														
	Ulmus holland.		1		14												
Am Westfriedhof (Haupt-Eingang)	Acer platanoid.		23		23		2						7	85	4,0 – 12,0 – 4,0	frei	
Moltke-Allee	Tilia platyphyl.		60	1				2					12	370	3,50	frei	
	Robinia pseudac.		4		65												
Verl. Imhofstraße	Fraxinus excel.		8			1							7	56	2,50 – 7,00 – 4,50	bauweise	
	Acer platan.			1	9												
Regelmäßige Anlage im Greisle			80		80			2					6	140			
Parkstraße im Greisle	Versch. Arten		50		50		2						6	170	3,50 – 7,00 – 3,50	frei	
					13758									54268			

12.2 „Dienstes-Instruction für den Stadtgärtner von 1872"

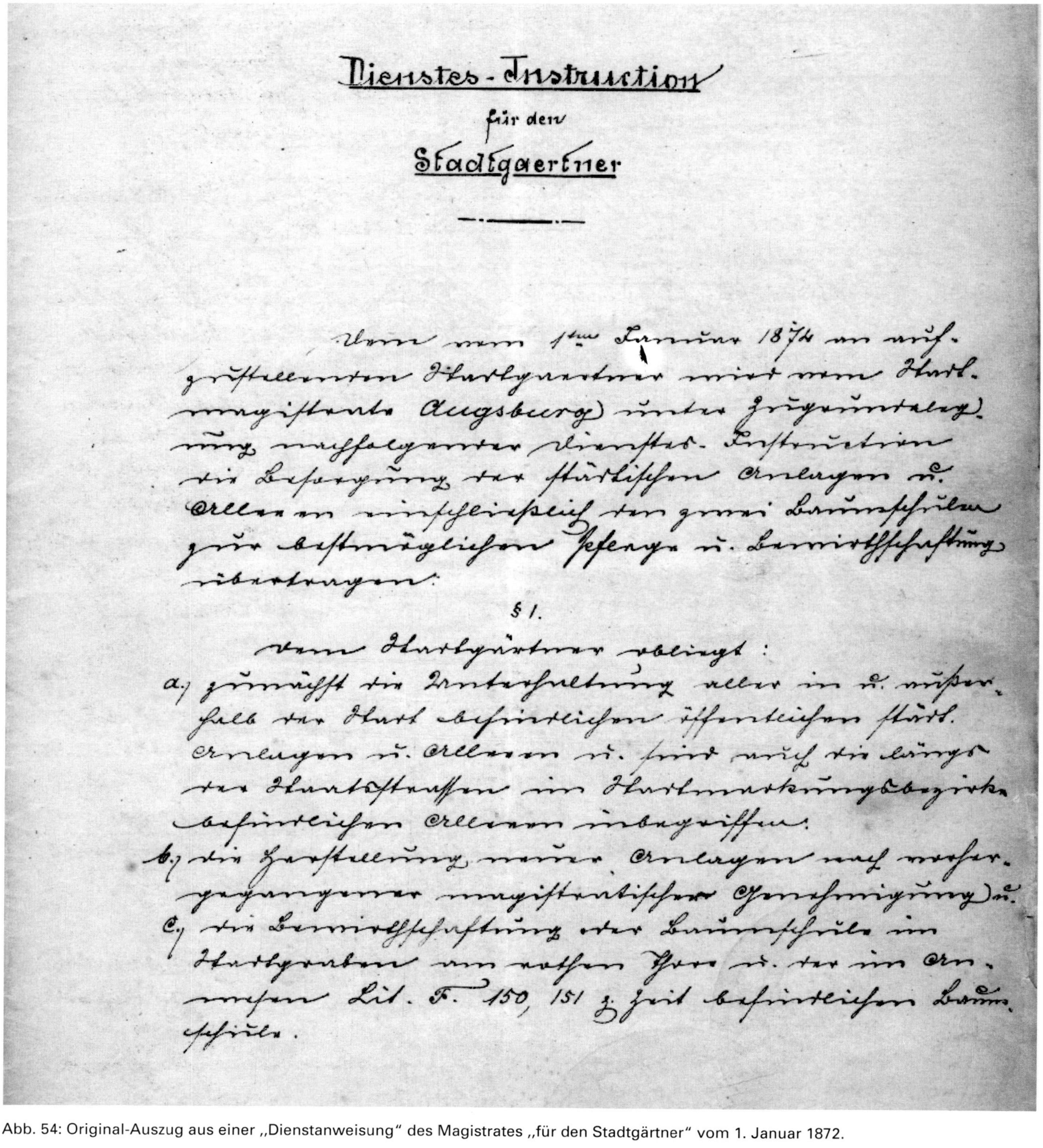

Dienstes-Instruction
für den
Stadtgaertner

Dem vom 1ten Januar 1874 an auf-
gestellten Stadtgaertner wird vom Stadt-
magistrate Augsburg unter Zugrundeleg-
ung nachfolgender Dienstes-Instruction
die Besorgung der städtischen Anlagen u.
Alleen einschließlich der zwei Baumschulen
zur bestmöglichen Pflege u. Bewirthschaftung
übertragen.

§ 1.

Dem Stadtgärtner obliegt:
a) zunächst die Unterhaltung aller in u. außer-
halb der Stadt befindlichen öffentlichen städt.
Anlagen u. Alleen u. sind auch die längs
der Staatsstraßen im Stadtmarkungsbezirke
befindlichen Alleen inbegriffen.
b) die Herstellung neuer Anlagen nach vorher-
gegangener magistratischer Genehmigung u.
c) die Bewirthschaftung der Baumschule im
Stadtgraben am rothen Thor u. der im An-
wesen Lit. F. 150, 151 z. Zeit befindlichen Baum-
schule.

Abb. 54: Original-Auszug aus einer „Dienstanweisung" des Magistrates „für den Stadtgärtner" vom 1. Januar 1872.

Dienstes-Instruction für den Stadtgaertner

Dem von 1ten Januar 1872 an aufzustellenden Stadtgaertner wird vom Stadtmagistrate Augsburg unter Zugrundelegung nachfolgender Dienstes-Instruction die Besorgung der städtischen Anlagen u. Alleeen einschließlich den zwei Baumschulen zur bestmöglichen Pflege u. Bewirthschaftung übertragen.

§ 1.
Dem Stadtgärtner obliegt:
a.) zunächst die Unterhaltung aller in u. außerhalb der Stadt befindlichen öffentlichen städt. Anlagen u. Alleeen u. sind auch die längs der Staatsstrassen im Stadtmarkungsbezirke befindlichen Alleeen inbegriffen.
b.) die Herstellung neuer Anlagen nach vorhergegangener magistratischer Genehmigung u.
c.) die Bewirthschaftung der Baumschule im Stadtgraben am rothen Thore u. der im Anwesen Lit. F 150, 151 z. Zt. befindlichen Baumschule.

§. 2.
Der Stadtgärtner übernim̄t die Verpflichtung die bestehenden Anlagen nicht nur in gutem Zustande zu erhalten u. zu diesem Behufe alles Nothwendige zu besorgen, als Abraupen, Begießen, Beschneiden, Ausholzen u. s. w., sondern auch nachzupflanzen, wo Lücken entstehen u. überhaupt die bestehenden Anlagen möglichst zu verschönern.

§. 3.
Der Stadtgärtner hat auch neue Anlagen u. Alleeen, wenn ihm der Auftrag hiezu gegeben wird, auszuführen, doch darf dieß ohne Magistrats-Genehmigung nicht geschehen. –
Die gleiche Bewandtniß hat es bei Entfernung bestehender Anlagen oder Alleeen oder bei Hinwegnahme älterer abgestandener Bäume. – Der Stadtgärtner hat deßhalb bezügliche Anträge durch den st. Baurath u. die beiden der Verschönerungs-Comißion zugetheilten Herrn Magistratsräthe an den Magistrat gelangen zu lassen u. die schriftliche Genehmigung des Magistrates zu erwarten.

§. 4.
Dem Stadtgärtner obliegt endlich auch die Bewirthschaftung der Baumschule am rothen Thor u. der im Anwesen Lit F. No. 150/51 zur Zeit befindlichen Baumschule.
Es werden demselben zu diesem Zwecke die vorhandenen Bäume u. Gesträuche nach Zahl u. Gattung übergeben. –
Dieser Stand der Baumschule ist zu erhalten, der Zustand selbst aber zu verbessern u. zu veredeln.
Hiebei ist auf Heranziehen kräftiger u. gesunder Bäume, wie sie für unser Klima u. für unsere Alleeen, dann auf die Pflege von Gesträuchen zu sehen, wie sie in die städt. Anlagen paßen u. zwar in Art und Maaß, daß nicht nur die stdt. Anlagen und Alleeen aus der Baumschule rekrutirt werden können, sondern daß auch noch ein Verkauf an hiesige Private oder auswärtige Private u. Gemeinden stattfinden kann.
Das Inventar über die Baumschule ist evident zu halten, Abgänge durch Verkauf oder Verwendung in den städt. Anlagen u. Alleeen sind ebenso vorzutragen, als Zugänge durch Ankauf oder Nachpflanzung zuzuschreiben sind. –

§. 5.
Der Stadtgärtner hat bei allen den zu übernehmenden Arbeiten nach den Regeln der Gartenkunst u. mit Geschmack zu verfahren u. Rücksicht auf die hiesigen klimatischen u. Bodenverhältnisse, dann auf örtliche Zustände zu nehmen.

§. 6.
Der Stadtgärtner hat seine ganze Zeit dem städt. Dienste ausschließlich zu widmen, u. es erscheint ganz u. gar unzulässig, Arbeiten in Privatgärten oder deren Ueberwachung zu übernehmen. – Ebenso unstatthaft ist, ein eigenes Geschäft zu führen, auch wenn dasselbe nicht persönlich von ihm selbst geleitet werden sollte. –

§. 7.
Dem Stadtgärtner werden nach Bedürfniß die nöthigen Gärtnergehilfen u. Taglöhner gestellt u. werden diese auf Grund der von dem Stadtgärtner aufzustellenden Wochenlisten von der Stadtkām̄erei bezahlt.
Die wirkliche Arbeitsleistung ist vom Stadtgärtner auf den Wochenlisten zu bestätigen. – Die Aufstellung u. Entlassung der Gärtnergehilfen obliegt auf Antrag des Stadtgärtners dem st. Baurathe; dem Stadtgärtner wird die Aufnahme von Taglöhnern, wenn dieß erforderlich, zugestanden, doch ist dem st. Baurathe rechtzeitig hievon Kenntniß zu geben.

§. 8.
Der schon seit Jahren in der Baumschule beschäftigte Gärtner *Martin* wird auch fernershin, soweit er den Arbeiten noch nachkom̄en kann, dortselbst verwendet u. steht derselbe unter der Leitung des Stadtgärtners.
pp *Martin* wird von der Stadtkām̄erei bezahlt, darf daher vom Stadtgärtner nicht auf den Wochenlisten verrechnet werden.
Der Gärtner *Martin* hat dem Stadtgärtner Gehorsam zu leisten u. sich in der Behandlung der Geschäfte u. Arbeiten den Anordnungen desselben zu fügen.
Der Stadtgärtner ist nicht befugt den pp *Martin* eigenmächtig u. ohne Ursache zu entlassen; die Entlassung kann vielmehr nur mit Zustim̄ung des Stadtmagistrates geschehen u. auf Grund eines vom Magistrate als genügende Ursache erkannten Verschuldens u. nach vergeblicher Verwarnung.

§. 9.
Das in den Anlagen befindliche Gras wird alljährig von der Stadtkām̄erei verkauft oder versteigert u. hat der Stadtgärtner darüber zu wachen, daß die Bäume oder Gesträuche hiedurch in keiner Weise beschädigt werden, oder irgend welchen Schaden erleiden.
Deßgleichen verbleiben das Obst, Kastanien, Nüsse, welche auf den Alleebäumen wachsen, dem Stadtmagistrate zur Verpachtung oder sonstigen freien Disposition.

§. 10.
Das beim Abholzen der Bäume oder durch Windbruch sich ergebende Ast- u. Stam̄holz ist von den Arbeitern des Stadtgärtners auf entsprechenden Plätzen aufzusetzen u. wird von der Stadtkām̄erei verkauft. –
Dürre Bäume, welche zu beseitigen sind, hat der Stadtgärtner alljährig zur rechten Zeit in einem geordneten Verzeichnisse dem st. Baurathe zur Anzeige zu bringen u. werden dieselben von der Stadtkām̄erei versteigert oder im Einzelnen verkauft.
Die Käufer haben diese Bäume mit möglichster Schonung der übrigen in der Nähe befindlichen Bäume u. Gesträuche auf ihre Kosten zu beseitigen, die Wurzelstöcke auszugraben u. die Gruben wieder entsprechend auszufüllen u. sind die Käufer für jeden sich ergebenden Schaden, wie auch für Unglücksfälle, welche möglicherweise hiebei entstehen könnten, verantwortlich.
Der Stadtgärtner hat die richtige Beseitigung der Bäume pp zu überwachen u. hat dieselben soferne der Stadtgärtner keinen anderen Auftrag erhält, wieder durch junge Bäume aus der Baumschule zu ersetzen.
Über das im Herbste fallende Laub wird in der bisherigen Weise vom Stadtmagistrate disponirt.

§. 11.
Aus der st. Baumschule dürfen nur solche Bäume u. Gesträuche zum Verkauf kom̄en, welche als überzählig zu betrachten u. für die st. Anlagen u. Alleeen nicht nothwendig sind.
Sobald Mangel an Pflanzen pp in Aussicht steht, ist der Verkauf einzustellen.
Für die an Private abzugebenden Pflanzen pp sind vom Stadtgärtner Scheine auszustellen, welche vom st. Baurathe contrasignirt werden u. dann der Stadtkām̄erei zur Einzahlung des Betrages zu präsentiren sind.
Erst nach erfolgter Vorzeigung der Quittung können vom Stadtgärtner die angekauften Pflanzen pp an die Käufer verabfolgt werden.
Die Preisschätzung der abzugebenden Pflanzen obliegt dem Stadtgärtner; bei Abgaben größerer Quantitäten ist dem st. Baurathe Kenntniß zu geben.

§. 12.
Die Erhaltung u. Nachschaffung der Orts- und Warnungstafeln, der Geländer der Kanapees mit Aufstellen u. Hinwegnehmen derselben pp wird von den mag. Baubureau besorgt, dem Stadtgärtner obliegt aber die Ueberwachung dieser Gegenstände u. hat derselbe bei allenfallsigen größeren Beschädigungen pp dem st. Baubureau rechtzeitig hievon Anzeige zu machen. –

Kleine Reparaturen an den Einfaßungsdrähten, Geländern u. Bänken sind von ihm sofort vorzunehmen u. auf den Rapport zu setzen.

§. 13.
Bäume u. Gesträuche, die für die Unterhaltung oder Neuherstellung st. Anlagen erforderlich u. in der st. Baumschule nicht enthalten sind, werden auf st. Kosten angeschafft; – für diese Anschaffungen hat der Stadtgärtner im Benehmen mit dem st. Baurathe rechtzeitig Sorge zu tragen u. besonders die richtigen Bezugsquellen ausfindig zu machen.

§. 14.
Die vorhandenen Requisiten hat der neue Stadtgärtner auf Grund des bestehenden Inventars von dem bisherigen Stadtgärtner zu übernehmen. – Für entsprechende Unterhaltung der Werkzeuge hat der Stadtgärtner Sorge zu tragen.
Allenfalls nothwendige Neuanschaffungen sind vorher dem st. Baurathe anzuzeigen. –
Die Kosten für Unterhaltung u. Neuanschaffungen trägt die Stadtkasse.

§. 15.
Die Erhaltung der Alleewege, das Bekiesen, Abstechen pp geschieht durch das mag. Baubureau auf Kosten der Com̄unal-Kasse, es bleibt jedoch vorbehalten die innerhalb der st. Anlagen befindlichen Fußwege mit der Zeit auch dem Stadtgärtner zu übertragen, insoweit es ohne Vernachlässigung der übrigen Arbeiten dessen Zeit gestattet. –
Das Reinigen der Wege von abgeputzten oder vom Winde abgeknickten Reisern u. Aesten hat durch das Arbeiterpersonal des Stadtgärtners zu geschehen.

§. 16.
Nach einem Rescript der kgl. Regierung von Schwaben u. Nbg.. K. d. I. vom 31. Oktbr. 1872 ist die Bestim̄ung getroffen, daß die Aeste von Bäumen u. Gesträuchen von in der Nähe befindlichen Telegraphenleitungen mindestens einen Abstand von ein Meter haben sollen; der Stadtgärtner hat daher dafür zu sorgen, daß st. Anlagen u. Alleeen dementsprechend ausgeästet werden.
Der Stadtgärtner hat zugleich die Verpflichtung Private, deren Bäume oder Gesträuche nicht den bezeichneten Abstand von den Telegraphenleitungen haben, aufzufordern, ihre Pflanzungen entsprechend auslichten zu lassen.

§. 17.
Dem Stadtgärtner wird besonders noch der Schutz der st. Anlagen u. Alleeen gegen Beschädigungen empfohlen u. sind solche sofort der Polizeibehörde zur Anzeige zu bringen.
Der Stadtgärtner hat in dieser Richtung besonders seine Gehilfen u. Arbeiter entsprechend zu verständigen u. denselben zu bemerken, daß vom Stadtmagistrate demjenigen eine Belohnung verheißen wird, der den oder die Urheber einer Beschädigung öffentlicher Anlagen, von Alleebänken u.s.w. entdeckt u. der Polizeibehörde anzeigt.

§. 18.
Der Stadtgärtner hat wöchentlich 3 mal dem st. Baurathe zu einer von letzterem zu bestim̄enden Stunde Rapport zu erstatten.

§. 19.
Der Magistrat überträgt die Pflege u. Unterhaltung der st. Anlagen u. Alleeen dem Stadtgärtner im Vertrauen, daß derselbe zum Nutzen u. Intereße der Stadtgemeinde der übertragenen Aufgabe sich unterziehe u. eine Ehre darin suche, durch Kunst u. mit Geschmack zur Verschönerung der Umgebung der Stadt beizutragen.
Man billigt hiebei im Allgemeinen als Grundsätze, „daß diejenigen Alleeen, die mit verschiedenen Baumgattungen u. theilweise schlechten Exemplaren ausgefüllt sind, durch gute u. kräftige Pflanzen in schönen Sorten gezogen, zu geregelten Alleeen umgewandelt werden; daß auch Stellen, wo rentable Obstbäume zum Gedeihen gebracht werden können, mit solchen nicht nur zur Zierde, sondern auch zum Nutzen besetzt werden; daß ältere Alleebäume durch Abwerfen, Reinigen u. regelmäßiges Beschneiden verjüngt u. so in geregelte Alleeen gleichförmig umgewandelt werden;
daß diejenigen Gesträuchpartien, die noch gegenwärtig mit wildwachsenden Sträuchern bepflanzt sind, mit bessern blühenden u. für unser Klima passenden Sorten ergänzt werden;
daß in der Baumschule schöne Exemplare von Bäumen u. Gesträuchen in allen Sorten gezogen werden sollen, wie sie für die st. Anlagen und Alleeen passen, wohin dieselben zu verwenden sind.

§. 20.
Der magistr. Verschönerungs-Comißion steht das Recht der Erinnerung u. Antragstellung, dem Stadtmagistrate das unbedingte Recht der Verfügungen zu, denen der Stadtgärtner in vorkom̄enden Fällen unbedingt zu gehorchen hat. –
Um dieses Recht der Oberaufsicht u. Leitung sicher u. zweckmäßig ohne hem̄ende Beschränkungen der Ausführung zu üben, hat der Stadtgärtner der Verschönerungs-Comission, an deren Spitze der mag. Baurath gestellt ist, am Anfange der Übernahme u. dann jedes Jahr ein Program̄ über jene Anlagen u. Alleeen vorzulegen, welche einer besonderen Behandlung unterworfen oder neu hergestellt werden sollen.
Dieses Program̄ wird mit Antrag von der Verschönerungs-Comission mit dem jährlichen Etat über Anlagen u. Alleeen dem Magistrate zur Genehmigung vorgelegt.

Augsburg den 17. Dezember 1873.

Magistrat der Stadt Augsburg

Fotos: Kurt R. Schmidt

Anschrift des Verfassers:

Kurt R. Schmidt
Ltd. Gartendirektor
Stadt Augsburg – Amt für
Grünordnung und Naturschutz
Dr.-Ziegenspeck-Weg 10
86161 Augsburg

Kapitel 2

Augsburger Straßenbäume und Alleen – Situation heute

Kurt R. Schmidt

Inhalt

	Inhalt	Seite
1.	Einleitende Gedanken	90
2.	Ausgangspunkt – das Jahr 1945	90
3.	Straßenbäume und Alleen in Augsburg Einschätzung der realen Lebenssituation	91
3.1	Alleen an den Straßen um die historische Stadt	91
3.1.1	Rotes Tor – Remboldstraße – Schwibbogenplatz	92
3.1.2	Margaretenstraße – Forsterstraße – Vogeltor	92
3.1.3	Oberer Graben – Mittlerer Graben – Leonhardsberg	94
3.1.4	Mittlerer Graben – Unterer Graben – Stephingerberg	95
3.1.5	Stephingerberg – Georg-Haindl-Straße – Thommstraße	96
3.1.6	Thommstraße – Liebigstraße – Bourges-Platz	96
3.1.7	Bourges-Platz – Wertachbruckertor – Klinkertorplatz	98
3.1.8	Klinkertorplatz – Kennedyplatz – Königsplatz	99
3.1.9	Königsplatz – Theoder-Heuss-Platz – Rotes Tor	101
3.1.10	Vogeltor – Jakobertor – Oblatterwall	104
3.2	Alleen an den nach außen führenden Straßen	107
3.2.1	Königsplatz – Gögginger-, Lindauer-, Bobinger Straße	107
3.2.2	Rotes Tor – Haunstetter-, Landsberger-, Königsbrunner Straße	113
3.2.3	Rote-Torwall-, Friedberger-, Meringer Straße	117
3.2.4	Jakobertorplatz – Lechhauser-, Neuburger Straße	119
3.2.5	Stadtbachstraße – Hans-Böckler-, Mühlhauser Straße	122
3.2.6	Wertach – Donauwörther Straße – Stadtgrenze	123
4.	Ulmer Straße – Neugestaltung in Teilbereichen	124
4.1	Bereich zwischen Landvogt- und Langemarkstraße	124
4.2	Kreuzung Kriegshaberstraße – Stadtgrenze	125
4.3	Ulmer Straße zwischen Donauwörther- und Neuhäuser Straße	127
4.4	Städtebauliche Neuordnung – Bereich Oberhauser Bahnhof	127
4.5	Bahnunterführung – Kreuzung Kriegshaberstraße – Neusässer Straße	127
5.	Eingriffe in das Straßenbegleitgrün – Ausgleich durch Bodenentsiegelung	128
5.1	Gedanken eines Stadtbaurates zum Verkehr	128
5.2	Ausgleichs-/Ersatzmaßnahmen Beispiel Friedberger Straße – Spickelstraße	128
6.	Schlußbemerkung – Ausblick	130
7.	Literatur	131

1. Einleitende Gedanken

Über Bäume nachzudenken und darüber zu schreiben ist eine reizvolle Aufgabe: Oder wäre es vielleicht richtiger zu sagen: eine Herausforderung? Was könnte also die Gedanken mehr beflügeln als nachfolgendes Zitat: „Wer Bäume pflanzt, wird den Himmel gewinnen" (KONFUTSE 551–479 v. Chr.). Oder bezogen auf die heutige Situation in der immer dichter werdenden Stadt: „Wer keine Bäume pflanzt, macht sich mit schuldig an einem schleichenden Naturverlust mit allen daraus sich für spätere Generationen ergebenden Konsequenzen."

Bäume in der Stadt, ein vielschichtiges Thema, das die Menschen immer von neuem bewegt, in einer Zeit, wo Funk, Fernsehen und Presse mit Schlagzeilen aufwarten wie

- „Schadstoffbelastete Luft bedroht die Wälder"
- „Waldsterben zerstört natürliche Lebensgrundlage des Menschen"
- „Im Jahr 2000 ohne Bäume?" (BÖLSCHE 1984)
- „Sterben Bäume wirklich in der Stadt?" (SCHMIDT 1984)
- „Straßenbäume – ohne Zukunft?" (SCHRÖDER u. a.)

Aus dem Titel dieses Beitrages geht hervor, daß es sich hier um eine ganz bestimmte Gruppe von „Stadtbäumen" handelt. Es sind jene Baumarten, die an Straßen und auf „versteinerten" Stadtplätzen stehen oder an solchen Standorten gepflanzt werden sollen. Ihre realen Lebensbedingungen in der Stadt sind durchaus vergleichbar mit denen von „Wüstenpflanzen". Wenn man von diesem gedanklichen Hintergrund ausgeht und sich dazu noch bewußtmacht, daß die „Straßenbäume" zum überwiegenden Teil „Waldpflanzen" sind, dann wird deutlich, welche Bedingungen an den „künstlichen" Standorten in der Stadt erfüllt werden müssen, damit das „Lebewesen Straßenbaum" gut wachsen und gedeihen kann.

2. Ausgangspunkt – das Jahr 1945

Es kann durchaus nützlich sein, in älteren Amtsakten zu blättern, um zu erfahren, in welchem Zustand sich die Augsburger Straßenbäume und Alleen am Ende des Zweiten Weltkrieges, dem Beginn der Wiederaufbauzeit, befanden. Betrachtet man den hier angesprochenen Allee-Bestand in der sogenannten „Stunde Null", so ist zunächst folgendes festzuhalten:

- 1945 waren in Augsburg 168 Straßen mit einer Gesamtlänge von 74 km alleeartig bepflanzt. (SCHNEIDER 1993)
- Der Bestand wird mit rund 14.500 Bäumen angegeben.
- Rund 7.250 Straßenbäume (50 %) waren durch Kriegseinwirkungen unterschiedlich stark geschädigt.
- Davon waren 4.785 Bäume (33 %) durch Bomben so zerstört, daß sie gefällt werden mußten.

In den zurückliegenden Jahren stellte sich immer wieder die Frage nach dem wirklichen Ausmaß der Zerstörungen beim Stadtgrün, und hier in diesem Zusammenhang sind die Straßenbäume und Alleen von besonderem Interesse. Für fachliche Erhebungen zur genaueren Schadensfeststellung war damals keine Zeit. Alte Stadtgärtner fassen solche Überlegungen in Sätzen zusammen wie: „Wir hatten wirklich Dringenderes zu tun, als zerbombte Bäume zu zählen. Wir mußten Bombentrichter in den Grünanlagen zufüllen und vor allem die akuten Gefahren für Leib und Leben, die von den zerschundenen Bäumen ausgingen, schnellstens beseitigen. Bedenken Sie, wir hatten noch keine Motorsägen, da hat man sich gut überlegt, welchen Ast oder Stamm man absägt. Ja, es war schlimm, schlimmer als wie nach einem Sturm, die Bäume sahen furchtbar aus ..."
Unter dem Stichwort „Kriegsschädenbehebung" ist im Tätigkeitsbericht des städtischen Baureferates vom 10. August 1945 über die Arbeitseinsätze des damaligen „Gartenbauamtes" folgendes vermerkt:
„... Fällung und Ausrodung von Bäumen in den Straßen und Grünanlagen, die durch Spreng- und Brandbomben so beschädigt wurden, daß sie nicht mehr lebensfähig sind. Auch durch Vernebelung sind die in der Nähe der Vernebelungsapparate stehenden Bäume schwer beschädigt oder bereits eingegangen ...".
Und ein letzter wichtiger Hinweis zu diesem Punkt aus dem „Jahresbericht 1947" des städtischen Gartenbauamtes. Dort ist unter der Überschrift „Straßen, Anlagen und Alleen" zu entnehmen, daß im selben Jahr „rd. 700 Stck. verschiedene Bäume wie Ahorn, Fichten, Kastanien, Ulmen, Pappeln, Eschen u.s.w. gefällt" worden sind. „Davon mußten ungefähr 300–350 Stck. infolge Krankheit (Borkenkäferbefall und Ulmensterben) umgesägt werden." Wie ein roter Faden ziehen sich die Worte „Baumfällung" und „Bäume absägen" in die 50er Jahre hinein, bis sie dann allmählich durch Formulierungen wie „Pflanzung von Bäumen ..." abgelöst worden sind.

Abb. 1: Milchberg – Ecke Peter-Kötzer-Gasse 1992: Linde, die um 1930 im Rahmen der Stadtsanierung gepflanzt worden ist.

Abb. 2: Platz vor dem Holbein-Haus 1993: Bürger der Altstadt pflanzten 1983 eine Krim-Linde als „Gemeinschaftsbaum".

Abb. 3: Bauerntanzgäßchen 1993: Auch ein Einzelbaum kann das Stadtbild positiv beeinflussen – eine 1978 gepflanzte Roßkastanie.

Abb. 4: Schmiedgasse 1990: 1980 gepflanzte Straßen-Akazie und alte Architektur vereinigen sich zu einem harmonischen Bild.

3. Straßenbäume und Alleen in Augsburg – Einschätzung der realen Lebenssituation

Will man die wirkliche Lebenssituation von Straßenbäumen und Alleen in der Stadt einschätzen, dann ist es unerläßlich, sich vor Ort immer wieder ernsthaft mit den damit zusammenhängenden Fragen, Problemen und Veränderungen auseinanderzusetzen. Diese Überzeugung war im Sommer 1992 (Juli/August) wieder der Ausgangspunkt für mehrere Wallrundgänge und Stadtrundfahrten, die von einer Gruppe von Fachleuten aus dem Amt für Grünordnung und Naturschutz der Stadt Augsburg durchgeführt worden sind. Die Ergebnisse und Eindrücke werden in den folgenden Abschnitten anhand der Straßen um die historische Altstadt dargestellt. Dabei wird unterschieden zwischen den Alleen an den Straßen um die historische Altstadt und Baumanpflanzungen an den nach außen führenden Hauptstraßen.

3.1 Alleen an den Straßen um die historische Stadt

• *Ausgangspunkt Rotes Tor:* Wer sich am wuchtigen Roten Tor aufhält, ist zunächst beeindruckt von den übermächtigen alten Alleebäumen, die in den Wallanlagen stehen: rotblühende Kastanien, die sich den Eserwall hinauf zum Theodor-Heuss-Platz ziehen, weißblühenden Kastanien unmittelbar am Roten Tor, vereinzelte Apfel- und Birnbäume aus früherer Zeit tief unten im Wallgraben, über 150jährige Rotbuchen im gegenüberliegenden „Arnold'schen Gartengut". Einige dieser faszinierenden alten Baumgestalten sollen hier besonders erwähnt werden: So stehen oberhalb der Freilichtbühne an der Rote-Torwall-Straße im befestigten Gehwegbereich noch einzelne bis 20 Meter hohe Roßkastanien (Aesculus hippocastanum) mit einem Stammumfang von mehr als 3,00 Metern. Es sind bildschöne, im Jahre 1887 gepflanzte Exemplare, die sich trotz mancherlei Eingriffen in das Baumumfeld und den Wurzelbereich bis heute halten konnten.

Abb. 5: Altstadt – Hinterer Lech 1993: Zwei Eisenholzbäume (Parrotia), die im Rahmen der deutsch-amerikanischen Freundschaftswochen 1981 gepflanzt worden sind.

Abb. 6: Fuggerei – Jakobsplatz 1986: Kugel-Ahorne, in den 70er Jahren um den Neptunbrunnen gepflanzt, geben diesem Stadtplatz ein freundliches Aussehen.

Abb. 7: Rote-Tor-Schule – Baumgartnerstraße 1993: Zwei über 100 Jahre alte Baumgestalten (Stiel-Eiche/Rotbuche) wirken unübersehbar in den Straßenraum hinein. Zeichnung: Richard Keller

Östlich neben der Roten-Tor-Schule zur Baumgartnerstraße hin steht eine über 20 Meter hohe Baumgruppe, die aus einer Stiel-Eiche (Quercus rubor, StU 2,70 m) und einer ebenso mächtigen Rotbuche (Fagus sylvatica, StU 2,50 m) besteht. Diese beiden bildprägenden Stadtbäume wurden 1984/85 im Zuge des Ausbaues der dort vorhandenen Fußgänger- und Radwegunterführung (Baumgartnerstraße/Wallanlagen) stark eingeengt. Die bis dahin offenen Baumscheiben wurden mit Granitstein-Großpflaster überdeckt. In enger Zusammenarbeit mit dem Tiefbauamt wurde alles getan, was fachlich möglich war, trotzdem bleibt die Frage: Wie lange werden diese beiden alten Bäume den Eingriff in den Wurzelbereich überleben?

Abb. 8: Baumgartnerstraße 1993: Kurze Ahorn-Allee mit Fuß- und Radweg in Richtung Rotes Tor führend.

3.1.1 Rotes Tor – Remboldstraße – Schwibbogenplatz

Ein anderes Kapitel über die Augsburger Alleebäume schrieben die über 30 Meter hohen Berg-Ulmen (Ulmus glabra, StU 3,50 m), die bis nach dem zweiten Weltkrieg zwischen dem Roten Tor und St. Margareth neben den weißblühenden Kastanien bildbeherrschend waren. Gepflanzt wurden sie in der Zeit ab 1840 bis 1860 und gefällt von 1976 bis 1985. Gründe für diese unerfreuliche Entwicklung waren das inzwischen weltweit bekannte „Ulmensterben" und Kriegseinwirkungen. Die sogenannte „Holländische Krankheit", seit über 70 Jahren bekannt, wird durch den Schadpilz Ceratocystis ulmi, der von verschiedenen Borkenkäfer-Arten übertragen wird, verursacht. Es handelt sich um eine bisher nicht bekämpfbare Baumkrankheit. In den letzten 20 Jahren mußten im Bereich des öffentlichen Grüns (Anlagen, Alleen) mehr als 500 alte Ulmen gefällt werden, weil sie total abgestorben waren. Die damit einhergehenden optischen Veränderungen waren besonders gravierend im Bereich der Remboldstraße/Margaretenstraße.
In den Jahren 1985–1990 wurden die Lücken im Baumgrün mit jungen Rotbuchen (Fagus sylvatica) und Roßkastanien wieder geschlossen.

3.1.2 Margaretenstraße – Forsterstraße – Vogeltor

- *Schwibbogenplatz:* Eine Besonderheit gibt es auf diesem mit Bäumen überstellten Stadtplatz.

Bis 1982 stand hier eine über 25 Meter hohe, etwa 150 Jahre alte Berg-Ulme (Ulmus glabra), ein Wahrzeichen der Stadt. Sturm und Krankheit setzten dem Baum so zu, daß er 1982 gefällt werden sollte. Die Entscheidung war schon getroffen, die Baumfällung fand jedoch nicht statt. Warum? Die Augsburger Ulme hat eine lange Geschichte. Mehrere Generationen saßen in ihrem Schatten; es war schon immer ein Ort der Begegnung. Gedichte wurden über sie geschrieben (vgl. AZ v. 25.10.1977). Diese Ulme verkörpert eine sterbende Baumart, die einst auch das Bild der Wallanlagen in Augsburg prägte.
Um die bestehenden Gefahren abzuwehren, wurde nur die abgestorbene Baumkrone entfernt und der doppelstämmige Hauptstamm bis auf 10 Meter über dem Erdboden zurückgenommen und stehengelassen. Das so in zentraler Lage der Stadt entstandene „Kunstwerk auf Zeit" blieb bewußt als „Mahnmal" und als ein Symbol für das „Baumsterben" außerhalb des Waldes stehen. Inzwischen sind mehr als 10 Jahre vergangen und der Baum „lebt" immer noch. Efeu überwächst die rindenlosen, glatten Stämme zunehmend, so daß sie schon bald wieder ganz grün sein werden.

Bodenversiegelung: Ein wichtiger Punkt, der sich beim Schwibbogenplatz exemplarisch auch für andere Bereiche in der Stadt ansprechen läßt, sind die un-

Abb. 9: Schwibbogenplatz 1993: Alte, abgestorbene Berg-Ulme – ein Mahnmal und Kunstwerk auf Zeit!

Abb. 10: Schwibbogenplatz 1992: Am Erscheinungsbild der Roßkastanien läßt sich die Intensität der Bodenversiegelung ablesen

Abb. 11: Stadtwall – Forsterstraße 1992: Majestätisch wirken die weißblühenden Roßkastanien an der Wallgraben-Oberkante.

terschiedlichen Auswirkungen einer zunehmenden Bodenversiegelung auf die Entwicklung und den Gesundheitszustand der Straßenbäume und Alleen. Dazu einige Feststellungen des Amtes für Grünordnung und Naturschutz im Jahre 1992:

Frühjahr 1992: Alle Kastanien auf dem Schwibbogenplatz zeigen nach dem Blattaustrieb (April/Mai) gleichmäßig grüne Kronen und blühen überwiegend zur selben Zeit.
Sommer 1992: Der Sommer war heiß und sehr trokken. Ende Juli gab es an diesem Standort verhältnismäßig früh einen auffälligen Farbkontrast an den Kastanien. Bei den in Straßennähe und an der Bushaltestelle stehenden Bäumen waren die Blätter unübersehbar braungelb gefärbt, die Bäume wenige Meter daneben in der Anlage waren noch voll grün.
Herbst 1992: Ende September/Anfang Oktober, lange vor dem natürlichen Laubfall, kennzeichnen die ersten „laublosen" Exemplare im Kreuzungsbereich Provinostraße/Forsterstraße das Bild. Gelegentlich trieb der eine oder andere „Todeskandidat" wieder aus und versuchte noch einmal zu blühen. Ein Ereignis, das einen zunehmenden Vitalitätsverlust bei den Kastanien signalisiert. Von den Medien wird eine solche Erscheinung gern als „Wunder der Natur" veröffentlicht.

Was sind die Ursachen dafür?
In der Regel sind es Eingriffe in den Wurzelraum der Bäume und die nachträgliche Versiegelung der Bodenoberfläche (Baumscheiben) bis zu den Stämmen mit Asphalt.

Am Schwibbogenplatz waren es Wegebaumaßnahmen sowie die Errichtung eines Bus-Wartehäuschens unter den alten Kastanien. Damit verbunden waren eben nicht nur die positiven Wirkungen für die Bürger, sondern auch eine Verschlechterung der Lebensbedingungen für die Bäume.

- *Forsterstraße:* Das Bild dieser Straße wird von 35 alten, über 20 Meter hohen weißblühenden Roßkastanien, die in der zweiten Hälfte des vorigen Jahrhunderts gepflanzt worden sind, bestimmt. In leicht geschwungenem Bogen zieht dieser imponierende einreihige Baumzug in Richtung Vogeltor. Einen weiteren Höhepunkt bildet er zusammen mit den im Wallgraben vor der Klostermauer bei St. Ursula stehenden Baumgruppen, dem Vogeltor und den rotblühenden Kastanien auf dem Vogeltorplatz.

Auf der Ostseite der Forsterstraße stehen nach dem Schwibbogenplatz nur noch vereinzelte Jung- und Altbäume gemischt am Straßenrand. Die Entwicklung scheint hier schon früher die Baumstandorte eingegrenzt zu haben, so daß Nachpflanzungen immer wieder in Versuchen steckenblieben. Einen „Individualisten" unter den Alleebäumen im Augsburger Stadtgebiet findet man bei der „Wolfsklause", an der Einmündung „Wag-den-Hals-Weg" (Wagenhalsstraße!). Hier steht ein alter Baum, eine kaum wahrnehmbare Stiel-Eiche (Quercus robur) mit einem geschätzen Alter von 70–110 Jahren. Unmittelbar daneben hinter einer hohen Mauer befindet sich der 1992 von der Stadt Augsburg erworbene „Forsterpark" (ehem. Villengarten v. NAK) mit ansehnlichem alten Baumbestand. Ein Glücksfall, daß in einer so „geldknappen"

Zeit der Stadtrat so einen wichtigen „Freiraum", auf dem schon einmal „Baurecht" lag, durch Erwerb für die Zukunft als Grünanlage gesichert hat.

3.1.3 Oberer Graben – Mittlerer Graben – Leonhardsberg

Nördlich des Vogeltors am Oberen Graben begegnen wir zum ersten Mal der typischen Augsburger „Promenade", der zweireihigen „Allée simple". Beispiele ihrer Verwendung bietet die italienische Gartenkunst des 15. und 16. Jahrhunderts. Zum vollen Einsatz kam dieser Alleentyp jedoch erst im 17. Jahrhundert, insbesondere im klassischen französischen Garten mit seinem dynamisch differenzierten Wege- und Achsensystem (HENNEBO 1977).
Zwischen Vogeltor und Barfüßerstraße ist kaum noch ein alter Baum vorhanden. Sie wurden im Zweiten Weltkrieg zerstört und mußten später dem Straßenbau weichen. Die heute am Oberen Graben vorhandene Linden-Allee (Tilia cordata) wurde nach 1945 neu angelegt. Sie endet am „Äußeren Gang". Ab hier bis zur Barfüßerstraße konnte wegen „Platzmangel" nur noch eine Baumreihe weitergeführt werden. Als einen wohltuenden Ausgleich mögen die wenigen noch im Wallgraben stehenden alten Apfel- und Birnbäume, ebenso die anderen Baumarten wie Baumhasel (Corylus colurna), Kaukasische Flügelnuß (Pterocarya fraxinifolia), Traubenkirsche (Prunus padus) und Trompetenbaum (Catalpa bignonioides) gesehen werden. Auch die kleinen „Wallgärtchen" mit ihren „Venezianischen Brückchen" über den Wassergraben gehören zum Straßenraum. Zusammen mit blühenden „Gartenbäumen" verleihen diese farbenprächtig gestalteten kleinen Parzellen in jedem Frühjahr dem Stadtbild eine besondere Note. Dort, wo das Straßenbegleitgrün am Oberen Graben endet (etwa bei Haus-Nr. 11), steht im Skizzenbuch des Verfassers unter dem Stichwort „Wallrundgang am 27. Juli 1992" folgendes vermerkt: „In diesem Abschnitt bis zur Barfüßerstraße/Jakoberstraße weit und breit nur Asphalt und Autos, hier müßte unbedingt wieder gestaltetes Baumgrün hingebracht werden."

• *Platane am Stadtbad:* Ein inzwischen stattlicher Einzelbaum steht vor dem Stadtbad. Es ist eine Platane (Platanus x acerifolia), sie wurde im Frühjahr 1978 mit dem „Preßlufthammer" gepflanzt. Die Stadtgärtner machten die Baumgrube nur so groß, daß der Erdballen des Solitär-Baumes (ca. 1,0 x 1,0 m) hineinpaßte. Dies war möglich, weil in der Nähe ein unterirdischer Stadtbach vorbeifließt, aus dem sich die Baumwurzeln „betrinken" können. In der Vorbereitungsphase gab es einen Konflikt mit dem angrenzenden Tankstellenbetreiber. Er reklamierte den ausgewählten Baumstandort vor dem Stadtbad als langjährigen Kundenparkplatz. Oberbürgermeister und Stadtbaurat wurden bemüht. Es gab einige Aufregungen. Trotzdem wurde der Baum im öffentlichen Straßenraum, wie vorgesehen, gepflanzt. Heute ist die am Fuße des Schmiedberges stehende Platane nicht mehr zu übersehen. Sie hat sich prächtig entwickelt und bereichert das Stadtbild als Einzelbaum in ganz besonderer Weise.

Abb. 12: Leonhardsberg 1992: Die prächtig entwickelte Platane vor dem alten Stadtbad wurde 1978 gepflanzt.

Abb. 13: „Bei den sieben Kindeln" 1992: Eine bildprägende Kastaniengruppe von überwältigender Schönheit

Abb. 14: Schwedenstiege 1992: Auf 150 Jahre wird sie geschätzt, die hier stehende „Gemeine Esche" mit dem sichtbaren Wurzelwerk.

Abb. 15: Wallanlagen – Bereich Unterer Graben, November 1992: eine mit Obst- und Waldbäumen durchmischte „Gartenwildnis"

Abb. 16: Kupferstich von Karl REMSHARD, um 1720: Schwedenmauer mit Schwedenstiege am Unteren Graben, im Hintergrund das Oblatterwalltörlein (Staats- und Stadtbibliothek)

3.1.4 Mittlerer Graben – Unterer Graben – Stephingerberg

Bis vor wenigen Jahren standen an der Kreuzung Leonhardsberg am Mittleren Graben in Höhe des Stadtbades noch einige alte Berg-Ulmen (StU 2,00 m). Von 1975–1978 mußten die Bäume schrittweise gefällt werden, da sie weitgehend abgestorben waren (Ulmenkrankheit). Als Ersatzbäume wurden 1979 mehrere Straßen-Akazien (Robinia monophylla 'Unifoliola') gepflanzt. Auch in diesem Straßenabschnitt hat man versucht, die historisch begründete „Allée simple" als Idee wieder aufzunehmen und wenigstens ansatzweise in Form einer Baumreihe zu verwirklichen, obwohl der vorhandene Baumstreifen durch verschiedene Straßenbaumaßnahmen in den Nachkriegsjahren immer wieder eingeengt worden ist. Am Mittleren Graben finden die als Ersatz für die abgestorbenen Berg-Ulmen gepflanzten Straßen-Robinien nach wenigen Metern in Richtung „Bei den sieben Kindeln" Anschluß an ein kurzes Stück „Promenade". Das junge „Baumgrün" wird hier durch eine am nahe gelegenen Stadtgraben stehende „Bilderbuch-Kastanie" in angenehmer Weise optisch verstärkt. Einen besonderen Höhepunkt bildet eine aus vier 60–80 Jahre alten weißblühenden Kastanien bestehende Baumgruppe auf dem neu gestalteten Platz vor dem Kino Liliom „Bei den sieben Kindeln". Der Platz, auf dem diese alten Baumgestalten stehen, besteht aus einer eingekiesten offenen Fläche. Ein gutes Beispiel dafür, wie eine begehbare Fläche mit Bäumen auch in der Stadt gestaltet werden kann.
Hinter dieser mächtigen Kastaniengruppe entfaltet sich eine ökologisch imposante „Gartenwildnis" im alten Wallgraben, die sich bis zur „Schwedenstiege" hinzieht.
„Der berühmte Augsburger Kupferstecher Karl REMSHARD (1678–1735) hat auf einer Ansicht von etwa 1720 die Idylle am Unteren Graben festgehalten. Darauf sieht man die noch komplette Stadtmauer" (MITULLA 1985). An der steilen Böschung zum Floßgraben hinunter sind Laubbäume in freier Gestaltung dargestellt. Entlang der Wallstraße gab es noch keine Bäume. HEERWAGEN (1915) bezieht sich bei seiner Betrachtung über die „Unteren Stadtteile" auf das Jahr 1820. Er berichtet über einen kraftvollen Aufschwung „... der zu Anlagen ausgestalteten Wälle, Spaziergänge und Baumzüge" entstehen ließ. „Gerade diese unteren Stadtteile sind es ja auch, die durch ihren Zusammenklang von Bau- und Baumlinie, durch ihre Urwüchsigkeit namentlich am Unteren, Mittleren und Oberen Graben, am Jakober- und Oblatterwall und am Lug ins Land sich zu interessanten Bildern ausgewachsen haben ...".
Über ein Foto, aufgenommen 1913 und in dem Buch „Augsburg – Wandlungen einer Stadt" (SEYBOTH 1978) veröffentlicht, läßt sich am Unteren Graben eine doppelreihige Allee nachweisen. Auf der gegenüberliegenden Seite treten schon damals hohe Bäume, Rotbuchen (Fagus sylvatica) und Roßkastanien (Aesculus hippocastanum), die im Garten des ehemaligen Hauptkrankenhauses stehen, ins Blickfeld.
Anhand von Vergleichen verschiedener Quellen mit dem wirklichen Zustand heute könnte man die Entwicklung der letzten 273 Jahre (1720–1993) mit den wenigen Worten „von der Idylle am Unteren Graben zur Gartenwildnis in heutiger Zeit" treffend umschreiben.

• *Schwedenstiege:* Im Verlauf der Stadtmauer hoch über dem Unteren Graben wurde während der schwedischen Besatzungszeit 1632 in Höhe des später abgebrochenen Oblatterwalltores ein direkter Verbindungsweg vom Graben zur höhergelegenen Stadtmauer an-

gelegt, an den die heutige aus Backsteinen gemauerte „Schwedenstiege" erinnert (KIESSLING und LORMANN 1987). Im Unterschied zu der davor erwähnten „Gartenwildnis" am Unteren Graben wurde dieser Wallbereich bis zum Klinkerberg 1952–1954 nach einem Entwurf des Münchener Landschaftsarchitekten Professor Ludwig ROEMER gestaltet.
Viele alte, um 1850 gepflanzte bis zu 40 Meter hohe Bäume wie Kastanien, Eschen, früher auch noch Ulmen, lassen den Straßenraum in diesem Bereich als „Parkstraße" erscheinen.

Ein Baum, der schon vor rund 80 Jahren bei HEERWAGEN (1915) unter „Die schutzwürdigen Naturgebilde im Stadtgebiet" eingereiht worden ist, verdient es, hier besonders erwähnt zu werden. Es handelt sich um eine 150 Jahre alte „Gemeine Esche" (Fraxinus excelsior – StU 4,50 m), die unübersehbar, hoch oben an der Schwedenstiege in den Anlagen steht. Es gibt keinen anderen Baum in der Stadt Augsburg, der oberirdisch ein so kunstvoll „verwachsenes" und weit verzweigtes Wurzelwerk zeigt wie dieser. Wie ein Lavastrom, der sich zum Meer hinunter ergießt, breitet sich das Wurzelwerk über die steile Böschungsoberfläche aus und schützt sie so vor Errosion. Eine einmalige Naturerscheinung.

Eine weitere Baumart, die immer wieder die Aufmerksamkeit von Besuchern erregt, ist eine vor 40 Jahren am Fuße des Treppenaufganges „Schwedenstiege" eingesetzte mehrstämmige Kaukasische Flügelnuß (Pterocarya fraxinifolia). Zusammen mit dem hervorragend gestalteten Treppenaufgang und dem gestifteten venezianischen Wandbrunnen auf dem Treppenvorplatz erlebt man in urwüchsiger „heimischer" Umgebung einen Hauch von exotischem Flair.
Nicht weit von hier tritt plötzlich wieder ein kurzes Stück „Augsburger Promenade" in Erscheinung. Es verläuft vom Unteren Graben/Müllerstraße schräg hinüber zum Stephingerberg. Die wegbegleitenden Hauptbaumarten bestehen aus: Berg-Ahorn (Acer pseudoplatanus), Eschen und Linden.

3.1.5 Stephingerberg – Georg-Haindl-Straße – Thommstraße

Am Fuße des Stephingerberges und dem Kreuzungsbereich Müllerstraße beeindruckt ein mit Bäumen überstellter Freiraum, bevor man in der Georg-Haindl-Straße eine „kränkelnde" Reihe Schein-Akazien (Robinia pseudoacacia), die sich in die Sebastianstraße hinein fortsetzt, wahrnimmt. Entlang der Fahrbahn am Stephingergraben stehen alte Bergahornbäume, die in ihrem Wachstum stark geschwächt sind. Dies wird deutlich am allgemeinen Erscheinungsbild der Bäume, vor allem jedoch an dem kümmerlichen Triebzuwachs.

Ursachen: Straßenbaumaßnahmen, verbunden mit Eingriffen in den Wurzelraum der Bäume und nachträgliche Einengung des erforderlichen Standraumes. Bei den bereits angesprochenen Robinien liegt eine ähnliche Problematik vor: Einengung der Baumstandorte durch zunehmende Bodenversiegelung, vor allem mit Asphalt. Auch die Pflanzung von Bäumen an Stellen, wo objektiv die erforderlichen Wachstumsbedingungen für Straßenbäume auch beim besten Willen nicht geschaffen werden können, stellen ein Problem dar.
So mußten z. B. in der Sebastianstraße 1992 im Zuge von Straßensanierungsarbeiten mehrere Bäume, die auf dem Bürgersteig im Asphalt erstickt sind, beseitigt werden. Die Schaffung neuer, artgemäßer Baumstandorte war aus verschiedenen Gründen (technischen, finanziellen, terminlichen) nicht möglich. Die Pflanzung neuer Bäume wird so für das Fachamt nicht selten zur „Gewissensfrage".

3.1.6 Thommstraße – Liebigstraße – Bourges-Platz

Einen weiteren interessanten Straßenzug bildet die Thommstraße zusammen mit der Liebigstraße am nördlichen Rande der Altstadt zwischen der Bastion Lueginsland und dem Bourges-Platz (früher Liebig-Platz), sowohl in topographischer Hinsicht als auch vom grünen Erscheinungsbild her.
In der Thommstraße stehen zwischen Herwartstraße und Fischertor links und rechts der mit Basaltpflaster befestigten Fahrbahn je eine Reihe Weiß-Eschen (Fraxinus americana). Die ersten Bäume wurden hier um das Jahr 1870 gepflanzt.
Gefährdungen: Parkende Kraftfahrzeuge, Versorgungsleitungen (Fernheizung, Trinkwasser-Nordring).
Nach Auskunft der Stadtwerke muß durch das Nadelöhr Thommstraße neben der bereits in den Grünanlagen verlegten Fernheizung auch die geplante „Ringwasserleitung Nord" (Rohrdurchmesser 800 mm) hindurch. Ein erster Vorschlag wurde vor Ort überprüft und diskutiert. Wäre er verwirklicht worden, hätte die nördliche Baumreihe aus der Allee teilweise geopfert werden müssen. Will man die Allee in der Thommstraße „ehrlich" mit den „Wurzeln" erhalten, dann muß die Wasserleitung in der Fahrbahn verlegt werden (Bündelung von Leitungen!). Das ist die klare Forderung des Amtes für Grünordnung und Naturschutz.
Nach dem Fischertor wechselt die Baumart wieder. Die Weiß-Eschen werden von Linden als Straßenbaum abgelöst. In diesem Abschnitt, der bis zum Anschluß der „baumlosen" Wertachstraße führt, werden die Thommstraße und die Liebigstraße von einer zweireihigen Allee gefaßt. Diese besteht aus einem altersmäßig abgestuften Baumstand. Die hier noch vorhandenen größeren Straßenbegleitgrünflächen bieten für die Zukunft gute Möglichkeiten, den vorhandenen Baumbestand weiter zu entwickeln und längerfristig zu sichern.

• *Fußwege* zwischen Sebastianstraße und Rugendasstraße:
Nördlich von Thommstraße und Liebigstraße liegt der „Obere Weg". Er beginnt mit einem Treppenlauf an der Sebastianstraße und verläuft in westlicher Richtung vorbei am „Pfannenstiel". Nach gut 600 Metern endet er an der Rugendasstraße gegenüber dem Bourges-Platz. Auch dieser Fußweg war ursprünglich konsequent als Promenade nach Augsburger Muster mit einer doppelreihigen Allee (Allée simple) gestaltet. Heute läßt sich die frühere Allee nur noch mit viel Phantasie erahnen. Zwischen Sebastianstraße und „Pfannenstiel" sind die weit über 100 Jahre alten Allee-Eschen stark rückgängig. Die meisten von ihnen mußten nach 1945 bis heute schrittweise entfernt (Gefahrenbäume!) oder in den Kronen stark zurückgenommen werden.
In der Nachkriegszeit hat man die natürliche Gehölzsukzession gewähren lassen, die sich auf der hohen Böschung zur Thommstraße hin entwickelte, so daß die höherstehende frühere Eschen-Allee so ganz allmählich aus dem Blickfeld verdrängt worden ist. Eine gestalterische Klärung über die künftige Entwicklung dieses für Augsburg typischen „Baumzuges" wäre anzustreben.
Im Abschnitt zwischen „Pfannenstiel" und Rugendasstraße, wo der ehemalige „Allee-Weg" auch eine Erschließungsfunktion für Anlieger erfüllt, trifft die Bezeichnung „Weg" objektiv nicht mehr zu. Hier ist das Wort „Erschließungsstraße" richtiger gewählt. Trotzdem ist in diesem Bereich die Allee anhand von vereinzelten alten Eschen rekonstruierbar. Gesunde, unbeschädigte Altbäume findet man hier im öffentlichen Raum kaum mehr. Kennzeichnend sind sichtbar geschädigte Baumriesen mit einem Stammumfang bis zu vier Metern. Ihr Alter wird auf 120–150 Jahre geschätzt.

Dazu einige Ursachen, die zu dieser Entwicklung führten:
- zunehmender PKW-Verkehr
- danach immer weiterer Ausbau des Weges (zur Straße)
- Befestigung der Baumscheiben mit Straßenbelag
- Parkende Autos bis an die Stämme
- Streusalz und andere schädliche Umwelteinwirkungen

Problem: Altbäume werden zu „Gefahrenbäumen" und müssen entfernt werden. Jungbäume kommen auf solchen ursprünglichen Baumstandorten, die sich auf diese Weise zu Extremstandorten entwickelt haben, nicht mehr hoch. In den seltensten Fällen hilft hier das „Geld" weiter. Wie am Schwibbogenplatz die alte Berg-Ulme, so wird auch hier ganz bewußt eine bis auf den Grundstamm „amputierte" Esche aus dem vorigen Jahrhundert als „Natursymbol", das zum Nachdenken anregen soll, stehengelassen.
Am Ende dieses „Weges", wo er in die Rugendasstraße einmündet, steht mitten in einer europäischen Artenwelt ein „Katsurabaum", auch „Kuchenbaum" genannt (Cercidiphyllum japonicum Sieb. et. Zucc.). Diese Baumart ist in Fernost beheimatet und zählt in Japan wirtschaftlich zu den wichtigsten Laubhölzern. Im kühlen Augsburg ist sie dagegen eine Bereicherung für das Stadtbild.

Abb. 17: Fußweg Sebastianstraße – Rugendasstraße 1992: eine alte Eschenallee im Wandel der Zeit

Abb. 18: Ein Fußweg wurde zur Straße – für die Bäume fehlt so der notwendige Lebensraum.

Abb. 19: Stark geschädigte, absterbende Esche – das Ergebnis zunehmender Bodenversiegelung mit Asphalt.

Abschließend sei noch an den Namensgeber für die Rugendasstraße, an den 1802 in Augsburg geborenen Maler, Johann Moritz RUGENDAS, erinnert. Auch wenn es Zufall sein mag, daß an der nach ihm benannten Straße ein „Katsurabaum" steht, ist vielleicht doch interessant zu wissen, daß sich der Augsburger RUGENDAS schon um 1825 während eines längeren Brasilienaufenthaltes künstlerisch mit Natur und Umwelt und besonders mit dem tropischen Regenwald auseinandergesetzt hat. In einer Kosmos-Ausgabe von 1987 wird dies in folgendem Zitat eindrucksvoll belegt: „... Tief beeindruckt war RUGENDAS von der Farben- und Formenpracht der Flora und Fauna des Tropenwaldes ..." (KOSMOS 1987).

3.1.7 Bourges-Platz – Wertachbruckertor – Klinkertorplatz

Der Straßengrünzug Thommstraße–Liebigstraße, den man sich mit etwas Phantasie als entwicklungsfähige „Grüne Klammer" zwischen dem Lech im Osten und der Wertach im Westen vorstellen könnte, geht nahtlos in den Bourges-Platz, den früheren Liebig-Platz, über. Dieser für das Stadtbild und das Stadtklima so wichtige Grünbereich zeichnet sich, ebenso wie die anderen Wallgrünflächen, durch einen sehr wertvollen alten Baumbestand aus. Die Hauptbaumarten sind: Kastanien, Linden und Platanen.

Abb. 20: Wertachbruckertor – Bourges-Platz: Bildprägende Stiel-Eiche neben der „Alten Wache" – eine weitere herausragende Baumgestalt im Augsburger Stadtgebiet

Neben der „Alten Wache" (Städt. Freibank) am Wertachbruckertor steht für Augsburger Verhältnisse ein seltener „Baumriese", eine 25 Meter hohe auf 150–200 Jahre geschätzte Stiel-Eiche (Quercus robur, StU 4,20 m). Sie ist eine herausragende Baumgestalt, ein Denkmal der Natur. Der mächtige Baum läßt auf eine besondere Vergangenheit schließen. Früher war sein Lebensraum durch eine Straße und Gehwege stark eingeschränkt, was sich auf den Gesundheitszustand dieses alten Solitärbaumes negativ ausgewirkt hat. Von diesem Beispiel ausgehend ist festzustellen, daß es den so oft idealisierten „Liebig-Platz" früherer Zeiten nie gegeben hat. Wie alte Pläne belegen, war er von Anfang an von Straßen durchkreuzt und durch Wege zerschnitten. Der um 1866/67 entstandene Stadtplatz glich schon immer mehr einem begrünten Verkehrsknotenpunkt als einem Park.

Die kommunale Grünplanung strebt daher an, diesen Freiraum und exzellenten Baumplatz in Anlehnung an die ursprüngliche Situation zu einer geschlossenen Parkanlage ohne querende, das Grün zerschneidende Verkehrsstraßen neu zu gestalten.
Positiv ist zu vermerken, daß aufgrund eines Bauausschuß-Beschlusses 1978 eine von zwei die heutige Grünanlage Bourges-Platz querenden Verkehrsstraßen herausgenommen und entfestigt werden konnte. Im April 1978 berichtete die Augsburger Presse darüber unter folgender Schlagzeile: „Mit Raupen und Baggern gegen Asphalt. Mehr Grün am Bourges-Platz. Straße wird zur Rasenfläche" (AZ v. 18.04.1978). Die alte Eiche neben der Städt. Freibank am Wertachbruckertor hat wieder mehr Luft zum „Leben" und „Wachsen" bekommen. Auch andere Baumstandorte konnten angelegt und bepflanzt werden.
Betrachtet man den Baumbestand im öffentlichen Freiraum, vom Bourges-Platz in Richtung Innenstadt, so fällt auf, daß im Bereich zwischen „Am Katzenstadl/An der Blauen Kappe und Senkelbachstraße/Gesundbrunnenstraße bis zum Klinkerberg" die Alleebäume trotz der verschiedenen baulichen Eingriffe in das öffentliche Grün immer noch das dominierende Gestaltungselement sind. Vom Bourges-Platz bis zur Gesundbrunnenstraße zieht sich oberhalb der Senkelbachstraße wieder die bekannte „Promenade" mit einer doppelreihigen, eng gepflanzten Linden-Kastanien-Allee hin (Abstand der Baumreihen einschließlich Weg 5,50 m; Abstand der Bäume in der Reihe 4,50 m). Nimmt man die Baumreihe an der etwas tiefer liegenden Senkelbachstraße noch hinzu, so hätten wir hier das Bild einer dreireihigen Allee vor uns, eine Entwicklung auf dem Weg zu den „Allées supérieures", wie sie uns im vorigen Jahrhundert in der Volkhartstraße (fünf Baumreihen) und Fuggerstraße (sechs Baumreihen) begegnet sind.
Im Skizzenbuch des Verfassers über einen Wallrundgang am 27. Juli 1992 ist zu diesem Grünbereich abschließend folgendes vermerkt: „Gesundheitszustand der alten Bäume könnte besser sein; im Bereich des Eissport-Stadions/Senkelbachstraße gibt es viel Asphalt um die Bäume!"
Daraus ergibt sich unter Beachtung der jeweiligen funktionalen Erfordernisse die Frage, ob grundsätzlich alle „Promenaden-Wege" in den Wallgrünflächen um die Altstadt herum „pflegeleicht" asphaltiert werden müssen? Es wären auch andere, baumfreundlichere Beläge (Kieswege) vorstellbar. Sie müssen nur fachgerecht, nach dem Stand der Technik oder nach alten Vorbildern handwerklich einwandfrei ausgeführt werden.

Eine andere „Baumlinie" verläuft zwischen Wertachbruckertor und Volkhartstraße/Klinkertorplatz über die Wallstraßen „Am Katzenstadl/An der Blauen Kappe". Hier gibt es für Straßenbäume aufschlußreiche Hinweise über die Bemühungen der Augsburger Stadt-

gärtner zur Gestaltung von mit Bäumen bepflanzten Straßen. So wird beispielsweise in einem „Tagebuch" aus dem Jahre 1911 unter der Überschrift „Am Katzenstadl" folgendes berichtet: „Pflanzung einer zweiten Baumreihe ...". Daraus geht hervor, daß 80 Jahre alte Ulmen an diesem Standort gefällt und 20 Ulmen neu gepflanzt worden sind. Ab 1973 fielen die im Jahre 1911 gepflanzten Bäume der bekannten „Ulmenkrankheit" zum Opfer und mußten wieder beseitigt werden. Kaum waren die Bäume weg, waren die Baumstandorte mit Autos zugestellt.
In Zusammenarbeit mit dem Tiefbauamt ist damals ein „Kompromiß-Plan" – „Auto und Bäume" entstanden, der im nachhinein ehrlicherweise als Fehlentwicklung gesehen werden muß. Zwischen den Parkbuchten für die Autos stehen heute 28 Stück „gepanzerte" Straßen-Akazien (Robinia pseudoacacia 'Unifoliola'). Das Ergebnis läßt sich am besten mit den Worten „Grün-Verdrängungswettbewerb" umschreiben. Die volle Wiederherstellung des ursprünglichen Wuchsraumes der Straßenbäume wäre hier eine nicht unvertretbare Zukunftsforderung.

Im Straßenabschnitt „An der Blauen Kappe" stehen keine Alleebäume. Hier bestimmen in angenehmer Weise die Baumkronen der tieferliegenden „Gesundbrunnenanlage" das Bild. Ganz besonders tritt dabei mit Blick auf das Eisstadion eine mehrstämmige Rotbuche (Fagus sylvatica) in Erscheinung. Am Ende dieses Straßenzuges stehen am Übergang Gesundbrunnenstraße/Klinkertorplatz zwei 60jährige Silber-Linden (Tilia tomentosa) in der Grünanlage, die mit ihren üppig ausgeformten Kronen in die triste Volkhartstraße hineinwirken. Auffallend ist hier eine größere, völlig funktionslose, asphaltierte Fläche um die beiden Bäume herum, die problemlos entsiegelt werden kann.

Der Klinkertorplatz selbst ist wieder einer der schönen Augsburger „Baumplätze". Die Straße vor diesem Platz, zwischen Volkhartstraße und Schaezlerstraße/Klinkerberg, ist ein weiteres Beispiel dafür, wie ehemalige Baumstandorte, von der Öffentlichkeit kaum bemerkt, bedingt durch den ständig weiter zunehmenden KFZ-Verkehr schrittweise in Stellplätze umfunktioniert wurden. Die eindeutige fachliche Forderung ist auch hier, die zum Straßenbegleitgrün gehörenden Baumstreifen rechts und links der Fahrbahn am Klinkertorplatz wieder mit Bäumen zu gestalten. Eine Verengung der Fahrbahn wäre vorstellbar.

3.1.8 Klinkertorplatz – Kennedy-Platz – Königsplatz

Diese drei in der Überschrift bezeichneten Stadtplätze sind von ihrer Gestaltung her öffentliche Grünanlagen mit verhältnismäßig dichtem Baumbestand. Sie werden durch die Volkhartstraße, früher eine typische Alleestraße mit fünf Reihen Linden, und die Fuggerstraße, die einst mit sechs Baumreihen die „Champs-Elysées" von Augsburg war, miteinander verbunden.

Wie der Bourges-Platz und der Klinkertorplatz, so ist auch der Kennedy-Platz (Alter Einlaß) gegenüber dem Stadttheater ein bemerkenswerter grüner Freiraum im Stadtzentrum. Auch dieser Grünbereich wird von hohen alten Bäumen wie Kastanien, Eschen und einer unübersehbaren kräftigen Hänge-Buche (Fagus sylvatica 'Pendula') geprägt. Die Randbereiche werden immer wieder durch verschiedene Baumaßnahmen (Straßenbau, Versorgungsleitungen u. a.) beeinträchtigt. 1978 mußten noch einmal fünf ältere Alleebäume einer weiteren Abbiegespur weichen. Durch solche scheinbar „harmlosen" Eingriffe wird nicht selten den alten Bäumen der notwendige Lebensraum genommen und das „Wasser abgegraben".
Um dem noch vorhandenen Allee-Baumbestand auf dem Kennedy-Platz den lebensnotwendigen Wuchsraum zu sichern, dürfen keine weiteren Eingriffe mehr erfolgen. Eine rechtliche Sicherung der Bäume, z. B. durch die Baumschutzverordnung der Stadt Augsburg von 1989, alleine reicht nicht aus.

• *Königsplatz:* Ein weiteres wichtiges Glied in der Kette der grünen Augsburger Stadtplätze ist der Königsplatz, der nach Abbruch des Gögginger Tores (1860) an seiner Stelle angelegt worden ist (MANČAL 1985). Hohe alte Bäume, durchsetzt mit Jungbäumen, verleihen dieser verkehrsumfluteten „Insel" heute ein „waldartiges" Aussehen. Die Wege und Platzflächen wurden nach barockem Vorbild gestaltet. Die heute noch sichtbaren Gestaltungselemente dabei sind: Rondell mit Beton-Springbrunnen (eingeweiht am 25.08.1880) sowie verschiedene diagonal über den Platz führende Wege. Einen qualifizierten Pflanzplan zu dieser Art der Gestaltung gab es nicht.

Auf diesem Hintergrund ist es verständlich, daß sich bei der Bepflanzung der Anlage die eher strengeren französischen Stilelemente mit den damals auch in Augsburg aufkommenden freieren Bepflanzungsformen des englischen „Landschaftsstils" vermischten.

So lobten die Zeitungen, „man habe einen Teil des Platzes mit großem Fleiße zu einem äußerst lieblichen Park umgestaltet, in welchem zierliche, mitunter seltene Bäume und Gesträuch üppig sprossen". Eine Augsburger „Verschönung-Commission" hatte beantragt, „man solle hier einen Rasenplatz mit englischen Anlagen herstellen und ihn als Spielplatz der Jugend überlassen" (AZ v. 03.05.1977).
Bis auf den heutigen Tag stand diese grüne „Visitenkarte" Augsburgs immer wieder im Blickpunkt der Öffentlichkeit. Schon mit dem Durchbruch der Bürgermeister-Fischer-Straße im Jahre 1905 wurde der Königsplatz zum Hauptumsteigeplatz für die Straßenbahn und zu einem der wichtigsten Verkehrsknotenpunkte umgestaltet. Weitere Umbaupläne gab es 1930, die allerdings erst 1976/77 aufgrund eines Planungsbeschlusses des Stadtrates vom 14. April 1976 zum Tragen kamen (MANČAL 1985).

Abb. 21: Königsplatz 1987: Trotz schwieriger Standortbedingungen sind die 1977/78 gepflanzten Platanen meist gesund entwickelt.

Abb. 22: Königsplatz: Einige Platanen-Jungbäume waren im Frühjahr 1984 und 1987 von der Krankheit „Platanen-Krebs" befallen.

Abb. 23: Königsplatz, Richtung Konrad-Adenauer-Allee 1987: Überwältigender Anblick – der „Baumzug" in der Schießgrabenanlage.

Diese kurze Einblendung zur Entwicklung des Königsplatzes ist wichtig, um das vielseitige Bemühen, erfolgte Eingriffe zu beseitigen und den Platz in seiner „ursprünglichen" Form wieder herzustellen, sichtbar zu machen.
Als einen für das Stadtgrün, und hier insbesondere für die Stadtbäume und Alleen, positiven Wendepunkt kann die 1976/78 nach Plänen der Augsburger „Planungsgemeinschaft Fußgängerbereiche" durchgeführte Neugestaltung der „Umsteigeanlage Königsplatz und angrenzende Fußgängerbereiche" gesehen werden. 1981 wurde das Gesamtwerk mit einem Preis des Bundes Deutscher Landschaftsarchitekten ausgezeichnet. Die besondere Qualität der Planung kommt in der Kurzbeurteilung der Auswahlkommission zum Ausdruck: „Konsequente Durchgestaltung eines besonders intensiv genutzten städtischen Freiraumes unter schwierigen Vorgaben im Zusammenwirken mit guter Zweckarchitektur; Gestaltung der notwendigen technischen Einrichtungen unter Verarbeitung guter, alter Formen zu ortsangemessenen, überzeugenden Detaillösungen."

Allerdings gibt es auch, was die ökologische und gestalterische Behandlung des Baumbestandes anbetrifft, kritische Anmerkungen zu machen. Eine auf der Ostseite des Königsplatzes 1978 gepflanzte doppelreihige Allee zeigt deutlich die Grenze auf, wo Bäume noch wachsen können und wo nicht. So wurden auf einem schmalen, mit Bordsteinen gefaßten Baumstreifen unter extremen Standortbedingungen acht Berg-Ahorn gepflanzt. Fünfzehn Jahre später sind diese aus gestalterischen Gründen bis an die Stämme eingepflasterten Waldbäume kaum mehr lebensfähig. Das Wachstum ist zu keiner Zeit arttypisch verlaufen. Im Juli 1992 waren die Baumkronen nur noch zu etwa 50 % belaubt.
Die zweite Baumreihe aus dieser kleinen Allee steht nur wenige Meter weiter an einem artgemäßeren Platz am Rande der Grünanlage Königsplatz. Auf diesem Standort sind die Berg-Ahorn inzwischen ohne besonderen Pflegeaufwand zu stattlichen Bäumen herangewachsen.

Die unterschiedliche Entwicklung der Bäume, die zum selben Zeitpunkt gepflanzt worden sind, kommt in den im Juli 1992 vor Ort gemessenen Vergleichswerten und gemachten Notizen zum Ausdruck:
- Baumreihe eingepflastert: Stammumfang der Bäume 50–60 cm (gem. 1 m üb. Niv.); Erscheinungsbild: schlechtes Wachstum, früher Laubfall, verschiedene Krankheiten
- Bäume auf Rasengrünstreifen am Rande der Anlage: durchschnittlicher Stammumfang 80–100 cm; Erscheinungsbild: gesundes Wachstum, resistenter gegen Schädlingsbefall und Pilzkrankheiten, Laubfall normal im Herbst, weniger Pflegeaufwand.

- Kurze Bahnhofstraße: Ein weiterer, aus gestalterischer Sicht positiver Punkt war das Nachpflanzen von Alleebäumen in der „Kurze Bahnhofstraße". Hier wurden nach früherem Vorbild neue Baumreihen mit Kastanien und Berg-Ahorn im Gehwegbereich aufgebaut und die Baumscheiben (Wurzelbereiche) mit anspruchsvoll gestalteten Baumrosten abgedeckt. Dort, wo die neu gepflanzten Bäume Luft

und Licht haben, gedeihen sie gut. Dort, wo die Jungbäume, um einem bestimmten gestalterischen Leitbild zu entsprechen, zu nah im Schatten der alten Kastanien stehen, zeigen diese unästhetischen „Kümmerwuchs".
Fazit: Lebenserwartung der Bäume gering; laufender Pflegeaufwand hoch.

Die Grünanlage Königsplatz bietet heute einen unerfreulichen Anblick. Bürgerbeschwerden bringen dies immer wieder zum Ausdruck. Die Situation dieses Stadtplatzes verändert sich, bedingt durch verschiedene Entwicklungen, in der Tendenz immer mehr zum Negativen hin. Sichtbare Kennzeichen dafür sind:
- Unschönes Erscheinungsbild, trotz regelmäßiger Pflege der Grünanlagen
- Zerstörte Grünbereiche als Folge einer permanenten Übernutzung einzelner Flächen
- Starke Bodenverdichtung im Wurzelbereich der Bäume durch menschlichen „Tritt" und verkehrsbedingte Viberationen
- Zuviel Schatten durch zu dicht stehende Bäume auf Rasen- und Pflanzflächen – ein gesundes Pflanzenwachstum ist dadurch kaum mehr möglich
- Die vegetationslosen „verdreckten" Flächen unter den Parkbäumen werden immer mehr als „Gehweg" mißbraucht und weiter „zertrampelt"
- Auch andere negativ wirkende Umwelteinflüsse wie Schadstoffeintrag dürfen nicht unterschätzt werden.

Der Königsplatz, eine „Visitenkarte" Augsburgs? Von allen Seiten strömen tagtäglich die Menschen über ihn zu den verschiedensten Zielen. Im Grunde eine sehr positive Tatsache. Für die Zukunft wird sich jedoch immer mehr die Frage aufdrängen, ob dieser zentrale verkehrsintensive Stadtplatz und ÖPNV-Umsteigepunkt in seiner heutigen Gestaltung den funktionalen und ästhetischen Anforderungen überhaupt noch gerecht werden kann?
Eines ist sicher: Auf der gärtnerischen Ebene alleine oder mit einer noch so wohlgemeinten „bunten" Osterdekoration ist das Problem „Grünanlage Königsplatz" nicht mehr zu lösen. Ein wichtiger Schritt auf dem Weg zu einer vernünftigen Problemlösung könnte eine öffentlich geführte Diskussion, verbunden mit einem Fachkollegium sein, das gemeinsam mit interessierten Bürgern, dem Bund deutscher Landschaftsarchitekten (BdLA) und anderen Fachverbänden veranstaltet wird.

3.1.9 Königsplatz – Theodor-Heuss-Platz – Rotes Tor

In dem hier angesprochenen Abschnitt werden die verschiedenen Straßenräume (Schießgrabenstraße, Konrad-Adenauer-Allee, Eserwallstraße) noch überwiegend von verschiedenartigem alten Baumbestand bestimmt. Schaut man sich vom Königsplatz kommend den Grünbereich zwischen den Häusern Schießgrabenstraße und Konrad-Adenauer-Allee näher an, so ist hier ein mehrreihiger „Baumzug", bestehend aus den Hauptbaumarten Linden und Kastanien, erkennbar.
In der Schießgrabenanlage stehen drei Baumreihen: eine entlang der höhergelegenen Schießgrabenstraße, zwei etwas tiefer liegend innerhalb der Wallanlage. Eine vierte Baumreihe läßt sich noch am Bö-

Abb. 24: Konrad-Adenauer-Allee 1992: Wertvoller Spitz-Ahorn mit seinem unverwechselbaren, gelben Blütenschmuck im Frühjahr

Abb. 25: Schießgrabenstraße, Richtung Königsplatz 1992: Selbst im laublosen Zustand ist die alte Allee noch beeindruckend.

Abb. 26: Schießgrabenstraße 1992: Wieder begegnen wir der „Augsburger Promenade" mit Fußweg und der eng bepflanzten Allee.

Abb. 27: Schießgrabenstraße: Die Zeichnung macht ein Grundproblem sichtbar: absterbende Altbäume und verkümmerte Jungbäume, letzteren fehlt der Platz zum Wachsen.

schungsfuß der Schießgrabenstraße zur Konrad-Adenauer-Allee hin mit etwas Phantasie ausmachen, die mit den Kastanien auf dem Bürgersteig gegenüber vor den Häusern korrespondiert. Ob allerdings die vorhandenen Bäume in der Konrad-Adenauer-Allee seit dem letzten Straßenausbau 1975 der anspruchsvollen Straßenbezeichnung ,,Allee" noch gerecht werden, darf bezweifelt werden.

Betrachtet man das Stadtbild an dieser Stelle zur Zeit der Kastanienblüte im Frühjahr, so kommt schnell Begeisterung auf.

Könnten jedoch die Alleebäume hier sprechen, sie würden laut schreien und um Hilfe rufen und damit sogar den Verkehrslärm in der Konrad-Adenauer-Allee übertönen. Wer genau hinschaut, kann leicht erkennen, welchen unerbittlichen Lebenskampf die ,,eingebauten" Kastanien hier an dieser ,,Allee-Straße" zu bestehen haben. Ein nicht seltenes Exemplar eines langsam sterbenden Stadtbaumes aus der alten Allee steht an der Ecke Hallstraße. Es ist eine etwa 90 Jahre alte ,,Bonsai-Kastanie", die beim Ausbau der Konrad-Adenauer-Allee Mitte der 70er Jahre mit nicht unerheblichem Kostenaufwand ,,eingemauert" wurde und inzwischen nur noch eine Baumruine ist. ,,Es geht schon, der Baum kann stehenbleiben", hört man oft in solchen Fällen bei Planungsgesprächen. Heute, kaum anderthalb Jahrzehnte später, steht nur noch der Baumstumpf da. Mit etwas Phantasie ist gerade noch die Baumart zu identifizieren. Grenzen unseres Handelns werden auch hier deutlich sichtbar. Die Frage bleibt, ob ein solcher Umgang mit einem alten Baum richtig war.

Schon früher gab es Anlaß zur Kritik, wenn es um die Straßenbäume in Augsburg ging. Ein kurzes Stimmungsbild aus dem ,,Verwaltungsbericht des Stadtmagistrats für das Jahr 1900" weist das sehr schön nach: ,,... Im Jahre 1886 wurde die Anlage zwischen Kaiserstrasse (Konrad-Adenauer-Allee) und Schießgrabenstrasse hergestellt und die Kaiserstrasse mit rotblühenden Kastanien bepflanzt.

Leider sind selbst dort durch die Rohrsenkungen der Gasröhrenleitungen in den letzten Jahren viele Bäume abgestorben und die Allee ist lückenhaft geworden. Auch sind viele Bäume, da die Straße bei dem jetzigen Verkehr nicht breit genug ist, und die Bäume wegen Beibehaltung des Systems der Fugger- und Volkhartstraße auf die Straße gestellt werden mußten, durch Anfahren der Lastwagen sehr stark beschädigt." Daran hat sich bis heute wenig geändert.

Am südlichen Ende verbindet sich das Baumgrün dieses Straßenzuges optisch sehr beeindruckend mit dem alten Baumbestand im Bereich der Grünanlage Bismarckstraße, dem IHK-Garten an der Stettenstraße

Abb. 28: Schießgrabenstraße 1987: Was die Zeichnung in Abb. 27 zeigt, wird durch dieses Foto im Ergebnis belegt.

Abb. 29: Konrad-Adenauer-Allee – Ecke Hallstraße: Nach dem Straßenausbau 1975 hat sich die bis dahin mächtige Roßkastanie zu einem ,,Bonsai-Baum" zurückentwickelt.

Abb. 30: Schießgrabenanlage 1993: Vorhandener Zustand der Allee ist unbefriedigend; ein gestalterischer Umbau dieses „Baumzuges" wird immer dringender.

Abb. 32: Eserwall – Rotes Tor 1992: Rotblühende Kastanien verbinden den Theodor-Heuss-Platz mit den Wallanlagen am Roten Tor.

Abb. 33: Eserwall: Ein Versuch, total versiegelte Straßenräume in der Stadt wieder mit Alleebäumen zu gestalten.

Abb. 31: Schießgrabenanlage im Jahre 2013: Nach einem kontinuierlichen, aber konsequenten Umbau des Baumbestandes, verbunden mit einer entsprechenden räumlichen Gestaltung, könnte die Anlage in 20 Jahren wie in der Zeichnung dargestellt aussehen.

Abb. 34: Eserwall: Bäume zwischen parkenden Autos und Randstein im Gehweg; die Baumscheiben sind überpflastert.

und dem Theodor-Heuss-Platz. Der letzte Abschnitt bis zum Roten Tor wird von der Eserwallstraße gebildet.
Auch hierzu ein informatives Zitat aus dem schon erwähnten Verwaltungsbericht: „... 1885 wurde der Kaiserplatz (Theodor-Heuss-Platz) angelegt und mit Rotdornen bepflanzt und mit Blumenbeeten angelegt. 1886 und 1887 wurde die Eserwallstraße mit rotblühenden Kastanienbäumen besetzt. 1889 und 1890 wurden mit der Straßenherstellung am rohten Thore zugleich die Anlagen in dem Stadtgraben rechts vor dem Thore ausgeführt ...".

Vergleicht man die Angaben im Verwaltungsbericht aus dem Jahre 1900 mit der Wirklichkeit im Jahre 1993, so wird deutlich, daß Straßenbäume, die an ihrem natürlichen Standort viele hundert Jahre alt werden können, unter den doch meist sehr extremen Standortbedingungen an Stadtstraßen nur selten älter werden als ein Mensch. Man könnte sogar die These wagen: Die Menschen werden immer älter, und die Bäume in der Stadt sterben immer jünger. Die meisten heute am Eserwall stehenden Kastanien wurden nach 1945 gepflanzt. Ältere Baumgestalten sind auch hier eine Seltenheit.
Im Zuge des vor wenigen Jahren durchgeführten Straßenausbaues wurden auf der Nordseite der Eserwallstraße zwischen „Baumgärtleingäßchen" und „Kitzenmarkt", wo keine Bäume mehr standen und alle Flächen inzwischen total asphaltiert waren, fünf rotblühende Jungkastanien eingebracht. Es ist ein Versuch, auch dort Bäume zu pflanzen, wo sich die verschiedenen Funktionen (Fuß-/Radweg) überlagern und die Baumscheiben entsprechend aufbereitet und gesichert werden müssen.
Vom Theodor-Heuss-Platz über die Eserwallstraße hinweg eröffnet sich nach Osten ein faszinierender Blick auf einen auch heute noch beeindruckenden Straßenraum mit einer ausdrucksstarken Baumkulisse um das Rote Tor und die Freilichtbühne herum, die von den tieferliegenden Wallanlagen bis hoch auf die Bastion wie von Theaterdekorateuren gestaltet erscheint. Am Roten Tor schließt sich der Kreis des ersten Rundganges, bei dem die Alleen um die „historische Stadt" und die „grünen" Stadtplätze im Mittelpunkt der Betrachtung standen.

3.1.10 Vogeltor – Jakobertor – Oblatterwall

Ein zweiter markanter „Alleen-Ring" umschließt die Jakobervorstadt, die sich im Laufe des 13. Jahrhunderts östlich vom alten Stadtkern zum Lech hin entwickelt hat.
Den gestalterischen Auftakt für diesen Weg, der innerhalb der Wallanlagen entlang der Jakoberwallstraße bis zum Jakobertor verläuft, bildet eine südlich am Vogeltor stehende ältere Baumgruppe aus rotblühenden Kastanien (Aesculus x carnea). Unmittelbar dahinter beginnt dann wieder die mit einer doppelreihigen weißblühenden Kastanien-Allee (Gemeine Roßkastanie) gefaßte „Augsburger Promenade". Das Alter der bis zu 30 Meter hohen Alleebäume wird mit 120–150 Jahren angenommen. Sieht man sich das Querprofil dieser „Allée simple" etwas genauer an, so fällt zunächst das geringe Abstandmaß von sechs bis acht Metern zwischen den beiden Baumreihen und der schmale Fußweg mit einer Breite von 2,50 Metern auf. Der durchschnittliche Pflanzabstand der Bäume in der Reihe liegt bei fünf bis sieben Metern.

Abb. 35: Jakoberwallstraße 1992: Auch die Jakobervorstadt wird von einem Alleenring eingerahmt; der Lebensraum der Roßkastanien ist stark eingeschränkt; der Asphalt reicht bis an die Stämme.

Abb. 36: Das Jakobertor aus Richtung Jakoberwallstraße mit den Wallgrünflächen, April 1992.

Interessant ist in diesem Straßenzug auch der abrupte Wechsel der Baumarten, und zwar an dem Punkt, wo die Jakoberwallstraße in einem großen Bogen um die Bastion am Jakoberwallturm herum verläuft. Hier steht überwiegend die Winterlinde (Tilia cordata). Diese Alleebäume wurden in der Vergangenheit im Wurzelbereich durch Straßenbaumaßnahmen stark eingeengt, was sich am Erscheinungsbild der Baumkronen gut ablesen läßt. Auch hier fällt auf, daß dort, wo die Asphaltierung zunimmt, die Baumstandorte weniger werden. Nur selten gelingt es, an solchen Orten bessere Lebensbedingungen für die Bäume zu schaffen. Die Argumente, die in der Praxis entgegenstehen, orientieren sich überwiegend an technischen Normen für Straßen-, Wege- und Leitungsbau sowie an ökonomischen Überlegungen.

Abb. 37: Jakobertor

• *Jakobertor:* Bis vor wenigen Jahren stand auf der Ostseite des Jakobertores eine 18 Meter hohe, zweistämmige Berg-Ulme. Auch dieser stadtbekannte „Straßenbaum" hatte eine eigene Geschichte: Er wurde im Zusammenhang mit der Anlegung von Geh- und Fahrwegen 1881/82 gepflanzt. Im Februar 1944 wurde er zusammen mit dem Torbauwerk durch Brand- und Splitterbomben stark geschädigt. Trotzdem überlebte diese eigenartige Augsburger Baumgestalt noch weitere 40 Jahre, bis 1984 diesem bombensplitterbestückten Individuum, das inzwischen abgestorben war, die Motorsäge ein Ende setzte. Aus alten Fotos geht hervor, daß um das Jahr 1900 im Straßenraum am Jakobertorplatz eine Reihe junger Linden stand, die allerdings schon früh dem Straßenausbau weichen mußten.

Im Zuge des letzten Ausbaues des Jakobervorplatzes/Lechhauser Straße (1985/86) konnten vor dem Jakobertor stadtauswärts auf sorgfältig vorbereiteten Standorten im Fußgängerbereich wieder zwei hochstämmige Alleebäume (Linden) gepflanzt werden. An dieser Stelle, wo mehrere mit Bäumen bepflanzte Straßen (Lechhauser Straße, Johannes-Haag-Straße, Argonstraße) sternförmig auf das Jakobertor zulaufen, nimmt eine der schönsten „Wallpartien" in Richtung Oblatterwallturm ihren Anfang. Alter Baumbestand und große Wasserflächen sind hier die herausragenden Gestaltungselemente. Die noch überwiegend aus 80–100jährigen weißblühenden Kastanien bestehende Allee entlang der Oblatterwallstraße/Bert-Brecht-Straße (bis 1966 Frühlingstraße) ist für diesen zwischen Jakobertor und Unteren Graben liegenden innerstädtischen Freiraum bildbestimmend.
Ganz typisch auch hier wieder der schmale Fußweg zwischen dem Oblatterwallgraben und der Oblatterwallstraße mit seinen zwei Baumreihen, die neben den Kastanien auch noch andere Baumarten wie Ahorn und Linden aufweisen. Auffallend ist, daß der Baumgrünstreifen entlang der Fahrbahn, auf dem die alten Alleebäume wachsen sollen, teilweise bis auf einen Meter Breite eingeengt und einasphaltiert worden ist. Auch wenn die „Oblatterwall-Allee" vom Erscheinungsbild her gesehen nichts zu wünschen übrigläßt, und auch heute noch die Bevölkerung in ihren Bann zieht, so sind die Anzeichen für einen zunehmenden Vitalitätsverlust nicht zu übersehen. Verschiedenste Einwirkungen (Bomben, Sturm, Straßenbau, Kanalisation, Streusalz) haben diesen wertvollen, unwiederbringbaren alten Baumbestand negativ beeinflußt.

Abb. 38: Untere Jakobermauer 1992: Eine weit ausladende Weißweide steht hier am Ufer des wasserführenden Stadtgrabens und entfaltet ihre unvergleichliche Schönheit.

Abb. 39: Untere Jakobermauer – Gänsbühl: Der Jakober Brunnenturm, umgeben von „Straßenbäumen" und einer besonders schön gewachsenen Schwarz-Kiefer

„Es dürfte interessieren, daß nach meinen Beobachtungen in Augsburg Aesculus, die durch Asphaltdekken auf den Fahrbahnen und Bürgersteigen von jeglicher Wasserzufuhr von oben abgeschnitten sind, auch nach langen Trockenzeiten keine Schäden zeigen. Die Bäume erreichen mit ihren Wurzeln das nur wenig unter der Oberfläche flutende Wasser des Einzugsgebietes des Lech", schreibt KÜHN (1961) in seinem Buch „Die Straßenbäume".

Einen weiteren Hochpunkt in der hier geschilderten Szenerie bildet der Oblatterwall mit Turm und Kahnfahrt. Erwandert man diesen Abschnitt der Wallanlagen mit der gebotenen Aufmerksamkeit, so begegnen einem die unterschiedlichsten Baumarten, von einer alten Weißweide am Gänsbühl bis zu Ulmensämlingen an der Grabenböschung, nicht nur als aufrechte, über der Erde wachsende Lebewesen, sondern auch als vielfältige Spiegelbilder im tiefer gelegenen Wasser. Ein großartiges Erlebnis, eine besondere Augsburger Stadtqualität.

Abb. 40: Fünf-Grad-Turm

Weiter in Richtung Unterer Graben, dort, wo bis 1867 an der heutigen Einmündung der Bert-Brecht-Straße in die Kanalstraße das Oblattertor stand (MANČAL 1985), wurden um das Jahr 1880 im Straßenraum als Kontrast zur Kastanienallee mehrere Berg-Rüster (Ulmus glabra) gepflanzt. Noch 1970 waren hier 25 bis 30 Meter hohe Ulmen (StU 3,00 m) zu bestaunen. Ab 1972 mußten sie im Alter von rund 100 Jahren wegen der bekannten „Ulmenkrankheit", gegen die man immer noch machtlos ist, gefällt werden.
Heute tritt diese vom Aussterben bedrohte Baumart in Augsburg wieder verstärkt als „Naturverjüngung" in Erscheinung (Wallanlagen, Siebentischpark, Lechufergrün). Ob sich aus dieser natürlichen Verjüngung heraus wieder eine resistente Art gegen das gefürchtete „Ulmensterben" herausbilden wird, bleibt abzuwarten.

Abschließend zu diesem Kapitel ist folgendes festzustellen:
- Die Straßen-Alleen um die Jakobervorstadt, zwischen Vogeltor, Jakobertorplatz, Oblatterwall und Unterer Graben (Länge rd. 2 km), sind noch fast lückenlos vorhanden.
- Dort, wo der Wurzelraum der Bäume durch bauliche Maßnahmen und parkende Autos beeinträchtig wird oder die Bodenoberfläche in Baumnähe übermäßig mit Asphalt versiegelt worden ist, nimmt die Gesundheit der Straßenbäume tendenziell weiter ab. Äußere Kennzeichen dafür sind: Laubfall im Sommer, verstärkt auftretende Blattnekrosen; Totholz im Kronenbereich und Kümmerwuchs.

Abb. 41: Oblatterwall 1993: Ein Musterbeispiel für verspielte tiefbautechnische Perfektion im Wegebau zum Nachteil der Bäume

Abb. 42: Oblatterwall: Diese Detailaufnahme zeigt die fortschreitende Bodenversiegelung und die damit einhergehende Verschlechterung der Lebensbedingungen für die Bäume.

Abb. 43: Oblatterwall: Und so sieht es dann oben in den Kronen aus, wenn der Wurzelraum zuasphaltiert ist.

– Schon in naher Zukunft müssen hier, wie auch für andere Alleen-Standorte in der Stadt, vertiefende Untersuchungen eingeleitet werden, um zu fachlich fundierten und finanziell abgesicherten Finanzierungsprogrammen für die alten Alleen kurz-, mittel- und langfristig zu kommen.

3.2 Alleen an den nach außen führenden Straßen

In den europäischen Kulturlandschaften ist die von Bäumen begleitete Straße, die „Allee", wie sie nach dem Vorbild französischer Gartenkunst auch heute noch heißt, eine bisher gewohnte und beliebte Erscheinung. „Sie verbindet Städte und Dörfer, weist dem Wanderer von weitem den Weg und ladet den Radfahrer zu angenehmer Fernfahrt ..." ein (BROMME 1937). Diese Sätze sind nachzulesen in einem Beitrag, der vor mehr als 50 Jahren von der Deutschen Dentrologischen Gesellschaft unter dem auch heute noch vielsagenden Titel „Sind Alleen und Einzelbäume an der Straße in ihrer Beziehung zum Verkehr zur Landschaft und zum Ortsbild künftig lebensfähig?" veröffentlicht wurde.
Vor dem Hintergrund des ständig weitersteigenden Verkehrs ist diese Frage heute wahrscheinlich noch aktueller als damals. Es ist daher wichtig, rückblickend die Vergangenheit zu ergründen und zu begreifen, welche Ziele heute an der Schwelle zum dritten Jahrtausend auf diesem Gebiet der Stadtgrüngestaltung(-sicherung) zu formulieren und umzusetzen sind.
Warum soll neben den geläufigen „General-Verkehrsplan" in Zukunft nicht auch ein gleichwertiger „General-Alleenplan" treten?
Würde man von diesem Denken ausgehend auch noch „visionär" sein wollen, so wäre ein durchgehender „Alleen-Ring" um die historische Stadt in höherer Qualität als heute vorhanden und daran anschließend sternförmig nach außen führende konsequent gestaltete „Alleen-Straßen" in Zukunft vorstellbar.
In Ansätzen ist manches von diesem Leitbild in Augsburg „schon" oder „noch" vorhanden.

Um ein möglichst realistisches Bild über die gegenwärtige Situation der Straßenbäume und Alleen an den vom Stadtzentrum nach außen führenden Straßen zu bekommen, wurden vom Amt für Grünordnung und Naturschutz der Stadt Augsburg in den letzten Jahren immer wieder örtliche Erkundungen, zuletzt im Juli/Dezember 1992, durchgeführt und Aufzeichnungen darüber gemacht.
Am Beispiel von sieben Straßenzügen (Gögginger-, Haunstetter-, Friedberger-, Lechhauser-, Donauwörther-, Ulmer- und Stadtbachstraße) werden anschließend die dabei gesammelten Eindrücke und Ergebnisse, ohne Anspruch auf Vollständigkeit, aus Praxissicht dargelegt.

3.2.1 Königsplatz – Gögginger-, Lindauer-, Bobinger Straße

Die frühere „Chaussee von Memmingen und Kaufbeuren" wird heute in etwas veränderter Trassenführung von dem am Königsplatz beginnenden und bis zur Stadtgrenze nach Bobingen führenden, ca. 8,5 km langen, unterschiedlich gestalteten Straßenzug mit Hermanstraße, Gögginger-, Allgäuer-, Lindauer- und Bobinger Straße gebildet.
Ein für die Straßenbäume recht schwieriger Lebensraum ist die Hermanstraße zwischen Königsplatz und Gögginger Brücke. Hier wird deutlich, daß die „Straßen-Linden" jedes Jahr zwar älter werden, aber kaum mehr Wachstum zeigen. Jeder Baum kämpft ums Überleben. Die Standortbedingungen haben sich im Laufe der Zeit, wie auch an vielen anderen Orten in der Stadt, so verschlechtert, daß die meisten Bäume trotz aufwendiger und teilweise auch erfolgreicher Pflege kaum mehr eine Überlebenschance haben.
Eine starke Oberflächenversiegelung und zu kleine Baumscheiben, im Prinzip kein Platz für Bäume, sind hier wesentliche Problemursachen für das schlechte Gedeihen. Wie können die Lebensbedingungen dieser Alleebäume verbessert und die artfremden Baumstandorte „ehrlich" optimiert werden, ist hier die Frage. Eine mögliche Antwort darauf könnte sein: Wo Bäume keinen Raum zum Wachsen und Überleben haben, sollte man auch keine hinpflanzen. Die fachliche Forderung lautet hier: Gleiches Recht auch für die Straßenbäume (wie für Laternen!). Die von der Natur gezogenen Grenzen müssen wir erkennen und anerkennen. „Alibi-Baumanpflanzungen" sind keine Lösung.

Versucht man auf dem Weg über eine vergleichende örtliche Untersuchung zu einem möglichst wirklichkeitsnahen Bild zur Situation der Straßenbäume an

Abb. 44: Gögginger Straße – Bereich Wittelsbacher Park stadtauswärts, Juli 1987

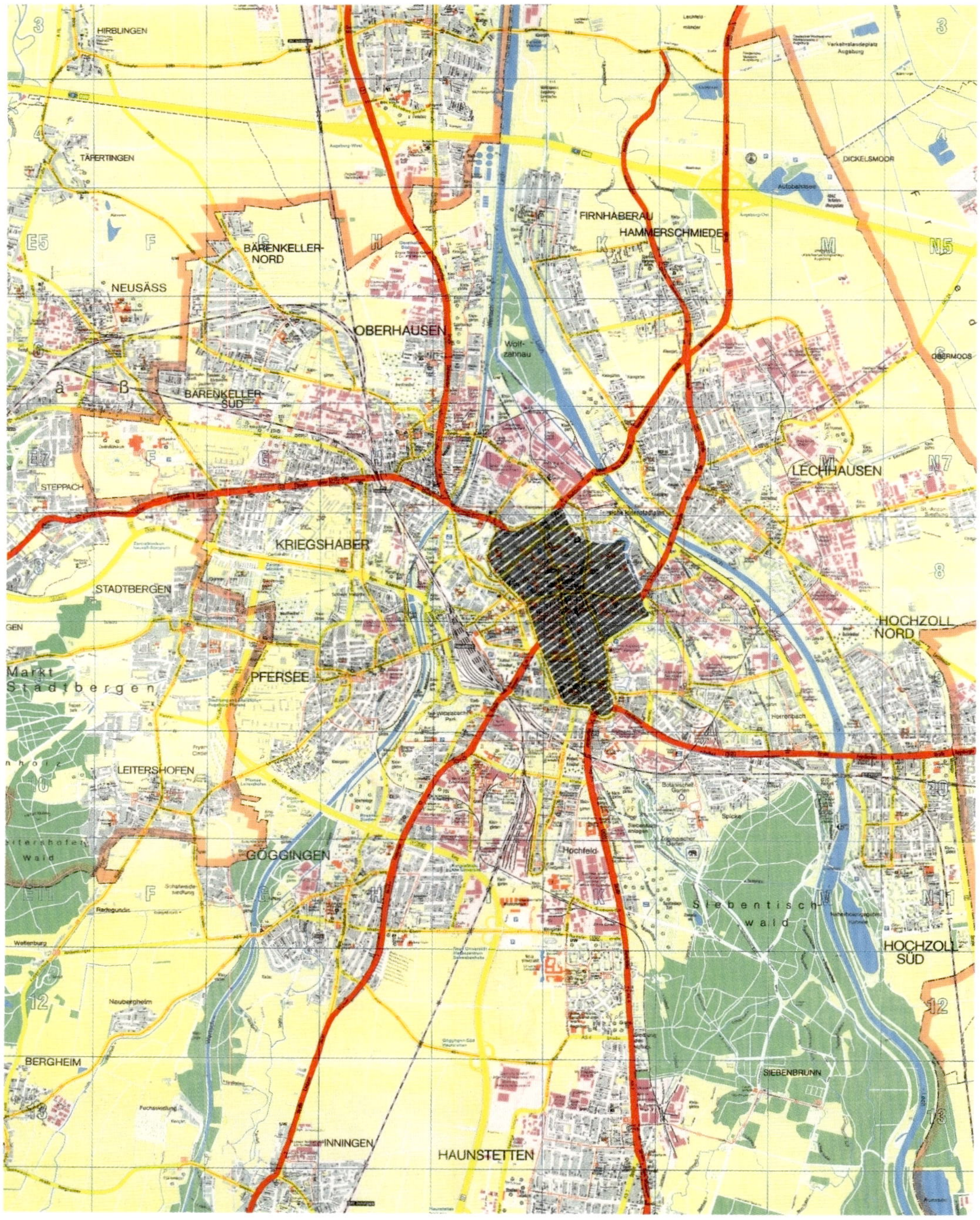

Abb. 45: Amtlicher Stadtplan von Augsburg mit den „nach außen führenden Straßen" (rot markierte Linien) – 1992

diesem wichtigen Verkehrsband in der Gegenwart zu kommen, so gibt es verschiedene Ansatzpunkte: Belegt ist, daß es zwischen Augsburg, Göggingen und Bobingen durchgehende „Straßen-Alleen" gegeben hat. Nachgewiesen ist auch, daß es bis 1972 in der Gögginger Straße eine vierreihige Linden-Allee, bestehend aus rund 200 bis zu 120 Jahre alten Bäumen, gab. Der damalige Zustand der Straße sowie der zunehmende Verkehr machten eine Umgestaltung erforderlich.
Im Dezember 1971 beschloß der Stadtrat, die Gögginger Straße auszubauen, weil der bisherige Zustand nicht mehr tragbar war. In den Medien wurde von „Rumpel-Avus" gesprochen.
Es begann eine heftige und länger andauernde öffentliche Auseinandersetzung.

Dazu einige Schlagzeilen aus der lokalen Presse:

08.11.1972: Bürgerinitiative Umweltschutz wendet sich an OB Breuer – Bäume in der Gögginger Straße haben noch eine Überlebenschance

11.11.1972: Nach wie vor heftige Kritik an geplanter Abholzaktion – Bürger plädieren weiter für die Bäume gegen den Ausbau der Gögginger Straße

24.11.1972: Bürgerinitiative Umweltschutz wendet sich an Stadträte – Plädoyer für grüne Gögginger Straße – Proteste gegen geplante Holzaktion

30.11.1972: Verbreiterung der Gögginger Straße auf Beschluß von OB Breuer gestoppt – fast 200 alte Lindenbäume vorerst gerettet – Öffentlicher Nahverkehr geht vor Individualverkehr

06.12.1972: Grüner Kreis will Bäume an der Gögginger Straße retten

15.12.1972: Gögginger Straße soll nun doch zur Stadtautobahn werden

16.12.1972: Stimmen am Stadtrand: Ein überfälliges Projekt ... Meinungsstreit um die Gögginger Straße – Bürgerinitiative fordert erneut: wenigstens eine Baumreihe retten

16.12.1972: „Rumpel-Avus" soll City-Autobahn werden. Das letzte Wort hat nun der Stadtrat. Stadtväter wollen staatliche Zuschüsse nicht aufs Spiel setzen – Grünplan für Vorgärten

22.12.1972: In der Gögginger Straße fallen bereits die Bäume

11.01.1973: Gögginger Straße wird doch keine Autobahn – Fußgänger siegen auf Rennstrecke

03.02.1973: „Rumpel-Avus" wird mit Maß und Ziel erweitert – Bauausschuß stimmt für humane Straße ... Bäume können wachsen – Priorität für Öffentlichen Nahverkehr

09.02.1973: Trambahn und Fußgänger sind Könige auf der neuen Gögginger Straße ...

15.02.1973: Der Kahlschlag an der Gögginger Straße, Auftakt des Ausbaus der „Rumpel-Avus" zu einer modernen Straße, hat begonnen.

09.10.1973: Kostenvoranschlag soll eingereicht werden: Grüne Stiftung für eine Allee

Im Mittelpunkt der Diskussion stand die Forderung vieler Bürger, die alte Allee in der Gögginger Straße nicht zu fällen. „,... die ersten kritischen Stimmen tauchten auf, als der volle Umfang des Ausbaus sichtbar wurde. Sicher ist schon heute, daß niemand mehr glücklich ist über den relativ großzügigen Ausbau der Straße und die damit verbundenen Konsequenzen ..." (Oberbürgermeister Hans BREUER 1972). Über verschiedene Gestaltungsvorschläge der Stadtbauverwaltung, der Straße durch Anpflanzung von vier neuen Baumreihen einen boulevardähnlichen Charakter zu verleihen, kam dieses umstrittene Straßenprojekt dann zur Ausführung (vgl. AZ-Zeichnung: Stadtplanungsamt v. 11.03.1973).

DREI MÖGLICHKEITEN, die Gögginger Straße auszubauen, zeigt die vom Stadtplanungsamt gefertigte Skizze auf. Die Zeichnung oben gibt einen Querschnitt durch die Straße im jetzigen Zustand wieder: Zwei Baumreihen zu beiden Seiten der Straße, in jeder Fahrtrichtung eine Fahrspur, außerdem eine auch für die Straßenbahn.
Die mittlere Skizze zeigt die große Lösung, wie sie bisher vom Stadtrat vorgesehen war: Eine Baumreihe links und rechts der Straße, drei bis vier Fahrspuren in jeder Richtung und die Straßenbahn auf separatem Gleisbett.
Die dritte Lösung, für die sich gestern der Stadtrat aussprach, ist in unserem Bild unten skizziert: Zwei Baumreihen an jeder Straßenseite, zwei Fahrspuren in jeder Richtung und ein erhöht geführter separater Gleiskörper für die Straßenbahn.
AZ-Zeichnung: Stadtplanungsamt Augsburg

Abb. 46: Umbauplan Gögginger Straße 1973: Drei Möglichkeiten, die Gögginger Straße auszubauen, wurden von der Bauverwaltung entwickelt (AZ vom 11.03.1973).

Nach der Beseitigung von genau 195 bis zu 110 Jahre alten Winter-Linden (1972/73) wurden 1974 auf enger gewordenem Standraum 95 ahornblättrige Platanen (Platanus x acerifolia) in den beiden Fußgängerbereichen links und rechts der Fahrbahnen gepflanzt. Es wurde der Versuch unternommen, die alte vierreihige

Abb. 47: Gögginger Straße: Das Foto zeigt mit „Platanen-Krebs“ befallene Bäume – Frühjahr 1987.

Abb. 48: Gögginger Straße: So sahen die einjährigen Triebe der Platanen aus der Nähe aus – Juni 1987.

Abb. 49: Gögginger Straße: Die Platanen haben sich erholt, nachdem sie regelmäßig im Frühjahr zurückgeschnitten wurden.

Allee in neuer Form mit einer anderen Baumart wieder entstehen zu lassen.

Die als „stadtresistent“ geltenden Platanen haben sich in der vierspurig ausgebauten Gögginger Straße gut entwickelt. Probleme gibt es dort, wo die Bäume zu nah an den Hausfassaden stehen und das Sonnenlicht nicht mehr in die Wohnungen eindringen kann. Aber auch Vitalitätsprobleme haben sich bei dieser jungen Platanen-Allee eingestellt. Die bisher als „unsterblich“ geltende robuste Stadtbaum-Art zeigte erstmals im Frühjahr 1984 nach dem ersten Blattaustrieb eine Vielzahl von braunen abgestorbenen Blättern. Das Erscheinungsbild der Baumkronen erinnerte zunächst an einen Spätfrostschaden. Die Blätter waren „grün-braun“ statt saftig grün. Erst als die Temperatur Ende Mai/Anfang Juni höher stieg, erholten sich die Bäume und reagierten mit einem zweiten Frühjahrsaustrieb.
Anfang Juni 1987 trat bei anhaltendem kalten, naßen Wetter dieses Schadbild verstärkt auch an anderen Standorten (Königsplatz, Bahnhofsvorplatz) auf. An den Platanen war zu dieser Zeit kaum mehr ein gesundes Blatt zu erkennen. Erinnerungen an das Ulmensterben wurden geweckt. Heute weiß man, daß diese Platanenkrankheit durch einen parasitären Pilz ausgelöst wird, der unter verschiedenen Namen wie Gnomonia erabunda oder Apiognomonia veneta, zu deutsch: „Blattbräune“ oder „Platanen-Krebs“, in der Fachliteratur aufgeführt ist.
Da eine Behandlung der Bäume mit chemischen Präparaten in Augsburg nicht in Frage kommt, wurden die Bäume nach eingehender fachwissenschaftlicher Untersuchung in den letzten Jahren immer wieder nach dem ersten Blattaustrieb zurückgeschnitten. Neuere Erkenntnisse gehen davon aus, daß durch eine totale Entfernung der Vorjahrestriebe nach dem Blattaustrieb (Mai/Juni) die „Platanen-Blattbräune“ am wirkungsvollsten (ohne Chemie) bekämpft werden kann. Eine rechtzeitig eingeleitete und aufklärende Öffentlichkeitsarbeit ist bei einem solchen „baumpflegerischen“ Eingriff sehr wichtig.

• *Einige besondere Baumgestalten:* Im weiteren Verlauf der Gögginger Straße finden sich auf dem Weg nach Göggingen noch einige andere Baumarten aus früherer Zeit auf extremen Straßenstandorten, so z. B. ein prachtvoller aus China stammender Götterbaum (Ailanthus altissima). Bevor die Straße neu gestaltet worden ist, stand dieser Baum in einem Vorgarten (Nähe Ulrich-Hofmaier-Straße), wo er sich prächtig entwickeln konnte. Auch die zwanzig Jahre im plattenbelegten „Boulevard“ hat dieser Zierbaum erstaunlich gut überdauert. Seine malerisch wirkende Gestalt kommt in der Kronenform, den bis zu 90 cm langen gefiederten Blättern sowie in überreichen, farblich dezent braun-rötlich abgestuften Fruchtständen im Spätsommer zum Ausdruck. Ein untypischer Straßenbaum steht an der Gögginger Straße in der Nähe des Verwaltungsgebäudes der Firma Renk AG. Es ist eine ca. 80 Jahre alte Rotbuche (Fagus sylvatica), die den straßenbaulichen Eingriff 1972/73 bis heute überlebt hat. Die sonst gegen Beeinträchtigungen des Wurzelraumes empfindlich reagierende Wald-Baumart scheint ihre

Hauptwurzeln in der angrenzenden privaten Grünanlage verankert zu haben, wo sie Wasser und Nährstoffe aufnehmen kann. Die extremen standörtlichen Gegebenheiten finden ihren vordergründigen Ausdruck in auffallenden kleinen Blättern (Juli 1992) und einem äußerst schwachen Triebwachstum (Kurztriebe). Insgesamt macht dieses Exemplar jedoch noch einen recht gesunden Eindruck.
Weitere äußere Kennzeichen sind: Baumhöhe ca. 15–18 m; Kronendurchmesser ca. 11 m; Stammumfang ca. 1,80 m (= 1 m üb. Niv.).

Weiter stadtauswärts steht noch eine alte Kastanie (neben Bürgerbräu), deren Standraum durch Wegebaumaßnahmen stark eingeengt worden ist. Die Bordsteine stehen unmittelbar am Wurzelhals. Es ist eine von mehreren Kastanien, die einmal hier standen und den Straßenraum mit ihren prächtigen weißen Blütenkerzen im Frühjahr schmückten.
Auf der gegenüberliegenden Straßenseite fehlt das Baumgrün. Das „asphaltierte" Bild wirkt entsprechend unfreundlich. Ohne die funktionalen betrieblichen Arbeitsabläufe des dort vorhandenen Autohauses zu stören, könnten an dieser Stelle aus fachlicher Sicht einige Baumstandorte zur optischen Verbesserung der Situation geschaffen werden.

Ab der Einmündung der Imhofstraße in die Gögginger Straße wechselt die grüne Szene zwischen vielschichtigen Gehölzbeständen, die auf privaten Grundstükken stehen, und zu schmucklosen Autoabstellplätzen verkommenden Vorgärten. Mehrere Versuche, hier wieder Alleebäume zu pflanzen, scheiterten im öffentlichen Raum am fehlenden Platz. Dort, wo der eine oder andere Baum im privaten Vorgarten eingebracht werden könnte, „wird jeder Quadratmeter", so ist zu vernehmen, „dringend als Autoabstellplatz benötigt".

Eindrucksvoll ist die Umgebung bei der Klosterschule Maria Stern. Eine recht üppige Baumkulisse vermittelt hier ein freundliches Straßenbild. Ein ganz besonderer „Straßenbaum" steht in unmittelbarer Nachbarschaft von Maria Stern im Anwesen Gögginger Straße 141 (MARSTALLER). Es ist ein hoher alter „Nußbaum" mit der botanischen Bezeichnung Juglanz x intermedia, eine Kreuzung zwischen Wal- und Schwarznuß (Juglans regia x Juglans nigra). Wahrscheinlich ist es der älteste Baum, der an einer Augsburger Straße steht, oder sogar der älteste im ganzen Stadtgebiet!

Merkmale und Kennzeichnung dieser „Einzelschöpfung der Natur":
- Alter ca. 300–350 Jahre
- Stammumfang max. 4,50 m (1 m üb. Niv.)
- Baumhöhe: 25–30 m (für diese Baumart ausgewiesene Maximalgröße)
- Standort: Wurzelbereich straßenseitig durch Beton-Stützmauer stark eingeschränkt
- generelles botanisches Unikum im Großraum Augsburg
- Bestandteil eines alten städtischen Landschaftsbildes
- kulturhistorisch interessantes Objekt, das vermutlich im späten Mittelalter im Zuge mediterraner Handelsbeziehungen nach Augsburg gelangt ist

Abb. 50: Gögginger Straße 1988: Ein aus China stammender Götterbaum (Nähe Ulrich-Hofmeier-Straße)

Abb. 51: Gögginger Straße 1991: Eine von mehreren Rotbuchen, die den Straßenumbau bis heute überlebt haben (Nähe Fa. Renk).

Abb. 52: Gögginger Straße 141, 1993: Einer der ältesten Bäume in Augsburg, eine Juglans x intermedia, 300–350 Jahre alt

Lindauer Straße: Zwischen dem südlichen Ortsrand von Göggingen und dem Stadtteil Inningen verläuft die weitgehend „baumlose" Lindauer Straße. Von der früheren durchgehend vorhandenen Linden-Allee stehen heute nur noch wenige Bäume. Hier haben wir wieder ein klassisches Beispiel vor Augen, wie in der Vergangenheit zwei Orte geradezu in idealer Weise mit einer durchgehenden fahrbahnbegleitenden Allee verbunden waren. Nachdenklich stimmt die schleichende Veränderung dieses „Baumzuges".
Fachliche Forderung: Planung und Pflanzung einer neuen Allee zwischen den Stadtteilen Göggingen und Inningen entlang der Lindauer Straße. Möglich wären drei Baumreihen in folgender Aufteilung in Richtung Inningen: eine Reihe auf der rechten Straßenseite; zwei Reihen entlang des Fuß- und Radweges. Vor dem Autohaus Lechner wurden kurz vor dem Ortseingang Inningen fünf Ahorn gepflanzt, ein erster Schritt zur Wiederbegrünung dieses Straßenabschnittes.
Im Ortskern von Inningen bestimmt ein alter, hoch und breit gewachsener Ahorn zusammen mit Obstbäumen und anderen Baumarten sowie dem Kirchturm positiv das Straßenbild. Auch in der Bobinger Straße, im letzten Abschnitt bis zur Stadtgrenze, sollte das vorhandene Straßenbegleitgrün verstärkt und der Alleen-Gedanke weiter entwickelt werden.

Abb. 53: Gögginger Straße – Anwesen Marstaller: „Privater" Nußbaum zeigt viel Lebenskraft: er hat die ihn einengende Betonmauer bereits gesprengt; Vorschlag zur Mauerneugestaltung (vgl. Abb. 52).

- ein schutzwürdiges „Naturdenkmal" nach dem BayNatSchG (Art. 9)

Am 21. Januar 1993 hat der Eigentümer bei der Unteren Naturschutzbehörde der Stadt Augsburg den „Antrag auf Ausweisung eines Naturdenkmales" für diesen Baum gestellt. Das naturschutzrechtliche Verfahren wurde sofort eingeleitet.

Erforderliche weitere Schritte:
- Erarbeitung einer Detailplanung mit dem Ziel, die vorhandene Stützmauer, die bereits einen breiten Riß hat, so zu verändern, daß der eingeengte Baum mehr Lebensraum bekommt.
- Statische Prüfung des Baumes und Durchführung notwendiger Pflege- und Sicherungsmaßnahmen

Eine ganz andere Nußbaumart steht seit mehr als zehn Jahren im Kreuzungsbereich „Klausenberg". Es sind auffallend schöne mehrstämmige Kaukasische Flügelnuß-Bäume (Pterocarya fraxinifolia).
Die Allgäuer Straße wird von einer jüngeren Linden-Reihe einseitig gesäumt, die jedoch bildlich übertroffen wird von vielfältigem Straßenbegleitgrün in den privaten Gärten und Anlagen.

Abb. 54: Göggingen, Von-Cobres-Straße: Die älteste Platane Augsburgs am Gögginger Rathaus, Höhe ca. 30 m, Alter ca. 200 Jahre

3.2.2 Rotes Tor – Haunstetter-, Landsberger-, Königsbrunner Straße

Dieser „nach außen führende Straßenzug" (Länge im Stadtgebiet ca. 7,5 km) ist Teil der „Romantischen Straße", die vom Main (Würzburg) über Augsburg, Landsberg bis zu den Alpen führt.
Im vorigen Jahrhundert trug sie die charmant klingende französische Bezeichnung „Chaussee", was ursprünglich so viel bedeutete wie durch Beschotterung (Chaussierung) befestigte Landstraße.
Versucht man sich von dieser stark befahrenen Hauptverkehrsstraße ein objektives Bild über die Grüngestaltung und das vorhandene Straßenbegleitgrün zu machen, so ergeben sich schon vom gestalterischen Gesamteindruck her beurteilt, in den einzelnen Abschnitten recht unterschiedliche Aussagen.

• *Rotes Tor – Schertlinstraße:* Ein postiver Ansatz zur Gestaltung des Straßenraumes mit Allee-Bäumen zeigt sich hier. So wurde ab 1986 im Zuge von Straßenbaumaßnahmen und Gleisarbeiten an der Tram-Linie im Abschnitt Haunstetter Straße bis zur Bahnunterführung rechts und links der vierspurigen Straße jeweils eine Reihe mit 84 hochstämmigen Allee-Bäumen (Acer platanoides 'Emerald Queen') gepflanzt. Ein nicht ganz einfacher Versuch, den rund 400 Meter langen, überbreiten Verkehrsraum mit einer mehrreihigen Allee zu gliedern und zu gestalten.
Westlich der Trambahnlinie, im Bereich zwischen Neidhart- und Alpenstraße, stehen noch etwa zehn alte Bäume in privaten Vorgärten. Einer von ihnen, eine ca. 25 Meter hohe Rotbuche (Fagus sylvatica, StU 2,65 m), die um 1850 gepflanzt worden ist, stand innerhalb der Baustelle. Um diesen Baum erhalten zu können, mußte er in den neu angelegten Fuß- und Radwegbereich gestalterisch und auch funktional mit einbezogen werden.
Der Wurzelraum wurde mit allen heute bekannten fachlichen „Raffinessen" sorgfältig behandelt und für die obligatorische „Einpflasterung" mit Granit-Großpflaster vorbereitet. Daß dieser wertvolle Altbaum überhaupt noch steht, verdanken wir nicht zuletzt dem damaligen Vorsitzenden des „Grünen Kreises", Alt-Oberbürgermeister Wolfgang PEPPER, der diese Rotbuche, neben anderen Bäumen im Bereich des Eserwalls, in den Mittelpunkt einer öffentlichen Diskussion gestellt hat.
„Wie lange wird dieser alte Baum den durch Baumaßnahmen verursachten Eingriff überleben?", war die bange Frage, die von Bürgern immer wieder an die Verwaltung gerichtet worden ist.
Wer kann sie beantworten?
Geht man davon aus, daß die Rotbuche je nach Standort mehr als 250 Jahre alt werden kann, dann hätte das hier besprochene Exemplar noch eine Wachstumszeit von 80–100 Jahren vor sich.

Wichtig ist in jedem Fall, daß solche Einzel-Baumgestalten erhalten werden und im Bewußtsein der Öffentlichkeit bleiben.
Der Bereich südlich der Bahnunterführung bis Schertlin-/Frischstraße wird optisch durch das Baumgrün des Protestantischen Friedhofes und des Silbermann-Areals beeinflußt. Auf der Ostseite der Fahrbahn befinden sich einige ältere Pyramiden-Pappeln (Populus nigra 'Italica'). Vor dem Friedhof sind es vorwiegend Eschen unterschiedlichen Alters.

• *Schertlinstraße – Werner-von-Siemens-Straße:* Bis vor wenigen Jahren stand in diesem Abschnitt eine ausdrucksstarke doppelreihige, robuste Pappel-Allee, die nach 1945 als „heranwachsender Rohstoff" zur Papierherstellung gepflanzt worden ist. Die starkbefahrene Haunstetter Straße wirkte in diesem Bereich bis vor gut einem Jahrzehnt wie eine Allee-Straße im großen Garten von Versailles. Doch plötzlich im Sommer 1981 begannen die Kronen einzelner Bäume sich von der Vegetationsspitze her silbrig-grau zu verfärben. Auffallend war, daß diese Erscheinung nur bei der Baumreihe feststellbar war, die auf dem Grünstreifen zwischen dem Gleiskörper der Straßenbahn und der Haunstetter Straße stand. In immer kürzerer Zeit verloren immer mehr dieser Bäume ihr natürliches Blattgrün und nahmen eine artfremde Farbe an. Bis zum Laubfall im Herbst waren an fast allen Bäumen die Kronen nicht mehr grün, sondern grau. Linden und Eschen trieben nach starken Regenfällen noch

Königsbrunner Straße schon 1660 angelegt

Haunstetten. Gründlich gewandelt hat sich das Bild des „alten" Haunstetten in den vergangenen Jahren. Selbst an solchen beinahe historischen Straßen wie der Königsbrunner Straße sind neben Häusern, die einst das Bild des Ortes prägten, moderne Bauten entstanden.

In früheren Zeiten war die Königsbrunner Straße zu beiden Seiten mit einer Baumallee begrenzt, die der Verbreiterung der Straße zum Opfer fiel. Die Straße selbst wurde im heutigen Verlauf, nämlich „schnurgerade" von Haunstetten über Königsbrunn bis gegen Hurlach, durch das Hochstift Augsburg im Jahre 1660 angelegt. Es hatte die „straßvogteilichen Rechte" im wechselhaften Streit mit der Reichsstadt Augsburg immer wieder durchsetzen können und legte zur Bekräftigung seiner Straßenrechte eine neue „Haupt-Landstraße" an. Damit wurde erstmals der Verlauf bis zum heutigen Neuhaus begradigt und von da ab eine völlig neue Straße in direkter Südrichtung gegen Klosterlechfeld angelegt. gfe.

Abb. 55: Hinweis auf eine frühere Allee in Haunstetten: Augsburger Allgemeine Nr. 247 v. 24.10.1980 „AZ-Woche" (vgl. Abb. 63–66)

einmal schwach aus und zeigten hellgrün gefärbte Blätter. Im Frühjahr 1982 belaubten sich die geschädigten Bäume nur noch schwach: Die Pappeln warfen die Blätter nach dem Austrieb in Etappen wieder ab. Fast auf den Tag genau ein Jahr nach dem Sichtbarwerden des Schadens standen die bis zu 50 Jahre alten, unterschiedlichen Baumarten ohne Laub da. Ein gespenstischer Anblick! Engagierte junge Bürger befestigten darauf weiße Plakate mit schwarzen Kreuzen an den sterbenden Bäumen. Die Stadtgärtner begannen vorsichtig vom „Baumsterben" an der Haunstetter Straße zu sprechen, bis sich immer deutlicher abzeichnete, wo die wirkliche Ursache für diesen zunächst unerklärbaren Vorgang zu suchen war. Die Hauptursache für das Baumsterben an dieser Augsburger Hauptverkehrsstraße war eindeutig der unsachgemäße Einsatz des Total-Herbizids „Ustilan NK 25" auf dem angrenzenden Gleiskörper der Straßenbahn.
Im Frühjahr 1981 wurde dieses Unkraut-Vernichtungsmittel, wie schon in früheren Jahren, von den Stadtwerken auf dem Gleiskörper ausgebracht. Es sollte das letzte Mal gewesen sein.
Das spektakuläre Geschehen an der Haunstetter Straße hat auch einen starken Widerhall in den Medien Funk, Fernsehen und Presse gefunden.

Dazu einige Schlagzeilen aus der Augsburger Allgemeinen und der Süddeutschen Zeitung:

Juli 1982:
- Rätsel um Pappelsterben an der Haunstetter Straße

August 1982:
- Bäume sterben aufrecht
- Auf 200 Bäume wartet die Axt
- An der Haunstetter Straße sterben Linden, Eschen, Pappeln
- Unkrautmittel vernichtet Allee
- Stadtwerke setzen „Total-Herbizide" ein ...
- Wir (Stadtwerke) sind Schuld am Baumsterben
- „Total-Herbizid" macht Pappeln an der Haunstetter Straße den Garaus

September 1982:
- Forderungen nach dem Baumsterben: Ersatz für verlorenes Grün
- Politiker zum Baumsterben: Auf Unkrautvernichter verzichten

November 1982:
- Tote Pappeln unter der Motorsäge. Das Ende einer Baumreihe! Pappeln, Eschen und Winterlinden waren betroffen.

Februar 1983: Die Baumgruben für insgesamt 187 neue Bäume wurden vorbereitet und die Neuanpflanzung im Frühjahr 1983 durchgeführt. Trotz gewisser Bedenken wegen des herbizidgeschädigten Standortes wurden Spitzahorn (Acer platanoides-Sorte) eingepflanzt. Die von den Stadtwerken finanzierten Baraufwendungen beliefen sich auf 250.000,– DM.

Hätte man die durch das „Pflanzenbehandlungsmittel" in den Boden eingebrachte „Neulast" damals ganz beseitigt und nicht nur die Pflanzgruben mit neuer Erde versehen, dann hätten sich die wirklichen Ko-

Abb. 56: Rotes Tor – Haunstetter Straße 1985: „Tiefgreifende" Umbauarbeiten bleiben nicht ohne Auswirkungen auf den Baumbestand.

Abb. 57: Haunstetter Straße – Bereich Alpenstraße 1992: Der Wurzelbereich einer um 1850 gepflanzten Rotbuche wurde „überbaut".

Abb. 58: Derselbe Baum wie in Abb. 57 nach dem „Stand der Technik" eingepflastert! Wie lange wird er überleben?

Abb. 59: Haunstetter Straße, Frühjahr 1982: Herbizid-Einsatz zerstört die Allee. Fotos: Kurt R. Schmidt

Abb. 60: Haunstetter Straße, August 1982: So sah die Allee im Sommer aus: abgestorbene Baumreihe links im Bild.

sten mit den Eigenleistungen der Stadt auf eine Million DM zubewegt. Herbizide werden von den Stadtwerken keine mehr eingesetzt. Die Straßenbahngleise werden seit diesem spektakulären Vorfall mit einem eigens dafür entwickelten Schienen-Spezialfahrzeug, das auf thermischer Basis arbeitet, unkrautfrei gehalten. Die neugepflanzten Bäume haben auf dem belasteten Standort eine schwierige Startphase durchlaufen und zeigen erst heute, 10 Jahre nach der Pflanzung, ein zunehmend stärker werdendes Wachstum. Anderen, die Standortqualität der Straßenbäume beeinflussenden Problemen begegnen wir auch im Bereich des Israelitischen Friedhofes/Berufsschule und auf dem Bürgersteig entlang der Mauer des Priesterseminars.

Hier fallen einige ältere Eschen und Linden auf, die stark „rückläufig" sind. Der Grund: Das lebensnotwendige Umfeld der Bäume wurde immer mehr eingeengt, verdichtet und mit Asphalt befestigt. Luft- und Wassermangel und andere Ursachen führen allmählich zum Absterben dieser Bäume. Nicht immer läßt sich ein funktionales Bedürfnis als Argument für eine überperfekte tiefbautechnische Oberflächenbehandlung als Begründung anführen. Oft ist es nur unbedachte Gewohnheit oder das nicht veränderbare Maß des Asphaltfertigers, der den Belag aufbringt, oder auch nur das Streben nach Sicherheit und pflegeleichter Perfektion, ohne sich dabei über das Lebewesen „Baum" Gedanken zu machen.

Es gibt in solchen Fällen auch andere Möglichkeiten, z. B. wenn, statt die Baumscheiben in „Kleinstquadrate" einzuzwängen, ein durchgehender, offener Kiesstreifen angelegt würde. Die atmungsaktive Bodenoberfläche für die Bäume könnte so vergrößert werden, Regenwasser könnte besser in den Boden einsikkern und die ohnehin stark gestreßten Straßenbäume hätten günstigere Wachstumsbedingungen und größere Überlebenschancen. Hier ist intensives Nachdenken zugunsten der Bäume dringend erforderlich.

Abb: 61: Haunstetter Straße: Eine durchgehende Baumreihe mußte im Winter 1982/83 gefällt werden.

Abb. 62: Haunstetter Straße – Bereich Israelitischer Friedhof 1982: Dort, wo Straßenbahnhaltestellen in eine vorhandene Allee eingebaut werden, sterben die Bäume nach wenigen Jahren!

Abb. 63: Haunstetten – Landsberger Straße, Blickrichtung Rotkleestraße stadteinwärts, 1993: Dichter Individualverkehr kennzeichnet heute das Bild dieser vierspurigen Stadtstraße (vgl. Abb. 64).

Abb. 64: Eine Überlegung, wie die Landsberger Straße lebensfreundlicher gestaltet werden könnte: Vorrang für ÖPNV, Fußgänger und Radfahrer!

• *Rumplerstraße – Landsberger Straße:* In diesem Abschnitt wirkt das Garten- und Anlagengrün der Nachbarschaft unübersehbar in den Straßenraum hinein. Die Haunstetter Straße selbst ist mit zwei fahrbahnbegleitenden Baumreihen bepflanzt. Überwiegend sind es hier Eschen und Linden. In den letzten 20 Jahren ist trotz verschiedener Veränderungen beim Straßenbegleitgrün ein durchgehender „Baumzug" vom Roten Tor bis nach Haunstetten entstanden. Besonders auffallend präsentieren sich die Neuanpflanzungen in den Kreuzungsbereichen Rumplerstraße und Bürgermeister-Ulrich-Straße. Positiv zu vermerken ist auch eine Baumanpflanzung auf dem Firmengelände von MBB und Aerospace. Rund 60 Pyramiden-Pappeln wurden im Zuge von Neubaumaßnahmen ab der Ellensindstraße stadteinwärts zur Haunstetter Straße hin gepflanzt.
Der ostseitige Fuß- und Radweg wird so über einige hundert Meter von zwei Baumreihen gefaßt. Einen Kontrast zu diesen Jungbäumen stellen vier alte Winter-Linden dar, die vereinzelt mit dicken Stämmen und wenig Geäst entlang dieser Hauptverkehrsstraße stehen. Sie dürften aus einer Zeit stammen, als die Augsburger Altstadt noch mit dem früher selbständigen Ort Haunstetten durch eine mächtige Allee verbunden war. Das Alter dieser „Museumsstücke", die bis zu 3,50 Meter Stammumfang haben, wird mit 150–200 Jahren angenommen. Sie sind wertvolle Zeugen einer turbulenten Zeit, die erhaltenswürdig sind, auch wenn sie unseren ästhetischen Vorstellungen nicht mehr entsprechen. Um so mehr sind sie Lebensraum für andere Arten, die in ihnen wohnen. Auch dies ist ein wichtiger Gesichtspunkt, den wir nach dem Prinzip Rücksichtnahme auf unsere Umwelt immer wieder mit bedenken müssen.

Auf der Westseite der Haunstetter Straße fällt auf, daß der neben dem Gleiskörper der Straßenbahn verlaufende Fuß- und Radweg an manchen Stellen bis zu fünf Meter breit ist. Daraus ergeben sich für die dort stehenden Alt-Bäume nachweislich negative Auswirkungen.
Dazu einige Beispiele: Nicht weit von der Straßenbahn-Haltestelle „Baugenossenschaft" stehen drei ältere Ahorn und eine Esche, südlich der Eichendorffstraße drei weitere Alleebäume im Fußgängerbereich. Die maximal 2,0 x 2,0 Meter großen Baumscheiben sind allseitig von Asphaltbelag umgeben. Wie die Wurzeln sich unterirdisch gegen den so eingeengten Standraum wehren, kann man an dem hochgedrückten Wegebelag erkennen. Im Bereich zwischen Hölzelstraße und Schafweidstraße befinden sich vor dem Gasthaus „Alpenrose" mehrere Jahrzehnte alte Kastanien im Rad- und Fußwegbereich. Auffallend ist hier, daß neben dem stark verkleinerten Standraum der Bäume unter einer der Kastanien in einem Meter Abstand vom Stamm zwei „mächtige" Schaltschränke installiert wurden, die nicht ohne Auswirkungen auf den Wurzelbereich sind. Bemerkenswert ist auch hier wieder der bis zu einer Breite von fünf Metern ausgebaute total befestigte Wegebereich. Es mögen für manchen Leser unwichtige Details sein, die hier angesprochen werden, gerade sie aber weisen auf Probleme hin, die uns überall in der Stadt begegnen. Eine differenziertere Behandlung der Bodenoberfläche, ohne Nachteile für Fußgänger und Radfahrer aber zum Vorteil für die Bäume, ist dringend erforderlich und aus grünfachlicher Sicht auch möglich.

• *Landsberger Straße – Königsbrunner Straße – Stadtgrenze:* Als eine mögliche Idee könnte man sich vorstellen, daß nach Fertigstellung der autobahnähnlich ausgebauten B 17 neu die alte Bundesstraße 17 im Ortskern von Haunstetten umgestaltet und mit einer bis Königsbrunn durchgehenden mehrreihigen Allee „freundlicher" gestaltet würde. In diesem ca. 2,5 km

Abb. 65: Ab Rotkleestraße in Richtung Königsbrunn sieht die Landsberger Straße heute so aus!

Abb. 66: Eine Neugestaltung der Landsberger Straße mit einer durchgehenden Allee von Haunstetten bis Königsbrunn könnte wie in der Zeichnung dargestellt aussehen.

langen Abschnitt könnte so Platz für 400 bis 500 Allee-Bäume geschaffen werden. Es mag dies zunächst nur eine „reale Utopie" sein, der Gedanke zeigt jedoch einen Zusammenhang auf, der, in vernünftiger Weise verwirklicht, zu einer Verbesserung der Lebensqualität der hier wohnenden Bevölkerung führen würde. Auch die Hofackerstraße wäre in solche Überlegungen mit einzubeziehen. Schon lange wünschen Bürger aus dem dortigen Wohnviertel, daß mehr Bäume gepflanzt werden.
Die ca. 20 Meter breite Landsberger Straße ist heute vierspurig ausgebaut und stark befahren. Die Fuß- und Radwege verlaufen, von Ausnahmen abgesehen, direkt neben der Straße. Stadtauswärts fehlt das Baumgrün weitgehend. Manche Gärten sind mit über zwei Meter hohen Mauern gegen die Straße (Staub, Lärm, Abgase) abgeschirmt.
Positive Ansätze, Grün in diesen Straßenraum zu bringen, findet man beim TSV-Haunstetten und am DRK-Stützpunkt Johann-Strauß-Straße. Am zuletzt genannten Ort wurden vor einigen Jahren Linden in der Absicht gepflanzt, eine Allee in Richtung Königsbrunn zu entwickeln. An der Einmündung Inninger Straße stehen eindrucksvolle Biergarten-Kastanien zusammen mit alten Ahornbäumen, die unübersehbar in den Straßenraum der Landsberger Straße hineinwirken.

Würde man die hier angestellten Überlegungen zum Abbau von durch den Straßenverkehr hervorgerufenen vielfältigen Belastungen in dieser oder jener Form verwirklichen, dann wäre jeder noch so kleine Schritt und jeder neugepflanzte Baum eine echte Verbesserung der Lebenssituation für die Bevölkerung.
In diesem Zusammenhang darf auch auf das 10-Punkte-Programm des Deutschen Städtetages (DST) zur Verbesserung des Stadtverkehrs aus dem Jahre 1989 hingewiesen werden. Dort wird unter Punkt 4 „Flächenhafte Verkehrsberuhigung" ausgeführt: „Verkehrsberuhigungsmaßnahmen können die Gesamtzahl der Kraftfahrzeuge nicht reduzieren; sie können aber bei flächenhafter Planung und Einbeziehung in ein integriertes Gesamtverkehrskonzept die Verkehrsmittelwahl (zu Fuß, per Rad, ÖPNV oder Auto) beeinflussen und darüber hinaus den motorisierten Individualverkehr durch geeignete verkehrslenkende, bauliche und gestalterische Maßnahmen so steuern, daß die Verkehrsbelastung insbesondere durch den Durchgangsverkehr in den bewohnten Gebieten reduziert wird."

3.2.3 Rote-Torwall-, Friedberger-, Meringer Straße

Die frühere „Chaussee von München über Bruck" nach Augsburg ist heute eine vierspurig ausgebaute Hauptverkehrsstraße mit einer hohen Verkehrsbelastung (mehr als 40.000 KFZ täglich). Der im Stadtgebiet ca. 5,5 km lange Straßenzug besteht aus Friedberger Straße (B 300) und Meringer Straße (B 2). Wenn man diese über den Lech nach Osten und dann nach Süden führende Hauptverkehrsverbindung in der Örtlichkeit näher untersucht, dann ergeben sich vom grünen Erscheinungsbild her im wesentlichen drei unterschiedliche Bereiche:

- *Rote-Torwall-Straße – Lechübergang Hochzoll:* Eine durchgehend konsequent gestaltete Allee als verbindendes Glied zwischen den Wallanlagen und dem Lechufergrün läßt sich nur in Teilabschnitten nachweisen.

Aus Aufzeichnungen der Stadtgärtner geht hervor, daß immer wieder durch die Anpflanzung von Straßenbäumen versucht worden ist, eine durchgehende zweireihige Allee in der Friedberger Straße zu entwickeln, was zum Teil auch gelungen ist.
So steht heute, vom Stadtwall ausgehend bis zur Lokalbahn/Siebentischstraße, rechts und links der Fried-

Abb. 67: Friedberger Straße im Sommer 1993: Blickrichtung von der Fußgängerbrücke beim Schwaben-Center stadteinwärts

berger Straße jeweils eine Reihe in den letzten fünfzig Jahren nachgepflanzter Allee-Bäume (Spitz-Ahorn). Alte Straßenbäume sind hier eine Seltenheit geworden. Gelegentlich findet man beim genauen Hinsehen noch einzelne von Asphalt überdeckte Wurzelstöcke, die auf eine frühere Baumanpflanzung schließen lassen.
Nach der Lokalbahn wird die Friedberger Straße von einem Gehölzbestand, der entlang des Kaufbaches durch „Naturverjüngung“ entstanden ist, begleitet. Versteckt in diesem straßenbegleitenden „Gehölz“, unmittelbar hinter dem Bordstein, stand bis vor wenigen Jahren eine aus 80–100 Jahre alten Spitz-Ahorn bestehende durchgehende Baumreihe, die mit den Eschen-Alleen in der Gentnerstraße und Siebentischstraße korrespondierte. Nur wenige Einzelbäume sind davon übriggeblieben.
Auf der gegenüberliegenden Straßenseite (Nordseite) gibt es kaum noch einen Straßenbaum. Vor Jahren mußten im Zuge von Baumaßnahmen einige ältere Linden entfernt werden, um eine Abbiegespur zu einem Geschäftsneubau (Bauhaus) anlegen zu können. Ersatzpflanzungen wurden vom Architekten eingeplant und „auf engstem Raum“ auch ausgeführt. Die nachteiligen Auswirkungen von Eingriffen in den Lebensraum von Straßenbäumen werden an diesem Beispiel deutlich. Theoretisch läßt sich im Baugenehmigungsverfahren formal zwar fast alles, was die Baumstandorte anbetrifft, regeln und festlegen, in der Praxis zeigt es sich aber immer wieder, daß Eingriffe dieser Art in den Straßenbaumbestand so gut wie nicht „ausgleichbar“ sind.
Im Bereich der Fußgängerbrücke über die Friedberger Straße und am Schäfflerbach haben sich verschiedene Einzelbäume halten und recht gut entwickeln können. Positiv zu sehen sind auch die beiden Baumreihen vor dem Schwaben-Center, die trotz unterschiedlicher Grundstückseigentümer gestalterisch zu einem kurzen Stück neuer Allee zusammengefaßt worden sind. Hier kommt es darauf an, daß sich die Lebensbedingungen der Bäume unter dem Druck der parkenden Autos nicht zum Negativen hin verändern. Ab der Kreuzung Alter Heuweg/Damaschkeplatz wird der Straßenraum von der öffentlichen Grünanlage am Laubenweg wohltuend begleitet. Auf der gegenüberliegenden Straßenseite befindet sich zwischen Fahrbahn und Radweg noch der Rest einer alten Baumreihe (Spitz-Ahorn). Auch hier hat die nachträgliche Einengung der Baumstandorte durch Straßenbaumaßnahmen deutliche Spuren an den Bäumen hinterlassen, die durch Pflegemaßnahmen nicht mehr zu beheben sind. Ein typisches Symptom dafür ist, daß die alten Bäume von Jahr zu Jahr weniger werden. Neben der Kreuzung Berliner Allee/Friedberger Straße fallen einige alte Ahorn auf, die am Gasthaus „Lechstüberl“ auf privatem Grund stehen. An der Hochzoller Lechbrücke angekommen, verbindet sich das „Straßenbegleitgrün“ mit dem „Lechufergrün“.

• *Hochzoller Lechbrücke – Meringer Straße:* Nach der Lechbrücke beginnt ein dicht bebauter, von Wohn- und Geschäftshäusern begrenzter „häßlicher“ Straßenraum.
Äußere Kennzeichen: trostloser Gesamteindruck; starker Verkehr, Staub, Lärm, Abgase; grau-schwarzer Asphalt von Fassade zu Fassade; kein Baumgrün – nur einige Betontröge mit kümmerlichen, vom Straßenstaub verdreckten Pflanzen.
Erfreulicherweise gibt es noch das „Biergarten-Grün“ beim „Goldenen Stern“. Zusammen mit einer alten Kastanie an der Lechbrücke verbessern diese Bäume das sonst recht negative Straßenbild. Im Abschnitt bis zur Zugspitzstraße stehen aus einer früheren Anpflanzung noch einzelne Robinien, die in diesem unwirtlich

Abb. 68: Friedberger Straße im Sommer 1993: Blickrichtung von der Fußgängerbrücke beim Schwaben-Center stadtauswärts

Abb. 69: Friedberger Straße im Zentrum von Hochzoll, Juni 1993: Auch dieser „grünfreie" Stadtbereich bedarf dringend einer Neugestaltung.

gewordenen Straßenraum schon fast wie Fremdkörper wirken.

Nach der Kreuzung Zugspitzstraße/Hochvogelstraße wurde von der Stadt Augsburg immer wieder versucht, Bäume zur Verbesserung des optischen Erscheinungsbildes anzupflanzen. Heute stehen hier einige Straßen-Akazien (Robinia pseudoacacia 'Unifoliola') an den Fahrbahnrändern. Zusammen mit einigen Kastanien, die sich in einem Garten nahe der Karwendelstraße befinden, bringen diese städtischen Bäume wenigstens einen kleinen Hauch von Grün in eine triste, vom Verkehr durchflutete Wohngegend.

Besser wird es mit dem Straßenbegleitgrün nach der Peterhofstraße. Hier wirken die vor wenigen Jahren auf dem Gelände des Rudolf-Diesel-Gymnasiums gepflanzten Bäume vorteilhaft in die Friedberger Straße hinein. Zwischen Peterhofstraße und Meringer Straße begegnen wir einer Baumreihe mit einer Baumart, die früher auch an anderen Orten an dieser durch Hochzoll führenden Straße vertreten war. Es ist eine Schwedische Mehlbeere oder Ochselbeere (Sorbus intermedia), eine 12–16 Meter hoch werdende Baumart mit weißen Blüten im Frühjahr und hellroten Beerenfrüchten im Herbst, die sich über viele Jahre, trotz mancher Beeinträchtigungen, erstaunlicherweise gut erhalten hat.

- *Meringer Straße – Stadtgrenze (B 2):* Im Bereich außerhalb der Kreuzung Friedberger Straße/Augsburger Straße (Nordseite) fallen noch einige als Allee gepflanzte alte Ahorn-Bäume auf. Besondere Aufmerksamkeit verdient hier eine zweireihige Linden-Allee auf Friedberger Stadtgebiet, die in „barocker Manier" den „Prozessionsweg" zur Kapelle St. Afra einrahmt.

Am Beginn der Meringer Straße wirken das schon erwähnte Schulgrün und wieder Bäume aus Vorgärten in den Straßenraum hinein. Vor der Bahnunterführung stehen zwei betagte Baumgestalten (Ahorn) unmittelbar am Fahrbahnrand. Möglicherweise sind sie die letzten Vertreter ihrer Art aus einer früheren Allee. Nach der Bahnunterführung bis zur Stadtgrenze, in Höhe des Schwabhofes, wird das Straßenbild von unterschiedlichen Grünstrukturen geprägt, die sich aus den jeweiligen Nutzungen (Gärten, Höfe, Landwirtschaft) der anliegenden Grundstücke ergeben. Dort, wo es möglich war, wurden kleinkronige Ebereschen (Sorbus aucuparia) als Straßenbäume geplanzt.

Versucht man über die hier angesprochenen Abschnitte der Friedberger Straße aus grünplanerischer Sicht ein Fazit zu ziehen, so tritt der dicht bebaute Bereich zwischen Lechbrücke und Peterhofstraße stark in den Vordergrund. Das Wort „trostlos", das von der Hochzoller Bevölkerung immer wieder zu hören ist, kennzeichnet den „stark belasteten" Straßenraum und die gegenwärtige Situation im Wohnumfeld.
Die Frage, warum dieser Teilbereich der Friedberger Straße bisher nicht mit Bäumen bepflanzt wurde, ist voll berechtigt. Wiederholt hat das Amt für Grünordnung und Naturschutz der Stadt Augsburg darauf hingewiesen, daß die Straßenbäume, um wachsen zu können, einen annähernd artgemäßen Lebensraum über und unter der Erde benötigen. Diese Voraussetzungen sind zur Zeit nicht gegeben. Dort, wo die Bäume an der Friedberger Straße im Stadtteil Hochzoll am dringendsten wären, ist der lebensnotwendige Standraum durch andere Nutzungen belegt (Verkehr, Versorgungsleitungen). Solange sich am vorhandenen Zustand nichts ändert, ist jeder noch so gut gemeinte stadtgärtnerische Versuch, Bäume zu pflanzen, eine Farce.

Sollte es in absehbarer Zeit gelingen, diesen „Verkehrsraum" funktional und gestalterisch anders zu definieren, so wäre bei optimistischer Betrachtung ein verkehrsminimierter, von Bäumen durchwirkter „neuer Straßenraum" real vorstellbar.

3.2.4 Jakobertorplatz – Lechhauser-, Neuburger Straße

Die frühere „Chaussee nach Nürnberg über Eichstätt" ist auch heute noch eine wichtige Verkehrsverbindung und in Richtung Autobahn Stuttgart–München eine stark befahrene Hauptverkehrsstraße.
Um zu einem wirklichkeitsnahen Bild über die Situation der Straßenbäume zu kommen, empfiehlt es sich, den aus Lechhauser- und Neuburger Straße bestehenden, rund 7 km langen Straßenzug in 4 Abschnitte einzuteilen:
- Jakobertorplatz – Lechhauser Straße – Lechbrücke
- Lechbrücke – Kreuzung Hans-Böckler-/Mühlhauser Straße
- Mühlhauser Straße – Gersthofer Straße
- Gersthofer Straße – Mühlhauser Straße (alte Neuburger Straße)

• *Erster Abschnitt: Lechhauser Straße:* Als im Jahre 1986 die bis dahin weitgehend „baumlose" Lechhauser Straße ausgebaut wurde, konnten zusammen mit Fuß- und Radwegen auch zwei schmale Baumstreifen angelegt werden. Auf Wunsch des damaligen Stadtbaurates, Friedrich Hermann Stab, hat man in Augsburg erstmals in der Geschichte eine Hauptstraße mit 112 schmalwachsenden Pyramiden-Pappeln (Populus nigra 'Italica') bepflanzt.
Obwohl der Pflanzraum eng war und der stark verdichtete, kiesige Untergrund keine günstigen Voraussetzungen bot, haben sich die Pappeln kräftig entwickelt. Die Bäume sind inzwischen bis zu 15 Meter hoch. Der ehemals graue Straßenraum ist durch das Baumgrün freundlicher geworden.

Zwei Probleme, die so nicht vorhersehbar waren, hat diese neue Allee jedoch mit sich gebracht:

– Dort, wo die schlankwachsenden Schwarz-Pappeln an der in Nord-Süd-Richtung verlaufenden Straße den Westwinden ausgesetzt sind (Düsenwirkung zwischen Baulücken), haben sich die jungen Baumkronen inzwischen so weit in die Fahrbahn geneigt, daß das vorgeschriebene Lichtraumprofil (4,50 m) nicht mehr gegeben ist. Das Problem hat sich noch weiter verschärft, als im Juli 1992 ein schwerer Sommersturm mit einer Windgeschwindigkeit von über 100 km/h (Windstärke 11) über die Stadt hinweg fegte.
Mehrmals wurde schon versucht, die schiefstehenden Bäume wieder aufzurichten, was jedoch nicht gelang. Wahrscheinlich müssen die schrägstehenden Pappeln aus Gründen der Verkehrssicherheit bald wieder beseitigt und durch andere Bäume ersetzt werden. Versuchsweise wurden einige schiefstehende „Windkronen" bis zu 2 m über der Erde zurückgeschnitten, um den Pappeln, zwar ohne durchgehenden Mittelstand, wieder die Möglichkeit zu geben, sich zu stabilisieren und wieder senkrecht zu wachsen. Ob dieser Versuch zum gewünschten Erfolg führen wird, läßt sich nicht vorhersagen, sondern nur vermuten. Es ist ein Versuch!
– Ein zweiter Problempunkt hat sich dort ergeben, wo die bis zum Boden beasteten Pyramiden-Pappeln die Sicht auf Reklamen, Schaufenster und Ausfahrten beeinträchtigen. Hier mußte die pyramidalwachsende Baumart in artfremder Manier „aufgeastet" werden, eine Entwicklung, die so von der Stadtplanung nicht gedacht war.

Trotzdem hat sich das Erscheinungsbild der Lechhauser Straße durch das unter schwierigsten Bedingungen eingebrachte und inzwischen auch gut gewachsene Baumgrün positiv verändert.

• *Zweiter Abschnitt: Lechbrücke – Kreuzung Hans-Böckler-/Mühlhauser Straße:* Im Bereich der Lechhauser Lechbrücke tritt wohltuend das Uferbegleitgrün mit artenreichen Gehölzbeständen ins Blickfeld.
Einen vom „Straßengrün" her gesehen recht schwierigen Abschnitt stellt die Neuburger Straße zwischen Lechbrücke und Kreuzung Blücherstraße im Zentrum von Lechhausen dar. Hier wurde in den letzten Jahren in Zusammenarbeit mit der „Arbeitsgemeinschaft Lechhausen e.V." versucht neue Baumstandorte zu schaffen und „lebensfähige" Baumarten einzubringen. Dort, wo dies möglich war, wurden kleinkronige Straßen-Akazien (Robinia pseudoacacia 'Unifoliola') gepflanzt und die Baumscheiben mit Abdeckgittern geschützt.

Angestrebt wird auch hier, die beiden in Ansätzen vorhandenen neuen Baumreihen in Richtung Ortskern Lechhausen weiterzuführen. Dies wird allerdings erst möglich sein, wenn im Zuge der geplanten Straßenneugestaltung weitere Standorte für Bäume im Gehwegbereich angelegt werden können. Ein früherer Versuch, in dem hier genannten Straßenabschnitt verschiedene Lindenarten als Allee aufzubauen, ist ge-

Abb. 70: Lechhauser Straße 1987 noch ohne Straßenbäume, die Farbe grau-schwarz dominiert!

Abb. 71: Lechhauser Straße 1993 mit bereits gut entwickelten Pyramiden-Pappeln, die 1986/87 gepflanzt wurden.

scheitert. Ursachen waren: artfremder Standraum, mechanische Beschädigungen an Stämmen und Streusalzeinwirkungen. Einige Holländische Linden (Tilia x europea) stehen noch im Bereich der Quellenstraße, die auf Wunsch von Bürgern gepflanzt worden sind. Im Zentrum von Lechhausen beeinflussen eine Gruppe Scheinakazien auf dem Platz vor dem „Grünen Kranz", neugepflanzte Linden am Ehrenmal und die Kastanien um den Festplatz an der Klausstraße das Stadtbild in angenehmer Weise. Diese positive Feststellung ist wichtig, weil die entlang der Neuburger Straße stehenden Allee-Bäume überwiegend keine gute Visitenkarte abgeben.
Nach dem „Alleenplan Augsburg" zählt die Neuburger Straße zu den Hauptverkehrsstraßen mit zwei fahrbahnbegleitenden Baumreihen. Beim Ausbau dieser Bundesstraße (B 10) auf vier Spuren nach 1945 mußte das Straßenbegleitgrün unter den üblichen schwierigen Bedingungen neu geordnet werden. Objektiv gesehen, wurde der notwendige Lebensraum der Straßenbäume tendenziell immer mehr eingeschränkt.

Abb. 72: Neuburger Straße 1992: Auch in überwiegend gewerblich genutzten Gebieten würden Bäume das Stadtbild freundlicher gestalten.

Abb.73: Neuburger Straße: Durch den sich ausbreitenden Verkehr sind die Baumstandorte lebensbedrohend eingeengt.

Im Juli 1992 wurden die Baumstandorte im Abschnitt Blücherstraße/Kreuzung Mühlhauser Straße eingehend untersucht. Das fachlich festgestellte Ergebnis kommt in den vor Ort niedergelegten Formulierungen wie folgt zum Ausdruck:
- Erscheinungsbild der Straßenbäume mangelhaft;
- Gesundheitszustand der Bäume zeigt weiter abnehmende Tendenz;
- Stand-, Wurzelraum überwiegend zu klein (artfremder Lebensraum);
- Baumscheiben teilweise kleiner als 1 m^2 (Mindestforderung 6 m^2);
- angrenzende Nutzungen (Raum für Autos) zum Teil extrem ausgeweitet und Baumstreifen bis auf 50 cm reduziert;
- Stammschäden durch Autostoßstangen;
- zu enger Standraum für die Bäume, hoher Versiegelungsgrad, viel Asphalt, auch dort, wo es funktional nicht nötig wäre u. v. a.

Auffallend ist bei diesem Straßenzug, daß schon vor rund 100 Jahren (da gab es noch Vorgärten!) Straßenbäume in dem hier besprochenen Abschnitt gepflanzt worden sind, heute jedoch keiner der vorhandenen Bäume älter als 40–50 Jahre ist. Wo sind die anderen Bäume geblieben?

Weiter stadtauswärts sieht das Bild etwas anders aus. Das ständige Bemühen der Augsburger Stadtgärtner, in der Neuburger Straße eine Ahorn-Allee zu „kultivieren", geht aus einem Arbeitsbericht von 1949 hervor, wonach im November und Dezember desselben Jahres „127 Ahorn" gepflanzt worden sind. Nach knapp 44 Jahren stehen von diesen Bäumen nur noch 50 %. Rund die Hälfte unterlagen einem ständigen Erneuerungsprozeß. Diese Entwicklung läßt deutlich werden, daß Bäume an einer Hauptverkehrsstraße bei zunehmender Verschlechterung des Standraumes und der allgemeinen Umweltsituation heute kaum mehr eine Chance, haben älter als 50 Jahre zu werden. Ein wichtiges Ziel wäre es daher, den Straßenraum der Neuburger Straße nach dem Leitbild einer durchgehenden Allee in Zukunft anspruchsvoller zu gestalten und dem Begleitgrün den notwendigen Lebensraum zu geben und zu erhalten.

Aus diesem Gedanken ergeben sich folgende fachliche Überlegungen und Forderungen:
- Erarbeitung eines Baumsanierungs-Programmes auf ökologischer und gestalterischer Grundlage

– Zurücknahme der Bodenversiegelung dort, wo der Wurzelraum der Bäume rücksichtslos mit Asphalt überdeckt worden ist.
– Pflanzung von neuen Bäumen und Sicherung der Baumstandorte.

• *Hans-Böckler-, Mühlhauser-, Gersthofer Straße:* Nach der Kreuzung Hans-Böckler-, Mühlhauser Straße begegnen wir bei der Gärtnerei Rabold in der Hammerschmiede drei 90–100jährigen Berg-Ahorn aus der ursprünglichen Allee. Diese Exemplare konnten bis heute überleben, weil die Verkehrsplanung beim vierspurigen Ausbau der Neuburger Straße im Bereich der Hammerschmiede, die Trasse aus verkehrstechnischen Gründen von den Bäumen weg verschoben hat. Übriggeblieben ist ein Stück der alten Fahrbahn, die innerhalb des Straßenbegleitgrüns liegengeblieben ist. Sie sollte zu Gunsten der Bäume entfernt werden.
Bis zum Hammerschmiedweg wurde auch hier die Neuburger Straße vierspurig ausgebaut, daher stehen links und rechts der Fahrbahn zwei Reihen Jungbäume. Dort, wo die Straße zweispurig geblieben ist, tauchen plötzlich wieder Reste aus der alten Ahorn-Allee auf. Es sind qualitativ unterschiedlich zu beurteilende, bis 150jährige Berg- und Spitz-Ahorn, die heute im Wechsel mit Jungbäumen das Begleitgrün bilden.

• *Gersthofer Straße – Mühlhauser Straße:* Dieses ca. 800 Meter lange Teilstück aus der historischen Chaussee nach Nürnberg ist heute ohne Verkehrsbedeutung. Interessant ist allerdings hier ein Wechsel der Straßenbaumart. Im Unterschied zu den bisher entlang der Neuburger Straße verwendeten Spitz- und Berg-Ahorn tritt jetzt die Gemeine Esche (Fraxinus excelsior) auf.
Eine Besonderheit gibt es allerdings auch hier: Die Alleebäume liegen in einer Flugschneise des Augsburger Regional-Flughafens Mühlhausen und dürfen sich daher nur in einem „hochgestellten Dreieck" vertikal entwickeln. Die Eschen haben so durch unterschiedliche Rückschnitte eine gewisse Ähnlichkeit mit Kopfweiden, die öfters bis auf den Stamm gekürzt werden. Im Zuge der weiteren Entwicklung und Problemlösung bedarf es hier dringend der Aufstellung eines landschaftspflegerischen Begleitplanes nach dem Bayerischen Naturschutzgesetz (Art. 6 b).

3.2.5 Stadtbachstraße – Hans-Böckler-, Mühlhauser Straße

Dieser vierspurige Straßenzug ist erst in jüngster Zeit in seiner heutigen Form als Autozubringer entstanden. Er beginnt an der Georg-Haindl-Straße (Wallanlagen) mit der Stadtbachstraße, einem ca. 500 Meter langen „baumlosen" Teilstück, das bis zur MAN-Lechbrücke reicht. Das erste in den Straßenraum hineinwirkende Baumgrün begegnet uns auch hier wieder an den Ufern des Lechs.

• *Lechbrücke – Kreuzung Schillstraße:* Nach der Lechbrücke zieht die Hans-Böckler-Straße als elegant geschwungenes und von vielfältigem Grün umgebenes Verkehrsband nach Norden Richtung Autobahn (BAB 8). Würde diese wichtige Stadtstraße nicht den 1914 im Stadtteil Lechhausen angelegten, ca. acht Hektar großen „Lechhauser Lechpark" oder das „Griesle" – wie er im Volksmund genannt wird – auf einer Länge von rund 300 Metern durchschneiden, könnte man von einer vorbildlich mit Bäumen und Sträuchern eingegrünten Hauptverkehrsstraße sprechen. Die Wurzeln dieser Straße liegen tief und reichen viele Jahrzehnte zurück. In einem Grüngestaltungsplan aus dem Jahre 1914 ist schon eine den Park durchschneidende Stadtstraße, beginnend an der Lützowstraße, mit der aus heutiger Sicht erstaunlichen

Abb. 74: Stadtbachstraße, Juni 1993: Blickrichtung von der MAN-Lechbrücke stadteinwärts

Abb. 75: Hans-Böckler-Straße: Bereich Kreuzung Schillstraße im Frühjahr 1993 stadtauswärts

Bezeichnung „Parkstraße“ dargestellt, die sich mitten im Park gabelt und mit drei Einmündungen an der Schillstraße ankommt. Dieses Beispiel macht deutlich, wie sich zunächst aus einer gut gemeinten Idee und Plandarstellung über einen langen Zeitraum hinweg Lösungen ergeben, die, im nachhinein betrachtet, niemand wollte, weil die sich daraus ergebenden Nachteile für die Lebensqualität der Menschen sowie für Natur und Umwelt die Vorteile bei weitem überwiegen (SCHMIDT 1991). Eine heute noch mitten im Park befindliche Eschen-Allee weist auf diese frühere Straßenplanung hin.
Bedenkt man, daß der „Parkidee“ für das „Griesle“ schon vor rund 80 Jahren der heute wieder aktuelle ökologisch-soziale Gedanke zugrunde lag, öffentliche Grünanlagen dort anzulegen, wo die Menschen wohnen und arbeiten, dann wäre mit Blick in die Zukunft durchaus überlegenswert und auch vorstellbar, mit Hilfe modernster Technik und der Bereitschaft, in eine die Umwelt verbessernde Maßnahme zu investieren, das trennende Straßenstück unter die Erde zu verlegen und die beiden zerschnittenen Parkteile wieder miteinander zu verbinden.
Ein von vielen Wohnungen umgebener, von Verkehrslärm und Autoabgasen befreiter Erholungsraum vor den Haustüren wäre das erstrebenswerte Ziel.

- *Schillstraße – Kreuzung Neuburger Straße:* Weiter stadtauswärts wird der bis zu 40 Meter breite Straßenraum der Hans-Böckler-Straße von zwei Reihen Winter-Linden (Tilia cordata), die um 1968 gepflanzt worden sind, begleitet. Kiesiger Untergrund, vom Verkehr verursachte Fahrtwinde, starke Oberflächenverschmutzung (Baumscheiben und Blätter) durch Gummiabrieb, Straßenschmutz und Streusalz behindern das Wachstum dieser Allee unübersehbar. Durch gezielte Pflegemaßnahmen wie Bodenlockerung und Abdekken der Baumscheiben mit Rindensubstrat konnten diese Probleme abgemildert werden. Vor wenigen Jahren (1989/90) wurde in diesem Straßenabschnitt auf Beschluß des Umweltschutzausschusses des Stadtrates der weiträumig angelegte Mittelstreifen mit Bäumen und Sträuchern gestaltet. Im Kontrast zu der doppelreihigen Linden-Allee wurden hier rund 280 klein- und großkronige Laubbäume (Arten: Feldahorn; Hainbuche; Spitz-Ahorn) zusammen mit rund 1.750 Sträuchern (Arten: Alpen-Johannisbeere; Gemeine Hecken-Rose; Kupfer-Felsenbirne) und selbstklimmendem Wilden Wein (Art: Partenocissus tricuspidata 'Veitchii') an den Beton-Lichtmasten gepflanzt.

- *Kreuzung Neuburger Straße – Stadtgrenze:* Die Mühlhauser Straße, die nach der Kreuzung Neuburger Straße beginnt, läßt neben dem landschaftlichen Grün nur noch partiell gestaltetes Straßenbegleitgrün oder gezielte Baumanpflanzungen erkennen, so z. B. im Bereich der Bürgermeister-Wegele-Straße (Augsburger Allgemeine), an der Autobahn-Einfahrt Augsburg-Ost, beim Garten- und Landschaftsbauunternehmen Saule und am Kaisersee, wo entlang der Fahrbahn einige Alleebäume vor wenigen Jahren gepflanzt worden sind. Im Zusammenhang mit künftigen Planungen in diesem Raum und mit der weiteren Entwicklung des Rad- und Fußwegenetzes sowie einer Verbesserung des Lärmschutzes für den Stadtteil Hammerschmiede wären hier, auch aus der Sicht der Grünplanung, noch weitere Schritte zu veranlassen.

3.2.6 Wertach – Donauwörther Straße – Stadtgrenze

„Die ehemalige Chaussee nach Nürnberg über Donauwörth“ ist heute ebenfalls eine vierspurig ausgebaute Stadtstraße mit der Funktion eines Autobahn-Zubringers (Augsburg-West).
Der nach 1945 auch hier stark zugenommene Verkehr blieb nicht ohne Auswirkungen auf die fahrbahnbegleitende zweireihige Allee.

Abb. 76: Donauwörther Straße, Juni 1993: Blickrichtung von der Kreuzung Ulmer Straße stadtauswärts – Linden ohne Lebensraum!

Abb. 77: Donauwörther Straße: Blickrichtung von der Einmündung Dieselstraße stadtauswärts, ein weitgehend „baumloser“ Straßenabschnitt

Zwischen dem zeitbedingten Erfordernis, diese Straße für den KFZ-Verkehr leistungsfähig auszubauen, und der Vorstellung, den Straßenraum mit Bäumen zu begrünen, gab es schon immer einen kaum lösbaren Konflikt.
Die Donauwörther Straße ist ein typisches Beispiel dafür, wie man in der Vergangenheit mit „aller Gewalt" in lobenswerter Absicht immer wieder Alleebäume auf zu enge, artenfremde Standorte gepflanzt hat. Die meisten von ihnen sind „gezeichnet" und überleben in der Regel nur wenige Jahre. So ist denn auch nicht verwunderlich, daß innerhalb dieses verkehrsmäßig stark belasteten Straßenzuges kaum noch ein gesunder Baum steht. Auch einen ausgewachsenen alten Baum aus früherer Zeit sucht man vergebens.
Ab dem Jahre 1950 wurden hier verstärkt Straßenbäume angepflanzt, um die in der Allee entstanden Lükken wieder zu schließen. Größere Anpflanzungen erfolgten durch die Stadtgärtnerei im Jahre 1965 nach dem Ausbau der Donauwörther Straße.
Kommentar des zuständigen Gartenmeisters im Juli 1992: „Hoher Arbeits- und Geldaufwand sind ständig erforderlich, um die Straßenbäume (Linden, Ahorn) auf den miserablen Standorten am Leben zu erhalten. Aus der Anpflanzung von 1965 stehen nur noch wenige Bäume."

Von dem zwischen den Häusern liegenden, breiten Straßenraum ausgehend, müßte in Zukunft im Rahmen der „Stadterneuerung Oberhausen" auch auf das Ziel hingearbeitet werden, diese von vielen Wohnungen umgebene Stadtstraße neu zu ordnen und mit Bäumen ansprechender zu gestalten. Mögliche Veränderungen bei der innerstädtischen Verkehrsführung, wie sie in Zusammenhang mit dem Generalverkehrsplan (GVA) diskutiert werden, könnten auch für die Donauwörther Straße die Chance für eine positivere Entwicklung mit sich bringen. Rückbaumaßnahmen durch Bodenentsiegelung und Schaffung von neuen Baumstandorten, auf denen Bäume wachsen können, sowie sichere Rad- und Fußwege wären dann wahrscheinlich auch in diesem dichtbesiedelten Stadtbereich keine Utopie mehr.

4. Ulmer Straße – Neugestaltung in Teilbereichen

Die Ulmer Straße und die heute „baumlose" Wertachstraße bilden zwischen dem Stadtwall am Bourges-Platz/Wertachbruckertor und der Stadtgrenze nach Steppach einen rund 3,3 km langen Straßenzug. Historisch gesehen war dies die „Chaussee von Ulm über Günzburg" nach Augsburg. An dieser durch das dichtbebaute Gebiet von Oberhausen und Kriegshaber führenden Hauptverkehrsstraße (B 10) lassen sich die Bemühungen der Stadt Augsburg, einen verkehrsüberfluteten Straßenraum wieder umweltfreundlicher zu gestalten, gut belegen.
Orientiert man sich dabei an der Zeit nach 1945 bis 1993, so ergibt sich ein recht aufschlußreiches Bild. Anhand einiger Beispiele sollen hier die unterschiedlichen Entwicklungen und Veränderungen aufgezeigt werden.

4.1 Bereich zwischen Landvogt- und Langemarkstraße

„Ulmer Straße wird schöner". Unter dieser Überschrift berichtet am 7. Dezember 1949 die Schwäbische Landeszeitung folgendes: „Hat man schon bemerkt, daß die Ulmer Straße von der Eisenbahnunterführung stadtauswärts ihr Aussehen verändert hat? Und gleich so, wie wir Anwohner es nie erträumt hätten! Die entlang der südlichen Bordsteinkante in Abständen von sechs bis acht Metern eingesetzten Jungbäume beleben schon jetzt den ganzen Straßenzug, der sonst wegen seiner Geradheit und Länge so eintönig und kalt wirkte. Wie schön und belebt wird die Straße erst in einigen Jahren aussehen!"

Was die Entwicklung der in diesem Bereich gepflanzten Straßenbäume anbelangt, treten aus fachlicher Sicht zwei Punkte besonders hervor.

- 1949 wurden zwischen Landvogtstraße und Langemarckstraße entlang des Kasernengeländes auf einem breiteren Grünstreifen zwölf Linden zur Freude der dort wohnenden Bürger gepflanzt. Einige Jahre danach wurden zwischen die Bäume PKW-Parkbuchten eingebaut. Das Absterben der Alleebäume war vorprogrammiert.

Abb. 78: Ulmer Straße – Bereich Landvogt-/Langemarckstraße, Juni 1992: Die letzte von 12 Linden, die 1949 hier gepflanzt worden sind.

• Bei einer im Sommer 1992 durchgeführten Baumkartierung stellte das Amt für Grünordnung und Naturschutz der Stadt Augsburg fest, daß bis auf zwei total geschwächte, absterbende Bäume alle anderen nicht mehr standen. Im Januar 1993 mußten auch diese beiden inzwischen abgestorbenen Exemplare gefällt werden.

An diesem Beispiel wird in negativer Form deutlich, was wir den Straßenbäumen alles zumuten. Hier hilft nur eins: das Bewußtsein zu stärken, daß Bäume von Natur aus längerlebige Lebewesen und keine kurzlebigen „Wechselpflanzen" sind. Sie benötigen daher auch ihren artgemäßen Lebensraum, wie jeder Mensch und jedes Tier.

4.2 Kreuzung Kriegshaberstraße – Stadtgrenze

Im März 1979 verlangte das städtische Tiefbauamt, mit dem Hinweis auf einen Beschluß des Bauausschusses, im Zusammenhang mit dem geplanten Ausbau der Kreuzung Ulmer Straße/Neusässer Straße die Fällung von 13 alten, 80–100jährigen Eschen (Fraxinus excelsior) in der Äußeren Ulmer Straße. Ein enger Terminplan zur Durchführung der Straßenbaumaßnahme sowie das bevorstehende Frühjahr (Blattaustrieb, Vogelbrutzeit) machten eine sofortige Entscheidung erforderlich. Schon bald waren kritische Stimmen aus der Bevölkerung zu vernehmen, die sich spontan gegen eine Fällung der alten Straßenbäume aussprachen. Auch die örtliche Presse schaltete sich ein und sprach sich vom Tenor her ebenfalls gegen eine Beseitigung der Bäume aus.

Die damals diskutierten und zur Entscheidung anstehenden Punkte lassen sich in vier Fragen verdeutlichen:

1. Muß die aus 13 alten Eschen bestehende „Restallee" (früher waren es einmal mehr Bäume!), wie vom Tiefbauamt gefordert, in der Äußeren Ulmer Straße wirklich gefällt werden?
2. Können die Bäume bei entsprechender Planung nicht in den Straßenumbau miteingebaut werden?
3. Wäre es vom realen Zustand der Bäume und der standörtlichen Situation ausgehend nicht „ehrlicher", der Öffentlichkeit klar zu sagen, daß die Bäume weder gesund noch standsicher sind und dringend gefällt werden müssen?
4. Sollte mit Blick in die Zukunft und aus fachlicher Überzeugung nicht besser sofort eine neue vollständige Allee geplant und gepflanzt werden?

Nach diesen Überlegungen und eingehenden örtlichen Untersuchungen stellte es sich heraus, daß von den 13 Eschen (Stammdurchmesser 40–110 cm) bei 11 Bäumen die Stämme innen total hohl und mit „Ameisenburgen" durchsetzt waren, was vom äußeren Erscheinungsbild her nicht erkennbar war. Ein be-

Abb. 79: Ulmer Straße im Frühjahr 1979: Bereich Kreuzung Kriegshaberstraße – Stadtgrenze

Abb. 80: Ulmer Straße, Bereich Kreuzung Kriegshaberstraße – Stadtgrenze, Frühjahr 1979: Nackt und leer erscheint der Straßenraum ohne Bäume.

Abb. 81: Ulmer Straße: Ein nachdenklich stimmendes Bild – das Ende eines alten Straßenbaumes

sonders wichtiger Punkt in der Beurteilung war auch, daß bis 1979 unter den Bäumen kreuz und quer auf den Baumscheiben (Lebensraum der Bäume!) ungeordnet Autos geparkt worden sind. Dies war ein wesentlicher Grund dafür, warum die Eschen-Allee an diesem Standort, von der Öffentlichkeit kaum bemerkt, zugrunde ging.

Ausgehend von diesen Tatsachen und Erkenntnissen, hat der Bauausschuß des Stadtrates am 22. März 1979 nach gründlicher Beratung und Diskussion der Baumfällung mit der Maßgabe zugestimmt, in der Äußeren Ulmer Straße eine neue Allee, wie von der Verwaltung vorgeschlagen, zu pflanzen. Die Entscheidung war vom Grundsatz her zunächst unpopulär, aber aus fachlicher Sicht richtig! Auch nach diesem Beschluß gab es immer wieder an das Fachamt gerichtete bohrende Fragen aus der Öffentlichkeit.

Erst als sich die Bürger während der Baumfällung vom inneren Zustand der Bäume überzeugen konnten und die Erdarbeiten für die neue Allee begonnen hatten, beruhigte sich die bis dahin recht schwierige Situation.

In der Pflanzperiode Herbst 1979 und Frühjahr 1980 wurden dann 48 Winter-Linden (Tilia cordata) in nachfolgender Qualität gepflanzt: Bäume aus extra weitem Stand 5 x verpflanzt mit Drahtballen, Stammumfang 35/40 cm; Baumhöhe 500–700 cm; Kronenbreite 200–300 cm; Angebotspreis (incl. MWSt) 2.750,– DM. Die daraus berechneten gärtnerischen Gesamtkosten zur Herstellung der Allee lagen bei (2.750 x 48) 132.000,– DM (incl. MWSt). Am 10. Oktober 1992 wurde vom Amt für Grünordnung und Naturschutz eine Qualitätsprüfung mit Vergleichsmessungen an einzelnen Bäumen durchgeführt. Daraus läßt sich, 13 Jahre nach der Einpflanzung, bezogen auf die inzwischen herangewachsene neue Baumqualität ein auch ökonomisch interessantes Ergebnis herleiten. So beträgt beispielsweise der „Zuwachs" bei den einzelnen Linden durchschnittlich 200–300 cm in der Höhe und 30–40 cm beim Stammumfang, gemessen einen Meter über dem Erdboden. Würde man diese Alleebäume in der 1992 festgestellten Qualität heute beschaffen und pflanzen, so wäre bei der Annahme eines äußerst günstigen Preisangebotes von mindestens 7.750,– DM je Baum auszugehen. Die daraus ermittelten Gesamtkosten würden danach (7.750 x 48) 372.000,– DM (incl. MWSt) betragen, ohne Kosten für Anwachspflege und -risiko.

Baumqualität	Jahr 1979 Pflanzjahr	Jahr 1992 Vergleichsjahr	Zuwachs
Stammumfang	35–40 cm	65–80 cm	+ 30–40 cm
Baumhöhe	500–700 cm	800–900 cm	+ 300–200 cm
Kronenbreite	200–300 cm	400–500 cm	+ 200–200 cm
Preis pro Baum	2.750,– DM	7.750,– DM*	+ 170 %

Übersicht: Vergleichsdaten Linden-Allee Ulmer Straße
* Preis bei Neupflanzung 1992 (vgl. Kap. 7)

Dieses Augsburger Beispiel über den Umbau einer Allee zeigt sehr klar, wie wichtig es ist, auch gegen verschiedene Widerstände stark geschädigte, überalterte Straßenbäume rechtzeitig durch Jungbäume zu ersetzen und ihnen den notwendigen Lebensraum zu sichern. Die Äußere Ulmer Straße hat durch die neue Linden-Allee wieder ein „Gesicht" bekommen. Die Bürger freuen sich darüber.

Abb. 82: Der morsche Wurzelstock auf diesem Bild vermittelt den Zustand der gefällten, alten Eschen unter der Bodenoberfläche.

Abb. 83: Neue Linden-Allee in der „Äußeren Ulmer Straße": gepflanzt 1979 – Vergleichsjahr 1992

4.3 Ulmer Straße zwischen Donauwörther- und Neuhäuser Straße

Dieses Teilstück der Ulmer Straße war bis zur Umgestaltung 1982 optisch geprägt von einer total versiegelten Bodenoberfläche und starkem Autoverkehr. Im Zuge der ,,Stadtsanierung Oberhausen" ist es gelungen, in dieser Geschäfts- und Wohnstraße in Verbindung mit der Anlage von PKW-Stellplätzen fünfzig Baumstandorte aus dem Asphalt herauszuschneiden und eine Allee mit Japanischen Nelkenkirschen (Prunus serrulata 'Kanzan') zu pflanzen. Das Straßenbild hat sich dadurch wohltuend verändert. Zur Zeit der Kirschblüte im Mai/Juni feiern die dort lebenden Bürger mit anderen zusammen alljährlich ein Straßenfest. Stellt man sich in Ergänzung hierzu noch einen neugestalteten, mit Bäumen überstellten grünen Vorplatz am Oberhauser Bahnhof vor, dann kann man hier getrost von einer Verbesserung der Lebensqualität für die Menschen im Stadtteil Oberhausen sprechen.

Abb. 84: Ulmer Straße – Bereich Donauwörther-/Neuhäuser Straße, Juni 1993: im Hintergrund die 1982/83 gepflanzten ,,Japanischen Kirschen"

4.4 Städtebauliche Neuordnung – Bereich Oberhauser Bahnhof

Einen weiteren Schwerpunkt zu einer positiven Veränderung der städtebaulichen Situation im Stadtteil Oberhausen bilden die verschiedenen Untersuchungen und Planungen der Bauverwaltung ,,... für den Bereich des Bahnhofsvorplatzes einschließlich der diesen umgebenden Verkehrsflächen ...".

Auch wenn in solchen recht schwierigen Planungsprozessen die vorhandenen Straßenbäume nicht selten aus Platzgründen anderen Nutzungen gegenüber unterliegen, so ist das Bemühen aller an der Planung Beteiligten, möglichst viele neue Bäume mit vorzusehen, unverkennbar.
Und genau an diesem Punkt hat das für die Pflege der Stadtbäume verantwortliche Fachamt einige kritische Anmerkungen zu machen: Wichtig ist zunächst, daß der Bodenraum, in dem die Bäume wachsen sollen, sorgfältig reserviert und vorbereitet wird.
Die Gefahr, kurzlebiges Alibi-Baumgrün in Straßenräumen zu pflanzen, darf nicht übersehen werden. Bäume um jeden Preis auf jedem Standort gehören zu dieser Kategorie. Nicht-Fachleute stellen an diesem kritischen Punkt der Beurteilung gerne die Frage: Warum eigentlich nicht? Dazu eine ehrliche Antwort: Weil das wichtige Anliegen, Bäume in der Stadt zu pflanzen, auf Grenzen stößt, und zwar dort, wo ein annähernd artgemäßer Lebensraum nicht mehr vorhanden ist oder geschaffen und gesichert werden kann. Die gepflanzten ,,Straßenbäume" sind unter solchen Voraussetzungen von vorne herein zum Tode verurteilt. Die Folgekosten für ,,eingetopfte Trogbäume" steigen ins ufer ose. Hier ist es unbedingt erforderlich, daß neuere Forschungsergebnisse und Erkenntnisse Berücksichtigung finden.

Deshalb fordert das Amt für Grünordnung und Naturschutz der Stadt Augsburg, auch in seiner Eigenschaft als Untere Naturschutzbehörde, in fachlichen Stellungnahmen an Verkehrsplaner, Architekten und Stadtbauverwaltung die Einhaltung von Mindeststandards bei der Planung von ,,Baumgrün" im öffentlichen Straßenraum (vgl. Kap. 4 und 5).

4.5 Bahnunterführung – Kreuzung Kriegshaberstraße – Neusässer Straße

Eine interessante Entwicklung zur Gestaltung der ,,Äußeren Ulmer Straße" wurde durch einen Rahmenplan, der in die verbindliche Bauleitplanung (Bebauungsplan) einmünden soll, aufgezeigt. Heute, im Jahre 1993, stehen in diesem Abschnitt der Ulmer Straße noch etwa 60 Straßenbäume in unterschiedlicher Qualität. Es sind Arten wie Feld-Ahorn, Berg-Ahorn, Roßkastanie, Schwarzpappel, Stiel-Eiche, Schein-Akazie, Silberweide, Winter-Linde und Silber-Linde. Auch ein schöner alter Birnbaum, der im Frühjahr weiß blüht und im Herbst eßbare Früchte trägt, ist in der Nähe der Mittleren Osterfeldstraße noch zu bewundern.
Alle Bäume in dem genannten Planungsbereich der Ulmer Straße wurden im Mai 1990 vom Büro eines freischaffenden Landschaftsarchitekten untersucht. Ergebnis: Nach der ,,Rahmenplanung Gestaltung" des Baureferates vom 15.06.1990 müssen alle 60 Bäume weichen. In der Baumbewertung wurden davon 11 Stück als ,,verpflanzbar" und 17 als ,,erhaltenswert" und nicht verpflanzbar von den Fachleuten beurteilt. Mehr als 200 Alleebäume sollen, falls der erwähnte Plan ausgeführt wird, gepflanzt werden. Eine stolze Zahl, die kaum mehr Spielraum für eine nüchterne fachliche Kritik offenläßt.

Trotzdem:
- Alte und erhaltenswerte Bäume müssen stehenbleiben, auch wenn sie, von einem bestimmten Leitbild ausgehend, nicht mehr in die „neue planerische Idealvorstellung" passen.
- Zahlen über neu zu pflanzende Bäume, in einem Plan graphisch dargestellt, sind zunächst lediglich als ein Quantitätshinweis zu sehen.
- Was die Straßenbäume dringend benötigen, ist nicht nur genügend Luftraum, sondern vor allem auch Raum unter der Erde, wo die Wurzeln wachsen und wandern können.
  „Bei Baumanpflanzungen an Standorten, deren Durchwurzelungsbereich begrenzt ist (z. B. auf Plätzen, an Straßen), muß die offene oder mit einem dauerhaft luft- und wasserdurchlässigen Belag versehene Fläche mindestens 6 m^2 betragen. Der durchwurzelbare Raum sollte eine Grundfläche von mindestens 16 m und eine Tiefe von mindestens 80 cm haben (DIN 18916)."
- Aus dieser biologisch-ökologisch begründeten Forderung ergibt sich, daß in Betonkonstruktionen eingekerkerte Bäume keine sinnvolle Lösung sind. Sie müssen auf wirkliche Ausnahmen und ganz bestimmte Standorte beschränkt bleiben.
- Lieber weniger Straßenbäume auf möglichst artgemäßeren Standorten pflanzen, die sich gesund entwickeln können, als hohe Stückzahlen mit einem überdurchschnittlichen Prozentsatz nicht lebensfähiger Bäume, die schon bald nach der Pflanzung einen laufenden, nicht unerheblichen „Reperaturkostenaufwand" verursachen. Hier ist noch viel Informations- und Handlungsbedarf erforderlich. Schon wieder – oder immer noch!

5. Eingriffe in das Straßenbegleitgrün – Ausgleich durch Bodenentsiegelung

Schon immer war die „Stadt" jener Ort, wo gebaut, verändert, neu gestaltet, erweitert und zerstört worden ist. Daran hat sich bis auf den heutigen Tag nichts geändert.
Oder vielleicht doch? Mit Sicherheit sind die Eingriffe durch Baumaßnahmen in Natur und Landschaft nicht weniger geworden. Im Gegenteil: Tempo und Intensität nehmen weiter zu.

5.1 Gedanken eines Stadtbaurates zum Verkehr

In diesem Zusammenhang ist auch ein viel beachtetes Referat des renommierten früheren Augsburger Stadtbaurats (1951–1966), Dr. hc. Walther Schmidt, zum Thema „Stadterneuerung", das er bei der 11. Hauptversammlung des Deutschen Städtetages im Juni 1961 in Augsburg gehalten hatte, erwähnenswert.
Auf die von ihm selbst gestellte Frage „... was macht unsere Städte in so hohem Maße erneuerungsbedürftig?" nannte er vor allem zwei Gründe: „Den rasend anwachsenden motorisierten Verkehr und die Notwendigkeit, unsere überalterten, allzu dicht bewohnten Wohnviertel zu sanieren ..."

Bei seinen Ausführungen kam er immer wieder auf den Faktor Verkehr zu sprechen. Der Aktualität wegen und bezogen auf das Thema „Bäume im Lebensraum Stadt" werden hier noch einige interessante Passagen daraus zitiert: „... Über die Bedeutung des Faktors Verkehr braucht nicht viel gesagt zu werden. Viele Städte drohen ihm zu erliegen, wenn nicht durchgreifende Abhilfe geboten wird. Innerstädtische Fahrbahnverbreiterungen auf Kosten der Gehsteigbreite und dergleichen Maßnahmen bringen meist keine grundlegende Lösung, oft nur unwesentliche örtliche Verbesserungen. Radikale schlagen vor, die Innenstädte für den individuellen Kraftwagenverkehr zu sperren. Trotz aller wohlmeinenden Begründungen wird im allgemeinen dieser Vorschlag wohl ein Vorschlag bleiben ... Es ist kein Zweifel, daß es unsere Städte lebensfähig erhält und damit der Stadterneuerung dient, wenn die Straßen, von parkenden Wagen befreit, ausschließlich dem rollenden Verkehr zur Verfügung stehen. Man kann sich ausrechnen, ob das Verkehrsproblem in einem Innenstadtviertel nicht billiger zu lösen ist, wenn man für alle ruhenden Wagen Parkhäuser baut und dafür auf kostspielige und wenig wirksame Straßenverbreiterungen und ähnliches verzichtet ...
Die Stadt als solche bleibt stets das Erste. Es darf nicht in Abwandlung des alten Witzwortes von der gelungenen Operation und dem toten Patienten schließlich nach dem Verkehrsausbau heißen: Ein Verkehr funktioniert, Stadt tot ..." (Schmidt, W. 1961).

5.2 Ausgleichs-/Ersatzmaßnahmen Beispiel Friedberger Straße – Spickelstraße

In diesem Kapitel geht es um die zunehmend bedeutsamer gewordene Frage, wie durch den Straßenbau verursachte Eingriffe in Natur und Landschaft innerhalb des dicht bebauten Stadtgebietes bewältigt werden können?
Dieser Punkt wird nachfolgend am Beispiel des verkehrstechnischen Großprojektes „Neubau der Hochzoller Lechbrücke mit Umbau des Knotenpunktes Friedberger Straße – Berliner Allee – Am Eiskanal" näher behandelt.
Die rechtliche Grundlage zur Feststellung und Beurteilung eines Eingriffs in Natur und Landschaft, hier in das Straßenbegleitgrün und das Lechufergrün, ist das Bayerische Naturschutzgesetz: „Eingriffe in Natur und Landschaft sind Veränderungen der Gestalt oder Nut-

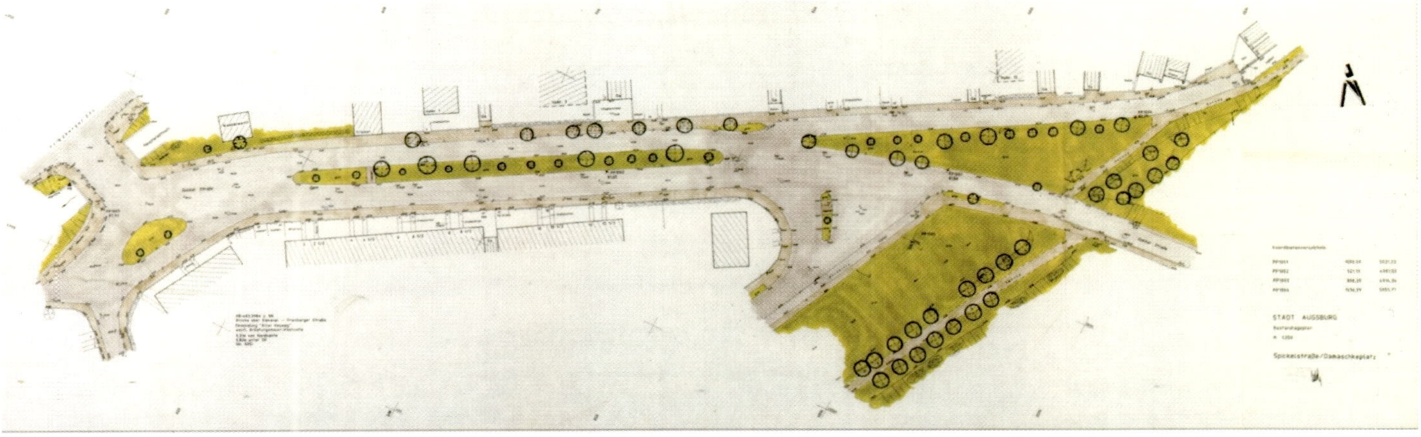

Abb. 85: Planung „Umgestaltung Spickelstraße" – Bereich Friedberger Straße/Gentnerstraße: Der Plan zeigt die vorhandene extrem hohe Bodenversiegelung mit Asphalt und die stark dezimierte, alte Eschen-Allee. – Aufgenommen 1991.

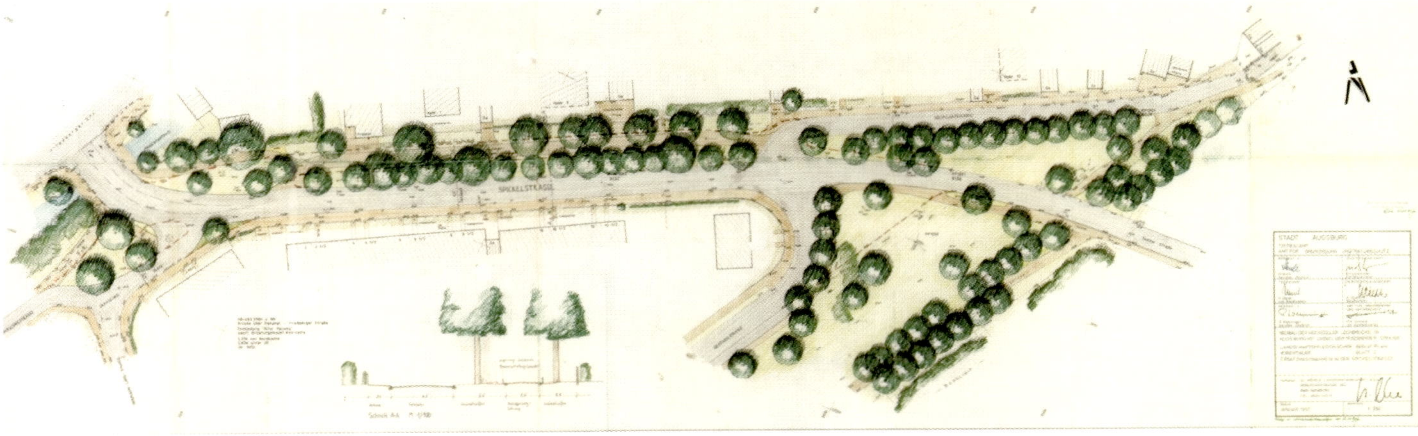

Abb. 86: Entwurf zur „Umgestaltung der Spickelstraße" – Bereich Friedberger Straße/Gentnerstraße: Dieser Entwurf zeigt Möglichkeiten auf, wie verlorengegangener Lebensraum für Straßenbäume wiedergewonnen und Verkehrsbelange gestalterisch und funktional verbessert werden können. Entwurf: Landschaftsarchitekt Uli Möhrle, Idee: Umweltreferat – Amt für Grünordnung und Naturschutz.

zung von Grundflächen, die die Leistungsfähigkeit des Naturhaushalts oder das Landschaftsbild erheblich oder nachhaltig beeinträchtigen können" (Art. 6 Abs. 1).

Im Zuge dieser Verkehrsbaumaßnahme fand ein erheblicher Eingriff in Grünflächen und Baumbestand statt. Ausgehend von der vom Stadtrat beschlossenen Planung war er nicht vermeidbar. „Der Verursacher eines Eingriffs ist verpflichtet, vermeidbare Beeinträchtigungen von Natur und Landschaft zu unterlassen sowie unvermeidbare Beeinträchtigungen innerhalb einer zu bestimmenden Frist durch Maßnahmen des Naturschutzes und der Landschaftspflege auszugleichen, soweit es zur Verwirklichung der Ziele des Naturschutzes und der Landschaftspflege erforderlich ist ... Ausgeglichen ist ein Eingriff, wenn nach seiner Beendigung keine erhebliche oder nachhaltige Beeinträchtigung des Naturhaushalts zurückbleibt und das Landschaftsbild landschaftsgerecht wiederhergestellt oder neu gestaltet ist ... Ist der Eingriff nicht ausgleichbar, so können vom Verursacher Ersatzmaßnahmen gefordert werden" (BayNatSchG Art. 6 a).
Der Rückbau der Spickelstraße überzeugt vor allem auch deswegen, weil hier zum ersten Mal der Weg zur Flächenrückgewinnung durch Bodenentsiegelung gegangen wird, also der Beseitigung von überflüssigen Asphaltflächen, die im besonderen allgemeinen Interesse liegt und keinerlei Beeinträchtigung berechtigter privater Interessen erkennen läßt. Die in der Spickelstraße geplanten Ersatzmaßnahmen wurden nach Art. 6 b Abs. 4 BayNatSchG in einem landschaftspflegerischen Begleitplan (Text, Pläne) dargestellt und begründet.
Ein anderer wichtiger Punkt, der hier nicht übersehen werden sollte, ist die objektiv nachweisbare Zerstörung der alten doppelreihigen Eschen-Allee durch den früheren Straßenausbau.

Abb. 87: Spickelstraße: Eine Allee, die vor sich hinkümmert und dringend wieder mehr Lebensraum benötigt.

Abb. 88: Spickelstraße: Die alte Eschen-Allee wurde durch Straßenbaumaßnahmen in der Vergangenheit stark geschädigt.
Fotos: Kurt R. Schmidt

Abb. 89: Spickelstraße: Ein Beispiel dafür, wie Baumstandorte in der Vergangenheit durch Maßnahmen des Straßenbaus zerstört worden sind.

Die in der Spickelstraße noch in wenigen Resten vorhandene alte „Stadt-Allee" bestand schon um das Jahr 1849 entlang eines Weges, der vom Schäfflerbach kommend nach Westen vorbei an der Pulvermühlschleuse (Friedberger Straße) über die heutige Spickelstraße bis zum Siebentischwald führte. Die Verwirklichung der vom Stadtrat beschlossenen Ersatzmaßnahme (Drucks. Nr. 91/00100 v. 06.03.1991) könnte auch als eine Art späte „Wiedergutmachung" an den bedrohten Stadtbäumen in der Spickelstraße gesehen werden.

Abb. 90: Spickelstraße – Bereich Friedberger-/Gentnerstraße 1992: Die Verkehrsflächen sind überdimensioniert und können ohne Nachteile für die Bürger zurückgebaut werden.

6. Schlußbemerkung – Ausblick

Straßenräume ästhetisch anspruchsvoll und funktionsgerecht zu gestalten, war in Augsburg schon immer ein besonderes Anliegen von Rat und Verwaltung. Dieses Bemühen findet in vielfältiger Weise Ausdruck, vor allem in dem grünen Erscheinungsbild, das von imposanten alten Alleen im Bereich des Stadtwaldes und eindrucksvollen Neuanpflanzungen im Universitätsviertel geprägt wird, um nur einige Beispiele zu nennen. Aber auch in einer interessanten statistischen Zahl wird dies deutlich: So standen am Jahresende 1992 an Augsburger Straßen und auf Stadtplätzen rund 22.000 Alleebäume in vielen Gattungen, Arten und Sorten (vgl. Kap. 3). Sie umfaßen Einzelbaumstandorte und ausdrucksstarke Baumgruppen ebenso wie mehrreihige Alleen unterschiedlichen Alters. Eines haben diese Stadtbäume gemeinsam, sie stehen ausnahmslos alle auf mehr oder weniger artfremden Extremstandorten. Wenn man sich hiervon ausgehend bewußtmacht, daß die überwiegend verwendeten heimischen Straßenbäume „Kinder des Waldes" und keine „Wüstenpflanzen" sind, dann wird deutlich, was wir dieser Gruppe von Stadtbäumen alles zumuten. Hinzu kommen noch eine Menge von anderen Umweltbelastungen und Streßfaktoren, die das Wachstum der Straßenbäume negativ beeinflussen. Deswegen ist im Prinzip gegen die allgemein feststellbare Tendenz, im Zuge von Straßenbaumaßnahmen möglichst viele Bäume (erstmalig oder nachträglich!) zu pflanzen, auch nichts einzuwenden. Trotzdem muß hier aus fachlicher Sicht vor Übereifer durch selbst ernannte Fachleute gewarnt werden. Es kommt wirklich nicht in erster Linie auf die „Stückzahl" der Bäume an, die gepflanzt werden, sondern vielmehr darauf, ob sie an den geplanten Standorten wachsen und überleben können. Geschieht dies nicht, dann wird Baumgrün zwar in guter Absicht gestalterisch eingesetzt, aber letztendlich als Alibi und grünes Requisit mißbraucht. Die Folgen einer solchen Handlungsweise sind in aller Regel hoher Energie- und Kostenaufwand bei der späteren Pflege. Das „künstliche" von der Erde isolierte „Grünprodukt" kann oft nur so am Leben erhalten werden. Eines dieser unerfreulichen und kostenaufwendigen „Baumgrün-Produkte" aus früherer Zeit sind die Kugel-Ahorn in der Bürgermeister-Fischer-Straße, die in fahrbahnbegleitenden Betontrögen stehen. Die zuerst nach südländischem Vorbild gepflanzten „Trompeten-Bäume" (Catalpa bignonioides) waren nach wenigen Jahren, trotz intensiver gärtnerischer Pflege, abgestorben. Sie mußten aus den Betontrögen entfernt und durch die erwähnten Kugel-Ahorn ersetzt werden. Bäume pflanzt man vernünftigerweise eben nicht in „Blumentöpfe", sondern in die Erde.

Ein wichtiger Grundsatz, der in Augsburg streng gehandhabt wird, lautet: „Alte Bäume erhalten und neue Bäume pflanzen ist eine in die Zukunft gerichtete Aufgabe."

Bei allem Positiven, was über die bisherige Entwicklung des Augsburger Baumgrüns zu berichten ist, drängt sich kritisch gesehen zunehmend die Frage auf: Welche Überlebenschancen werden die Stadtbäume und alten Alleen in Zukunft noch haben, wenn der KFZ-Verkehr weiter zunimmt und die Straßenräume noch dichter befahren werden als heute? Straßenräume in Wohngebieten als Lebensräume zu begreifen und entsprechend mit Baumgrün zu gestalten, ist ein erklärtes Ziel der Stadtplanung. Dem steht, realistisch betrachtet, die prognostizierte Verkehrsentwicklung ziemlich entgegen. Nach jüngsten Presseveröffentlichungen werden die heute in Deutschland zugelassenen 29 Millionen Kraftfahrzeuge um weitere 16 Millionen auf insgesamt 45 Millionen bis zum Jahre 2010 ansteigen (AZ v. 11.09.1992). Landschaftsverbrauch und Bodenversiegelung werden dann wahrscheinlich unvorstellbare Ausmaße annehmen.

Was wir in Zukunft brauchen, ist eine starke Anwaltschaft für die „Bäume im Lebensraum Stadt", weil sich diese Lebensart selbst nicht wehren und verteidigen kann.

7. Literatur

BALDER, H., 1990: Krankheiten und Schädlinge an Bäumen. In: Neue Landschaft 35, 172–176

BDLA-PREIS 1981: Augsburg „Umsteigeanlage" Königsplatz und angrenzende Fußgängerbereiche. In: Sonderdruck Garten und Landschaft 9/81, 696–699

BODE, P. M., 1986: Alptraum Auto – Eine hundertjährige Erfindung und ihre Folgen. München

BÖLSCHE, J. (Hrsg.) u. a., 1984: Im Jahr 2000 ohne Bäume. In: Spiegel-Buch Natur ohne Schutz. Reinbeck

BRELOER, H., 1990: Verkehrssicherungspflicht bei Bäumen. In: Neue Landschaft 35, 181–186

BROMME, 1937: Sind Alleen und Einzelbäume an der Straße in ihrer Beziehung zum Verkehr, zur Landschaft und zum Ortsbild künftig lebensberechtigt? In: Mitteilungen der Deutschen Dendrologischen Gesellschaft Nr. 49, 165–173. Dortmund

BUNDESMINISTER FÜR RAUMORDNUNG, BAUWESEN und STÄDTEBAU 1988: Städtebauliche Lösungsansätze zur Verminderung der Bodenversiegelung am Beitrag zum Bodenschutz – Schriftenreihe Forschung H. Nr. 456. Bonn – Bad Godesberg

BUNZEL, A., 1992: Begrenzung der Bodenversiegelung – Difu – Beiträge zur Stadtforschung. Berlin

EHSEN, H., 1990: Sicherung der Lebensbedingungen unserer Straßenbäume. In: Neue Landschaft 35, 92–99

EUROPARAT 1980/82: Städte zum Leben – Europäische Kampagne zur Stadterneuerung. London, Berlin.

GRAEBNER, P., 1909: Die Pflanzenwelt Deutschlands

HEERWAGEN, L., 1915: Gartenbau und Gartenkunst – von den Anfängen bis zum heutigen Tage. Augsburg

HENNEBO, D., 1977: Städtische Baumanpflanzungen in früherer Zeit. In: MEYER, F. H.: Bäume in der Stadt. Stuttgart

HOFFMANN, A., 1904: Anlagen und Alleen in der Stadt Augsburg. In: Hygienische und Soziale Betätigung deutscher Städte, 63–71. Düsseldorf

HUTTER, S. und MÜLLER, N., 1988: Zustandserfassung der Bäume an Straßen und Plätzen in Augsburg. In: Augsburger Ökologische Schriften. Stadt Augsburg Amt für Umweltschutz und Grünordnung (Hrsg.) 1, 129–154

KALTENBRUNNER, G.-K., 1977: Adieu ihr Städte. Die Sehnsucht nach einer wohnlicheren Welt. Herderbücherei INITIATIVE 19. Freiburg, Basel, Wien

KIESSLING, H. und LOHRMANN, U., 1987: Türme – Tore – Bastionen. Die Reichsstädtischen Befestigungsanlagen Augsburgs. Augsburg

KÖSTLER, J. N. u. a., 1968: Die Wurzeln der Waldbäume. Hamburg, Berlin

KÜHN, R., 1961: Die Straßenbäume. Hannover, Berlin

LÖTSCH, B., 1986: Stadtökologie als Politik. Sonderdruck aus „Umweltreport Österreich". Wien

MAETHE, H., 1979: Bäume wachsen „fast" – allein. Vortrag SCHMIDT, K. R. in Nürnberg. In: Deutsche Baumschule 10, 366–367

ders.: Bäume in der Stadt – Eine Übersicht. CMA und BDB (Hrsg.). Bonn, Pinnberg

MANČAL, J., 1985: Königsplatz. In: Augsburger Stadtlexikon. Augsburg

MEYER, F. u. a., 1978: Bäume in der Stadt. Stuttgart

MITTULA, R., 1977: Spaziergang durch Alt-Augsburg. Augsburg

REFERAT 8, 1992: Fortschreibung des GVA; Entwurf für Leitlinien, Ziele und Planungsprogramm – Stadtratsvorlage Drucks. Nr. 92/00509. Augsburg

RUCKDESCHEL, W., 1984: Technische Denkmale in Augsburg – Eine Führung durch die Stadt. Augsburg

SCHMIDT, K. R., 1984: Sterben Bäume wirklich in der Stadt? In: Neue Landschaft 29, 785–795

ders., 1985: Gedanken zur Stadtökologie. In: Deutscher Rat für Landespflege 47, 717–724

ders., 1993: Zur aktuellen Situation der Bäume im innerstädtischen Umfeld. In: Tagungsband Augsburger Baumpflegetage, 1–22
SCHMIDT, W., 1961: Stadterneuerung. In: Neue Schriften des Deutschen Städtetages – Erneuerung unserer Städte 6, 35–49
ders., 1968: Augsburgs städtebauliche Entwicklung. In: Garten und Landschaft 5, 154–155
SCHNEIDER, U., 1993: Bestandsentwicklung der Augsburger Straßenbäume. In: Augsburger Ökologische Schriften. Stadt Augsburg – Amt für Grünordnung und Naturschutz (Hrsg.) 3, 133–145
SCHRÖDER, K. u. a., 1992: Straßenbäume – Bäume ohne Zukunft? In: Landschaftsarchitektur 04/92 – Beilage Baumpflege
SENGENBERGER, E., 1963: Das Grün in unserer Stadt. In: 100 Jahre Gartenbaugruppe Augsburg und Umgebung 1863–1963, Festschrift, 31–51
SEYBOTH, G., 1978: Wandlungen einer Stadt. Augsburg
UMWELTBUNDESAMT (Hrsg.), 1991: Sanierung umweltgeschädigter Park- und Straßenbäume. In: Jahresbericht 1991, 87. Berlin
UNGEWITTER, R., 1932: Amerikanische Autostraßen – Eine kritische Betrachtung. In: Gartenkunst 45, 178–182
WIELAND, D. u. a., 1983: Grün kaputt – Landschaft und Gärten der Deutschen

Fotos: Kurt R. Schmidt

Anschrift des Verfassers:

Kurt R. Schmidt
Ltd. Gartendirektor
Stadt Augsburg – Amt für Grünordnung und Naturschutz
Dr.-Ziegenspeck-Weg 10
86161 Augsburg

Kapitel 3
Bestandsentwicklung der Augsburger Straßenbäume

Ulrich Schneider

Inhalt Seite

1.	Anzahl der Straßenbäume	134
2.	Artenspektrum	135
2.1	Momentane Artenverteilung	135
2.2	Veränderungen seit 1918	135
3.	Altersstruktur	137
3.1	Momentane Altersstruktur	137
3.2	Veränderungen seit 1918	138
3.3	Vergleich von Haupt- und Nebenverkehrsstraßen	140
4.	Lebenserwartung der Augsburger Straßenbäume	142
5.	Städtevergleich von Straßenbaumdaten	144
6.	Literatur	145

Statistische Daten und deren kontinuierliche Fortschreibung sind unverzichtbare Grundlagen für organisiertes planmäßiges Handeln. Die nachfolgend präsentierten Zahlen, Abbildungen und Tabellen resultieren im wesentlichen aus seit Ende der 70er Jahre regelmäßig festgehaltenen Daten über die Augsburger Straßenbäume in Form eines sogenannten Alleenplanes. Es wurde versucht, diese zunächst nackten Daten nach bestimmten Kriterien zu ordnen (z. B. nach Arten, Alter, Verkehrsbelastung), um daraus im Vergleich mit Erfahrungswerten anderer Kommunen erste Interpretationen zu ermöglichen und Anregungen beispielsweise für künftige Grünordnungsmaßnahmen zu geben.

1. Anzahl der Straßenbäume

Ein erster Alleenplan der Stadt Augsburg, der etwa aus dem Jahre 1918 stammt, belegt einen Straßenbaumbestand von 12.696 Exemplaren (ANONYM, o. J., vgl. Kap. 1, S. 52–85). Demgegenüber weist der aktuelle Alleenplan 21.847 Individuen aus (Stand: 1991, s. Abb. 1).

Bis Ende der 60er Jahre unterlag der Baumbestand an Augsburgs Straßen nur geringen Schwankungen. Erst

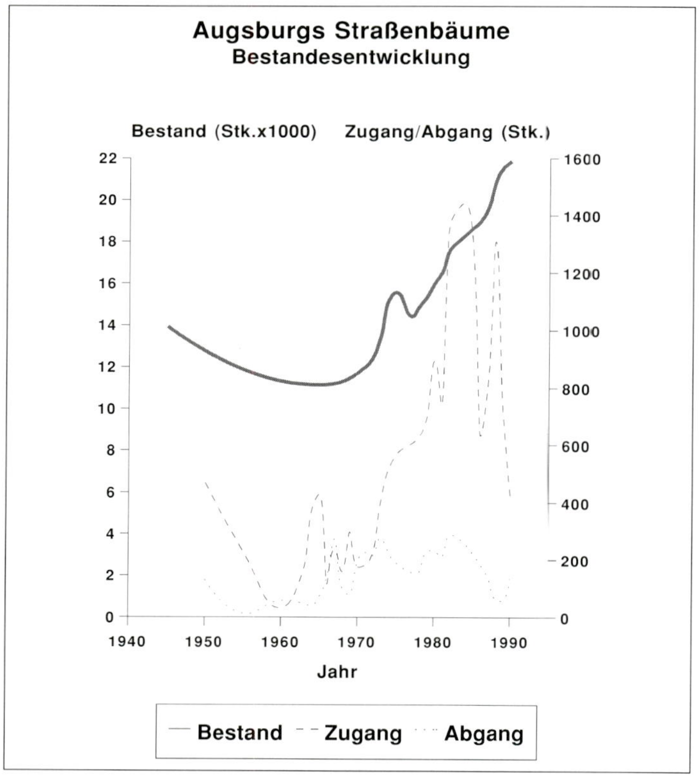

Abb. 1: Bestandsentwicklung der Augsburger Straßenbäume zwischen 1945 und 1990 (linke Y-Achse) sowie jährliche Zu- und Abgänge (rechte Y-Achse)

Abb. 2: Lindenallee an der Ilsungstraße

ab diesem Zeitpunkt stieg die Anzahl der Straßenbäume mit einer durchschnittlichen jährlichen Wachstumsrate von 2,8 % auf die heute 1,8fache Menge an. Diese Zunahme spiegelt sich auch im Vergleich der jährlichen Zu- und Abgänge an Bäumen wider. Während sich die Abgangsraten pro Jahr stets im Rahmen von 100 bis 300 Stück bewegten, stieg der jährliche Zuwachs von zunächst rund 200 bis 400 ab Anfang der 70er Jahre steil auf zwischen 600 und 1.400 Stück an (s. Abb. 1).
Dieses kontinuierliche Wachstum innerhalb der letzten beiden Jahrzehnte beruhte im wesentlichen auf den Eingemeindungen 1972 (Göggingen, Haunstetten, Bergheim, Inningen) und auf der Ausweisung und Erschließung neuer Baugebiete mit entsprechender Infrastruktur. Dadurch entstand im Rahmen der Grünordnung eine Vielzahl neuer Alleen. Dies drückt sich auch in der bloßen Zunahme der von Bäumen gesäumten Straßen aus: Waren 1918 noch 126 Straßen mit einer Gesamtlänge von 60 km und 1945 mit einer Länge von 74 km 168 Straßen mit Bäumen bepflanzt,

so sind es heute bereits 243 Straßen mit 113 km Länge. Davon sind 41 % (47 km) einreihig, 55 % (62 km) zweireihig (z. B. Abb. 2) und 4 % (5 km) drei- bis fünfreihig bepflanzt.
Leider dokumentiert dieser Zuwachs an Straßenbäumen auch indirekt den seither kontinuierlich angewachsenen Landschaftsverbrauch durch Versiegelung.

2. Artenspektrum

2.1 Momentane Artenverteilung

Derzeit lassen sich die Augsburger Straßenbäume 24 verschiedenen Gattungen zuordnen. Drei Viertel davon entfallen auf Linde (34 %), Ahorn (31 %) und Esche (11 %). Acht Gattungen, darunter v. a. Kastanie und Birke, sind mit Anteilen von 1 % bis 10 % repräsentiert, die übrigen 13 liegen unter 1 % (s. Tab. 1). An Baumarten kommen momentan 43 verschiedene vor, an Arten incl. aller Sorten 57. Allein 25 % aller Straßenbäume stellt der Spitzahorn (*Acer platanoides*, s. Abb. 3) mit 5.360 Individuen, wovon allerdings 65 % jünger als 20 Jahre und nur 1 % älter als 120 Jahre sind. 69 % der Ahornbäume sind Sämlinge, die verbreitetste Sorte ist mit weiteren 21 % die „Emerald Queen", eine schmalkronige Varietät. Die jungen Baumreihen entlang der Haunstetter Straße zwischen Rotem Tor und Altem Postweg wurden beispielsweise mit dieser Sorte bepflanzt.
Mit 4.073 Exemplaren (19 %) folgen Winterlinde (*Tilia cordata*) auf Rang 2 und mit 2.415 Individuen (11 %) Esche (*Fraxinus excelsior*) auf Rang 3 der Häufigkeitsskala der Augsburger Straßenbaumarten. Mit 8 % sind noch die Holländische Linde (*Tilia intermedia*) und mit jeweils 6 % Bergahorn (*Acer pseudoplatanus*) und Roßkastanie (*Aesculus hippocastaneum*) relativ häufig (jeweils über 1.000 Individuen). Die Reihenfolge der Spezies, die mit mehr als 1 % im Straßenraum anzutreffen sind, geht aus Abb. 3 hervor, die der übrigen aus dem Alleenplan von 1990 (Tab. 1).

2.2 Veränderungen seit 1918

Im ersten Alleenplan der Stadt Augsburg, der, wie gesagt, vermutlich aus dem Jahre 1918 stammt, sind unter den Straßenbäumen 24 Arten bzw. 29 Arten incl. Sorten überliefert (s. ANONYM, o. J., vgl. Kap. 1, S. 52–85). Bereits damals waren Linde mit rund 28 % und Ahorn mit 22 %, gefolgt von Esche mit 16 % wie heute die häufigsten Gattungen bzw. Arten. Roßkastanien waren anteilsmäßig 2,5mal so oft vertreten wie momentan (13,5 %) und die jetzt nahezu verschwundenen Ulmen hatten damals noch einen Anteil von fast 12 %. Die wichtigsten Arten sind den heute noch vertretenen in Abb. 4 gegenübergestellt. Bei Betrachtung des aktuellen Alleenplanes sind heute auf Augsburgs Straßen und Plätzen im Vergleich zu vor rund 75 Jahren nicht mehr zu finden

Morus alba	–	Maulbeerbaum
Populus alba	–	Silberpappel
Populus alba „Nivea"	–	Silberpappelsorte
Pyrus communis	–	Gewöhnliche Birne
Robinia pseudoacacia „Inermis"	–	Robiniensorte
Tilia tomentosa	–	Silberlinde
Ulmus carpinifolia „Dampieri"	–	Feldulmensorte
Ulmus carpinifolia „Umbraculifera"	–	Kugelulme
Ulmus hollandica	–	Holländ. Ulme
Ulmus montana „Superba"	–	Bergulmensorte

Gründe hierfür sind wohl, daß sich mittlerweile so manche dieser Arten und Sorten für den Straßenraum mit seinen besonderen Anforderungen an den Verkehr und wegen der extremen Standortbedingungen als ungeeignet erwiesen haben (Näheres hierzu s. Kap. 4 und Kap. 5). So wirken sich z. B. die Früchte der Gewöhnlichen Birne (*Pyrus communis*) und die windbruchgefährdeten Pappelarten sowie die dornenlose Robinie (*Robinia pseudoacacia „Inermis"*) negativ auf die Verkehrssicherheit aus. Anteilsmäßig stark abgenommen hat inzwischen die Roßkastanie, vermutlich weil die früher gepflanzte Art mit ihren Früchten häufig Schäden an Kraftfahrzeugen verursachte, v. a. aber auch weil die Roßkastanie sehr unter den bis vor wenigen Jahren noch verabreichten Tausalzmengen litt und oftmals auch daran einging. Der Rückgang der Ulmen ist in erster Linie auf das Ulmensterben zurückzuführen, für die Maulbeerbäume waren vermutlich die winterlichen Temperaturen zu niedrig. Das Fehlen von Silberlinden ist umso erstaunlicher, als diese, einige Jahre unberechtigterweise als „Hummelmörder" in Verruf geratene südosteuropäische Baumart (z.B. CHEVALLERIE, 1986), potentiell gut gegen die extremen Standortbedingungen der Städte gefeit ist (STÄNDIGE KONFERENZ DER GARTENAMTSLEITER BEIM DEUTSCHEN STÄDTETAG, 1991).

***Tabelle 1:** Alleenplan der Stadt Augsburg. Bestand an Straßenbäumen sowie an Zu- und Abgängen im Jahre 1990 (Angaben in Stück)*

Baumart (botan., deutsch)	Zugang	Abgang	Bestand
Acer campestre (Feldahorn)	–	–	149
Acer platanoides (Spitzahorn)	30	34	3.715
Acer platanoides Columnare	–	–	229
Acer platanoides Emerald Queen	51	8	1.149
Acer platanoides Faassen's Black	5	1	200
Acer platanoides Globosum (Kugelahorn)	2	1	107
Acer pseudoplatanus (Bergahorn)	25	1	1.148
Aesculus carnea (Rote Roßkastanie)	1	–	193
Aesculus hippocastaneum (Roßkastanie)	53	–	1.072
Betula verrucosa (Sandbirke)	1	1	765
Carpinus betulus (Hainbuche)	–	–	38
Catalpa bigninioides (Trompetenbaum)	–	–	16
Corylus colurna (Baumhasel)	4	–	215
Crataegus coccinea (Scharlachdorn)	–	–	12
Crataegus monogyna (Weißdorn)	–	–	17
Fraxinus americana (Amerikanische Esche)	–	–	186
Fraxinus excelsior (Gemeine Esche)	94	13	2.121
Fraxinus excelsior Globosa	–	–	186
Platanus acerifolia (Platane)	–	2	425
Populus canadensis Robustus (Holzpappel)	8	5	356
Populus nigra Italica (Pyramidenpappel)	–	–	356
Prunus serrulata Kanzan (Japanische Zierkirsche)	4	4	173
Prunus serrulata Shidare Sakura (Japanische Zierkirsche)	–	–	43
Quercus pedunculata (Stieleiche)	–	–	50
Robinia pseudoacacia (Robinie, Scheinakazie)	3	4	320
Robinia pseudoacacia Bessoniana (Kegelakazie)	–	–	65
Robinia pseudoacacia Monophylla (Robinie)	–	–	38
Robinia pseudoacacia Umbraculifera (Kugelakazie)	–	–	85
Sophora japonica (Japanischer Schnurbaum)	15	–	24
Salix alba (Trauerweide)	–	–	14
Sorbus aria (Mehlbeere)	14	6	328
Sorbus aucuparia (Eberesche)	8	13	363
Sorbus intermedia (Oxelbeere)	–	1	81
Tilia cordata (Winterlinde)	165	23	3.686
Tilia cordata Greenspire (Winterlinde)	–	–	504
Tilia cordata Müllerklein (Winterlinde)	2	2	25
Tilia euchlora (Krimlinde)	2	7	791
Tilia intermedia (Holländische Linde)	–	6	1.145
Tilia intermedia Pallida (Kaiserlinde)	9	–	609
Tilia platyphyllos (Sommerlinde)	–	–	666
Ulmus glabra (Bergulme)	–	–	44
Summe	724	58	*21.847

* Incl. nachstehend angeführte Bäume:
Mit nicht mehr als 10 Exemplaren (genaue Anzahl in Klammern) traten folgende Arten bzw. Sorten auf: *Acer saccharinum* (Silberahorn) (2), *Ailanthus altissima* (Götterbaum) (4), *Catalpa bungei* (Kugel-Trompetenbaum) (6), *Crataegus crus-galli* (Hahnendorn) (9), *Crataegus carrierei* (Apfeldorn) (6), *Crataegus oxyacantha* (Weißdorn) (4), *Crataegus prunifolia* (Pflaumendorn) (2), *Fraxinus excelsior Pendula* (Hängeesche) (3), *Fagus sylvatica* (Rotbuche) (6), *Gingko biloba* (Fächerblattbaum) (5), *Juglans regia* (Walnuß) (1), *Liquidambar styraciflua* (Amberbaum) (2), *Parrotia persica* (Eisenholzbaum) (3), *Prunus cerasifera nigra* (Blutpflaume) (3), *Prunus mahaleb* (Weichselkirsche) (3), *Pterocarya fraxinifolia* (Flügelnuß) (2), *Pyrus malus* (Holzbirne) (5), *Pyrus calleryana* Chanticleer (Stadtbirne) (1), *Salix alba* Tristis (Trauerweide) (3), *Sorbus thuringiata* Fastigiata (Säuleneberesche) (2)

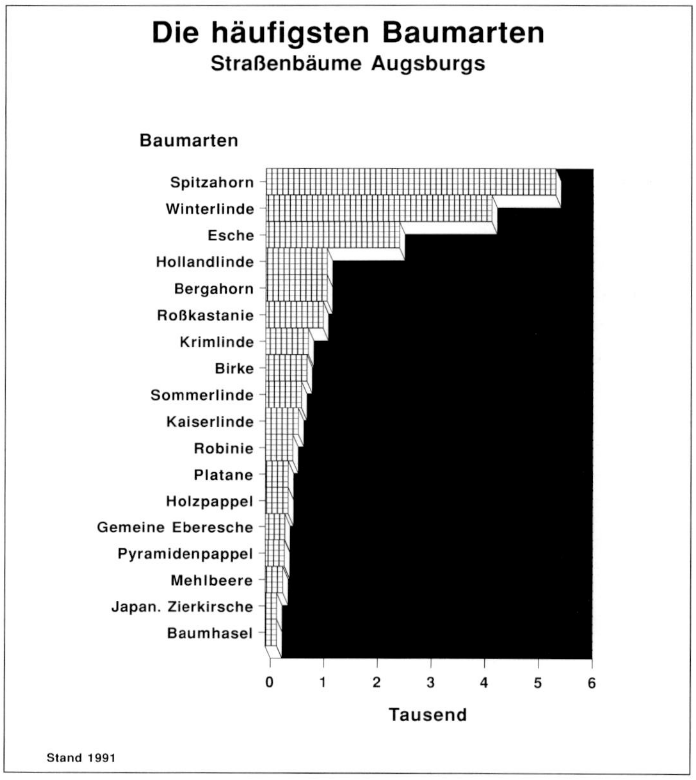

Abb. 3: Die derzeit häufigsten Straßenbaumarten in Augsburg

Seit dieser ersten Dokumentation kamen als neue Arten im Straßenraum (in verschiedenen Sorten) in nennenswertem Umfang (mindestens 50 Individuen) dazu (vgl. Abb. 4)

Aesculus carnea	– Rote Roßkastanie
Corylus colurna	– Baumhasel
Crataegus carrierei	– Rotdorn
Crataegus coccinea	– Scharlachdorn
Crataegus crus-galli	– Hahnendorn
Platanus acerifolia	– Platane
Populus canadensis „Robustus“	– Holzpappel
Prunus serrulata „Kanzan“	– Japanische Zierkirsche

Quercus pedunculata (= robur) – Stieleiche
Sorbus aria – Mehlbeere
Sorbus aucuparia – Vogelbeere
Sorbus intermedia – Oxelbeere
Tilia intermedia – Holländische Linde

Die Gründe hierfür entsprechen den o. g., d. h. es wurden seit den 20er Jahren verstärkt Arten gepflanzt, von denen man annahm, sie bereiten bezüglich der Verkehrssicherheit keine Probleme und sind stadtklimafest.
Seit Ende der 70er Jahre existiert in Augsburg ein vollständiges Baumkataster mit Alleenplan, in dem der Baumbestand genau dokumentiert wird und sozusagen jeder Baum möglichst lagegenau seine Adresse zugeordnet bekam. Aus diesen Unterlagen geht hervor, daß innerhalb des letzten Jahrzehnts, abgesehen von drei Weißdornarten in geringen Stückzahlen (*Crataegus carrierei, C. crus-galli, C. prunifolia*), keine neuen Baumarten getestet wurden. Verschwunden sind innerhalb dieses Zeitrahmens die letzten Exemplare zweier Ulmenarten (*Ulmus carpinifolia, U. hollandica*) und die einzige Österreichische Schwarzkiefer (*Pinus sylvestris* Austriaca).
Die derzeitigen Tendenzen deuten an, daß in einigen Jahrzehnten nur noch monokulturartige Straßenbaumbestände von Spitzahorn und Winterlinde in Augsburg anzutreffen sind. Es sollte deshalb verstärkt darauf geachtet werden, auch wieder andere Arten einzusetzen. Erste Versuche in dieser Richtung wurden jüngst mit japanischem Schnurbaum (*Sophora japonica*), mit Sumpfeiche (*Quercus palustris*), mit verschiedenen Ebereschenarten (*Sorbus thunbergii, S. latifolia, S. hybrida* etc.), mit Gingko (Gingkobiloba) sowie mit und neuen, resistenten Ulmenarten unternommen (vgl. Kap. 6, 4.1). Auszuprobieren wären auf alle Fälle auch Arten aus dem südosteuropäischem Raum, wie o.g. Silberlinde (Tilia tomentosa) oder kaukasische Wildbirne (Pyrus caucasica).

3. Altersstruktur

3.1 Momentane Altersstruktur

Abb. 5 zeigt die momentane Altersverteilung des Augsburger Straßenbaumbestandes. Auf Grundlage des Baumkatasters mit Alleenplan des Amtes für Grünordnung und Naturschutz wurde eine Einteilung in Altersklassen von jeweils 10 Jahren vorgenommen, die später aus Gründen der besseren Übersichtlichkeit in Klassen von jeweils 20 Jahren zusammengefaßt wurde. Für die Auswertung wurde zu dem im Baumkataster angegebenen Pflanzjahr ein mittleres Alter der

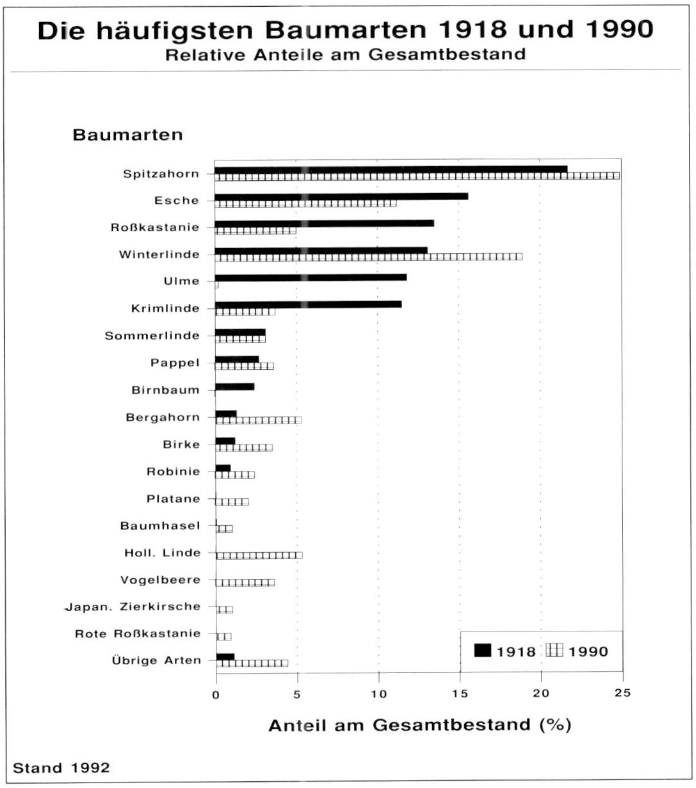

Abb. 4: Anteil der häufigsten Straßenbaumarten Augsburgs in den Jahren 1918 (schwarze Balken) und 1990 (schraffierte Balken).

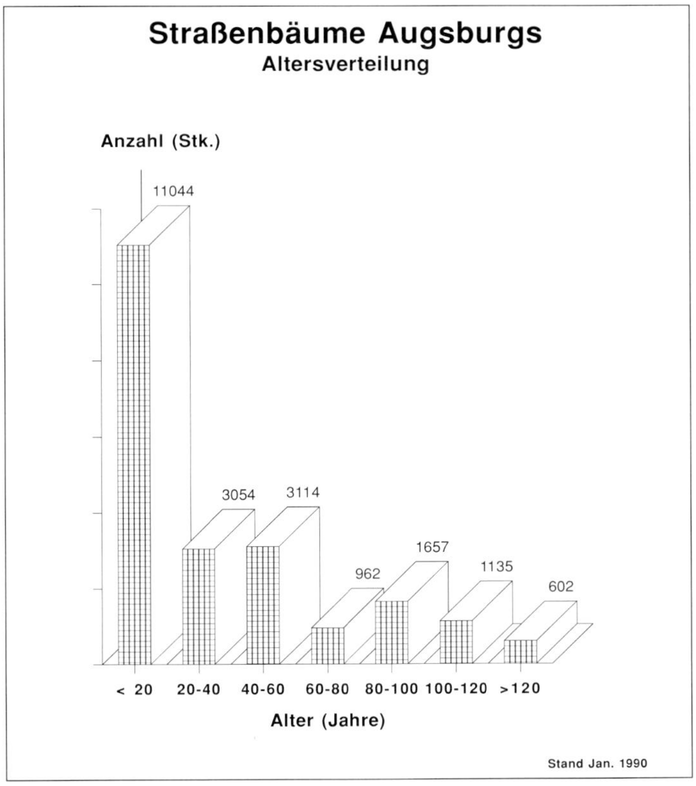

Abb. 5: Altersverteilung des Augsburger Straßenbaumbestandes (Stand 1990).

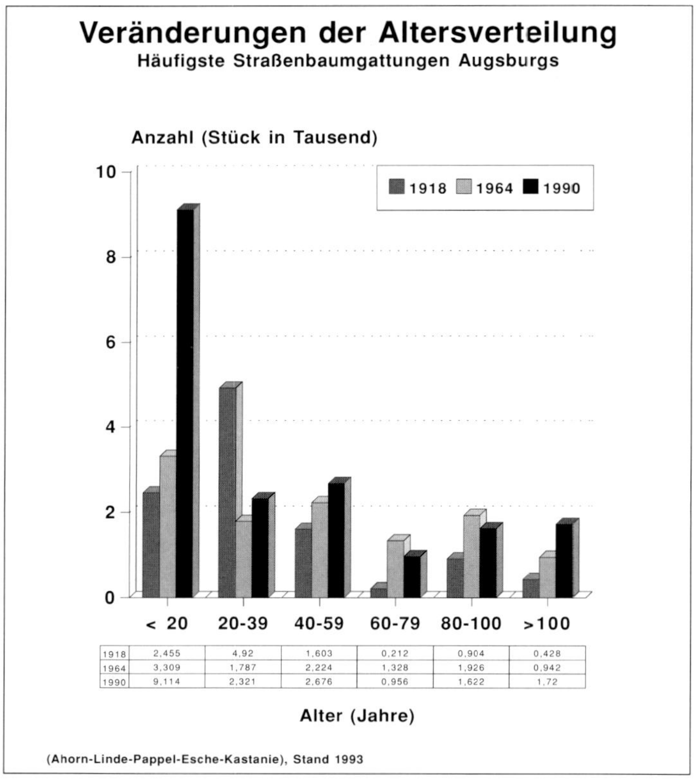

	< 20	20-39	40-59	60-79	80-100	>100
1918	2,455	4,92	1,603	0,212	0,904	0,428
1964	3,309	1,787	2,224	1,328	1,926	0,942
1990	9,114	2,321	2,676	0,956	1,622	1,72

Abb. 6: Vergleich der Altersverteilung der häufigsten Augsburger Straßenbaumgattungen (Ahorn, Esche, Kastanie, Linde, Pappel) in den Jahren 1918, 1964 und 1990.

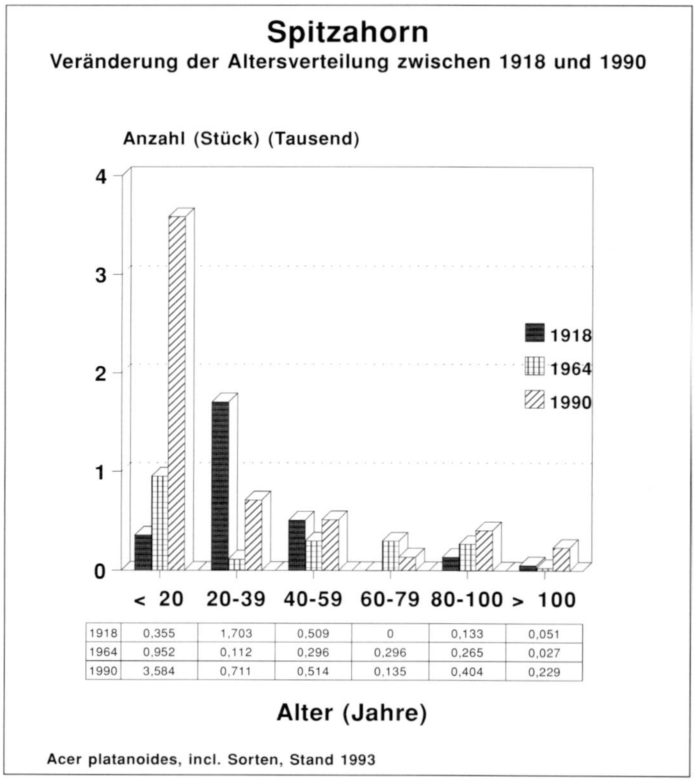

	< 20	20-39	40-59	60-79	80-100	> 100
1918	0,355	1,703	0,509	0	0,133	0,051
1964	0,952	0,112	0,296	0,296	0,265	0,027
1990	3,584	0,711	0,514	0,135	0,404	0,229

Abb. 7: Veränderungen der Altersverteilung der im Augsburger Stadtgebiet an Straßen vertretenen Spitzahorne (alle Sorten) zwischen 1918, 1964 und 1990.

Bäume von 10 Jahren zum Pflanzzeitpunkt hinzugerechnet.
Die Altersverteilung macht deutlich, daß über 50 % der Straßenbäume kaum 20 Jahre alt und fast 80 % unter 60 Jahre alt sind. Im Bereich zwischen 40 und 120 Jahren dagegen ist eine kontinuierliche Abnahme zu verzeichnen (Abb. 5), die darauf hindeutet, daß momentan ab einem Lebensalter von etwa 120 Jahren die Grenze der Lebenserwartung unter günstigen Standraumbedingungen zu sehen ist (s. unten, 4). Dabei zehren wohl die Bäume, die in den kommenden Jahren noch ein solch stattliches Alter erreichen, von den im Vergleich zu heute besseren Umweltbedingungen während ihrer Jugend- und Wachstumsphase bzw. von besonders günstigen Standraumverhältnissen (z. B. Bäume am Rande der Wallanlagen wie die Roßkastanien an der Forsterstraße oder an der Jakoberwall- und Oblatterwallstraße). Von Straßenbäumen, die in den letzten Jahrzehnten und bis heute gepflanzt wurden, ist aufgrund der verschlechterten Standortbedingungen eine wesentlich kürzere Lebensdauer von vielleicht 40 bis 80 Jahren zu erwarten.

3.2 Veränderungen seit 1918

Der o. g. Allenplan von 1918 (ANONYM o. J.) sowie der Beginn der Fortführung eines Alleenplanes Mitte der 60er Jahre ermöglichen einen interessanten Vergleich der Altersstruktur der Straßenbäume von damals und heute, zumindest für wichtige Gattungen wie Ahorn, Linde, Pappel, Esche und Kastanie (incl. aller Arten und Sorten). Diese Gattungen umfaßten 1918 und 1964 mit 83 % aller Straßenbäume einen fast identischen Anteil wie 1990 mit 85 %, so daß ein direkter Vergleich, wie er in Abb. 6 dargestellt ist, zulässig erscheint.
Abb. 6 zeigt, daß 1990 die Anzahl der Bäume der Altersstufe unter 20 Jahren weit höher liegt als in den Jahren 1918 oder 1964. Auch gemessen an den Gesamtbeständen der betreffenden Baumgattungen der jeweiligen Jahrgänge, ist der Anteil der jungen Baumarten 1990 mit 50 % etwa doppelt so hoch wie rund 70 Jahre (23 %) bzw. 25 Jahre (29 %) vorher.
Ähnliches trifft auf die Altersklasse 20–39 Jahre für den Jahrgang 1918 zu. Relativ betrachtet ist der Anteil dieser Altersgruppe 1918 2,4mal höher als 1964 und dreimal höher als 1990. Die nächste Altersstufe macht in allen drei Fällen einen Anteil von 15–20 % aus. In den Altersgruppen von 60 bis 100 Jahren ist tendenziell 1964 ein höherer relativer Baumanteil erkennbar

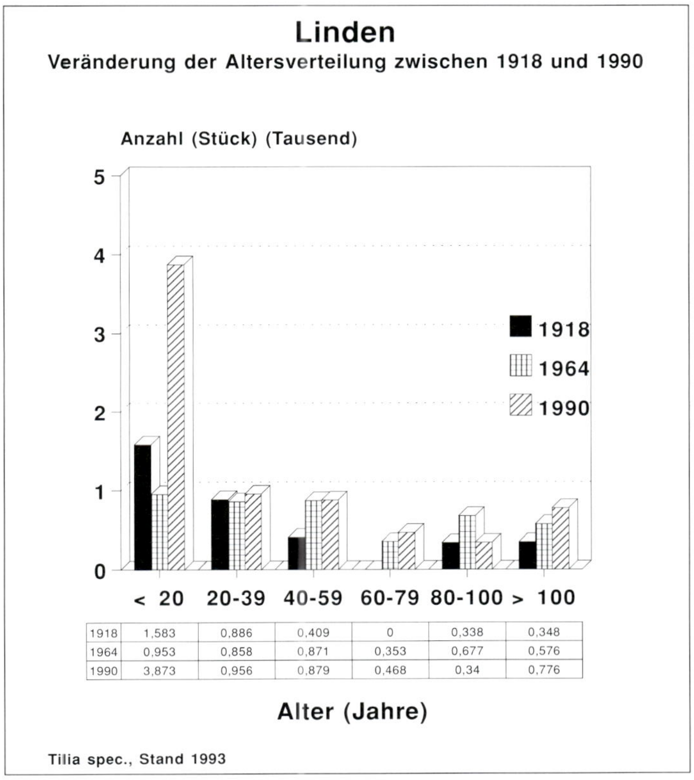

	< 20	20-39	40-59	60-79	80-100	> 100
1918	1,583	0,886	0,409	0	0,338	0,348
1964	0,953	0,858	0,871	0,353	0,677	0,576
1990	3,873	0,956	0,879	0,468	0,34	0,776

Abb. 8: Veränderungen der Altersverteilung der im Augsburger Stadtgebiet an Straßen vertretenen Linden (alle Arten und Sorten) zwischen 1918, 1964 und 1990.

als 1918 und 1990. 1990 wiederum existieren mit rund 1.700 Exemplaren nahezu doppelt so viele Straßenbäume, die über 100 Jahre alt sind, als 1918.
All diese Unterschiede lassen sich folgendermaßen interpretieren: Offensichtlich wurden etwa 30 Jahre vor den ersten Baumzählungen Straßenbaumpflanzungen in großem Stile durchgeführt, also etwa zwischen 1880 und 1890 (vgl. Kap. 1). So konnte der hohe Anteil an 20–39jährigen Bäumen zustande kommen (s. Abb. 6). Anschließend war vermutlich der Bedarf weitgehend gedeckt, so daß die jüngeren Bäume (Altersklasse 20 Jahre) in erster Linie auf den Ersatz von abgängigen Bäumen zurückzuführen sind. In jener Zeit wurden die Bäume demnach entweder nicht so alt wie heutzutage oder es wurden zahlreiche Bäume während des Ersten Weltkrieges z. B. für Bauholz- oder Brennholzgewinnung gefällt (vgl. Kap. 1). Mit Sicherheit wurden damals auch keine besonderen Vorkehrungen bezüglich Baumqualität, Bodenverbesserung usw. getroffen, andererseits dürften aber die übrigen Umweltbedingungen mit geringeren Verkehrs- oder Industrieimmissionen für die Straßenbäume noch erheblich besser gewesen sein als heute.
Die für 1964 ermittelte Altersverteilung ist relativ gleichmäßig auf alle Altersstufen verteilt. So bewegen sich die Altersklassen zw. 20 und 100 Jahren im Rahmen von 12 % und 19 %. Dies kann darauf zurückgeführt werden, daß der Gesamtbestand seit 1918 kaum angewachsen war (12.916 gegenüber 13.875) und somit nur Abgänge durch Neuzugänge ersetzt wurden. Während demnach für 1964 eine insgesamt ausgewogene Altersverteilung des Straßenbaumbestandes erkennbar ist, trifft dies für den aktuellen Bestand mit rund 50 % Jungbäumen nicht mehr zu (Abb. 6).

Wie bereits weiter oben dargestellt, dürfte die Ursache hierfür aber nicht etwa in einer abnehmenden Baumvitalität liegen, sondern v. a. auf die seit Jahren anhaltende Ausweisung von Neubaugebieten und die damit verbundenen Grünordnungsmaßnahmen zurückzuführen sein (s. oben, 1).

Greift man aus dem Gesamtbestand Linden und Spitzahorn als Gattung bzw. Art mit den häufigsten Individuen heraus, stellt sich ein ähnliches Bild wie bei Betrachtung der Gesamtbestände dar (Abb. 7 und 8). In beiden Fällen ergibt sich eine für die Jahre 1918 und 1964 weitgehend ausgeglichene Altersstruktur. Nur in der Altersgruppe 60–79 Jahre klafft sowohl bei Linden

Abb. 9: 160jährige Winterlinde an der Hirblinger Straße

als auch beim Spitzahorn 1918 eine Lücke, die nicht definitiv geklärt werden konnte. Eventuell liegen die Ursachen in der Datenerhebung. Der reelle Bestand dürfte zwischen den Zahlen der Altersstufen 40–59 und 80–100 Jahre liegen.
Beim Spitzahorn (Abb. 8) fällt der gegenüber anderen Altersgruppen erhöhte Anteil der 20–39jährigen Individuen des Jahrgangs 1918 auf. Dieser kann darin begründet sein, daß – wie bereits weiter oben erörtert – Ende des vorausgehenden Jahrhunderts verstärkt Neuanpflanzungen von Straßenbäumen eingesetzt hatten. Weiterhin deuten die Vergleichswerte der Altersgruppe 100 Jahre an, daß in jüngster Zeit der Spitzahorn an unseren Straßen länger überlebt als noch vor etwa 25 bzw. 75 Jahren. Ursache hierfür könnten die seit dieser Zeit eingesetzten neuen Züchtungen sein, die augenscheinlich den widrigen Umweltverhältnissen an den Straßen besser widerstehen als die Ausgangsart. Allerdings ist diese Tendenz statistisch nicht gesichert zu belegen.
Bei Linden ist ein solcher Trend zwischen den untersuchten Jahrgängen nicht erkennbar. Hier bewegt sich der Anteil der über 100 Jahre alten Bäume zwischen 9 % und 13 % (Abb. 8). Der gegenüber jüngeren Altersstufen höhere Anteil resultiert daraus, daß diese Gattung und dabei insbesondere die Winterlinde in Augsburg weit über 100 Jahre alt wird (Abb. 10).

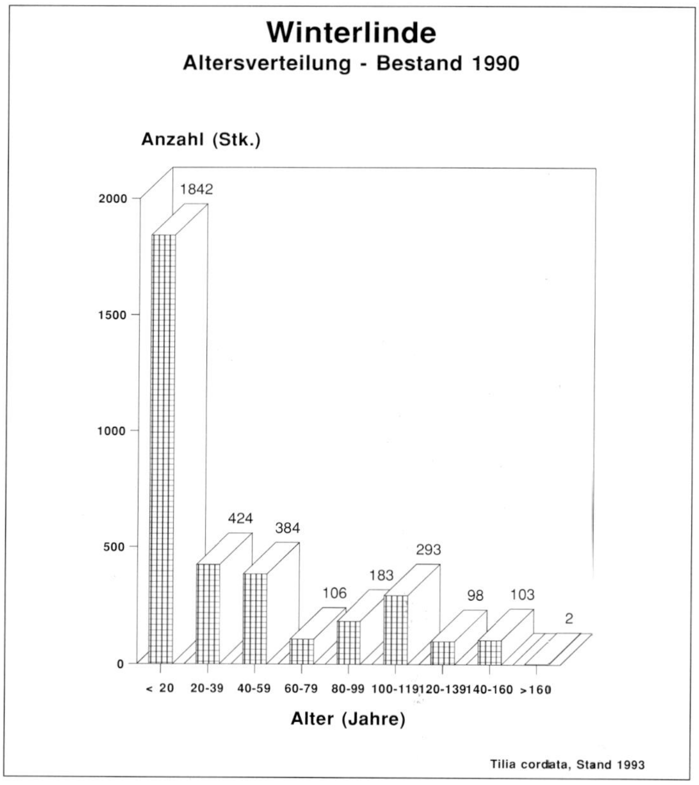

Abb. 10: Altersverteilung der an Augsburgs Straßen vertretenen Winterlinden.

Noch eklatanter als beim aktuellen Gesamtbestand treten sowohl bei Spitzahorn als auch bei Linde die Anteile der Jungbäume (<20 Jahre) mit 64 % (Spitzahorn) bzw. 53 % (Linden) zum Vorschein. Hauptursache hierfür ist, daß bei Neupflanzungen an Straßen in Augsburg sehr häufig auf diese Arten bzw. Gattungen zurückgegriffen wird (vgl. oben).

Wie bereits erwähnt, besteht hier dringender Handlungsbedarf, künftig auch wieder auf andere Arten zurückzugreifen; denn die Anfälligkeit mit entsprechenden Konsequenzen, die sich durch den beharrlichen Ausbau von Monokulturen ergeben können, wurden in den letzten Jahren auf katastrophale Weise vorgeführt (z. B. Waldsterben, Sturmschäden, Ulmensterben).

Teilt man in noch weitere Altersstufen ein, wie z. B. bei den in Abb. 10 dargestellten Winterlinden, die momentan 47 % der an Augsburger Straßen befindlichen Linden ausmachen, wird bei dieser Art eine Lebenserwartung im Straßenraum von weit über 100 Jahren ersichtlich (über 14 %). Abb. 9 zeigt beispielsweise die bekannte Winterlinde am Ortsende von Augsburg an der Hirblinger Straße. Der Baum wurde gemäß Aufzeichnungen 1840 gepflanzt und konnte unter für einen Straßenbaum relativ günstigen Wachstumsbedingungen am Siedlungsrand bislang rund 160 Jahre überdauern (dabei wird ein Alter von rund 10 Jahren zum Pflanzzeitpunkt unterstellt). Ob allerdings auch heute noch im Moment angepflanzte Linden ein Alter von über 100 Jahren an Straßen erreichen, ist sehr zweifelhaft (s. o.).

3.3 Vergleich von Haupt- und Nebenverkehrsstraßen

Um den Einfluß der im Zusammenhang mit dem Straßenverkehr auftretenden Emissionen auf die Straßenbäume verdeutlichen zu können, wurde die Altersverteilung der Bäume an Hauptverkehrsstraßen derjenigen des Bestandes der übrigen Straßen gegenübergestellt (Abb. 11). Gemessen am Gesamtbestand machen die Bäume an verkehrsreichen Straßen 32 % aus (6.952 Stk. gegenüber 21.561 Stk., Stand: 1991). Wenn man das Lebensalter von Bäumen als Indikator für deren Vitalität in Betracht zieht, geht aus Abb. 11 eindeutig hervor, daß Bäume entlang von Hauptverkehrsstraßen eine geringere Vitalität aufweisen und weniger alt werden.
Abb. 11 zeigt die relative Altersverteilung der Straßenbäume an Haupt- und an Nebenstraßen (Differenzierung der Straßen nach JACOBEIT 1986), getrennt nach Altersklassen von jeweils 20 Jahren. Aus der Darstellung ist ersichtlich, daß, relativ gesehen, an Hauptstraßen nur etwa halb so viele Bäume älter als 60 Jahre sind als an Nebenstraßen (13 % gegenüber 24 %). Noch deutlicher wird diese Tendenz durch das Verhältnis von Straßenbäumen an Hauptstraßen gegenüber

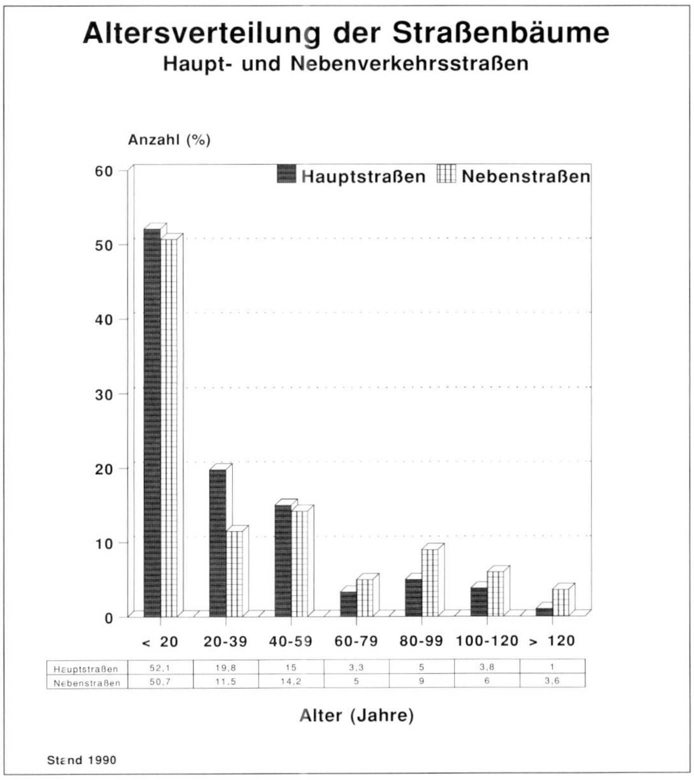

	< 20	20-39	40-59	60-79	80-99	100-120	> 120
Hauptstraßen	52,1	19,8	15	3,3	5	3,8	1
Nebenstraßen	50,7	11,5	14,2	5	9	6	3,6

Abb. 11: Vergleich der Altersverteilung der Straßenbäume an Haupt- und Nebenverkehrsstraßen in Augsburg (Stand: 1990).

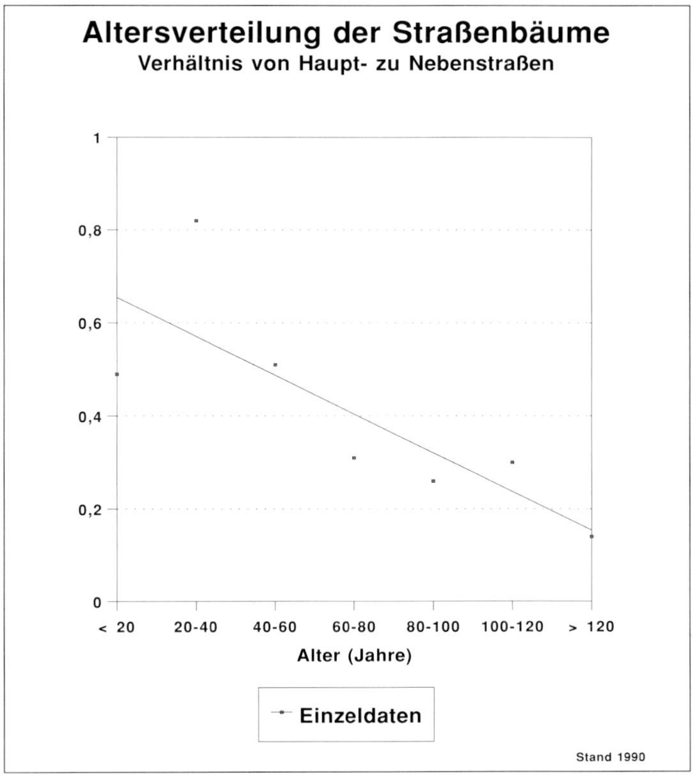

Abb. 12: Verhältnis der Anzahl von Straßenbäumen an Haupt- und Nebenverkehrsstraßen in Augsburg, differenziert nach Altersklassen (Stand: 1990).

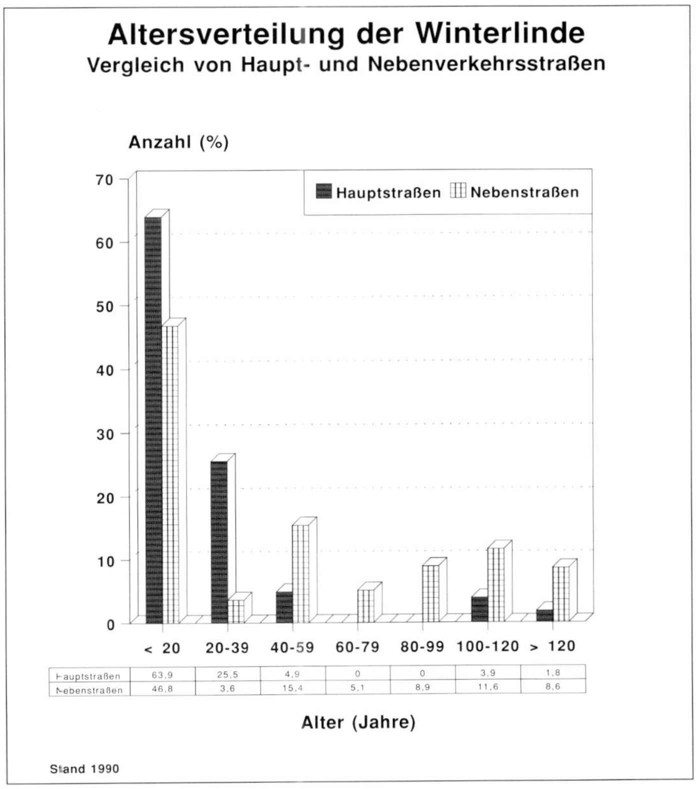

	< 20	20-39	40-59	60-79	80-99	100-120	> 120
Hauptstraßen	63,9	25,5	4,9	0	0	3,9	1,8
Nebenstraßen	46,8	3,6	15,4	5,1	8,9	11,6	8,6

Abb. 13: Vergleich der Altersverteilung der Winterlinde an Haupt- und Nebenverkehrsstraßen in Augsburg (Stand 1990).

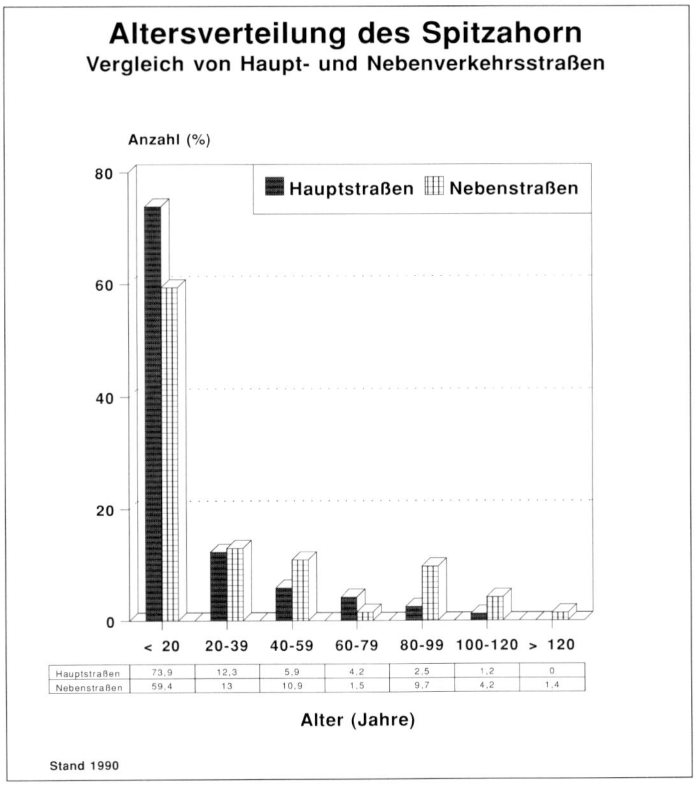

	< 20	20-39	40-59	60-79	80-99	100-120	> 120
Hauptstraßen	73,9	12,3	5,9	4,2	2,5	1,2	0
Nebenstraßen	59,4	13	10,9	1,5	9,7	4,2	1,4

Abb. 14: Vergleich der Altersverteilung des Spitzahorn an Haupt- und Nebenverkehrsstraßen in Augsburg (Stand 1990).

solchen an Nebenstraßen der jeweiligen Altersklassen (Abb. 12). Am in Abb. 12 dargestellten Trend (durchgezogene Linie) ist abzulesen, daß bereits ab einem Alter von 60–80 Jahren mehr und ab 120 Jahren 5mal mehr Bäume an Nebenstraßen stehen als an Hauptverkehrsstraßen (Verhältnis der Anzahl von Bäumen an Haupt- zu Nebenstraßen ist 0,3 resp. 0,2). Wäre beispielsweise keine unterschiedliche Altersstruktur zwischen Haupt- und Nebenverkehrsstraßen festzustellen gewesen, hätte die Trendlinie annähernd horizontal verlaufen müssen (gleichbleibendes Verhältnis).

Die gleichen Tendenzen werden auch deutlich, wenn man einzelne Baumarten aufgreift und deren Altersverteilung an Haupt- und Nebenstraßen untersucht. Beispielhaft sind hierzu wiederum die beiden in Augsburg häufigsten Baumarten Winterlinde und Spitzahorn abgebildet (Abb. 13 und 14).

Als Ursachen für das gegenüber den Nebenstraßen verfrühte Ableben von Straßenbäumen an stark befahrenen Straßen müssen ganz allgemein die noch extremeren Umweltbedingungen angesehen werden. Diese drücken sich aus in einer größeren Bodenverdichtung (Rütteleffekt) und damit in geringerer Verfügbarkeit von Sauerstoff und Wasser sowie in verstärkter Salzbelastung (s. Kap. 5, 2). Ähnliche Zusammenhänge zwischen Verkehrsbelastung und Schädigungsgrad wurden auch bei Untersuchungen des Gesundheitszustandes von Straßenbäumen im Zeitraum 1982/83 festgestellt (HUTTER und MÜLLER 1988).

4. Lebenserwartung der Augsburger Straßenbäume

Zur Lebenserwartung von Bäumen, insb. von Straßenbäumen, existieren in der Literatur wenige konkrete Daten. Dies liegt zum einen daran, daß die standörtlichen Wachstumsbedingungen der Bäume je nach Situation und Lage stark variieren; zum anderen aber auch daran, daß Zeitpunkte des Ablebens von Straßenbäumen nicht registriert werden und darum gerade bei älteren Baumindividuen kaum gesicherte Altersangaben vorhanden sind.
Auch für Augsburg liegen bislang keine genauen Informationen zur Lebenserwartung von Straßenbäumen vor, weil im Gegensatz zum Pflanzzeitpunkt Angaben zum Abgangszeitpunkt von Bäumen nicht registriert werden.

Angaben zur Lebenserwartung von Bäumen wären besonders auf kommunaler Ebene äußerst wünschenswert, weil dadurch
- nachweisbar wäre, welche Baumarten unter gegebenen Bedingungen am ehesten an ihre Lebenserwartung am natürlichen Standort herankommen und somit am besten gedeihen
- anstehende Investitionen für Ersatzpflanzungen besser kalkuliert werden könnten (Bäume, die 40 Jahre alt werden, erfordern frühere Ersatzinvestitionen und kommen somit wesentlich teurer als Bäume, die 80 Jahre alt werden)
- entscheidende Ausgangsdaten für die Baumschadensermittlung vorlägen (Schadensersatzforderungen für beschädigte Bäume).

Da, wie gesagt, genaue Angaben hierzu fehlen, jedoch dringend benötigt werden, wurde versucht, aus dem Alter der momentan existierenden Straßenbäume auf deren Lebenserwartung zu schließen.

Methode:
Ähnlich, wie unter 3.1 erläutert, wurden hierzu die Straßenbäume in Altersklassen von jeweils 10 Jahren, nach für Augsburg wichtigen Arten und Gattungen getrennt, eingeteilt, wobei zum im Baumkataster angegebenen Pflanzzeitpunkt pauschal 10 Jahre hinzugezählt wurden. Anschließend wurde ermittelt, ab welcher Altersklasse noch mindestens 5 % der Gesamtpopulation dieser Art bzw. Gattung leben. Die Obergrenze dieser Altersklasse wurde dann als erreichbares Lebensalter für diese Baumart- bzw. -gattung unter günstigen, jedoch noch typischen Augsburger Straßenrandverhältnissen betrachtet. Durch Einhaltung des relativen Grenzwertes von 5 % sollte vermieden werden, daß beispielsweise hohe Lebensaltersdaten einzelner Baumindividuen, die durch Exposition und Standort für Straßenbäume eigentlich untypisch sind, zu zu optimistischen und damit verfälschten Ergebnissen führen würden.

Rechenbeispiel:
Bei einer Gesamtpopulation von 1.000 Stück einer Baumart sind
10 Exemplare in Altersklasse 121–130 Jahre
15 Exemplare in Altersklasse 111–120 Jahre
30 Exemplare in Altersklasse 101–110 Jahre
90 Exemplare in Altersklasse 91–100 Jahre, etc.

10 Exemplare machen bei 1.000 Stück 1 % aus, 15 weitere 2,5 % und 30 weitere 5,5 %, so daß die o. g. Mindestpopulation von 5 % im Bereich der Altersklasse 101–110 Jahre liegt. Das erreichbare Lebensalter (im folgenden auch: Lebenserwartung) der Baumart würde in diesem Fall somit 110 Jahre betragen.

Die so für wichtige in Augsburg vorkommende Straßenbaumarten bzw. -gattungen ermittelte Lebenserwartung wurde in Tab. 2 zusammengetragen und, soweit vorhanden, Literaturwerten für vergleichbare Lebensbedingungen an Stadtstraßen sowie in Grünanlagen und in freier Landschaft, sozusagen am optimalen Standort, gegenübergestellt.

Tab. 2 verdeutlicht, daß in Augsburg überraschenderweise Roßkastanien mit einer Lebenserwartung von 150 Jahren am Straßenrand im Schnitt am längsten überdauern, gefolgt von Winterlinde mit 130 Jahren, Bergahorn und Esche mit 110 Jahren sowie Spitzahorn mit 100 Jahren. Dies ist vermutlich alleine dadurch bedingt, daß diese Arten auch mit am häufigsten vorkommen. Ein Alter zwischen 70 und 90 Jahren erreichen immerhin noch Sommerlinde, Krimlinde, Holzpappel, Pyramidenpappel, Robinie und Platane. Bis zu 50 bzw. 60 Jahre alt werden Mehlbeere, Oxelbeere, Birke bzw. Holländische Linde. Vor allem die für letztere Art sowie für Platane genannte Lebenserwartung dürfte noch nicht dem Maximum entsprechen, da beide Arten erstmals vor rund 50 bzw. 70 Jahren in Augsburg in größerem Umfang an Straßen gepflanzt wurden und die jetzt ältesten Exemplare noch nicht ihren Zenit überschritten haben.
Soweit Literaturdaten für Stadtstandorte vorhanden sind, liegt die Lebenserwartung der Augsburger Straßenbäume im Bereich der Angaben für Parkanlagen und somit weit über den Angaben für Straßenstandorte. Dies liegt vermutlich daran, daß es sich bei den Literaturdaten um Durchschnittswerte handelt; zum anderen stehen in Augsburg viele der älteren Straßenbäume am Rande von Grünzügen (z. B. Wallanlagen), erreichen mit ihren Wurzeln Grundwasser oder privates Grün in Vorgärten und sind dadurch begünstigt. So erklärt sich beispielsweise auch die hohe Lebenserwartung der Roßkastanie, die in Augsburg große Tradition hat und deren älteste Exemplare entlang der Forsterstraße, im Bereich Jakoberwallstraße, Oblatterwallstraße sowie Bert-Brecht-Straße stehen (vgl. Kap. 1). Unter den betrachteten Baumarten kommt so die Roßkastanie auch zusammen mit Robinie, Spitzahorn und Mehlbeere am nächsten an ihr Lebensoptimum unter natürlichen Bedingungen in freier Landschaft heran.

Alleine die Platane liegt mit 80 Jahren Lebenserwartung im Rahmen der Literaturangaben für Straßen. Dabei haben die in Augsburg stehenden älteren Exemplare in der Ludwig-Thoma-Straße, wie oben erwähnt, noch längst nicht ihre Altersphase erreicht.
Für künftige Planungen erscheint es angebracht, möglichst langlebige Baumarten zu verwenden und gleichzeitig deren Lebenserwartung durch verbesserte Standortbedingungen zu erhöhen. Für Arten, die bereits jetzt an bestimmten Stellen nahe an ihre Lebenserwartung unter natürlichen Bedingungen heranreichen, sind die bestehenden Standortverhältnisse dort offensichtlich schon ausreichend.

Tabelle 2: *Unter günstigen Bedingungen erreichbares Lebensalter Augsburger Straßenbaumarten bzw. -gattungen im Vergleich mit Literaturangaben nach SIEWNIAK und KUSCHE 1984 sowie MAETHE 1990 a, b, c, 1991 a, b, c, d, e (Als Grenzwert für die Lebenserwartung wurde ein Anteil von mindestens 5 % lebender Individuen am Gesamtbestand einer Art bzw. Gattung angenommen.)*

Art/Gattung		Literaturangaben Lebenserwartung am Standort		
		Straße	Park	Landschaft
Spitzahorn *Acer platanoides*	100	40–80	100	150–450
Bergahorn *Acer pseudoplatanus*	110	–	–	150–600
Roßkastanie *Aesculus hippocastanum*	150	–	–	150–300
Rotblüh. Roßkastanie *Aesculus carnea*	90	–	–	–
Sandbirke *Betula verrucosa*	50	–	–	100–150
Esche *Fraxinus excelsior*	110	–	–	200–300
Holzpappel *Populus canad. Robustus*	90	–	–	–
Pyramidenpappel *Populus nigra Italica*	70	–	–	200–300
Platane *Platanus acerifolia*	80	60–100	150–200	400–500
Robinie *Robinia pseudoacacia*	80	30–60	60–120	100–200
Mehlbeere *Sorbus aria*	50	–	–	80–150
Oxelbeere *Sorbus intermedia*	50	40–60	60–100	–
Winterlinde *Tilia cordata*	130	50	100–200	300–1000
Krimlinde *Tilia euchlora*	80	–	–	1000
Holländ. Linde *Tilia intermedia*	60	–	–	–
Sommerlinde *Tilia platyphyllos*	90	–	–	1000

5. Städtevergleich von Straßenbaumdaten

Das Grünflächenamt der Stadt Hannover führte im Jahre 1989 im Auftrag der Ständigen Konferenz der Gartenbauamtsleiter beim Deutschen Städtetag einen Betriebsvergleich „Grün in den Städten" durch (GRÜNFLÄCHENAMT HANNOVER 1989). Aus diesen Informationen wurden für 16 Städte vergleichbarer Größenordnung (zw. 0,2–0,3 Mio. EW) Daten, die im Zusammenhang mit Straßenbäumen von Belang sind, ausgewählt und grafisch aufbereitet (Abb. 15, 16 und 17).
Bei Betrachtung des Bestandes an Verkehrsgrünflächen, also an aktuellen sowie potentiellen Straßenbaumstandorten, liegt Augsburg unter diesen 16 Städten auf Rang 5 (Abb. 15), also etwa im mittleren Bereich. Hierzu ist allerdings zu sagen, daß die für Augsburg angegebenen 120 ha Verkehrsgrünfläche dem Stand von Anfang 1993 entsprechen. Außerdem waren zu diesem Zeitpunkt erst 80 % des Straßenbegleitgrüns aufgemessen, so daß die übrigen 20 % hochgerechnet werden mußten.

Beim Bestand an Straßenbäumen rangiert Augsburg im Städtevergleich auf Platz 9. Bezieht man die Anzahl der Bäume auf die Einwohnerzahl, lag Augsburg 1989 mit acht Straßenbäumen je 100 Einwohner auf Platz 6 (Abb. 16), läge jedoch bezogen auf die mittlere Grünfläche pro Straßenbaum und den aktuellen Stand mit 54,5 m^2 auf Rang 5 (Abb. 17) (120 ha : 21.847 Stk.). Diese Straßenbegleitgrünfläche pro Straßenbaum entspräche somit, zumindest im Schnitt, den Mindestanforderungen der DIN 18916 – Pflanzen und Pflanzarbeiten, die an Extremstandorten eine offene Bodenoberfläche von mind. 6 m^2 und eine durchwurzelbare Fläche von mind. 16 m^2 pro Straßenbaum fordert. Wie klein solche Flächen allerdings häufig im Einzelfall aussehen müssen, geht alleine daraus hervor, daß von den rund 625 Straßen mit Grünstreifen, auf die sich die 120 Hektar Straßenbegleitgrünfläche beziehen, nur 243 von Bäumen gesäumt werden. Deren Grünfläche kann erst nach Kompletierung der genauen Aufmaße ermittelt werden.

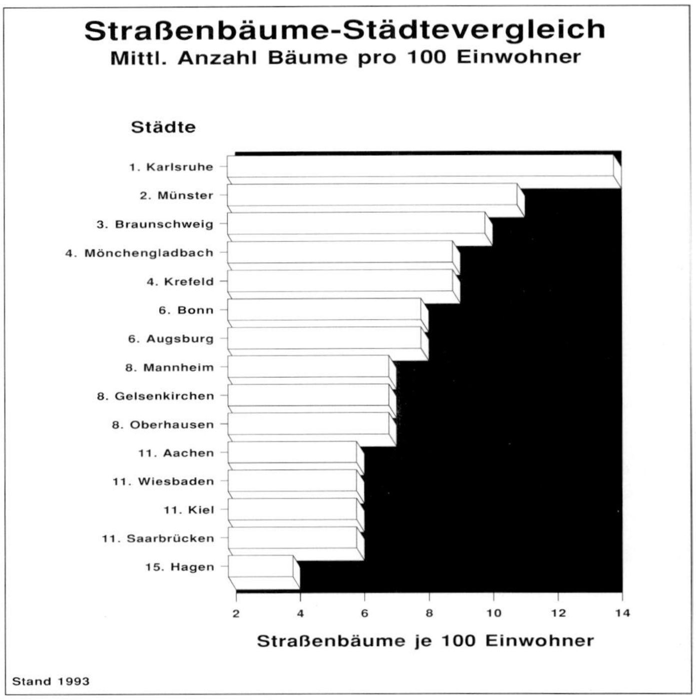

Abb. 16: Mittlere Anzahl an Straßenbäumen im Städtevergleich, bezogen auf je 100 Einwohner (Vergleichsdaten nach GRÜNFLÄCHENAMT HANNOVER 1989).

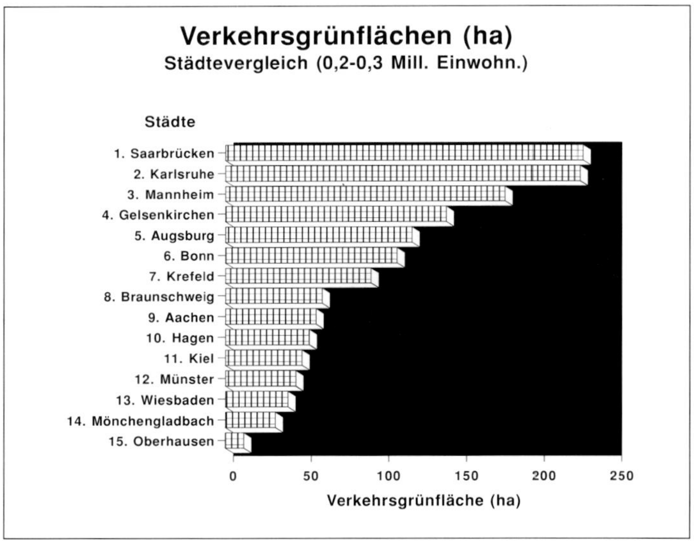

Abb. 15: Verkehrsgrünflächen als potentielle Standflächen für Straßenbäume im Städtevergleich (Vergleichsdaten nach GRÜNFLÄCHENAMT HANNOVER 1989).

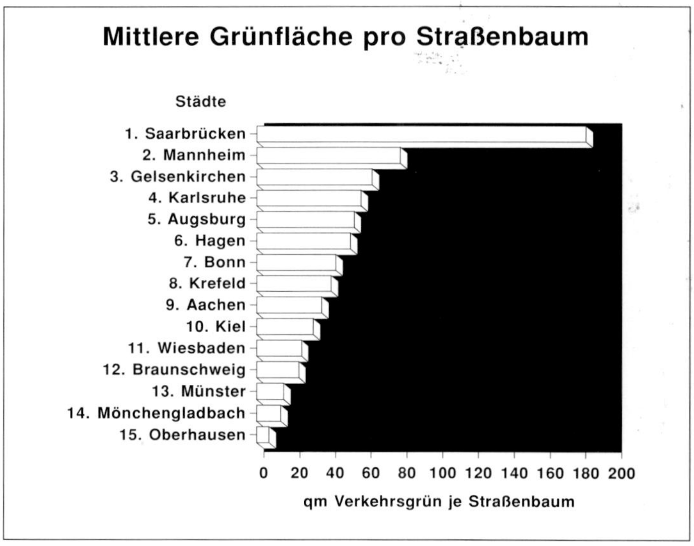

Abb. 17: Mittlere offene Standfläche (Grünfläche) pro Straßenbaum im Städtevergleich (Vergleichsdaten nach GRÜNFLÄCHENAMT HANNOVER 1989).

6. Literatur

ANONYM, o. J.: Verzeichnis über Alleebäume der Stadtgemeinde Augsburg. 85 p., unveröff.

CHEVALLERIE, H., De la, 1986: Die hummelmordende Silberlinde. – Das Gartenamt 35: 248

MAETHE, H., 1990 a: Die Roßkastanie. – Garten + Landschaft 10/90: 45–48

ders., 1990 b: Die Esche. – Garten + Landschaft 11/90: 47–50

ders., 1990 c: Der Berg-Ahorn. – Garten + Landschaft 12/90: 49–52

ders., 1991 a: Die Winter-Linde. – Garten + Landschaft 1/91: 9–12

ders., 1991 b: Die Platane. – Garten + Landschaft 3/91: 9–12

ders., 1991 c: Eine Robinie. – Garten + Landschaft 5/91: 41–44

ders., 1991 d: Der Spitz-Ahorn. – Garten + Landschaft 6/91: 41–44

ders., 1991 e: Die Oxelbeere. – Garten + Landschaft 7/91: 33–36

GRÜNFLÄCHENAMT HANNOVER, 1989: Betriebsvergleich 1989 – Grün in den Städten. Mitgliedsstädte der Ständigen Konferenz der Gartenbauamtsleiter, Landeshauptstadt Hannover – OE 67 Grünflächenamt, unveröff.

HUTTER, S. und MÜLLER, N., 1988: Zustandserfassung der Bäume an Straßen und Plätzen in Augsburg. Augsburger Ökologische Schriften 1: 129–154

JACOBEIT, J., 1986: Stadtklimatologie von Augsburg unter besonderer Berücksichtigung der lufthygienischen Situation sowie des Lärms. Augsburger Geogr. Hefte 6, 171 p.

SIEWNIAK, M. und KUSCHE, D., 1984: Baumpflege heute. Berlin, Hannover, Patzer

STÄNDIGE KONFERENZ DER GARTENAMTSLEITER BEIM DEUTSCHEN STÄDTETAG, 1991: Beurteilung von Baumarten für die Verwendung im städtischen Straßenraum. – Das Gartenamt 40: 640–648

Dank

Die Daten der Abbildungen 1, 3 bis 8, 10 bis 14 sowie von Tab. 1 basieren auf Auswertungen der Alleenpläne von 1918, 1964 bzw. 1990, die von der Abt. 4 – Grünflächenpflege des Amtes für Grünordnung und Naturschutz in mühsamer Arbeit durchgeführt worden sind.

Anschrift des Verfassers:

Dr. Ulrich Schneider
Stadt Augsburg – Amt für
Grünordnung und Naturschutz
Untere Naturschutzbehörde
Dr.-Ziegenspeck-Weg 10
86161 Augsburg

Kapitel 4

Qualitätsanforderungen an Straßenbäume in der Stadt

Hartmut Tauchnitz

In der Stadt herrschen Umweltbedingungen, die den Anforderungen vieler heimischer Baumarten nicht entsprechen. Es wäre naheliegend, in den Städten die gleichen Baumarten zu verwenden, die in der angrenzenden freien Landschaft natürlich vorkommen. Es wird häufig gesagt, daß im Artenspektrum der potentiell natürlichen Vegetation auch ausreichend Baumarten zur Stadtbegrünung zur Verfügung stehen.

Es gilt jedoch aus ökologischer Sicht folgendes zu bedenken. Die Vegetation ist abhängig vom Boden, vom Klima, von biotischen und abiotischen Faktoren. Die meisten heimischen Waldgesellschaften sind gekennzeichnet von einer gewissen Tiefgründigkeit des Bodens und einem relativ hohen Humusanteil im Oberboden.

Die meisten Waldbäume sind auf eine Symbiose mit Pilzen angewiesen, wobei sich die Wurzelenden verpilzt haben und der Pilz für den Baum Wasser und Nährsalze aufnimmt, dafür der Baum den Pilz ernährt. Man nennt diese Symbiose der Waldbäume mit Pilzen Mykorrhiza. Es gibt eine obligate Ektomykorrhiza, eine fakultative Ektomykorrhiza, wobei der Baum sowohl mit als auch ohne Pilz leben kann, der Pilz sich aber förderlich auf das Wachstum des Baumes auswirkt. Der Pilz ist sehr sauerstoffzehrend und empfindlich gegenüber Luftmangel.

In der Stadt herrschen andere Bedingungen, die geprägt sind von

1. Bodenverdichtung mit einhergehendem, zu geringem Poren- und Hohlraumvolumen
2. Bodenversiegelung mit daraus resultierendem Wassermangel und Verhinderung des Gasaustausches zwischen Wurzelhorizont und Atmosphäre. Ein CO_2-Stau unter der Versiegelung führt zu Sauerstoffmangel und Wurzeltod.
3. Aufgrabungen für Leitungsverlegungen (Gas, Wasser, Elektrizität, Post, Abwasser usw.)
4. Mechanische Beschädigungen durch Anprall, Rindenverletzungen der Bäume, Überfahren der Baumscheibe, abtropfende Öle und Kraftstoffe
5. Hundeurin; ätzt die Rinde junger Bäume.
6. Bei nicht vorhandenem Lichtraumprofil in Wohnstraßen reißen hohe Fahrzeuge Äste aus der Krone bzw. beschädigen sie.
7. Hohe PH-Werte, da das bei der Wurzelatmung entstehende und an die Oberfläche gelangende CO_2 völlig abgeweht wird.
8. Nährstoffmangel; das Fallaub kann nicht mineralisiert und nicht vom Baum genutzt werden, weil es in der Regel entfernt wird und die Baumscheiben zu klein sind.
9. Mangel an Wurzelentwicklungsraum
10. Salzbelastung, insbesondere Streusalz, aber auch andere Immissionen wie SO_2 und weitere Schadgase, Stäube und Reifenabrieb.

Wer heimische Bäume für die Stadt fordert, der muß sogleich die Lebensbedingungen des Waldes für die Straßenbäume fordern, nämlich lockeren, tiefgründigen, humosen Boden mit Schattengare und optimalem Gasaustausch.

Das kann in der Regel in der Stadt jedoch nicht geboten werden. Die Lebensbedingungen für die Bäume in der Stadt sind schlecht – sehr schlecht für eine optimale Entwicklung der meisten heimischen Bäume.

Das städtische Milieu muß in der Regel als baumfeindlich eingestuft werden. Aber gerade in der Stadt wollen wir Bäume, weil sie für uns Menschen in den Häusermeeren Lebensqualität darstellen, eine große Rolle im Wohnumfeld spielen. Bäume sind gewünscht, sie tragen zur Identifikation der Bürger mit ihrem Wohnquartier bei, von ihnen gehen die vielfältigen sogenannten Wohlfahrtswirkungen aus wie Schattenwurf, Staubfilterung, Auskämmen von Schadgasen, Sauerstoffproduktion, Windberuhigung, Haltung des Grundwassers, Ausgleich der Temperaturen, Lebensraum für Tiere, Erlebbarkeit des jahreszeitlichen Wechsels.

Die aufgezeigten negativen Auswirkungen gab es früher in den Städten in dieser Form nicht. Erst in den 70er und 80er Jahren dieses Jahrhunderts haben sich die Lebensbedingungen für Bäume erheblich verschlechtert. Nischen für die Wurzelentwicklung und Ernährung wurden genommen, wie z. B. durch die Beseitigung undichter Abwasserkanäle. Neuverlegte Kanäle haben heute solch eine Qualität, daß kein Würzelchen mehr in die Muffen eindringen kann. Die Keramikabdeckungen von Versorgungskabeln entfallen mehr und mehr. Die neuen Kunststoffleitungen und Kunststoffrohre benötigen diesen Schutz nicht mehr. Aber gerade unter diesen Kabelformsteinen entwickelte sich ein ausgeprägtes Faserwurzelwerk wegen guter Luftbewegung und ausreichendem Kondenswasser – besonders im Sommer.

Auch die Straßen erhalten heute einschließlich der Rad- und Gehwege einen Unterbau mit hoher Verdichtung, so daß keine Wurzeln mehr eindringen, wie es früher in alten Packlagen der Straßen häufig der Fall war und bei Aufbrüchen beobachtet werden konnte. Der nach dem Krieg verwendete Ziegelschutt als Baustoff steht schon lange nicht mehr zur Verfügung. Damals gab es ausreichend Hohlräume, der Mörtel der Fugen sicherte eine gute Luft- und Wasserführung. Das zersetzte Material lieferte Nährstoffe.

Das moderne Ingenieurwesen im Leitungsbau, Straßenbau und Kanalbau hat – jedes Gewerk für sich gesehen – eine positive Entwicklung und eine erhebliche Verbesserung gebracht, das aber sehr zum Leidwesen der Bäume in der Stadt.

Wollen wir heute unter diesen Voraussetzungen Bäume in unseren Städten haben, müssen wir ebenso wie die Ingenieure des Hoch- und Tiefbaus für unseren Bereich die vegetationstechnischen Voraussetzungen für das Baumwachstum fordern, finanzieren und auch schaffen. In der Stadt gibt es eben keinen gewachsenen Boden mit natürlichen Profilen, und eine Baumscheibe von knapp 1 x 1 m läßt keine Bäume mehr wachsen. Soll ein Baum sich normal entwickeln können, dann braucht er eine Grundfläche von mindestens 25 m^2, die durchwurzelt werden kann. Derartige Baumscheiben sind in der Stadt so gut wie überhaupt nicht möglich.

Es muß nach Auswegen gesucht werden. Ein von mir bei der Forschungsgesellschaft für Straßen- und Verkehrswesen initiiertes Forschungsvorhaben wird vom Bundesminister für Verkehr gefördert und von Prof. Dr. Liesecke durchgeführt. Hierbei geht es um unterschiedliche Versuchsanordnungen, die beweisen sollen, daß auch bei modernem Straßen- und Tiefbau die Bäume in der Stadt eine Perspektive zur Wurzelentwicklung haben können.
Es geht um die Erschließung des Untergrundes von Radwegen, Fußwegen und Kfz-Stellplätzen für die Wurzelentwicklung. Verlorengegangene Entwicklungsnischen sollen neu geschaffen werden. Der Unterbau wird luft- und damit wasserdurchlässig hergestellt und der Gasaustausch zwischen Wurzelhorizont und Atmosphäre über Hofeinläufe gewährleistet. Von Baumscheibe zu Baumscheibe werden 90 cm tiefe und 30 cm breite Verbindungsgräben hergestellt und mit wurzelfreundlichem Material wie Eifellava gefüllt. Diese Wurzelentwicklungsräume oder Wurzeltrassen müssen für den Tief- und Leitungsbau in Zukunft Taburäume sein, so wie für unseren Beruf die Leitungen der entsprechenden Leitungsverwaltungen ja auch Taburäume sein müssen. Eine Versuchsanordnung hat entsprechende Wurzelgräben auch senkrecht zur Längsachse, so daß ein Grabenkreuz um die Baumscheibe entsteht. Die Tiefe wird mit Hilfe von Bohrungen 180 cm tief und 30 cm im Durchmesser erschlossen und mit wurzelfreundlichem Material verfüllt. Damit kann die Standfestigkeit der Bäume in der Stadt erheblich erhöht werden. Acht Versuchsanordnungen zu je drei Bäumen pro Baumart sind durchgeführt worden und zwar mit Quercus robur, Fraxinus excelsior „Westhoff's Glorie" und Tilia „Pallida". Es handelt sich also um 72 Versuchsbäume je beteiligter Stadt. Die Baumgrube von 2 x 2 m wird mit einem Untersubstrat und einem Obersubstrat nach Vorgabe von Prof. Dr. Liesecke verfüllt. Das Stützkorn, Feinkorn und die Humusanteile sind bestens aufeinander abgestimmt für eine optimal Wasserkapazität sowie einen entsprechend guten Luft- und Wasserhaushalt.

Werden wie bisher die Bäume aus der Baumschule bei optimalem Trieb- und Dickenwachstum aufgrund bester Böden und abgestimmter Düngung an die Extremstandorte der Städte verpflanzt, erhalten diese Bäume einen Schock – besonders bei Minibaumscheiben – und das frohe Wachstum hat schnell ein Ende. Kleine Blattspreiten und vor allem Trieblängen von wenigen Zentimetern, manchmal sogar nur Millimetern, führen dazu, daß in jungen Jahren die Bäume bereits vergreisen.

Eine optimale Qualität für die Baumschule muß nicht gleichzeitig eine optimale Qualität für den Standort Stadt bedeuten. In der Baumschule sind maximales Längen- und Dickenwachstum entscheidend, denn diese Kriterien bringen das Geld.

Vital und gesund ist ein Baum in der Stadt nicht mit mastigem Wachstum, sondern mit Blättern, die gegen Schädlinge widerstandsfähig sind, oder einem gegen Hundeurin abgehärteten Stamm; also kein mastig, schwammiges Dickenwachstum, auch das Längenwachstum muß angepaßt sein an die Standortbedingungen in der Stadt, angepaßt an die Streßfaktoren, die auf den Baum in der Stadt einwirken. Eine auf Streß und Hungerkünstlertum geschulte Baumschulware wäre ideal für die meisten Standorte in den Straßen unserer Städte.

Das ist jedoch nicht machbar, und so sehe ich eine große Chance in den Forschungsarbeiten von Prof. Liesecke und Prof. Krieter, weil in mittlerer Zukunft die in den Baumschulen als vital geltenden Bäume auch in den Städten entsprechend weiterwachsen können. Dennoch ist von den Städten eine Überversorgung mit Nährstoffen, insbesondere Stickstoff, abzulehnen. Hochgepuschte Ware erleidet in den Städten am endgültigen Standort einen erheblichen Schock. Dieser schwächt den Baum und macht ihn anfällig gegen Schadinsekten und Schadpilze.

Ein durchgehender, gerader Stamm, frei von Verletzungen und Frostschäden, ist von großer Wichtigkeit für einen Allee- bzw. Straßenbaum. Das in der Stadt erforderliche Lichtraumprofil muß sich aufbauen lassen können. Die Beastung muß gleichmäßig erfolgt sein, frei von größeren Astquirlen, so daß beim späteren Aufschnitt keine zu großen Wunden entstehen. Die Bewurzelung muß gleichmäßig sein mit entsprechender Feinbewurzelung, Starkwurzeln dürfen nicht gerissen und nicht gequetscht sein. Nur so hat die Ware gute Voraussetzungen, um in den Städten zu gedeihen. Das aber auch nur, wenn die Ware fachgerecht behandelt und gut versorgt wird, d. h. die Wurzeln dürfen nicht austrocknen. Nur mit Planen abgedeckt darf der Transport erfolgen. Die Wurzeln sind vor Sonne zu schützen, sie sind ausreichend zu befeuchten und gegebenenfalls ordnungsgemäß einzuschlagen. Es hat sich bei einem wissenschaftlichen Versuch gezeigt, daß eine fachgerecht versorgte und sachgerecht gepflanzte Ware besser anwächst als Ware, die mit diversen Anwuchshilfen, die auf dem Markt reichlich angepriesen werden, behandelt ist.

Bei Bäumen unterscheidet man ringporige und zerstreutporige Arten. Die zerstreutporigen wie Linde transportieren das Wasser in den äußeren fünf bis zwanzig Jahrringen. Die ringporigen können nur in dem äußeren Jahrring, allenfalls in den äußeren drei Jahrringen, für ihre Lebensvorgänge Wasser bewegen. Diese Unterscheidung kann für die Verwendung in der Stadt durchaus von Bedeutung sein. Werden Aufgrabungen vorgenommen, Wurzeln abgehackt und der Baum im zeitigen Frühjahr daran gehindert, einen guten Jahrring mit weitlumigen Gefäßen zu bilden, so steht der Baum das ganze Jahr hindurch unter großem Streß, denn die wichtige Wasserversorgung ist eingeschränkt. Der Baum kann sterben. Bei zerstreutporigen Bäumen wird die Wasserführung von mehreren Jahrringen übernommen. So überlebt die zerstreutporige Linde derartige Einschränkungen in der Regel besser als ein ringporiger Baum.

Bäume mit obligater Ektomykorrhiza benötigen im Wurzelhorizont viel Luft, weil der Pilz sehr sauerstoffzehrend ist. Die erforderliche Bodenluft ist meist nicht vorhanden, sie ist der begrenzende Faktor für viele heimische Waldbäume, die als Straßenbäume im versiegelten Umfeld in der Regel keine Chance haben wie Lärche, Fichte, Kiefer, Tanne, Buche und Hainbuche.

Die Ringporigkeit ist fatal bei entsprechender Infizierung mit Pilzen, die dann die Leitungsbahnen für den Wassertransport blockieren. So kann bei der Ulme, wenn der Ulmensplintkäfer, Ceratocystis ulmi, einen entsprechenden Pilz einträgt, der die Leitungsbahnen verstopft, in kurzer Zeit der Baum vertrocknen und eingehen. Man spricht vom sogenannten Ulmensterben. Seit drei bis vier Jahren tritt gebietsweise stark der Eichensplintkäfer auf und verursacht erhebliche Schäden.

Nach welchen Kriterien sind nun die Gehölze auszuwählen?

1. Es gibt gestalterische Auswahlkriterien hinsichtlich der Wuchsform. Je nach Standort vor den Baukörpern, je nach gestalterischer Absicht, nach Größe der Straße, Abstand zwischen den Häusern usw. sind kleinkronige, großkronige, säulenförmig-pyramidale oder kugelförmige Bäume gefragt. Der Blütenaspekt, die Früchte, die Laubfärbung, die Rindenfarbe können wichtige Auswahlkriterien sein.
2. Die ökologischen Auswahlkriterien sind heute von besonders großer Bedeutung. Gefordert werden aus bestimmten Richtungen heimische Gehölze, weil sie den Standortbedingungen mit ihren biotischen und abiotischen Verhältnissen am besten angepaßt sind und sich in den ökologischen Gesamtzusammenhang in der Abhängigkeit Pflanze–Tier und umgekehrt am besten einfügen. Das stimmt aber nur für die freie Landschaft. In der Stadt herrscht, wie bereits erwähnt, ein anderes Klima. Gewachsener Boden ist nicht vorhanden. Heimische Gehölze sind Waldgehölze, und Waldsituationen haben wir in den Stadtstraßen nicht – also müssen andere ökologische Auswahlkriterien gelten.

Arten mit einer weiten ökologischen Amplitude sind denen mit einer engen Amplitude vorzuziehen. Die Verträglichkeit von hohen Sommertemperaturen und von Trockenheit ist ein wichtiges Kriterium. Auch der erwähnten Ring- und Zerstreutporigkeit sollte Aufmerksamkeit geschenkt werden, ebenso der Resistenz gegenüber Schädlingen und Krankheiten, der Salzverträglichkeit und Toleranz gegenüber Immissionen bzw. Schadgasen. Die Abhängigkeit von der Mykorrhiza ist für Stadtbäume, für Straßenbäume durchaus bedeutungsvoll. Bäume, die ganz ohne Verpilzung der Wurzelenden leben können, sind in der Regel für die Stadt geeignet, aber auch Bäume, die fakultativ mit den Pilzen auskommen. Zu nennen sind Platanus, Gleditsia, Robinia, Sophora, Sorbus, Pyrus, Coryllus, Fraxinus, Acer, Alnus, Crataegus, aber auch Celtis, Morus und Zelkova. Ein tiefreichendes Wurzelsystem ist im Straßenbereich Flachwurzeln vorzuziehen. Dicke Borke schützt den Stamm vor mechanischen Beschädigungen, so bei Quercus und Coryllus colurna. Es zeigt sich deutlich, daß in der Stadt erhebliche ökologische Auswahlkriterien beachtet werden sollten, die nicht immer bei heimischen Bäumen zutreffen. Man kann auf fremdländische Bäume in der Stadt nicht verzichten, auch auf Züchtungen muß zurückgegriffen werden, die sich bewährt haben und den Standortbedingungen in den Städten gerecht werden. Hier sind zum Beispiel zu nennen: Tilia cordata „Greenspire" und Pyrus calleryana „Chanticleer". Hierzu wird auch besonders auf die Straßenbaumliste der Gartenamtsleiter beim Deutschen Städtetag verwiesen, die mit dem Bund deutscher Baumschulen abgestimmt ist.

Es geht nicht darum, heimisches, autochthones Pflanzenmaterial um jeden Preis zu haben, es geht aber auch nicht darum, hochgepuschtes, toll aussehendes Pflanzenmaterial in der Baumschule kaufen zu können. Wir brauchen Pflanzen, die nach stadtökologischen Gesichtspunkten ausgewählt wurden und mit den erschwerten Bedingungen in der Stadt zurechtkommen. Zugrunde gelegt werden müssen Qualitätsanforderungen an den Stamm, die Krone und die Wurzel. Zugleich müssen für die Bäume in der Stadt Wachstumsvoraussetzungen geschaffen werden, so daß diese sich auch entwickeln können. Die Ware muß bis zur Pflanzung gärtnerisch einwandfrei behandelt und versorgt werden, was leider nicht immer geschieht.

Es ist daher zu fordern:
1. Arten- und Standortwahl nach stadtökologischen Gesichtspunkten,
2. Schaffung bester Wachstumsvoraussetzungen, d. h. auch Sicherung von ausreichend Entwicklungsraum für das Wachstum der Wurzeln und der Krone,
3. Verwendung von nur einwandfreier Qualitätsware entsprechend den Gütebestimmungen, bezogen auf Wurzel, Stamm und Krone,
4. fach- und sachgerechte Behandlung der Baumschulware einschl. technischer Sicherungsmaßnahmen gegen mechanische Beschädigung nach der Pflanzung,
5. dauerhafte Pflege und Entwicklung der Bäume mit Fachverstand.

Zufriedenstellende Ergebnisse kann es nur geben, wenn der kommunale Auftraggeber nach stadtökologischen Gesichtspunkten für den jeweiligen Standort die angemessene Baumart ausgewählt hat und die notwendigen Wachstumsvoraussetzungen durch die Städte, aber auch durch die Firmen des Garten- und Landschaftsbaues geschaffen sind, die Baumschulen als Produzenten einwandfreie Qualität liefern und die Bäume fachgerecht gepflanzt und über Jahrzehnte mit Fachverstand gepflegt und entwickelt werden.

Unter diesen Voraussetzungen kann trotz der Unwirtlichkeit unserer Städte zum Wohle der Bürgerinnen und Bürger eine Stadtbegrünung durchgeführt werden, die Lebensqualität für Generationen sichert und die vielfältigen, von den Bäumen ausgehenden Wohlfahrtswirkungen garantiert.

Anschrift des Verfassers:

Hartmut Tauchnitz
Ltd. Gartenbaudirektor
Stadt Münster – Amt für
Grünflächen und Naturschutz
Herwarthstraße 6–8
48127 Münster

Kapitel 5

Das Baumumfeld der Augsburger Straßenbäume

Ulrich Schneider und Maria Dobner

Inhalt Seite

1.	Standörtliche Rahmenbedingungen	154
1.1	Klima und Immissionen	154
1.1.1	Temperatur, Luftfeuchte und Wasserhaushalt	154
1.1.2	Niederschläge	154
1.1.3	Windverhältnisse und Schadstoffeinfluß	154
1.2	Boden	155
1.2.1	Standortansprüche von Bäumen	155
1.2.2	Beschreibung der Stadtböden (im Straßenbegleitgrün)	156
1.3	Grundwasser	156
2.	Unmittelbare Beeinträchtigungen von Baum und Standraum	157
2.1	Beengte Wachstumsverhältnisse	157
2.2	Bodenverdichtung	158
2.3	Bodenversiegelung	159
2.4	Tausalzbelastung	159
2.5	Baumaßnahmen und Unfälle	161
2.5.1	Wurzelbeschädigungen	161
2.5.2	Stammschäden	161
2.5.3	Beschädigungen der Krone	162
3.	Anforderungen an ein günstiges Baumumfeld	163
3.1	Bemessung des Standraumes	163
3.2	Bodenaustausch und Qualität des Pflanzsubstrates	165
3.2.1	Erforderliche bodenökologische Eigenschaften	165
3.2.2	Praktische Umsetzung	165
3.3	Naturnahe Gestaltung sowie Sicherung des Bodenstandraumes	166
4.	Forderungen an die Grünplanung	166
5.	Literatur	168

Folgende Ausführungen sollen, anhand anschaulicher Beispiele aus Augsburg, zunächst die äußeren, teilweise extrem widrigen Rahmenbedingungen für Bäume im städtischen Straßenraum aufzeigen. Daran anschließend geht es um die Bedeutung unmittelbarer Beeinträchtigungen von Straßenbäumen einschließlich deren Bodenstandräumen und um die damit verbundenen Folgen für das weitere Wachstum. Zuletzt wird auf optimale Standraumverhältnisse und deren mögliche Realisierung näher eingegangen.

1. Standörtliche Rahmenbedingungen

1.1 Klima und Immissionen

1.1.1 Temperatur, Luftfeuchte und Wasserhaushalt

Die Temperaturwerte in der Stadt unterscheiden sich nach MEYER (1982) von denen im Umland folgendermaßen:

a) im Jahresdurchschnitt um 0,5–2 °C höhere Lufttemperaturen,
b) weniger Eis- und Frosttage, Verkürzung der Schneedeckendauer, mehr Sommertage,
c) oft höhere Tag- und Nachttemperaturen.

Dies läßt sich auch für das Stadtgebiet Augsburg belegen: Am heißen Sommertag des 27.7.1983 wurde in der Innenstadt (St. Stephan) eine Tagesmaximaltemperatur von 39,8 °C und eine Nachttemperatur von 21,2 °C gemessen. Außerhalb der Stadt in Mühlhausen dagegen war die Tagesmaximaltemperatur am selben Tag um 2,7 °C niedriger, die Nachttemperatur um 5,1 °C (JACOBEIT 1986).

Gründe für die höheren Temperaturen im Stadtgebiet sind:

d) die Wärmespeicherung durch die Baukörper und Asphaltdecken von Straßen und Plätzen
e) weniger offene Vegetationsflächen und dadurch weniger Abkühlungseffekte durch Verdunstung über Boden und Pflanzen
f) verringerter Luftaustausch durch Dunstglocken über den Städten sowie Luftstau zwischen den Baukörpern
g) Erzeugung von Wärme durch Verbrennungsvorgänge während des Kraftfahrzeugverkehrs, in den Haushalten und Industriebetrieben.

Die Folge der höheren Temperaturen für den Pflanzenwuchs ist u. a. ein erhöhter Wasserverbrauch. Bei einer Temperaturerhöhung von 10 °C auf 30 °C verdunstet ein Baum bei sonst gleichen Bedingungen etwa die 3,5fache Wassermenge (MEYER 1982). Diesen erhöhten Wasserbedarf kann ein Baum nur bei optimalen Bodenverhältnissen decken. Diese sind jedoch an Stadtstandorten in der Regel nicht gegeben (vgl. Kap. 5, 1.2.2). Deshalb leiden Stadtbäume häufiger an Trockenstreß.

Die Luftfeuchtigkeit ist in den Städten meist niedriger als im Umland. Ursache sind auch hierfür die höheren Lufttemperaturen und geringere Wasserdampfabgabe über dem Boden aufgrund weitgehend überbauter Fläche. Auch dies führt wie oben zwangsläufig zu einem erhöhten Wasserbedarf am innerstädtischen Baumstandort. Pflanzen benötigen zur Aufrechterhaltung ihrer Stoffwechselprozesse in trockener Luft mehr Wasser als in feuchter Luft.

1.1.2 Niederschläge

Im Großraum Augsburg fallen jährlich durchschnittlich 830 mm Niederschläge, davon 480 mm in der Hauptvegetationszeit von Mai bis September (JACOBEIT 1986).

Aufgrund des hohen Anteils versiegelter und bebauter Fläche im städtischen Raum ist allerdings anzunehmen, daß erhebliche Niederschlagsmengen erst gar nicht in den Bodenstandraum der Straßenbäume eindringen, sondern über die Kanalisation abgeführt werden und damit für die Pflanzen nicht verfügbar sind. Während in Augsburg zwar lediglich ⅓ der Stadtgebietsfläche bebaut ist (SCHMIDT 1988), erreicht der Versiegelungsgrad in der Innenstadt immerhin bis zu 90 % (HUTTER und MÜLLER 1989).

1.1.3 Windverhältnisse und Schadstoffeinfluß

Windverhältnisse und Schadstoffanreicherung in den Städten sind eng gekoppelt. Grünzüge in den Hauptwindrichtungen begünstigen den innerstädtischen Luftaustausch und verhindern Luftstau durch Baukörper (JACOBEIT 1986). Die vielfältigen Ursachen der Luftverschmutzung unserer Städte werden oft diskutiert und sind hinreichend bekannt. Für unsere Stadtbäume sind insbesondere Kohlenmonoxid, Stickoxide und Kohlenwasserstoffe des Kraftfahrzeugverkehrs und der Kraftwerke von Bedeutung, in den Häuserschluchten noch zusätzlich die Schwefelverbindungen des Industrie- und Hausbrandes sowie die Ruß- und Staubausstöße verschiedener Emittenten.

Die Abgase und ihre Reaktionsprodukte können vor allem die Blattorgane der Bäume schädigen. Ein indirekter Schaden entsteht durch deren Eindringen in die Böden, wo sie dann über die Wurzeln wirksam werden. Ruß und Staubteilchen lagern sich entweder direkt auf der Pflanzenoberfläche ab und beeinträchtigen dadurch verschiedene Lebensvorgänge, z. B. den Gasaustausch mit der Umgebungsluft über die Blätter, oder sie wirken indirekt; z. B. reflektieren sie als

Fremdkörper in der Luft verstärkt die Sonnenstrahlung, die dann den Pflanzen nicht mehr im vollen Umfang zur Energiegewinnung bereitsteht.

Auch hinsichtlich des Schadstoffeintrags stellt der städtische Lebensraum für die Bäume eine Extremsituation dar. Die Werte der unten aufgeführten Tabelle 1 zeigen im Stadtgebiet hinsichtlich der Kohlenmonoxidbelastung einen 4,7fach höheren und bezüglich der Schwefeldioxidbelastung einen 1,7fach höheren Jahresmittelwert gegenüber dem Stadtrand. Alle anderen Schadstoffwerte sind leider nicht direkt vergleichbar.

Ein weiterer interessanter Vergleich kann zwischen den Jahresmittelwerten und den Jahreshöchstwerten der Schadstoffe am Königsplatz angestellt werden. (Tabelle 2) Er zeigt beispielsweise für das Schwefeldioxid einen 10,6fach höheren Wert. Dieser Vergleich fällt bei allen anderen gemessenen Schadstoffen ähnlich aus. Dies ist umso schwerwiegender, wenn man bedenkt, daß bei den meisten Schadstoffen schon das einmalige Überschreiten des zulässigen Höchstwertes zu irreversiblen Schäden, im Extremfall zum Tod des lebenden Organismus führt.

***Tabelle 1**: Jahresmittelwerte in mg/m³ der Kohlenmonoxid (CO)-, Stickoxid (NO, NO₂)-, Schwefeldioxid (SO₂)-, Kohlenwasserstoff (CNHM)- und Schwebstaubbelastung (SS) an den Standorten Königsplatz (K) und Haunstetten-Rathaus (H) in den Jahren 1985-1991 (aus LUFTHYGIENISCHER JAHRESBERICHT 1985–1991)*

Schadstoffe		1985	1986	1987	1988	1989	1990	1991
CO	K	3,7641	3,7700	3,4264	3,8117	4,0613	3,2198	2,3636
	H	0,7880	0,8309	–	–	–	–	–
NO	K	0,1535	0,1480	0,1621	0,1479	0,1559	0,1284	0,1225
	H	–	–	–	–	–	–	–
NO_2	K	0,0616	0,0780	0,0771	0,0849	0,0621	0,0581	0,0697
	H	–	–	–	–	–	–	–
SO_2	K	0,0430	0,0340	0,0318	0,0171	0,0142	0,0133	0,0188
	H	0,0243	0.0188	0,0230	0,0065	0,0092	0,0090	0,0087
CNHM-O	K	0,6160	0,7980	0,4407	0,5844	0,5900	0,4613	0,4503
CNHM	H	–	–	–	1,0180	1,0247	1,0084	0,9387
SS	K	0,0506	0,0565	0,0632	0,0559	0,0815	0,0618	0,0767
	H	–	–	–	–	–	–	–

***Tabelle 2**: Vergleich Jahresmittelwerte(M)/Jahreshöchstwerte(H) in mg/m³ der Kohlenmonoxid (CO)-, Stickoxid (NO, NO₂)-, Schwefeldioxid (SO₂)-, Kohlenwasserstoff (CNHM)- und Schwebstaubbelastung (SS) an dem Standort Königsplatz (K) in den Jahren 1985–1991 (aus LUFTHYGIENISCHER JAHRESBERICHT 1985–1991)*

Schadstoffe		1985	1986	1987	1988	1989	1990	1991
CO	M	3,7641	3,7700	3,4264	3,8117	4,0613	3,2198	2,3636
	H	34,870	36,000	25,600	24,700	34,000	25,100	17,200
NO	M	0,1535	0,1480	0,1621	0,1479	0,1559	0,1284	0,1225
	H	1,3517	1,3510	1,1640	0,9620	1,5020	1,0090	1,1440
NO_2	M	0,0616	0,0780	0,0771	0,0849	0,0621	0,0581	0,0697
	H	0,2588	0,2690	0,3490	0,2960	0,2270	0,0581	0,2110
SO_2	M	0,0430	0,0340	0,0318	0,0171	0,0142	0,0133	0,0188
	H	0,3660	0,4310	0,3200	0,1620	0,1800	0,1280	0,2380
CNHM-O	M	0,6160	0,7980	0,4407	0,5844	0,5900	0,4613	0,4503
CNHM	H	4,4450	4,1850	3,6000	5,0700	4,9800	3,8700	3,7100
SS	M	0,0506	0,0565	0,0632	0,0559	0,0815	0,0618	0,0767
	H	0,2210	0,1816	0,3187	0,1731	0,2383	0,2150	0,1971

1.2 Boden

1.2.1 Standortansprüche von Bäumen

Am natürlichen Standort bilden die meisten unserer heimischen Bäume Waldbestände. Je nach Zusammensetzung der einzelnen Baumarten bilden die Kronen der Bestände ein mehr oder weniger geschlossenes Dach. Die Böden sind mit Streu oder, in Abhängigkeit von der Lichtintensität am Boden, mit einer entsprechenden Strauch- und Krautschicht bedeckt. Während der Hauptvegetationszeit sind die Klimawerte ausgeglichen. Extremwerte wie überhöhte Temperaturen und niedrige Luftfeuchte sind in heimischen Wäldern selten. Waldähnliche Verhältnisse finden sich in den Städten höchstens noch in weitläufigeren Parkanlagen.

Böden und ursprüngliche Vegetation Augsburgs sind durch die Lage zwischen den Flüssen Wertach und Lech geprägt. Die Böden sind im Einflußbereich der Flüsse auf Schotter, im Bereich der Hochterrasse auf Lößlehm- und Schotterabdeckung entstanden. Die daraus resultierenden Waldtypen sind Auwälder verschiedener Zusammensetzung:
Eschen-Ulmen-Auwald bzw. Grauerlenauwald; im Bereich der Hochterrasse bildeten sich Eichen-Hainbuchen-Wälder, daran anschließend östlich zum Lech hin Kiefern-Eichen-Wälder (MÜLLER und WALDERT, 1982).

Im Laufe der landwirtschaftlichen Nutzung und vor allem der nachfolgenden Urbanisierung wurden die ursprünglichen Waldtypen stark zurückgedrängt. Im Zuge der Verstädterung wurden Kleinklima und Böden weitestgehend verändert. Deshalb weichen die Lebensräume unserer Stadt- und Straßenbäume hinsichtlich Klima und Boden in aller Regel erheblich von denen der natürlichen Standorte ab.

1.2.2 Beschreibung der Stadtböden
(im Straßenbegleitgrün)

Stadtböden sind im allgemeinen dadurch gekennzeichnet, daß sie im Gegensatz zum natürlichen Boden
a) einen höheren Anteil an Bauschutt (d. h. Ickal höheren Kalkgehalt) enthalten,
b) eine geringere Humusbildung aufweisen, da die humusbildende Streu i. d. R. abgeräumt wird,
c) durch Bodenverdichtung und -versiegelung schlechter durchlüftet sind,
d) entlang der Hauptverkehrsstraßen durch winterlichen Salzeintrag und Schwermetalle aus Reifenabrieb und Abgasen belastet sind.

Dies belegen Bodenuntersuchungen der Baumgräben entlang der Friedberger Straße:
Der Boden setzt sich hier zusammen aus einem steinigen, z. T. mit Bauschutt vermengten Unterboden, einem tonreichen Oberboden und einem Humusgehalt von durchschnittlich 2–4 %. Die Nährstoffversorgung mit den Hauptnährelementen ist sehr unterschiedlich. Stickstoff ist im Durchschnitt mäßig vorhanden, Phosphor und besonders Kalium mangelhaft, lediglich der Gehalt an Magnesium ist ausreichend. Der pH-Wert ist hoch, z. T. überhöht. Wassergehalt und Sauerstoffversorgung sind unzureichend. Pflanzenschädliches Natrium, in Folge der Streusalzausbringung, ist in hohen Konzentrationen vorhanden.

1.3 Grundwasser

Unter Grundwasser versteht man nach SCHACHTSCHABEL u. a. (1989) Sickerwasser, das sich über schwer wasserdurchlässigen Schichten (z. B. Ton) anreichert. Im Stadtgebiet Augsburg findet sich das obere Grundwasserstockwerk in den quartären Kiessanden (GRUNDWASSERKARTE, STADT AUGSBURG 1982).

Grundwasser trägt dann zur Wasserversorgung der Straßenbäume bei, wenn diese auf grundwassernahen Standorten stehen. MEYER (1982) bezeichnet Standorte mit einem Flurwasserabstand (Abstand zwischen Geländeoberfläche und Grundwasseroberfläche) kleiner 4 m als grundwassernah.

Daneben muß die Bodenzusammensetzung so ausgeprägt sein, daß
a) der Bodenraum über dem Grundwasser ausreichend durchwurzelt werden kann und
b) der Kapillarwasseraufstieg aus dem Grundwasser nicht durch verdichtete Bodenschichten verhindert wird.

Der Grundwasserstand unterliegt jahreszeitlichen Schwankungen mit einem sommerlichen Höchstgrundwasserstand (Juni/Juli) und einem winterlichen Niedrigstgrundwasserstand (Sept.–Dez.). Im Stadtgebiet Augsburg liegen sie etwa zwischen 1 und 2 m (GRUNDWASSERKARTE, STADT AUGSBURG 1982).

Tabelle 3 zeigt die Differenz zwischen der Geländeoberfläche und dem mittleren Grundwasserstand, gemessen in der Nähe einiger Hauptverkehrsstraßen Augsburgs. Daraus läßt sich ablesen, daß an den genannten Stellen Grundwasser erst in einer Tiefe von 3–6 m vorkommt.

***Tabelle 3**: Differenz zwischen der Geländeoberfläche (GO) und dem mittleren Grundwasserstand (MG), zusammengestellt aus der GRUNDWASSERKARTE, STADT AUGSBURG (1982)*

Meßstelle	Differenz GO/MG in m
Donauwörther Straße / Ahornstraße	ca. 4
Friedberger Straße / Siebentischstraße	ca. 4
Haunstetter Straße / Protestantischer Friedhof	ca. 3,5
Mühlhauser Straße / Feuerdornweg	ca. 3
Ulmer Straße	ca. 6
Unterer Graben	ca. 3

Berücksichtigt man die Erfahrungen aus der Praxis, daß Wurzeln im Augsburger Straßenbegleitgrün kaum in Tiefen größer 100 cm vorgefunden werden und der Kapillarwasseraufstieg je nach Körnung 20 cm (Sand) bis 100 cm (Schluff) beträgt (AMBERGER 1983), muß man davon ausgehen, daß die meisten Augsburger Straßenbäume ihren Wasserbedarf nicht über das Grundwasser decken können. Die Wasserversorgung muß daher fast ausschließlich über die Niederschläge inklusive Zufluß von befestigten Oberflächen erfolgen.

2. Unmittelbare Beeinträchtigungen von Baum und Standraum

2.1 Beengte Wachstumsverhältnisse

Beengter Bodenstandraum im Sinne von zu geringem Lebensraum für eine artgerechte Entwicklung ist für unsere Straßenbäume fast die Regel. Für die ohnehin schon extremen Umweltverhältnissen ausgesetzten Bäume (s. Kap. 5, 1; vgl. Kap. 12) bedeutet zu enger Standraum auf Dauer eine mehr oder weniger stark beeinträchtigte Wasser- und Nährstoffversorgung und häufig auch ungenügend Entwicklungsraum für die Ausbildung statisch wirksamer Wurzeln.

Verminderte Wasser- und Nährstoffversorgung kann
- geringe Zuwachsleistungen
- Grobästigkeit
- vorzeitige Vergreisung
- reduziertes Blattvolumen
- verminderte Blattgröße
- erhöhte Fruchtbildung
- geringe Wurzelbildung (kaum Starkwurzeln)
- erhöhte Anfälligkeit gegen Schwächeparasiten
- schlechte Wundholzbildung sowie
- das Absterben ganzer Astpartien und letztlich auch
- die Gefährdung der Standsicherheit

zur Folge haben (vgl. BALDER 1988).

Im folgenden hierzu einige Beispiele:

• Wesentlich zu kleine Standräume sind leider häufig bei der Pflanzung von Straßenbäumen und bieten diesen nicht einmal während der Jugendphase, geschweige denn während ihres Reifestadiums, geeignete Entwicklungsmöglichkeiten. Abb. 1 zeigt beispielhaft eine Kugelesche an ihrem fast völlig versiegelten Standort im Stadtviertel „Rechts der Wertach" (zwischen Wertachstraße und Riedingerstraße). Eine gleichartige, ca. 50jährige Esche wurde 1992 für eine Ausstellung zum Umwelttag ausgegraben. Der Wurzelstock des Baumes belegte, daß dieser an seinem Standort nie die Möglichkeit hatte, sich artgemäß zu entfalten. Krone und Wurzelsystem waren kaum ausgebildet, eine einzige Starkwurzel hatte sich entlang der Bordsteinkante, wo vermutlich etwas Feuchtigkeit in den Boden eindringen konnte, gebildet und gab dem Baum Halt.

• Daß optimale Bodenstandräume für Straßenbäume aufgrund beengter oder verkehrsreicher Verhältnisse nicht überall möglich sind, zeigt sich in Augsburg an vielen Stellen. Beispielsweise ist im fußgängerreichen Kernstadtbereich an vielen Stellen anstatt eines Pflanzgrabens nur eine Grube vorhanden, die oberirdisch mit freitragenden Gitterrosten bedeckt ist (z. B. Kurze Bahnhofstraße, Moritzplatz, Königsplatz, Annastraße, Elias-Holl-Platz). Oder, falls doch Baumgräben vorliegen, sind diese häufig mit begehbaren Platten- oder Pflasterbelägen versehen und kommen einer Versiegelung gleich (z. B. Am Kitzenmarkt).

Zwar ist in diesem Zusammenhang zu berücksichtigen, daß kleinkronige oder mittelgroße Bäume und bestimmte fremdländische Arten wie Platane oder Robinie grundsätzlich geringere Ansprüche an den Standraum stellen als unsere heimischen Laubwaldarten, wie z. B. Ahorn oder Linde.

Dennoch konnten selbst an kleinkronigen Kugelrobinien, wie 1992 Ausgrabungen in der Seitzstraße zeigten, bereits acht Jahre nach Pflanzung in durch Betonringe eingeengte Standräume
- hexenbesenartiger Kronenaufbau mit dünnen Kurztrieben
- Krebsbildung an den Trieben
- vorzeitiges Vergreisen und
- ein deformiertes, artuntypisches Wurzelsystem

nachgewiesen werden.

Abb. 1: Etwa 50jährige Kugelesche am fast völlig versiegelten Standort im Stadtviertel „Rechts der Wertach"

• Zusammenhang zwischen Größe der Standfläche und Wachstum: Im Jahre 1992 wurden an repräsentativen Standorten in Augsburg Untersuchungen durchgeführt, die die Wirkung unterschiedlicher Standflächen auf das Wachstum von Bäumen an Straßen belegen.

In der Fröbelstraße zwischen Bgm.-Bohl-Straße und Augsburger Straße wurden 1987 insgesamt 33 etwa 15jährige, gleichgroße Spitzahorne mit jeweils rund 20 cm Stammumfang in gleichartiges Bodensubstrat gepflanzt, allerdings in unterschiedlich große Bodenstandräume mit Flächen zwischen 3 m^2 und 24 m^2 je Baum.

Da die Umweltbedingungen entlang der Fröbelstraße für alle 33 Bäume während der letzten fünf Jahre vergleichbar waren, kann die mittlerweile erreichte Baumgröße in direkten Zusammenhang mit dem verfügbaren, durchwurzelbaren Standraum gebracht werden, weil dieser die in bezug auf das Wachstum der Bäume entscheidende Einflußgröße darstellt.

Als Indikator für das Wachstum eines Baumes kann sein Stammumfang gelten. Abb. 2 zeigt in der Tendenz eine Zunahme des Stammumfanges der entlang der Fröbelstraße wachsenden Ahorne mit größer werdender Standfläche (die Punkte in der Abbildung stellen die Einzelmeßwerte, die durchgezogene Linie das Ergebnis der Trendanalyse dar). Der Schwankungsbereich der Stammumfänge der einzelnen Bäume bewegte sich dabei zwischen rund 30 cm und knapp 60 cm. Die Trendanalyse belegt die an und für sich banal erscheinende Erkenntnis, daß Bäume umso besser wachsen, je mehr Platz man ihnen zur Entfaltung ihres Wurzelsystems zur Verfügung stellt.

Untersuchungen auf einem Parkplatz in der Mittenwalder Straße ergaben an insgesamt 38 Spitzahornen ein noch signifikanteres Ergebnis (Abb. 3). Die Größe der Bodenstandräume schwankte dort zwischen 5 m^2 und 46 m^2, die Stammumfänge der Bäume reichten von etwas über 40 cm bis fast 100 cm.

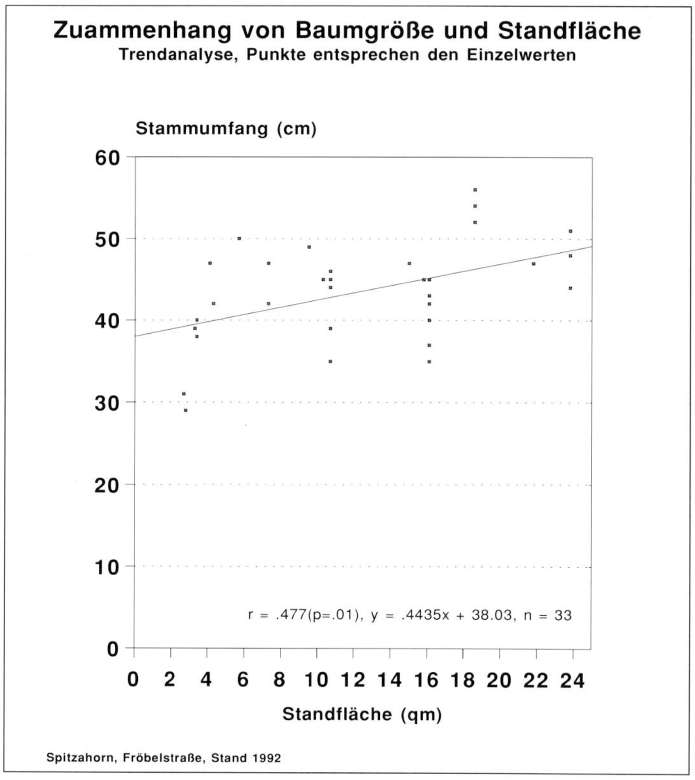

Abb. 2: Zusammenhang von Baumgröße und Standfläche – Fröbelstraße

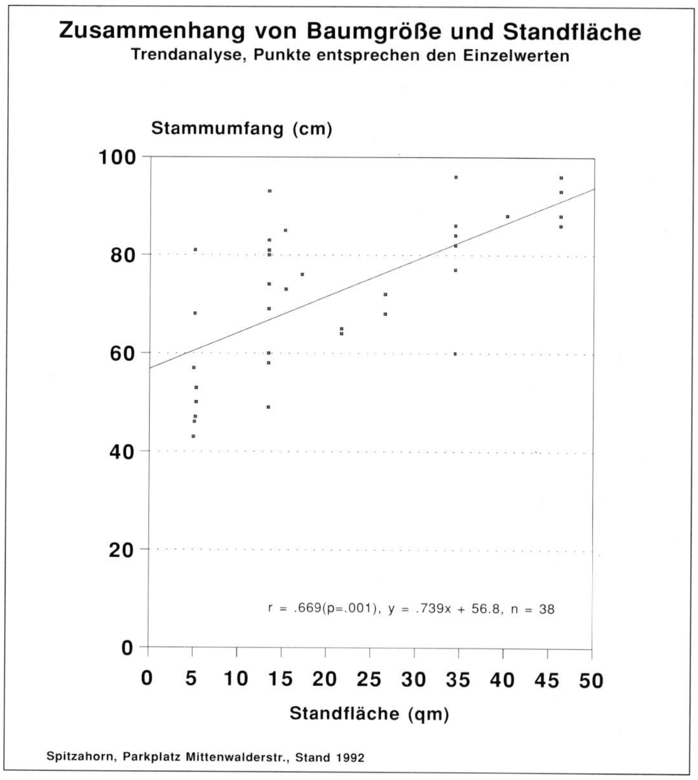

Abb. 3: Zusammenhang von Baumgröße und Standfläche – Mittenwalder Straße

2.2 Bodenverdichtung

In erster Linie entstehen Verdichtungen des Bodenstandraumes von Straßenbäumen
- direkt durch Befahren, Beparken, Betreten etc. sowie
- indirekt durch Vibrationen, die aus dem Straßenverkehr resultieren.

Bodenverdichtungen haben zur Folge, daß sich das Porenvolumen des Bodens verringert (v. a. im Bereich der Grob- und Mittelporen) und dadurch weniger Raum für Luft und Wasser verfügbar ist. Auch das Eindringen von Sauerstoff und natürlichen Niederschlägen in den Boden wird erheblich behindert, so daß für die Bäume Sauerstoff- und Wassermangel die Folge sind. Sichtbare Schäden im Kronenbereich treten häufig erst Jahre später auf.

In diesem Zusammenhang erscheint es erwähnenswert, daß Pflanzen nicht nur über ihre oberirdischen Organe atmen, sondern auch über ihre Wurzeln. Außerdem wurde in jüngster Zeit immer deutlicher, daß insbesondere auch Bäume, die in Gemeinschaft mit außerhalb der Wurzeln befindlichen Mykorrhiza-Pilzen leben (sog. Ekto-Mykorrhiza, z. B. bei Pappel, Linde, Buche, Ahorn), sehr empfindlich auf Bodenversiegelung, Bodenverdichtung oder Bodenauftrag reagieren (z. B. MEYER 1989). Die Mykorrhiza-Pilze, die für diese Bäume die Nährstoffe im Boden aufschließen und dafür im Gegenzug über die Baumwurzeln mit Kohlenhydraten versorgt werden, sind zur Atmung auf gute Durchlüftung und Sauerstoffzufuhr, auf ein ausgewogenes Nährstoffangebot und auf gleichbleibende Wasserversorgung angewiesen.

Als Beispiel für Bodenverdichtung mit allen negativen Auswirkungen kann die Bahnhofstraße gelten. Vorwiegend durch Passanten und Fahrradfahrer ist der ohnehin beengte Standraum der Straßenbäume dort so hoch verdichtet, daß die Bäume inzwischen zum größten Teil schwer geschädigt sind und nach und nach immer weiter verschwinden (Abb. 4).

2.3 Bodenversiegelung

Versiegelte Oberflächen, wie Asphalt oder nahezu undurchlässige Beläge, z. B. aus Pflastersteinen, haben neben einer Verringerung des Luftaustausches zwischen Atmosphäre und Boden v. a. eine Verschlechterung der Wasserbilanz der Straßenbäume zur Folge.

Zum einen verhindern derartige Oberflächenbeläge eine direkte Niederschlagsinfiltration in das Erdreich und führen damit zu einer Verringerung der Wasserverfügbarkeit für die Straßenbäume. Zum anderen heizen sich an strahlungsreichen Tagen insbesondere dunkel gefärbte Asphaltdecken auf und speichern Wärme; dies führt über eine Erhöhung der Umgebungstemperatur zu erhöhter Transpiration der Bäume und zu einer weiteren Verschlechterung ihrer Wasserbilanz (z. B. MEYER 1982, s. a. Kap. 5, 1.1.1).

An Augsburgs Straßen läßt sich kaum ein geeigneteres Beispiel zur Demonstration der Auswirkungen versiegelter Bodenoberflächen auf das Wachstum von Bäumen finden als am Königsplatz zwischen Grünanlage und Manzu-Brunnen. Während der Standraum der Bergahornreihe auf der Verkehrsinsel zwischen Fahrbahn und Straßenbahntrasse bis zum Stamm hin mit Granitsteinen zugepflastert ist, befindet sich die parallel stehende Bergahornreihe zwischen Gleiskörper und Gehweg in einem 3 m breiten, mit Rasen bedeckten Grünstreifen (Abb. 5). Sämtliche Bergahorne wurden Mitte der 70er Jahre im Zuge des Königsplatzumbaus mit identischer Ausgangsgröße in gleichartiges Bodensubstrat gepflanzt.

Die heutigen Vitalitäts- und Wachstumsunterschiede sind demnach vorwiegend auf die Art der Oberflächenbeschaffenheit zurückzuführen, wobei sicherlich auch der engere Kontakt der Bäume auf der Verkehrsinsel zur Fahrbahn diese Auswirkungen noch verstärkt haben mag (Tausalz, Strahlung etc.). Das äußere Erscheinungsbild beim Vergleich der Bäume Ende September 1992 zeigte deutliche Vitalitätsunterschiede: Das Laub der wesentlich kleineren Kronen der Bäume auf der Verkehrsinsel war zu diesem Zeitpunkt bereits angewelkt, während die Ahorne am Rande der Grünanlage noch vollkommen grün waren.

Nicht nur am Kronenaufbau (Abb. 5) drücken sich die unterschiedlichen Standraumverhältnisse deutlich aus: Die Bäume im Grünstreifen wiesen 1992 mittlere Stammdurchmesser von 29 cm auf, die auf der Verkehrsinsel 17 cm. Ausgehend von einem Stammdurchmesser von rund 8 cm zum Pflanzzeitpunkt, war somit das Wachstum der Baumstämme im Rasen im Vergleich zu denen auf der Verkehrsinsel während der 15jährigen Standzeit am Königsplatz doppelt so groß.

2.4 Tausalzbelastung

Seit Anfang der 60er Jahre werden zur Verhinderung und Beseitigung von Glatteis und Schneeglätte Tausalze im Straßenwinterdienst eingesetzt. Das in erster Linie als Tausalz verwendete Natriumchlorid (NaCl) gelangt dabei vorwiegend in wässriger Lösung über das Wurzelsystem in die Bäume und beeinflußt u. a. durch die Einwirkungen des Chlorids deren Sproß- und Wurzelwachstum negativ. Dabei treten folgende Phänomene auf (Literaturübersicht s. ASLANBOGA u. a. 1978):
- verzögerter Blattaustrieb im Frühjahr
- Ausbildung kleinerer Blätter
- Blattnekrosen
- vorzeitige Herbstfärbung und Laubfall
- Absterben treibender und ruhender Knospen
- Verfärbung von Rindenteilen
- Vertrocknen junger Zweige sowie ganzer Äste.

Verursacht werden diese Erscheinungen u. a. dadurch, daß
- erhöhte Salzkonzentrationen im Boden den osmotischen Wert der Bodenlösung verringern und damit das Wasser für die Baumwurzeln schwerer verfügbar wird,

Abb. 4: Vorwiegend durch Passanten und Fahrradfahrer verursachte Bodenverdichtung auf Straßenbaumstandorten in der Bahnhofstraße

Abb. 5: Auswirkungen von Bodenversiegelung: Die Bergahorne links im Grünstreifen am Königsplatz sind nach etwa 15 Jahren Standzeit nahezu doppelt so groß wie die bis zum Stammfuß zugepflasterten, gleichalten Bergahorne zwischen Gleispur und Fahrbahn.

- eine Natriumanreicherung im Boden die Aufnahme des Hauptnährstoffes Kalium durch die Bäume behindert sowie dadurch, daß
- Chloridionen in Blättern toxische Reaktionen hervorrufen (Blattnekrosen).

Diese Erkenntnisse riefen seit Beginn der 80er Jahre einen Umdenkprozeß in der Tausalzanwendung hervor, der auch in Augsburg dazu führte, daß seit etwa zehn Jahren auf von Bäumen gesäumten Gehwegen und seit 5 Jahren auch auf Nebenstraßen kein Streusalz mehr verwendet wird. Während z. B. im Winter 1980/81 noch 6.000 Tonnen chloridhaltige Auftausalze auf Ausgburgs Straßen gestreut wurden, scheint sich die Gesamtmenge pro Jahr mittlerweile auf einen Betrag zwischen 1.000 und 2.000 Tonnen einzupendeln (Abb. 6). Diese erfreuliche Reduzierung ist allerdings nicht nur auf den Vorzug von Splitt gegenüber Tausalz in Nebenstraßen zurückzuführen, sondern auch auf die vergleichsweise milden Winter und auf verbesserte Anwendungstechniken. So ist es nach Auskunft des städtischen Straßenreinigungsamtes heutzutage möglich, je nach Kälte, Glätte etc., die Tausalzmenge in 5 g Portionen stufenweise zwischen 5 und 40 g/m^2 zu dosieren. Außerdem wird gegenüber dem früher gebräuchlichen Trockensalz, das leicht durch Fahrtwind auf die Grünstreifen verweht wurde, mittlerweile Feuchtsalz verwendet, welches sofort am Applikationsort haftenbleibt (STEGMANN, Stadtreinigungsamt Augsburg, mdl. Mitt.).

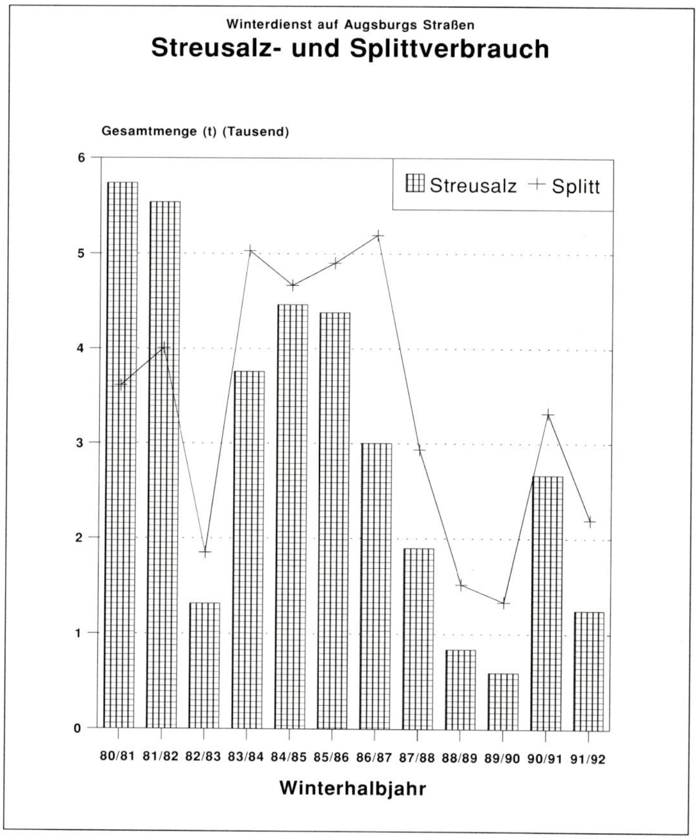

Abb. 6: Tausalz und Splittverbrauch auf Augsburgs Straßen von 1980 bis 1992.

2.5 Baumaßnahmen und Unfälle

Straßenbäume erleiden im Rahmen von Baumaßnahmen, und häufig infolge unzureichender Schutzvorkehrungen, regelmäßig schwere Beschädigungen:

Durch Tiefbauarbeiten, z. B. bei der unterirdischen Verlegung oder Reparatur von Ver- und Entsorgungsanlagen (Gas, Wasser, Strom, Fernwärme, Telekom, Abwasser) oder bei Straßen- und Wegebaumaßnahmen werden in erster Linie durch Einsatz schwerer Maschinen Wurzeln durch Abreißen sowie durch Quetschen direkt verletzt. Häufig werden Wurzeln freigelegt, trocknen stunden- oder tagelang aus und erleiden somit indirekten Schaden (Abb. 7). Außerdem ziehen solche Maßnahmen meist noch einen beträchtlichen Standraumverlust der betroffenen Bäume nach sich.

Hochbaumaßnahmen erfordern häufig einen Rückschritt der Baumkronen, der zudem oft in fachlich unqualifizierter Form durchgeführt wird. Ebenso oft treten aber auch durch unvorsichtigen Umgang mit Maschinen und Fahrzeugen sowie durch ungenehmigtes Abstellen von Baumaterial, Baucontainern etc. in Stammnähe und auf den unmittelbaren Bodenstandräumen unterhalb der Baumkronen unnötige Wurzelquetschungen, Stammverletzungen und Kronenbeschädigungen auf (Abb. 8 und 9). Präventive Auflagen für Baumschutzmaßnahmen werden dabei regelmäßig nicht erfüllt bzw. Anträge für Genehmigungen erst gar nicht gestellt. Die zuständigen Verwaltungsbehörden sind darüber hinaus wegen personeller Unterbesetzung mit Vollzug und Kontrollen auch meist einen Schritt zu spät.

Verkehrsunfälle sind ebenfalls in durchschnittlich etwa 50 gemeldeten Fällen pro Jahr Ursache für Straßenbaumverletzungen, und dabei meistens für Stamm- und Totalschäden.

Die aus o. g. Maßnahmen und Unfällen resultierenden Kronen-, Stamm- und Wurzelbeschädigungen wirken sich für Bäume wie folgt aus:

2.5.1 Wurzelbeschädigungen

Beschädigungen von Wurzeln, insb. von Grob- und Starkwurzeln (Durchmesser über 2 cm bzw. 5 cm) führen zunächst zur Entstehung von Eintrittspforten für holzzerstörende Pilze (z. B. Hallimasch, Riesenporling, vgl. Kap. 9). Je näher Wurzeln am Stammfuß (Wurzelhals) verletzt werden, umso höher ist die Wahrscheinlichkeit, daß der Baum in seiner Vitalität geschwächt und in seiner Standsicherheit gefährdet ist, anfällig für Krankheiten und Schädlinge wird und letztlich an ursprünglicher Lebenserwartung einbüßt (z. B. BALDER 1990).

Werden Wurzeln darüber hinaus, und das ist bei Tiefbauarbeiten die Regel, mit schweren Maschinen abgerissen, so entstehen Risse und Spalten, die sich weit über die eigentliche Grabenwand erstrecken können. Der Holzabbau durch eindringende Pilze und Schwächeparasiten wird dadurch zusätzlich forciert. Bei der aktuellen Baumschadensermittlung geht man in solchen Fällen beispielsweise grundsätzlich von einer Wurzelabriß-, Aufsplitterungs- und Rückfaulzone von 1 m zusätzlich zur Grabenwand aus (z. B. KOCH 1992).

Nach momentanem Kenntnisstand von Wissenschaft und Praxis kann ein Holzabbau durch die im Boden in unvorstellbar großer Zahl vorkommenden Fäulniserreger in beschädigten Starkwurzeln weder durch natürliche Abschottungsmechanismen der Bäume noch durch künstliche Maßnahmen (Nachschneiden, Verschmieren der Wunde) abgewendet, sondern allenfalls verzögert werden (vgl. Kap. 6, 3.2.3).

In Abhängigkeit davon, welcher Anteil des Wurzelsystems eines Baumes im Rahmen von Baumaßnahmen zerstört wird, werden auch oberirdische Kronenteile aufgrund der damit verbundenen Unterversorgung an Wasser- und Nährstoffen geschwächt bzw. gehen zugrunde. Die Baumschadensermittlung geht hier ab einem Wurzelverlust von über 40 % bereits von einem Totalschaden aus (KOCH 1992).

2.5.2 Stammschäden

Auch Stammbeschädigungen infolge von Anfahrschäden durch Baumaschinen oder Kraftfahrzeuge können das Wachstum von Bäumen nachhaltig beeinträchtigen, v. a. wenn dabei hinter der Rinde liegende, lebende Gefäßzonen verwundet werden (vgl. Kap. 11). In verletzte Leitgefäße dringen Luft und, wie in beschädigte Wurzeln, Sporen holzzerstörender Pilze ein und breiten sich sofort entsprechend der Länge der beschädigten Gefäße nach oben und unten aus. Daher sind bei solchen Schäden Bäume mit großporigen Gefäßen (z. B. Eiche, Esche, Ulme) gefährdeter als Bäume mit engen Gefäßen (z. B. Birke, Buche, Ahorn, Pappel) oder gar Bäume ohne Gefäße (z. B. Fichte); letztere transportieren Nährstoffe und Wasser über einen breiteren Querschnitt als Baumarten mit großporigen Leitgefäßen, welche nur im äußersten Jahrring aktiv sind (z. B. BRAUN 1982, SAUTER 1986). Da verwundete Gefäße somit durch Luftembolie komplett inaktiv werden, sind Bäume mit großporigen Leitgefäßen stärker beeinträchtigt als andere Arten.

In der Baumschadensermittlung wird ab einer Unterbrechung von 50 % der Versorgungsbahnen rund um den Stamm grundsätzlich von einem Totalschaden gesprochen (KOCH 1987). Ob Versorgungsbahnen komplett oder nur teilweise durchtrennt sind, muß dabei

Abb. 7: Werden statisch wirksame Wurzeln im Stammbereich zerstört, wie hier bei einer Stromkabelverlegung im Auftrag der Stadtwerke Augsburg in der Äußeren Uferstraße im Jahre 1991 zu sehen, sind die betroffenen Großbäume auf Dauer geschädigt. Auch wenn die Standsicherheit noch gewährleistet sein sollte, die Reststandzeit solcher Bäume ist in jedem Fall verkürzt.

Abb. 8: Hochbaumaßnahme in Pfersee. Das Baumumfeld einer jungen Esche wurde vollkommen in Beschlag genommen.

Abb. 9: Rücksichtsloses Ablagern von Baumaterial auf dem Bodenstandraum von Kugeleschen in der Waldfriedenstraße.

gemäß den oben geschilderten Zusammenhängen in enger Anlehnung an die jeweilige Baumart beurteilt werden.

2.5.3 Beschädigungen der Krone

Die Krone eines Baumes dient als Assimilationsorgan. Verluste der Krone entstehen bei Bauvorhaben, z. B. durch Beschädigung mit Baukränen, oder sind häufig für die Realisierung von Neubaumaßnahmen bzw. Erweiterungsbauten erforderlich (z. B. Erweiterung des Diakonissenhauses, Frölichstraße oder des Finanzamtes Stadt, Holbeinstraße). Ist die Krone eines Baumes reduziert, wird das Wurzelsystem mit weniger Assimilaten versorgt, und entsprechend gehen Teile des Wurzelsystems ein. Außerdem verursachen Wunden an Ästen mit über 5 cm bzw. 10 cm Durchmesser (je nach Baumart, s. Kap. 6, 5) wiederum die Entstehung von Faulherden, die nach momentanem Erkenntnisstand mit größter Wahrscheinlichkeit zu bleibenden Schäden (z. B. SHIGO 1984, 1989, SINN 1991, DUJESIEFKEN 1991, DUJESIEFKEN und LIESE 1991) und zu einer Verkürzung der Reststandzeit führen (KOCH 1987); auch dann, wenn sich, je nach Umfang des Eingriffes, über Nachschneiden und sonstige Nachsorgemaßnahmen (z. B. Wässern, Düngen) der unvermeidbare Dauerschaden in seiner Wirkung reduzieren läßt.

Bedauerlicherweise sind alle Baumaßnahmen, die im Bereich von Bäumen stattfinden, auch mit einer Beschneidung von deren Lebensraum, insb. des Bodenstandraumes verbunden. Dies ist in diesem Zusammenhang die eigentlich wichtigste Erkenntnis, der künftig unbedingt mehr von seiten der zuständigen

Fachbehörden entgegengewirkt werden muß; denn Bäume gehen als Lebewesen irgendwann auch ohne die Folgen einer Beschädigung zugrunde, aber werden durch neue ersetzt; einmal preisgegebener Lebensraum ist jedoch im innerstädtischen Verdichtungsraum nur äußerst schwierig wieder zurückzugewinnen.

3. Anforderungen an ein günstiges Baumumfeld

3.1 Bemessung des Standraumes

In diesem Zusammenhang ist von Bedeutung, ab welchem Volumen durchwurzelbaren Bodens ein Straßenbaum so viel Nährstoffe, Wasser und Sauerstoff erhält sowie genügend Halt findet, um sich nachhaltig, seiner Art entsprechend entwickeln zu können.

Man kann davon ausgehen, daß sich aufgrund der Grundwasserabsenkungen im bebauten städtischen Raum und aufgrund fehlender Möglichkeiten zur künstlichen Bewässerung (zu wenig Personal, zu hohe Kosten) die Straßenbäume über die natürlichen Niederschläge mit Wasser versorgen müssen (s. o., 1.3).

Die neue DIN 18916 – Pflanzen und Pflanzarbeiten – sieht in diesem Zusammenhang für Bäume an extremen Standorten mit begrenztem Durchwurzelungsbereich, wie an Straßen, einen offenen, dauerhaft wasser- und luftdurchlässigen Belag mit einer Fläche von mindestens 6 m² vor. Die durchwurzelbare Fläche selbst sollte mindestens 16 m² groß sein. Wie umstritten solche Richtzahlen sind, drückt sich in der Vielzahl unterschiedlicher Angaben zu Mindestflächen für Baumstandorte in der Fachwelt aus. Die Zahlen reichen hier von 9 m² bis 50 m² (s. MAYER-SPASCHE 1985, BERNATZKY 1988, EHSEN 1989).

Gemeinsam haben solche Richtwerte, daß sie starr sind und nicht die naturgegebene Wachstumsdynamik von Bäumen berücksichtigen. Dabei ist doch unbestritten, daß sich mit im Laufe des Wachstums verändernder Pflanzenmasse auch der Nährstoff- und Wasserbedarf der Bäume ändert. In England und in den Niederlanden wurde versucht, dieser Dynamik gerecht zu werden, und man kam aufgrund von Standraumuntersuchungen an Bäumen bezüglich deren Wurzelvolumina zu folgenden Berechnungsformeln (für Böden mittlerer Tiefgründigkeit und Feuchte):

- Durchwurzelungsvolumen beträgt ein Zehntel des Kronenvolumens (HELLIWELL 1986, zit. in EHSEN 1989).
- Je m² Kronenprojektionsfläche werden 0,75 m³ Wurzelvolumen benötigt (BAKKER und KOPINGA 1988, zit. in EHSEN 1989; dieser Wert läßt den Baum eine einmonatige Pause ohne Wasserzufuhr überbrücken).

In Tab. 4 wurden anhand dreier Beispiele aus Augsburg diese Berechnungsformeln nachvollzogen. Ein Beispiel bezieht sich auf eine 1989 gepflanzte Kastanienreihe entlang der Stadionstraße. Die noch unter 20 Jahre alten Bäume (Stammdurchmesser 8 cm, Baumhöhe 5 m, Kronenhöhe 3 m, Kronendurchmesser 2 m, s. Abb. 4, Kap. 6) mit einem derzeitigen Kronenvolumen von je 4 m³ benötigen demnach momentan nur eine etwa 0,5–3,0 m² große und bis 0,8 m tiefe, durchwurzelbare Standfläche. Wie in den nachfolgenden Fällen wurde die Krone vereinfacht als Kugelform berechnet.

***Tabelle 4:** Bemessung des durchwurzelbaren Standraumvolumens von Bäumen anhand dreier Beispiele aus Augsburg*

Art/ Standort	Buche Stettenstraße	Spitzahorn Friedberger Straße	Kastanie Stadionstraße
Durchmesser Kronentraufe (m)	26	8	2
Kronenprojektionsfläche (m²)	531	50	3,1
Kronenvolumen (m³)	9198	268	4
Wurzelvolumen (m³) (= 10 % Kronenvolumen)	920	27	0,4
Wurzelvolumen (m³) (= 0,75 m³ je m² Kronenprojektionsfläche)	398	38	2,3
Aktuelle H_2O-durchlässige Standfläche (m²)	>531	13,5	>3,1
Erforderliche Standfläche bei 0,8 m Durchwurzelung (m²)	500–1150	34–48	0,5–3,0
Erforderliche Standfläche bei 1,5 m Durchwurzelung (m²)	265–613	18–25	0,3–1,5

Anders sieht es bereits für die etwa 40jährigen Ahornbäume entlang der Friedberger Straße aus (Stammdurchmesser 30 cm, Baumhöhe 12 m, Kronenhöhe 7,5 m, Kronendurchmesser 8 m). Das Kronenvolumen dieser Bäume nimmt 270 m³ ein und benötigt nach o. g. Formeln bereits eine 34–48 m² große durchwurzelbare Standfläche bei 0,8 m Tiefgang der Wurzeln; das ist beispielsweise ein Baumgraben von 3 m Breite und 11 m bis 16 m Länge. Tatsächlich ist die Standfläche der Bäume durchschnittlich aber nur 13,5 m² groß. Dies mag eine der Ursachen sein, weshalb die Ahornbäume entlang der Friedberger Straße, abgesehen von den beiden letzten Jahren, häufig bereits ab Juli zu welken begannen. Streusalz als zusätzlicher Streßfaktor spielte dabei sicherlich auch eine Rolle, wie entsprechende bodenkundliche Untersuchungen aus dem Jahre 1983 belegen (Näheres s. o., 1.2.2 und

Kap. 6, 2.2.1). Abb. 6 zeigt allerdings, daß innerhalb der letzten Jahre die Streusalzmengen auf den Augsburger Straßen deutlich abgenommen haben (s. o., 2.4, Abb. 6).

Als letztes Beispiel wurde der notwendige Standraum für die allen Augsburgern bekannte Buche vor der Industrie- und Handelskammer (IHK) an der Stettenstraße berechnet (Stammdurchmesser 2 m, Höhe 25 m, Kronendurchmesser 26 m). Davon ausgehend, daß die Wurzeln des Baumes noch mindestens 2 m in jeder Richtung über die Kronentraufe in die Rasenfläche ragen, besitzt der Wurzelstandraum einen Durchmesser von 30 m und die Buche damit ein zugehöriges Baumumfeld von rund 700 m². Die nach den genannten Formeln berechnete erforderliche Standfläche ist, je nach Methode und bei einer angenommenen Durchwurzelungstiefe von etwa 1,5 m, zwischen 265 und 613 m² groß (Tab. 4). Damit wird klar, weshalb die IHK-Buche so vital ist, denn von seiten des Wasser- und Lufthaushaltes sind ihr am gegebenen Standort kaum Grenzen gesetzt (s. Kap. 1, Abb. 52).

All diese Überlegungen haben für künftige Planungen von Baumstandorten die Konsequenz, daß in jedem Fall gewünschter Habitus und Lebensalter der Bäume berücksichtigt werden müssen, wenn nicht von Anfang an Wachstumsstagnation und Siechtum aufgrund unzureichender Standortbedingungen programmiert sein sollen.

Wie knapp bemessen die neue DIN-Richtlinie ist, sei durch folgendes Berechnungsbeispiel verdeutlicht. Als Faustregel gibt KOPINGA (1989) einen Wasserverbrauch von ca. 100 l pro Tag für einen Straßenbaum mit 25 m² Kronenprojektionsfläche an (vgl. LARCHER 1984, 306; BERNATZKY 1988). Unter dieser Voraussetzung ergibt sich für einen typischen Baumstandort am Augsburger Straßenrand folgende Wasserbilanz (Bilanzierung von Wasserverbrauch und Wasserangebot, s. Tab. 5):
Bei einem effektiven Wurzelraum von 1 m und einer nutzbaren Feldkapazität von 150 mm ergibt sich bei voller Wassersättigung des Bodens zu Beginn der Vegetationsperiode eine pflanzenverfügbare Wassermenge von 2.400 Litern im angenommenen 16 m² großen durchwurzelbaren Bodenstandraum.

Unter der Annahme, daß von dem im Mittel in Augsburg während der Vegetationsperiode niedergehenden Regen von 480 mm (JACOBEIT 1986, s. o., 1.1.2) rund 400 mm in den Wurzelstandraum eindringen und für den Baum verfügbar sind, erhöht sich das Wasserangebot auf insgesamt 8.800 Liter (s. Tab. 5).

Unter der weiteren Voraussetzung, daß ein Baum mit 16 m² Standfläche einen ähnlichen Wasserbedarf hat wie ein Baum mit 25 m² Kronenprojektionsfläche, also eine Transpiration von durchschnittlich 100 Litern pro Tag (vgl. o., KOPINGA 1989), benötigt ein Augsburger Straßenbaum während der rund 180 Tage dauernden Vegetationszeit rund 18.000 Liter, also rund die doppelte Menge des verfügbaren Wassers (s. Tab. 5).

***Tabelle 5:** Modell einer Wasserbilanz für einen Augsburger Straßenbaum mit 16 m² Standfläche*

Wasserspeicher im Boden:	150 mm = 150 l/m² x 1 m Tiefe *
Bei 16 m² durchwurzelbarem Bodenvolumen (DIN 18916):	16 x 150 l = 2.400 l im Wurzelraum bei voller Sättigung zu Beginn der Vegetationsperiode, ausreichend um eine Trockenperiode von ca. 20 Tagen zu überstehen
In Boden eindringender Niederschlag während der Vegetationsperiode:	400 mm x 16 m² = 6.400 l im Wurzelraum
Verfügbare Wassermenge in der Vegetationsperiode:	8.800 l (2.400 + 6.400)
Transpiration des Baumes bei unbegrenzter Wasserzufuhr:	100 l x 180 Tage (Vegetationsperiode) = 18.000
Verhältnis von Transpiration zu maximalem Wasserbedarf:	8.800 : 18.000 = 0,49 (ca. 50 %)

* 140 mm in den oberen 80 cm Pflanzsubstrat aus schluffigem Sand, 10 mm in den unteren 20 cm aus anstehendem Kies/Grobsand (s. SCHACHTSCHABEL u. a. 1989, 199)

Für das Verhältnis von Transpiration zu maximalem Wasserbedarf eines Baumes werden normalerweise 40 % als absolutes Minimum angesehen (VAN DAM und WOPEREIS 1985, zit. in KOPINGA 1989). Damit wäre der o. g. Baum gerade noch ausreichend mit Wasser versorgt, allerdings weit unter dem in der Literatur angegebenen akzeptablen Grenzwert von 75 % (BAKKER 1983, zit. in KOPINGA 1989). Um letzteren Schwellenwert nicht zu unterschreiten, müßte das Umfeld für o. g. Baum ca. 28 m² groß sein; das wäre z. B. ein Baumgraben von 2,5 m Breite und 11 m Abstand in der Reihe. Ähnliche Werte werden auch in der Literatur angegeben und für realisierbar gehalten (z. B. BERNATZKY 1988, 71, s. a. Kap. 4).

Das Wurzelsystem eines Baumes, der in seiner Entwicklung nahezu nicht beeinträchtigt wurde, wurde 1992 im Rahmen einer Ausstellung über Bäume im Botanischen Garten gezeigt. Eine etwa 25jährige Winterlinde war zu diesem Zweck ausgegraben worden. Die horizontale Ausbreitung der Stark- und Grobwurzeln entsprach mit 4 m etwa dem Kronendurchmesser. Berücksichtigt man die beim Ausgraben durchtrennten, sicherlich noch 1 m über die Kronentraufe hinausragenden Feinwurzeln, so war für die Entfaltung dieser Linde ein Standraum von etwa 5 x 5 m erforderlich (25 m²).

Bei etwa 1 m effektiver Wurzeltiefe würden solche Standräume unter Berücksichtigung der weiter oben angeführten Berechnungen sogar für Bäume erster Wuchsklasse (z. B. Ahorn, Linde, Esche, Kastanie) eine ausreichende Zufuhr an Wasser, Nährstoffen und an Sauerstoff für ein normales Wachstum auf Lebzeiten gewährleisten. Baumgräben in annähernd o. g. Größe und daher mit günstigen Wachstumsvoraussetzungen wurden in jüngster Zeit in Augsburg in der Weddigenstraße oder an der Zufahrt zum Messegelände geschaffen (s. a. Kap. 6, 4.3.2). Andererseits finden sich in Augsburg, wie weiter oben gezeigt wurde, leider auch zahlreiche, äußerst kritisch zu beurteilende Beispiele zu diesem Thema (s. oben, 2.1).

3.2 Bodenaustausch und Qualität des Pflanzsubstrates

3.2.1 Erforderliche bodenökologische Eigenschaften

Um eine artgemäße Entwicklung von Straßenbäumen bei ausreichender Standfestigkeit zu gewährleisten, sollte der Standort folgende bodenökologischen Eigenschaften aufweisen (s. SCHACHTSCHABEL u. a. 1989, SCHRÖDER 1983, vgl. oben, 1.2):

- Wurzelraum

Für eine ausreichende Gründigkeit und Durchwurzelbarkeit sollte der Wurzeltiefgang bis in 1,2–1,5 m Tiefe möglich sein. Die Lagerungsdichte sollte, bezogen auf die Augsburger Bodenverhältnisse, nicht über 1,6 kg/dm^3 liegen. Der Grobporenanteil (>10 Mikrometer) muß mindestens 10 % betragen, die Skelettanteile nicht mehr als 50 %. Aufgrund der überwiegend hohen Kiesanteile der Augsburger Böden sollte v. a. letztgenanntem Parameter Aufmerksamkeit geschenkt werden. In den lößlehmhaltigen Böden der Augsburger Hochterasse dagegen sollte bei Neupflanzungen eher strukturstabiles Material beigemengt werden (z. B. Kies, Sand).

- Lufthaushalt

Für eine ausreichende Sauerstoffversorgung von Baumwurzeln und Bodenlebewesen sollte der Luftanteil rund 15 % des gesamten Wurzelraumes ausmachen. Da für die Augsburger Straßenstandorte i. d. R. Kiesböden mit hohem Skelettanteil zur Verfügung stehen, dürften an unverdichteten, unversiegelten Baumstandorten das vorhandene Porenvolumen sowie die gegebene Porengrößenverteilung für eine ausreichende Sauerstoffzufuhr sorgen.

- Wasserhaushalt

Für die Wasserversorgung der Straßenbäume ist die im Wurzelraum verfügbare Bodenwassermenge ausschlaggebend. Die für die Pflanzen verfügbare Wassermenge im Boden ist v. a. von Zufuhr (Niederschläge, Oberflächenzufluß), Abfluß (Versickerung, Oberflächenabfluß, unproduktive Verdunstung) und von der Bodenart abhängig. Letztere bestimmt, v. a. durch Körnung, Bodengefüge und Gehalt an organischer Substanz, wieviel des in den Boden eindringenden Wassers in den Poren festgehalten wird und durch Transpirationsog der Wurzeln den Bäumen letztendlich zur Verfügung steht. Abgesehen von den Lößlehmschichten auf der Augsburger Hochterasse besitzen die anstehenden Kiesböden im Augsburger Stadtgebiet keine günstigen wasserspeichernden Eigenschaften (vgl. oben 1.2). Daher sollten die Böden bei Pflanzung von Straßenbäumen durch Zusatz von Lehm und Schluff melioriert werden. Dadurch werden die Mittelporenanteile im Bodengefüge erhöht, die für die Speicherkapazität des pflanzenverfügbaren Bodenwassers entscheidend sind.

- Nährstoffhaushalt

Der Nährstoffhaushalt wird v. a. durch die Anteile an mineralischen und organischen Bodenpartikeln mit großer spezifischer Oberfläche (v. a. Tonminerale und Huminstoffe) bestimmt, da diese Nährstoffmoleküle an ihren Grenzflächen adsorbieren und an die Bodenlösung bzw. an Pflanzen abgeben. In Augsburgs straßenbegleitenden Grünflächen besitzen im allgemeinen nur die Oberböden ausreichend Ton- und Humusanteile. Darüber hinaus wird der Nährstoffhaushalt durch die Bodenacidität beeinflußt. Die günstigsten Wachstumsbedingungen für Straßenbäume liegen im schwach sauren Bereich zwischen 6 und 7.

3.2.2 Praktische Umsetzung

Unter Berücksichtigung dieser bodenökologischen Aspekte und aufgrund von Untersuchungsergebnissen an mehreren Straßenstandorten (s. oben, 1.2) ergibt sich für Augsburg folgende Vorgehensweise bei der Bodenverbesserung:

- Im Bereich bestehender Bäume

Oberboden von Hand soweit abtragen, bis Wurzeln erscheinen, und mit vom Amt für Grünordnung und Naturschutz hergestelltem Oberbodensubstrat auffüllen. Dieses Substrat besteht zu jeweils gleichen Teilen aus Sand, Lehm und gesiebtem Kompost und wird gemäß Laboranalysen mit Nährstoffen angereichert (s. Kap. 6, 4.2.2). Der anstehende, nicht ausgetauschte Boden wird durchlüftet und mit geeigneten Verbaustoffen in seiner Struktur wieder stabilisiert (s. Kap. 6, 2.2.2). Anschließend wird das Obersubstrat mit ca. 10 cm Holzhäcksel abgedeckt (s. unten, 3.3).

- Neu- bzw. Nachpflanzungen

In solchen Fällen wird der Boden im Bereich des gesamten Wurzelraumes, ohne in bestehende Bäume einzugreifen, gegen das o. g. Pflanzsubstrat bis in ca. 80 cm Tiefe ausgetauscht. Die unteren 50 cm sollten dabei allerdings besser mit Substrat ohne Humusanteile aufgefüllt und dafür mit anstehendem Bodenmaterial angereichert werden. Der übrige Aufbau erfolgt in der o. g. Vorgehensweise.

3.3 Naturnahe Gestaltung sowie Sicherung des Bodenstandraumes

Die Oberfläche von Baumstandorten wird in erster Linie nach ökologischen, stadtbildgestalterischen und sicherheitstechnischen Aspekten gestaltet. Aus pflanzenphysiologischer Sicht ist zu unterscheiden zwischen offenen und bedeckten Baumstandorten. Aus Gründen der Verkehrssicherheit ist, wie bereits weiter oben ausgeführt, z. B. in Spielstraßen oder Fußgängerzonen die Abdeckung von Baumstandräumen unerläßlich. Diese sollten aber aus ökologischer Sicht nicht versiegelt oder gepflastert werden, weil dann, wie weiter oben gezeigt, Wasser- und Luftaustausch reduziert sind, sondern es sollte in jedem Fall eine freitragende Abdeckung (z. B. Baumrost aus Gußeisen) gewählt werden. Unter diesem Schutz kann der Boden zumindest nicht direkt verdichtet werden. Leider entspricht die Abmessung solcher Gitterroste bislang in Augsburg noch nicht der DIN-Anforderung an die Mindestgröße offener Baumscheiben (6 m^2, s. o.).

Grundsätzlich ist eine offene, wasserdurchlässige Gestaltung der Standflächen anzustreben. Dies geschieht i. d. R. durch Bepflanzung, in Augsburg bis vor wenigen Jahren nahezu ausschließlich durch Rasen oder niederwüchsige Bodendecker (meist Schneebeere – *Symphoricarpos chenaultii* Hancock). Anstelle bodendeckender Gehölze wurden in jüngster Zeit vermehrt auch Wildstaudenarten eingesetzt, die relativ leicht zu pflegen sind und optisch positiv wirken. Bewährt haben sich dabei bisher Arten wie Felsenstorchschnabel (*Geranium macrorhizum* Spessart), Unechte Fetthenne (*Sedum spurium* Album superbum) oder Waldsteinie (*Waldsteinia geoides* und *W. ternata*). Allerdings laufen diese Versuche erst seit vier bis fünf Jahren.

Neuerdings geht man auch dazu über, zumindest das engere Baumumfeld (2–3 m Radius) vollkommen vegetationsfrei zu halten, weil z. B. Untersuchungen an Bäumen mit durch Rasen bedeckter Bodenoberfläche belegen, daß dort die Entwicklung der Baumfeinwurzeln (3 mm Durchmesser) behindert wird, und die Konkurrenz der Rasenwurzeln leicht zu Wasserstreß bei Bäumen führt (WATSON 1988, zit. in EHSEN 1989, 9).

Die Freihaltung der Baumscheiben von Bewuchs geschieht in der Regel durch flächenhafte Ausbringung von grobem, organischem Mulchmaterial (z. B. gehäckseltes Gehölzschnittgut). Dadurch lassen sich die Infiltrationsbedingungen für Niederschläge erhöhen und die unproduktive Wasserverdunstung verringern, weil der Oberboden locker bleibt und außer den Bäumen keine wasserverbrauchenden Pflanzen wachsen. Außerdem wirkt sich eine Mulchschicht positiv auf die im Boden lebenden Organismen aus, wie z. B. Bakterien, Pilze, Fadenwürmer, Springschwänze oder Regenwürmer (z. B. MEYER-SPASCHE 1991). Die Bedeutung der Bodenbiologie liegt in deren verbessernder Wirkung auf Humifizierung, Mineralisierung und auf den Abbau abgestorbener, organischer Substanz. Dadurch werden wichtige Nährstoffe freigesetzt und für die Bäume verfügbar. In Augsburg wurde eine entsprechende Oberflächenabdeckung 1990 bei der Sanierung der Bodenstandräume der Straßenbäume in der Friedberger Straße gewählt (s. Kap. 6, 2.2.1).

Zu guter Letzt gehört im Straßenraum zu einer vorbildlichen Baumumfeldgestaltung auch die Sicherung des Bodenstandraumes, insbesondere vor Kraftfahrzeugen. Hierzu gibt es verschiedene Absperrvorrichtungen; in Augsburg werden seit einigen Jahren erfolgreich sogenannte Baumschutzbügel bzw. durchgehende Holzabplankungen entlang der Fahrbahn verwendet (s. Kap. 6, 2.3).

4. Forderungen an die Grünplanung

Aus diesen Untersuchungsergebnissen und Beobachtungen ergeben sich einige Forderungen und Wünsche an die Grünplanung. Leider werden noch heute bei Neuplanungen die Wechselbeziehungen zwischen Baum und Standort, insb. in bezug auf Wasser-, Nährstoff- und Lufthaushalt völlig verkannt. Als Beispiele seien in diesem Zusammenhang jüngste Baumpflanzungen in Branderstraße und Halderstraße erwähnt.

Gestalterisch wunderschön sind in der Branderstraße seit 1991 ca. 90 Kugelrobinien aufgereiht, die momentan noch einen vitalen Eindruck hinterlassen. Da die Bäume aber in nach unten zum Kiesboden hin zwar offene und oben durch freitragende Gitterroste bedeckte, seitlich jedoch begrenzte Betonkästen mit Außenmaßen von 1,6 m x 1,6 m gepfercht sind (2,6 m^2), ist, aufgrund der in der Seitzstraße gemachten Erfahrungen (s. o., 2.1), bereits innerhalb der nächsten zehn Jahre ein vorzeitiges Verkümmern und Absterben dieser Bäume wahrscheinlich.

Kürzlich wurden im Rahmen der Umgestaltung der Halderstraße 36 Spitzahorne für rund 100.000 DM in knapp über 4 m^2 kleine, offene Standflächen gesetzt (Abb. 10). Die potentiellen Großbäume werden in diesen Wurzelräumen in wenigen Jahren nicht mehr genügend Nährstoffe, Luft und Wasser bekommen, um sich normal entwickeln zu können. Auch der Einbau von Bewässerungs- und Belüftungsrohren in die Pflanzgruben kann dies nicht verhindern und dient allenfalls als Maßnahme, das Verkümmern und Ableben der Bäume künstlich etwas hinauszuzögern. Die Chance, daß sich in der Halderstraße auf Dauer wieder Großbäume, ähnlich den für die Straßenneugestaltung geopferten, entwickeln können, wurde hier leichtfertig vertan.

Hinzu kommt auch ein rein finanzieller Aspekt. Wenn man Bäume, die unter geeigneten Bedingungen im Straßenraum mindestens 80 Jahre alt werden, bereits nach 40 Jahren wieder ersetzen muß, weil sie zu diesem Zeitpunkt aufgrund viel zu kleiner Standräume bereits vergreist sind, verursacht eine solche Vorgehensweise die doppelten Kosten. Darüber hinaus würde man bei artgerechter Standraumwahl weit weniger Bäume benötigen, als wenn diese von vornherein niemals ihre artentsprechende Größe ereichen können.

O. g. Tiefbaumaßnahmen in der Halderstraße oder in der Branderstraße sind aus Sicht des Straßenbaus sicherlich technisch sauber und einwandfrei, erfüllen in bezug auf die vielfältigen, potentiellen Wohlfahrtswirkungen von Stadtbäumen allenfalls jedoch kurzfristig gestalterische und psychosoziale Funktionen, die aus Sicht der Umweltgestaltung und Grünordnung den finanziellen Aufwand kaum rechtfertigen, wie oben gezeigt wurde.

Neben einigen durchaus als positiv zu bewertenden Grünordnungsmaßnahmen der letzten Jahre, z. B. im gesamten Univiertel, sind ähnliche Maßnahmen wie in der Halderstraße oder Branderstraße leider bereits wieder in Wertachstraße, Drentwettstraße oder Äußerer Uferstraße geplant bzw. stehen kurz vor der Ausführung.

Zwar schreibt die DIN 18916 – Pflanzen und Pflanzarbeiten – für Bäume auf Extremstandorten mit begrenztem Durchwurzelungsbereich, wie an Straßen, einen offenen, dauerhaft wasser- und luftdurchlässigen Belag mit mindestens 6 m^2 vor, wobei die durchwurzelbare Fläche selbst mindestens 16 m^2 groß sein sollte (s. hierzu auch oben, 3.1). Die o. g. Beispiele aber verdeutlichen, daß selbst die minimalen Anforderungen des Garten- und Landschaftsbaues bei der Begrünung unserer Straßenräume von seiten der Planung häufig noch nicht eingehalten werden.

Zusammenfassend kann zu diesem Thema nur an alle zuständigen Fachleute und Entscheidungsträger appelliert werden, dafür einzutreten, besser weniger Bäume an ausreichend großen, mindestens den DIN-Anforderungen entprechenden Standorten zu pflanzen und dadurch qualitativ hochwertiges Grün im Lebensraum Stadtstraße zu schaffen. Die Umgestaltung der Bahnhofstraße, die in den nächsten Jahren ansteht, böte hierfür beispielsweise eine erste Gelegenheit.

Abb. 10: Wieder eine vergebene Chance: Bei der 1992 durchgeführten Umgestaltung der Halderstraße wurden drei Dutzend Spitzahorne in viel zu kleine Betonkästen gepfercht, so daß sie sich nie zu Großbäumen entwickeln werden.

Auch auf die z. B. seit einiger Zeit von der Forschungsgesellschaft für Straßen- und Verkehrswesen durchgeführten Forschungsvorhaben zur Schaffung unterirdischer, ausschließlich zwischen den jeweiligen Pflanzgruben der Ausbreitung von Baumwurzeln vorbehaltenen Gräben sei in diesem Zusammenhang hingewiesen (vgl. Kap. 4).

Werden nicht endlich die minimalen Wachstumsbedürfnisse der Bäume gedeckt, besteht die echte Gefahr, daß das Lebewesen Stadtbaum zunehmend zum bloßen Dekorationsgegenstand verkommt, der nach Bedarf ausgetauscht wird. Von den oben erwähnten, völlig überflüssigen Kosten ganz zu schweigen.

5. Literatur

AMBERGER, A., 1983: Pflanzenernährung, Ökologische und physiologische Grundlagen der Pflanzenernährung, Ulmer-Verlag
ASLANBOGA, I., HÖSTER, H. R. und MEYER, F. H., 1978: Umweltschäden an Straßenbäumen in Hannover. – Mitt. Dtsch. Dendrol. Ges. 70: 31–57
BALDER, H., 1988: Wurzelverletzungen als häufige Ursache von Baumschäden in der Stadt. – Das Gartenamt 37: 625–627
BALDER, H., 1990: Wurzelschutz von Bäumen – Theorie und Praxis.– Neue Landschaft 35: 538–543
BERNATZKY, A., 1988: Baumchirurgie und Baumpflege. – Thalacker, Braunschweig
BRAUN, H. J., 1982: Lehrbuch der Forstbotanik. – G. Fischer, Stuttgart, New York
DUJESIEFKEN, D. 1991: Der Kronenschnitt in der Baumpflege. – Neue Landschaft 36: 27–31
DUJESIEFKEN, D. und LIESE, W., 1991: Sanierungszeit und Kronenschnitt – Stand der Kenntnis. – Das Gartenamt 40: 455–459
EHSEN, H., 1989: Anforderungen an das Baumumfeld, ökologische Gestaltung und Bepflanzung des Baumumfeldes. – 7. Osnabrücker Baumpflegetage, Stadt Osnabrück, Grünflächenamt, FH Osnabrück FB Landespflege, 31 p., unveröff.
GRUNDWASSERKARTE, STADT AUGSBURG, 1982, Tiefbauamt, Stadt Augsburg (Hrsg.)
HELLIWELL, D. R., 1986: The extent of tree roots. – Arb. Journal 10
HUTTER, S. und MÜLLER, N., 1989: Gehölzkartierung Augsburg, Amt für Grünordnung und Naturschutz (Hrsg.)
JACOBEIT, J., 1986: Stadtklimatologie von Augsburg, unter besonderer Berücksichtigung der Lufthygienischen Situation sowie des Lärms. Augsburger Geographische Hefte, Nr. 6. Schriftenreihe des Lehrstuhls für Physische Geographie der Universität Augsburg, Fischer K. (Hrsg.)
KOCH, W., 1987: Aktualisierte Gehölzwerttabellen. – VVW Karlsruhe
KOCH, W., 1992: Fünf Parkkastanien, Folgen eines stocknahen Leitungsgrabens. – LP 26, SVK-Verlag GmbH, Erndtebrück
KOPINGA, J., 1989: Der Wasserverbrauch von Stadtbäumen. – 7. Osnabrücker Baumpflegetage, Stadt Osnabrück, Grünflächenamt, FH Osnabrück FB Landespflege, Okt. 1989, 14 p., unveröff.
LARCHER, W., 1984: Ökologie der Pflanzen auf physiologischer Grundlage. – Ulmer, Stuttgart
LUFTHYGIENISCHE JAHRESBERICHTE, BLFU, Schriftenreihe Heft 70/1985, 76/1986, 88/1987, 98/1988, 104/ 1989, 114/1990, 118/1991.
MEYER, F. H. (Hrsg.), 1982: Bäume in der Stadt. – Ulmer, Stuttgart
MEYER, F. H., 1989: Aufbau und Funktion der Baumwurzeln bzw. Mykorrhizen. 9. Osnabrücker Baumpflegetage, Stadt Osnabrück, Grünflächenamt, FH Osnabrück FB Landespflege, Okt. 1989, 15 p., unveröff.
MEYER-SPASCHE, H., 1985: Standortoptimierung von Straßenbäumen. Forschungsergebnisse zur Sanierung umweltgeschädigter Bäume. 17. Ökologie-Forum, Umweltbehörde Hamburg.
MEYER-SPASCHE, H., 1991: Sanierung des Baumumfeldes unter Verwendung von Kompost. – 9. Osnabrücker Baumpflegetage, Stadt Osnabrück, Grünflächenamt, FH Osnabrück FB Landespflege, p. 6.1–6.10, unveröff.
MÜLLER, N. und WALDERT, R., 1982: Stadt Augsburg – Biotopkartierung, Ergebnisse und erste Auswertung
Ber.ANL 6, S. 109–134
SAUTER, J. J., 1986: Xylem: Structure and function. – Progress in Botany 48: 388–405
SCHACHTSCHABEL, P., BLUME, H.-P., BRÜMMER, G., HARTGE, K.-H. U. SCHWERTMANN, U., unter Mitarbeit von FISCHER, W. R., RENGER, M. und STREBEL, O., 1989: Lehrbuch der Bodenkunde. – Enke Verlag, Stuttgart
SCHMIDT, K. R., 1988: Hintergründe und Ziele ökologischer Grundlagenforschung in Augsburg. – Augsburger Ökologische Schriften, Heft 1, Amt für Grünordnung und Naturschutz (Hrsg.)
SCHRÖDER, D., 1983: Bodenkunde in Stichworten. – Hirt Verlag
SHIGO, A. L., 1984: Tree decay and pruning. – Arboric. J. 8: 1–12
SHIGO, A. L., 1989: Tree pruning. A worldwide photo guide. Shigo and Trees, Associates, Durham, New Hampshire/USA, 186 p.
SINN, G., 1991: Neue Erkenntnisse zur Baumpflege und Baumsanierung. – Das Gartenamt 40: 101–104
WATSON, G. W., 1988: Organic mulch and grass competition influence tree root development. – Journal of Arb. 14, 8

Anschrift des/der Verfasser/-in:

Dr. Maria Dobner
Abt. Grünflächenpflege

Dr. Ulrich Schneider
Untere Naturschutzbehörde

Stadt Augsburg – Amt für
Grünordnung und Naturschutz
Dr.-Ziegenspeck-Weg 10
86161 Augsburg

Kapitel 6

Maßnahmen zur Pflege, Entwicklung und Erhaltung eines gesunden Baumbestandes an Straßen

Maria Dobner, Franz Schindele und Ulrich Schneider

Inhalt Seite

1.	Erstellung von Sanierungskonzepten	170
2.	Maßnahmen zur Baumumfeldsanierung	172
2.1	Standraumerweiterung durch Entsiegelung	172
2.2	Bodenverbesserung	172
2.2.1	Verringerung der Tausalzkonzentration	174
2.2.2	Behebung von Bodenverdichtung	175
2.3	Schutzvorrichtungen	176
3.	Schutz bei Baumaßnahmen	176
3.1	Rechtsgrundlagen und Regelwerke	176
3.1.1	Rechtsgrundlagen	176
3.1.2	Technische Regelwerke	177
3.2	Praktische Maßnahmen	177
3.2.1	Vorprüfung	177
3.2.2	Vermeidung	177
3.2.3	Minimierung von Beeinträchtigungen	179
3.2.4	Schlußbetrachtung	180
4.	Neu- und Nachpflanzungen	180
4.1	Geeignete Arten und Sorten	180
4.2	Pflanzenqualität und Bodenvorbereitung	181
4.2.1	Pflanzenqualität	181
4.2.2	Bodenvorbereitung	181
4.3	Arbeitsleistungen und Kosten	183
4.3.1	Nachpflanzungen	183
4.3.2	Neupflanzungen	184
5.	Moderne Baumpflegepraxis	184
6.	Literatur	188

Grundlage der Erhaltung und Entwicklung eines Straßenbaumbestandes sind dessen vollständige Erfassung sowie dessen regelmäßige Zusatndsanalyse. Anhand dieser Analysen können dann konkrete Sanierungskonzepte erarbeitet werden. Inhalt dieser Konzepte sind alle kurz-, mittel-, und langfristigen Maßnahmen zur Baumumfeldsanierung, Schutzmaßnahmen, notwendige Neu- und Nachpflanzungen sowie Baumpflegearbeiten.

1. Erstellung von Sanierungskonzepten

Vor einer zielorientierten, durchgeplanten Sanierung von Baumstandorten muß der gesamte Straßenbaumbestand erfaßt werden. Anschließend oder im Zuge der Erfassung gilt es, den Zustand der Bäume zu bewerten und die Ursachen für vorhandene Schäden zu analysieren. Erst wenn die negativen Wirkungseinflüsse am einzelnen Standort bekannt sind, können systematisch Sanierungsmaßnahmen geplant und umgesetzt werden.

Zur vollständigen Erfassung eines Straßenbaumbestandes gehören Daten über
- Standortangabe (möglichst lagegenau)
- Baumart
- Pflanzjahr und Alter bei Pflanzung
- Kronen- und Stammdurchmesser
- Gesundheitszustand
- Beschreibung vorhandener Schäden
- Straßen- und Bebauungsform
- Größe der Standfläche
- Qualität der Standfläche (z. B. verdichtet, offen, mit Rasen, mit Rost)
- vorhandene Schutzeinrichtung
- durchgeführte Schnittmaßnahmen
- durchgeführte Standortverbesserungen (z. B. Düngung, Belüftung, Drainage)
- Eingriffe (z. B. Versorgungseinrichtungen, Unfälle)

die in einem Kataster und dazugehörigen Kontrollbögen fortlaufend und am zweckmäßigsten über EDV dokumentiert werden (z. B. SCHUPP 1987, AICHER 1988).

Während die erste Erfassung der meisten dieser Daten sicherlich auf sehr mühevolle Art und Weise durch Luftbildauswertung mit anschließender terrestrischer Begehung geschieht, kann die Fortschreibung häufig vom Schreibtisch aus erfolgen. So kann das für die Verkehrsicherheit der Bäume verantwortliche Personal bei den ohnehin ein- bis zweimal jährlich durchzuführenden Sichtkontrollen diese Daten ermitteln und der Dokumentationsstelle zuleiten.

Im Zuge der Baumbestandserfassung beurteilt man am besten auch gleichzeitig den Gesundheitszustand der Bäume. Dies geschieht am zweckmäßigsten durch Infrarot-Luftbildinterpretation in Kombination mit stichprobenartiger terrestrischer Begehung.
Infrarot-Luftbildauswertung wird seit Anfang der 70er Jahre zur Beurteilung des Vitalitätszustandes von Bäumen angewandt (z. B. KADRO und KENNEWEG 1973, FÖRSTER 1988, HAYDN et al. 1985). Diese Methode bedient sich des Infrarots als dem für das menschliche Auge unsichtbaren Teil des Lichtes unterhalb (infra) des gerade noch sichtbaren Purpurrots. Dabei strahlen kranke Bäume ein anderes (meist helleres) Rot aus als gesunde. Chlorophyll absorbiert Sonnenlicht und reflektiert einen Teil dieses Lichtes in Form von langwelliger Wärmestrahlung. Diese ist auf dem Infrarotfilm als Rot erkennbar. Ist ein Baum krank, verändert sich seine Zellstruktur und die Strahlungsintensität läßt nach. Die Bäume erscheinen dann in rosa bis purpurnen Farbtönen. Bei völlig abgestorbenen Pflanzenteilen wird ein Grau bis Braun festgehalten. Problematisch ist dabei u. a., daß nahezu jede Baumart ihre eigene Farbpalette von gesund bis krank aufweist, und daß eine objektive Interpretation viel Erfahrung erfordert (genaueres hierzu s. FÖRSTER 1988).

Der große Vorteil der Anwendung der Infrarot-Luftbildmethode ist, daß man gegenüber rein terrestrischen Vitalitätsprüfungen alle Bäume zur selben Zeit aufnimmt und die Beurteilung nahezu ausschließlich vom Büro aus erfolgen kann, während Begehungen sehr zeitraubend, personalintensiv und schwieriger zu interpretieren sind, weil die gesamte Erfassung nicht zur selben Zeit, also unter den gleichen Umweltbedingungen stattfinden kann. Zudem können bei der Infrarot-Luftbildauswertung manche Schäden bereits erkennbar sein, obwohl sie vor Ort noch nicht sichtbar sind (z. B. wuchert Rotfäule im Stamm und führt plötzlich zum Umfallen des scheinbar gesunden Baumes).

Als weiterer Schritt müssen vor Durchführung der eigentlichen Sanierungsmaßnahmen die kausalen Zusammenhänge zwischen Standortfaktoren samt deren negativen Wirkungen (z. B. Verkehrsaufkommen, Größe der Baumscheibe, Art der Bodenverdichtung) und dem Vitalitätszustand der Bäume herausgearbeitet werden. Meist sind hierzu auch Bodenuntersuchungen nötig, die die potentielle Wasserversorgung und die aktuelle Nährstoffversorgung und Schadstoffanreicherung des Standortes kennzeichnen. Erst mit solchen Grundlagen lassen sich gezielt erfolgversprechende Sanierungsmaßnahmen zur Baumumfeldverbesserung ableiten. Sind entsprechende Maßnahmen tatsächlich umgesetzt, sollte deren Wirkung etwa alle 5 Jahre überprüft werden.

Seit Ende der 70er Jahre gibt es auch in Augsburg ein Baumkataster mit Alleenplan, das jährlich fortgeschrieben wird (s. Kap. 3) und in dem die Straßen-

bäume in Katasterblättern im Maßstab 1:1.000 unter Angabe von Baumart, Erstpflanzung und Zustand eingetragen sind, wobei der Gesundheitszustand allerdings nur unzureichend zwischen „gesund", „zu sanieren" und „zu fällen" unterschieden wird.
Eine regelmäßige, im Rahmen der halbjährlichen Sichtkontrollen durchgeführte Beschreibung der Vitalität und vorhandener Schädigungen in differenzierterer Form wäre hier sehr wünschenswert und sollte, sobald die Personalsituation es erlaubt, auch erfolgen.
Wie ein entsprechender Kriterienkatalog aussehen könnte, zeigt folgende Checkliste nach EHSEN (zit. in WAWRA 1987, 2628, vgl. DER BUNDESMINISTER FÜR VERKEHR 1992, 23):

Sichtbare Schäden im Kronenbereich:
- reduzierte Blattentwicklung
- schütteres Laubdach
- Vergilbungen, Verfärbungen
- Spitzendürre
- trockene Zweige und Äste (in %)
- Krone blattlos
- erheblicher Befall durch tierische Schädlinge, pilzliche Krankheiten
- auffällige, nicht versorgte Wunden
- Auseinanderbrechen von Starkästen

Sichtbare Schäden im Stammbereich:
- Rindenverletzung durch Fahrzeuge
- größere, nicht fachgerecht versorgte Astmorschung
- Stammrisse
- nässende Stellen
- Auftreten von Pilzfruchtkörpern
- vorbeugende Baumsanierungsmaßnahen
- Absterben oder Abstoßen von Borke
- Einwüchse

Sichtbare Schäden im Wurzelbereich:
- Anhebungen von Wegebelägen durch Wurzeln
- Wurzelschosse am Wurzelhals
- Verletzungen an Wurzeln durch Ausgrabungen
- Morschungen im Bereich des Wurzelhalses
- luftabschließende Überdeckungen durch Tiefbaumaßnahmen
- Materiallagerungen
- Bodenverdichtungen
- Bodenverunreinigungen durch Öl, Benzin, Chemikalien

Prüfung der Verkehrssicherheit:
- stärkere Seitenneigung des Stammes
- Beeinträchtigung des Verkehrsraumes durch hineinragende Äste
- Gefährdung durch einzelne tote Äste
- Stamm ist morsch, hohl
- Kronenansatz zu niedrig
- Abstand Baum – Fahrbahn zu gering (Mindestabstand 100 cm)
- erhebliche Wurzelverluste durch Aufgrabungen
- Astgabelungen

Die einzelnen Kriterien könnten mit Abkürzungen oder Nummern chiffriert jedem Baum, der einen Schaden aufweist, in einem Kontrollbogen zugeordnet werden. Bäume ohne Vermerk sind automatisch in Ordnung und gesund. Die Zuordnung der Bäume zu Schadensklassen könnte dann ohne weiteres über die Kombination bestimmter Kriterien erfolgen und über EDV ausgewertet werden.

Erste ausführlichere und bislang einzige umfassende Untersuchungen zum Vitalitätszustand der Straßenbäume wurden in Augsburg 1981 in Form eines Vergleiches von Infrarot-Luftbildinterpretation und terrestrischer Begehung innerhalb eines 5,5 km² großen Teilbereiches der Stadt (TROYCKE 1982) und 1982/83 in Form einer kompletten terrestrischen Begehung des Stadtgebietes durchgeführt (HUTTER und MÜLLER 1988). Im Rahmen dieser Untersuchungen wurden die Bäume nach Art, Höhe, Stamm- und Kronendurchmesser beschrieben. Weiterhin wurde die Vitalität in vier bis fünf Abstufungen von „gesund" über „erste Anzeichen von Schäden", „leicht geschädigt" bzw. „schwer geschädigt" und „sehr schwer geschädigt" unterschieden. Bei der Begehung 1982/83 wurden die Standorte in Anlehnung an KADRO und KENNEWEG (1973) drei verschiedenen Belastungsstufen zugeordnet (vorwiegend in Abhängigkeit von Verkehrs- und Streusalzbelastung) und ergaben letztlich einen Katalog von Straßen, geordnet nach Anteilen geschädigter Bäume (s. HUTTER und MÜLLER 1988). Die Untersuchungen führten damals zu dem Ergebnis, daß an stark belasteten Durchgangsstraßen nahezu 50 % der Bäume leicht bis schwer geschädigt waren.
Um den eigentlichen Ursachen für die o. g. unterschiedlichen Schädigungsgrade auf die Spur zu kommen, wurden 1986 im Bereich von 823 Straßenbäumen (Hans-Böckler-Straße, Neuburger Straße, Friedberger Straße, Donauwörther Straße) 73 Bodenproben durch ein Labor (Mayer-Spasche, Bohlsen) entnommen und analysiert. Die Kosten für diese Untersuchungen beliefen sich auf umgerechnet 23,– DM brutto pro Baum. Neben der unzureichenden Wasserversorgung fast aller Bäume wurde als Ergebnis festgestellt, daß an über 90 % der Standorte eine Unterversorgung mit Kalium und eine sehr hohe Streusalzbelastung vorlagen. Natrium, als wesentlicher Bestandteil des Streusalzes, gilt als direkter Gegenspieler des Kaliums bei der Nährstoffaufnahme. Da der Hauptnährstoff Kalium gegenüber Natrium nur selektiv aufgenommen werden kann, nimmt bei steigender Natriumkonzentration in der Bodenlösung die relative Kaliumaufnahme der Pflanzen ab (s. KINZEL 1982). Durch den hohen Streusalzgehalt im Boden wird somit die ohnehin schon vorhandene Kaliumunterversorgung demnach noch verstärkt (vgl. Kap. 5, 2.4).
Daher war die logische Konsequenz dieser Untersuchungsergebnisse, daß die Böden mit Kalium ge-

düngt und über Ionenaustausch die Streusalzbelastung gesenkt werden mußte (s. u., 2.2).
Aufgrund dieser Interpretation wurden in den Folgejahren in solchen Straßen, wie z. B. Allgäuer Straße, Neuburger Straße, Friedberger Straße, Donauwörther Straße, Hans-Böckler-Straße, dementsprechende Sanierungsmaßnahmen durchgeführt; z. T. allerdings nur mit mäßigem Erfolg, vermutlich, weil das Baumumfeld nur unzureichend vergrößert werden konnte.
Für die Zunkunft ergibt sich hieraus als dringlichster Wunsch: die Erfassung aller baumspezifischen Daten über ein EDV-Programm, mit dessen Hilfe systematisch und zielorientiert ein Sanierungsprogramm realisiert wird, das ständig fortgeschrieben wird und in jährlichen Teilschritten nach Dringlichkeitsstufen geordnet wird. Ähnliche Projekte laufen derzeit in verschiedenen deutschen Städten (z. B. SCHUPP 1987, FÖRSTER 1988, AMMER u. a. 1990, DREIER 1991).

2. Maßnahmen zur Baumumfeldsanierung

2.1 Standraumerweiterung durch Entsiegelung

Zur Regenerierung an mangelnder Vitalität leidender, wertvoller Straßenbäume ist meist eine grundlegende Sanierung ihrer Bodenstandräume erforderlich. Dabei machen die langjährigen Erfahrungen in Augsburg immer wieder deutlich: Das Hauptproblem der Straßenbäume ist der zu geringe Standraum (vgl. Kap. 5, 2.1 u. 3.1). Alle anderen negativen Wirkungseinflüsse sind eher sekundär. Oberste Priorität sollte daher bei einer effektiven Baumumfeldsanierung haben, den Standraum der zu erhaltenden Bäume so umfangreich wie möglich zu vergrößern und mittels technischer Maßnahmen als dauerhaft offene Bodenoberfläche zu sichern.
Um wertvollen Bäumen ausreichenden Lebensraum bieten zu können, muß häufig als einziger Ausweg der momentan zu beengte Standraum durch Entsiegelung erweitert werden. Vor Durchführung solcher Maßnahmen sind i. d. R. langwierige verwaltungsinterne Abstimmungsverfahren vonnöten, so daß es wünschenswert wäre, für ganze Stadtteile Entsiegelungsprogramme aufzustellen, die als Gesamtkonzept in einem Zuge abgestimmt und dann schrittweise realisiert werden.
Bislang wurden vom Amt für Grünordnung und Naturschutz Flächenentsiegelungen in nur geringem Umfang vorgenommen; in den letzten Jahren beispielsweise in Donauwörther Straße, Argonstraße, Kriemhildenstraße oder Deutschenbaurstraße (s. Abb. 1 und 2). Um eine Vorstellung über die notwendigen Arbeitsschritte und die entstehenden Kosten zu geben, wurden zwei dieser Maßnahmen durchkalkuliert und zusammengefaßt aufgeführt (Tab. 1 und 2).

Das eine Beispiel bezieht sich auf die 1990 durchgeführte Sanierung von zehn Linden mit mittleren Stammdurchmessern von etwa 40 cm und mit einer mittleren Höhe von 15 m in der Kriemhildenstraße (Tab. 1). Die Standorte wurden dort auf der Gehwegseite durch Entsiegelung von je 1,5 m^2 auf rund 6 m^2 vergrößert und der Boden durch geeignete Maßnahmen verbessert. Bei den angegebenen Arbeitsschritten handelte es sich um Leistungen, die im Rahmen einer Arbeitsbeschaffungsmaßnahme durch das Amt für Grünordnung und Naturschutz durchgeführt wurden, und bei den Kosten um reine Selbstkosten ohne Gewinn- und Risikozuschläge. Die pro Baumsanierung festgestellten Gesamtkosten von rund 2.500 DM netto entsprechen in etwa denen der zweiten angeführten Maßnahme von 1992 aus der Deutschenbaurstraße (Tab. 2, Abb. 1 und 2). Die Kosten dieser Maßnahme wurden durch beschränkte Ausschreibung ermittelt und beinhalten für 25 Bäume in etwa gleichartige Leistungen, wie sie in der Kriemhildenstraße durchgeführt wurden.

Unter der sicherlich nicht zu hoch gegriffenen Annahme, daß das Umfeld mindestens jedes zehnten Straßenbaumes in Augsburg in ähnlicher Weise erweitert und saniert werden müßte, errechnet sich ein Mittelbedarf von rund 5 Millionen DM (22.000 Stk. : 10 x 2.500 DM). Realistisch betrachtet ließe sich ein solches Standraumerweiterungsprogramm in rund zehn Jahren verwaltungs- und arbeitstechnisch bewältigen, bei Kosten von rund 0,5 Millionen DM pro Jahr.

Abschließend sei an dieser Stelle erwähnt, daß auch in bezug auf die Neuschaffung von Straßenbaumstandorten über Entsiegelungsmaßnahmen ein großes Potential vorhanden ist, das in näherer Zukunft z. B. im Rahmen der Eingriffs-/Ausgleichsregelung des BayNatSchG (§ 6a) immer mehr an Bedeutung gewinnen dürfte. Einen Schritt in diese Richtung weist eine größere, geplante Entsiegelungsmaßnahme im Bereich Gentnerstraße/Spickelstraße, die für den durch die neue Hochzoller Lechbrücke verursachten Eingriff baurechtlich festgesetzt wurde (Näheres s. Kap. 2).

2.2 Bodenverbesserung

Wie bereits unter Kap. 5, 2.1 bis 2.4 ausführlich erläutert wurde, sind Böden im Bereich von Straßenbaumstandorten aufgrund verschiedener Ursachen, wie Verdichtung, Versalzung etc., stark gestört, verbunden mit negativen Einflüssen, v. a. auf Luft-, Wasser- und Nährstoffhaushalt.

Es wurde in Augsburg in den letzten zehn Jahren durch nachstehend beschriebene Bodenverbesserungsmaßnahmen versucht, diese Schadmechanismen in ihrer Wirkung zumindest zu minimieren.

***Tabelle 1**: Sanierung eines für Augsburg typischen Straßenbaumstandortes in der Kriemhildenstraße (Kalkulation basiert auf zehn Standortsanierungen in einer Lindenallee im Jahre 1990, angegeben sind jeweils die damaligen Nettokosten pro Position und Baum; die Arbeiten wurden, soweit nicht anders bezeichnet, in Eigenleistung des Amtes für Grünordnung und Naturschutz erbracht)*

Leistung	Gesamtkosten
Bauvorbereitung (Bauleitung, verwaltungsinterne Abstimmung, Verkehrssicherung, Beschaffung und Prüfung von Kabelplänen, 2 h Meister je 50 DM, 0,5 h Verwaltungsangestellte je 44 DM	122,– DM
Baustelleneinrichtung (Straßenabsperrung, Bauwagen; 1 h Gärtner-/Gärtnerhelfer je 42 DM, 1 h Geräteträger incl. Fahrer je 65 DM, 1 h Niederflurhubwagen je 87 DM)	194,– DM
Bodenanalyse, Düngekonzept (Vergabe an Privatinstitut)	23,– DM
Baumschutz (Anbringen und Entfernen eines 2 m hohen gepolsterten Brettermantels um den Stamm, 0,2 h Klein-Lkw 3 t incl. Fahrer je 55 DM, 2,5 h Gärtnerhelfer je 42 DM, 2,5 m² Bretter je 12 DM, 2 lfm Polsterung Kokosfaser je 4 DM, Draht 3 DM)	160,– DM
Entsiegelung (Maße: 4,5 x 1,3 m; Asphalt mit Trennschneider von Hand und mit Baggeraufsatz lösen, laden und Wiederverwertung zuführen; 3 lfm Granitgroßsteinpflaster säubern und bauseits lagern; 3 h Gärtnerhelfer je 42 DM, 1 h Asphalttrennschneider je 10 DM, 2 h Lkw mit Baggeraufsatz je 87 DM, Asphaltrecycling von 0,8 m³ je 22,5 DM)	328,– DM
Auskofferung (Maße: 4,5 x 1,3 m x 0,3 m tief; Tragschicht von Hand lösen, in Container laden und abfahren; 7 h Gärtner-/Gärtnerhelfer je 42 DM; 0,5 h Niederflurhubwagen je 87 DM, Bauschuttentsorgung 2,5 t je 12,5 DM)	369,– DM
Randbefestigung (7 lfm Granitgroßsteinpflaster einzeilig als Randeinfassung zur Flächenbegrenzung auf Betonbett verlegen, davon 3 lfm, bauseits vorhanden, wiederverwenden; 8 h Gärtner-/Gärtnerhelfer je 42 DM, 0,5 h Betonmischer je 10 DM, 0,5 h Klein-Lkw 3 t incl. Fahrer je 55 DM, 4 lfm Großsteinpflaster 15/17 je 30 DM, 0,8 m³ Beton je 120 DM)	584,– DM
Bodenbelüftung durch Terraliftverfahren (4 Einstiche und je 2 Aufbrüche in 30 cm und 60 cm Tiefe; Einbringen von Verbaustoffen durch Fremdfirma; Einstich incl. Verbaustoffe je 25 DM)	100,– DM
Einbau von Baumschutzbügeln (je 2 doppelwandige, verzinkte Bügel mit 90 cm Breite in Betonsockel; 2 h Gärtner-/Gärtnerhelfer je 42 DM, 1 h Klein-Lkw je 55 DM, 0,4 m³ Beton je 120 DM, Schutzbügel je 30 DM)	247,– DM
Einbringen von Bodensubstrat, Düngen, Wässern, Rasenansaat (Bodensubstrat laden, anfahren und einbauen, Düngung gemäß Analyse, Planie von Hand, Wässerung 150 l pro Baum, Rasenansaat; 2 h Gärtner-/Gärtnerhelfer je 42 DM, 1 h Lkw-Kipper 7,5 t je 80 DM, 1,5 m³ Bodensubstrat je 30 DM, Dünger, Wasser, Saatgut zusammen 10 DM)	224,– DM
Dokumentation im Baumkataster (0,1 h Techniker je 50 DM)	5,– DM
Gesamtkosten pro Baum (netto)	2.376,– DM

***Tabelle 2**: Sanierung von für Augsburg typischen Straßenbaumstandorten in der Deutschenbaurstraße (Kalkulation basiert auf Sanierung von 25 Standorten in einer Reihe im Jahre 1992, angegeben sind jeweils die damaligen Nettogesamtkosten pro Position; die Preisermittlung erfolgte durch Ausschreibung)*

Leistung	Gesamtkosten
Bauvorbereitung (Bauleitung, verwaltungsinterne Abstimmung, Verkehrssicherung und Prüfung von Kabelplänen)	1.250,– DM
Baustelleneinrichtung (Straßenabsperrung, Bauwagen)	1.250,– DM
Bodenanalyse, Düngekonzept	520,– DM
Baumschutz (Anbringen und Entfernen eines 2 m hohen gepolsterten Brettermantels um die Stämme, 25 Stück)	748,– DM
Entsiegelung (Betonkantenstein 5/100/25 und 6 cm starken bituminösen Belag aufnehmen, laden, abfahren und der Wiederverwertung zuführen; 260 m Kantenstein, 338 m² bituminöser Belag)	11.543,– DM
Auskofferung (Tragschicht im Kronenbereich per Hand, außerhalb mittels Bagger aufnehmen, abfahren und entsorgen; Auskofferungstiefe 30–40 cm, Fläche mittels Bagger 143 m², per Hand 195 m²)	11.492,– DM
Randbefestigung (Vorhandenes Granitgroßsteinpflaster einzeilig als Randeinfassung zur Flächenbegrenzung auf Betonbett verlegen; Länge 520 m)	19.500,– DM
Düngung (Im Kronenbereich im Frühjahr 80 g/m² Ammonsulfat und 110 g/m² Nitrophoska permanent, im Herbst 150 g/m² Hornspäne und 100 g/m² Agrosil ausbringen; Fläche 97,5 m²)	312,– DM
Einbringen von Bodensubstrat (Vom AG gestelltes Unter- und Obersubstrat lagenweise getrennt, je 20 cm dick, einbringen; Fläche 240,5 m²; im Kronenbereich per Hand 10 cm dick Holzhäcksel auftragen; Fläche 97,5 m²)	9.820,– DM
Wässern (200 l pro Baum, 2 Arbeitsgänge, Zeitabstand zwischen den Bewässerungsgängen 2–3 Tage; 25 Bäume)	1.575,– DM
Lockern und Planieren von Oberboden sowie Raseneinsaat (Außerhalb des Kronenbereiches mittels handgeführter Fräse Oberboden 10 cm tief lockern; Rasenmulde 6–8 cm tief ausbilden; Raseneinsaat mit 30 g/m² RSM 3B; andrücken des Saatgutes mittels handgeführter motorloser Walze; Fläche 240,5 m²)	2.640,– DM
Dokumentation im Baumkataster	70,– DM
Gesamtkosten für 25 Bäume (netto)	60.729,– DM
Gesamtkosten pro Baum (netto)	2.429,– DM

Anm. zu Tabelle 1:
(Bei den aufgeführten Angaben handelt es sich um reine Selbstkosten, ohne Gewinn- und Risikozuschlag, bei reibungslosem Arbeitsablauf und gut zugänglicher Baustelle; Preise für Maschinen und Fahrer nach GNT, Stundenlöhne nach städtischen Dienstleistungssätzen)

Abb. 1: Baumstandorte in der Deutschenbaurstraße im Jahre 1992 vor Entsiegelung

Abb. 2: Baumstandorte in der Deutschenbaurstraße im Frühjahr 1993 nach Durchführung von Entsiegelungsmaßnahmen

2.2.1 Verringerung der Tausalzkonzentration

Die Vitalitätsüberprüfung Anfang der 80er Jahre hatte zusammen mit Bodenuntersuchungen ergeben (s. o., 1), daß z. B. in der Friedberger Straße der Standraum der Bäume fast durchgehend durch Tausalz belastet und dadurch mit Kalium, als direktem Gegenspieler des Natriums bei der Nährstoffaufnahme, unterversorgt war. Im Sommer 1990 wurden auf dieser Grundlage die Standorte von 180 Ahornen an der Friedberger Straße wie folgt behandelt:

- Bodenaustausch mit einem vom Amt für Grünordnung und Naturschutz hergestellten Pflanzsubstrat (s. unten, 4.2.2) auf ca. 6 m² Fläche (unmittelbarer Stammbereich) und etwa 0,15 m Tiefe in Handarbeit (wegen Gefahr der Wurzelverletzung) zur Entfernung der versalzten, verschlämmten Oberbodenschicht, des wasserverbrauchenden Rasens sowie zur Verbesserung von Bodenstruktur und Bodengefüge
- Aufbringen von 2 kg Ionenaustauschsubstrat (bestehend aus 50 % Kaliumnitrat, 30 % Hakaphos rot, 20 % Ammoniumsulfat) zum Austausch der im Wurzelbereich an den Bodenpartikeln adsorbierten Natriumionen gegen wichtige Nährstoffionen, wie Kalium, sowie Aufbringen von 0,5 kg Hygropor zur Erhöhung der Wasserspeicherkapazität und von 1 kg Hornspänen und 2 kg Nitrophoska permanent je Baum zur Verbesserung der Nährstoff-, insb. der Stickstoffversorgung
- Wässern von 300 Litern je Baum (50 mm) zur unmittelbaren Ingangsetzung des Ionenaustausches sowie zur Verbesserung der Wasserverfügbarkeit
- Abdeckung mit einer 10 cm mächtigen Mulchschicht aus gehäckseltem Schnittgut zur Verringerung der unproduktiven Verdunstung sowie zur Belebung der biologischen Aktivität der Bodenlebewesen.

Dabei sei der Vollständigkeit halber erwähnt, daß Nitrophoska permanent (15 + 9 + 15 + 2) ein Langzeitvolldünger und Hakaphos rot (8 + 12 + 16) ein schnellwirkender Volldünger ist, Hornspäne (13 % organisch gebundener Stickstoff) der langfristigen und Ammonsulfat (7 % Nitratstickstoff und 19 % Ammoniumstickstoff) der direkten Stickstoffversorgung dienen. Kaliumnitrat soll in erster Linie die Kaliumunterversorgung ausgleichen.

Diese Maßnahme wurde von vier Arbeitskräften des Amtes für Grünordnung und Naturschutz in einem Zeitraum von sechs Wochen durchgeführt und verursachte Kosten in Höhe von rund 60.000 DM netto. Dies entspricht etwa 330 DM pro Baum einschließlich Personalkosten und Bodenuntersuchungen. Die Bodenuntersuchungen machten in diesem Fall etwa 7 % der Gesamtkosten aus. Wenn man bedenkt, welche Schäden man durch Düngungsfehler hervorrufen kann, erscheint dieser Teilbetrag gerechtfertigt.
Der Erfolg der Maßnahme war sowohl 1991 als auch 1992 erkennbar, als die Bäume noch Anfang September voll belaubt waren, während in vorangegangenen Jahren häufig bereits ab Juli die Blätter der Bäume zu welken begonnen hatten (Vertrocknungserscheinungen infolge überhöhter Salzkonzentrationen im Boden).

2.2.2 Behebung von Bodenverdichtung

Eines der Hauptprobleme bestehender Straßenbaumstandorte ist der verdichtete Boden. Selbst wenn Baumscheiben nicht direkt befahren oder betreten werden, so wird früher oder später das Erdreich neben der Fahrbahn durch die ständigen verkehrsbedingten Vibrationen verdichtet (Rüttelwirkung, s. Kap. 5, 2.2).

Um den Lufthaushalt solcher Bodenstandräume zumindest für gewisse Zeit wieder zu stabilisieren bzw. den Verdichtungsprozeß zu verlangsamen, werden seit etwa zehn Jahren verschiedene Verfahren angewandt, die im wesentlichen unter Verwendung von Wasser oder Luft auf dem Einsatz von Spül- bzw. Druckluftlanzen beruhen (z. B. Terralift, Sanator, Bioturbator etc.).

In Augsburg wird seit 1983 das sogenannte Terraliftverfahren angewandt, wobei im Boden durch Druckluft neue Hohlräume geschaffen und mit Blähton, Perliten oder Styroporkügelchen verbaut werden, um dadurch Luft- und Wasserhaushalt des Standortes zu verbessern. Auch Nährstoffe können über das Sondenrohr eingebracht werden. Mit integriertem Luftdruckhammer wird die Sonde in die gewünschten Arbeitstiefen getrieben und anschließend die Druckluft schlagartig freigesetzt. Je Ausstoß werden 500 bis 1.000 Liter Luft eingeblasen, bei einem regulierbaren Druck bis zu 16 bar. Erde wird in einem Durchmesser von 2 bis 4 m gelockert. Es entstehen sichtbare Risse

Abb. 3: Einsatz eines Druckluftgerätes zur Aufhebung von Bodenverdichtung in der Grünanlage am Gesundbrunnen.

Abb. 4: Optimale langfristige Sicherung des Wurzelstandraumes einer 1989 gepflanzten Kastanienreihe entlang der Stadionstraße durch Holzplanken.

und Spalten. Im Moment des Ausströmens der Luft wird mit Hilfe einer besonderen Vorrichtung das für die Verbauung, Düngung, Strukturstabilisierung oder Bodenbelebung geeignete Gemisch beigemengt. Die Druckluft breitet sich vorwiegend horizontal aus und weicht nach oben aus (s. Abb. 3).

Normalerweise werden je Straßenbaum acht Liter Perlit (3–6 mm) oder Styropor an vier Stellen, und auf zwei Tiefen verteilt (20–30 cm und 50–60 cm), verbaut. Bei Bedarf können dabei noch ca. 2 kg an Vorratsdünger pro Baum hinzugegeben werden. 1989 kostete eine Pflegemaßnahme mit Terralift rund 100,– DM netto je Straßenbaum. 1989 und 1991 wurden auf diese Art jeweils 400 Bäume behandelt. Eine nachweislich längerfristige positive Wirkung o. g. Bodenlockerungsverfahren ist allerdings nicht gesichert.

2.3 Schutzvorrichtungen

Um direktes Befahren und Beparken von Baumstandorten mit all seinen negativen Folgeerscheinungen wie Bodenverdichtung, Stammbeschädigungen etc. (vgl. Kap. 5, 2.2 u. 2.5) zu verhindern, werden vom Amt für Grünordnung und Naturschutz seit Ende der 70er Jahre in großem Umfang sog. Baumschutzbügel (vgl. Abb. 4, Kap. 5, 2) bzw. durchgehende Holzabplankungen (Abb. 4) zur Sicherung des Bodenstandraumes von Straßenbäumen und Grünanlagen eingesetzt. Die erforderlichen Arbeiten werden dabei überwiegend im Rahmen von Arbeitsbeschaffungsmaßnahmen (ABM) ausgeführt. Während erstere mehr den unmittelbaren Stammbereich der Bäume sichern, dienen letztere eher dem Schutz des gesamten Wurzelbereiches.

Optimalen Standraum, v. a. auch langfristig, bietet der vor zwei Jahren abgesperrte Grünstreifen entlang der 1989 gepflanzten Kastanienreihe in der Stadionstraße (Abb. 4). Auf den ersten Blick vielleicht verwunderlich, mußte dort auch hinter der Baumreihe abgeplankt werden, weil die bestehende Wiese im Winter als Schneeabladefläche und bei größeren Sportveranstaltungen als Parkplatz genutzt wird.
Häufig stoßen derartige Maßnahmen allerdings auf großes Unverständnis der unmittelbaren Anlieger, wie z. B. 1990 in der Firnhaberstraße oder 1991 am Täfertinger Weg, weil die Absperrung des Wurzelstandraumes von Straßenbäumen meist gleichzeitig mit dem Wegfall von „wilden" Parkplätzen verbunden ist. In den fünf Jahren zwischen 1986 und 1990 wurden für den Einbau von Baumschutzvorrichtungen im Schnitt rund 25.000 DM pro Jahr ausgegeben und dabei bis zu 300 Baumschutzbügel gesetzt und 2.000 m Holzabplankungen pro Jahr errichtet.

3. Schutz bei Baumaßnahmen

Baumaßnahmen jeglicher Art führen, wenn sie im Bereich von Grünbeständen stattfinden, fast immer zu nachhaltigen Beeinträchtigungen von Bäumen. Sind Bauarbeiten in der Umgebung von Straßenbäumen erforderlich (Errichtung unterirdischer Versorgungsanlagen, Fahrbahnerneuerungen, Bau von Gebäuden etc.) sind entsprechende Eingriffe in Baum und Baumumfeld häufig unvermeidlich. Dennoch gibt es i. d. R. Möglichkeiten auf Grundlage gesetzlicher Bestimmungen sowie technischer Vorschriften und praktischer Erfahrungen, Baumbeschädigungen gezielt zu vermeiden oder zumindest zu minimieren. Nachfolgende Ausführungen treffen auf Straßenbäume, Bäume in öffentlichen Grünanlagen sowie auf Bäume im privaten Bereich gleichermaßen zu, so daß in dieser Hinsicht weitgehend keine Differenzierung vorgenommen wurde.

3.1 Rechtsgrundlagen und Regelwerke

3.1.1 Rechtsgrundlagen

Die im Moment wohl wichtigste Voraussetzung eines effektiven Baumschutzes im Stadtgebiet von Augsburg, auch im Zusammenhang mit Baumaßnahmen, stellt die Verordnung zum Schutz des Baumbestandes vom 19.12.1989 dar (BaumschutzVO, näheres siehe Kap. 10). Eine weitere Gesetzesgrundlage für die Erhaltung von Bäumen bietet die Bayerische Bauordnung (BayBO). Gemäß BaumschutzVO bedarf jegliche nachhaltige Veränderung von geschützten Bäumen einer behördlichen Genehmigung (s. Kap. 10). Die fachliche Prüfung entsprechender Anträge erlaubt im Prinzip drei Möglichkeiten, zwischen denen es abzuwägen und zu entscheiden gilt:
- Vermeidung des Eingriffs durch Planänderung sowie durch Aussperrung kompletter Areale aus dem Baubereich
- Minimierung des Eingriffs durch geeignete Schutzmaßnahmen
- Duldung des Eingriffs gegen entsprechende Ausgleichsmaßnahmen

Im wesentlichen soll an dieser Stelle auf Vermeidungssowie Minimierungsaspekte eingegangen werden, weil das Thema Ausgleichsmaßnahmen im Zusammenhang mit der Entfernung von Bäumen in Kap. 10, in dem es um den Vollzug der BaumschutzVO geht, ausführlich besprochen wird. Dennoch sei angemerkt, daß die Entfernung von Bäumen und deren Ersatz durch junge, nachgepflanzte Bäume ein wichtiger Beitrag zur Erhaltung und Entwicklung des Augsburger Baumbestandes ist; v. a. auch dann, wenn im Zuge von Baumaßnahmen erkennbar ist, daß ein unvermeidbarer Eingriff in einen Baum diesen so schädigt, daß auf Dauer eine Entfernung aus fachlicher Sicht vernünftiger erscheint.

3.1.2 Technische Regelwerke

Wichtige Grundlagen für Planung und Durchführung geeigneter Maßnahmen zur Verhinderung bzw. zur Minimierung von Eingriffen an Bäumen bietet folgendes Bündel technischer Vorschriften, Richtlinien und Regelwerke:

VOB – Verdingungsordnung für Bauleistungen
Teil C – Allgemeine Technische Vertragsbedingungen (ATV)

DIN 18300 – Erdarbeiten
DIN 18320 – Landschaftsbauarbeiten
DIN 18916 – Pflanzen und Pflanzarbeiten
DIN 18920 – Schutz von Bäumen, Pflanzenbeständen und Vegetationsflächen bei Baumaßnahmen

RAS-LG 4 – Richtlinien für die Anlage von Straßen (RAS), Teil: Landschaftsgestaltung (RAS-LG), Abschnitt 4: Schutz von Bäumen und Sträuchern im Bereich von Baustellen, 1986

ZTV Baumpflege – Zusätzliche technische Vertragsbedingungen und Richtlinien für Baumpflege und Baumsanierung, Forschungsgesellschaft Landschaftsentwicklung Landschaftsbau e. V. (FLL), Bonn, 1992

ZTV Großbaumverpflanzung – Zusätzliche technische Vertragsbedingungen und Richtlinien für das Verpflanzen von Großbäumen und Großsträuchern, 1989

Merkblatt über Baumstandorte und unterirdische Ver- und Entsorgungsanlagen (= DVGW-Hinweis GW 125), Forschungsgesellschaft für Straßen- und Verkehrswesen, Arbeitsausschuß kommunaler Straßenbau, 1989

Merkblatt Alleen, Der Bundesminister für Verkehr, MA-StB 92, Verkehrsblatt-Dokument Nr.: B 6513 – Vers. 92.1, Verkehrsblatt-Verlag Borgmann, Dortmund, 1992

Empfehlungen für Straßenbepflanzungen in bebauten Gebieten, Forschungsgesellschaft für Straßen- und Verkehrswesen e. V., Köln, 1991

Gütebestimmungen für Baumschulpflanzen, Schriftenreihe der Forschungsgesellschaft Landschaftsentwicklung Landschaftsbau e. V. (FLL), Bonn, 1986

Grundsätze für die funktionsgerechte Planung, Anlage, Pflege Gehölzpflanzungen, Schriftenreihe der Forschungsgesellschaft Landschaftsentwicklung Landschaftsbau e. V. (FLL), Bonn, 1990

3.2 Praktische Maßnahmen

3.2.1 Vorprüfung

Die besten Möglichkeiten der Vermeidung bzw. Verminderung von Beeinträchtigungen sind gegeben, wenn die für Baumschutz zuständige Fachbehörde in den Planungsprozeß einbezogen wird, solange noch über Notwendigkeit bzw. Alternativen eines Projektes diskutiert werden kann. In der Regel ist dies allerdings nicht der Fall, die Bedarfsplanung ist abgeschlossen und allenfalls die Linienführung, z. B. einer Versorgungsleitung, ist noch offen.

Bevor nun konkrete Schutzmaßnahmen festgelegt werden, sollte stets eine Prüfung der örtlichen Verhältnisse vorausgehen. Dabei muß das Ausmaß des Eingriffs mit seinen Auswirkungen durch das eigentliche Bauwerk, den Baubetrieb und den späteren Betrieb der baulichen Anlage bekannt sein. So verursachte beispielsweise bei der vor einigen Jahren in Augsburg verlegten Fernwärmeleitung das eigentliche Bauwerk, nämlich die Rohrleitung, nur einen verhältnismäßig geringen Eingriff in Natur und Landschaft und damit in Baumbestand. Während der Graben für die Leitung zwischen 1 und 2 m breit war, wurden für Baufahrzeuge während des Baubetriebes sowie für Zwischenlagerflächen für den Grabenaushub Trassenkorridore von rund 10 m Breite und 6 bis 7 m Höhe entlang der Leitung benötigt. Darüber hinaus waren, betriebsbedingt, etwa 3 m breite Schneisen direkt über der Leitung für immer von Bäumen freizuhalten; einmal aus Sicherheitsgründen, wegen eventueller Schädigungen der Leitung durch Wurzeln; zum anderen würden Bäume aufgrund der Bodenerwärmung ohnehin nicht mehr in diesem Bereich gedeihen.

3.2.2 Vermeidung

Unerwünschte Beschädigungen von Bäumen lassen sich dadurch verhindern, daß Flächen, innerhalb von Bauarealen oder daran angrenzend, die für den Baubetrieb nicht unbedingt benötigt werden, kategorisch durch Errichtung ca. 2 m hoher, unverrückbarer Absperrsysteme (z. B. Bretterzaun, s. Abb. 5) gesperrt werden.

Werden solche Bereiche nicht abgeriegelt, dehnt sich erfahrungsgemäß die Baustelle automatisch dorthin aus (vgl. Kap. 5, 2.5). Als freizuhaltende Fläche bei der Vermeidung von Eingriffen in Baumbestand incl. Wurzelraum ist die auf die Grundfläche projezierte Krone der Bäume zusätzlich 1,5 m nach allen Seiten anzusehen (s. DIN 18920, 3.1.2). Aufgrund besonderer standörtlicher Verhältnisse (z. B. wenn der Bodenstandraum auf einer Seite stark verdichtet ist) kann von diesem Richtwert abgewichen werden. Es sollte dann aber auf alle Fälle eine Probegrabung in Handarbeit

Abb. 5: Durch Errichtung unverrückbarer Bauzäune lassen sich im Rahmen von Baumaßnahmen, wie hier einem Erweiterungsbau des Diakonissenhauses, Flächen vor Beeinträchtigungen optimal schützen.

Abb. 6: Großbaumverpflanzung (Platane, 1991) mit Hilfe einer Spatenmaschine am Bahnhofsvorplatz in Augsburg.

auf Höhe der vorgesehenen Baulinie bzw. Baugrubenaußenwand erfolgen. Dadurch kann sichergestellt werden, ob für die Realisierung des Bauwerkes statisch wirksame Wurzeln durchtrennt werden müßten und ein Baum erhalten werden kann oder entfernt werden muß. Erst unlängst zeigte eine solche Probegrabung im Bereich einer vorgesehenen Tiefgarage zwischen Haunstetter Straße und Brunnenlech, daß durch die Errichtung der Tiefgarage in der vorgesehenen Form statisch wirksame Wurzeln einer wertvollen Esche am Brunnenlech zerstört worden wären. Im Einvernehmen mit dem Bauherrn wurden die Stellplätze an anderer Stelle geplant, und der Baum konnte erhalten werden.

Mit Hilfe von riesigen Spatenmaschinen, die in Augsburg seit 1977 immer wieder in unregelmäßigen Abständen zum Einsatz kommen, können Bäume mit Wurzelballen von rund 2,5 m Umfang aus dem Boden geschnitten und an anderer Stelle wieder eingesetzt werden. Dabei können mit solchen Geräten Bäume mit Stämmen bis zu 50 cm Durchmesser, 10 m Höhe, 10 m Kronenradius und 10 Tonnen Gewicht verpflanzt werden. Die Verpflanzkosten für einen solchen Baum belaufen sich auf ca. 1.500 bis 3.000 DM, während eine Neuanpflanzung in dieser Größe mindestens 10.000 DM kosten würde (Stand 1991).

Einer der größten in Augsburg auf diese Weise verpflanzten Bäume dürfte wohl die Linde vor der Bergheimer Kirche sein, auch Platanen auf dem Bahnhofsvorplatz wurden 1991 auf diese Art verpflanzt (Abb. 6). 1992 wurde die Hälfte der mittlerweile zu dicht stehenden Kastanien des Biergartens im Botanischen Garten ausgegraben, mit Hilfe schwerer Lastkräne auf Schwertransporter verladen und auf die Spickelwiese bzw. in den Siebentischpark verpflanzt.

Sinnvoll sind Großbaumverpflanzungen allerdings nur, wenn die betroffenen Bäume im Laufe ihres Lebens vorher in regelmäßigen Abständen (etwa alle 5 Jahre) verpflanzt wurden. Andersfalls müßten zu starke Wurzeln durchtrennt werden und ein sicheres Anwachsen solcher Bäume in Frage stellen.

Bei unterirdischen Leitungsverlegungen müssen i. d. R. offene Gräben gezogen werden, die nach Beendigung der Arbeiten wieder verfüllt werden. Dies hat zur Folge, daß sämtlicher Bewuchs auf der Leitungstrasse entfernt werden muß. Sind bestimmte technische Voraussetzungen gegeben, können wertvolle Bäume oder Baumgruppen durch „Unterpressung" erhalten werden. Durch dieses Verfahren konnte bei der Verlegung der Wasser-Ringleitung Nord DN 800 am ostseitigen Lechufer zwischen Lokalbahn und einer südlich daran anschließenden wertvollen, landschaftsprägenden Baumgruppe auf einer Länge von ca. 50 m eine Aufgrabung umgangen werden.

Abb. 7: Holzummantelungen als Schutz vor Stammschädigungen im Zuge einer Tiefbaumaßnahme entlang der Thommstraße

Neben der „Unterpressung" steht als weitere, interessante Methode das Flow Tex-Verfahren zur Verfügung: Es ist in allen durch Spülen mit Wasser lösbaren Böden technisch möglich. Die maximale Länge der Bohrung unter optimalen Bedingungen beträgt 230 m, der maximale Rohrdurchmesser 180 mm. In Abhängigkeit von der Bodenzusammensetzung kann in Arbeitstiefen zwischen 0,4 bis maximal 10 m verlegt werden (Angaben der Firma Flow Tex, Stand 1992).

3.2.3 Minimierung von Beeinträchtigungen

Sind Eingriffe in Bäume und deren Bodenstandraum unvermeidlich, bieten sich zahlreiche Möglichkeiten, die Schäden auf ein unumgängliches Maß zu beschränken.

Eingriffe in den Wurzelbereich lassen sich durch senkrechten Verbau erheblich verringern. Falls dabei Wurzeln mit Durchmessern von über 5 cm durchtrennt werden, die Standsicherheit des Baumes aber noch gewährleistet ist, muß die Aufgrabung in Handarbeit erfolgen, wobei die Wurzeln in fachlich qualifizierter Form glatt abzuschneiden sind (vgl. Kap. 5, 2.5.1).

Ist die Aussparung von Bäumen samt Wurzelraum aus dem unmittelbaren Baustellenbereich, beispielsweise aus baubetrieblichen Gründen, nicht möglich (z. B. Zufahrt zum Baugelände zwischen zwei Straßenbäumen), kann die Verletzungsgefahr der Bäume erheblich reduziert werden, indem deren Stämme durch nach innen abgepolsterte Holzummantelungen oder durch Schutzzäune über dem Bodenstandraum gesichert werden (Abb. 7 und 8).

Um Wurzelquetschungen und Bodenverdichtungen zu vermeiden, können bei kurzen Überquerungen von Wurzelbereichen z. B. Baggermatratzen verwendet

Abb. 8: Schutzzäune zur Sicherung der Straßenbäume entlang der Holbeinstraße im Rahmen des Erweiterungsbaus Finanzamt-Stadt

Abb. 9: Künstliche Fahrtrasse auf Filtervlies und Kiesschicht zur Minimierung von Bodenverdichtung und zur Einhaltung einer räumlich begrenzten Fahrspur

werden; bei längeren Fahrtrassen ist über das anstehende Erdreich ein Filtervlies zu legen und dieses mit einer mindestens 20 cm mächtigen Leerkiesschicht zu überdecken. Nach Beendigung der Baumaßnahme kann die provisorische Fahrbahn problemlos wieder entfernt und rekultiviert werden. Im übrigen setzt eine solche vorgegebene Fahrspur auch eine optische Grenze für den Baustellenfahrbetrieb, ohne die erfahrungsgemäß kreuz und quer im Gelände rangiert werden würde. Diese Methode wurde in Augsburg mittlerweile mehrmals erfolgreich angewandt. Abb. 9 zeigt eine solche provisorische Fahrbahn, die für den Einbau einer Trinkwasserleitung in die Grünanlage am Bourges-Platz hergestellt wurde.

Sind an Bäumen Schnittmaßnahmen nicht zu verhindern, z. B. beim Einrammen von Eisenträgern für senkrechten Verbau, müssen diese unbedingt in fachlich qualifizierter Form durchgeführt werden. Oftmals wird ein entsprechender Rückschnitt nicht fachgerecht oder überhaupt nicht durchgeführt. Unterlassener rechtzeitiger Rückschnitt führt dann häufig zu völlig unnötigen und dauerhaften Zerstörungen ganzer Kronenteile durch Baumaschinen, indem Starkäste einfach abgerissen werden.

3.2.4 Schlußbetrachtung

Voraussetzung für den Einsatz zur Vermeidung von Baumschäden bzw. die Durchführung von Schutzmaßnahmen ist, daß der Bauträger entsprechende Leistungen im erforderlichen Umfang auch im Rahmen seiner Baumaßnahme einplant und dafür Mittel zur Verfügung stellt. Dies bedeutet: Die erforderlichen Maßnahmen müssen Bestandteil der Ausschreibung und detailliert als Bauleistungen im Leistungsverzeichnis aufgeführt sein; denn es ist klar, daß kein Bauunternehmen gerne Leistungen ausführt, die nicht entsprechend bezahlt werden.

Trotz umfangreicher theoretischer Grundlagen, die zum Schutz von Bäumen bei Baumaßnahmen existieren und die in aller Regel auch den potentiellen Verursachern schriftlich zur Auflage gemacht werden, scheitert ein tatsächlicher Schutz von Bäumen während Baumaßnahmen häufig aber auch am mangelnden Vollzug.

Die Anzahl der Baustellen, die im Zusammenhang mit zu schützenden Bäumen existiert, übersteigt dabei einfach die Kontrollmöglichkeiten des verfügbaren städtischen Fachpersonals. Bedauerlicherweise wird aber auch von seiten der ausführenden Firmen in vielen Fällen den ohnehin schon stark belasteten Straßenbäumen kein Verständnis entgegengebracht, selbst wenn die erforderlichen Maßnahmen Teil der vertraglich zu erbringenden Leistungen sind (wenn z. B. eine Abgrabung an einem Baum anstelle der vertraglich vorgeschriebenen Handschachtung doch mit einer Maschine erfolgt, dann ist, vorausgesetzt keiner merkt etwas, schnell mehr verdient).

Andererseits sind aber in den letzten Jahren durchaus auch positive Tendenzen erkennbar, insbesondere bei Baumaßnahmen der öffentlichen Hand, vermutlich, weil dort nicht um jeden Preis nach Gewinn gestrebt werden muß. Eventuell liegen die genannten Mängel aber auch in einem Bewußtseinsdefizit der planenden und ausführenden Personen begründet, so daß hier durch verstärkte Aufklärungsarbeit über Presse, Fernsehen, Informationsbroschüren oder gezielte Fortbildungsveranstaltungen eine höhere Sensibilisierung zum Wohl unserer Bäume erreicht werden könnte.

4. Neu- und Nachpflanzungen

4.1 Geeignete Arten und Sorten

Unter den extremen Umweltbedingungen der Stadtstraße können langfristig nur Baumarten und -sorten gedeihen, die trockenheits-, immissions- und schädlingsresistent sind (vgl. Kap. 4). Seit 1976 gibt ein Arbeitskreis von Gartenbauamtsleitern in regelmäßigen Abständen eine aktualisierte Straßenbaumliste heraus, die Baumarten für die Verwendung im städtischen Straßenraum beurteilt (z. B. STÄNDIGE KONFERENZ DER GARTENBAUAMTSLEITER BEIM DEUTSCHEN STÄDTETAG 1991).
In Anlehnung an die Bewertungsmaßstäbe dieses Arbeitskreises wurde 1993 durch die Gartenmeister des Amtes für Grünordnung und Naturschutz eine Straßenbaumliste erstellt, die die in Augsburg gesammelten praktischen Erfahrungen und damit die hiesigen Standortbedingungen berücksichtigt (KLEBRIG, LERNHARD, METZGER und SCHINDELE, Amt für Grünordnung und Naturschutz, mündl. Mitt.):

Demnach werden für Augsburg als **gut geeignet** erachtet:

Baumhasel	*Corylus colurna*
Robinie	*Robinia pseudoacacia*
Fächerbaum	*Gingko biloba*
Platane	*Platanus acerifolia*

als **geeignet**:

Roßkastanie	*Aesculus hippocastanum* Baumannii
Spitzahorn	*Acer platanoides*
Esche	*Fraxinus excelsior*
Oxelbeere	*Sorbus intermedia*
Mehlbeere	*Sorbus aria* i. S.
Winterlinde	*Tilia cordata*
Sommerlinde	*Tilia platyphyllos*
Holländ. Linde	*Tilia intermedia*
Kaiserlinde	*Tilia vulgaris* Pallida

als **bedingt geeignet**:

Robinie	*Robinia pseudoacacia* Monophylla (Bruchgefahr)
Roßkastanie	*Aesculus hippocastanum* (Fruchtfall, Schleppenbildung)
Stieleiche	*Quercus robur* (mangelnde Vitalität)
Pyramidenpappel	*Populus nigra* Italica (Totholz)
Sandbirke	*Betula verrucosa* (mangelnde Vitalität)
Krimlinde	*Tilia euchlora* (Schleppenbildung)

und als **nicht geeignet**:

Graupappel	*Populus canescens* (Bruchgefahr, Totholz)
Eberesche	*Sorbus aucuparia* (rasche Vergreisung)

Gemäß Straßenbaumliste der STÄNDIGEN KONFERENZ DER GARTENBAUAMTSLEITER BEIM DEUTSCHEN STÄDTETAG (1991) und erster eigener, guter Erfahrungen sollten künftig im Augsburger Straßenraum häufiger verwendet werden:

Säuleneberesche	*Sorbus thuringiaca* Fastigiata
Schwedische Mehlbeere	*Sorbus intermedia* Brouwers
Eberesche	*Sorbus latifolia*
Hahnendorn	*Crataegus crus galli*
Pflaumenbl. Weißdorn	*Crataegus prunifolia*
Rotdorn	*Crataegus carrierei*
Falscher Christusdorn	*Gleditsia triacanthos* Inermis
Stadtbirne	*Pyrus calleryana* Chanticleer
Hainbuche	*Carpinus betulus, C.b.* Fastigiata

Von diesen Arten wurden allerdings erst relativ wenige Exemplare eingesetzt (s. Kap. 3, Tab. 1), so daß hier für ein endgültiges Urteil erst noch Erfahrungen gesammelt werden müssen.

Überraschend ist, daß beispielsweise Robinia pseudoacacia Monophylla oder Stieleiche in der Straßenbaumliste der Gartenbauamtsleiter als gut geeignet angesehen wird, während die Erfahrungen in Augsburg beide als bedingt bzw. nicht geeignet erscheinen lassen. Umgekehrt gelten Winterlinde, Gemeine Robinie und Oxelbeere allgemein an deutschen Straßen als nicht bzw. bedingt geeignet, während sie sich in Augsburg als durchaus brauchbar erweisen. Die Gründe hierfür werden in erster Linie mit den in Augsburg vorherrschenden Kiesböden zusammenhängen.

4.2 Pflanzenqualität und Bodenvorbereitung

4.2.1 Pflanzenqualität

Bei der Neu- bzw. Nachpflanzung von Straßenbäumen kommt es darauf an, unter möglichst geringem Aufwand (Pflanzung, Pflege, rasch und langfristig) die gewünschte Funktion zu erzielen, i. d. R. ist dies ein grünes Straßenbild mit optimal entwickelten Bäumen. Damit dieser Effekt möglichst bald erreicht wird, sollten die Bäume bei der Pflanzung bereits eine gewisse Größe und Stammstärke besitzen, wobei zu beachten ist, daß sich die Anwuchschancen mit zunehmendem Alter infolge des Pflanzschocks verringern. Als ideale Pflanzgrößen sind momentan anzusehen für
- kleinkronige Bäume (z. B. Weißdorn) ein Stammumfang von 14–16 cm
- mittelhohe Bäume (z. B. Meehlbeere) ein Stammumfang von 18–20 cm
- hochwerdende Bäume (z. B. Spitzahorn) ein Stammumfang von 20–25 cm (vgl. KOCH 1987, BUCHWALD 1987).

Nach DIN 18916 – Pflanzen und Pflanzarbeiten – und den Gütebestimmungen des Bundes deutscher Baumschulen ist bei Straßenbäumen entscheidend, daß
- es sich um Alleebäume mit gerader, durchgehender Stammverlängerung handelt,
- die Bäume zur Förderung einer gleichmäßigen Krone in ausreichend weitem Pflanzabstand gezogen wurden,
- der Kronenansatz bei möglichst 2,5 m liegt, um unnötige Verwundungen bei der Herstellung des an Straßen erforderlichen Lichtraumprofils zu vermeiden,
- die Bäume ausreichend oft (mindestens 3 x) verpflanzt wurden, einen festen Wurzelballen besitzen und somit gute Anwachsvoraussetzungen haben.

4.2.2 Bodenvorbereitung

Ein anschauliches Beispiel dafür, wie Bäume in verschiedenen Böden unterschiedlich gut gedeihen und welche Rolle die Arten- und Sortenwahl spielen kann, geben die beiden Lindenreihen in der Goethestraße ab. Besonders deutlich im unbelaubten Zustand zu erkennen ist, daß die Kronen der Lindenreihe auf der Südseite der Goethestraße (Abb. 10, rechts) im Schnitt zwei Meter höher und einen Meter breiter sind als die auf der Nordseite (Abb. 10, links); entsprechend sind die Stammdurchmesser der Baumreihe auf der Nordseite nach rund 25 Jahren Standzeit im Schnitt 25 % schwächer als ihre Gegenüber.

Zweierlei Ursachen sind hierfür verantwortlich: Zum einen pflanzte man die Bäume rechts in einen durch Bodenaustausch vorbereiteten 0,8 m tiefen Baumgraben, während die Bäume auf der linken Seite nur in

Abb. 10: Folgen unterschiedlicher Standortbedingungen und Artenwahl in der Goethestraße: Während man die Baumreihe links (Winterlinden) in den anstehenden Kiesboden pflanzte, wurde der Boden der rechten Lindenreihe (Holländische Linden) gegen ein günstigeres Substrat ausgetauscht. Die Wachstumsunterschiede sind deutlich erkennbar (Näheres s. Text).

den anstehenden Kiesboden gesetzt wurden, der für Linden in Folge geringer Nährstoff- und Wasserspeicherkapazität wesentlich ungünstigere Wachstumsbedingungen bietet. Zum anderen handelt es sich bei der rechten Reihe um holländische Linden (*Tilia intermedia*) und bei der linken um Winterlinden (*Tilia cordata*), die die ungünstigen Bodenverhältnisse offensichtlich auch schwerer verkraften.

Um den bereits in Kap. 5 genannten bodenökologischen Parametern wie hoher Luftspeicher-, Wasserspeicher- und Nährstoffaustauschkapazität sowie hoher Strukturstabilität des Bodengefüges und ausreichender biologischer Aktivität Rechnung zu tragen, wird in Augsburg bei Neu- und Nachpflanzungen von Straßenbäumen der Boden grundsätzlich bis in eine Tiefe von 80 cm verbessert. Bei Neupflanzungen werden dabei die Baumgräben über dem anstehenden Boden, i. d. R. ein kiesiger C-Horizont, mit 80 cm schluffig sandigem Oberbodenmaterial verfüllt. Daran anschließend wird genauso verfahren wie bei Nachpflanzungen. Der Boden wird an den Stellen der eigentlichen Pflanzgruben in einem Umfang von ca. 1 x 1 m (bzw. in Abhängigkeit der Breite des Verkehrsgrünstreifens) und 0,8 m Tiefe gegen ein vom Amt für Grünordnung und Naturschutz hergestelltes Pflanzsubstrat ausgetauscht. Vor Ausbringung des Substrates in die ausgehobene Pflanzgrube wird mit einem Bagger die Grubensohle zusätzlich gelockert, um den Baumwurzeln ein Eindringen in die Tiefe zu erleichtern.

Das in Augsburg verwendete Pflanzsubstrat besteht zu gleichen Teilen aus sandigem Lehm, abgesiebtem Kompost und gewaschenem Natursand (Körnung 0/10). Lehm fällt als Aushubmaterial bei Straßenbauarbeiten an und wird regelmäßig vom städtischen Tiefbauamt zur Verfügung gestellt. Der Sand stammt aus den öffentlichen Kinderspielplätzen, die einen ein- bis zweijährlichen Sandaustausch erfahren. Der abgesiebte Kompost wird durch Verrottung von Pflanzenmasse hergestellt, die im Rahmen der kommunalen Grünflächenpflege anfällt. 1990 wurden rund 1.500 m^3 Pflanzsubstrat im Rahmen der Grünflächenpflege verarbeitet (Baumpflanzungen, Staudenpflanzungen, Rasenherstellung). Im Frühjahr 1991 ließ das Amt für Grünordnung und Naturschutz die Hauptnährstoffe des Pflanzsubstrates mit dem Ergebnis untersuchen, daß in den frisch ausgetauschten Oberboden bei Neu- und Nachpflanzungen pro m^3 Boden 3 kg Hornspäne, 3 kg Superphosphat, 1 kg Kalkammonsalpeter und 1,5 kg Kalimagnesium für eine ausreichende Nährstoffversorgung der Bäume einzuarbeiten sind.

Während das Pflanzsubstrat aufgrund zu niedriger Nährstoffgehalte demnach aufgedüngt werden muß, machen dessen Schwermetallgehalte nur 5 % bis 26 % (je nach Element) der Richtwerte der Bundesgütegemeinschaft „Kompost" aus und bewegen sich daher in einem noch günstigen Rahmen (Tab. 3).

Im wesentlichen werden für die Komposterzeugung des Amtes für Grünordnung und Naturschutz Laub, Rasen- und Wiesenschnittgut und Gehölzschnitt verwendet. Das Gehölzschnittgut wird vorher gehäckselt. Pro Jahr fallen ca. 1.500 bis 2.000 m^3 zerkleinertes Häckselmaterial an; das sind etwa 55 % des ursprünglichen Volumens. Das gehäckselte Schnittgut wird anschließend mit dem Rasen- bzw. Wiesenschnitt und dem Laub gemischt (Mengen unbekannt). Nach einer Verrottdauer von ein bis zwei Jahren (in Abhängigkeit von der Nachfrage des Pflanzsubstrates) bleibt nach dem Absieben ein Rest (Überlauf) von 30 %, der nochmals in Kompostmieten eingebaut wird. Die Kosten für Häckseln, Absieben und das Umsetzen der Mieten beliefen sich zusammen auf 20,– DM netto pro m^3 (Stand 1990).

Auch für den gesiebten Kompost (Grünkompost) wurden Schwermetallgehalte hinsichtlich ihrer Umweltverträglichkeit untersucht. Tab. 3 zeigt, daß die Werte zwar noch relativ günstig sind, im Falle des Bleigehaltes aber immerhin schon die Hälfte des Grenzwertes zur Vergabe des „Umweltzeichens" ausmachen. Somit ist es günstig, den Kompost nicht pur, sondern als Pflanzsubstrat in verdünnter Form auszubringen.

***Tabelle 3**: Schwermetallgehalte von Grünkompost und Pflanzsubstrat des Amtes für Grünordnung und Naturschutz im Jahre 1991 (Gesamtgehalte in mg/kg Trockensubstanz)*

Schwermetalle	Pflanzsubstrat	Grünkompost	Grenzwerte *
Cadmium	0,07	0,19	1,00
Blei	19	49	100
Zink	21	31	300
Kupfer	15	31	75
Chrom	20	34	100
Nickel	13	15	50
Quecksilber	0,18	0,32	1,00

* Grenzwerte zur Vergabe des "Umweltzeichens" (JAUCH und FISCHER 1991, Tab. 2)

In Anlehnung an neuere Untersuchungsergebnisse (z. B. KRIETER u. a. 1989, SCHRÖDER und GRIMM-WETZEL 1990, LIESECKE 1991) sollte bei ungünstigen Standortbedingungen künftig im Zuge von Neu- und Nachpflanzungen grundsätzlich standardisierten Substraten gegenüber örtlich anstehenden Böden Vorrang gewährt werden. Im Gegensatz zu der in Augsburg üblichen Praxis sollte dabei zwischen Ober- und Untersubstrat unterschieden werden. Kompost, also im wesentlichen organische Substanz, sollte nur dem Obersubstrat (30 cm) beigemengt werden, da dessen Zersetzung in tieferen Bodenschichten sauerstoffzehrend wirkt. Das Obersubstrat sollte im Bereich der Baumscheiben durch eine Mulchschicht (z. B. 10 cm Holzhäcksel) abgedeckt werden. Ober- und Untersubstrat sollten grobstrukturiert und lagerungsstabil ausgebildet sein sowie ein hohes Luftvolumen gewährleisten. Die Tiefe des Bodenaustausches sollte gemäß o. g. Erkenntnissen bis auf 1,2 m erfolgen.

4.3 Arbeitsleistungen und Kosten

4.3.1 Nachpflanzungen

Die Anzahl von Straßenbäumen, die abgestorbene oder durch Unfälle geschädigte Bäume ersetzen, bewegt sich in Augsburg seit Jahren bei 100 bis 300 Exemplaren (s. Kap. 3, 1.). Solche Bäume werden in der Regel durch das Amt für Grünordnung und Naturschutz in Eigenleistung ersetzt. Tabelle 4 zeigt, daß für die Nachpflanzung einer abgestorbenen Linde im Straßenraum die anfallenden Leistungen von den Fällarbeiten bis hin zum Eintrag des nachgepflanzten Baumes in das Baumkataster Kosten in Höhe von nahezu 3.000,– DM entstehen (Stand 1990). Dabei handelt es sich um reine Selbstkosten, ohne Gewinn und Risikozuschlag. Es wurde ferner von einem reibungslosen Arbeitsablauf an einer problemlos zugänglichen Baustelle ausgegangen. Bei im Schnitt 200jährlich zu ersetzenden Straßenbäumen fallen somit Kosten in Höhe von ca. 600.000 DM pro Jahr an.

***Tabelle 4**: Entfernung und Neupflanzung eines für Augsburg typischen Straßenbaumes (Kalkulation basiert auf Entfernung einer nicht mehr standsicheren Linde in der Kriemhildenstraße im Jahre 1990; Höhe des Baumes 15 m, Stammdurchmesser 40 cm; angegeben sind jeweils die damaligen Nettokosten pro Leistung)*

Leistung	Gesamtkosten
Bauvorbereitung (Bauleitung, verwaltungsinterne Abstimmung, Verkehrssicherung, Beschaffung und Prüfung von Kabelplänen; 2 h Meister je 50 DM, 0,5 h Verwaltungsangestellte je 44 DM)	122,– DM
Baumfällung (Straßenabsperrung, Abtragen des Stammes mit Gelenkhubsteiger, Stamm- und Astholz auf abtransportable Haufen legen; 6 h Gärtner-/Gärtnerhelfer je 42 DM, 3 h Gelenkhubsteiger incl. Fahrer je 115 DM, 2 h Motorsäge je 18 DM)	633,– DM
Abfahren (Schnittgut abfahren und entsorgen; 1,5 Lkw mit Baggeraufsatz je 87 DM, 5 m^3 loses Holz und Astwerk häckseln und kompostieren je 20 DM)	231,– DM
Wurzelstock roden (Stockfräse; 1 h Gärtnerhelfer je 42 DM sowie Fräsen durch Fremdfirma 80 cm tief, je cm Durchmesser 2,60 DM)	146,– DM
Bodenaustausch (Auskofferungsmaß: 3,0 x 1,5 x 0,8 m, Sohlenlockerung mit Baggerschaufel, Grubensicherung, anstehenden Boden laden, abfahren und entsorgen, Bodensubstrat incl. Bodenverbesserungsstoffen anfahren und einbauen; 3 h Lkw mit Baggeraufsatz je 87 DM, Entsorgungskosten für 4 m^3 je 6 DM, Bodensubstrat je m^3 30 DM)	405,– DM
Pflanzenlieferung (Linde, Solitär, Stammumfang 20–25 cm, mit Ballen, 3 x verpflanzt; Katalogpreis abzüglich 50 %)	873,– DM
Pflanzung (Anbringen von Dreibock, Drainage, Belüftungsrohr, Wässern)	160,– DM
Dokumentation im Baumkataster (0,5 h Techniker je 50 DM)	25,– DM
Gesamtkosten pro Baum (netto)	2.595,– DM

(Bei den aufgeführten Angaben handelt es sich um reine Selbstkosten, ohne Gewinn- und Risikozuschlag, bei reibungslosem Arbeitsablauf und gut zugänglicher Baustelle; Preise für Maschinen und Fahrer nach GNT, Stundenlöhne nach städtischen Dienstleistungssätzen)

4.3.2 Neupflanzungen

Anhand zweier aktueller und typischer Augsburger Straßenzüge (Zufahrt zum Messegelände und Weddigenstraße) wurde die momentane Bandbreite der Kosten ermittelt, die für die Herstellung von straßenbegleitenden, mit Alleebäumen bepflanzten Grünstreifen aufgewendet werden müssen. Wesentlichen Ausschlag für die tatsächlichen Kosten gibt die gewählte Pflanzengröße und Pflanzenqualität. Deshalb wurden Beispiele verwendet, die typische Alleebaumqualitäten mit Stammumfängen von 18–20 cm und 20–25 cm beinhalten. Nicht in die Kostenberechnung geht der bereits fertig erstellte, mit Oberboden verfüllte Baumgraben ein (in der Regel 0,8 m tief und 1,2 bis 4 m breit). Nach Angaben des städtischen Tiefbauamtes, das diese Arbeiten i. d. R. durchführt, müssen für die Bodenvorbereitung Kosten in Höhe von 50,– DM pro laufendem Meter angesetzt werden (Bodenaustausch mit Anfahrt und Abfuhr, LEUPOLZ, städtisches Tiefbauamt, mündl. Mitt., Stand 1990). Die Angaben sind in Tab. 5 zusammengestellt und umfassen im wesentlichen die Positionen
- Bodenarbeiten (Unrat abfahren, Bearbeitungsfläche nachplanieren, Pflanzgruben herstellen – 100 x 100 x 60 cm – und mit Pflanzsubstrat verfüllen)
- Bodenbearbeitung (Vegetationsflächen herrichten, Düngung von Rasen und Bäumen, Feinplanum herstellen)
- Rasenarbeiten (Ansaat, Absperrung anbringen)
- Pflanzenlieferung
- Pflanzarbeiten (Pflanzung, Verankerung, Einbau von Bewässerungs- und Belüftungssystem)
- Fertigstellungspflege (Jäten, Wässern, Abdecken der Baumscheibe, Mähen).

Im Mittel beträgt demnach die Pflanzung eines Straßenbaumes an einem neu geschaffenen Standort in einem Grünstreifen incl. Rasenansaat rund 1.400,– DM. Dies entpricht etwa der Hälfte der Kosten, die durch die Nachpflanzung eines einzelnen Baumes entstehen (s. o.), und ist erstens dadurch bedingt, daß bei reinen Neupflanzungen Baumfällung und Rodung des Wurzelstockes wegfallen; zweitens entstehen aber auch beim Pflanzen einer kompletten Baumreihe geringere Kosten, weil sich die Arbeitsvorgänge rationeller bewältigen lassen als bei der Pflanzung eines einzelnen Baumes und weil sich z. B. Anfahrtkosten, Verwaltungsaufwand etc. verteilen.

Legt man momentan übliche jährliche Zuwachsraten von rund 600 Bäumen zugrunde (s. Kap. 3, 1.), dann gab die Stadt Augsburg während der letzten Jahre etwa 840.000 DM pro Jahr für die Neupflanzung von Straßenbäumen aus (ohne Baumgrabenherstellung).

***Tabelle 5**: Herstellungskosten für mit Alleebäumen bepflanzte, straßenbegleitende Grünstreifen (Preisstand 1990/91, Daten nach MAIROSER, unveröff.)*

Herstellungskosten (in DM netto)	Streubreite	Mittelwert
Kosten pro Baum	886–1.827	1.357
Kosten pro m²	37–50	44
Kosten pro lfm	107–210	159

Die angegebenen Kosten basieren auf folgenden, 1991 durchgeführten Maßnahmen:

Ausbau der Weddigenstr. 1990:

Leistungen s.o., Pflanzenlieferung: *Tilia intermedia* Pallida, StU 18/20, 52 Stk.

Grünstreifenbreite zw. 1,5 und 4,0 m
Fläche: 1.230 m², Länge: 429 m
Mittlere Standfläche pro Baum: ca. 24 m²

Kostenangebote zwischen 46.074 DM und 60.620 DM

Kosten pro Baum: 886–1.166 DM
Kosten pro m²: 37–49 DM
Kosten pro lfm: 107–141 DM

Neubau der Zufahrt zum Messegelände 1991:

komplette Herstellung des Straßenbegleitgrüns entlang der fertiggestellten Zufahrtswege, Lieferung von 63 Straßenbäumen *Acer platanoides* Emerald Queen, StU 20/25, Pflanzarbeiten in bauseits eingebauten Oberboden, Pflanzgruben sind bereits hergestellt (1,5 x 1,5 m breit x 0,8 m tief), Herstellung von Rasenflächen und Fertigstellungspflege.

Kostenangebote zwischen 87.747 DM und 115.094 DM

Grünstreifenbreite 1,5 m – 4,5 m
Fläche: 2.300 m², Länge: 551 m
Mittlere Standfläche pro Baum: ca. 37 m²

Kosten pro Baum: 1.345–1.827 DM
Kosten pro m²: 37–50 DM
Kosten pro lfm: 155–210 DM

5. Moderne Baumpflegepraxis

Moderne Baumpflege beginnt mit der richtigen Planung:
- Baumstandort und Baumart müssen aufeinander abgestimmt sein.
- Zur artgerechten Entfaltung verlangen Bäume ein Mindestmaß an Standraum (vgl. Kap. 5, 3.1).
- Abhängig von der Standraumbemessung und den besonderen Boden- und Klimaverhältnissen in der Stadt ist eine geeignete Baumart auszuwählen (vgl. Kap. 6, 4.1).
- Schlechte Planung erhöht die pflegerischen Folgekosten unnötig *und* schädigt die Bäume unzulässig!

Bäume wachsen seit mehr als 300 Millionen Jahren auf unserer Erde. Sie entwickelten sich zu den größsten und langlebigsten Lebewesen ohne die pflegerische Hand des Menschen, der erst seit ca. 45.000 Jahren in Europa lebt.

Wozu ist Baumpflege dann überhaupt notwendig?

Der Standort „städtischer Straßenraum" unterscheidet sich erheblich vom natürlichen Standort der mitteleuropäischen Bäume: den Wäldern.
- Boden, Standraum und Klima der Städte schaffen den Straßenbäumen extreme Lebensbedingungen (vgl. Kap. 5, 1.).
- Der Straßenraum erfordert ein bestimmtes Lichtraumprofil, d. h. das Raumvolumen einer Straße muß mindestens bis in 4,5 m Höhe frei von Ästen gehalten werden.
- Gegenüber allen Verkehrsteilnehmern muß die Verkehrssicherungspflicht erfüllt werden. Totholz, ausbruchgefährdete Äste u. a., die durch Herabfallen Leib und Leben gefährden sowie Sachwerte beschädigen können, müssen entfernt werden. Bäume, deren Standsicherheit gefährdet ist, müssen unabhängig von ihrer natürlichen Lebensdauer gefällt werden.

Diese Besonderheiten machen im urbanen Lebensraum eine Baumpflege zwingend erforderlich.

Die Baumpflege dient dazu, einen gesunden, verkehrssicheren und ästhetisch ansprechenden Baumbestand über möglichst lange Jahre zu erhalten.
Die einzelnen Baumpflegemaßnahmen umfassen
a) die Erhaltung eines gesunden Bodens, der ausreichende Wurzeltätigkeit ermöglicht;
b) die Pflege von Wurzel, Stamm und Krone.

Über die Maßnahmen zur Baumumfeldsanierung (siehe oben 2.) hinaus beschränkt sich die Bodenpflege in Augsburg auf den meist trockenen, alkalischen Stadtböden auf das Wässern der neu gepflanzten Bäume während der heißen Perioden des Jahres. Der Gießaufwand für Bäume und Sträucher im Stadtgebiet Augsburg betrug 1992 rd. 70.000 DM (vgl. Tab. 6).

***Tabelle 6**: Gießaufwand (in DM) für Bäume und Sträucher (ohne Kübelpflanzen, Schmuck- und Staudenbeete) im Stadtgebiet Augsburg durch das Amt für Grünordnung und Naturschutz im Jahre 1992 (LERNHARD, mündl. Mitt.)*

amtseigene Fahrzeuge	Fremdfirma	Wasserkosten
57.100 DM inkl. Fahrer ca. 585 Arb.std.	9.340 DM inkl. Fahrer ca. 125 Arb.std.	3.570 DM bei ca. 1,7 Mio. Liter
Gesamtsumme 70.010 DM		

Auf ein Düngen der Stadtbäume wird in Augsburg im Zuge der Pflege bis auf wenige Ausnahmen (Zierkirschenallee in der Ulmer Straße) ganz verzichtet. Für die Überlebensfähigkeit der Straßenbäume ist es wichtig, die Bäume von Anfang an einem „mageren" Boden anzupassen. Eine ständige Nährstoffzufuhr bewirkt letztlich nur ein Mißverhältnis zwischen Wurzel- und Kronenwachstum: Die Nährstoffe führen nämlich zuerst zu einem stärkeren Triebwachstum. Dies zieht ein verstärktes Wurzelwachstum nach sich, da Kronen- und Wurzelvolumen sich in einem ausgewogenen biologischen Gleichgewicht befinden müssen.

Die beengten städtischen Standraumverhältnisse erlauben jedoch meist kein uneingeschränktes Wurzelwachstum. Das bedeutet, die Wurzelmasse kann der Kronenmasse nicht angepaßt werden. Das führt dann am städtischen Standort häufig zu verschärftem Wassermangel. Über die üppige Blattmasse wird Wasser verdunstet, welches über die Wurzel nicht in ausreichendem Maße nachgeliefert werden kann.

Der Stamm kann seine vielseitige Funktion nur optimal erfüllen (s. Kap. 11, 2.), wenn Rinde und Holz unverletzt bleiben. Treten dennoch, wie bei Straßenbäumen häufig der Fall, Verletzungen auf, sollte dem Baum die Möglichkeit belassen werden, die Wunde möglichst gut abzuschotten.

Das Auftragen von Wundverschlußmitteln, wie dies in der Vergangenheit auch in Augsburg praktiziert wurde, wird in Fachkreisen kontrovers diskutiert. Es setzt sich jedoch immer mehr die Meinung durch, daß das großflächige Bestreichen der Wundflächen mit Wundverschlußmitteln den baumeigenen Abwehrmechanismen eher schadet als nützt. Unter Berücksichtigung der Biologie des Baumes ist es vorteilhafter, die Wundränder glatt zu schneiden und nur die Fläche von angeschnittener Rinde und Kambium dünn mit Wundverschlußmittel zu verstreichen, um ein zu starkes Vertrocknen dieser Gewebe möglicherweise zu verhindern. Das Holz selbst sollte unbehandelt bleiben.

Die Krone eines Straßenbaumes wird je nach Lebensalter verschiedenen Schnittmaßnahmen unterworfen:
a) Kronenaufbauschnitt bei Jungbäumen
b) Kronenpflegeschnitt
c) Kronenentlastungsschnitt

Der Kronenaufbauschnitt (a) hat zum Ziel, die Entwicklung einer stabilen, langlebigen Krone „zu programmieren". Je nach Wüchsigkeit der Baumart erfolgt dieser Schnitt bei einem Stammumfang zwischen 40 und 70 cm. Der Leittrieb wird dabei von allen Konkurrenztrieben freigeschnitten. Die Seitenäste werden bei Bedarf so eingekürzt, daß sie sich in allen Kronenteilen gleich stark entwickeln können. Ist der Astansatz der unteren Seitenäste zu tief, werden sie, mit Blick auf das freizuhaltende Lichtraumprofil von mindestens 4,5 m, ganz entfernt. Stammauswüchse sind einschließlich der Knospen zu entfernen.

***Tabelle 7**: Vergabekosten des Kronenaufbauschnittes bei Jungbäumen der Jahre 1991 und 1992.*

Jahr	Anzahl und Baumart, Stammumfang	DM netto
1991	350 Spitzahorn (Acer platanoides), StU 40–60 cm	18.200
1992	96 Spitzahorn (Acer platanoides), StU 40–70 cm	10.080
	216 Spitzahorn (Acer platanoides), StU 40–60 cm	11.232
	9 Linden (Tilia spp.), StU 40–60 cm	468

Die Maßnahmen wurden durchgeführt: 1991 in der Augsburger Straße, Fröbelstraße, Bgm.-Bohl Straße, Leitershofer Straße, Uhlandstraße und 1992 in der Blücherstraße und Sanderstraße

Der Kronenpflegeschnitt (b) beschränkt sich auf das Entfernen des Totholzes sowie sich kreuzender und reibender Äste. Ist der Standraum eingeschränkt, wird man auch das Kronenvolumen im Feinastbereich zurücknehmen, um eine ausgewogene Wasserbilanz herzustellen. Diese Reduzierung erfordert jedoch fachmännisches Fingerspitzengefühl: Erfolgt der Eingriff zu stark, wird der Baum wieder mit verstärktem Austrieb reagieren. Das eigentliche Ziel der Maßnahme würde dann verfehlt.

Der Kronenentlastungsschnitt (c) wird nicht generell bei allen Straßenbäumen durchgeführt. Er wird bei meist älteren Bäumen notwendig, deren Kronenaufbau die Standfestigkeit und Verkehrssicherheit gefährden.

Die Gefährdungen treten bei älteren Bäumen in vielfältiger Weise auf: Ältere Straßenbäume zeigen häufig an Stamm und Wurzelanlauf Faulstellen. Diese sind entweder die Folge von Stamm- und Wurzelverletzungen früherer Jahre, unsachgemäßer stammparalleler Schnitte oder Teil des natürlichen Alterungsprozesses bestimmter Baumarten. Durch ein gleichmäßiges Zurücknehmen der Krone wird die Belastung auf Stamm und Wurzel verringert. Die Fällung wegen Bruchgefahr kann durch diese Maßnahme hinausgezögert werden.

Faulstellen im Kronenbereich verursachen oft das Ausbrechen von Ästen oder ganzer Kronenteile. Auslöser von Faulstellen im Kronenbereich sind unsachgemäßer Schnitt, z. B. Kappungen oder zu später Schnitt, der bis in den Starkastbereich hineinreicht. Solche Wunden können von den Bäumen nie mehr abgeschottet werden. Fäuleerreger treten ein und breiten sich unaufhaltsam aus.

Weitere Soll-Bruchstellen im Kronenbereich sind eingewachsene Rinde an Astansatzstellen und weitausladende Starkäste. Auch hier kann ein fachgerechter Entlastungsschnitt die Standdauer verlängern.

Die Entlastungsschnitt-Maßnahme einer ca. 100jährige Pappel in der Oberländerstraße verursachte 1992 Vergabekosten von rd. 3.700 DM.

Im Stadtgebiet Augsburg sind jährlich rd. 22.000 Straßenbäume zu pflegen, pro Baum wurden dafür zwischen 1986 und 1990 rund 32,– DM aufgewendet (s. Tab. 8), wobei in diese Kalkulation keine Verwaltungs- und Nebenkosten sowie keine Kosten für Kleingeräte und Verbrauchsmaterial eingingen (z. B. Motorsägen, Lacbalsam, Seilanker, Straßenabsperreinrichtungen).

***Tabelle 8**: Kosten der Baumpflegemaßnahmen für Straßenbäume im Jahre 1990*

Ansatz 1			
Hubsteiger 1			
4.075 Arbeitsstd.		je 38,– DM	= 154.850DM
1.255 Maschinenstd.		je 90,– DM	= 112.950 DM
Hubsteiger 2			
4.581 Arbeitsstd.		je 38,– DM	= 174.078 DM
1.412 Maschinenstd.		je 90,– DM	= 127.080 DM
			568.958 DM
Ansatz 2			
Wert von 2 Hubsteigern	2 x 400.000 DM		
Abschreibung von	= 800.000 DM		
10 Jahren			= 80.000 DM
im Mittel 8 Akh bei 55.000 DM/Akh			= 440.000 DM
			520.000 DM
Mittlere jährliche Vergabekosten (Baumschnitt, -schutz, Bodensanierung)			142.000 DM
Gesamtausgaben (Eigenleistung + Vergabekosten) pro Jahr			ca. 690.000 DM
bei 21.874 Straßenbäumen im Jahre 1990 ergeben sich daraus Aufwandskosten pro Baum von			ca. 32.– DM

Arbeits- und Maschinenstunden entstammen den Tagesberichten, Vergabekosten den Ausschreibungen 1986-1990
Preise für LKW sind exkl., Personalkosten und Arbeitsstunden inkl.

Im Gesamtjahresetat des Straßenbegleitgrünunterhalts machen die Kosten für Baumpflege/Sanierung jedoch nur rund 25 % aus (s. Tab. 9). Der Hauptanteil von 75 % wird für das Mähen der Grünstreifen ausgegeben. Angesichts der höherwertigen Bedeutung von Baumpflege/Sanierung muß dieses Mißverhältnis u. a. durch Umstellen der Pflegeschwerpunkte des Straßenbegleitgrüns korrigiert werden.

***Tabelle 9**: Mittlere jährliche Vergabekosten für Unterhaltungsmaßnahmen an Straßenbäumen*

	1986	1987	1988	1989	1990	Mittelwert
Summe (1–4)	90	128	122	285	78	141
Baumpflege (1)	34	29	37	93	50	49
Belüftung (2)	28	31	19	54	–	49
Schutzmaßnahmen (3)	19	34	25	47	7	26
Ersatzmaßnahmen (4)	9	35	41	91	21	39
Anteil an Gesamtausgaben*	20 %	26 %	26 %	45 %	14 %	26 %

*Gesamtvergabekosten im Bereich Grünflächenpflege-Straßenunterhaltung: ca. 75 % werden von den verfügbaren Mitteln für Mäharbeiten vergeben.

Die konkreten Baumpflegemaßnahmen sollten sich

1. an den Vorgaben der ZTV-Baumpflege, 1992 (= Zusätzliche Technische Vorschriften) orientieren;
2. die neusten Erkenntnisse aus der wissenschaftlichen Forschung berücksichtigen.

Die ZTV-Baumpflege ist im Sinne der VOB (Verdingungsordnung für Bauleistungen) eine anerkannte Regel der Technik (s. o., 3.2.1). Sie gibt allen mit Baumpflege befaßten Kräften Hinweise, Richtlinien und Vorschriften für deren baumverträgliche, fachgerechte Durchführung. Sie ist deshalb gleichrangig mit all den anderen DIN-Normen der verschiedenen technischen Berufe.

Sämtliche Maßnahmen der modernen Baumpflege sollten zuerst die Biologie des Baumes und seiner Art

Abb. 11: Gewerbeaufsichtsamt – Stammabrisse an einer Roßkastanie direkt über, vermeintlich zur Kronensicherung angebrachten, Stahlseilankern.

berücksichtigen. Kein Chirurg wird den Blinddarm entfernen, ohne die Anatomie des Menschen zu kennen und zu berücksichtigen. Auch ein Baum sollte den pflegerischen Eingriff überstehen, ohne auf die Dauer daran Schaden zu erleiden. Für den Baum bleibt es nicht ohne Auswirkung, *wo* am Baum, *wann* und *wieviel* geschnitten wird. Bäume sind nach SHIGO (1991) nicht in der Lage, einen Schnitt zu heilen. Sie sind jedoch dazu fähig, ihn abzuschotten. Nicht jede Baumart ist gleich gut dazu befähigt (s. Tab. 10).

***Tabelle 10**: Abschottungsfähigkeit (Kompartimentierung) verschiedener Baumarten, zusammengestellt nach DUJESIEFKEN 1991 und SHIGO 1988.*

Gute Kompartimentierer	Schlechte Kompartimentierer
Ahorn (Acer spp.)	Apfel (Malus spp.)
Buche (Fagus spp.)	Birke (Betula spp.)
Eiche (Quercus spp.)	Esche (Fraxinus spp.)
Hainbuche (Carpinus spp.)	Kirsche (Prunus spp.)
Linde (Tilia spp.)	Pappel (Populus spp.)
Olive (Olea europaea)	Roßkastanie (Aesculus hippocastanum)
Platane (Platanus hispanica)	Walnuß (Juglans regia)
	Weide (Salix spp.)

In der Baumpflegepraxis sollten folgende Punkte beachtet werden nach DUJESIEFKEN 1991 und SHIGO 1991:

1. Auf „Astkragen" schneiden (Bilder), d. h. den Schnitt nie stammparallel führen und keine Aststubben stehenlassen.
2. a) Schnitte im Starkastbereich (Äste mit 10 cm Durchmesser und größer) sollten nach Möglichkeit ganz vermieden werden. Ist ein Formschnitt am Baum notwendig, sollte dies rechtzeitig in der Jugendphase geschehen.
   b) Kappen oder Köpfen älterer Bäume kommt einem Todesurteil gleich!
3. Richtigen Schnittzeitpunkt wählen.
   Für die meisten Laubbäume ermöglicht ein Schnitt im Frühjahr zu Beginn der Vegetationsperiode die besten Reaktionsmöglichkeiten auf die Verwundung.
4. Bei Wunden nur Ränder glattschneiden. Wundverschlußmittel nur dünn im Randbereich auftragen, um ein Austrocknen des Kambiums zu vermeiden. Die Wirksamkeit ist jedoch noch nicht gesichert nachgewiesen. Keinesfalls Holzschutzmittel verwenden!
5. Totholz am Übergangsbereich zum lebenden Gewebe abschneiden, das lebende Gewebe muß dabei unverletzt bleiben.
6. Das Anbringen von Stahlseilankern zur Kronensicherung muß nach den praktischen Erfahrungen des Amtes kritisch betrachtet werden, bei be-

stimmten Baumarten werden über diesen Ankern immer wieder Stamm- oder Starkastabrisse festgestellt. Der verletzungsfreie Einbau von Gurtsicherungssystemen bietet hier mögliche Alternativen (SCHRÖDER und SAHM 1993).

Erfolgt die Pflege unter Mißachtung der Biologie des Holzes, bewirken die Eingriffe meist das langsame Absterben des Baumes. Neben schlechter Planung kann auch unfachgerechte und unzureichende Pflege dazu beitragen, daß die wenigsten Bäume der Städte ihr mögliches Höchstalter erreichen. Lebendes Holz unterscheidet sich eben erheblich von dem Baustoff Holz!

6. Literatur

AICHER, K., 1988: Rechnergestützte Baumdatei für Kommunen. – Garten + Landschaft 7/88: 53–54

AMMER, U., MARTIN, K., ZIMMERMANN, W. und BRUNNER, M., 1990: Baumvitalitätserhebung der Landeshauptstadt München. – Das Gartenamt 39: 799–807

BUCHWALD, H.-H., 1987: Eine Umfrage zu Pflanzgrößen und Entwicklungszeiten von Bäumen. – Das Gartenamt 36: 132–138

DER BUNDESMINISTER FÜR VERKEHR, 1992: Merkblatt Alleen. – MA-StB 92, Verkehrsblatt-Dokument Nr. B 6513 – Vers. 92.1, Verkehrsblatt-Verlag Borgmann, Dortmund

DREIER, R., 1991: Das Baumkataster der Stadt Minden. – Baum-Zeitung 2/91: 58–61

DUJESIEFKEN, D., 1991: Der Kronenschnitt in der Baumpflege, Neue Landschaft 36, S. 27–31

FÖRSTER, U., 1988: Zur Auswertung von Colorinfrarot-Luftbildern. – Garten + Landschaft 7/88: 41–43

HAYDN, R., SLIVENSKY, S. und WINTGES, T., 1985: Interpretation des Vitalitätszustandes von Bäumen aus digitalisierten Farbinfrarot-Luftaufnahmen. – Das Gartenamt 34: 687–695

HUTTER, S. und MÜLLER, N., 1988: Zustandserfassung der Bäume an Straßen und Plätzen in Augsburg. – Augs. Ökolog. Schriften 1: 129–154

JAUCH, M. und FISCHER, P., 1991: Grenzwerte zur Vergabe des Umweltzeichens. – Deutscher Gartenbau 10

KADRO, A. und H. KENNEWEG, 1973: Das Baumsterben auf dem Farb-Infrarotluftbild, Das Gartenamt, 149–157

KINZEL, H., 1982: Pflanzenökologie und Mineralstoffwechsel. – Ulmer, Stuttgart

KOCH, W., 1987: Aktualisierte Gehölzwerttabellen. – VVW Karlsruhe

KRIETER, M., BILL, A., MALKUS, A. und WÜRDIG, G., 1989: Standortoptimierung von Straßenbäumen, Teil 1, Forschungsgesellschaft Landschaftsentwicklung und Landschaftsbau (FLL), Arbeitskreis Straßenbäume, Selbstverlag, Bonn

LIESECKE, H.-J., 1991: Vegetations- und bautechnische Maßnahmen zur Verbesserung des Wurzel- und Standraumes von Bäumen in Stadtstraßen. Neue Landschaft 36, S. 27–31

SCHRÖDER, K. und GRIMM-WETZEL, P., (1990): Einfluß von Böden und Substraten auf das Wurzel- und Triebwachstum von *Robinia pseudoacacia* „Monophylla". – Das Gartenamt 39: 28–34

SCHRÖDER, K. und SAHM, M., 1993: Einsatz von Gurtsicherungssystemen. – Das Gartenamt 2/93: 107–109

SCHUPP, D., 1987: EDV-Einsatz in der Freiraumplanung am Beispiel des Baumkatasters Hannover. – Das Gartenamt 36: 614–621

SHIGO, A. L., 1988: A New Tree Biolog, Shigo and Trees, Associates, Durham, New Hampshire

ders., 1991: Baumschnitt, Thalaker-Verlag, Braunschweig

STÄNDIGE KONFERENZ DER GARTENAMTSLEITER BEIM DEUTSCHEN STÄDTETAG, 1991: Beurteilung von Baumarten für die Verwendung im städtischen Straßenraum (Straßenbaumliste der Gartenbauamtsleiter, Stand 1991). – Das Gartenamt 40: 640–648

TROYCKE, A., 1982: Inventur der Straßenbäume der Stadt Augsburg und Ermittlung ihres Vitalitätszustandes mit dem Infrarot-Farbluft-Bild. – Diplomarbeit, FH-München-Weihenstephan, unveröff.

WAWRA, A., 1987: Die Problematik der Baumbeurteilung. – Deutscher Gartenbau 44: 2624–2630

Anschrift der Verfasser/-in:

Dr. Maria Dobner
Franz Schindele
Abt. Grünflächenpflege

Dr. Ulrich Schneider
Untere Naturschutzbehörde

Stadt Augsburg – Amt für
Grünordnung und Naturschutz
Dr.-Ziegenspeck-Weg 10
86161 Augsburg

Kapitel 7
Ökonomischer Wert von Bäumen

Maria Dobner

Inhalt | Seite

1.	Einführung	190
2.	Lindenallee in der Ulmer Straße	190
3.	Lindenallee an der Wellenburger Straße	191
4.	Anhang	192
4.1	Fachgutachten zum Wert eines Baumes als Grundstücksbestandteil – nach dem Sachwertverfahren – Lindenallee Ulmer Straße	192
4.2	Fachgutachten zum Wert eines Baumes als Grundstücksbestandteil – nach dem Sachwertverfahren – Wellenburger Allee	200

1. Einführung

Pflanzen, als Bestandteile unserer natürlichen Umwelt, zählen im Bewußtsein des Menschen nicht zu den Wertgegenständen. Ein bestimmter Wert im ökonomischen Sinne wird lediglich mit Dingen verbunden, die durch den Menschen selbst geschaffen wurden oder für deren Beschaffung ein höherer Preis bezahlt werden muß.
Pflanzen jedoch keimen und wachsen wie andere Lebewesen scheinbar von selbst. Ihr ökologischer Wert wurde auf breiter Ebene erst mit zunehmender Umweltzerstörung erkannt. Ein ökonomischer Wert wird ausschließlich für Pflanzen als Handelsware beziffert.

Pflanzen sind im Gegensatz zu allen anderen Lebewesen fest mit ihrem Standort verbunden. Sie bilden deshalb eine Einheit mit dem Boden, in dem sie wachsen. Gehölze in bebauten Gebieten sind deshalb immer im Besitz privater Personen oder öffentlicher Träger. In der Regel werden sie auf den Grundstücken gepflanzt und erfahren eine regelmäßige Pflege. Sowohl beim Kauf als auch für den Unterhalt müssen Geldmittel aufgewendet werden.

Die Gehölzwertermittlung nach KOCH (1987) erfolgt nach dem Sachwertverfahren (vgl. auch Kap. 10.2): Ausgangspunkt der Wertermittlung ist die Tatsache, daß Gehölze und andere Pflanzungen wesentliche Bestandteile des Grundstücks sind (§ 94 BGB).
Bei der Wertermittlung nach dem Sachwertverfahren kommt es bei Pflanzungen in erster Linie darauf an, welche Funktion sie für das Grundstück haben.
Nach dem Sachwertverfahren ist der Herstellungswert einer Sache, hier des Gehölzes, zu ermitteln, von dem alle Wertminderungen, z. B. wegen Alters oder bestehender Fehler, in Abzug zu bringen sind. Wenn es um den Verkehrswert geht, muß der so gefundene Sachwert dem Markt u. U. durch Zu- oder Abschläge angepaßt werden.

Der Wert der Gehölze eines Grundstücks ist also vergleichbar mit dem Wert der Gebäude oder anderer „Sachwerte" des Grundstücks.

Als Beispiel soll
1. der Sachwert der Lindenallee in der Ulmer Straße berechnet und
2. der Sachwert der Lindenallee an der Wellenburger Straße an Hand eines Gutachtens (SCHNEIDER, 1991) über 18 Linden dieser Allee hochgerechnet werden.

2. Lindenallee in der Ulmer Straße

1979 wurde in der äußeren Ulmer Straße eine Lindenallee gepflanzt. Sie sollte 13 hundertzwanzigjährige (s. Kap. 2, 4.2, S. 125) Eschen (Fraxinus excelsior) ersetzen.

Der Sachwert dieser 48 Linden (Tilia cordata) ist jetzt nach einer Standzeit von 14 Jahren mit 843.600 DM zu beziffern. Er errechnet sich aus verschiedenen Kostenfaktoren (vgl. Fachgutachten im Anhang):

1. *Handelswert der Bäume:*
   5.000,– DM x 48 = 240.000 DM, bei einer Pflanzenqualität mit einem Stammumfang von 35–40 cm, 5mal verpflanzt, aus extra weitem Stand und Drahtballen.
2. *Kosten der Pflanzarbeit:*
   2.750,– DM x 48 = 132.000 DM, einschließlich Transportkosten, Schutzmaßnahmen und Wässern,
3. *Kosten der Anwachspflege und -zeit:*
   2.000,– DM x 48 = 96.000 DM
   sowie des Anwachsrisikos
   500,– DM x 48 = 24.000 DM

4. Daraus berechnen sich die erforderlichen *Herstellungskosten für zehn Herstellungsjahre*
   18.500,– DM x 48 = 888.000 DM, einschließlich Kapitalzinsen
5. Abzüglich der *Wertminderung*
   925,– DM x 48 = 44.400 DM, die am Standort durch Befahren des Wurzelraums entsteht, ergibt sich ein *Sachwert* von 843.600 DM.

Würde man diese Allee heute mit derselben Pflanzenqualität wie 1979 pflanzen müssen, wären Geldmittel in Höhe von 492.000 DM aufzubringen.

3. Lindenallee an der Wellenburger Straße

Die ersten Linden der heute bestehenden Wellenburger Allee wurden vermutlich um 1840 gepflanzt und zählen damit zu den ältesten Bäumen im Stadtgebiet Augsburg. Die Allee wird von ca. 370 Winterlinden (Tilia cordata) gebildet. 330 Linden haben ein Alter zwischen 120 und 70 Jahren erreicht. Die übrigen 40 Bäume wurden in den letzten 15 Jahren im Zuge von Ersatzpflanzungen in die bestehende Allee eingebaut.

Nachfolgend soll der Sachwert der 330 hundertzwanzig- bis siebzigjährigen Linden hochgerechnet werden. Grundlage der Berechnung ist die Wertermittlung von 18 Bäumen eines Teilabschnittes dieser Allee nach dem KOCH-Verfahren, das die Untere Naturschutzbehörde 1991 erstellte (siehe Fachgutachten im Anhang) . Dieser Teilabschnitt besteht aus drei 120jährigen, vier 100jährigen, sieben 90jährigen und vier 70jährigen Bäumen. Für den übrigen Teil der Allee wurde dieselbe Altersverteilung angenommen. Der Kostenrechnung liegt das Preisniveau von 1993 zugrunde.
Gemäß der Wertermittlung ist der Sachwert der 330 Winterlinden mit rund 5 Mio. DM zu beziffern.

Die nachstehende Tabelle schlüsselt die Einzelpositionen der Wertermittlung auf.

***Tabelle**: Sachwert der Allee bestehend aus 330 Winterlinden (Tilia cordata) im Alter von 70–120 Jahren.*

1. *Handelswert eines Baumes:* 1.600,– DM, bei einer Pflanzenqualität mit einem Stammumfang von 25–30 cm, 4mal verpflanzt, aus extra weitem Stand und Drahtballen.
2. *Kosten der Pflanzarbeit:* 1.050,– DM, einschließlich Transportkosten, Schutzmaßnahmen und Wässern
3. *Kosten der Anwachspflege und -zeit:* 1.000,– DM sowie des *Anwachsrisikos:* 290,– DM.

4. Daraus berechnen sich die erforderlichen *Herstellungskosten für 30 Herstellungsjahre:* 23.750,– DM, einschließlich Kapitalzinsen.
5. Abzüglich der *Abschreibung* von
   11.400,– DM (48 % vom Herstellungswert bei den 120jährigen Linden),
   6.650,– DM (28 % bei den 100jährigen),
   4.631,25 DM (19,5 % bei den 90jährigen) und
   1.306,25 DM (5,5 % bei den 70jährigen) und
6. der 15%igen *Wertminderung* von
   1.852,50 DM (bei den 120jährigen),
   2.565,– (bei den 100jährigen),
   2.865,– DM (bei den 90jährigen) und
   3.367,50 DM (bei den 70jährigen) ergibt sich
7. ein *Gehölzwert* von
   10.500,– DM x 55 = 577.500 DM
   (bei den 120jährigen),
   14.500,– DM x 75 = 1.087.500 DM
   (bei den 100jährigen),
   16.200,– DM x 125 = 2.025.000 DM
   (bei den 90jährigen) und
   19.100,– DM x 75 = 1.432.500 DM
   (bei den 70jährigen)

Beide Beispiele belegen, daß Gehölze neben ihrer ökologischen Bedeutung für Mensch und Umwelt auch einen ganz beachtlichen monetären Wert darstellen.

4. Anhang

4.1 Fachgutachten zum Wert eines Baumes als Grundstücksbestandteil – nach dem Sachwertverfahren – Lindenallee Ulmer Straße

FACHGUTACHTEN Ulmerstr.

zum Wert eines Baumes als Grundstücksbestandteil

– nach dem Sachwertverfahren –

und

Berechnung eines eingetretenen Schadens

☐ ja ☒ nein

Basissatz **VORDRUCK A** Blatt 1 bis 5, ferner

Totalschaden ☐	Baumgrafik ☐	Teilschaden ☐	Teilschaden ☐
	Vordruck D oder E?	ohne Grundstückswertminderung	mit Grundstückswertminderung
Vordruck B	Vordruck C	Vordruck D Bl. 1 u. 2	Vordruck E Blatt 1–3
Bestell-Nr. 502	Bestell-Nr. 503	Bestell-Nr. 504	Bestell-Nr. 505

RECHTSPRECHUNG

seit dem Kastanienbaumurteil des BGH (Stand Frühjahr 1990)

Sachwert des Grüns, auf der Grundlage von Normalherstellkosten (nach gegenwärtigen Preisverhältnissen). Pflanzgröße: Gleich großes Gehölz (Naturalrestitution), wenn „Art, Standort und Funktion" dies „wenigstens nahelegen". SONST: wie pflanzt man üblicherweise wo? (Teilherstellung), zuzügl. weiterer Herstellkosten einschl. der Zinskosten (Wertersatz). Bei Teilschäden: Substanzverlust plus Kosten und Folgekosten der Verletzung.

	Lfd. Nr. der Rechtspr.-übersichten		Nach BGH NJW 1975, 2061 = VersR 1975, 1047 (Koch bejahend): Enteignungsfälle 1)	Naturalrestit. 2)	Sachwert 3) (Wertersatz)	Nur teilw. Sachwertverfahren 4)	Nicht nach BGH aaO. 5)
BGH		**Bundesgerichtshof,** Urt. v. 13. 5. 1975, – Kastanienbaumurteil –, veröffentlicht in Neue Juristische Wochenschrift (NJW) 1975, 2061; Monatsschrift für Deutsches Recht (MDR) 1976, 36; Versicherungsrecht (VersR) 1975, 1047, mit Anm. Koch in VersR 1975, 1102; 1984, 112; Agrarrecht 1975, 350; mit Anm. Koch in AgrarR 1976, 66			●		
OLG/KG	1	**Kammergericht,** Urt. v. 22. 1. 1976, VersR 1976, 735 mit Anm. Koch; Endurteil Kastanienbaumfall			●		
	8	**Kammergericht,** Urt. v. 21. 6. 1977, VersR 1978, 871; 1984, 114			●		
	3	**Kammergericht,** Urt. v. 2. 10. 1978, VersR 1979, 36 = NJW 1979, 1167, Anm. Koch in VersR 1979, 330; 1984, 112			●		
	6	**Oberlandesgericht Hamburg,** Urt. v. 6. 12. 1978, VersR 1979, 962, MDR 1979, 400, Anm. Koch, MDR 1979, 842; VersR 1984, 114				●	
	2	**Kammergericht,** Urt. v. 20. 11. 1980, VersR 1979, 139 = MDR 1979, 400 = NJW 1979, 1168, Anm. Koch in VersR 1979, 378; 1984, 112			●		
	5	**Oberlandesgericht Köln,** Urt. v. 22. 12. 1980, VersR 1984, 71; Wertermittlungsforum (WF) 1984, 141, mit Anm. Breloer WF 1984, 90; VersR 1984, 113	● 6)		●		
	4	**Oberlandesgericht Celle,** Urt. v. 14. 1. 1982, VersR 1984, 69; 113; WF 1984, 73			●		
	12	**Oberlandesgericht Celle,** Urt. v. 9. 12. 1982, NJW 1983, 2391 mit Anm. Breloer; VersR 1984, 69 mit Anm. Koch; 1984, 116; WF 1984, 73			●		
+ BGH	13	**Oberlandesgericht Frankfurt,** Urt. v. 14. 3. 1983, VersR 1984, 110, 118; Bestätigt durch BGH, Beschluß vom 29. 9. 1983 – III ZR 66/83, AgrarR 1987, 250; mit Anm. Breloer in AgrarR 1988, 12; Koch, Der Sachv. 1989, 210	●			●	
+ BGH	28	**Oberlandesgericht Celle,** Urt. v. 23. 9. 1983 – 4 U Baul 128/82, WF 1990, demnächst; VersR 90, demnächst. Bestätigt durch BGH, Beschluß v. 29. 11. 1984 – III ZR 181/83 – VersR 1990, demnächst; WF 1990, demnächst	●		●		
	17	**Oberlandesgericht Schleswig-Holstein,** Urt. v. 26. 10. 1983, VersR 1986, 1165			●		
	19	**Oberlandesgericht Oldenburg,** Urt. v. 7. 6. 1985, WF 1985, 214 mit Anm. Koch; VersR 1986, 1004, mit Anm. Koch; 1986, 1167			●		
	20	**Oberlandesgericht Nürnberg,** Urt. v. 25. 7. 1985, VersR 1986, 976, 1168					●
	21	**Oberlandesgericht Celle,** Urt. v. 27. 1. 1986, VersR 1986, 973; 1168			●		
	29	**Oberlandesgericht Karlsruhe,** Urt. v. 11. 7. 1986 – 10 U 28/86 – VersR 1989, demnächst		●			
	30	**Oberlandesgericht Düsseldorf,** Urt. v. 24. 10. 1986, VersR 1987, 1140; WF 1987, 199 mit Anm. Koch; VersR 1990, demnächst		●			
	31	**Oberlandesgericht Hamm,** Urt. v. 9. 1. 1987, VersR 1988, 598; 1989, demnächst; WF 1989, 86		●			
	32	**Oberlandesgericht Karlsruhe,** Urt. v. 12. 3. 1987, VersR 1987, 1248 mit Anm. Koch; Die verurteilte DB leistete Schadenersatz in voller Höhe lt. Gutachten, deshalb erübrigte sich Betragsverfahren; WF 1987, 200 mit Anm. Koch; VersR 1990, demnächst; Heft LP 8 der SVK-Schriftenreihe			●		
	33	**Oberlandesgericht München,** Urt. v. 25. 3. 1988 – 21 U 4576/84 – VersR 1990, demnächst			●		
	34	**Oberlandesgericht München,** Urt. v. 18. 11. 1988, Neue Zeitschrift für Verwaltungsrecht (NVwZ) 1989, 187 mit Anm. Breloer; VersR 1990, demnächst			●		
Nach BGH:		KOCH bejahend, Fälle der Naturalrestitution		**3**			
Nach BGH:		KOCH bejahend, SACHWERT brauchbar für Grdst.wertminderung/Wertersatz einschließlich lfd. Nr. 45			**16**		
Nach BGH:		KOCH bejahend, nur bei wertvollen Beständen / an Straßen				**2**	
		Nicht nach BGH-Kastanienbaumfall (Waldbestand)					**1**

Verlag des Sachverständigen-Kuratoriums
SVK-Verlag GmbH 5927 Erndtebrück, Altes Forstamt
Telefon (0 27 53) 49 06, Fax (0 27 53) 40 68

Bestell-Nr. 501

9. verb. Auflage 1990

RECHTSPRECHUNG

seit dem Kastanienbaumurteil des BGH (Stand Frühjahr 1990)

Sachwert des Grüns, auf der Grundlage von Normalherstellkosten (nach gegenwärtigen Preisverhältnissen). Pflanzgröße: Gleich großes Gehölz (Naturalrestitution), wenn „Art, Standort und Funktion" dies „wenigstens nahelegen". SONST: wie pflanzt man üblicherweise wo? (Teilherstellung), zuzügl. weiterer Herstellkosten einschl. der Zinskosten (Wertersatz). Bei Teilschäden: Substanzverlust plus Kosten und Folgekosten der Verletzung.

			Nach BGH NJW 1975, 2061 = VersR 1975, 1047 (Koch bejahend)				
			Enteignungsfälle 1)	Naturalrestit. 2)	Sachwert 3) (Wertersatz)	Nur teilw. Sachwertverfahren 4)	Nicht nach BGH aaO. 5)
LG	7	**Landgericht Heilbronn,** Urt. v. 6. 2. 1979, AgrarR 1979, 236			●		
	9	**Landgericht Hannover,** Urt. v. 7. 3. 1979, VersR 1979, 678 mit Anm. Koch; 1984, 115			●		
	14	**Landgericht Kassel,** Urt. v. 12. 1. 1981, VersR 1984, 92, 121; WF 1984, 146			●		
	10	**Landgericht Detmold,** Urt. v. 4. 6. 1981, VersR 1982; 253 mit Anm. Koch; 1984, 115		●			
	15	**Landgericht Baden-Baden,** Urt. v. 22. 1. 1982, VersR 1984, 72 mit Anm. Koch; 1984, 121; WF 1985, 101			●		
	11	**Landgericht Mannheim,** Urt. v. 15. 12. 1982, VersR 1984, 93 mit Anm. Koch; WF 1984, 33; VersR 1984, 115			●		
	16	**Landgericht Itzehoe,** Urt. v. 22. 6. 1983, VersR 1984, 92, 122			●		
	22	**Landgericht Freiburg,** Urt. v. 6. 3. 1984, WF 1985, 48 mit Anm. Koch; VersR 1986, 1007 mit Anm. Koch; 1986, 1169; Heft G 11 der SVK-Schriftenreihe	● 6)		●		
	23	**Landgericht Rottweil,** Urt. v. 8. 3. 1984, VersR 1986, 1171			●		
	25	**Landgericht Ravensburg,** Urt. v. 20. 1. 1985; VersR 1986, 1173				●	
	24	**Landgericht Osnabrück,** Urt. v. 24. 1. 1985, WF 1985, 151 mit Anm. Koch; VersR 1986, 398 mit Anm. Koch; 1986, 1171; Heft LP 11 der SVK-Schriftenreihe			●		
	36	**Landgericht Landshut,** Urt. v. 27. 4. 1978 – 2 O 93/77, AgrarR 1979, 190	●		●		
	26	**Landgericht Tübingen,** Urt. v. 14. 2. 1986, VersR 1986, 982; 1174; Heft LP 17			●		
	27	**Landgericht Konstanz,** Urt. v. 15. 4. 1986, VersR 1986, 1175			●		
	37	**Landgericht Kassel,** Urt. v. 23. 9. 1986, VersR 1987, 1200, mit Anm. Koch; WF 1987, 202 mit Anm. Koch			●		
	38	**Landgericht Stuttgart,** Urt. v. 31. 10. 1986, VersR 1987, 1201 mit Anm. Koch; WF 1987, 204 mit Anm. Koch			●		
	39	**Landgericht Karlsruhe (Baul),** Urt. v. 13. 2. 1987, NVwZ 1989, 188 mit Anm. Breloer; WF 1987, 107, Beisp. 2; NVwZ 1989, 122; WF 1989, 87	●		●		
	40	**Landgericht Wuppertal,** Urt. v. 14. 4. 1987 – 5 O 407/86 –			●		
	41	**Landgericht Frankfurt,** Urt. v. 13. 5. 1987 – 2/4 O 2/86 –			●		
	42	**Landgericht Tübingen,** Urt. v. 1. 3. 1989 – 3 O G11/87 –			●		
	43	**Landgericht Rottweil,** Urt. v. 17. 4. 1989 – 2 O 896/88; Heft LP 1			●		
	44	**Landgericht Tübingen,** Urt. v. 22. 6. 1989 – 5 C 415/88, nicht rechtskräftig			●		
OLG	45	**Oberlandesgericht Karlsruhe,** Urt. v. 20. 4. 1988, VersR 1989, 967, 968			●		
+ BGH		Bestätigt durch Bundesgerichtshof, Beschluß v. 7. 3. 1989 – VI ZR 147/88 – VersR 1989, 967			●		
LG	46	**Landgericht Mainz,** Urt. v. 6. 6. 1989 – 2 O 45/89; WF 1989, 185			●		
	47	**Landgericht Osnabrück,** Urt. v. 14. 8. 1989 – 5 O (Baul) 4/88	●		●		
	48	**Landgericht Stuttgart,** Urt. v. 20. 11. 1989 – 15 O 188/89			●		
Nach BGH:		KOCH bejahend, in Fällen der Naturalrestitution		**1**			
Nach BGH:		KOCH bejahend, SACHWERT brauchbar für Grdst.wertminderung/Wertersatz			**23**		
Nach BGH:		KOCH bejahend, nur bei wertvollen Beständen				**1**	
		Nicht nach KOCH					0
AG		**Amtsgericht Wiesbaden,** Urt. v. 20. 1. 1983, VersR 1984, 72			●		

Lfd. Nr. 1 – 16 **Versicherungsrecht 1984, 110 ff.,** Koch, Das Sachwertverfahren für Bäume in der Rechtsprechung = Rechtsprechungsübersicht.

Lfd. 17 – 27 **Versicherungsrecht 1986, 1160 ff.,** Koch, Das Sachwertverfahren für Bäume in der Rechtsprechung = Rechtsprechungsübersicht, Fortsetzung.

Lfd. 28 – 48 **Versicherungsrecht 1990, demnächst**
In den Rechtsprechungsübersichten sind jeweils in Stichworten der Sachverhalt, die Forderung und die dem Urteil zugrunde gelegte Wert- bzw. Entschädigungsermittlung einschl. Begründung tabellarisch aufgelistet.

1) Alle übrigen Schadenersatz
2) bzw. näherungsweise
3) einschl. 1)
4) In Wahrheit bloße Unsicherheit des Gerichts bezüglich des Sachwertverfahrens
5) Lediglich 1 Fall bekanntgeworden (Nr. 20)
6) In Spalte 3 bzw. 4 enthalten

Blatt 2 zu Gehölzgutachten vom 01.03.93

VORDRUCK A

1 Betreff

1.2 ☐ Verkehrsunfall ☐ Bauschaden ☐ Entzug ☒ Bestandsaufnahme
1.3 Ort 8900 Augsburg
1.4 Straße Äussere Ulmerstrasse
1.5 Auf Höhe Haus Nr.
1.6 Verursacher
1.7 Auftraggeber
1.8 Art des Schadens ☐ Totalschaden ☐ Entzug

☐ Teilschaden ☐ Wurzelbereich ☐ Stammbereich ☐ Kronenbereich

1.9 Ortsbesichtigung am 18.02.93 Sachverständiger Dr. Dobner

2 Gegenstand der Wert-/Schadenermittlung

2.1 **Gehölz:** Tilia cordata (Winterlinde)
2.2 **Erziehungsform:** ☒ Stamm ☒ Kronenanschnitt in ca.4 m Höhe, ☐ Stammbusch
_____-stämmig ☐ Heister ☐ Strauch ☐ Hecke ☐ geschnitten ☐ freiwachsend
2.3 **Stand:** ☐ Einzelstand ☐ Gruppe ☐ Reihe ☒ Allee ☐ Flächenbestand ☐ Abpflanzung ☐ Hain/Gehölz
2.4 **Standort:** ☐ Innenstadt ☐ Fußgängerzone ☐ Gehobene Wohnlage ☐ Wohngebiet ☐ Park
☒ Straße ☐ Platz
☐ Vor-Garten ☐ Grünanlage-Streifen ☐ Landhaus ☐ Ufer ☐ Landschaft ☐ Gehöft
2.5 **Funktion:** ☒ gestalterisch ☐ abschirmend ☒ leitend ☐ befestigend ☐ fast/funktionslos
sonstige Bemerkungen:
2.6 **Maße: Höhe:** ca. 8 m
Krone: Durchmesser etwa 4,5 m
Stamm: Umfang in 1 m Höhe 0,70 m
Bei Hecken: lfdm _____ m, hoch _____ m, breit _____ m

2.7 **Abstände**

☐ zu Bordstein ☐ Fahrbahn _____ m
☐ zu Gebäude ☐ Gehölz _____ m
☐ zu Grenze _____ _____ m

2.8 **Alter am Standort:** etwa 25 Jahre

2.9 **Lebenserwartung a. St.-Ort:** ohne Unfall noch 135 Jahre

Kleinskizze/Anm.

Die Lindenallee steht in einem durchgehenden Baumstreifen von ca. 2 m Breite, unterbrochen durch die Einfahrten zu den angrenzenden Wohnhäusern.
Der Abstand zur Fahrbahn beträgt 0,90 - 1,0 m.

3 Wertberechnung

3.1 Nach veröffentlichten Tabellen ☐ **Aktualisierte Gehölzwerttabellen, 2. Aufl., 1987**

☐ **Koch, „Verkehrs- und Schadenersatzwerte..."** 4. Auflage

☐ **Meyer, Bäume in der Stadt,** 2. Auflage

Seite: _____ Tabelle: _____ Zeile: _____ Spalte: _____ Index = 100 _____ DM

Bei Fortrechnung*: Index zum Wertermittlungszeitpunkt = _____ DM

* Wert bei Index 100 x Neuer Index / 100

Beispiel: 4918 DM (Wert 1978) x 135 (Index 1983) / 100 = 6639 DM (Wert 1983)

9. verb. Auflage, 1990

Blatt 3 zu Gehölzgutachten vom 01.03.93

VORDRUCK A

3.2 **ALTERNATIV zu 3.1: Individuelle Berechnung** (3.2.1 bis 3.2.6)

3.2.1 **Kosten des Baumes**

3.2.1.1 Gehölzbezeichnung: Tilia cordata (Winterlinde)
3.2.1.2 Anzuchtform: (Sol, H, Stbu, Bu, Hei usw.) Solitär
3.2.1.3 Anzuchtzustand: 5 x verpflanzt aus extra weitem Stand
3.2.1.4 Wurzelzustand: X mit ☐ ohne ~~Ballen~~ Drahtballen
3.2.1.5 Hoch: 500 - 700 cm breit: 200 - 300 cm StU: 35-40
3.2.1.6 Nach L.van Ehren Katalog 19 92 / 93 Seite 127
3.2.1.7 Gehölzpreis 5800 DM, abzügl. 25% Behördenrabatt — 4350,- DM
3.2.1.8 zuzüglich 15 % Mehrwertsteuer — 652,50 DM
3.2.1.9 ergibt — 5002,50 DM
3.2.1.10 zuzüglich Frachtkosten (einschl. MWSt.) — --- DM

3.2.1.11 Kosten des Baumes — rd. 5000,- DM

3.2.2 **Kosten der Pflanzarbeit** (Aktualisierte Gehölzwerttabellen S. 48 Tab. 1/, Zeile 14 ~~Baumwertbuch S. 184 Tab. 1~~)
mit 10% Pauschalabzug für Serienpflanzung von 48 Bäumen

X Transportkosten von der Entladestelle zu:
☐ Lagerung
X Vorbereitung der Pflanzfläche
X Aushub der Pflanzgrube
X einschließlich Bodenaustausch
X Pflanzvorgang
X Verankerung
X Schutz des Gehölzes vor Austrocknung
X Wässern
X Abdeckung der Baumscheibe

☐ Vorhaltung im Einschlag
☐ Zwischenaufschulung
☐ Weiterverschulung
☐ Akklimatisierung
☐ Herausnehmen
☐ Transport

einschließlich 15 % Mehrwertsteuer — rd. 2750,- DM

3.2.3 **Kosten des Baumes und der Pflanzarbeit 3.2.1 und 3.2.2 zus.** — 7750,- DM

3.2.4 **Kosten der Anwachspflege und -zeit** (Akt. Gehölzwerttabellen S. 49, Tab. 2 Sp. 6 u. 7, ~~S. 185 Tab. 2 s. oben~~) Zeile 14

3.2.4.1 Anwachspflege für X 3 ☐ 4 Jahre
- Lockern und Säubern der Pflanzflächen
- Erhalten der Gießmulde
- Entfernen von Steinen und Unrat
- Gehölzschnitt
- Düngen
- Wässern
- Durchführen des Pflanzenschutzes
- Erhalten der Verankerung

☐ nach Pauschale Tab. 2 ☐ individuell ____ DM (____)

3.2.4.2 Zinsanspruch der Anwachsphase*
☐ nach Pauschale Tab. 2 ☐ individuell ____ DM (____)

3.2.4.3. pro Jahr X nach Tab. 2 *637,- DM oder ____ DM mal 3,15 ** — rd. 2000,- DM

* 5 % Zins z.B. aus 1000 DM = 50 DM/Jahr (Faktor 0,05 x 1000 = 50).
** Rentenendwertfaktor Tab. 4: 2 Jahre x 2,05 · 3 Jahre x 3,15 · 4 Jahre x 4,31

*490,- x 1,3 Preissteigerungsindex seit 1987

9. verb. Auflage, 1990

Blatt 4 zu Gehölzgutachten vom 01.03.93

VORDRUCK A

3.2.5 **Kosten des Anwachsrisikos,** bezogen auf Kosten

aus 3.2.3	Kosten des Baumes und Pflanzarbeit	7750,-	DM
aus 3.2.4	Kosten der Anwachspflege und -zeit [1]	2000,-	DM
	5 % Risiko aus zusammen	9750,-	DM

Aktualisierte Gehölzwerttabellen, Tab. 2. Sp.8
Zum Risiko Baumwertbuch S. 98, 143 f., S. 185 f. Tab. 2

1) Die Mittelung wurde mit der 5. Aufl. aufgegeben

rd. 500.- DM

3.2.6 **Gesamtkosten des gepflanzten und angewachsenen Baumes**

aus 3.2.3	Baum und Pflanzarbeit	7750,-	DM	
aus 3.2.4	Anwachspflege und -zeit	2000,-	DM	
aus 3.2.5	Risiko	500,-	DM	10250,- DM

Ermittlung des Wertunterschiedes ab 3.2.6 zum größeren Baum

Die höchst- und obergerichtliche Rechtsprechung läßt die Ermittlung des Grundstückwertes mit größerem bzw. fertigem Baum über die weiteren Herstellungskosten einschl. der Zinskosten zu (dazu Urteile Titelseite). Das Sachwertverfahren nach Ziff. 3 sei ein durchaus brauchbarer Anhalt für die Schätzung einer Grundstückswertminderung infolge Gehölzverlust (Differenz der Verkehrswerte, öffentliche Flächen ohne Verkehrswert analog).

3.3 **Die erforderlichen weiteren Herstellungskosten** (an diesem Standort)

Vom Zeitpunkt 3.1 bzw. 3.2.6 X bis zur Funktionserfüllung X
der angetroffenen Größe sind 10 Herstellungsjahre erforderlich

3.3.1 Die Kosten der Pflanzung nach 3.1
X nach 3.2.6 in Höhe von 10250,- DM

werden multipliziert mit Faktor 1,63 (Aktual. Gehölzwerttab./Tab. 3 Baumwertbuch)

und ergeben einen Kapitalendwert von rd. 16700,- DM

3.3.2 Die Kosten der jährlichen Pflege und des Risikos
in Höhe von (z.B. nach Tab. 2 aaO.) 143,- DM

multipliziert mit Faktor 12,58 (Tab 4 aaO.)

ergeben einen Rentenendwert von 1798,94 rd. 1800,- DM

3.3.3 Gesamtkostenwert 18500,- DM

 9. verb. Auflage, 1990

Blatt 5 zu Gehölzgutachten vom 01.03.93

VORDRUCK A

3.4 **Wertverlauf des Baumes** (an diesem Standort)
Daten zur Berücksichtigung der Lebens-/Nutzungsdauer

3.4.1	Berechnete Herstellungszeit nach 3.3		Jahre
3.4.2	zuzüglich 20 v.H. der Gesamtstandzeit (Aktual. Gehölzwerttabellen, 2. Aufl., Seite 109f.)	etwa	Jahre
3.4.3	damit ist Gehölzherstellung völlig abgeschlossen nach (Beginn der Abschreibung)	etwa	Jahren
3.4.4	Alter (A) ab diesem Zeitpunkt (ab 3.4.3)	etwa	Jahre
3.4.5	Lebens-/Nutzungserwartung (L) ab diesem Zeitpunkt (ab 3.4.3), je nach Art und Standort,	etwa	Jahre
3.4.6	Abschreibung nach ROSS ______ dazu Tab. 22/23/24 Aktual. Gehölzwerttabellen 1987; Tab. 26 Seite 223 Baumwertbuch		v.H.
3.4.7	Baumwert nach 3.1 3.3.3		DM
3.4.8	Abzüglich ______ v.H. gleich ______ DM ergibt bereinigten Wert		______ DM

3.5 **Wertminderung infolge bestehender Mängel und Schäden**

3.5.1	**Art und Standort:**	keine sehr wesentl. Beanstandung	wesentl. Fehler	grob fehlerhaft		v.H.
3.5.2	**Abstand** siehe Angaben 2.7	etwas eng	zu eng	viel zu eng		v.H.
3.5.3	**Wachstum:** mittelwüchsig	wenig wüchsig	schwachwüchsig	kraftlos		v.H.
3.5.4	**Pflege:** etwas ungepfl.	ziemlich ungepfl.	völlig ungepflegt	krank		v.H.
3.5.5	**Erziehungsfehler:**					v.H.
3.5.6	**Wurzelbeschädigung**	**Standraumbeeinträchtigung**				

Pauschale Wertminderung von 5% wegen Wurzelbeschädigung durch Überfahren 5 v.H.

3.5.7 **Stammverletzung oder -beschädigung** längs ______ cm quer ______ cm = ______ v.H.St. U. ______ v.H.
längs ______ cm quer ______ cm = ______ v.H.St. U. ______ v.H.

Zustand: geringfügige Stammverletzungen

3.5.8 **Verlust des Kronenvolumens** ______ v.H. ______ v.H.
oder des **Leittriebes** ergibt nach Tab. 20 21 23 24a ______ v.H.

3.5.9 **Wertminderung zusammen:** 5 **v.H.**
3.5.10 Herstellungskosten nach 3.1 3.2.6 x3.3.3 Bereinigt nach 3.4.8 18500,- DM
3.5.11 abzüglich 5 v.H. Wertminderung nach 3.5.9 925,- DM
3.5.12 **ergibt Gehölzwert von** 17575,- DM

Weitere Schadenberechnung

4 Totalschaden VORDRUCK B Blatt ______ des Gutachtens
Grafische Darstellung zu Teilschäden VORDRUCK C

5 Teilschaden – ohne Grundstückswertminderung (keine Funktionseinbuße, kein Dauerschaden) VORDRUCK D Blatt ______ und ______

6 Teilschaden als Dauerschaden, mit Funktionseinbuße, Grundstückswertminderung, VORDRUCK E Blatt ______ bis ______

______, den ______ ______
Sachverständiger

9. verb. Auflage, 1990

SCHRIFTTUM ZUR GEHÖLZWERTERMITTLUNG

AUST-JACOBS, Die Enteignungsentschädigung, Berlin, 2. Auflage, 1984, Seiten 41, 195, 288 f.

BECKER, Rezension Aktualisierte Gehölzwerttabellen, in NJW 1988, 1193

BERLIN, Senator für Bau- und Wohnungswesen, Arbeitsanweisung für die Ermittlung und Festsetzung von Schadenersatzforderungen bei Beschädigung von Bäumen und Vegetationsbeständen (Rdschr. SenBauWohn III Nr. 1/1980

BEWER, Wertermittlung ertragloser Wirtschaftsgüter Wertermittlungsforum – WF 1984, 10 f.; Anm. zu RAUW 1985, 78 f.

BEWER, Der Vorschlag von Buchwald zur Wertermittlung von gestalterischen Gehölzen WF 1988, 124 = Das Gartenamt 1989, 131

BRELOER, Der Schadenersatzanspruch bei Zerstörung von Straßenbäumen – Eine rechtliche Analyse und Antwort auf Kappus VersR 84, 1021; VersR 1985, 322 f.; WF 1984, 88 f.; WF 1985, 14 f.; 161 f.; Methode Koch und Abänderungsversuche WF 1986, 193 – 200; Erwiderung auf Fleckenstein VersR 1987, 436

BRELOER, Wertermittlung von Bäumen und Sträuchern, Schriftenreihe Taxationspraxis Heft LP 21, SVK-Verlag, Wilnsdorf, 1988

BRELOER, Was ist mein Baum wert? Ein Ratgeber für Bürger, Heft 1 der Baum-Reihe des SVK-Verlags, Wilnsdorf, 1989

BUCHWALD, Die Wertermittlung von Ziergehölzen, Heft 122 der Schriftenreihe des HLBS, St. Augustin 2, 1987

BÜCHS, Grunderwerb und Entschädigung beim Straßenbau, 2. Auflage, Stuttgart – München – Hannover, 1980, Seiten 364 f., 453 f., 487, 519 f., 547, 648

DEUTSCHER NORMENAUSSCHUSS, Standardleistungsbuch, Leistungsbereich 003/004, Seite 8

DEUTSCHER STÄDTETAG Baumwertermittlung, MittDST 366/72 vom 19. 4. 1972; MittDST 1028/84 vom 20. 12. 1984; WF 1985, 25; Das Gartenamt 1985, 38 f., Dt. Architektenblatt 1985, 1155; Dt. Baumschule 1985, 437

FRANKEN, Planungshonorar für Freianlagen bei vorhandenem Baumbestand, Deutsches Architektenblatt Nr. 11/1988, 1587

GELZER-BUSSE, Der Umfang des Entschädigungsanspruchs aus Enteignung und enteignungsgleichem Eingriff. NJW-Schriften 2, 2. Auflage, München 1979, Rdnr. 204 f. (Führend in der Marktgunst: Ökologisch wertvolles Grün!)

HOSSENFELDER, Amtliche Texte zur Wertermittlung von Grundstücken, Bundesanzeiger Bonn, 1984, 2., erw. Aufl.

KLOCKE, Rezension Aktualisierte Gehölzwerttabellen . . ., Deutsches Architektenblatt Nr. 9/1984, 1150 und Nr. 1/1986, 66

KOCH, Aktualisierte Gehölzwerttabellen. Bäume und Sträucher als Grundstücksbestandteile an Straßen, in Parks und Gärten sowie in der freien Landschaft. Einschließlich Obstgehölze, 2. Auflage, Karlsruhe, 1987

KOCH, Verkehrs- und Schadenersatzwerte von Bäumen, Sträuchern, Hecken, Obstgehölzen und Reben nach dem Sachwertverfahren (Baumwertbuch), 4. Auflage, Bonn 1978

KOCH, Gehölzgutachtensammlung, Bd. III und IV, Stuttgart, 1981

KOCH, Entschädigung für Bäume und Gartenanlagen als Grundstücksbestandteile. Versicherungsrecht 32 (21) 505 – 511, 1981. Ferner VersR 1969, 16 f.; 1970, 789 f.; 1973, 10 f.; 1974, 1154 f.; 1975, 1102 f.; 1979, 16 f. Der öffentlich bestellte und vereidigte Sachverständige 1986, 212 - 225; 1989, 210 -214

KOCH, Zur Berechnung der Entschädigung für Gartenanlagen und Bäume als Grundstücksbestandteile, Vermessungswesen und Raumordnung, 43 (7/8), 401 – 425 und 431 – 437, 1981; Vermessungswesen und Raumordnung 48 (3) 103 – 118, 1986

KOCH, Die Grundstückswertermittlung und ihre Verfahren, NVwZ 1984, 159; WF 1984, 153. Aufwuchswertermittlung bei Grundstücksenteignung und die neue Wertermittlungsverordnung, NVwZ 1989, 122

KOCH, Der Schadenersatzanspruch bei Zerstörung von Straßenbäumen – Erwiderung zu Kappus – VersR 1985, 213 f.

KOCH, Schadenersatz und Entschädigung für Gehölze und Gartenanlagen. NJW 1979, 2601

KOCH, Das Sachwertverfahren bei Gehölzen in der Landschaft, WF 1986, 201

KOCH, Städtetagsrichtlinien – BMF-Entwurf, Heft LP 3 der Schriftenreihe Taxationspraxis, SVK, Wilnsdorf, 1983 sowie Hefte LP 1 Eingriffe in den Wurzelbereich von Bäumen; LP 17, Obstgehölze als Gestaltungselemente; LP 18, Teil- oder Totalschaden einer Konifere? – andere Beurteilung als bei Laubgehölzen; LP 19, Abtretung plus Arbeitsraum im Wohngarten; LP 20, Neuer Wertermittlungsstichtag für Parkgarten

KOCH, Schadenersatz für Stadtbäume – vier Berechnungsbeispiele (Kronenschaden, Stammschaden, Totalschaden, Annähernde Naturalrestitution), Heft LP 22, SVK-Verlag Wilnsdorf, 1988

KOCH, Anmerkungen zu den Bearbeitungshinweisen, WF 1984, 171; ders., Forschungsauftrag: Niedrigere Gehölzwerte, WF 1987, 122 und Vorabsonderdruck = Das Gartenamt 1987, 566; ders. (federführend) I. und II. Ergänzende Stellungnahme in der Anhörung des Bundesbauministeriums zur Neufassung der WertV 88, Beil. zu WF 4/1988, sowie Der öbv Sachverständige 12/1988. Das Gartenamt 1989, 140

MEYER-BLAUERMEL-HENNEBO-KOCH-MIESS-RUGE, Bäume in der Stadt, 2. Auflage, Stuttgart 1982

RAUW, Bearbeitungshinweise . . . WF 1985, 77

SCHULZ, Neue Wege der Gehölzwertermittlung? Das Gartenamt 1989, 142; Nutzen als Maß der Gehölzwertermittlung? Anmerkungen zum Vorschlag von H. H. Buchwald, WF 1989, 5

STADT STOCKHOLM, Värdering av träd och buskar (Schwedisches Baumwertheft), 2. Auflage 1980

STÄDTETAG NW, Musterbaumschutzsatzung, Entwurf 1983, § 4 Abs. 5 in Hossenfelder, s. oben, S. 158 f.

VOGELS, Grundstücks- und Gebäudebewertung marktgerecht, 3. Auflage, Wiesbaden und Berlin 1989, Seite 123 f.

Gliederung des Vordrucksatzes für Fachgutachten

Baum als Wertbestandteil eines Grundstücks

FACHGUTACHTEN – VORDRUCKSATZ

Beim SVK-Verlag kann eine Beschreibung mit beispielhaft ausgefülltem Vordrucksatz angefordert werden.
Einschl. vereinfachtem Wertermittlungsvordruck für Gehölze

Gliederung des Vordrucksatzes:

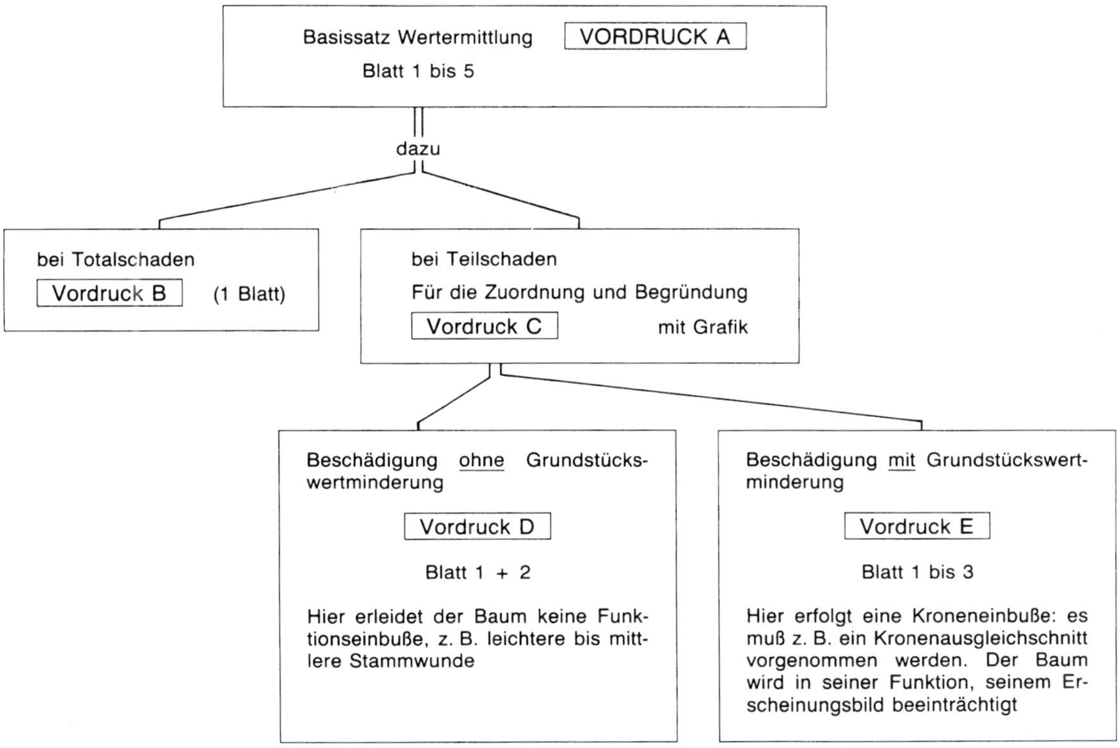

Die Sätze sind in einzelnen Blöcken zu je 50 Exemplaren erhältlich

				je 50 mal	
Best. Nr.	501	Basissatz Wertermittlung	VORDRUCK A	6 Blatt	85,– DM
	502	Totalschadenblatt	B	1 Blatt	15,–
	503	Teilschadenzuordnung	C	1 Blatt	15,–
	504	Teilschaden ohne Grundstückswertminderung	D	2 Blatt	30,–
	505	Teilschaden mit Grundstückswertminderung	E	3 Blatt	45,–

Entschädigungsermittlung von Dauerkulturen, mit Anleitung (Aktual. Gehölzwerttabellen, Seiten 139 bis 171)
Vordruck 1 und 2 Entschädigung von Dauerkulturen nach dem Nachpflanzfall

Verlag des Sachverständigen-Kuratoriums, SVK-Verlag GmbH, 5927 Erndtebrück, Altes Forstamt, Telefon (0 27 53) 49 06, Fax (0 27 53) 40 68

4.2 Fachgutachten zum Wert eines Baumes als Grundstücksbestandteil – nach dem Sachwertverfahren – Wellenburger Allee

FACHGUTACHTEN Wellenburger Allee
zum Wert eines Baumes als Grundstücksbestandteil
– nach dem Sachwertverfahren –
und
Berechnung eines eingetretenen Schadens ja X nein

Basissatz | VORDRUCK A | Blatt 1 bis 5, ferner

Totalschaden	Baumgrafik	Teilschaden	Teilschaden
	Vordruck D oder E?	ohne Grundstückswertminderung	mit Grundstückswertminderung
Vordruck B	Vordruck C	Vordruck D Bl. 1 u. 2	Vordruck E Blatt 1–3
Bestell-Nr. 502	Bestell-Nr. 503	Bestell-Nr. 504	Bestell-Nr. 505

RECHTSPRECHUNG
seit dem Kastanienbaumurteil des BGH (Stand Frühjahr 1990)

Sachwert des Grüns, auf der Grundlage von Normalherstellkosten (nach gegenwärtigen Preisverhältnissen). Pflanzgröße: Gleich großes Gehölz (Naturalrestitution), wenn „Art, Standort und Funktion" dies „wenigstens nahelegen". SONST: wie pflanzt man üblicherweise wo? (Teilherstellung), zuzügl. weiterer Herstellkosten einschl. der Zinskosten (Wertersatz). Bei Teilschäden: Substanzverlust plus Kosten und Folgekosten der Verletzung.

	Lfd. Nr. der Rechtspr.-übersichten		Nach BGH NJW 1975, 2061 = VersR 1975, 1047 (Koch bejahend): Enteignungsfälle 1)	Naturalrestit. 2)	Sachwert 3) (Wertersatz)	Nur teilw. Sachwertverfahren 4)	Nicht nach BGH aaO. 5)
BGH		**Bundesgerichtshof,** Urt. v. 13. 5. 1975, – Kastanienbaumurteil –, veröffentlicht in Neue Juristische Wochenschrift (NJW) 1975, 2061; Monatsschrift für Deutsches Recht (MDR) 1976, 36; Versicherungsrecht (VersR) 1975, 1047, mit Anm. Koch in VersR 1975, 1102; 1984, 112; Agrarrecht 1975, 350; mit Anm. Koch in AgrarR 1976, 66			●		
OLG/KG	1	**Kammergericht,** Urt. v. 22. 1. 1976, VersR 1976, 735 mit Anm. Koch; Endurteil Kastanienbaumfall			●		
	8	**Kammergericht,** Urt. v. 21. 6. 1977, VersR 1978, 871; 1984, 114			●		
	3	**Kammergericht,** Urt. v. 2. 10. 1978, VersR 1979, 36 = NJW 1979, 1167, Anm. Koch in VersR 1979, 330; 1984, 112			●		
	6	**Oberlandesgericht Hamburg,** Urt. v. 6. 12. 1978, VersR 1979, 962, MDR 1979, 400, Anm. Koch, MDR 1979, 842; VersR 1984, 114				●	
	2	**Kammergericht,** Urt. v. 20. 11. 1980, VersR 1979, 139 = MDR 1979, 400 = NJW 1979, 1168, Anm. Koch in VersR 1979, 378; 1984, 112			●		
	5	**Oberlandesgericht Köln,** Urt. v. 22. 12. 1980, VersR 1984, 71; Wertermittlungsforum (WF) 1984, 141, mit Anm. Breloer WF 1984, 90; VersR 1984, 113	● 6)		●		
	4	**Oberlandesgericht Celle,** Urt. v. 14. 1. 1982, VersR 1984, 69; 113; WF 1984, 73			●		
	12	**Oberlandesgericht Celle,** Urt. v. 9. 12. 1982, NJW 1983, 2391 mit Anm. Breloer; VersR 1984, 69 mit Anm. Koch; 1984, 116; WF 1984, 73			●		
+ BGH	13	**Oberlandesgericht Frankfurt,** Urt. v. 14. 3. 1983, VersR 1984, 110, 118; Bestätigt durch BGH, Beschluß vom 29. 9. 1983 – III ZR 66/83, AgrarR 1987, 250; mit Anm. Breloer in AgrarR 1988, 12; Koch, Der Sachv. 1989, 210	●			●	
+ BGH	28	**Oberlandesgericht Celle,** Urt. v. 23. 9. 1983 – 4 U Baul 128/82, WF 1990, demnächst; VersR 90, demnächst. Bestätigt durch BGH, Beschluß v. 29. 11. 1984 – III ZR 181/83 – VersR 1990, demnächst; WF 1990, demnächst	●		●		
	17	**Oberlandesgericht Schleswig-Holstein,** Urt. v. 26.10.1983, VersR 1986, 1165			●		
	19	**Oberlandesgericht Oldenburg,** Urt. v. 7. 6. 1985, WF 1985, 214 mit Anm. Koch; VersR 1986, 1004, mit Anm. Koch; 1986, 1167			●		
	20	**Oberlandesgericht Nürnberg,** Urt. v. 25. 7. 1985, VersR 1986, 976, 1168					●
	21	**Oberlandesgericht Celle,** Urt. v. 27. 1. 1986, VersR 1986, 973; 1168			●		
	29	**Oberlandesgericht Karlsruhe,** Urt. v. 11. 7. 1986 – 10 U 28/86 – VersR 1989, demnächst		●			
	30	**Oberlandesgericht Düsseldorf,** Urt. v. 24. 10. 1986, VersR 1987, 1140; WF 1987, 199 mit Anm. Koch; VersR 1990, demnächst		●			
	31	**Oberlandesgericht Hamm,** Urt. v. 9. 1. 1987, VersR 1988, 598; 1989, demnächst; WF 1989, 86		●			
	32	**Oberlandesgericht Karlsruhe,** Urt. v. 12. 3. 1987, VersR 1987, 1248 mit Anm. Koch; Die verurteilte DB leistete Schadenersatz in voller Höhe lt. Gutachten, deshalb erübrigte sich Betragsverfahren; WF 1987, 200 mit Anm. Koch; VersR 1990, demnächst; Heft LP 8 der SVK-Schriftenreihe			●		
	33	**Oberlandesgericht München,** Urt. v. 25. 3. 1988 – 21 U 4576/84 – VersR 1990, demnächst			●		
	34	**Oberlandesgericht München,** Urt. v. 18. 11. 1988, Neue Zeitschrift für Verwaltungsrecht (NVwZ) 1989, 187 mit Anm. Breloer; VersR 1990, demnächst			●		
Nach BGH:		KOCH bejahend, Fälle der Naturalrestitution		**3**			
Nach BGH:		KOCH bejahend, SACHWERT brauchbar für Grdst.wertminderung/Wertersatz einschließlich lfd. Nr. 45			**16**		
Nach BGH:		KOCH bejahend, nur bei wertvollen Beständen / an Straßen				**2**	
		Nicht nach BGH-Kastanienbaumfall (Waldbestand)					**1**

Verlag des Sachverständigen-Kuratoriums
SVK-Verlag GmbH 5927 Erndtebrück, Altes Forstamt
Telefon (0 27 53) 49 06, Fax (0 27 53) 40 68

Bestell-Nr. 501

9. verb. Auflage 1990

RECHTSPRECHUNG

seit dem Kastanienbaumurteil des BGH (Stand Frühjahr 1990)

Sachwert des Grüns, auf der Grundlage von Normalherstellkosten (nach gegenwärtigen Preisverhältnissen). Pflanzgröße: Gleich großes Gehölz (Naturalrestitution), wenn „Art, Standort und Funktion“ dies „wenigstens nahelegen“. SONST: wie pflanzt man üblicherweise wo? (Teilherstellung), zuzügl. weiterer Herstellkosten einschl. der Zinskosten (Wertersatz). Bei Teilschäden: Substanzverlust plus Kosten und Folgekosten der Verletzung.

			Nach BGH NJW 1975, 2061 = VersR 1975, 1047 (Koch bejahend)				
	Nr.	Entscheidung	Enteignungs-fälle 1)	Naturalrestit. 2)	Sachwert 3) (Wertersatz)	Nur teilw. Sachwertverfahren 4)	Nicht nach BGH aaO. 5)
LG	7	**Landgericht Heilbronn,** Urt. v. 6. 2. 1979, AgrarR 1979, 236			●		
	9	**Landgericht Hannover,** Urt. v. 7. 3. 1979, VersR 1979, 678 mit Anm. Koch; 1984, 115			●		
	14	**Landgericht Kassel,** Urt. v. 12. 1. 1981, VersR 1984, 92, 121; WF 1984, 146			●		
	10	**Landgericht Detmold,** Urt. v. 4. 6. 1981, VersR 1982; 253 mit Anm. Koch; 1984, 115		●			
	15	**Landgericht Baden-Baden,** Urt. v. 22. 1. 1982, VersR 1984, 72 mit Anm. Koch; 1984, 121; WF 1985, 101			●		
	11	**Landgericht Mannheim,** Urt. v. 15. 12. 1982, VersR 1984, 93 mit Anm. Koch; WF 1984, 33; VersR 1984, 115			●		
	16	**Landgericht Itzehoe,** Urt. v. 22. 6. 1983, VersR 1984, 92, 122			●		
	22	**Landgericht Freiburg,** Urt. v. 6. 3. 1984, WF 1985, 48 mit Anm. Koch; VersR 1986, 1007 mit Anm. Koch; 1986, 1169; Heft G 11 der SVK-Schriftenreihe	● 6)				
	23	**Landgericht Rottweil,** Urt. v. 8. 3. 1984, VersR 1986, 1171			●		
	25	**Landgericht Ravensburg,** Urt. v. 20. 1. 1985; VersR 1986, 1173				●	
	24	**Landgericht Osnabrück,** Urt. v. 24. 1. 1985, WF 1985, 151 mit Anm. Koch; VersR 1986, 398 mit Anm. Koch; 1986, 1171; Heft LP 11 der SVK-Schriftenreihe			●		
	36	**Landgericht Landshut,** Urt. v. 27. 4. 1978 – 2 O 93/77, AgrarR 1979, 190	●		●		
	26	**Landgericht Tübingen,** Urt. v. 14. 2. 1986, VersR 1986, 982; 1174; Heft LP 17			●		
	27	**Landgericht Konstanz,** Urt. v. 15. 4. 1986, VersR 1986, 1175			●		
	37	**Landgericht Kassel,** Urt. v. 23. 9. 1986, VersR 1987, 1200, mit Anm. Koch; WF 1987, 202 mit Anm. Koch			●		
	38	**Landgericht Stuttgart,** Urt. v. 31. 10. 1986, VersR 1987, 1201 mit Anm. Koch; WF 1987, 204 mit Anm. Koch			●		
	39	**Landgericht Karlsruhe (Baul),** Urt. v. 13. 2. 1987, NVwZ 1989, 188 mit Anm. Breloer; WF 1987, 107, Beisp. 2; NVwZ 1989, 122; WF 1989, 87	●		●		
	40	**Landgericht Wuppertal,** Urt. v. 14. 4. 1987 – 5 O 407/86 –			●		
	41	**Landgericht Frankfurt,** Urt. v. 13. 5. 1987 – 2/4 O 2/86 –			●		
	42	**Landgericht Tübingen,** Urt. v. 1. 3. 1989 – 3 O G11/87 –			●		
	43	**Landgericht Rottweil,** Urt. v. 17. 4. 1989 – 2 O 896/88; Heft LP 1			●		
	44	**Landgericht Tübingen,** Urt. v. 22. 6. 1989 – 5 C 415/88, nicht rechtskräftig			●		
OLG	45	**Oberlandesgericht Karlsruhe,** Urt. v. 20. 4. 1988, VersR 1989, 967, 968			●		
+ BGH		Bestätigt durch Bundesgerichtshof, Beschluß v. 7. 3. 1989 – VI ZR 147/88 – VersR 1989, 967			●		
LG	46	**Landgericht Mainz,** Urt. v. 6. 6. 1989 – 2 O 45/89; WF 1989, 185			●		
	47	**Landgericht Osnabrück,** Urt. v. 14. 8. 1989 – 5 O (Baul) 4/88	●		●		
	48	**Landgericht Stuttgart,** Urt. v. 20. 11. 1989 – 15 O 188/89			●		
Nach BGH:		KOCH bejahend, in Fällen der Naturalrestitution		**1**			
Nach BGH:		KOCH bejahend, SACHWERT brauchbar für Grdst.wertminderung/Wertersatz			**23**		
Nach BGH:		KOCH bejahend, nur bei wertvollen Beständen				**1**	
		Nicht nach KOCH					0
AG		**Amtsgericht Wiesbaden,** Urt. v. 20. 1. 1983, VersR 1984, 72			●		

Lfd. Nr. 1 – 16 — **Versicherungsrecht 1984, 110 ff.,** Koch, Das Sachwertverfahren für Bäume in der Rechtsprechung = Rechtsprechungsübersicht.

Lfd. 17 – 27 — **Versicherungsrecht 1986, 1160 ff.,** Koch, Das Sachwertverfahren für Bäume in der Rechtsprechung = Rechtsprechungsübersicht, Fortsetzung.

Lfd. 28 – 48 — **Versicherungsrecht 1990, demnächst**
In den Rechtsprechungsübersichten sind jeweils in Stichworten der Sachverhalt, die Forderung und die dem Urteil zugrunde gelegte Wert- bzw. Entschädigungsermittlung einschl. Begründung tabellarisch aufgelistet.

1) Alle übrigen Schadenersatz
2) bzw. näherungsweise
3) einschl. 1)
4) In Wahrheit bloße Unsicherheit des Gerichts bezüglich des Sachwertverfahrens
5) Lediglich 1 Fall bekanntgeworden (Nr. 20)
6) in Spalte 3 bzw. 4 enthalten

Blatt 2 zu Gehölzgutachten vom ______

VORDRUCK A

1 Betreff

1.2 Verkehrsunfall ☐ Bauschaden ☐ Entzug **X** Bestandsaufnahme
1.3 Ort 8900 Augsburg
1.4 Straße Wellenburger Allee
1.5 Auf Höhe Haus Nr. Baumnummer 132
1.6 Verursacher ______
1.7 Auftraggeber ______
1.8 Art des Schadens ______ ☐ Totalschaden ☐ Entzug

☐ Teilschaden ☐ Wurzelbereich ☐ Stammbereich ☐ Kronenbereich

1.9 Ortsbesichtigung am 15.11/ 28.11.91 Sachverständiger Dr. Schneider

angepaßt an die Preissteigerung 1993

2 Gegenstand der Wert-/Schadenermittlung

2.1 **Gehölz:** Tilia cordata (Winterlinde)
2.2 **Erziehungsform:** **X** Stamm ☐ Kronenanschnitt in ca.3 m Höhe, ☐ Stammbusch ______
____-stämmig ☐ Heister ☐ Strauch ☐ Hecke ☐ geschnitten ☐ freiwachsend
2.3 **Stand:** ☐ Einzelstand ☐ Gruppe ☐ Reihe **X** Allee ☐ Flächenbestand ☐ Abpflanzung ☐ Hain/Gehölz
2.4 **Standort:** ☐ Innenstadt ☐ Fußgängerzone ☐ Gehobene Wohnlage ☐ Wohngebiet ☐ Park
X Straße ☐ Platz
☐ Vor-Garten ☐ Grünanlage-Streifen ☐ Landhaus ☐ Ufer ☐ Landschaft ☐ Gehöft
2.5 **Funktion:** **X** gestalterisch ☐ abschirmend **X** leitend ☐ befestigend ☐ fast/funktionslos
sonstige Bemerkungen: geschützter Landschaftsbestandteil
2.6 **Maße: Höhe:** 15-20 m m
Krone: Durchmesser etwa 10 m m
Stamm: Umfang in 1 m Höhe 3 m m
Bei Hecken: lfdm ______ m, hoch ______ m, breit ______ m

2.7 **Abstände**

☐ zu Bordstein **X** Fahrbahn 2 m

☐ zu Gebäude ☐ Gehölz ______ m

☐ zu Grenze Acker 2 m

Kleinskizze/Anm.

2.8 **Alter am Standort:** etwa (gem. Alleenplan) 120 Jahre
2.9 **Lebenserwartung a.St.-Ort:** ohne Unfall noch 40 Jahre

3 Wertberechnung

3.1 Nach veröffentlichten Tabellen ☐ **Aktualisierte Gehölzwerttabellen, 2. Aufl., 1987**

☐ **Koch, „Verkehrs- und Schadenersatzwerte..."** 4. Auflage

☐ **Meyer, Bäume in der Stadt,** 2. Auflage

Seite: ______ Tabelle: ______ Zeile: ______ Spalte: ______ Index = 100 ______ DM

Bei Fortrechnung*: Index zum Wertermittlungszeitpunkt = ______ DM

* Wert bei Index 100 x Neuer Index / 100

Beispiel: 4918 DM (Wert 1978) x 135 (Index 1983) / 100 = 6639 DM (Wert 1983)

9. verb. Auflage, 1990

Blatt 3 zu Gehölzgutachten vom ______________________

VORDRUCK A

3.2 **ALTERNATIV zu 3.1: Individuelle Berechnung** (3.2.1 bis 3.2.6)

3.2.1 **Kosten des Baumes**

3.2.1.1 Gehölzbezeichnung: Tilia cordata (Winterlinde)
3.2.1.2 Anzuchtform: (Sol, H, Stbu, Bu, Hei usw.) Hochstamm
3.2.1.3 Anzuchtzustand: 4 x verpflanzt aus extra weitem Stand
3.2.1.4 Wurzelzustand: X mit ☐ ohne ~~Ballen~~ Drahtballen
3.2.1.5 Hoch: ______ breit: ______ StU: 25-30
3.2.1.6 Nach L.van Ehren Katalog 19 92 / 93 Seite 127
3.2.1.7 Gehölzpreis 1810 DM, abzügl. 25% Behördenrabatt — 1357,50 DM
3.2.1.8 zuzüglich 15 % Mehrwertsteuer — 203,63 DM
3.2.1.9 ergibt — 1561,13 DM
3.2.1.10 zuzüglich Frachtkosten (einschl. MWSt.) — --- DM

3.2.1.11 Kosten des Baumes — rd. 1600,- DM

3.2.2 **Kosten der Pflanzarbeit** (Aktualisierte Gehölzwerttabellen S. 48 Tab. 1/, Zeile 11 ~~Baumwertbuch S. 184 Tab. 1~~) mit 10% Pauschalabzug für Mehrfachpflanzung

X Transportkosten von der Entladestelle zu:
☐ Lagerung
X Vorbereitung der Pflanzfläche
X Aushub der Pflanzgrube
X einschließlich Bodenaustausch
X Pflanzvorgang
X Verankerung
X Schutz des Gehölzes vor Austrocknung
X Wässern
X Abdeckung der Baumscheibe einschließlich 15 % Mehrwertsteuer

☐ Vorhaltung im Einschlag
☐ Zwischenaufschulung
☐ Weiterverschulung
☐ Akklimatisierung
☐ Herausnehmen
☐ Transport

rd. 1050,- DM

3.2.3 **Kosten des Baumes und der Pflanzarbeit 3.2.1 und 3.2.2 zus.** — 2650,- DM

3.2.4 **Kosten der Anwachspflege und -zeit** (Akt. Gehölzwerttabellen S. 49, Tab. 2 Sp. 6 u. 7, ~~S. 185 Tab. 2 s. oben~~) Zeile 11

3.2.4.1 Anwachspflege für ______ X 3 ______ ☐ 4 Jahre
- Lockern und Säubern der Pflanzflächen
- Erhalten der Gießmulde
- Entfernen von Steinen und Unrat
- Gehölzschnitt
- Düngen
- Wässern
- Durchführen des Pflanzenschutzes
- Erhalten der Verankerung

☐ nach Pauschale Tab. 2 ☐ individuell ______ DM (______)

3.2.4.2 Zinsanspruch der Anwachsphase*
☐ nach Pauschale Tab. 2 ☐ individuell ______ DM (______)

3.2.4.3. pro Jahr X nach Tab. 2 318,50 DM oder ______ DM mal 3,15 ** — rd. 1000,- DM

* 5 % Zins z.B. aus 1000 DM = 50 DM/Jahr (Faktor 0,05 x 1000 = 50).
** Rentenendwertfaktor Tab. 4: 2 Jahre x 2,05 · 3 Jahre x 3,15 · 4 Jahre x 4,31

9. verb. Auflage, 1990

Blatt 4 zu Gehölzgutachten vom ________________

VORDRUCK A

3.2.5 **Kosten des Anwachsrisikos,** bezogen auf Kosten

aus 3.2.3	Kosten des Baumes und Pflanzarbeit	2650,-	DM
aus 3.2.4	Kosten der Anwachspflege und -zeit [1]	1000,-	DM
	8 % Risiko aus zusammen	3650,-	DM

Aktualisierte Gehölzwerttabellen, Tab. 2. Sp.8
Zum Risiko Baumwertbuch S. 98, 143 f., S. 185 f. Tab. 2

1) Die Mitteilung wurde mit der 5. Aufl. aufgegeben

rd. 290,- DM

3.2.6 **Gesamtkosten des gepflanzten und angewachsenen Baumes**

aus 3.2.3	Baum und Pflanzarbeit	2650,-	DM
aus 3.2.4	Anwachspflege und -zeit	1000,-	DM
aus 3.2.5	Risiko	290,-	DM

3900,- DM

Ermittlung des Wertunterschiedes ab 3.2.6 zum größeren Baum

Die höchst- und obergerichtliche Rechtsprechung läßt die Ermittlung des Grundstückwertes mit größerem bzw. fertigem Baum über die weiteren Herstellungskosten einschl. der Zinskosten zu (dazu Urteile Titelseite). Das Sachwertverfahren nach Ziff. 3 sei ein durchaus brauchbarer Anhalt für die Schätzung einer Grundstückswertminderung infolge Gehölzverlust (Differenz der Verkehrswerte, öffentliche Flächen ohne Verkehrswert analog).

3.3 **Die erforderlichen weiteren Herstellungskosten** (an diesem Standort)

Vom Zeitpunkt 3.1 bzw. 3.2.6 X bis zur Funktionserfüllung X
der angetroffenen Größe sind 30 Herstellungsjahre erforderlich

3.3.1 Die Kosten der Pflanzung nach 3.1
nach 3.2.6 in Höhe von 3900,- DM

werden multipliziert mit Faktor 4,32 (Aktual. Gehölzwerttab./Tab. 3 Baumwertbuch)

und ergeben einen Kapitalendwert von ________ 16848,- DM

3.3.2 Die Kosten der jährlichen Pflege und des Risikos
in Höhe von (z.B. nach Tab. 2 aaO.) 104,- DM

multipliziert mit Faktor 66,44 (Tab. 4 aaO.)

ergeben einen Rentenendwert von ________ 6909,76 DM

3.3.3 Gesamtkostenwert ________ rd. 23750,- DM

9. verb. Auflage, 1990

Blatt 5 zu Gehölzgutachten vom ______________________ VORDRUCK A

3.4 **Wertverlauf des Baumes** (an diesem Standort)
Daten zur Berücksichtigung der Lebens-/Nutzungsdauer

3.4.1	Berechnete Herstellungszeit nach 3.3	30 Jahre
3.4.2	zuzüglich 20 v.H. der Gesamtstandzeit (Aktual. Gehölzwerttabellen, 2. Aufl., Seite 109f.) 20% aus etwa	30 Jahre
3.4.3	damit ist Gehölzherstellung völlig abgeschlossen nach (Beginn der Abschreibung) 160 J. etwa	60 Jahren
3.4.4	Alter (A) ab diesem Zeitpunkt (ab 3.4.3) 120 ./. 60 etwa	60 Jahre
3.4.5	Lebens-/Nutzungserwartung (L) ab diesem Zeitpunkt (ab 3.4.3), je nach Art und Standort, etwa	100 Jahre
3.4.6	X Abschreibung nach ROSS ☐ ______________ dazu Tab. 22/23/24 Aktual. Gehölzwerttabellen 1987; Tab. 26 Seite 223 Baumwertbuch	48 v.H.
3.4.7	Baumwert nach ☐ 3.1 X 3.3.3	23350,- DM
3.4.8	Abzüglich 48 v.H. gleich 11400,- DM ergibt bereinigten Wert	12350,- DM

3.5 **Wertminderung infolge bestehender Mängel und Schäden**

3.5.1	**Art und Standort:** ☐ keine sehr wesentl. Beanstandung	☐ wesentl. Fehler	☐ grob fehlerhaft		____ v.H.
3.5.2	**Abstand** siehe Angaben 2.7	☐ etwas eng	☐ zu eng	☐ viel zu eng	____ v.H.
3.5.3	**Wachstum:** ☐ mittelwüchsig	☐ wenig wüchsig	☐ schwachwüchsig	☐ kraftlos	____ v.H.
3.5.4	**Pflege:** ☐ etwas ungepfl.	☐ ziemlich ungepfl.	☐ völlig ungepflegt	☐ krank	____ v.H.
3.5.5	**Erziehungsfehler:** ______________				____ v.H.
3.5.6	☐ **Wurzelbeschädigung**	☐ **Standraumbeeinträchtigung**			
	Straßenstandort pauschal 15%				____ v.H.
3.5.7	**Stammverletzung oder -beschädigung**	längs ____ cm quer ____ cm = ____ v.H.St. U.			____ v.H.
		längs ____ cm quer ____ cm = ____ v.H.St. U.			____ v.H.
	Zustand: ______________				
3.5.8	**Verlust des Kronenvolumens** ____ v.H.				____ v.H.
	oder des **Leittriebes** ergibt nach Tab. ☐ 20 ☐ 21 ☐ 23 ☐ 24a				____ v.H.
3.5.9	**Wertminderung zusammen:** ______________				15 **v.H.**
3.5.10	Herstellungskosten nach ☐ 3.1 ☐ 3.2.6 ☐ 3.3.3 X Bereinigt nach 3.4.8			12350,-	DM
3.5.11	abzüglich 15 v.H. Wertminderung nach 3.5.9			1852,50	DM
3.5.12	**ergibt Gehölzwert von**			rd. 10500,-	DM

Weitere Schadenberechnung

4 Totalschaden VORDRUCK B Blatt ____ des Gutachtens ☐
☐ Grafische Darstellung zu Teilschäden VORDRUCK C ☐

5 Teilschaden – ohne Grundstückswertminderung (keine Funktionseinbuße, kein Dauerschaden) VORDRUCK D Blatt ____ und ____ ☐

6 Teilschaden als Dauerschaden, mit Funktionseinbuße, Grundstückswertminderung, VORDRUCK E Blatt ____ bis ____ ☐

______________, den ______________ ______________
Sachverständiger

SCHRIFTTUM ZUR GEHÖLZWERTERMITTLUNG

AUST-JACOBS, Die Enteignungsentschädigung, Berlin, 2. Auflage, 1984, Seiten 41, 195, 288 f.

BECKER, Rezension Aktualisierte Gehölzwerttabellen, in NJW 1988, 1193

BERLIN, Senator für Bau- und Wohnungswesen, Arbeitsanweisung für die Ermittlung und Festsetzung von Schadenersatzforderungen bei Beschädigung von Bäumen und Vegetationsbeständen (Rdschr. SenBauWohn III Nr. 1/1980

BEWER, Wertermittlung ertragloser Wirtschaftsgüter Wertermittlungsforum – WF 1984, 10 f.; Anm. zu RAUW 1985, 78 f.

BEWER, Der Vorschlag von Buchwald zur Wertermittlung von gestalterischen Gehölzen WF 1988, 124 = Das Gartenamt 1989, 131

BRELOER, Der Schadenersatzanspruch bei Zerstörung von Straßenbäumen – Eine rechtliche Analyse und Antwort auf Kappus VersR 84, 1021; VersR 1985, 322 f.; WF 1984, 88 f.; WF 1985, 14 f.; 161 f.; Methode Koch und Abänderungsversuche WF 1986, 193 – 200; Erwiderung auf Fleckenstein VersR 1987, 436

BRELOER, Wertermittlung von Bäumen und Sträuchern, Schriftenreihe Taxationspraxis Heft LP 21, SVK-Verlag, Wilnsdorf, 1988

BRELOER, Was ist mein Baum wert? Ein Ratgeber für Bürger, Heft 1 der Baum-Reihe des SVK-Verlags, Wilnsdorf, 1989

BUCHWALD, Die Wertermittlung von Ziergehölzen, Heft 122 der Schriftenreihe des HLBS, St. Augustin 2, 1987

BÜCHS, Grunderwerb und Entschädigung beim Straßenbau, 2. Auflage, Stuttgart – München – Hannover, 1980, Seiten 364 f., 453 f., 487, 519 f., 547, 648

DEUTSCHER NORMENAUSSCHUSS, Standardleistungsbuch, Leistungsbereich 003/004, Seite 8

DEUTSCHER STÄDTETAG Baumwertermittlung, MittDST 366/72 vom 19. 4. 1972; MittDST 1028/84 vom 20. 12. 1984; WF 1985, 25; Das Gartenamt 1985, 38 f., Dt. Architektenblatt 1985, 1155; Dt. Baumschule 1985, 437

FRANKEN, Planungshonorar für Freianlagen bei vorhandenem Baumbestand, Deutsches Architektenblatt Nr. 11/1988, 1587

GELZER-BUSSE, Der Umfang des Entschädigungsanspruchs aus Enteignung und enteignungsgleichem Eingriff. NJW-Schriften 2, 2. Auflage, München 1979, Rdnr. 204 f. (Führend in der Marktgunst: Ökologisch wertvolles Grün!)

HOSSENFELDER, Amtliche Texte zur Wertermittlung von Grundstücken, Bundesanzeiger Bonn, 1984, 2., erw. Aufl.

KLOCKE, Rezension Aktualisierte Gehölzwerttabellen . . ., Deutsches Architektenblatt Nr. 9/1984, 1150 und Nr. 1/1986, 66

KOCH, Aktualisierte Gehölzwerttabellen. Bäume und Sträucher als Grundstücksbestandteile an Straßen, in Parks und Gärten sowie in der freien Landschaft. Einschließlich Obstgehölze, 2. Auflage, Karlsruhe, 1987

KOCH, Verkehrs- und Schadenersatzwerte von Bäumen, Sträuchern, Hecken, Obstgehölzen und Reben nach dem Sachwertverfahren (Baumwertbuch), 4. Auflage, Bonn 1978

KOCH, Gehölzgutachtensammlung, Bd. III und IV, Stuttgart, 1981

KOCH, Entschädigung für Bäume und Gartenanlagen als Grundstücksbestandteile. Versicherungsrecht 32 (21) 505 – 511, 1981. Ferner VersR 1969, 16 f.; 1970, 789 f.; 1973, 10 f.; 1974, 1154 f.; 1975, 1102 f.; 1979, 16 f. Der öffentlich bestellte und vereidigte Sachverständige 1986, 212 - 225; 1989, 210 -214

KOCH, Zur Berechnung der Entschädigung für Gartenanlagen und Bäume als Grundstücksbestandteile, Vermessungswesen und Raumordnung, 43 (7/8), 401 – 425 und 431 – 437, 1981; Vermessungswesen und Raumordnung 48 (3) 103 – 118, 1986

KOCH, Die Grundstückswertermittlung und ihre Verfahren, NVwZ 1984, 159; WF 1984, 153. Aufwuchswertermittlung bei Grundstücksenteignung und die neue Wertermittlungsverordnung, NVwZ 1989, 122

KOCH, Der Schadenersatzanspruch bei Zerstörung von Straßenbäumen – Erwiderung zu Kappus – VersR 1985, 213 f.

KOCH, Schadenersatz und Entschädigung für Gehölze und Gartenanlagen. NJW 1979, 2601

KOCH, Das Sachwertverfahren bei Gehölzen in der Landschaft, WF 1986, 201

KOCH, Städtetagsrichtlinien – BMF-Entwurf, Heft LP 3 der Schriftenreihe Taxationspraxis, SVK, Wilnsdorf, 1983 sowie Hefte LP 1 Eingriffe in den Wurzelbereich von Bäumen; LP 17, Obstgehölze als Gestaltungselemente; LP 18, Teil- oder Totalschaden einer Konifere? – andere Beurteilung als bei Laubgehölzen; LP 19, Abtretung plus Arbeitsraum im Wohngarten; LP 20, Neuer Wertermittlungsstichtag für Parkgarten

KOCH, Schadenersatz für Stadtbäume – vier Berechnungsbeispiele (Kronenschaden, Stammschaden, Totalschaden, Annähernde Naturalrestitution), Heft LP 22, SVK-Verlag Wilnsdorf, 1988

KOCH, Anmerkungen zu den Bearbeitungshinweisen, WF 1984, 171; ders., Forschungsauftrag: Niedrigere Gehölzwerte, WF 1987, 122 und Vorabsonderdruck = Das Gartenamt 1987, 566; ders. (federführend) I. und II. Ergänzende Stellungnahme in der Anhörung des Bundesbauministeriums zur Neufassung der WertV 88, Beil. zu WF 4/1988, sowie Der öbv Sachverständige 12/1988. Das Gartenamt 1989, 140

MEYER-BLAUERMEL-HENNEBO-KOCH-MIESS-RUGE, Bäume in der Stadt, 2. Auflage, Stuttgart 1982

RAUW, Bearbeitungshinweise . . . WF 1985, 77

SCHULZ, Neue Wege der Gehölzwertermittlung? Das Gartenamt 1989, 142; Nutzen als Maß der Gehölzwertermittlung? Anmerkungen zum Vorschlag von H. H. Buchwald, WF 1989, 5

STADT STOCKHOLM, Värderung av träd och buskar (Schwedisches Baumwertheft), 2. Auflage 1980

STÄDTETAG NW, Musterbaumschutzsatzung, Entwurf 1983, § 4 Abs. 5 in Hossenfelder, s. oben, S. 158 f.

VOGELS, Grundstücks- und Gebäudebewertung marktgerecht, 3. Auflage, Wiesbaden und Berlin 1989, Seite 123 f.

Gliederung des Vordrucksatzes für Fachgutachten

Baum als Wertbestandteil eines Grundstücks

FACHGUTACHTEN – VORDRUCKSATZ

Beim SVK-Verlag kann eine Beschreibung mit beispielhaft ausgefülltem Vordrucksatz angefordert werden.
Einschl. vereinfachtem Wertermittlungsvordruck für Gehölze

Gliederung des Vordrucksatzes:

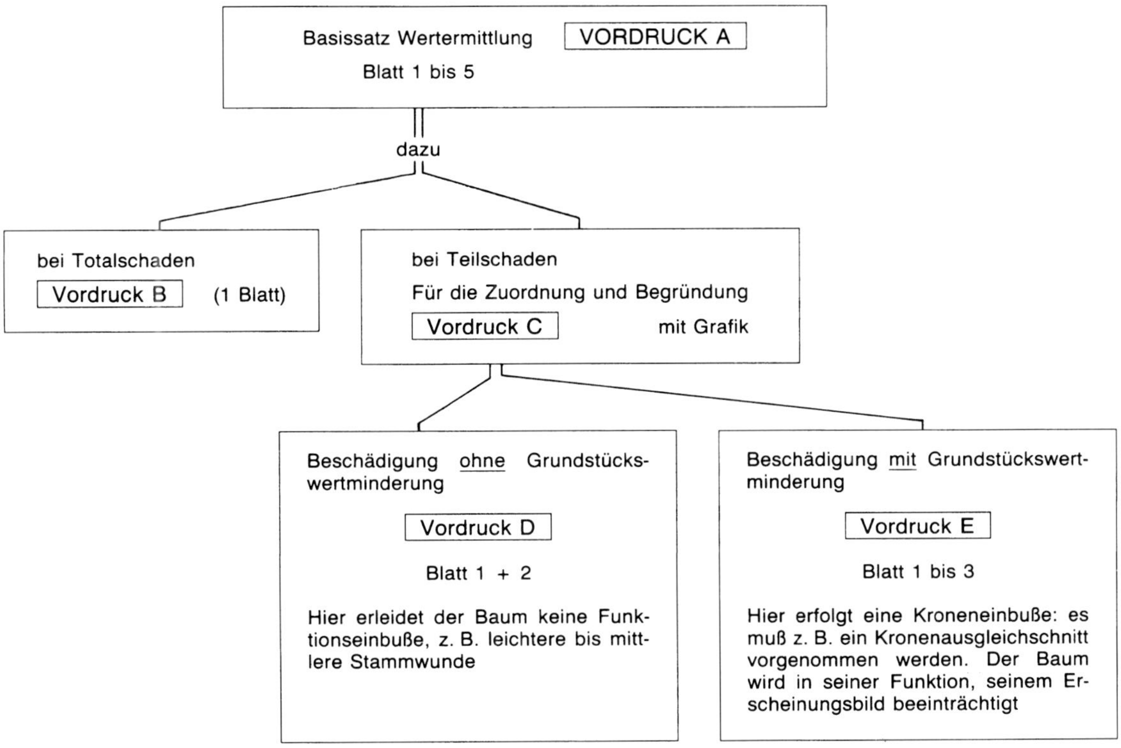

Die Sätze sind in einzelnen Blöcken zu je 50 Exemplaren erhältlich

				je 50 mal	
Best. Nr. 501	Basissatz Wertermittlung	VORDRUCK A	6 Blatt	85,– DM
502	Totalschadenblatt	B	1 Blatt	15,–
503	Teilschadenzuordnung	C	1 Blatt	15,–
504	Teilschaden ohne Grundstückswertminderung	D	2 Blatt	30,–
505	Teilschaden mit Grundstückswertminderung	E	3 Blatt	45,–

Entschädigungsermittlung von Dauerkulturen, mit Anleitung (Aktual. Gehölzwerttabellen, Seiten 139 bis 171)
Vordruck 1 und 2 Entschädigung von Dauerkulturen nach dem Nachpflanzfall

Verlag des Sachverständigen-Kuratoriums, SVK-Verlag GmbH, 5927 Erndtebrück, Altes Forstamt, Telefon (0 27 53) 49 06, Fax (0 27 53) 40 68

5. Literatur

KOCH, W., 1987: Aktualisierte Gehölzwerttabellen, Verlag Versicherungswirtschaft e. V. Karlsruhe

SCHNEIDER, U., 1991: Fachgutachten zur Schadensermittlung von Wurzelverletzungen an 18 Linden entlang der Wellenburger Straße. Stadt Augsburg – Untere Naturschutzbehörde, unveröff.

Anschrift der Verfasserin:

Dr. Maria Dobner
Stadt Augsburg – Amt für Grünordnung und Naturschutz
Abt. Grünflächenpflege
Dr.-Ziegenspeck-Weg 10
86161 Augsburg

Kapitel 8

Krankheiten und Schädlinge an verschiedenen Straßenbaumarten – Möglichkeiten einer umweltverträglichen Behandlung

Hartmut Balder

	Inhalt	Seite
1.	Einleitung	210
2.	Baumstandort „Straße"	210
3.	Krankheiten und Schädlinge an Straßenbäumen	211
3.1	Schadorganismen mit geringer Schadwirkung	212
3.2	Aggressive Krankheiten und Schädlinge	216
3.3	Schwächeparasiten	216
3.4	Schadorganismen unter dem Einfluß der Straße	217
4.	Umweltverträgliche Behandlung	218
5.	Zusammenfassung	219
6.	Literatur	219

1. Einleitung

Bäume üben im Lebensbereich des Menschen vielfältige positive Wirkungen aus. Sie tragen in der Stadt zur Architektur bei, filtern Stäube und Schadstoffe aus der Luft, spenden Schatten, verbessern das Kleinklima und mindern den Lärm. Verglichen mit ihrem natürlichen Standort, meist dem Wald, sind sie jedoch im innerstädtischen Bereich zahlreichen Belastungen ausgesetzt. Diese ergeben sich zum einen aus der charakteristischen Standortsituation, die an der Straße besonders ausgeprägt ist, sowie aus dem unmittelbaren Umgang des Menschen mit den Bäumen. Die Folge ist, daß Straßenbäume vielfach schlecht wachsen und nicht selten vor Erreichen ihres natürlichen Alters absterben (BALDER 1990, BALDER u. a. 1992, LEH 1992).

Grundsätzlich ist eine Unterteilung der Schäden an Bäumen in zwei unterschiedliche Faktorengruppen möglich: Streßfaktoren der nicht belebten Umwelt verursachen sogenannte nichtparasitäre Beeinträchtigungen und stehen biotischen, parasitären Schadensursachen gegenüber (Abb. 1). Beide Faktorengruppen beinhalten Stressoren, die allein und direkt die Pflanze zu schädigen vermögen, oder sie schaffen erst die Voraussetzung, die zu einer Schädigung durch andere, nachfolgende Faktoren wie z. B. Befall mit Schwächeparasiten führen. Diese Zusammenhänge sind sehr komplexer Natur und vielfach noch Gegenstand aktueller Forschung. Das trifft insbesondere bei der Biologie vieler Schaderreger zu, die in allen Phasen ihrer Entwicklung auf den Zustand ihrer Wirtspflanze und gleichzeitig auf die Umfeldbedingungen reagieren. Das Verständnis dieser sog. Wirt-Parasit-Beziehung ist daher elementar, will man gerade umweltfreundliche Maßnahmen zur Schadensminderung entwickeln. Daher können Krankheiten und Schädlinge nicht isoliert betrachtet werden, sondern bedürfen zunächst einiger zusammenhängender Einführungen.

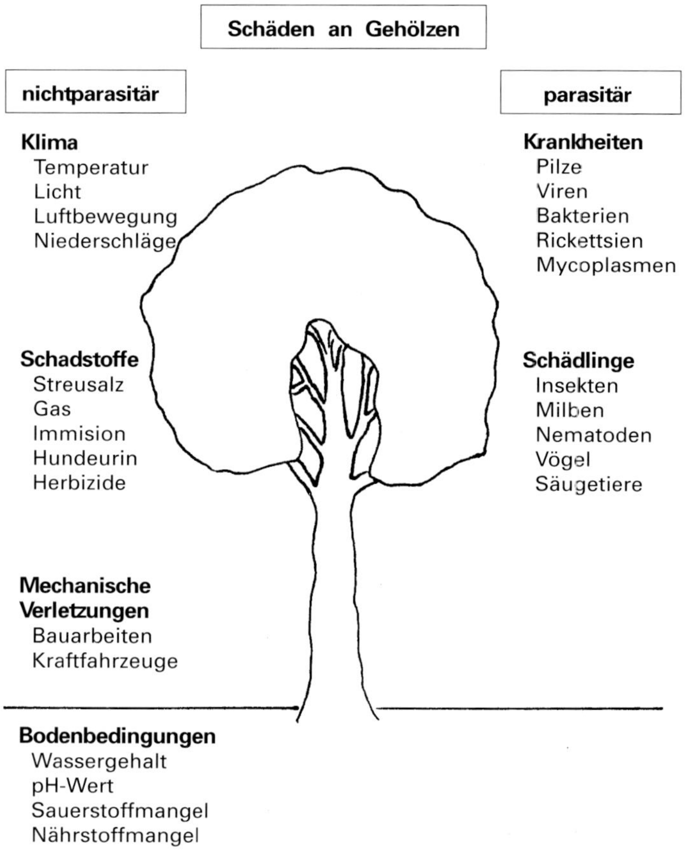

Abb. 1: Schematische Übersicht parasitärer und nichtparasitärer Schadfaktoren an Gehölzen

2. Baumstandort „Straße"

Ein Großteil unserer Straßenbaumarten steht am natürlichen Standort in einer Vegetationsgesellschaft und damit in vielfältiger Wechselwirkung zur Umwelt und zu anderen Organismen. An der Straße hingegen werden die Bäume – vom Menschen geplant – isoliert als Einzelbaum oder als Allee gepflanzt (Abb. 2). Oft werden sie in ein Bodensubstrat gesetzt, welches keinen natürlichen Aufbau mehr aufweist, sondern künstlich zusammengemischt wurde und häufig mit wachstumsbeeinträchtigenden Substanzen wie Bauschutt, Kalk u. a. belastet ist. Da das alljährlich zum Herbst abfallende Laub in der Regel entfernt wird, ist der natürliche Nährstoffkreislauf unterbrochen. Werden nicht auf andere Weise die essentiellen Nährstoffe (Stickstoff, Kalium, Phosphor, Magnesium u. a.) zur Verfügung gestellt, verarmt das System mit der Zeit. Der Wasserhaushalt und der Gasaustausch des Bodens sind aufgrund einer Bodenversiegelung durch Straßen- und Gehwegbeläge stark beeinträchtigt. Eine Bo-

Wald		Straße
Ökosystem	Pflanzen	Einzelbaum/Allee
geschlossen	Nährstoffkreislauf	unterbrochen
natürlicher Aufbau	Boden	Kunstsubstrat
natürlicher Zyklus	Wasserhaushalt	Infiltration verhindert
ungestört	Gasaustausch	stark beeinträchtigt
ausgeglichen	Klima	Temperaturerhöhung Reduktion der Luftfeuchte

Abb. 2: Standortvergleich Wald – Straße

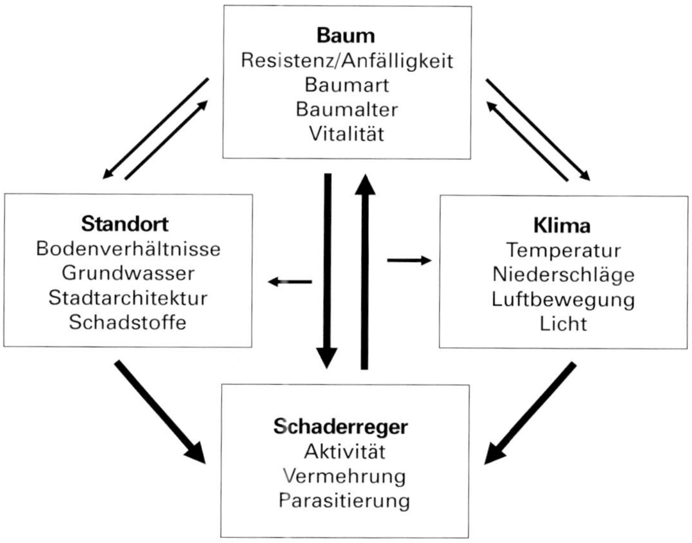

Abb. 3: Beeinflussende Faktoren der Baum-Wirt-Beziehung

denverdichtung, bedingt durch die Bodenvibration des rollenden Verkehrs sowie das Beparken des Wurzelraumes der Bäume, verstärkt noch die Situation. Letztlich bewirken die Rückstrahlung von Hauswänden und Straßenbelägen sowie die Staubbelastung der Luft, daß die Temperatur von Straßenstandorten erhöht und die Luftfeuchtigkeit reduziert ist (SUKOPP 1990). Allein diese Standort- und Klimafaktoren haben zur Folge, daß sich Anfälligkeit oder Resistenz der Pflanze gegenüber Schadorganismen ändern können. Doch auch die Schaderreger selbst sind in ihrer Aktivität, Vermehrungsrate und Aggressivität von äußeren Faktoren abhängig (Abb. 3). Ihre Anwesenheit allein in Form von Pilzsporen, Insekteneiern oder jungen Larvenstadien genügt nicht, um Schäden auszulösen. Auch sie haben sehr individuelle Ansprüche, insbesondere an Temperatur, Feuchtigkeit und Licht, um überhaupt aktiv werden zu können (Schlupfrate, Pilzsporenkeimung u. a.). Nur bei für sie günstigen klimatischen Bedingungen findet eine starke Vermehrung statt, so daß nicht jedes Jahr eine schädigende Populationsdichte erreicht wird. Negative Einflüsse wie Schadstoffbelastungen können diese Entwicklung in allen Stadien stark beeinflussen. Letztlich entscheidet auch die Reaktionslage der Wirtspflanze, die je nach Vitalität und Alter verschieden sein kann, über Befall oder Nichtbefall mit Schaderregern.

3. Krankheiten und Schädlinge an Straßenbäumen

Die Liste der an Straßenbäumen vorkommenden Krankheiten und Schädlinge ist lang (BUTIN 1989, NIENHAUS u. a. 1992) und findet durch Einschleppung fremdländischer Organismen durch den internationalen Warenverkehr und das Pflanzen nichteinheimischer Gehölze eine stete Ergänzung (BALDER 1990). Im nachfolgenden soll daher eine Auswahl getroffen werden, die sich an den für die Augsburger Region häufigen Straßenbaumarten und den relevanten Schadorganismen orientiert. Obwohl die Übergänge vielfach fließend sind, wird eine Unterteilung nach Schadsymptomatik und Bedeutung vorgenommen. Holzzerstörende Pilze werden von der Betrachtung ausgenommen, da sie von anderen Autoren gesondert vorgestellt werden (s. Kap. 9, S. 222 ff.).

Krankheiten bei Pflanzen werden durch Pilze, Bakterien, Viren, Mycoplasmen und Rickettsien hervorgerufen, während zu den Schädlingen Insekten, Milben, Nematoden, Vögel und Säugetiere zählen (Abb. 1). Sie befallen je nach Art unterschiedliche Pflanzenorgane und rufen an ihnen Farb- oder Formveränderungen hervor, zerstören lokal das Gewebe oder bewirken ein teilweises oder sogar völliges Absterben des befallenen Baumes (Abb. 4). Ihre Schädigung hängt dabei weniger von ihrer optischen Wirkung ab, sondern vielmehr von ihrem Angriffsort und dem Grad der Beeinträchtigung.

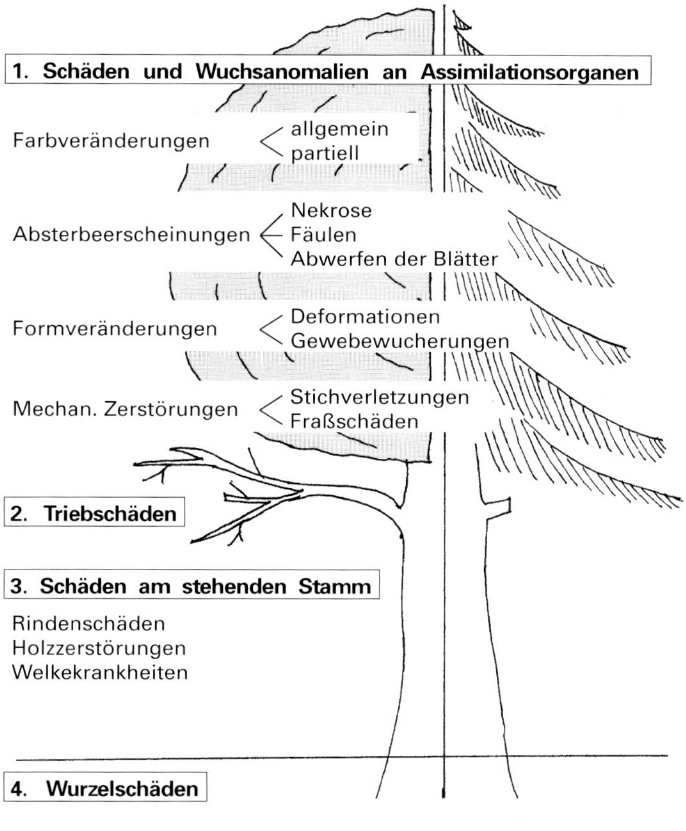

Abb. 4: Übersicht über Schädigungsformen und -orte von Krankheiten und Schädlingen an Laub- und Nadelbäumen

3.1 Schadorganismen mit geringer Schadwirkung

Ein Schädlingsbefall an Straßenbäumen wird dem Betrachter häufig zunächst an Veränderungen der Blätter auffallen. Dabei kann es sich um Veränderungen einzelner Blätter, bestimmter Astpartien oder der gesamten Krone handeln.

Sehr auffällig, für die Pflanzen i. d. R. aber nur geringfügig schädigend, sind *Farbveränderungen*. Diese können von allgemeiner Art sein (Vergilbung, Rotfärbung, Albinismus) oder sich als sog. Chlorose, Adernverfärbung, Mosaik oder Bänderung nur auf bestimmte Bereiche der Blätter beschränken. Verursacht werden diese Farbanomalien nahezu ausschließlich von Viren oder Mycoplasmen. Die Erreger selbst sind nur mit Hilfe des Elektronenmikroskopes oder spezieller Verfahren nachweisbar (z. B. Pappelmosaik, Nekrotisches Ringfleckenvirus, Ahornbandmuster, Eichenmosaik, Ulmenscheckung u. a). Treten dagegen Verbräunungen an den Blättern auf, so handelt es sich stets um *Absterbeerscheinungen* bestimmter Zellverbände (Nekrosen, Fäulen, Abwerfen der Blätter). Derartige Schäden sind bei Laubgehölzen weit verbreitet und werden meist von Pilzen hervorgerufen. Diese besiedeln wie im Falle der Echten Mehltaupilze äußerlich das Blatt, infizieren mittels bestimmter Saugorgane (Haustorien) die äußeren Blattgewebeschichten und überziehen das Blatt mit einem weißen Überzug (Abb. 5). Meist dringen sie jedoch durch die natürlichen Spaltöffnungen (Stomata) oder durch die intakte Blattoberfläche in das Blattinnere ein. Das befallene Blattgewebe stirbt lokal ab (Abb. 6), mitunter kommen weitere Reaktionen wie Blattrollen (Abb. 7) oder die sichtbare Entwicklung von Pilzfruchtkörpern (Abb. 8) hinzu. Vielfach entsteht dadurch ein charakteristisches Befallsbild, das der jeweiligen Krankheit einen entsprechenden Namen gegeben hat. In der Tabelle 1 sind Beispiele für diese Schädigungsform aufgeführt.

Bestimmte Schaderreger parasitieren nicht nur die Blätter ihrer Wirtspflanze, sondern sie induzieren zusätzlich auffallende und mannigfaltige *Formveränderungen* des Pflanzengewebes. Hierbei kann es sich um Deformationen in Form von Kräuseln der Blätter, blasigem Auftreiben bzw. Blattrandkrümmen oder um Gewebewucherungen, sog. Gallen, handeln (Abb. 4). Diese werden meist von Insekten und Milben hervorgerufen, dienen den Erregern als Unterschlupf und können sich u. a. als lokaler Filzrasen (Abb. 9), offener Beutel (Abb. 10) oder geschlossene Kammer (Abb. 11) entwickeln. Werden Blätter bereits während ihrer Entwicklung in der Knospe geschädigt, so können völlig abgewandelte Strukturen entstehen (Abb. 12), die nicht mehr an Blätter erinnern (Tab. 2).

***Tabelle 1**: Pilzkrankheiten an Blättern häufiger Straßenbäume in Augsburg (botanische Namen in Klammern)*

Baumart	Blattsymptom	Schadpilz
Ahorn (Acer)	weißer Überzug (Abb. 5)	Echter Mehltau (Uncinula tulasnei, U. bicornis)
	schwarze Fleckung (Abb. 8)	Teerfleckenkrankheit (Rhytisma aceroides)
Birne (Pyrus)	gelbrote Flecken	Birnengitterrost (Gymnosporangium sabinae)
Eiche (Quercus)	weißer Überzug d. Johannistriebe	Echter Mehltau (Microsphaera quercina)
Linde (Tilia)	punktuelle Bräune u. Blattfall	Blattbräune (Apiognomonia tiliae)
Platane (Platanus)	Bräune der Blattnerven (Abb. 6)	Blattbräune (Blattnervenkrankheit (Apiognomonia veneta)
Pappel (Populus)	nekrotische Sprenkelung u. Blattfall	Pappelrost (Melampsora larici-populina)
Roßkastanie (Aesculus)	punktuelle Bräune u. Einrollen des Blattrandes (Abb. 7)	Blattbräune (Blattrollkrankheit) (Guignardia aesculi)
Weide (Salix)	orangegelbe Flecken blattunterseits	Weidenrost (Melampsora salicina)

***Tabelle 2**: Formveränderungen an Blättern wichtiger Straßenbaumarten (botanische bzw. zoologische Namen in Klammern)*

Baumart	Blattsymptom	Schaderreger
Ahorn (Acer)	hörnchen- oder knopfförmige, rötliche Gallen blattoberseits	Gallmilben (Aceria macrorrhyncha)
	weißlicher Filzrasen blattunterseits (Abb. 9)	Gallmilben (Aceria pseudoplatani)
Buche (Fagus)	holzige, behaarte Galle blattoberseits	Buchengallmücke (Hartigiola annulipes)
	eiförmig zugespitzte, blaßgrüne bis rötliche Galle, oberseits	Buchenblattgallmücke (Mikiola fagi)
Eiche (Quercus)	linsenförmige Galle blattunterseits	Eichenlinsengalle (Neuroterus quercusbaccarum)
	runder Gallapfel blattunterseits (Abb. 11)	Eichengallwespe (Cynips quercus folii)
Linde (Tilia)	hörnchenförmige, rote Gallen, blattoberseits (Abb. 10)	Gallmilben (Eriophyes lateannulatus)
	kugelförmige Gallen mit rotem Rand	Gallmücken (Didymomyia reaumuriana)
Weide (Salix)	deformierte Blüten schuppenartige Blättchen Knospenwucherungen (Abb. 12)	Gallmilben (Eriophyes triradiatus u. a.)
	Blattdeformationen Triebwucherungen	Weidenschaumzikade (Aphrophora salicina)

Mit einem Verlust von pflanzlichen Zellen sind *mechanische Zerstörungen* von Schaderregern, vorrangig aus der Gruppe der Insekten, verbunden, die je nach Ausstattung ihrer Mundwerkzeuge Blätter besaugen oder abfressen (Tab. 3). Bei einem Saugvorgang entstehen lediglich Stichverletzungen, die oft so winzig erscheinen, daß sie häufig als Farbveränderung angesprochen werden. Mit Zunahme der Schädigung fließen die Flecke zusammen (Abb. 13), es dringt Luft in die Zellen ein und einzelne Gewebebereiche können absterben. Nicht alle Blattsauger verwerten den gesamten aufgenommenen Pflanzensaft. Blattläuse, die häufig in Kolonien Blätter und Jungtriebe bevölkern (Abb. 14), sondern einen Großteil des aufgenommenen Zuckers als sog. Honigtau wieder ab. Dieser überzieht Pflanzen und darunter befindliche Bereiche mit einem klebrigen Überzug, auf dem sich wiederum Schwärzepilze entwickeln, so daß derartig befallene Pflanzen ein sehr unansehnliches Aussehen erhalten (Abb. 15). Mit dem Saugvorgang wird gleichzeitig Speichel in die Pflanze abgegeben. Auf diesem Wege können zusätzlich Viren übertragen werden.

Bei Fraßschädigung entstehen je nach Angriffsort Löcher oder Randschäden, es kann lediglich ein Teil des Blattgewebes oder das Blatt völlig vernichtet werden (Abb. 16). Minierende Insekten fressen im Innern des Blattes unter dem schützenden äußeren Blattgewebe (Abb. 19). Treten blattfressende Schaderreger in großen Mengen auf, so ist Kahlfraß des betroffenen Baumes oder sogar ganzer Baumbestände die Folge (Tab. 3). Viele dieser Schädlinge sind nicht an eine bestimmte Wirtspflanze gebunden und treten oft in Kombination auf. Da sie aufgrund ihrer Größe und ihres Massenauftretens unübersehbar sind, beunruhigen sie immer wieder die Bevölkerung. Dieses wird noch verstärkt, wenn z. B. wie beim Goldafter (Abb. 17) durch die intensive Behaarung der Tiere beim Menschen Allergien hervorgerufen werden.

***Tabelle 3**: Saug- und Fraßschäden an Blättern durch Schädlinge (botanische bzw. zoologische Namen in Klammern)*

Baumart	Blattsymptom	Schädling
Ahorn (Acer)	silbrigweiße Sprenkelung Saugschaden (Abb. 13)	Zwergzikade (Tettigella viridis)
	klebriger Überzug Saugschaden	Blattläuse (Periphyllus villosus u. a.)
	Kahlfraß bis auf Blattrippen (Abb. 17)	Goldafter (Euproctis chrysorrhoea) Ahorneule (Acronicta aceris)
Buche (Fagus)	Verfärbung und Deformation weiße Wachswolle	Buchenblattbaumlaus (Phyllaphis fagi)
Eiche (Quercus)	Kahlfraß und Blattrollen (Abb. 16)	Eichenwickler (Tortrix viridana)
	Kahlfraß	Kleiner Frostspanner (Operophthera brumata)
	braune Blattflecken Saugschaden	Eichenzwerglaus (Phylloxera-Arten)
Erle (Alnus)	Blattschabefraß (Abb. 18)	Blauer Erlenblattkäfer (Agelastica alni)
Kirsche (Prunus)	Kahlfraß und Gespinst	Gespinstmotten (Yponomeuta cognatellus u. a.)
Linde (Tilia)	Blätter fahlgrün bis hellbraun Saugschaden	Spinnmilben (Tetranychus urticae u. a.)
	Schabe- und Fensterfraß blattunterseits	Kleine Lindenblattwespe (Caliroa annulipes)
	Klebrig-schwarzer Überzug (Abb. 15)	Blattläuse (verschiedene Arten)
Platane (Platanus)	weißliche Platzmine (Abb. 19)	Platanenminiermotte (Lithocolletis platani)
	weiße Sprenkelung an Blattadern (Abb. 20)	Platanennetzwanze (Corythucha ciliata)

Alle bisher aufgeführten Krankheiten und Schädlinge befallen die Blätter ihrer Wirtspflanzen. Die Folge ist stets eine lokale Schädigung oder im Extremfall die vollständige Vernichtung der betroffenen Blätter. Bei massenhaftem Auftreten der Schaderreger kann die gesamte Baumkrone betroffen sein. Durch den Befall werden die geschädigten Blätter in ihrer Funktion, mit Hilfe des Sonnenlichtes und des Kohlendioxids der Luft unter Sauerstoffabgabe Kohlenhydrate aufzubauen (Photosynthese), behindert oder sogar völlig gestört. Häufig werden als Reaktion die geschädigten Blätter innerhalb der Vegetationsperiode abgeworfen und unter hohem Energieaufwand durch Austrieb ruhender Knospen ersetzt. Natürlich ist die Schädigung abhängig von der Befallsstärke, die, wie in Kapitel 2 geschildert, sich in den Jahren unterschiedlich stark aufbauen kann. Im Laborexperiment würde man nach einer derartigen Situation ein vermindertes Wachstum der Pflanze ermitteln können, im Freiland ist in vielen Fällen die optische Wirkung größer als die tatsächliche Schädigung. Vitale Bäume treiben in der Regel wieder durch (Abb. 21), so daß im Jahr danach bei Befallsfreiheit keine Schädigung mehr zurückbleibt. Außerdem greifen bedingt natürliche Gegenspieler befallsregulierend ein (LONGARDT u. a. 1991). Aus diesem Grunde können derartige Schadorganismen zumindest bei geringer Befallsstärke als „Schönheitsfehler" betrachtet werden und sollten aus ökologischen Aspekten toleriert werden. Am Extremstandort „Straße" muß diese Aussage jedoch etwas differenzierter gesehen werden und wird daher im Kapitel 3.4 gesondert betrachtet.

3.2 Aggressive Krankheiten und Schädlinge

Die Aggressivität eines Schaderregers kann bei steigender Befallsstärke, Schwächung der Wirtspflanze und optimalen Rahmenbedingungen zunehmen (Abb. 3). Beispielhaft kann hier die *Blattbräune der Platane* (Apiognomonia veneta) genannt werden. Als relativ harmloser Blattparasit (Tab. 1, Abb. 6) befällt der Pilz bei feuchten Klimabedingungen auch die jungen Maitriebe und tötet sie ab (Abb. 22). Einmal ins Holz vorgedrungen, verursacht er jedoch Nekrosen, kann jahrelang verborgen im Holz leben und befällt bei günstigen Voraussetzungen sofort wieder die Jungtriebe. Nach einem starken Befallsjahr benötigen insbesondere Altbäume mehrere Jahre zur Regeneration.

Blattfressende Insekten, wie sie in Tabelle 3 genannt sind, befallen ihre Wirtspflanze relativ unabhängig von ihrem physiologischen Zustand. Sie schwächen zwar insbesondere bei Massenauftreten und alljährlichem Kahlfraß der Laubkronen die Bäume, ein partielles oder völliges Absterben der Pflanzen bewirken sie jedoch nur im Ausnahmefall. Anders verhalten sich dagegen aggressive Erreger (Tab. 4). Sie bringen für ihren Wirt genügend Angriffspotential mit. Meist attakkieren sie diesen zunächst an den Trieben und dringen von dort aus kontinuierlich in stärkere Baumbereiche vor. Charakteristisch für dieses Schadbild ist der *Feuerbrand*. Der bakterielle Erreger (Erwinia amylovora) wird von Insekten, Vögeln und dem Menschen beim Schnitt übertragen und befällt zunächst die Blüten und die unverholzten Neutriebe. An empfindlichen Wirtspflanzen wie Felsenmispel (Cotoneaster), Birne (Pyrus), Quitte (Chaenomeles), Weißdorn (Crataegus) und dem Apfel (Malus) treten kurze Zeit später hakenförmige Triebverkrümmungen auf, wobei diese vielfach schwärzlich erscheinen (Abb. 23). Schreitet die Krankheit schnell voran, kann innerhalb eines Jahres der betroffene Baum völlig absterben. Wegen seiner Gefährlichkeit und wirtschaftlichen Bedeutung für den produzierenden Obstbau ist diese Krankheit gegenüber dem örtlichen Pflanzenschutzdienst meldepflichtig. Auch das *Triebsterben* der Kirsche (Monilia) besitzt ein ähnliches Befallsbild, zeichnet sich aber nicht durch diese Aggressivität aus.

Ähnlich aggressiv verhalten sich sog. *Welkeerreger* (Tab. 4). Hierbei handelt es sich um Pilze, die, meist von Insekten übertragen, in die Wasserleitungsbahnen der Bäume vordringen, sich in diesen schnell ausbreiten und innerhalb kurzer Zeit ein Welken und damit ein Absterben auslösen. Traurige Berühmtheit hat die *Holländische Ulmenkrankheit* (Ceratocystis ulmi) erlangt, die nicht nur in Augsburg, sondern in ganz Europa diese Baumart fast völlig vernichtet hat (Abb. 24). Ein ähnliches Schicksal droht möglicherweise der Platane. Diese Baumart wurde in den letzten Jahren in vielen Städten wegen ihrer Streusalz- und Industrieresistenz vermehrt gepflanzt. Mit der Einschleppung der *Platanenwelke* (Ceratocystis fimbriata var. platani) aus Nordamerika nach Südeuropa und dem steten Vordringen des Pilzes nach Norden muß auch hier das Ärgste angenommen werden (BUTIN 1989, LONGARDT u. a. 1990). Letztlich werden z. Zt. im gesamten europäischen Raum großflächige Eichenschäden beobachtet. Als Erklärung wird ein Faktorenkomplex diskutiert, der neben abiotischen Ursachen auch Pilze der Gattung Ceratocystis beinhaltet (BALDER 1989, 1990, 1992), die also der gleichen Erregergruppe angehören wie die zuvor genannten Welkekrankheiten. Der Erreger der aggressiven *Amerikanischen Eichenwelke* (Ceratocystis fagacearum) wurde aber in Europa bisher nicht nachgewiesen.

Tabelle 4: *Aggressive Schadorganismen an Straßenbäumen (botanische Namen in Klammern)*

Baumart	Symptom	Schadorganismus
Kirsche (Prunus)	Triebsterben	Monilia-Spitzendürre (Monilia-Arten)
Platane (Platanus)	Welken der Krone	Platanenwelke (Ceratocystis fimbriata var. platani)
	Triebsterben (Abb. 22)	Blattbräune der Platane (Apiognomonia veneta)
Roßkastanie (Aesculus) u. a.	Triebsterben	Verticillium-Welke (Verticillium-Arten)
Ulme (Ulmus)	Welke der Krone (Abb. 24)	Holländische Ulmenkrankheit (Ceratocystis ulmi)
Weißdorn (Crataegus) u. a.	hakenförmiges Triebsterben u. Absterben (Abb. 23)	Feuerbrand (Erwinia amylovora)

3.3 Schwächeparasiten

Neben den zuvor beschriebenen Krankheiten und Schädlingen gibt es Schaderreger, die lediglich geschwächte Bäume befallen. Eine Schwächung kann dabei durch Streßfaktoren wie Schadstoffbelastung, Wassermangel oder -überschuß, Hitze, schlechte Pflege bei Neupflanzungen oder schlechte Standorteigenschaften hervorgerufen werden. Vor allem Neupflanzungen an der Straße sind grundsätzlich Streßbelastungen ausgesetzt, da sie aus einer Baumschule kommend sich zunächst an den Straßenstandort gewöhnen müssen. Sind Pflanzvorbereitung, Pflanzung sowie nachfolgende Pflege nicht bedarfsgerecht erfolgt, so stellen sich sehr schnell Schwächeparasiten ein. Am häufigsten tritt in einer derartigen Situation bei vielen Laubbaumarten an den Trieben Befall mit der *Rotpustelkrankheit* (Nectria cinnabarina) auf (Abb. 25). Bei starker Schwächung der Pflanze dringt der Erreger auch in Starkäste oder sogar bis zum Stamm vor. Partielles oder sogar völliges Absterben anfälliger und geschwächter Bäume ist die Folge. Das Auftreten dieses Pilzes kann als Indikator für den Zustand einer Neupflanzung gesehen werden, bei Altbäumen ist er an Feinästen immer präsent.

Bestimmte Schädlinge haben sich darauf spezialisiert, ihre Brut unter der Rinde von Bäumen anzulegen. *Splint-, Borken-, Pracht-* und *Bockkäfer* bohren sich durch die Rinde geschwächter Bäume und legen zwischen Bast und Splintholz ihre Eier ab. Die sich entwickelnden Larven zerstören durch ihre Fraßtätigkeit wichtige Leitungsbahnen der Bäume, die schon nach wenigen Wochen absterben können. Ihre Fraßgänge zeigen häufig ein charakteristisches Bild (Abb. 26). Am Ende der ein- oder mehrjährigen Entwicklung verlassen die Jungkäfer oft in großer Zahl ihre Wirtsbäume und befallen andere geschwächte Pflanzen. Ähnlich einzuschätzen sind auch der zu den Schmetterlingen gehörende *Weidenbohrer* und der *Blausieb*. Sie treten jedoch meist als Einzelexemplar in ihren Wirten auf, befallen mitunter nur einzelne Äste und haben nicht in jedem Falle das Absterben des Baumes zur Folge (Tab. 5).

Andere Schwächeparasiten greifen ihren Wirt vom Boden aus an. So tritt der *Hallimasch* (Armillaria mellea) gern auf trockenen Sandböden nach Frost- oder Trockenjahren auf. Dieser Pilz lebt an abgestorbenen Stubben jahrelang verborgen im Boden und befällt über die Wurzel nahezu alle Strauch- und Baumarten. Er dringt zwischen Rinde und dem Holzkörper sehr schnell auch zum oberirdischen Stamm vor (Abb. 27), so daß Bäume in diesem Befallsstadium kurzfristig absterben. Erst später werden die eßbaren Pilzfruchtkörper sichtbar.

***Tabelle 5**: Schwächeparasiten an Straßenbäumen (botanische und zoologische Namen in Klammern)*

Symptom	Schadorganismus	Baumarten
Trieb- u. Aststerben rötl. Pilzfruchtkörper (Abb. 25)	Rotpustelkrankheit (Nectria cinnabarina)	Ahorn, Eiche, Buche, Kastanie u. a.
Bohrlöcher, Fraßgänge unter der Rinde, Welke (Abb. 26)	Splintkäfer Prachtkäfer Borkenkäfer Bockkäfer	Weißdorn Eiche, Esche Eiche Pappel, Eiche u. a.
Fraßgänge im Splint und Holz	Blausieb (Zeuzera pyrina) Weidenbohrer (Cosus cosus)	Linde, Kastanie u. a. Weide
Welke, weißes Pilzmyzel unter der Rinde (Abb. 27)	Hallimasch (Armillaria mellea)	Ahorn, Eiche, Kastanie, Linde u. a.

3.4 Schadorganismen unter dem Einfluß der Straße

Landläufig herrscht die Meinung vor, daß Bäume im Vergleich zum Park- oder Waldstandort unter den Streßbelastungen der Straße verstärkt von Krankheiten und Schädlingen befallen werden. Bisher liegen nur wenig wissenschaftliche Untersuchungen vor, die diese These belegen oder widerlegen. Grundsätzlich dürften aber zwei Faktorengruppen zur Wirkung kommen:
- Klimatische und lufthygienische Veränderungen der Straße gegenüber dem Freiland beeinflussen unmittelbar die Aktivität der Organismen (s. Abb. 2 und 3).
- Streßfaktoren vermindern die Vitalität und Resistenz der Bäume gegenüber Krankheiten und Schädlingen.

Es ist naheliegend, daß Schadorganismen allein auf die veränderten Klimabedingungen des Straßenstandortes reagieren. So wird vielfach beobachtet, daß wärmeliebende Schädlinge wie z. B. *Spinnmilben* durch die Rückstrahlung versiegelter Oberflächen und der damit einhergehenden Temperaturerhöhung zwangsläufig gefördert werden (LONGARDT u. a. 1991). Ihre Population explodiert stets in heißen und trockenen Vegetationsperioden, so daß anfällige Lindenarten bereits ab August nur noch braunes Laub tragen. Wie in Abb. 21 erkennbar, regenerieren die Bäume noch im gleichen Jahr. *Echte Mehltaupilze*, die ebenfalls eine geringe Luftfeuchtigkeit und Wärme bevorzugen, werden ebenso gefördert. Andere Schadorganismen dagegen, denen diese Klimasituation nicht behagt, werden in ihrer Entwicklung gehemmt. Infolge der unterschiedlichen Bebauung, Besonnung, Bodenbeschaffenheit, Luftbewegung und Feuchtigkeitssituation variieren die mikroklimatischen Verhältnisse in den jeweiligen Straßen, Plätzen und Innenhöfen jedoch sehr stark, so daß unterschiedliche Entwicklungen beobachtet werden können.

Darüber hinaus wirken sich offensichtlich auch wachstumsbeeinflussende Faktoren auf die Anfälligkeit der Bäume selbst aus. So konnte FLÜCKIGER (1992) nachweisen, daß Linden in Baumscheiben mit entsprechend eingeschränktem Wurzelraum signifikant stärker mit der Lindenzierlaus, der Lindenspinnmilbe oder mit der Lindenblattwespe befallen waren als Linden in Pflanzrabatten. Ferner konnte er belegen, daß die Nährstoffversorgung der Pflanze, die sich in der Stadt aus der Bodensituation ergänzt durch Luftschadstoffe ergibt, direkten Einfluß hat. So konnte er bei hoher Stickstoffversorgung der Bäume eine Förderung der Blattlausentwicklung ermitteln, während die Platanenblattbräune und die Rotpustelkrankheit gehemmt wurden. Bei Linden mit niedrigen Kaliumspiegelwerten konnte er einen höheren Spinnmilbenbefall nachweisen. Roßkastanien mit einem weiten Stickstoff/Kalium-Verhältnis im Laub wiesen einen signifikant stärkeren Befall mit der Blattbräune auf.

Es ist zu vermuten, daß außerdem alle diejenigen Schadorganismen in ihrer Entwicklung gefördert werden, die eine Schwächung des Wirtes zum Befall benötigen. So treten nach eigenen Beobachtungen bei Wassermangel, z. B. nach trockenen Sommern, vermehrt rindenbrütende Insekten auf, wobei Pracht- und Splintkäfer besonders zunehmen (BALDER 1992). Die vielfältigen Verletzungen an Ast, Stamm und insbesondere der Wurzel, die als Folge unzähliger Baumaßnahmen zu verzeichnen sind (BALDER 1988, 1990), schaffen darüber hinaus erst die Wunden, die viele holzzerstörende Pilze zum Eindringen benötigen. Der Vergleich der Baumsituation in Ost und West hat dieses deutlich belegt (BALDER u. a. 1992). Nach FLÜCKIGER (1992) fördert eine massive Wurzelschädigung auch den Befall mit der Platanennetzwanze (Abb. 20).

Letztlich kann auch die Belastung durch Luftschadstoffe einen weiteren Streßfaktor darstellen. In sog. Negativbegasungsversuchen konnte FLÜCKIGER (1992) nachweisen, daß durch die vorhandene Immissionsbelastung die Populationsentwicklung von Blattläusen gefördert wird. Eine saure und stickstoffhaltige Naßdeposition verbesserte in seinen Experimenten das Wachstum der Blattbräune der Platane.

Die bisherigen Erkenntnisse belegen, daß sowohl hemmende als auch fördernde Effekte des Straßenstandortes auf das Auftreten von Krankheiten und Schädlingen beobachtet werden können. Eine Pauschalierung darf nicht vorgenommen werden. Es wird aber deutlich, wie groß noch der Forschungsbedarf ist, um die vielfältigen Wechselwirkungen einer derart komplexen Situation zu verstehen. Dieses ist jedoch Voraussetzung, um für die Stadt- und Grünplanung gesicherte Empfehlungen und Maßnahmen entwickeln zu können. Nur so kann die Vitalität der Straßenbäume zielorientiert verbessert werden.

4. Umweltverträgliche Behandlung

Treten Krankheiten und Schädlinge an Straßenbäumen auf, so wird mitunter die Frage der Bekämpfung gestellt. Dieses geschieht vorrangig dort, wo auch der Mensch selbst unter dem Parasitenbefall leidet, sei es, daß wie in Kapitel 3.1 beschrieben Honigtau der Blattläuse z. B. parkende Personenkraftwagen verunziert, sei es, daß Massenvermehrungen von blattfressenden Schmetterlingen Kahlfraß bewirken und zusätzlich weitere Unannehmlichkeiten, wie z. B. beim Goldafter Allergien, mit sich bringen. In den meisten Fällen ist jedoch eine direkte Bekämpfung gar nicht erforderlich, da sich viele Bäume vom Befall blattschädigender Krankheiten und Schädlinge erholen und lediglich geringe Wachstumsdepressionen auftreten. In diesem Falle ist es eine Frage der Ästhetik und der Toleranz, ob sie geduldet werden; denn es muß auch bedacht werden, daß sie räuberischen Organismen als Nahrungsgrundlage dienen. Treten dagegen aggressive Schadorganismen auf, so müssen rechtzeitig wirksame biologische, biotechnische, mechanische oder auch chemische Maßnahmen ergriffen werden, um größeren Schaden abzuwenden, sofern diese anwendbar sind. Das Auftreten von Schwächeparasiten zeigt dagegen lediglich an, daß andere Streßfaktoren die Bäume schädigen. Da diese an der Straße oft mit dem Standort und der Pflege der Bäume in unmittelbarem Zusammenhang stehen, sind die Ursachen zu beseitigen, nicht die Folgen zu bekämpfen.

Wie in den Kapiteln 2 und 3 geschildert, ist das Auftreten von Schadorganismen vielfältigen Einflüssen unterworfen. Es liegt nahe, bei Neupflanzungen zunächst Baumstandort, Baumartenwahl, Pflanzung und den nachfolgenden Umgang mit den Pflanzen soweit zu optimieren, daß ein gesundes Baumwachstum langfristig gesichert ist. Diese Maßnahmen sind wesentlicher Bestandteil eines *vorbeugenden Pflanzenschutzes* und setzen sich im einzelnen aus nachfolgenden Elementen zusammen:
- Optimale Planung von Baumstandorten, d. h. langfristige Sicherstellung von ausreichend Stand- und Wurzelraum
- Trennung von Baumstandorten und Leitungstrassen zur Vermeidung zukünftiger Konflikte (Wurzelschäden)
- Weitreichende und langfristig stabile Bodenverbesserungsmaßnahmen (Optimierung des Nährstoff-, Wasser-, Sauerstoffhaushaltes)
- Pflanzung standortgerechter Baumarten (Boden, Mikroklima); heimische Arten sind am Straßenstandort nicht zwangsläufig standortgerecht
- Pflanzung widerstandsfähiger Baumarten, d. h. Resistenz gegen Frost, Trockenheit, Krankheiten und Schädlinge
- Schutz vor straßentypischen Streßfaktoren, also Bodenverdichtungen, mechanischen Verletzungen, Nährstoffmangel, Trockenheit, Schadstoffen wie Streusalz, Hunde-Urin, Gas u. a.
- fachgerechte Pflanzung und Pflege

Vorhandene Baumbestände, die seit längerer Zeit Streßfaktoren ausgesetzt wurden, können wie folgt in ihrer Vitalität erhöht werden:
- Wurzelschonende (!) Entsiegelung des Baumumfeldes zur Verbesserung der Waser-, Luft und Nährstoffverhältnisse
- Behebung der Bodenverdichtung
- Wurzelschonender (!) Austausch kontaminierter Oberböden und Auftrag humoser Substrate
- Düngung und Bewässerung im Bedarfsfall

- Einhaltung umfassender Schutzvorrichtungen bei sämtlichen Baumaßnahmen im Baumbereich zur Vermeidung von mechanischen Schäden
- Optimierung des Baumschnittes bezüglich Schnittzeit, Schnittform und Wundbehandlung zur Verminderung der Fäulnisentwicklung
- Reduktion potentieller Schadstoffe wie
  - der Auftausalze durch einen streusalzfreien Winterdienst
  - des Hundeurins durch z. B. Stammanschetten
  - des Gases druch Sanierung der Rohrnetze

Sollte trotz aller vorbeugenden Maßnahmen ein Befall mit Schadorganismen stattfinden, so können zunächst nachfolgende Maßnahmen kurativ ergriffen werden:
- Absammeln von Schädlingen, vor allem im Raupen- oder Larvenstadium, um einer Massenvermehrung vorzubeugen
- Schaffung von Nist- und Brutmöglichkeiten zur Förderung von natürlichen Gegenspielern
- mechanisches Entfernen erkrankter Blätter, Triebe, Äste oder ganzer Bäume und anschließende Vernichtung des Schädlingspotentials
- Entfernen des infizierten Herbstlaubes mit Überwinterungsstadien zur Reduktion des Befallsdruckes im Folgejahr

Alle diese Maßnahmen sind sehr umweltverträglich und in der Regel ausreichend. Sollte dennoch der Einsatz von Pflanzenschutzmitteln erforderlich werden, so sind biologische oder biotechnische Präparate zu bevorzugen. Ihre Auswahl und Durchführung richtet sich nach den örtlichen rechtlichen Gegebenheiten und sollte stets in enger Absprache mit dem regionalen Pflanzenschutzdienst vorgenommen werden. Die möglicherweise mit dem Einsatz verbundenen Auflagen zum Schutz des Grundwassers, des Bodens und des Naturhaushaltes sind konsequent einzuhalten. Der Einsatz von Pflanzenschutzmitteln ist jedoch in vielen Fällen nicht möglich, da großkronige Bäume nur sehr schwer in engen Stadtstraßen besprüht werden können und andere Verfahren wie Bodenapplikation oder Stamminfusion oder -injektion sich aufgrund anderer Nebenwirkungen nahezu ausschließen.

5. Zusammenfassung

Krankheiten und Schädlinge sind integraler Bestandteil eines jeden Ökosystems. Auch an Straßenbäumen können sie sich entwickeln, wobei spezielle Standorteigenschaften und hieraus resultierende Belastungen sie in ihrer Entwicklung beeinflussen. Sie rufen je nach Art, Angriffsort und Befallsstärke unterschiedliche Schadsymptome hervor. Meist ist jedoch die optische Wirkung größer als die eigentliche Beschädigung, so daß eine Bekämpfung meist nicht erforderlich ist. Vielmehr sind Baumstandorte bereits bei ihrer Begründung optimal zu gestalten und diese wie auch Altbäume vor jeglicher Beeinträchtigung zu schützen, um ein Auftreten vieler Schadorganismen von vornherein zu minimieren. Ist bei akutem Auftreten eine Bekämpfung erforderlich, so sind zunächst mechanische und biologische Maßnahmen anzuwenden, bevor Pflanzenschutzmittel unter Beachtung aller Vorsichtsmaßnahmen zum Einsatz kommen.

6. Literatur

BALDER, H., 1988: Wurzelverletzungen als häufige Ursache von Baumschäden in der Stadt. Das Gartenamt 37, 625–627
BALDER, H., 1989: Untersuchungen zu neuartigen Absterbeerscheinungen an Eichen in den Berliner Forsten. Nachrichtenbl. Deut. Pflanzenschutzd. 41, 1–6
BALDER, H., 1990: Krankheiten und Schädlinge an Bäumen. Neue Landschaft 35, 172–176
BALDER, H., 1990: Pro und Contra nichteinheimischer Gehölze aus der Sicht des Pflanzenschutzes: Das Gartenamt 39, 230–233
BALDER, H., 1990: Wurzelschutz von Bäumen – Theorie und Praxis. Neue Landschaft 35, 538–543
BALDER, H., 1990: Zur Beteiligung von Ceratocystis-Arten am Eichensterben. Gesunde Pflanze, 42, 369–373
BALDER, H., 1992: Europaweite Eichenschäden durch Frost. Allgem. Forstzeitschrift 14, 747–752
BALDER, H. und G. KRÜGER, 1992: Vitalität des Öffentlichen Grüns – ein Ost-/Westvergleich. Gesunde Pflanze 44, 291–295
BALDER, H., 1992: Sommerhitze '92 – Mit Folgeschäden für Gehölze. Landschaftsarchitektur 6, 41–44
BUTIN, H., 1989: Krankheiten der Wald- und Parkbäume. Georg Thieme Verlag, 2. Auflage, Stuttgart, 216 S.
FLÜCKIGER, W., 1992: Bestimmende Faktoren für den Befall von Straßenbäumen mit Schadorganismen. 10. Osnabrücker Baumpflegetage, Tagungsband
LONGARDT, B. und BALDER, H., 1990: Symptome und Verbreitung der derzeit wichtigsten Krankheiten und Schädlinge der Platane. Das Gartenamt 39, 595–598
LONGARDT, B. und BALDER, H., 1991: Milben als Schädlinge und Nützlinge an Straßenbäumen. TASPO-Magazin 3, 8–10
LEH, H.-O., 1992: Auswirkungen innerstädtischer Streßfaktoren auf Straßenbäume. Gesunde Pflanze 44, 283–291
NIENHAUS, F., BUTIN H. und BÖHMER, B., 1992: Farbatlas Gehölzkrankheiten. Verlag Eugen Ulmer, Stuttgart, 287 S.
SUKOPP, H., 1990: Stadtökologie – Das Beispiel Berlin. Dietrich Reimer Verlag, Berlin, 455 S.

Anschrift des Verfassers:

Dr. Hartmut Balder
Pflanzenschutzamt Berlin
Mohringer Allee 137
12347 Berlin

Kapitel 9

Pilze an Stadtbäumen

Hermann Reinartz und Michael Schlag

Inhalt Seite

1.	Mykologie	222
1.1	Ökologische Bedeutung	222
1.2	Morphologische Beschreibung	222
1.2.1	Fruchtkörper	222
1.2.2	Sporen	222
1.2.3	Myzelium	223
1.3	Nährstoff- und Substratansprüche	224
1.3.1	Temperatur	224
1.3.2	pH-Wert	224
1.3.3	Luft und Wasser	224
1.3.4	Stickstoff und Kohlenstoff	224
1.3.5	Hemmstoffe	224
1.4	Holzabbau	225
1.4.1	Weißfäule	225
1.4.2	Braunfäule	225
1.4.3	Moderfäule	225
2.	Besiedlungsstrategien	225
2.1	Pathogene Besiedlungsstrategie	226
2.1.1	Parasitierung lebender Baumorgane	226
2.2	Besiedlung nach Verletzungen	226
2.3	Ruderale Besiedlungsstrategie	226
2.4	Streßtolerante Besiedlungsstrategie	227
2.4.1	Splintfäulen	227
2.4.2	Kernfäulen	228
3.	Behandlungsgrenzen	228
4.	Baumdiagnose	229
5.	Baumkontrolle	229
6.	Literatur	230

1.3 Nährstoff- und Substratansprüche

1.3.1 Temperatur

Holzabbauende Pilze überdauern Temperaturen von 0 °C bis 45 °C. Der optimale Temperaturbereich liegt zwischen 20 °C und 30 °C.
Die Temperatur beeinflußt im wesentlichen die Geschwindigkeit der enzymatischen Reaktionen außerhalb des Pilzkörpers, die Stoffwechselprozesse innerhalb der Pilzzellen und damit die Wachstumsgeschwindkeit des Pilzes.
Zentral im Holz lebender Bäume herrschen normalerweise relativ stabile Temperaturbedingungen. Dies ist jeweils abhängig von der Stammdicke, dem Verhältnis zwischen Oberfläche und Volumen, den Wärmeisolationswerten der Borke und der Stärke des wasserführenden Splints.

1.3.2 pH-Wert

Pilze können pH-Werte zwischen 3 und 8 überdauern. Der optimale pH-Bereich liegt für Pilze zwischen 4 und 6.
Durch den Holzabbau versäuern die meisten Pilze ihr Milieu, wobei Braunfäulepilze eine saurere Umgebung bevorzugen als Weißfäulepilze.
Die pH-Werte der verschiedenen Hölzer schwanken beträchtlich. Die Pilze verfügen in dieser Beziehung jedoch über ein ausgeprägtes Regulationsvermögen (RYPACEK 1966), so daß sie die unterschiedlichen pH-Werte in weiten Bereichen ihren Bedürfnissen anpassen können.

1.3.3 Luft und Wasser

Luft und Wasser können zwei extreme Situationen für die holzzerstörenden Pilze bilden. Ist die Umgebung der Pilze so trocken, daß kein freies Wasser verfügbar ist, können sie weder keimen noch wachsen. Allenfalls ein Überdauern, z. B. durch Chlamydosporenbildung, ist möglich. Das andere Extrem ist gekennzeichnet durch Wassersättigung. Dieser Zustand erlaubt ebenfalls kein Pilzwachstum (mit Ausnahme der speziell hierauf angepaßten Moderfäulepilze und Hefen) weil der Sauerstoffgehalt auf Werte unter 1 % absinkt. Pilzwachstum und Holzabbau spielt sich also zwischen den Extremen „Austrocknung und Erstikken" ab.
Sauerstoff ist wichtig für die Funktion des Pilzstoffwechsels. Auch die holzabbauenden Pilze gehören zu den aeroben Organismen, die ohne Sauerstoff nicht leben können. Allerdings benötigen sie vergleichsweise wenig davon. Ab 1 % Sauerstoffgehalt in der Umgebungsluft können sie bereits überleben. Ab 10 % O_2 beginnt bereits die Optimalkonzentration, die für die Tätigkeit der Holzzerstörer absolut ausreicht. Die gute Verwertung auch niedriger Sauerstoffgehalte wird der großen Oberfläche des Pilzmyzeliums im Verhältnis zum Volumen des Zytoplasmas zugeschrieben.
Bei Kohlendioxid wird eine Unempfindlichkeit bis zu Konzentrationen von 70 % beobachtet. Im Vergleich: der CO_2-Gehalt der Luft beträgt 0,03 %. Im Holz des lebenden Baumes herrscht normalerweise eine viel höhere Kohlendioxid- als Sauerstoffkonzentration.

1.3.4 Stickstoff und Kohlenstoff

Stickstoff wird von den Pilzzellen einmal für den Aufbau der eigenen Proteine, vor allem aber für den Aufbau der Pilzzellwand benötigt. Da das Strukturpolymer der Pilzzellwand, Chitin, an jedem Zuckermolekül ein Stickstoffatom trägt, ist der Bedarf der Pilze an Stickstoff vergleichsweise hoch. Gleichzeitig ist Stickstoff im Baum praktisch nur in den Proteinen der lebenden Zellen verfügbar. Stickstoff wird damit zum Minimumfaktor für das Pilzwachstum.
Die Quellen für Kohlenstoff im Baum sind wesentlich reichhaltiger: gelöster Zucker, Lipide, Peptide, Zellulose, Hemizellulosen, Pectin, Lignin und Verkernungsstoffe.
Die extrazellulären Enzyme für den Zelluloseabbau, die Zellulasen, unterliegen der Endprodukthemmung, d. h. solange gelöste Zucker für den Pilz frei verfügbar sind, findet kein Zelluloseabbau statt.
Die Ligninasen benötigen vor allem Sauerstoff, um aktiv werden zu können. Optimal sind O_2-Gehalte von 40–60 %. 100 % Sauerstoffatmosphäre ermöglicht unter experimentellen Bedingungen eine Steigerung des Ligninabbaus. Oft werden die Ligninasen erst bei Stickstoffmangel aktiv. Lignin alleine reicht aber nicht aus als Energielieferant für den Pilzstoffwechsel. Vielmehr müssen gleichzeitig andere C-Quellen zugänglich sein, um den Pilz zu ernähren. Daher sind Weißfäulen normalerweise Mischfäulen (= gleichzeitiger Lignin- und Zelluloseabbau). Nitrat ist für viele Holzzerstörer nur schwer zu verwerten.

1.3.5 Hemmstoffe

Die meisten Hemmstoffe werden im Verlauf der Verkernungsreaktionen des Baumes gebildet. Es handelt sich überwiegend um phenolartige Substanzen, deren fungitoxische Eigenschaften in einer Hemmung des Energiehaushalts der Pilzzelle besteht. So inaktivieren zum Beispiel Tannine, Hemmstoffe, die beispielsweise in Eichenholz vorkommen, bestimmte extrazelluläre Enzyme der Pilze, die sogenannten Phenoloxidasen. Hierdurch wird gleichzeitig der pilzliche Ligninabbau und die Entgiftung der Phenole gehemmt.

1.4 Holzabbau

Bäume sind die langlebigsten uns bekannten Organismen. Ihr Gerüstbaustoff Holz ist besonders widerstandsfähig, und im wahrsten Sinne „Trägersubstanz" für die Lebensvorgänge des Baumes. Die Bausteine des Holzes sind Zellulose, Hemizellulosen und Lignin. Während Zellulose und Hemizellulosen in geringem Umfang auch noch von Bakterien abgebaut werden können, sind zur Zersetzung des hochkomplexen und extrem widerstandsfähigen Ligninmoleküls ausschließlich Pilze befähigt. Der Abbau von Holz ist eine Domäne der Pilze (JAHN 1990).

Das Myzelium der Pilze, das bei der Zersetzung des Holzes biochemisch aktiv wird, ist ein mikroskopisch feines, weit verästeltes System fadenförmiger Zellen. Es durchwächst das Holz eines befallenen Baumes und ernährt sich von der Zersetzung des Holzes. Hierzu scheidet das Myzelium Enzyme aus, die je nach Pilzart in unterschiedlichem Maße dazu befähigt sind, die molekularen Strukturen von Zellulose, Hemizellulosen und Ligninen biochemisch zu zerschneiden (RAYNER und BODDY 1988). Es handelt sich um einen „Verdauungsvorgang", der außerhalb des Pilzkörpers abläuft. Erst die Spaltprodukte dieser biochemischen Reaktionen (Zucker und Alkohole) sind klein genug, um die Zellwände des Myzeliums zu passieren. Die Summe dieser Vorgänge bewirkt durch Perforation und Auflösung der verholzten Zellwände eine schließlich mit bloßem Auge erkennbare Fäule (RYPACEK 1966). Vom Stadium der keimenden Pilzsporen bis zum Erscheinen makroskopisch erkennbarer Fäulen am lebenden Baum vergehen jedoch viele Jahre; bis zur Ausbildung einer Morschung, die eine Gefährdung der Verkehrssicherheit darstellt, in der Regel Jahrzehnte.

1.4.1 Weißfäule

Den alleinigen Abbau von Lignin bezeichnet man als Weißfäule. Die Holzkonsistenz nach dem Abbau ist faserig. Die nach dem Abbau verbleibenden Zellulosefasern nehmen sehr stark Wasser auf und sind hell bis weiß gefärbt. Ein reiner Ligninabbau erfolgt jedoch nur im Extremfall, bei Stickstoffmangel und niedrigen Temperaturen. Unter normalen Umweltbedingungen findet ein gleichzeitiger Abbau von Lignin und Zellulose statt. Die Färbung der Morschungen ist dann nicht mehr eindeutig.

1.4.2 Braunfäule

Ein selektiver Abbau von Zellulose bewirkt dagegen eine Braunfäule. Das Lignin bleibt in nahezu reiner Form übrig. Es ist meist trocken pulverig und hat eine intensiv rotbraune Färbung. Der Holzkörper ist nach

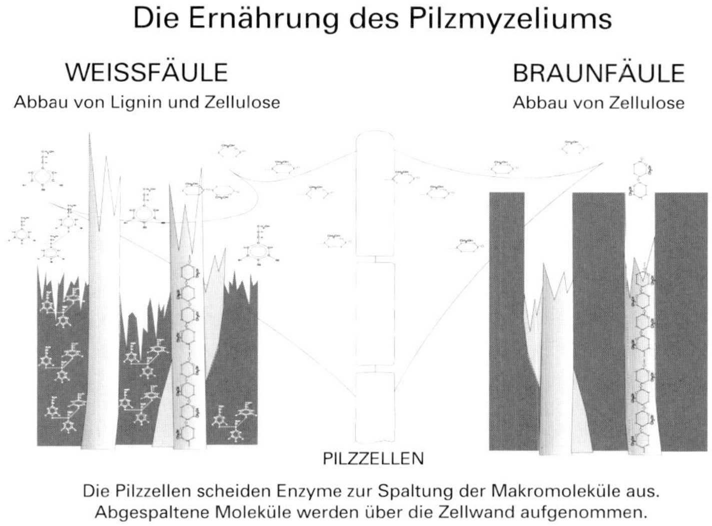

Abb. 4: Die Ernährung des Pilzmyzeliums

dem Abbau bröckelig und querrissig in bezug auf den Faserverlauf der herausgelösten Zellulose.

1.4.3 Moderfäule

Die Moderfäule ist ein Zelluloseabbau unter sehr feuchten bis wassergesättigten Bedingungen. Die Moderfäule tritt meist dort auf, wo das Holz ständig eine große Feuchtigkeit aufweist, die die Tätigkeit anderer holzzerstörender Pilze verhindert. Der Holzabbau vollzieht sich unter diesen Bedingungen sehr viel langsamer als bei den erst genannten Fäuletypen. Von einer Trockenlegung solcher Befallsherde ist daher in der Regel abzuraten.

2. Besiedlungsstrategien

Nur wenige Pilze sind in der Lage, als echte Pathogene die intakten Schutzbarrieren eines gesunden Baumes zu überwinden und aktiv in Feinwurzeln, junge Triebe, Blätter, Knospen oder Blüten hineinzuwachsen.

Die Mehrzahl der baumbesiedelnden Pilze sind sogenannte Schwäche- oder Wundparasiten, die nur beschädigte Bäume, deren Schutzgewebe durch Verletzungen gestört wurde, besiedeln.

Sind die Pilze einmal eingedrungen, breiten sie sich von Infektionsstellen bzw. Verletzungen an Wurzeln, Stamm oder Krone je nach Pilzart in bestimmten Teilen des Baumes aus. Ausbreitungsgeschwindigkeit und Art des verursachten Schadens hängen, außer von den Eigenschaften der eingedrungenen Pilze, vom Zustand des befallenen Baumes und seinen Standortbedingungen ab. Wie wir gesehen haben, ist die Verteilung von Wasser (H_2O) bzw. der Sauerstoffgehalt (O_2) die wesentliche Grenze für die Ausbreitung der Pilze im lebenden Baum. Der funktionstüchtige, wassererfüllte Splintholzbereich stellt für die holzzerstörenden Pilze die wichtigste Ausbreitungsbarriere dar. Eingriffe in den intakten Splint wirken sich nachhaltig auf die Förderung etablierter Fäulen aus. Der Kohlendioxid, Sauer- und Stickstoffgehalt sowie Art und Verteilung der Hemmstoffe, Temperatur und pH-Wert und die Verfügbarkeit und Zugänglichkeit der Kohlenstoffquellen (gelöste Zucker oder widerstandsfähige Makromoleküle) im pilzzugänglichen Holz bestimmen dabei die Wachstumsgeschwindigkeit des Myzeliums sowie Art und Geschwindigkeit des Holzabbaus.

2.1 Pathogene Besiedlungsstrategie

Die pathogene Besiedlungsstrategie erfordert von den Pilzen die Fähigkeit, aktiv in den gesunden Baum einzudringen. Hierbei werden die natürlichen Infektionsbarrieren (vor allem die Borke) überwunden. Meist ist aber auch hierfür eine Schwächung des Baumes Voraussetzung.

2.1.1 Parasitierung lebender Baumorgane

Blatterkrankungen sind ein wesentlicher Faktor für die Vitalität von Bäumen. Auch hier spielen die Pilze, neben Insekten und Viren, als wichtigste pathogene Organismen die Hauptrolle. Die generelle Bedeutung der Blatterkrankungen hat mit der Belastung der Assimilationsfläche durch Luftschadstoffe zugenommen. So konnte in den letzten Jahren zum Beispiel eine Zunahme der Virulenz bei der Blattbräune der Platane, verursacht durch den Pilz *Apiognomonia veneta*, beobachtet werden. Vor allem junge Platanen fallen dieser Erkrankung immer häufiger zum Opfer, was zu empfindlichen Ausfällen bei Neu- und Nachpflanzungen führen kann.
Die Erkrankungen der Assimilationsorgane von Laubbäumen können durch den jährlichen Laubfall und Neuaustrieb meist befriedigend reguliert werden.

Rindenerkrankungen sind von gravierender Bedeutung (BUTIN 1988). Rinden- und Borkeninfektionen bezeichnen häufig langwierige Krankheitsverläufe. Die einmal eingedrungenen Schadpilze überwintern am Baum in den erkrankten Gewebeteilen und sind prinzipiell ständig schadwirksam, solange die Temperatur das Wachstum der Pilze erlaubt. Eingeschränkt werden die Rindenpilze durch Abwehrreaktionen der lebenden Rindenzellen, im wesentlichen durch die Bildung von Abwehrstoffen. Für den Baum wird diese Balance vor allem im Spätherbst und Winter kritisch, wenn er aufgrund seiner Winterruhe zu aktiven Abwehrreaktionen nicht mehr oder noch nicht in der Lage ist, der Pilz aber durch kurzfristige Erwärmungen rasch wieder aktiv werden kann. Hierdurch entstehen im Verlauf mehrerer Vegetationsperioden „krebs"-artige Infektionsherde, die sich nach und nach vergrößern und schließlich die befallenen Pflanzenteile umgürten können. Dies hat eine Zerstörung der Leitbahnen über den ganzen Querschnitt zur Folge und zieht ein Absterben der distalen Pflanzenteile nach. Die Folgen dieser Nekrotisierung des Rindengewebes sind umso schwerwiegender, je weiter basal sich der Krankheitsherd gebildet hat. Im Extremfall stirbt bei einer Umgürtung des Stammes der gesamte Baum ab. Auch dies ist ein Krankheitsverlauf, der vorwiegend bei Neu- und Nachpflanzungen auftritt.

Eine Behandlung befallener Pflanzen ist schwierig oder oft sogar unmöglich. Daher ist eine Bekämpfung solcher Erkrankungen nur durch eine konsequente *Kontrolle* des angelieferten Pflanzgutes, der fachtechnisch richtigen Durchführung der Pflanzung und der weiteren Baumpflege zu erreichen. Grundvoraussetzung für eine effektive Kontrolle ist dabei die sichere Kenntnis der durch die verschiedenen Schadpilze an infizierten Bäumen hervorgerufenen Erkrankungssymptome.

2.2 Besiedlung nach Verletzungen

Stadtbäume sind einer Reihe von anthropogenen Beschädigungen ausgesetzt. Durch den verkehrstechnisch erforderlichen Rückschnitt von Ästen, das Abnehmen von Starkästen oder das Kappen von Kronenteilen werden die Bäume geschwächt und gleichzeitig Eintrittspforten für Pilze sowohl im Rinden- als auch im Holzbereich geschaffen. Bauarbeiten und Verkehr sind immer wieder Verletzungsquellen für Stamm und Wurzeln. Durch Bodenverdichtung und Bodenversiegelung kann es zu einer Störung der Wurzelatmung und der Wasseraufnahme kommen, wodurch Wurzeln absterben oder ihre Vitalität so stark mindern, daß den schwächeparasitären Schadpilzen ein Eindringen ermöglicht wird. Nicht zuletzt wirken sich in dieser Weise auch saurer Regen, Verkehrsemissionen und Streusalze aus, die den Gas-, Wasser- und Nährstoffaustausch des Baumes mit seiner Umgebung beeinträchtigen.

2.3 Ruderale Besiedlungsstrategie

Die *Ruderalpilze* können aufgrund ihrer starken Sporenpräsenz in der Luft verletzte Baumteile sofort besiedeln. Schwerpunktmäßig handelt es sich bei dieser Gruppe um sogenannte Hyphomzyeten oder Schimmelpilze. Sie keimen rasch und weisen hohe Wachstumsraten des Myzeliums auf. Dies wird ermöglicht durch schnelle Verwertung frei verfügbarer Nährstoffe, die an den Verletzungsstellen austreten. Die Nährstoffe (vor allem gelöste Zucker) werden zum Beispiel frei durch den Austritt von assimilathaltigen Säften im Bereich der Verletzung. Sobald die Nährstoffquelle erschöpft ist, sporulieren die ruderalen Pilze reichhaltig und besiedeln neue Substrate.

Die ruderalen Pilze haben nur beschränkt zellulolytische Eigenschaften. Sie rufen Verfärbungen hervor (z. B. Bläuepilze). In keinem Fall können sie die statischen Eigenschaften des Holzes mindern.

Die ruderalen Pilze reagieren sehr empfindlich bei Veränderungen ihrer Mikroumwelt. Austrocknung und versiegen der frei verfügbaren Nährstoffe sind die wichtigsten und häufigsten Ursachen für das Verschwinden dieser Pilze.

2.4 Streßtolerante Besiedlungsstrategie

Durch Austrocknung und Erschöpfung der löslichen Kohlehydrate entstehen in der Mikroumwelt der Verletzung selektive Streßfaktoren, die angepaßtes Spezialistentum von den Pilzen fordern, die unter solchen Bedingungen existieren wollen. Die streßtoleranten Besiedler sind in der Regel langsamer im Myzelwachstum und keimen zögerlicher. Solange die Streßfaktoren sich nicht verändern, können sich die streßtoleranten Pilze aber dauerhaft im Substrat etablieren, weil sie weniger Konkurrenten haben. Die streßtolerante Besiedlungsstrategie gilt insbesondere für die Besiedlung und den Abbau von Holz lebender Bäume und Sträucher. Hinsichtlich ihrer Entwicklung und Auswirkung lassen sich dabei zwei verschiedene Besiedlungstypen unterscheiden: Splint- und Kernfäulen.

2.4.1 Splintfäulen

Splintfäulen sind oberflächige Fäulen. Sie entwickeln sich nach Verletzungen, die kein Kernholz freilegen. Oft ist der Befall mit einem Absterben der Borke verbunden. Die Fäulebereiche entwickeln sich dann darunter.

Der Wassergehalt des Splints, beziehungsweise der Zeitpunkt der Verletzung ist für die Ausdehnung der Splintfäulen von entscheidender Bedeutung. Solange kein Transpirationssog auf die Leitbahnen einwirkt, bleibt die Wassersäule in den Gefäßen auch nach einer Verletzung weitgehend erhalten und kann das Eindringen von Fäulepilzen einschränken. Ermöglicht umgekehrt ein starker Transpirationssog das Eindringen großer Luftvolumina in den Verletzungsbereich, so werden hierdurch weiträumig Bedingungen für das Pilzwachstum geschaffen.

Abb. 7: Laetiporus an Eiche

Abb. 8: Ganoderma an Linde

Abb. 6–10: Beispiele für das Weiterwachsen von Schadpilzen nach Behandlungen

Abb. 6: Fomes fomentarius, stark befallene Buche

Abb. 9: Inonotus hispidus

Abb. 10: Daldinia concentrica

Mit der nachfolgenden allmählichen Austrocknung des verletzten/toten Splints wirkt sich dann zunehmend und sehr effektiv der wichtigste Streßfaktor Trockenheit pilzhemmend oder pilztötend aus. Die meisten der eingedrungenen Pilze sterben in dieser Phase wieder ab.

Pilze, die es schaffen, die Austrocknungsphase zu überdauern, werden mit einem weiteren Streßfaktor konfrontiert, der sich entwickelt, sobald sich im verletzten Splintholz in Reaktion auf den eingedrungenen Luftsauerstoff Verkernungsstoffe zu bilden beginnen. Wenn sie die entstehenden Verkernungsstoffe nicht entgiften können, sterben sie ab.

Hat sich die Verletzung schließlich durch Kallusbildung wieder geschlossen, so wird der eingedrungene Sauerstoff allmählich von den Pilzen veratmet. Gleichzeitig reichert sich durch die Stoffwechselprozesse von Baum und Pilz Kohlendioxid an. Solange die Wunde geschlossen bleibt und kein Sauerstoffaustausch mit der Umgebung mehr stattfinden kann, ersticken die eingedrungenen Pilze oder können nur noch extrem langsam wachsen. Die Fäule wird eingekapselt.

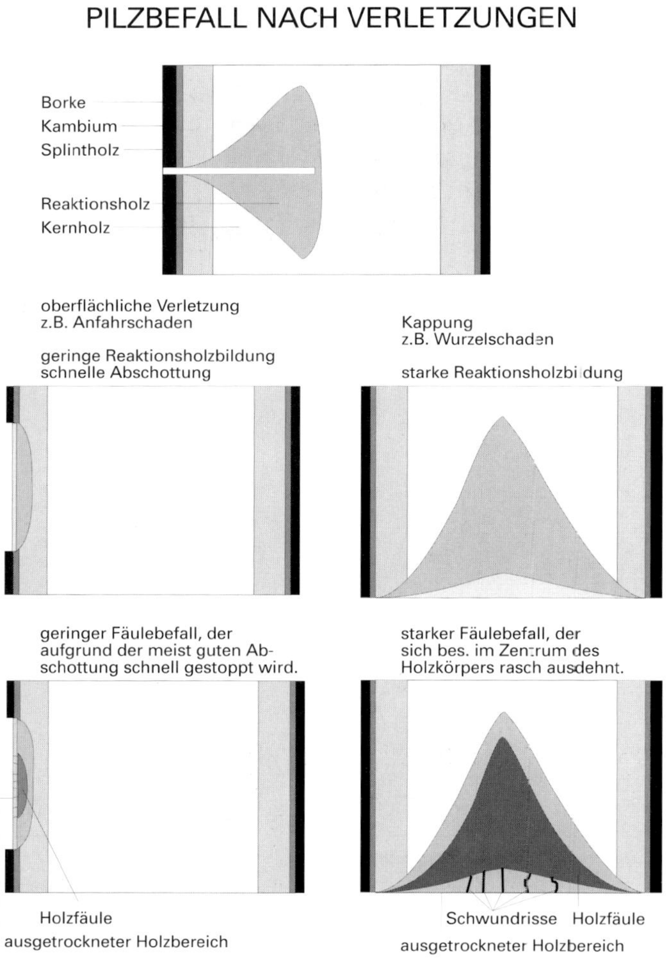

Abb. 5: Entwicklung von Pilzfäulen

2.4.2 Kernfäulen

Kernfäulen entwickeln sich nach Verletzungen von älteren Baumteilen, durch die Kernbereiche des Holzkörpers freigelegt und den Pilzsporen oder dem Myzelium (im Boden) zugänglich gemacht werden. Die wichtigsten Streßfaktoren sind: geringer Sauerstoffgehalt und die Präsenz toxischer Verkernungsprodukte.

Wie bereits dargestellt, unterscheidet sich die Zusammensetzung der Luft im Kernholz erheblich von der Zusammensetzung der Atmosphärenluft, solange der Baum geschlossen bleibt. Durch die geringen Sauerstoff- und hohen Kohlendioxidgehalte sind die Kernholzfäulen in geschlossenen Bäumen sehr langsam. Es gilt die Regel: Solange Luft vorhanden ist, ist die Besiedlung den Kernfäulepilzen grundsätzlich möglich, egal wie unvorteilhaft die Zusammensetzung auch sein mag. Nur ein völliger Gasabschluß kann Pilzwachstum verhindern. So werden zum Beispiel Bäume, die wie die Pappel einen Naßkern entwickeln können, nicht von Kernfäulen befallen, solange das Kernholz wassergesättigt bleibt; dies, obwohl ihre Verkernungsstoffe nur schwach wirken und ihr Holz ohne Naßkern sehr rasch von Pilzen abgebaut werden kann. In einem vitalen Baum werden die Kernfäulepilze in vergleichbarer Weise durch den intakten Splint eingegrenzt.

Das zweite Wachstumshemmnis sind die Verkernungsstoffe. Das sind antibiotisch wirksame Substanzen, die von Parenchymzellen in das Innere von Leitbahngefäßen ausgeschieden werden, sobald in diese Luft eingedrungen ist. Sie hemmen das Pilzwachstum. Da es aber im Lauf der Entwicklungsgeschichte immer wieder einigen Pilzarten gelungen ist, sich an bestimmte Verkernungsstoffe anzupassen und sie „gelernt" haben, diese zu entgiften und als Kohlenstoffquelle sogar für ihre Ernährung nutzbar zu machen, gilt hier, daß Verkernungsstoffe eine Besiedlung nicht grundsätzlich verhindern können. Es findet lediglich eine Selektion der Pilzarten statt, die vom Holz eines gegebenen Baumes existieren können. Hieraus erklärt sich die relative Wirtsspezifität vieler Pilze. Allerdings gibt es auch hier einige Ausnahmen, zum Beispiel die Gattung *Ganoderma*, deren Mitglieder offensichtlich gar nicht von Verkernungsstoffen aufgehalten werden. Ein gutes Beispiel für die Entgiftung von Verkernungsstoffen ist der Schwefelporlingsbefall *(Laetiporus sulphureus)* an Eiche und Robinie.

3. Behandlungsgrenzen

Mit dem bislang praktizierten „baumchirurgischen Ausräumen" von ausgefaulten Bereichen erreicht man keine vollständige Entfernung des Schadpilzmyzeliums. Der Schadpilz stirbt durch derartige Behandlungsmaßnahmen auch nicht ab, wie man vielleicht

erwarten könnte, denn das Myzelium der holzzerstörenden Pilze wird beim Wachstum in regelmäßigen Abständen durch die Ausbildung von Querwänden in einzelne Zellen unterteilt. In geringem Abstand von Verletzungsstellen, die dem Pilz, zum Beispiel durch die Behandlung einer Morschung, beigebracht werden, finden sich dadurch immer wieder intakte Zellen, die das Wachstum des Myzeliums fortsetzen können. Jede intakte Pilzzelle kann sich auf diese Weise wie eine Spore verhalten und ein neues Myzelium bilden. Deshalb sind die im Baum verbliebenen aktiven Myzelreste in der Lage, trotz „baumchirurgischer" Arbeiten ungehindert weiter zu wachsen. Dies gilt natürlich in ganz besonderem Maße für solche Bereiche des Holzkörpers, die rein technisch mit den eingesetzten Geräten gar nicht zufriedenstellend erreicht werden können. So wird ein ausgehöhlter Stammfuß regelmäßig wieder von Fäulen erfaßt, die sich aus den tieferen Wurzelbereichen, die für die Behandlung unerreichbar bleiben, ungehindert weiterentwickeln. Dieser Vorgang ist völlig unbeeinflußt von einer Imprägnierung der behandelten Holzoberfläche mit Holzschutzmitteln (DUJESIEFKEN und LIESE 1988). Ebensowenig vermag ein Bestreichen der Holzoberfläche mit Wundschutzmitteln das Pilzwachstum aufzuhalten. Es machen sich hier eher Effekte bemerkbar, die sich positiv auf die Lebensvorgänge des Myzeliums auswirken, weil der pastöse Belag dieser Mittel ein Austrocknen des Holzkörpers verzögert.
Die Behandlung von etablierten Holzfäulen am lebenden Baum mit „baumchirurgischen" Methoden ist aufgrund der geschilderten biologischen Zusammenhänge nicht erfolgversprechend. Mit den zusätzlichen technischen Vertragsbedingungen und Richtlinien für Baumpflege und Baumsanierung (ZTV-BAUMPFLEGE), die sich mit der Präzisierung von Ausführungsbestimmungen für „vorbeugende, helfende oder nachsorgende Maßnahmen an gefährdeten oder geschädigten Bäumen" befassen, hat man dem Rechnung getragen und die Fassung von 1992 entsprechend geändert.

4. Baumdiagnose

Der Umstand, daß die Erfolgsaussichten kurativer Eingriffe des Menschen bei Holzfäulen als minimal anzusehen sind, *bedeutet allerdings* ***nicht****, daß pilzinfizierte Bäume immer gefährlich wären oder gar sofort gefällt werden müßten.* Die Entwicklung von verkehrsgefährdenden Holzfäulen ist ein überaus langsamer Prozeß, der in der Regel über mehrere Jahrzehnte abläuft. Von wenigen Ausnahmen abgesehen, entwickelt ein befallener Baum in dieser Zeit Erkrankungssymptome, die im Rahmen von Baukontrollen erkannt und bewertet werden können. Die individuelle Entwicklung und Schadwirkung eines Pilzbefalls ist von einer Reihe Faktoren wie zum Beispiel Standortbedingungen, Witterungs- und Temperaturverläufe am Standort, Vorschäden, Baumart, Art und Anzahl der eingedrungenen Schadpilze abhängig. Sie beeinflussen sich gegenseitig in der unterschiedlichsten Weise, so daß eine Bewertung des jeweiligen Pilzbefalls und eine verläßliche Einschätzung der weiteren Entwicklung des erkrankten Baumes eine differenzierte Betrachtung und Wertung des Wechselspiels dieser einzelnen Faktoren erfordert. Nur auf der Basis solcher differenzierter Diagnosen ist eine sinnvolle Abstimmung von Pflegemaßnahmen oder Standortsanierungen möglich.
Die wesentliche Voraussetzung zur Untersuchung und Beurteilung von Welken, Baumkrebserkrankungen und Holzfäulen ist die Identifizierung des Schaderregers. Die einzelnen Pilzarten haben sich in vielfältiger Weise an ihre jeweiligen Lebensräume angepaßt und im Laufe der Entwicklungsgeschichte unterschiedliche morphologische und physiologische Eigenschaften entwickelt. Die Bestimmung der Pilzarten, die im Untersuchungsfall in einem Baum angetroffen werden, ist somit unabdingbar, um die individuell unterschiedliche Schadwirkung, Konkurrenzstärke und Aggressivität auswerten zu können. Die spezifischen Wachstumseigenschaften und Abbauleistungen der in den Baum eingedrungenen Pilzart bestimmen die Art der zu erwartenden Schäden und das maximale Schadensausmaß. Die Anzahl der eingedrungenen Pilzarten und deren Wechselwirkungen spielen eine bestimmende Rolle bei der Ausprägung der Schäden. Es ist keinesfalls so, daß der Holzkörper eines Baumes immer nur von einem Schadpilz besiedelt wird; hier treten Konkurrenzen, Eingrenzungen von Schadwirkungsbereichen und Schadsynergismen auf.

5. Baumkontrolle

Die Einsicht in die beschränkten Eingriffsmöglichkeiten bei derartigen Erkrankungen erfordert eine Neubewertung und Schärfung des Instruments der Baumkontrolle. Das Erkennen und Bewerten von Erkrankungssymptomen setzt bei den zuständigen Baumpflegern, Gärtnern und Sachbearbeitern ein (erlernbares) Grundwissen von der Baum- und Pilzbiologie und in der Verwaltung die Befähigung zu nachvollziehbarer Langzeitbeobachtung voraus. Zur Bewältigung großer Stückzahlen sollten im Rahmen der bestehenden Baumkataster zukünftig die Möglichkeiten der elektronischen Datenverarbeitung verstärkt genutzt werden.

6. Literatur

BURDEKIN, D. A., 1979: Common decay fungi in broadleaved trees. Arboricultural Leaflet 5
BUTIN, H., 1989: Krankheiten der Wald- und Parkbäume. 2. ed., Thieme Verlag
CARTWRIGHT, K. St. G. und FINDLAY, W. P. K., 1958: Decay of timber and it's prevention. – Her Majesty's Stationary Office, London: 332 pp.
COOKE, R. C. und RAYNER, A. D. M., 1984: Ecology of saprotrophic fungi. Longman, London
DUJESIEFKEN, D., KOWOL, T., REINARTZ, H., SCHLAG, M. und WESSOLLY, L., 1991: Möglichkeiten der Baumanalyse. Das Gartenamt 6/40: 375-384
GERHARDT, E., 1984: Pilze. BLV Verlagsgesellschaft, München, 2 Bd.
JAHN, H., 1990: Pilze an Bäumen, 2. von H. Reinartz und M. Schlag überarbeitete Auflage von: Pilze, die am Holz wachsen. Patzer Verlag, Berlin, Hannover
JAHN, H., 1963: Mitteleuropäische Porlinge (Polyporaceae s. lato) und ihr Vorkommen in Westfalen. Westfälische Pilzbriefe IV
KREISEL, H., 1961: Die phytopathogenen Großpilze Deutschlands. Fischer Verlag
LARCHER, W., 1980: Ökologie der Pflanzen. Ulmer Verlag, Stuttgart
MÜLLER, E. und LOEFFLER, W., 1980: Mykologie. Thieme Verlag, Stuttgart
NULTSCH, W., 1977: Allgemeine Botanik. Thieme Verlag, Stuttgart
ODUM, E. P., 1980: Grundlagen der Ökologie. Thieme Verlag, Stuttgart
RAYNER, A. D. M. und BODDY, L., 1988: Fungal Decomposition of Wood. John Wiley und Sons, Chichester
REINARTZ, H. und SCHLAG, M., 1988: Methode zur Beurteilung pilzbedingter Schäden an Straßen- und Parkbäumen. Neue Landschaft 33: 81-85
REINARTZ, H. und SCHLAG, M., 1989: Pilzinfektionen und ihre Auswirkungen auf Jung- und Altbäume. Tagungsband zum 12. Bad Godesberger Gehölzseminar
REINARTZ, H. und SCHLAG, M., 1991: Die mykologische Analyse als Grundlage einer sinnvollen Baumpflege. Tagungsband zum 14. Bad Godesberger Gehölzseminar
RYPACEK, V., 1966: Biologie holzzerstörender Pilze. Fischer Verlag, Jena
SHIGO, A. L., 1979: Tree decay. An expanded concept. U. S. D. A. 419: 73
SHIGO, A. L. und TIPPET, J. T., 1981: Compartmentalization of decayed wood associated with Armillaria mellea in several tree species. U. S. D. A. NE, 488: 20
SINCLAIR, W. A., LYON, H. H. und JOHNSON, W. T., 1987: Seseases of trees and shrubs. Comstock Pub. Ass., Cornell University Press, Ithaca and London
STALPERS, J. A. J. M., 1978: Identification of woodinhabiting Aphyllophorales in pure culture. Studies in Mycology 16
STRASBURGER, E., 1978: Lehrbuch der Botanik. G. Fischer Verlag, Stuttgart
WERKGROEP PLANTENZIEKTENKUNDE TUINBOUW, 1986: Infektieziekten in den Boomteelt en het openbar groen. Ontwerp Leerstof. Ministerie van Landbouw en Visserij. Directie Landbouwonderwijs, Nederland
WESSOLLY, L., 1993: Verkehrssicherheit: Zur sachgerechten Beurteilung geschädigter Bäume. Neue Landschaft 1: 33-37
ZTV-BAUMPFLEGE, 1992: Zusätzliche technische Vertragsbedingungen und Richtlinien für Baumpflege und Baumsanierung. Hrsg. Forschungsgesellschaft Landschaftsentwicklung – Landschaftsbau (FFL) Bonn: 56 pp.

Illustrationen: Institut für BaumDiagnose, Köln/Stuttgart

Anschrift der Verfasser:

Hermann Reinartz und Michael Schlag
Reinartz & Schlag Diplom Biologen (öbv SV)
Bergisch Gladbacher Str. 1186
51069 Köln

Kapitel 10

Verordnung zum Schutz des Baumbestandes in der Stadt Augsburg – Erfahrungen aus der Praxis

Ulrich Schneider und Gerhard Schmidt

Inhalt

	Inhalt	Seite
1.	Entstehung, Notwendigkeit und Ziele der Baumschutzregelung	232
2.	Vollzug der Baumschutzverordnung	232
2.1	Schutzgegenstand und Verbote	232
2.2	Ausnahmen von den Verboten	234
2.3	Erteilung von Ausnahmegenehmigungen	235
2.4	Ausgleichsmaßnahmen, Ordnungswidrigkeiten	235
2.5	Antragsberechtigung	236
2.6	Verkehrssicherungspflicht	237
3.	Statistischer Überblick über die ersten 3 Jahre Geltungsdauer	237
3.1	Anzahl und Art der bearbeiteten Fälle	237
3.2	Vorgebrachte Gründe und deren Genehmigungschancen	238
3.3	Anzahl betroffener Bäume und Baumarten	238
4.	Bewertung, Verbesserungsvorschläge, Konsequenzen	239
4.1	Grundsätzliche Diskussionspunkte	239
4.2	Konkrete Änderungsvorschläge	240
4.3	Schlußbetrachtung	241
5.	Literatur	242

1. Entstehung, Notwendigkeit und Ziele der Baumschutzregelung

Die Baumschutzverordnung der Stadt Augsburg (BaumschutzVO) wurde mit Veröffentlichung im Amtsblatt Nr. 48 vom 29.12.1989 erlassen (Nachdruck der BaumschutzVO, s. Abb. 1). Somit liegen nunmehr Erfahrungswerte aus über drei Jahren Geltungsdauer vor, über die hier zusammenfassend berichtet werden soll.

Dem Erlaß der Verordnung vorausgegangen waren heftige Debatten im Stadtrat über Fragen,
- ob eine Baumschutzverordnung denn tatsächlich erforderlich sei,
- ob sie unbedingt auf das gesamte Stadtgebiet ausgedehnt werden müsse,
- ob sie den einzelnen Bürger in seiner persönlichen Freiheit nicht zu sehr einschränken würde und
- ob eine solche Verordnung überhaupt vollziehbar sei, insbesondere nachdem sie neben den öffentlichen Freiflächen auch den privaten Bereich abzudecken hätte.

Gleichzeitig befürchtete man, daß ein solcher Verordnungserlaß das Denunziantentum in unzumutbarer Weise fördern könnte und ein wesentlicher Teil des schutzwürdigen Bestandes noch vor Inkrafttreten der Schutzverordnung, in einer Art vorbeugender Maßnahme, entfernt werden würde (vgl. MROS 1985). Nachdem jedoch einschlägige Befragungen anderer, vergleichbarer Städte mit rechtskräftiger BaumschutzVO diese Befürchtungen weitgehend entkräften konnten, erstellte die Untere Naturschutzbehörde einen Verordnungsentwurf, welcher darauf abzielte, den Großgrünbestand des bebauten Stadtgebietes so weit wie möglich abzusichern, gleichzeitig jedoch die Freiheiten privater Grundbesitzer auf das Notwendigste zu beschränken.
Ein wesentlicher Punkt in diesem Zusammenhang war die Verhinderung der Beseitigung von stadtökologisch bedeutsamen Baumbeständen auf Bauerwartungsland im Vorfeld von Baugenehmigungsanträgen. Einen übergeordneten Aspekt bei der inhaltlichen Gestaltung der BaumschutzVO stellte das Ziel dar, einen Kontrollmechanismus in Gang zu bringen, welcher darauf ausgerichtet ist, vermeidbare Eingriffe in Baumbestände zu verhindern. Dies setzt voraus, daß durch die BaumschutzVO erst einmal der generelle Schutz für den schutzwürdigen Baumbestand ausgesprochen wird.

Letztlich ist somit die BaumschutzVO als eines unter vielleicht vielen Instrumenten zu sehen, das einer immer mehr sich verschlechternden Natur und Umwelt entgegensteuert, indem es Bäume als einen wichtigen Teil der natürlichen Lebensgrundlagen zu erhalten versucht (vgl. OTTO 1992). Unter § 2 der BaumschutzVO ist entsprechend dieser Zielsetzung der Schutzzweck der BaumschutzVO wie folgt formuliert (s. Abb. 1):

„Der geschützte Baumbestand soll dazu beitragen,
a) eine angemessene innerörtliche Durchgrünung zu gewährleisten,
b) die Leistungsfähigkeit des Naturhaushaltes zu fördern,
c) schädliche Umwelteinwirkungen zu mildern und
d) das Ortsbild in bezug auf Stadt- und Straßenbild zu erhalten und zu belegen".

2. Vollzug der Baumschutzverordnung

2.1 Schutzgegenstand und Verbote

Grundsätzlich sind durch die BaumschutzVO innerhalb der bebauten Gebiete von Augsburg alle Bäume mit einem Stammumfang von mehr als 80 cm in 1 m Höhe über dem Erdboden geschützt. Bei mehrstämmigen Bäumen muß einer der Stämme mehr als 50 cm Stammumfang besitzen (Details s. Abb. 1, § 1 BaumschutzVO).
Schutz in diesem Zusammenhang bedeutet, daß eine Entfernung, Zerstörung oder Veränderung dieser Bäume verboten ist (s. Abb. 1, § 3 Abs. 1). Während Entfernung oder Zerstörung noch relativ klar abgrenzbar sind, bereitete die in der BaumschutzVO fixierte, vage Definition des Begriffes Veränderung als Eingriff an Bäumen, der „das charakteristische Aussehen oder das weitere Wachstum nachhaltig beeinträchtigt" (s. Abb. 1, § 3 Abs. 4), im Vollzug zunächst einige Probleme. Verschiedene Firmen, die in Augsburg offensichtlich seit langem Schnittmaßnahmen an Bäumen durchführten, mußten auf o. g. Verbot der nachhaltigen Veränderung verwiesen werden und ihre Arbeitsweise umstellen.
So gibt es zu diesem Problembereich mittlerweile eine ganze Reihe hilfreicher, wissenschaftlicher Untersuchungen, die eindeutig zeigen, daß, je nach Baumart, Astungs- oder Stämmlingswunden über 5 cm bzw. 10 cm Durchmesser irreparable Schäden durch eintretende Holzfäule nach sich ziehen (z. B. DUJESIEFKEN und LIESE 1991, s. a. Kap. 5, 2.5.3 und Kap. 6, 5.) und damit für Bäume nachhaltige Beeinträchtigungen darstellen (Abb. 2).
Die für einen Baum im negativen Sinne gravierendste Form solcher, grundsätzlich verbotener Schnittmaßnahmen ist die Kappung von Kronen (Abb. 3). Werden ausgewachsene Bäume plötzlich gekappt (z. B. wegen Beschattung), tritt an den Schnittstellen unweigerlich Fäulnis auf. Außerdem bewirkt ein starker Rückschnitt den Austrieb einer Vielzahl sogenannter Ständer. Diese müssen dann regelmäßig nachbehandelt werden

Verordnung zum Schutz des Baumbestandes im Stadtgebiet von Augsburg

Baumschutzverordnung vom 19.12.1989
Aufgrund von Art. 12 Abs. 2 und 3, Art. 9 Abs. 4, Art. 45 Abs. 1 Nr. 4 und Art. 37 Abs. 2 Nr. 3 des Bayerischen Naturschutzgesetzes – BayNatSchG – (BayRS 791-1-U), zuletzt geändert durch Gesetz vom 16. Juli 1986 (GVBL. S. 135), erläßt die Stadt Augsburg als Untere Naturschutzbehörde folgende mit Schreiben der Regierung von Schwaben vom 27. Oktober 1989, Nr. 820-8633/48, genehmigte Verordnung:

§ 1 Schutzgegenstand
(1) Der Bestand an Bäumen innerhalb der im Zusammenhang bebauten Ortsteile der Stadt Augsburg wird in den in Abs. 4 und 5 festgelegten Grenzen nach Maßgabe dieser Verordnung geschützt.
(2) Geschützt sind Bäume mit einem Stammumfang von mehr als 80 cm, mehrstämmige Bäume, wenn einer der Stämme einen Umfang von mehr als 50 cm hat. Der Stammumfang wird in einer Höhe von 100 Zentimetern über dem Erdboden gemessen. Liegt der Kronenansatz unter dieser Höhe, ist der Stammumfang unter dem Kronenansatz maßgebend.
(3) Geschützt sind auch alle Ersatzpflanzungen, die aufgrund der Verordnung gefordert werden, selbst wenn sie das in Abs. 2 genannte Maß noch nicht erreicht haben.
(4) Die Grenzen der geschützten Bereiche werden grob umschrieben in einer Karte im Maßstab 1:25000, welche Bestandteil dieser Verordnung ist.
(5) Im einzelnen ergeben sich die Grenzen aus der Schutzgebietskarte Maßstab 1:10000, die bei der Stadt Augsburg – Untere Naturschutzbehörde – aufbewahrt ist und auf die Bezug genommen wird.
Maßgebend ist der Eintrag in dieser Karte. Die Karte wird archivmäßig verwahrt und ist während der Dienststunden allgemein zugänglich.

§ 2 Schutzzweck
Der geschützte Baumbestand soll dazu beitragen,
a) eine angemessene innerörtliche Durchgrünung zu gewährleisten,
b) die Leistungsfähigkeit des Naturhaushaltes zu fördern,
c) schädliche Umwelteinwirkungen zu mildern und
d) das Ortsbild in bezug auf Stadt- und Straßenbild zu erhalten und zu belegen.

§ 3 Verbote
(1) Es ist verboten, die nach § 1 Abs. 2 und 3 geschützten Bäume zu entfernen, zu zerstören oder zu verändern.
(2) Ein Entfernen liegt insbesondere vor, wenn Bäume gefällt, abgeschnitten, abgebrannt oder entwurzelt werden.
(3) Ein Zerstören liegt insbesondere vor, wenn Maßnahmen vorgenommen oder Zustände aufrechterhalten werden, die zum Absterben von Bäumen führen.
(4) Ein Verändern liegt insbesondere vor, wenn an Bäumen Eingriffe vorgenommen werden, die das charakteristische Aussehen oder das weitere Wachstum nachhaltig beeinträchtigen.

§ 4 Ausnahmen
Von den Verboten dieser Verordnung bleiben ausgenommen:
1. Obstbäume mit Ausnahme von Walnußbäumen und hochstämmigen Apfelbäumen,
2. Pappeln, Weiden, Erlen und Fichten,
3. Bäume in Baumschulen und Gärtnereien, soweit sie gewerblichen Zwecken dienen,
4. Bäume in Gartenparzellen von Kleingartenanlagen,
5. Bäume auf bebauten Grundstücken mit weniger als 300 qm Grundstücksfläche,
6. der ordnungsgemäße Baumbestand erhält,
7. Maßnahmen zur Verkehrssicherung und zur Gefahrenabwehr.

§ 5 Genehmigung
(1) Für das Entfernen, Zerstören oder Verändern geschützter Bäume ist eine Genehmigung zu erteilen, wenn
a) aufgrund anderer Rechtsvorschriften ein Anspruch auf Genehmigung eines Vorhabens besteht, dessen Verwirklichung ohne eine Entfernung, Zerstörung oder Veränderung von Bäumen nicht möglich ist oder
b) der Bestand oder die Nutzbarkeit eines vorhandenen Gebäudes unzumutbar beeinträchtigt wird oder
c) die ausgeübte gewerbliche oder militärische Nutzung eines Grundstückes unzumutbar beeinträchtigt wird oder
d) Bäume in Folge von Altersschäden, Schädlingsbefall, Krankheit oder Mißbildung ihre Schutzwürdigkeit verloren haben.
(2) Das Entfernen, Zerstören oder Verändern geschützter Bäume kann im Einzelfall genehmigt werden, wenn
a) überwiegende Gründe des allgemeinen Wohls dies erfordern oder
b) die Befolgung der Beschränkungen zu einer offenbar nicht beabsichtigten Härte führen würde und die Abweichung mit den öffentlichen Belangen im Sinne des Bayerischen Naturschutzgesetzes vereinbar ist oder
c) die Durchführung der Vorschrift zu einer nicht gewollten Beeinträchtigung von Natur und Landschaft führen würde.
(3) Die Genehmigungspflicht gilt nicht für die in § 4 bezeichneten Ausnahmetatbestände.
(4) Die Genehmigung ist bei der Stadt Augsburg – Untere Naturschutzbehörde – unter Angabe der Gründe schriftlich zu beantragen. Im Antrag sind die betroffenen Bäume nach Art, Stammumfang und Höhe sowie nach Lage im Grundstück zu bezeichnen. Die Untere Naturschutzbehörde kann im Einzelfall die Vorlage von Plänen verlangen und dabei Anzahl, Maßstab und Inhalt festlegen.
(5) Wird die Maßnahme durch ein Vorhaben veranlaßt, das nach anderen Rechtsvorschriften gestattungsbedürftig ist, so ist der Antrag bei der für dieses Verfahren zuständigen Behörde einzureichen.

§ 6 Nebenbestimmungen, Ersatzpflanzungen und Ausgleichsmaßnahmen
(1) Die Genehmigung kann unter Auflagen und Bedingungen erteilt werden. Zur Gewährleistung der Erfüllung der Nebenbestimmungen kann eine angemessene Sicherheitsleistung gefordert werden.
(2) Insbesondere kann die Auflage erteilt werden, daß auf demselben Grundstück durch die Anpflanzung von Bäumen angemessener Ersatz für die eintretende Bestandsminderung geleistet wird. Dabei können Mindestgrößen, Pflanzenart und Pflanzfristen näher bestimmt werden.
(3) Hat der Eigentümer oder ein sonstiger Berechtigter entgegen dem Verbot des § 3 geschützte Bäume entfernt, zerstört oder verändert, können angemessene Ersatzpflanzungen zum Ausgleich für die eingetretene Bestandsminderung angeordnet werden. Abs. 2 Satz 2 gilt entsprechend.
(4) Ist in den Fällen der Abs. 2 und 3 eine Ersatzpflanzung nicht möglich oder zumutbar, kann eine Ausgleichszahlung gefordert werden, deren Höhe sich nach den Kosten richtet, die für eine angemessene Ersatzpflanzung auf öffentlichen Grünflächen erforderlich sind. Die Ausgleichszahlung ist zweckgebunden für die Neupflanzung von Bäumen zu verwenden.

§ 7 Ordnungswidrigkeiten
(1) Nach Art. 52 Abs. 1 Nr. 3 BayNatSchG kann mit Geldbuße bis zu fünfzigtausend Deutsche Mark belegt werden, wer vorsätzlich oder fahrlässig entgegen § 3 geschützte Bäume ohne Genehmigung entfernt, zerstört oder verändert.
(2) Nach Art. 52 Abs. 1 Nr. 6 BayNatSchG kann mit Geldbuße bis zu fünfzigtausend Deutsche Mark belegt werden, wer vorsätzlich oder fahrlässig eine im Rahmen einer Genehmigung erteilte vollziehbare Auflage gemäß § 6 nicht erfüllt.

§ 8 Weitergeltende Schutzbestimmungen
(1) Von dieser Verordnung bleiben die Verordnung zum Schutz von Bäumen und Sträuchern im Bereich des Altstadtringes vom 6.11.1981 (ABl.S. 192) und die Verordnung zum Schutz von Bäumen und Sträuchern im Bereich der Pferseer Wertachauen vom 6.11.1981 (ABl.S 192) in ihrer jeweils geltenden Fassung unberührt. In diesen Bereichen gilt die vorliegende Verordnung nicht.
(2) Unberührt bleiben ferner alle weitergehenden naturschutzrechtlichen Verordnungen und Anordnungen im Einzelfall.

§ 9 Inkrafttreten
Diese Verordnung tritt am Tage nach ihrer Bekanntmachung im Amtsblatt der Stadt Augsburg in Kraft. Die VO wurde im ABl. Nr. 48 v. 29.12.89 S. 152 veröffentlicht.

Augsburg, den 19. Dezember 1989 Der Oberbürgermeister

Abb. 1: Nachdruck des Textes der Verordnung zum Schutz des Baumbestandes im Stadtgebiet von Augsburg vom 29.12.1989.

(Einkürzen und regelmäßiges Entfernen), weil sie sonst mittel- bis langfristig an den ehemaligen Kappungsstellen infolge ihres Gewichtes und der eintretenden Fäulnis ausbrechen. Somit bedeutet eine Kronenkappung für den Baum sowohl eine langfristige Veränderung des charakteristischen Aussehens (durch das erforderliche, ständige Zurückschneiden bzw. das Ausbrechen) als auch eine nachhaltige Beeinträchtigung des weiteren Wachstums, weil ein solcher Baum durch die eingetretene Fäulnis wesentlich früher abstirbt als ohne Eingriff.
Ausgenommen vom o. g. Verbot der Veränderung sind lediglich Bäume, an denen seit Jugendstadium regelmäßig ein Formschnitt durchgeführt wird, wie z. B. an den Platanen in der Gögginger Straße, am Moritzplatz oder am Elias-Holl-Platz (s. Abb. 4).

2.2 Ausnahmen von den Verboten

Die im bisherigen Vollzug wohl wichtigsten Ausnahmetatbestände der BaumschutzVO betreffen (vgl. Abb. 1, § 4)

- einzelne Baumarten (Pappel, Weide, Erle, Fichte, Obstbäume mit Ausnahme von Walnuß, hochstämmigem Apfel und Mostbirne),
- den ordnungsgemäßen Baumschnitt sowie
- Maßnahmen zur Verkehrssicherung und Gefahrenabwehr.

Während die Zweckmäßigkeit, einzelne Baumarten aus der Baumschutzverordnung herauszunehmen, weiter unten erörtert wird, ergibt sich die Definition eines ordnungsgemäßen Baumschnittes aus den o. g.

Abb. 2: Verheerender, besenartiger Rückschnitt einer Linde, ohne Not und damit verboten. Dieser Baumfrevel bedeutet für die Linde einen Schaden auf Dauer und in jedem Falle eine Verkürzung ihrer ursprünglichen Lebenserwartung.

Abb. 3: Kronenkappung an Eschen in der alten Neuburger Straße. Dieser radikale Rückschnitt mußte zur Gewährleistung der Flugsicherheit am Mühlhauser Flugplatz genehmigt werden. Mittelfristig sollten die verstümmelten und langzeitgeschädigten Bäume besser gegen niedrigeren Bewuchs ausgetauscht werden.

Abb. 4: Bestimmte Baumarten, wie diese Platanen an der Gögginger Straße, ertragen Formschnitt, wenn dieser regelmäßig, seit dem Jugendstadium und in fachlich qualifizierter Form durchgeführt wird.

Aussagen: Keiner Genehmigung bedürfen nach momentanem Erkenntnisstand Schnittmaßnahmen,
- die, in Abhängigkeit von der Baumart, keine größeren Wunden als 5 cm bzw. 10 cm Durchmesser verursachen,
- die keine Kronenkappung darstellen sowie
- der Entfernung von Totholz oder bruchgefährdeten Kronenteilen dienen.

Die Beseitigung von Bäumen oder auch nur Kronenteilen zum Zwecke der Verkehrssicherung bzw. Gefahrenabwehr ist, wie gesagt, ebenfalls genehmigungsfrei, aber im Vollzug nicht unproblematisch. So sollte immer nachvollziehbar sein (z. B. durch Beweisfotos), daß eine derartige Maßnahme tatsächlich unabdingbar war, um einen unmittelbar gefahrdrohenden Zustand zu beseitigen, und daß die zuständige Behörde nicht mehr vor Durchführung der Maßnahme informiert werden konnte. Falls es in solchen Fällen zu juristischen Auseinandersetzungen kommt, liegt die Beweislast hier eindeutig beim Verursacher (BRELOER, mdl. Mitt.); und insbesondere im Falle von Baumaßnahmen drängten sich ohne nähere Beweismittel leicht Verdachtsmomente auf, die eine vorsätzliche Beseitigung eines Baumes aus kommerziellen Gründen annehmen lassen.

2.3 Erteilung von Ausnahmegenehmigungen

Zwar ist es grundsätzlich verboten, geschützte Bäume zu entfernen, zu zerstören oder nachhaltig zu verändern; es wird jedoch jedem Baumeigentümer oder sonstigen Berechtigten die Möglichkeit eingeräumt, die Erteilung einer Ausnahmegenehmigung zu erwirken. Hierfür ist gemäß § 5 Abs. 4 BaumschutzVO ein Genehmigungsverfahren erforderlich, welches bei der Stadt Augsburg – Untere Naturschutzbehörde – unter Angabe der Gründe schriftlich und formlos zu beantragen ist. Soweit berechtigte Gründe vorliegen, erteilt die Stadt Augsburg als Untere Naturschutzbehörde die Genehmigung, einen geschützten Baum auf legale Weise zu entfernen oder zu beschneiden.

Wesentliche Kriterien bei der Beurteilung eines diesbezüglichen Antrages sind die ökologische Bedeutung und der gestalterische Wert des jeweiligen Baumes sowie dessen Ersetzbarkeit, und ob eine der Vorgaben des § 5 BaumschutzVO erfüllt ist (s. Abb. 1). So ist eine Genehmigung zu erteilen, wenn z. B.
- die Realisierung einer nach Baurecht genehmigungsfähigen Bebauung durch Erhalt eines Baumes unmöglich wäre (§ 5 Abs. 1 Buchst. a, BaumschutzVO),
- Wohnräume so beschattet werden, daß tagsüber die Beleuchtung eingeschaltet werden muß (§ 5 Abs. 1 Buchst. b, BaumschutzVO),
- Bäume durch Orkanböen so beschädigt wurden, daß sie nicht mehr schutzwürdig sind (§ 5 Abs. 1 Buchst. d, BaumschutzVO),
- die Reparatur einer Gasleitung durch einen Baum behindert wird (§ 5 Abs. 2 Buchst. a, BaumschutzVO),
- die Sanierung eines sturmgeschädigten Baumes Kosten verursachen würde, die für den individuellen Baumbesitzer unzumutbar wären (§ 5 Abs. 2 Buchst. b, BaumschutzVO).

Der Vollständigkeit halber sei erwähnt, daß die beiden nicht anhand von Beispielen erläuterten Genehmigungstatbestände gemäß § 5 Abs. 1 Buchst. c, sowie Abs. 2 Buchst. c, der BaumschutzVO in der bisherigen Praxis fast keine Rolle spielten.

Ein wesentliches Problem bei der Genehmigung ist z. B. die Abgrenzung des Ermessensspielraumes, welcher sich aus § 5 Abs. 2 BaumschutzVO ergibt. Es gilt zu klären, wo der Grenzbereich für die überwiegenden Gründe des allgemeinen Wohles und einer offenbar nicht beabsichtigten Härte liegt.
Gleichzeitig ist in diesem Zusammenhang zu bedenken, daß erarbeitete Eckwerte solcher Grenzbereiche bei gleichgearteten Fällen gleichartig festgelegt werden, um die Maßgabe eines gerechten Vollzuges angemessen zu würdigen. Eine wesentliche Hilfestellung für die Lösung diesbezüglicher Fragen können die veröffentlichten Rechtssprechungen adäquater Fälle aus aktuellen Fachzeitschriften leisten.

2.4 Ausgleichsmaßnahmen, Ordnungswidrigkeiten

Eine Befreiung von den Verboten der Schutzverordnung kann unter Auflagen und Bedingungen erteilt werden, meist gleichbedeutend mit der Festlegung von Ersatzpflanzungen oder Ausgleichszahlungen (s. § 6 BaumschutzVO).
Wird ein geschützter Baum entgegen den Schutzvorschriften der Baumschutzverordnung entfernt, zerstört oder verändert, so stellt dies eine Ordnungswidrigkeit im Sinne des § 7 BaumschutzVO dar und kann mit einer Geldbuße bis zu 50.000,– DM belegt werden. Darüber hinaus kann für den entstandenen Schaden eine Ersatzpflanzung oder eine Ausgleichszahlung angeordnet werden. In jedem Fall ist jedoch vor der Erteilung eines Bußgeldbescheides oder eines Bescheides zur Leistung einer Ausgleichszahlung die Anhörung des Verursachers des Verstoßes gegen die BaumschutzVO erforderlich.

Ausgleichsmaßnahmen werden aufgrund der bisher gemachten Erfahrungen nach folgenden Grundsätzen festgelegt:

Prinzipiell wird bei jeder Sachlage, die gemäß § 3 BaumschutzVO verboten wäre, geprüft, ob
- eine Genehmigung nach § 5 der BaumschutzVO erteilt werden kann

- oder, bei bereits durchgeführtem Eingriff, im Falle einer ordnungsgemäßen Antragstellung erteilt worden wäre
- oder aber nicht erteilt worden wäre.

Im erstgenannten Fall erstrecken sich die Festsetzungen von „kein Ausgleich erforderlich" (z. B. bei vorhandener, hoher Baumbestandsdichte) bis zu Ersatzpflanzungen mit einem Stammumfang von 18–20 cm pro entferntem Baum (Normalfall, Kosten: ca. 1.000,– bis 1.500,– DM).

Im zweiten Fall werden pro zerstörtem oder entferntem Baum Ersatzpflanzungen mit Stammumfängen von 20–25 cm, 25–30 cm oder entsprechende Ausgleichszahlungen verlangt (Kosten ca. 1.500,– bis 2.500,– DM). Sind bei unerlaubten Veränderungen von Bäumen (Schnittmaßnahmen mit nachhaltiger Wachstumsbeeinträchtigung) keine unmittelbaren Ausgleichsmaßnahmen erforderlich, wird der Verstoß in der Regel mit Bußgeld geahndet. Hier wurden die bisherigen Verstöße mit Geldbußen zwischen 100,– und 500,– DM pro Baum belegt. Der gesetzlich vorgegebene Rahmen pro Baum bewegt sich zwischen 100,– und 10.000,– DM.

Wenn mit größter Wahrscheinlichkeit auch bei ordnungsgemäßer Antragstellung keine Genehmigung erteilt worden wäre, werden die Ausgleichsmaßnahmen wesentlich höher angesetzt als bei o. g. Sachverhalten. In solchen Fällen wird versucht, den eingetretenen Schaden durch Ersatzpflanzungen am Ort des Eingriffs oder durch Ausgleichszahlungen zu regulieren. Ausgleichszahlungen werden generell nach dem in der Bundesrepublik Deutschland bislang einzig in der Rechtsprechung anerkannten Baumwertermittlungsverfahren (z. B. BUNDESGERICHTSHOF 1975 „Kastanienbaum-Urteil"), dem Sachwertverfahren nach der Methode von KOCH, ermittelt (vgl. BaumschutzVO der Stadt Düsseldorf).

Nach diesem Verfahren werden Bäume gemäß § 94 BGB als wesentliche Grundstücksbestandteile angesehen, die wertbildende Faktoren darstellen und damit Verkehrs- und Nutzungswert von Grundstücken beeinflussen. Wird ein Baum entfernt, zerstört oder beschädigt, bedeutet dies einen Eingriff in die Substanz des Grundstücks, der zu entschädigen ist (BUNDESGERICHTSHOF 1975, 2061).

Im Endeffekt werden bei der Sachwertermittlung von Bäumen die Kosten für deren Normalherstellung geschätzt, von denen aber alle Wertminderungen, z. B. infolge bestehender Schäden, abgezogen werden (s. KOCH 1987, BRELOER 1989). Bei Entfernung oder Zerstörung von Bäumen entspricht dieser so ermittelte, aktuelle Gehölzwert der zu fordernden Ausgleichszahlung. Bei Beschädigung von Bäumen wird die Minderung des aktuellen Gehölzwertes vor Schadenseintritt als Substanzverlust plus Kosten und Folgekosten der Verletzung angesehen und festgestellt. Allerdings wird in diesem Zusammenhang noch recht kontrovers diskutiert, ob man tatsächlich vom Eigentümer des Baumes, der für dessen Herstellung ja bereits aufkam, nochmals den gleichen Herstellungsbetrag als Ausgleichszahlung verlangen kann, selbst wenn der Baum unerlaubterweise entfernt wurde.

Eine besondere Situation ergibt sich in bezug auf die Festlegung von Ausgleichsmaßnahmen, wenn die Stadt Augsburg Eigentümer von Bäumen ist, an denen durch Dritte Eingriffe vorgenommen werden. In solchen Fällen wurde bislang immer der aktuelle Gehölzwert bzw. dessen Wertminderung nach Methode KOCH berechnet und als Ausgleichsmaßnahme in Form von Ersatzpflanzungen oder finanziellen Entschädigungen festgesetzt, weil hier die Stadt als Eigentümer Anspruch auf vollen Schadenersatz geltend machen kann. In solchen Fällen nimmt das Amt für Grünordnung und Naturschutz als städtisches Amt privatrechtliche Interessen (Entschädigung nach BGB) und, in seiner Funktion als Untere Naturschutzbehörde, öffentlich-rechtliche Interessen (Ausgleich gemäß BaumschutzVO) in einem wahr.

Um eine Vorstellung über die Höhe von Ausgleichszahlungen zu geben, hier einige Beispiele:
- Für die unerlaubte, nicht genehmigungsfähige Entfernung einer Birke in Göggingen mußte der Baumeigentümer rund 6.000 DM Ausgleich zahlen, weil an der gleichen Stelle kein Ersatz mehr sinnvoll möglich war.
- Für die erlaubte Entfernung von fünf geschützten Bäumen zum Zwecke der Bebauung überwies ein Bauherr rund 9.000,– DM auf ein für die Neupflanzung von Bäumen zweckgebundes Konto der Stadt Augsburg. Ersatzpflanzungen waren innerhalb seines parkartigen Grundstückes in Haunstetten aufgrund der vorgesehenen Bebauung nicht mehr möglich.
- Für die genehmigte Entfernung von zwei Straßenbäumen, die der Zufahrt zu einem Parkhaus im Wege standen, bezahlte der Eigentümer des Parkhauses rund 15.000 DM als Ausgleich, weil an der gleichen Stelle kein Ersatz möglich und die Stadt gleichzeitig Eigentümer der Bäume war, deren voller Wert damit als Entschädigung geltend gemacht werden konnte.

2.5 Antragsberechtigung

Prinzipiell ist zwar nur der Baumeigentümer berechtigt, einen Ausnahmeantrag von den Verboten der BaumschutzVO zu stellen. In der Vollzugspraxis erwies es sich aber auch zweckmäßig, bei nachbarschaftlichen Konflikten dem benachbarten Nicht-Ei-

gentümer ein Antragsrecht als „Sonstigem Berechtigtem" gemäß § 6 Abs. 3 BaumschutzVO einzuräumen, sofern er ohne BaumschutzVO Berechtigter im Sinne des Nachbarrechtes wäre (Bürgerliches Gesetzbuch BGB, z. B. § 906 – Einwirkungen von Nachbargrundstücken, § 910 – Herüberragende Zweige und Wurzeln). In einer solchen Situation, z. B. wenn in ein Nachbargrundstück eindringende Wurzeln eines geschützten Baumes dort den Abwasserkanal trotz mehrmaligem Ausfräsen immer wieder verstopfen oder wenn überhängende Zweige die Nutzung des Nachbargrundstückes unzumutbar beeinträchtigen, sind privatrechtliche und öffentlich-rechtliche Belange aufeinander abzustimmen.
Hier ist es am günstigsten, daß zunächst mit der für die öffentlich-rechtlichen Belange zuständigen Unteren Naturschutzbehörde abgeklärt wird, welche Maßnahmen zur Behebung des Schadens zweckmäßig sind und unter Beachtung der BaumschutzVO überhaupt genehmigungsfähig sind. Dabei ist es dann egal, wer einen Antrag auf Ausnahmegenehmigung stellt; denn falls der Nicht-Eigentümer, also der Nachbar, den Antrag stellt, würde in jedem Falle auch der Eigentümer von einer behördlichen Entscheidung in Kenntnis gesetzt. Ab diesem Zeitpunkt wären dann die Rahmenbedingungen für eine gütliche nachbarschaftliche Einigung bzw. eine privatrechtliche Auseinandersetzung klar abgesteckt.

Hierzu folgendes Beispiel:
Von einem Grundstück in der nördlichen Augsburger Innenstadt ragten die Schleppen von Kastanienbäumen bis auf eine Höhe von 2 m und etwa 5 m weit in den benachbarten, als Wäschetrockenplatz genutzten Freiraum einer Mietwohnanlage und machten dessen Nutzung unmöglich. Der Eigentümer der Mietwohnungen stellte bei der Unteren Naturschutzbehörde daraufhin Antrag auf Entfernung der hereinragenden Äste. Auch wenn der Eigentümer der Kastanien gegen einen solchen Rückschnitt war, genehmigte die Untere Naturschutzbehörde die Entfernung der untersten Äste der geschützten Bäume, weil dadurch einerseits an den Bäumen kein nachhaltiger Schaden entstand und andererseits der Wäschetrockenplatz wieder nutzbar wurde (Genehmigung nach § 5 Abs. 2 Buchst. b, BaumschutzVO). Durch diese Entscheidung der Unteren Naturschutzbehörde waren die öffentlich-rechtlichen Rahmenbedingungen geklärt. Nur innerhalb dieser vorgegebenen Grenzen durften die Bäume geschnitten werden. Ob der Schnitt tatsächlich erfolgte, blieb von da an den beteiligten Privatbesitzern überlassen.

2.6 Verkehrssicherungspflicht

Die Verkehrssicherungspflicht ist immer häufiger ein Grund für Baumeigentümer, ihre Bäume entfernen zu wollen, v. a. auch, wenn konkrete Anhaltspunkte für Gefahrenmomente aktuell nicht erkennbar sind. Da in diesem Punkt beim Bürger offensichtlich erhebliche Unsicherheiten bestehen, sei an dieser Stelle darauf hingewiesen, daß ein Eigentümer im Grunde genommen nur zur sorgfältigen und regelmäßigen Sichtkontrolle seiner Bäume verpflichtet ist. Bestehen keine konkreten Anhaltspunkte für eine drohende Bruch- oder Umsturzgefahr (Totholz, Fruchtkörper von Pilzen am Holz, Faulstellen, Aufgrabungen im Bereich statisch wirksamer Wurzeln etc.), so besteht auch keine Haftungspflicht. Allerdings sollten die Sichtkontrollen in halbjährlichem Abstand durchgeführt und schriftlich fixiert werden. Im übrigen können auch eine Grundstückshaftpflicht- (für Schadenersatzansprüche Dritter) sowie eine Strumschadenversicherung (für Eigenschäden, i. d. R. allerdings erst ab Windstärke 8 wirksam) zusätzlichen Schutz bieten (vgl. OTTO 1992).

3. Statistischer Überblick über die ersten drei Jahre Geltungsdauer

3.1 Anzahl und Art der bearbeiteten Fälle

Seit Erlaß der BaumschutzVO Ende 1989 bis Ende 1992, also während der ersten drei Jahre Geltungsdauer, wurden durch die für den Vollzug zuständige Untere Naturschutzbehörde insgesamt 179 Verwaltungsakte bearbeitet, davon 68 in den ersten beiden Jahren, 111 alleine 1992; Tendenz demnach steigend.
In 135, also 75 % dieser Fälle, wurde ein schriftlicher Antrag auf Ausnahmegenehmigung von den Verboten der BaumschutzVO gestellt. 93 davon, also etwa 2/3, wurden genehmigt, die übrigen 42 abgelehnt. In 95 % dieser Anträge ging es um die Entfernung von Bäumen, die übrigen bezogen sich auf Rückschnittmaßnahmen.
Ohne ordnungsgemäßen Antrag wurde in 44 Fällen entgegen den Verboten der BaumschutzVO gehandelt (25 % aller Verwaltungsakte). Davon stellten sich im nachhinein jeweils 50 % (je 22 Fälle) als mit großer Wahrscheinlichkeit genehmigungsfähig bzw. als sicher nicht genehmigungsfähig heraus. Etwa jeder vierte dieser 44 Verstöße geschah im Vorgriff auf geplante Bauvorhaben vor erteilter Baugenehmigung (10 Fälle, 23 %). Bei etwa zwei von drei nicht genehmigungsfähigen Verstößen (14 Fälle, 64 %) handelte es sich nicht um unmittelbare Entfernungen oder Zerstörungen, sondern um dauerhafte Beschädigungen von Bäumen (starker Rückschnitt, Wurzelverletzungen etc.).

Der Vollständigkeit halber sei an dieser Stelle erwähnt, daß es sich bei all diesen Fällen um Verfahren handelte, die ausschließlich die BaumschutzVO betrafen. So gehen z. B. häufig im Rahmen von Bauanträgen auch Belange des Baumschutzes mit ein, die jedoch im Abwägungsprozeß mit anderen Belangen, v. a. des Baurechts, durch das hierfür zuständige Bauordnungsamt in Einklang zu bringen sind. Im Rahmen solcher Baugenehmigungsverfahren befaßte sich die Untere Naturschutzbehörde z. B. 1992 mit 52 Baugesuchen, bei denen die BaumschutzVO tangiert war und die bei den hier aufgeführten statistischen Daten nicht berücksichtigt wurden.

3.2 Vorgebrachte Gründe und deren Genehmigungschancen

Bei näherer Betrachtung, welche Gründe regelmäßig angegeben werden, wenn Bäume, sei es nun mit oder ohne Genehmigung, verändert oder entfernt werden sollten bzw. wurden, zeigt sich, daß zum überwiegenden Teil, in jeweils rund 20 % aller Fälle,
- eine Gefährdung der Standsicherheit der Bäume,
- Nutzungsbeeinträchtigungen, die das Grundstück betreffen,
- Alters- und Krankheitsschäden an den Bäumen sowie
- Beeinträchtigungen der Lichtraumverhältnisse in Wohnräumen

vorgebracht werden (s. Tab. 1).

***Tabelle 1**: Angegebene Gründe bei der Beantragung von Ausnahmegenehmigungen von den Verboten der BaumschutzVO sowie bei Verstößen gegen die BaumschutzVO (im Zeitraum zwischen 1990 und 1992, 179 Fälle)*

Angegebene Gründe	Alle Fälle		Genehmigte Fälle	
	Anzahl	Anteil	Anzahl	Anteil*
Gefährdete Standsicherheit	41	23 %	21	23 %
Nutzungsbeeinträchtigung des Grundstücks durch Schatten, Laub, Samen, Blüten, Konkurrenz etc.	30	17 %	9	8 %
Beschädigung von Gebäude, Fassade, Dachrinne, Zufahrt, Kanal etc.	33	18 %	7	8 %
Alters- bzw. krankheitsbedingte Baumschäden (auch z. B. Orkanschäden)	33	18 %	31	34 %
Beeinträchtigung der Lichtverhältnisse in Wohnräumen	31	17 %	18	20 %
Sonstige Gründe (zu dichter Baumbestand, Allergien, Stromleitung)	11	6 %	7	7 %

* Anteil an gesamten genehmigten Fällen

Eine Gegenüberstellung der mit ein und derselben Begründung vorliegenden Baumschutzverfahren mit den jeweils hierzu erfolgten Genehmigungen zeigt (s. Tab. 1), daß v. a. die Angabe einer Beschädigung von Gebäuden, Zufahrten etc. einer behördlichen Überprüfung nicht standhalten konnte (Genehmigung nur in 21 % aller Fälle). In 70 % aller Fälle wurden auch Baumentfernungen oder -veränderungen wegen angeblicher unzumutbarer Nutzungsbeeinträchtigungen des Grundstücks durch zuviel Laub, Schatten auf dem Gemüsebeet, Wasserentzug für die nahestehende Hecke etc. nicht anerkannt, weil es sich dabei i. d. R. um natürliche, ortsübliche Auswirkungen von Bäumen handelte, die den Normalfall darstellten und keine Ausnahmegenehmigung rechtfertigten.

Auch in ihrer Standsicherheit vom Eigentümer als gefährdet angesehene Bäume wurden nur in etwa jedem zweiten Fall als solche beurteilt und zur Entfernung freigegeben. Dabei waren in drei von vier genehmigten Fällen die Bäume so durch Orkane geschädigt, daß eine Sanierung nicht mehr in Frage kam (z. B. auseinandergebrochener Stamm). In den meisten abgelehnten Anfragen sollten Bäume eher vorsorglich, d. h. zur Vermeidung eines möglichen Umsturzes bei Orkanböen, entfernt werden. Dies fand natürlich keine Anerkennung, weil ansonsten nahezu jeder Baum im besiedelten Bereich, v. a. im Privatgrün, prophylaktisch beseitigt werden dürfte.

Anträge auf Rückschnitt bzw. auf Entfernung wegen zu starker Beschattung von Wohnräumen, wegen zu dichtstehender, sich gegenseitig bedrängender Bäumen oder ständig wiederkehrende Rückschnittmaßnahmen wegen bestehender Stromleitungen wurden relativ häufig genehmigt, Beseitigungsanträge für kranke, altersschwache oder orkangeschädigte (ohne Sicherheitsrisiko) Bäume fast immer (s. Tab. 1).

3.3 Anzahl betroffener Bäume und Baumarten

Eine Übersicht zeigt (Tab. 2), daß in den bisherigen drei Jahren insgesamt 274 geschützte Bäume von verbotenen bzw. genehmigungspflichtigen Handlungen betroffen waren. Davon wurden 161 Bäume entfernt oder zerstört und 113 nachhaltig, also mit einhergehendem Dauerschaden, verändert. Insgesamt 57 beantragte Handlungen an Einzelbäumen, im wesentlichen Entfernungsanträge, wurden abgelehnt.
Tab. 2 belegt außerdem, daß die am häufigsten betroffenen Baumarten Birke, Spitzahorn, Linde (überwiegend Winterlinde) und Kastanie waren; Spitzahorn und Linde sicherlich alleine deshalb, weil sie anteilsmäßig in Augsburg mit am häufigsten auftreten. Der offensichtlich im eigenen Garten unbeliebteste Baum ist somit die Birke, vermutlich weil sie zum einen durch ihren hohen Wasserverbrauch benachbarten Pflanzen ein starker Konkurrent ist, zum anderen aber auch weil sie das ganze Jahr über mit Blüten, trockenen Zweigen, Samen und Laub „Dreck" macht, wie man sehr häufig zu hören bekommt. Die Birke wurde nicht nur am häufigsten entfernt (35 Stück), gefolgt

von Spitzahorn (25 Stück); darüber hinaus wurden noch 24 weitere Anträge auf Entfernung abgelehnt.

Die meisten Beschädigungen, v. a. durch unqualifizierten Rückschnitt, mußten Spitzahorne, Linden und Kastanien über sich ergehen lassen.

Tabelle 2: *Entfernte sowie im weiteren Wachstum nachhaltig beeinträchtigte, geschützte Bäume während der ersten drei Jahre Geltungsdauer der Augsburger BaumschutzVO.*

Baumarten	entfernt o. verändert	entfernt	verändert	abgelehnt	gesamt
	1	2	3	4	5
Birke	43	35	8	24	67
Spitzahorn	52	25	27	8	60
Linde	41	16	25	7	48
Kastanie	33	9	24	3	36
Esche	16	5	11	3	19
Robinie	11	10	1	0	11
Sonstige * (25 Arten)	78	61	17	12	90
Gesamt	274	161	113	57	331

* = Baumarten, die mit weniger als 10 Exemplaren betroffen waren
1 = Gesamtanzahl verbotener und genehmigter Entfernungen oder Veränderungen geschützter Bäume (Summe aus 2 u. 3)
2 = Verbotene und genehmigte Entfernungen
3 = Verbotene und genehmigte Veränderungen
4 = Abgelehnte Anträge auf Entfernung bzw. Veränderung
5 = Gesamtanzahl beabsichtigter und vollzogener Entfernungen und Veränderungen (Summe aus 1 u. 4)

4. Bewertung, Verbesserungsvorschläge, Konsequenzen

Es kann und soll in keinster Weise bestritten werden, daß mit dem Vollzug der BaumschutzVO ein erhebliches Maß an Problemen und auch an Arbeit verbunden ist, daß jedoch nach den gemachten Erfahrungen der Erlaß einer solchen Schutzverordnung die einzige Möglichkeit darstellt, nicht vertretbaren Baumbeseitigungen wirksam entgegenzutreten.
Dies bezieht sich sowohl auf die Verhinderung illegaler Eingriffe in geschützte Gehölzbestände wie auch auf die Möglichkeit, einen verursachten Schaden über die Festsetzung von Ausgleichszahlungen und Ausgleichsmaßnahmen zu heilen (s. o.), wobei es in diesem Zusammenhang von nachrangiger Bedeutung ist, ob der Eingriff genehmigt oder nicht genehmigt war.

4.1 Grundsätzliche Diskussionspunkte

Zu überlegen ist, ob und inwieweit im Rahmen einer Modifizierung der Schutzverordnung ein effizienterer Baumschutz erreicht werden kann. Entsprechende Diskussionspunkte liefern die Festsetzungen (s. Abb. 1, § 4 BaumschutzVO)
- zum Schutzmaß (80 cm Umfang in 1 m Höhe),
- zu den Mindestgrößen geschützter Grundstücksareale (mind. 300 m²),
- zu den geschützten Gehölzarten (Erlen, Weiden, Pappeln, Fichten sowie die meisten Obstgehölze unterliegen derzeit keinem Schutz) und
- zur Verwendung von Ausgleichszahlungen.

Hinsichtlich des Schutzmaßes ist anzumerken, daß sicherlich eine Vielzahl von Gehölzbeständen, welche das Schutzmaß derzeit nicht erreicht haben, in ihrer Komplexität ebenfalls schutzwürdig sind.

Es bleibt jedoch zu überlegen, ob es wirklich vertretbar ist, durch eine drastische Herabsetzung des Schutzmaßes bzw. durch die Ausdehnung des Gehölzschutzes auf alle Bäume und Sträucher jegliche Entscheidungsfreiheit in einem privaten Gartengrundstück zu unterbinden oder ob es nicht angemessener ist, zu differenzieren und für die durch den Schutz der BaumSchutzVO nicht abgedeckten überdurchschnittlichen, meist vollen Gehölzbestände durch spezifische Inschutznahmeverfahren, z. B. durch die Ausweisung als geschützter Landschaftsbestandteil nach Art. 12 BayNatSchG, zu sichern. Eine Reduzierung des Schutzmaßes auf 60 cm Stammumfang, wie dies einige Kommunen bereits getan haben, scheint diesbezüglich einen absoluten Grenzwert darzustellen.

Auf die Festsetzung von Mindestgrößen geschützter Grundstücksareale kann nach bisheriger Erfahrung verzichtet werden, weil der Erhalt eines Baumes auf einem bebauten Grundstück von weniger als 300 m² nicht automatisch eine unbillige Härte darstellen muß. Es ist hier vielmehr zu differenzieren, in welcher Weise das Grundstück bebaut ist. Erst auf dieser Basis ist eine sinnvolle Entscheidung möglich, ob der Baumerhalt mit der Grundstücksnutzung vereinbar ist. Es ist beispielsweise nicht nachvollziehbar, daß der Erhalt eines Baumes auf einem mit einem Nebengebäude (Garage, Schuppen etc.) bebauten Grundstück mit weniger als 300 m² grundsätzlich nicht zumutbar sein soll. Sofern auf einem solchen Grundstück tatsächlich der Raum für einen Baumerhalt zu knapp bemessen ist, ist ja jederzeit die Erteilung einer Ausnahmegenehmigung auf der Grundlage des § 5 Abs. 2 der BaumschutzVO möglich, weil dies dann eben eine offenbar nicht beabsichtigte Härte betreffen würde.

Die Ausklammerung insbesondere von Erlen, Weiden, Pappeln und Fichten von den geschützten Baumarten

der BaumschutzVO führt häufig zu dem Mißverständnis, daß diese Gehölzarten keine Bedeutung für den Naturhaushalt im bebauten Stadtbereich hätten. Dies trifft jedoch nicht zu. Vielmehr führen diese Baumarten im Siedlungsbereich in der üblichen engen Kombination mit menschlichen Siedlungsstrukturen wie Gebäuden, Verkehrswegen etc. zu großen Problemen, weil gerade Erlen, Weiden und Pappeln dazu neigen, relativ schnell zu vergreisen und daher in diesem Stadium in erheblichem Ausmaß mit Astbruch und Totholzabwurf zu rechnen ist. Außerdem benötigen Weichholzbestände auf Grund ihres starken Wachstums eine relativ kurze Regenerationszeit. Fichten unterliegen als extreme Flachwurzler einer relativ hohen Windbruchgefahr.
Daraus läßt sich die Erkenntnis gewinnen, daß insbesondere die genannten Weichholz-Baumarten stadtökologisch nicht weniger wertvoll sind als die durch die BaumschutzVO geschützten Bäume. Aufgrund spezifischer standörtlicher Besonderheiten, wie z. B. extreme Flachgründigkeit, prägen sie das Stadtbild ganzer Stadtteile. Das gleiche gilt für eine Vielzahl markanter Einzelbäume aus der Gruppe der Baumweiden und der Pappeln, welche vielfach neben einem besonders malerischen Erscheinungsbild durch Totholzteile und Astabbrüche einen sehr hohen Strukturreichtum aufweisen und damit eine wesentliche Biotopgrundlage für die Fauna des Siedlungsbereiches darstellen. Im Sinne eines selbstverantwortlichen Naturschutzes sollten deshalb auch die nicht geschützten Baumarten, soweit wie möglich, erhalten werden, einschließlich der oben nicht näher erwähnten Obstgehölze.
Für besonders wertvolle Einzelbäume und Baumgruppen dieser Arten muß die Überlegung angestellt werden, ob das diesbezügliche „Defizit" der BaumschutzVO durch die anderweitige spezifische Inschutznahme nach BayNatSchG ausgeglichen werden kann.

Bei der Festsetzung von Ausgleichsmaßnahmen, insbesondere von Ersatzpflanzungen ergibt sich die Schwierigkeit, daß sich, resultierend aus einer zunehmenden baulichen Verdichtung des städtischen Bereiches, nur in begrenztem Umfang geeignete Ersatzstandorte für Baumpflanzungen finden lassen.
Zwar sind anstelle von Ersatzpflanzungen auch zweckgebundene Ausgleichszahlungen für die Neupflanzung von Bäumen im öffentlichen Bereich möglich (§ 6 Abs. 4 der BaumschutzVO). Da jedoch städtische Parkanlagen oder Verkehrsgrünflächen, und v. a. diese kommen grundsätzlich als öffentliche Ersatzstandorte in Frage, als optimalen Zustand ein harmonisches Verhältnis zwischen Baumbeständen und Freiflächen aufweisen sollten, ist auch deren Kapazität hinsichtlich der Aufnahme von Ersatzpflanzungen nicht unerschöpflich.
Als Alternative müßte nach den bisherigen Erfahrungen in verstärktem Umfang auf den ökologischen Rückbau bisheriger Versiegelungsflächen zurückgegriffen werden (vgl. Kap. 2, S. 128 ff.), welche im unmittelbaren Umfeld städtökologisch besonders bedeutsamer Biotope liegen oder einen wesentlichen Beitrag in deren Vernetzung leisten könnten. Grundvoraussetzung für die Verwirklichung dieses Zieles ist in den meisten Fällen der Erwerb dieser Grundstücke durch die öffentliche Hand.

4.2 Konkrete Änderungsvorschläge

Um die BaumschutzVO leichter vollziehbar und für den Bürger besser nachvollziehbar zu machen, werden auf Grundlage der bisherigen Erfahrungen folgende Änderungen im Verordnungstext vorgeschlagen:

• Zu § 4 Ziffer 7:
Bisheriger Text: Maßnahmen zur Verkehrssicherung und zur Gefahrenabwehr.
Änderungsvorschlag: Maßnahmen zur Verkehrssicherung *bei unmittelbar drohender Gefahr.* Die Maßnahmen sind der Unteren Naturschutzbehörde unverzüglich mitzuteilen

Begründung: Die meisten Verkehrssicherungsmaßnahmen müssen nicht umgehend, ohne daß die Vollzugsbehörde informiert werden könnte, ausgeführt werden. Der in der bisherigen Form vorliegende Verordnungstext sanktioniert aber nahezu jeden Verstoß.

• Zu § 4 Ziffer 1:
Bisheriger Text: Obstbäume mit Ausnahme von Walnußbäumen, Mostbirnbäumen und hochstämmigen Apfelbäumen.
Änderungsvorschlag: Obstbäume mit Ausnahme von Walnußbäumen sowie *hochstämmigen (Kronenansatz in 1,6 m Höhe über dem Erdboden) Apfel-, Birn- und Kirschbäumen.*

Begründung: Kaum ein Fachmann, geschweige denn der Privatmann als Laie, kann, insbesondere nicht zu jeder Jahreszeit, z. B. bislang geschützte Mostbirnbäume von hochstämmigen veredelten, nicht geschützten Birnbäumen sowie hochstämmige, bislang nicht geschützte Süßkirschen von geschützten Vogelkirschen unterscheiden. Im übrigen sollte die Definition für Hochstamm in den Text aufgenommen werden (s. o., Kronenansatzhöhe).

• Zu § 5 Abs. 4:
Bisheriger Text: Die Genehmigung ist bei der Stadt Augsburg – Untere Naturschutzbehörde – unter Angabe der Gründe schriftlich zu beantragen.
Änderungsvorschlag: Die Genehmigung ist bei der Stadt Augsburg – Untere Naturschutzbehörde – unter Angabe der Gründe *durch den Eigentümer oder einen sonstigen Berechtigten* schriftlich zu beantragen.

Begründung: Bislang tritt der Begriff „sonstiger Berechtigter" nur im Zusammenhang mit Ausgleichsmaßnahmen für verbotene Handlungen auf (§ 6 Abs. 4 BaumschutzVO), wo er an sich nebensächlich und eher verwirrend ist (s. u.). Als sonstige Berechtigte neben den Baumeigentümern kamen bislang im Vollzug nur Nicht-Eigentümer in Betracht, die sich durch Bäume auf Grundlage des Nachbarrechtes (BGB, s. o., 2.5) beeinträchtigt fühlten bzw. die im Auftrag von Eigentümern handelten (Baumpflegefirmen, Hausverwaltungen etc.). Durch o. g. Textänderung wäre eindeutiger als bislang geklärt, wer überhaupt antragsberechtigt ist.

- Zu § 6 Abs. 3:

Bisheriger Text: Hat ein Eigentümer oder sonstiger Berechtigter entgegen dem Verbot des § 3 geschützte Bäume entfernt ... können angemessene Ersatzpflanzungen ... angeordnet werden.
Änderungsvorschlag: *Wurden* entgegen dem Verbot des § 3 *bzw. in Anlehnung an § 4 Ziffer 7* geschützte Bäume entfernt ... können angemessene Ersatzpflanzungen ... angeordnet werden.

Begründung: Da Bäume unabhängig von Eigentümer oder sonstigen Berechtigten entfernt, zerstört oder verändert werden können, sollten diese Begriffe hier weggelassen und, wie oben erwähnt, an geeigneterer Stelle eingefügt werden (s. o. zu § 5 Abs. 4). Die neutrale Umschreibung „wurden ... Bäume entfernt" umfaßt alle Eventualitäten, so auch, um nur ein Beispiel zu nennen, einen Verkehrsteilnehmer, der durch einen Unfall einen Baum zerstörte, der hierfür aber momentan auf Grundlage der BaumschutzVO kaum belangt werden könnte (nur auf privatrechtlichem Wege). Die textliche Einbeziehung des Ausnahmetatbestandes von Maßnahmen zur Verkehrssicherung und Gefahrenabwehr ist deshalb sehr wichtig, weil grundsätzlich, z. B. auch durch einen Orkan oder durch Baumaschinen, zerstörte Bäume wieder ersetzt werden sollten; zum anderen, weil sich durch die Möglichkeit, am ursprünglichen Standort wieder eine Ersatzpflanzung anzuordnen, ein Mißbrauch des Ausnahmeparagraphen 4 Ziffer 7 aus z. B. kommerziellen Gründen zum Zwecke einer besseren baulichen Arealausnutzung so gut wie ausschließen ließe (vgl. oben 2.2).

- Zu § 6 Abs. 4, Satz 2:

Bisheriger Text: ... Die Ausgleichszahlung ist zweckgebunden für die Neupflanzung von Bäumen zu verwenden.
Änderungsvorschlag: ... Die Ausgleichszahlung ist zweckgebunden für *Maßnahmen des Naturschutzes und der Umweltgestaltung* zu verwenden.

Begründung: Eines der größten, künftigen Probleme des innerstädtischen Baumbestandes wird sein, daß der Bodenstandraum für Bäume im Zuge der baulichen Entwicklung immer geringer wird (s. o.). Ein Instrument, dem entgegenzusteuern, wäre der Erwerb von Flächen durch die öffentliche Hand, die entsprechend gestaltet werden könnten. Zu diesem Zweck sollten Ausgleichszahlungen, die im Rahmen der BaumschutzVO anfallen, auch zweckgebunden für den Zukauf von Grün- oder Biotopflächen und damit von potentiellen Baumstandorten und nicht nur ausschließlich für Neupflanzungen von Bäumen verwendet werden dürfen.

4.3 Schlußbetrachtung

Nach mittlerweilen über dreijähriger Geltungsdauer der BaumschutzVO kann das Resümee gezogen werden, daß sich der Erlaß der BaumschutzVO bewährt hat. Zwar wurden durch die Verordnung die Rechte des Einzelnen stärker eingeschränkt und müssen gegenüber dem Interesse der Allgemeinheit an Schutz und Entwicklung ihrer natürlichen Lebensgrundlagen zurücktreten. Die Nachteile für den einzelnen Baumeigentümer erscheinen jedoch zumutbar, und die Erkenntnis darüber führte ganz offensichtlich auch in breiten Bevölkerungskreisen zu einer steigenden Sensibilität für Bäume. Die Untere Naturschutzbehörde als Vollzugsbehörde bekommt dies beinahe täglich mit, indem dort beim ersten Kreischen einer Motorsäge sofort nachgefragt wird, ob eine Genehmigung vorliegt. Hier und da löst dieses Bewußtsein teilweise zwar auch übersteigerte Reaktionen aus, im Grunde genommen ist es aber eine unabdingbare Voraussetzung dafür, daß sich die Lebensbedingungen in unserer Stadt nicht noch weiter, z. B. durch willkürliche Beseitigungen von Bäumen, verschlechtern.

Zu den angesprochenen Modifizierungen der bestehenden BaumschutzVO ist festzustellen, daß eine starke Differenzierung der Verordnung dazu beiträgt, einen gerechteren und fachlich fundierteren Vollzug zu gewährleisten; gleichzeitig ist jedoch zu berücksichtigen, daß eine Überpräzisierung der Schutzvorgaben auch den Vollzug gefährden kann, indem einerseits den Baumeigentümern die Ziele der Schutzverordnung nicht mehr vermittelt werden können und andererseits der Vollzugsaufwand ein vertretbares Maß übersteigt.

Nach den bisher gewonnenen Erkenntnissen kann eine BaumschutzVO nur dann ihre optimale Funktion erfüllen, wenn sie sich auf das Wesentliche beschränkt und damit vollziehbar und nachvollziehbar bleibt. Ein „kalkulierbares Defizit" muß dabei bewußt in Kauf genommen werden.

Die Entfernung bzw. Beschädigung von bislang rund 100 geschützten Bäumen pro Jahr (Dunkelziffer unbekannt!) erscheint zunächst nicht weiter tragisch, v. a.

weil diese fast zu 100 % durch Jungbäume ersetzt werden konnten. In diese Betrachtungen gehen allerdings nicht die Verluste durch Baumaßnahmen im Zuge von genehmigten Bauvorhaben ein, die eine Größenordnung höher liegen dürften. Auch dabei werden in aller Regel entfernte Bäume durch junge ersetzt. Entscheidend aber ist, daß sowohl für diese Ersatzbäume als auch für die im Rahmen von Bauvorhaben zu erhaltenden Bäume nahezu ausschließlich deren Bodenstandräume kleiner, und zwar häufig zu klein, werden. Diesem Problem sollte jeder, der sich mit Bäumen auseinandersetzt, künftig wesentlich mehr Aufmerksamkeit schenken. Mit Flächenentsiegelung oder Ankauf von Flächen zur Grüngestaltung durch die öffentliche Hand wurden weiter oben zwei Möglichkeiten angedeutet, dieser Tendenz entgegenzuwirken.

5. Literatur

BRELOER, H., 1989: Was ist mein Baum wert? Ein Ratgeber für Bürger. – Heft 1 der Baum-Reihe des SVK-Verlages, Wilnsdorf

BUNDESGERICHTSHOF (BGH), 1975: BGH, Urt. v. 13.5.1975 – VI ZR 85/74 (KG). – Neue Juristische Wochenschrift 1975 Heft 45: 2061–2063

DUJESIEFKEN, D. und LIESE, W., 1991: Sanierungszeit und Kronenschnitt – Stand der Kenntnis. – Das Gartenamt 40: 455–459

KOCH, W., 1987: Aktualisierte Gehölzwerttabellen. – 2. Auflage, VVW, Karlsruhe

MROS, B., 1985: Baumschutzsatzungen und Möglichkeiten der Institutionalisierung. Erfahrungen – Realisierung – Bürgerbeteiligung. – Das Gartenamt 34: 174–184

OTTO, F., 1992: Baumschutz. – Natur und Recht 3/92: 111–116

Anschrift der Verfasser:

Gerhard Schmidt
Dr. Ulrich Schneider
Stadt Augsburg – Amt für
Grünordnung und Naturschutz
Untere Naturschutzbehörde
Dr.-Ziegenspeck-Weg 10
86161 Augsburg

Kapitel 11
Bau und Funktion der Bäume

Maria Dobner

Inhalt Seite

1.	Blatt	244
2.	Sproßachse	245
3.	Wurzel	246
4.	Anhang	248
5.	Quellen	248

Der *äußere Bau* der Bäume ist wie bei allen höheren Pflanzen gegliedert in *Blatt, Sproßachse* und *Wurzel.*

1. Blatt

Nach dem Bau ihrer Blätter werden die Bäume in *Laub-* und *Nadelbäume* unterteilt. Laubblätter und Nadeln sind je nach Baumart sehr unterschiedlich gestaltet:
Linden (Tilia sp.) besitzen ungeteilte Blätter, Spitzahorn (Acer platanoides) ungeteilte, mit gebuchtetem und spitz zulaufendem Blattrand und bei den Eschen (Fraxinus sp.) teilt sich die Blattfläche in zahlreiche Einzelblättchen, den sogenannten Fiederblättchen auf.
Auch die Nadeln der einzelnen Nadelbaumarten unterscheiden sich hinsichtlich Form und Größe.
Nadeln der heimischen Fichten (Picea abies) laufen in der Regel spitz zu, im Nadelquerschnitt sind sie mehr oder weniger vierkantig.
Tannennadeln dagegen sind am Ende meist abgerundet, im Nadelquerschnitt flach.
Kiefernnadeln weisen von allen Nadelbäumen die längsten Nadeln auf so haben die Nadeln der Kanaren-Kiefer (Pinus canariensis) eine Länge bis 30 cm, die der heimischen Waldkiefer (Pinus sylvestris) zwischen 3 und 7 cm.
All diese unterschiedlichen Blattausformungen haben sich im Laufe der Entwicklungsgeschichte unserer Bäume auf Grund besonderer ökologischer und physiologischer Erfordernisse ausgebildet.
Die gefiederten Blattformen z. B. bewirken im Gegensatz zu den ganzrandigen eine Blattrandvergrößerung. Damit besitzen diese eine größere Kontaktfläche mit der Umgebungsluft, können sich also u. a. schneller abkühlen und werden nicht so leicht überhitzt. Bäume mit diesem Blatttyp wie z. B. Scheinakazie (Robinia pseudoacazia) sind an wärmere Standorte besser angepaßt.

• Trotz dieser ganz unterschiedlichen äußeren Form folgt der *innere Aufbau* der meisten *Laubblätter* einem gemeinsamen Grundmuster: *Epidermis* (Abschlußgewebe) – *Palisaden- und Schwammparenchym* (Blattgewebe) – *Epidermis.*

Die *Epidermis* besitzt spaltförmige, bewegliche Öffnungen (Stomata), die dem Blatt den Gasaustausch mit der Umgebungsluft ermöglichen.
Als Verdunstungsschutz lagern den Epidermiszellen Wachsschichten auf, die sog. Cuticula. Abhängig von den ökologischen Bedingungen am natürlichen Standort, sind diese unterschiedlich dick. Gehölze aus Trokkengebieten haben daher u. a. meist feste, glänzende Blätter mit dicker Wachsschicht.
Im Gegensatz zu den Epidermiszellen können die Zellen des *Palisaden- und Schwammparenchyms* mehrschichtig sein. Baumarten, deren natürliches Vorkommen sich auf trockene Standorte erstreckt, haben dickere Blätter.
Die sonnenzugewandten Blätter (Sonnenblätter) innerhalb eines Baumes sind dicker als dessen Schattenblätter.
Die *Leitbündel* sind auf der Blattober- und -unterseite als Blattnerven zu erkennen. Sie dienen dem Stoff- und Wassertransport.

• Davon abweichend ist der *innere Aufbau* von *Nadeln* (z. B. Kiefernnadeln): *Epidermis* und *Hypodermis* mit Stomata – *Armpalisadenparenchym* mit Harzkanälen – *Endodermis – Transfusionsgewebe* mit Leitbündeln.
Die *Epidermis* der Nadeln ist durch ein weiteres Gewebe (Hypodermis) verstärkt. Die *Leitbündel* liegen

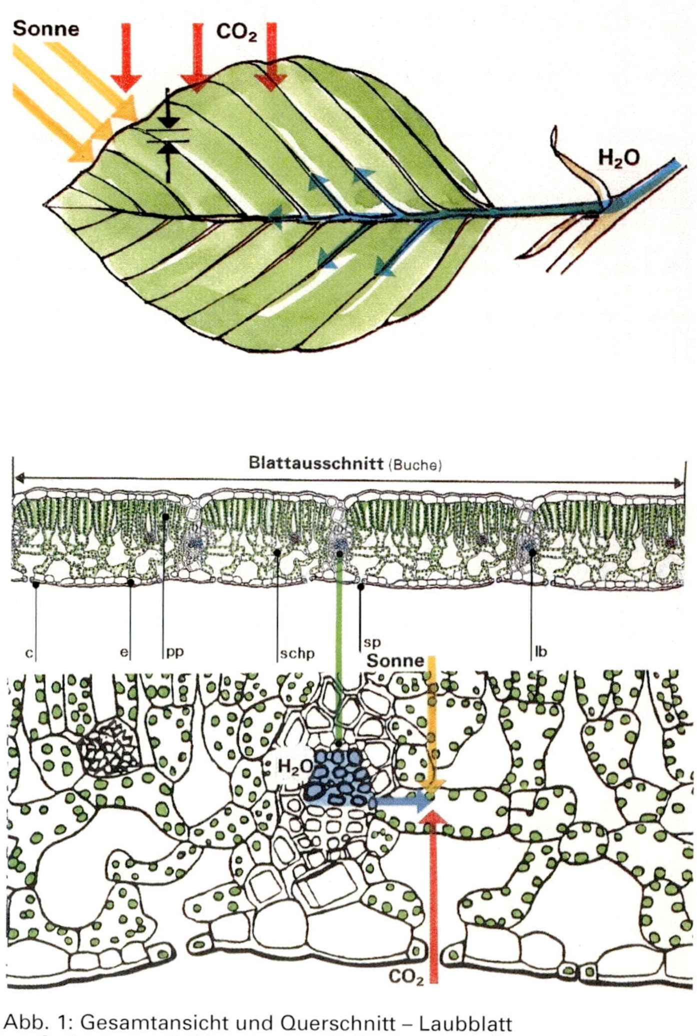

Abb. 1: Gesamtansicht und Querschnitt – Laubblatt
c = Cuticula, e = Epidermis, pp = Palisadenparenchym,
schp = Schwammparenchym, sp = Spaltöffnung; lb = Leitbündel;
nach Straßburger 1977;
Zeichnungen: Richard Keller

im Inneren der Nadel und sind deshalb nicht als Blattnerven zu erkennen. Im Gegensatz zu den Laubblättern besitzen Nadeln *Harzkanäle*.

- Eng mit den Strukturen ist die Funktion des Blattes verbunden: In den Zellen des Palisaden- und Schwammparenchyms befinden sich u. a. die *Chloroplasten*. Diese Zelleinschlüsse befähigen das Blatt zum wichtigsten Lebensprozeß auf unserer Erde, der *Photosynthese*.

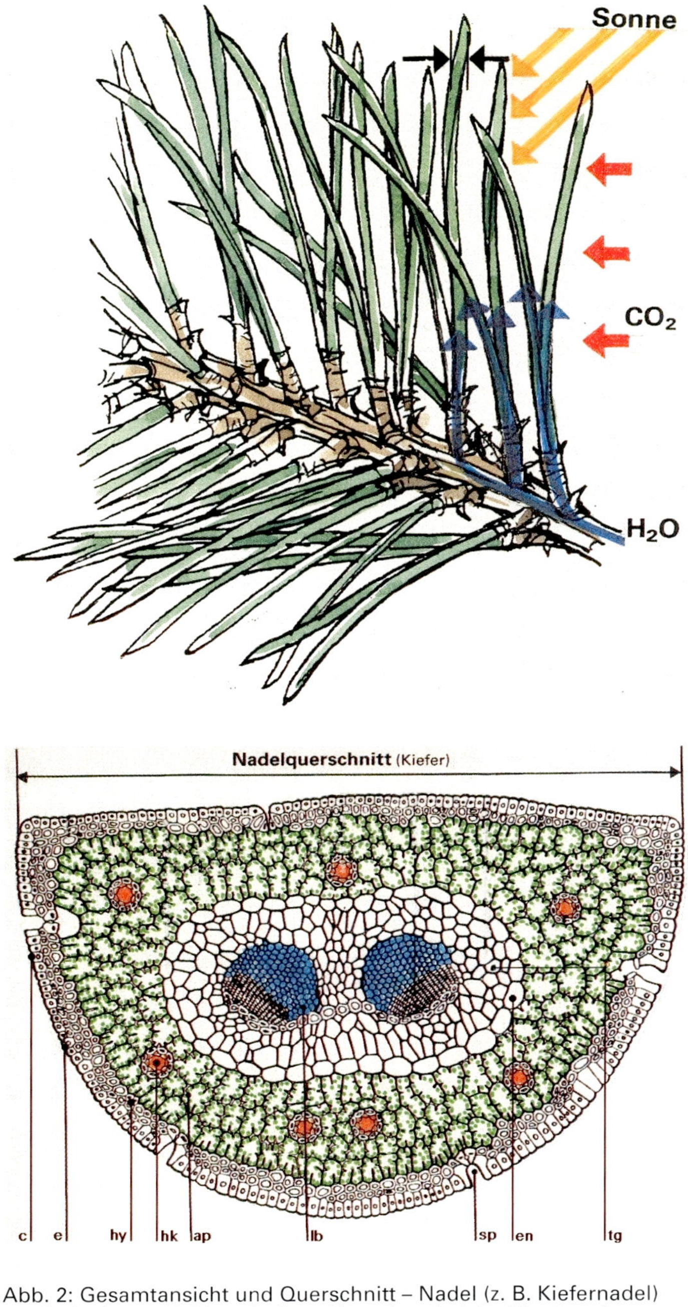

Abb. 2: Gesamtansicht und Querschnitt – Nadel (z. B. Kiefernadel)
c = Cuticula, e = Epidermis, hy = Hypodermis, hk = Harzkanal, ap = Armpalisadenparenchym, lb = Leitbündel, sp = Spaltöffnung, en = Endodermis, tg = Transfusionsgewebe;
nach Straßburger 1977

Während der Photosynthese wird mit Hilfe der Sonnenenergie aus Wasser und Kohlendioxid Zucker aufgebaut, der in Form von Stärke und anderen Kohlenhydraten gespeichert wird. Dazu sind außer den Pflanzen keine anderen Lebewesen unserer Erde fähig.

2. Sproßachse

Die *Sproßachse* ist bei den Bäumen vollständig verholzt und bildet Stamm und Äste.

- Im Querschnitt zeigen Stamm und Äste folgenden Aufbau: *Rinde – Teilungsgewebe* (Kambium) – *Holz – Mark*.

Die *Rinde* besteht aus totem (Borke) und lebendem (Bast) Gewebe.
Die Borke bildet die Schutzschicht. Sie verhindert z. B. einen zu großen Wasserverlust der lebenden Gewebe und bietet bedingten Schutz gegen mechanische Beschädigung.
Im Bast liegen die Leitungsbahnen für den Nährstofftransport zwischen den Blättern und der Wurzel.

Das *Kambium* besteht aus mehreren Reihen teilungsfähiger Zellen. Diese ermöglichen das Dickenwachstum von Stamm und Ästen. Sie bilden jährlich nach außen neues Rindengewebe, nach innen neues Holz.

Die kambiumnahen Zellen des *Holzkörpers* dienen sowohl der Wasserleitung von der Wurzel zu den Blättern als auch der Wasserspeicherung.
In unserem Klimabereich werden über eine Vegetationsperiode hinweg verschieden starke Holzzellen ausgebildet: Die weitlumigen Frühholzzellen und die englumigen Spätholzzellen. Zusammen bilden sie einen Jahrring, der am Holz im Querschnitt bereits mit bloßem Auge zu erkennen ist.
Nadel- und Laubbäume besitzen unterschiedliche Zelltypen zur Wasserleitung:
Nadelholz besteht aus mikroskopisch feinen, sog. Tracheiden. Deren Raumanteil am Holz beträgt ca. 90 %. Dies verleiht ihm ein gleichmäßiges Aussehen. Neben den Tracheiden kommen im Laubholz noch sog. Gefäße (Tracheen) vor. Diese können bereits mit Hilfe einer Lupe gesehen werden. Nach deren Anordnung im Jahrring unterscheidet man ringporige und zerstreutporige Hölzer. Bei den ringporigen, z. B. Eichen (Quercus), werden die Gefäße vorwiegend im Frühjahr angelegt, bei den zerstreutporigen, z. B. Buchen (Fagus), die gesamte Vegetationsperiode über. Die Wasserleitungsbahnen der Nadelgehölze und zerstreutporigen Laubhölzer bleiben über mehrere Jahre funktionsfähig, die der ringporigen Laubgehölze nur eine Vegetationsperiode. Die lebenden Holzzellen dienen der Wasserspeicherung. Den Bereich der Wasserleitung und -speicherung des Holzes nennt man Splint-

holz. An das Splintholz schließt sich der Kernholzbereich an.
Die physiologische Verkernung läuft je nach Baumart unterschiedlich stark ab. Die ältesten Zellen des Splintholzes sterben dabei allmählich ab. Echte Kernholzbildner wie die Eichen (Quercus sp.) und die Kiefern (Pinus sp.) bilden bei der Verkernung u. a. Gerbstoffe, Farbstoffe, harz- und gummiartige sowie anorganische Stoffe und lagern sie in die Zellwände ein. Andere Arten wie Tannen (Abies sp.) und Buchen (Fagus sp.) bilden einen farblosen Kern. Der Kernbereich besitzt bei beiden Gruppen einen deutlich geringeren Wassergehalt als der Splintholzbereich. Im Gegensatz dazu ändert sich der Wassergehalt bei Arten wie Spitzahorn (Acer platanoides) und Birken (Betula sp.) über den gesamten Stammquerschnitt kaum. Hier bleiben auch die abgestorbenen Zellen noch lange mit Wasser gefüllt.

Das *Mark* dient anfangs der Stoffspeicherung. Die Markzellen sterben jedoch rasch ab, dadurch entstehen weitgehend Hohlräume.

Der Stoff- und Wassertransport in radialer Richtung, d. h. von der Rinde zum Holz und Mark, erfolgt über die Holz- bzw. Markstrahlen.

Die *Sproßachse* erfüllt aufgrund des oben beschriebenen Aufbaues eine Doppelfunktion. In den lebenden Geweben findet der Nährstoff- und Wassertransport bzw. deren Speicherung statt. Die abgestorbenen Gewebe wie Borke und der Großteil des Holzkörpers besitzen Schutz- bzw. Stützfunktion.
Die besondere Fähigkeit zur Holzbildung ermöglicht es den Bäumen, die größten und ältesten Lebewesen unserer Erde auszubilden.
Die Küstenmammutbäume (Sequoia sempervirens) Kaliforniens erreichen mit ca. 110 m die größte Höhe, bei den heimischen Bäumen werden Tanne (Abies alba), Fichte (Picea abies) und Lärche (Larix decidua) mit ca. 50 m am höchsten.
Bäume einer Kiefernart (Pinus longaeva) in Nevada (USA) zählen mit über 4.000 Jahren zu den ältesten Lebewesen unserer Erde, unter den heimischen Arten werden am natürlichen Standort Eichen (Quercus sp.) 500–800 Jahre, Linden (Tilia sp.) über 1.000 Jahre, Waldkiefern (Pinus sylvestris) bis 600 Jahre und Spitzahorn (Acer platanoides) ca. 150 Jahre alt.

Blätter und Sproßachse zusammen bilden den *Sproß*. Die Blüten, die Fortpflanzungsorgane der Pflanzen, sind Sprosse mit spezialisierter Funktion.
Laub- und Nadelbäume unterscheiden sich hinsichtlich des Blütenaufbaus.
Die meisten Laubbäume tragen zwittrige Blüten, d. h. dieselbe Blüte besitzt sowohl weibliche (Fruchtblätter) als auch männliche (Staubblätter) Organe.
Die Blüten der Nadelbäume sind immer eingeschlechtlich, d. h. es gibt rein männliche und rein weibliche Blüten. Diese können wie bei den Kiefern (Pinus sp.) zusammen auf einem Individuum sein (einhäusig), oder es existieren wie bei den Eiben (Taxus sp.) sog. männliche Bäume mit nur männlichen Blüten und weibliche Bäume mit nur weiblichen Blüten (zweihäusig).

3. Wurzel

Bei den *Wurzeln* unterscheidet man Stark-, Grob- und Feinwurzelbereich.
Stark- und Grobwurzeln folgen im wesentlichen dem anatomischen Aufbau des Sprosses. Ihre Aufgabe ist die Verankerung des Baumes im Boden, Stoff- und Wassertransport über Stamm und Äste zu den Blättern sowie Nährstoffspeicherung.

Die *Feinwurzeln* sind im Gegensatz zu den Stark- und Grobwurzeln weitgehend nicht verholzt und dicht mit feinen Wurzelhaaren besetzt. Sie stehen in engem Kontakt zu den belebten und unbelebten Bestandteilen des Bodens. Ihre Aufgabe ist die Nährstoffaufnahme aus dem Boden. Durch die Ausscheidung chemischer Substanzen (z. B. Säuren) sind sie z. T. selbst in der Lage, Mineralstoffe und organische Substanzen aus dem Boden zu lösen, d. h. aufzuschließen, z. T. sind sie bei der Verfügbarmachung der Nährstoffe auf die verschiedenen Bodenorganismen angewiesen. Dabei haben sich im Pflanzenreich besondere Formen des Zusammenwirkens verschiedener Organismen entwickelt. So leben in den Wurzelzellen bestimmter Baumarten (z. B. Erlen) Bakterien, die in der Lage sind, den Stickstoff der Luft für die Pflanzen verfügbar zu machen, diese geben im Gegenzug Kohlenhydrate an die Bakterien ab. Eine weitere, speziell bei Bäumen entwickelte Lebensgemeinschaft ist die Symbiose zwischen Pilzen (Mykorrhizapilzen) und Wurzelzellen. Dabei leben die Pilze entweder in den äußeren Zellen der Wurzelhaut oder sie überziehen die Feinwurzeln mit einem Pilzgeflecht. Die Symbiose besteht darin, daß die Pilze mit Hilfe ihrer Stoffwechselprodukte Nährstoffe im Boden aufschließen, d. h. pflanzenverfügbar machen, und die Pilze wiederum von den Bäumen die Kohlenhydrate geliefert bekommen, die sie selbst nicht aufbauen können. „Mykorrhiza-Bäume", d. h. auf das Zusammenleben mit Mykorrhizapilzen angewiesene Bäume, sind Buche (Fagus), Eiche (Quercus) und die meisten heimischen Nadelbäume.

Bau und Funktion der Bäume sind eng miteinander gekoppelt. Nur das optimale Zusammenwirken aller Organe ermöglicht dem Individuum Baum ausreichende Wachstumsbedingungen.

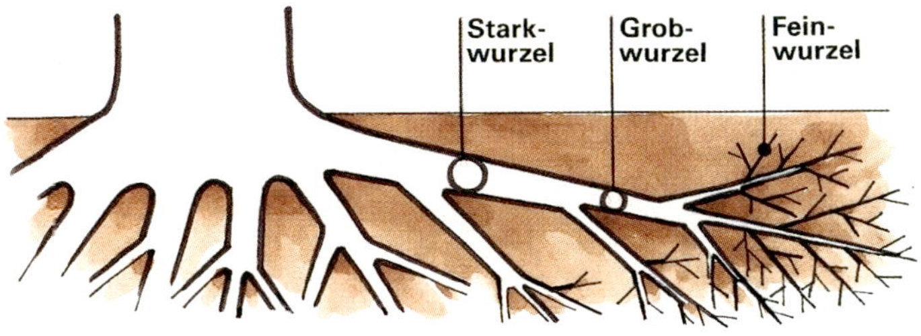

Abb. 3: Stark-, Grob- und Feinwurzel (schematisch)

Ist die Funktion einzelner Organe durch schlechte Standortbedingungen oder schädliche Umwelteinflüsse eingeschränkt, muß die Baumvitalität zwangsläufig abnehmen.
Wird z. B. die Wurzel durch Baumaßnahmen beschädigt oder ist das Wurzelwachstum durch beengten Wurzelraum herabgesetzt, ist der Baum u. a. nicht mehr in vollem Umfang in der Lage, Nährstoffe in der Wurzel zu speichern. Im Frühjahr sind diese eingelagerten Nährstoffe jedoch für den erneuten Blattaustrieb unerläßlich.
Weiterer Schaden wird den Wurzeln durch Befahren des Wurzelraums zugefügt.
Dabei wird der Boden in diesem Bereich verdichtet. Nimmt der Sauerstoffgehalt dadurch stark ab, können ganze Wurzelbereiche absterben.
Bei Stammverletzungen, wie dies häufig in Folge von Anfahren durch Fahrzeuge geschieht, wird der Wasser- und Nährstofftransport an diesen Stellen unterbrochen. Weiter sind diese Bereiche Eintrittspforten für Schadorganismen unterschiedlichster Art. Die großflächige Verschmutzung der Blätter durch Staub, Ruß,

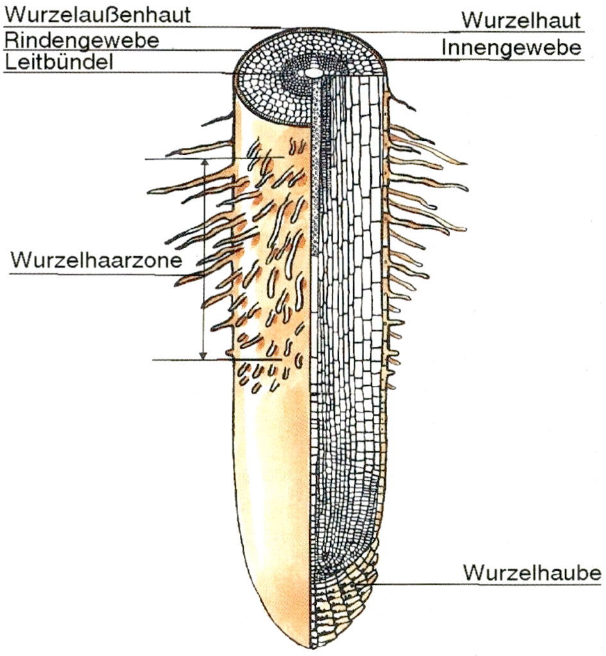

Abb. 4: Aufbau einer Feinwurzel (schematisch); nach Nultsch 1977

Asche u. ä. oder die Beschädigung durch Abgase schränkt u. a. deren Photosynthesetätigkeit ein. Die Kohlenhydratbildung und damit gekoppelte physiologische Prozesse laufen nicht in vollem Umfang ab. Der jährliche Zuwachs nimmt ab. Die Baumvitalität wird auf Dauer herabgesetzt.
Deshalb erreichen die meisten Stadtbäume nur einen Bruchteil ihres natürlichen Lebensalters.

4. Anhang

Entwicklung der Bäume im Laufe der Erd- und Weltgeschichte.

Vor 3,5 Mrd. Jahren	Beginn der biologischen Evolution, Entstehung der Urzelle im Wasser
Vor 1,5 Mrd. Jahren	Prozeß der Photosynthese ist voll entwickelt
Vor 500–450 Mio. Jahren	das Leben verlagert sich z. T. vom Wasser auf das Land, die ersten Landpflanzen entstehen
Vor 345–280 Mio. Jahren	erste, umfangreiche Wälder mit über 30 m hohen Bäumen, sog. „Steinkohlenwälder", bilden sich auf der Nordhemisphäre, die artenärmere, sog. Gondwana-Flora auf der Südhemisphäre
Vor 280 Mio. Jahren	die ersten Nadelbäume (Gymnospermen) entstehen
Vor 225–135 Mio. Jahren	die ersten Laubbäume (Angiospermen) entstehen
Vor 200–100 Mio. Jahren	Farne, Schachtelhalme und Gymnospermengruppen, z. B. aus der Familie der Kieferngewächse (Pinaceae), herrschen vor und bilden die Hauptarten der Wälder
Vor 125–100 Mio. Jahren	die Artenzusammensetzung der Wälder ändert sich: Laubbaumarten drängen Nadelbaumarten und Farne zurück
Vor 135–65 Mio. Jahren	die Hauptgruppen der Laubbäume (Angiospermen) bilden sich aus: u. a. Buchengewächse (Fagaceae) und Birkengewächse (Betulaceae)
Vor 25 Mio. Jahren	die Flora des ausgehenden Tertiärs und die heutige mitteleuropäische Flora sind sich schon sehr ähnlich!
Vor 6 Mio. Jahren	aus einem gemeinsamen Vorfahren von Affe und Mensch entwickeln sich die Menschenarten (Hominiden)
Vor 45.000–35.000 Jahren	Homo sapiens, unsere Art kann in Europa nachgewiesen werden
Vor 30.000 Jahren	erste Zeugnisse menschlicher Kunst und Kultur
Vor 10.000 Jahren	Beginn der Nacheiszeit, Rückwanderung der verschiedenen Baumarten aus ihren kalteiszeitlichen Rückzugsgebieten
Vor 5.000 Jahren	Wanderfeldbau in Mitteleuropa beginnt, erste Rodungen durch Menschenhand
Vor 3.000 Jahren	Niedergang der ersten Hochzivilisationen der Weltgeschichte (Südeuropa) u. a. auf Grund von weitläufigen Waldvernichtungen. Beginn des menschlichen Eingriffs auf die Vegetation Mitteleuropas, mit dem Seßhaftwerden der Bauern!
Vor 2.500 Jahren	die einst bewaldeten Länder des westlichen Mittelmeers von Italien bis Spanien und Nordafrika sind inzwischen fast kahl geschlagen
Vor 2.000 Jahren	erste Stadtkulturen nördlich der Alpen (z. B. Augsburg, Straßburg, Trier)
Vor 1.300 Jahren	nach der Völkerwanderung beginnen erste großflächige Rodungen in West- und Mitteleuropa. Sie erreichen ihren Höhepunkt im 8. und 9. Jahrhundert n. Chr. zur Zeit Karls des Großen
Vor 800 Jahren	in Zentraleuropa gibt es kaum noch Urwälder
Vor 700 Jahren	Ende der wilden Rodungen, Wald und Boden in Europa sind verteilt, Kulturwälder herrschen vor

Fazit: Die heutige mitteleuropäische Flora besiedelt seit ca. 25 Millionen Jahren die Erde. Der Einfluß des Menschen hat innerhalb von ca. 4500 Jahren die Zusammensetzung der Vegetation Mitteleuropas vollständig verändert.

5. Quellen

DITFURTH, H. v., 1979: Im Anfang war der Wasserstoff
HARRIS, M., 1991: Menschen
MEISTER, SCHÜTZE, SPERBER, 1984: Die Lage des Waldes, GEO
STRASSBURGER, 1977: Lehrbuch der Botanik
VOGELLEHNER, D., 1972: Paläontologie

Anschrift der Verfasserin:

Dr. Maria Dobner
Stadt Augsburg – Amt für Grünordnung und Naturschutz
Abt. Grünflächenpflege
Dr.-Ziegenspeck-Weg 10
86161 Augsburg

Kapitel 12

Stadtbäume – ihre klimatologische und lufthygienische Wirkung

Gerlinde Höppler

	Inhalt	Seite
1.	Das Stadtklima	250
1.1	Das Augsburger Stadtklima	251
2.	Staubbelastung	252
2.1	Staubbelastung in Augsburg	252
2.2	Staubbindung durch Baumgrün	253
3.	Lufttemperatur	254
3.1	Lufttemperatur in Augsburg	255
3.2	Stadtbäume als Wärmeregulatoren	256
4.	Luftfeuchtigkeit	256
4.1	Niederschläge in Augsburg	256
4.2	Verdunstungsleistung von Bäumen	257
5.	Versiegelung	258
5.1	Begriffsbestimmung	258
5.2	Negative Auswirkungen versiegelter Flächen	258
5.2.1	Auswirkungen auf den Wasserhaushalt	258
5.2.2	Auswirkungen auf das Stadtklima	258
5.2.3	Auswirkungen auf die Flora	259
5.3	Positive Auswirkungen unversiegelter Baumscheiben	259
6.	Schadstoffbelastung und Verkehrssituation	259
6.1	Schadstoffbelastung in Augsburg	260
6.2	Schadstoffiltration von Bäumen am Beispiel von CO_2	260
6.3	Verkehrsgrün – Funktion und Wirkung	260
7.	Weitere Funktionen von Stadtgrün	261
7.1	Lärmschützende Wirkung?	261
7.2	Soziale und psychohygienische Funktion	261
8.	Schlußbemerkung	262
9.	Literatur	263

1. Das Stadtklima

Daß sich das Klima einer Stadt mehr oder weniger ausgeprägt von den klimatischen Verhältnissen des nicht bebauten Umlandes unterscheidet, ist seit vielen Jahrzehnten eine wissenschaftlich erhärtete Tatsache (KRATZER 1956, LANDSBERG 1970, ERIKSEN 1975) und soll im folgenden allgemein und auch speziell für Augsburg dargestellt werden.

Das Stadtklima ist wie folgt strukturiert:
Dem zwei Meter hohen Luftraum über dem Boden, auch Mikroklima genannt, schließt sich als nächste Zone das Mesoklima an, das durch die Höhenausmaße der Häuser bestimmt wird.
Das Stadtklima ist also als ein typisches *Mesoklima*, das in das jeweilige zonenspezifische Makroklima eines größeren Raumes eingebettet ist. Es unterliegt zugleich im bodennahen Bereich vielfältigen, kleinräumig differenzierten mikroklimatischen Einflüssen. Mikro- und Mesoklima, die man auch als Lebensbereichs-Klima des Menschen bezeichnen kann oder aber auch Grundschicht nennt, unterscheiden sich wesentlich vom Klima und Wettergeschehen in 2,5 km Höhe, der Advektionsschicht, die nicht so sehr von regionalen Besonderheiten beeinflußt werden kann, da bei ihr die Zufuhr von Luftmassen in waagerechter Richtung erfolgt!
Das sichtbare Wettergeschehen jedoch, das Großklima also, wird in der Troposphäre gebildet, die bis zu 10 km in die Höhe reicht. Wichtig für das Stadtklima ist also die Grundschicht oder das Mesoklima, das durchaus von örtlichen *Emissionen* beeinflußt werden kann.

Emission:
So bezeichnet man die, von einer festen oder beweglichen Anlage ausgehend, an die Umwelt abgegebenen Luftverunreinigungen (Gase, Stäube), Geräusche, Strahlen, Wärme (z. B. Abwärme von Kühltürmen), Erschütterungen oder ähnliche Erscheinungen.

Immissionen:
Immissionen sind Einwirkungen von Luftverschmutzungen, Geräuschen, Erschütterungen, Strahlen, Wärme u. a. auf Menschen, Tiere, Pflanzen und Sachgüter. (KOHLHAMMER 1989)

Das spezifische Stadtklima wird geprägt durch Windschwäche, hohe Luftverunreinigung, geringe Sonneneinstrahlung, starke Überwärmung sowie Luft- und Bodentrockenheit.
Bei entsprechender Wetterlage kann es zu extremen bioklimatischen Belastungssituationen kommen.

Tabelle 1: *Klimawerte in Städten im Vergleich zum Umland*

Strahlung:	Globalstrahlung	15–20 % weniger
	UV-Strahlung (Winter)	30 % weniger
	UV-Strahlung (Sommer)	5 % weniger
	Sonnenscheindauer	5–15 % weniger
Temperatur:	Jahresmittel	0,5–1,5 K höher
	an Strahlungstagen	2–6 K höher
	Minima im Winter	1–2 K höher
Relative Luftfeuchtigkeit:	Winter	2 % weniger
	Sommer	8–10 % weniger
Nebel:	Winter	100 % mehr
	Sommer	30 % mehr
Wolken:	Bedeckung	5–10 % mehr
Niederschlag:	Jahresmittel	5–10 % mehr
	Schneefall	5 % weniger
Wind:	Mittlere Windgeschwindigkeit	20–30 % weniger
	Windstille	5–20 % mehr
Luftverschmutzung:	Gasförmige Verunreinigungen	5–25mal mehr
	Kondensationkerne	10mal mehr

(ADAM 1988)

[In der Physik benutzt man überwiegend die Kelvin-Temperaturskala. Die Temperatureinheit ist die gleiche wie bei der Celsiusskala, wird aber hier Kelvin (ohne Zusatz „Grad") genannt, wobei der Nullpunkt bei -273,16 °C liegt. Im Gegensatz zur Celsiusskala gibt es keine negativen Temperaturangaben, da 0 Kelvin schon die niedrigste mögliche Temperatur bedeudet. (HUBER 1989)]

Die Tabelle zeigt, daß erstens in städtischen Bereichen alle entscheidenden klimatologischen Parameter einer Abwandlung unterliegen und daß zweitens die Modifikation (Veränderung) des lokalen Klimas der Städte ein Ausmaß erreicht, das nahezu einer Verpflanzung in eine andere Klimazone gleichkommt.
Dabei gilt es noch zu berücksichtigen, daß es sich bei den aufgeführten Daten nur um Durchschnittswerte handelt, von denen sich die im Einzelfall ermittelten Extremwerte erheblich unterscheiden können.
Gerade diese Extremwerte aber sind es, die zu zeitweiligen bioklimatischen Belastungssituationen für den stadtbewohnenden Menschen (z. B. Herz- und Kreislauf-Beschwerden, Pseudeokrupp ...) und zu ökologischen Folgewirkungen bei Flora und Fauna für die Stadt führen können. (ERIKSEN 1983)

Sowohl das regionale als auch das globale Klima kann durch menschliche Einflüsse verändert werden!

Luftverschmutzungen können in Abhängigkeit von den in der Atmosphäre ablaufenden Umwandlungs- und Transportvorgängen mehr oder weniger weit von ihren Emissionsquellen entfernt auftreten und regional weiträumige oder globale Auswirkungen auf die Ökologie und das Klima hervorrufen. So sind bereits heute in der Troposphäre (bis zu 10 km Höhe) vor allem Schwefel- und Stickoxide in einer Menge vorhanden, die regional bis kontinental Umweltbeeinträchtigungen hervorrufen können.

Durch Verfeuerung fossiler Brennstoffe werden gegenwärtig weltweit jährlich etwa 180 Mio. Tonnen Schwefel- und 30–70 Mio. Tonnen Stickoxide emittiert. Schon geringe Zuwachsraten beim Verbrauch fossiler Brennstoffe würden längerfristig eine erhebliche Zunahme der Schadstoffkonzentration in der Troposphäre bewirken, was zwangsläufig verstärkte weltweite Umweltbelastungen nach sich ziehen würde. (KOHLHAMMER 1989)

Die Stadtluft enthält Aerosolpartikel, von natürlichen und künstlichen Quellen (Emittenten) in die Atmosphäre gebrachte Verunreinigungen der Luft, die dort in Schwebe gehalten werden und nach einer bestimmten Zeit wieder als Immission abgesetzt werden.

An den festen Verunreinigungen lagern sich gern folgende giftige Gase an: *Kohlenmonoxid, Kohlenwasserstoffe, Stickoxide, Schwefeldioxid.*

Bei einem täglichen Atemvolumen von 12 m^3 Luft verbleiben ca. 20 mg der genannten Schadstoffe in der Lunge, Zahlen, die sich bei schwerer Arbeit verzehnfachen. (LINKE 1940)
Aus diesen Zahlen ergibt sich dringendst die Forderung, daß Emissionen, soweit dies technisch möglich und wirtschaftlich vertretbar ist, auf ein Minimum zu verringern sind!

Doch auch die Natur selbst hat uns mit Baum und Strauch, mit Grünflächen und Wäldern wesentliche Hilfsmittel für die Abwehr der Umweltverschmutzung gegeben.

Ihre Auswirkungen auf die Verminderung der festen und gasförmigen Verunreinigungen der Luft bis hin zur Reduzierung radioaktiver Substanzen, auf die Bindung bzw. Verarbeitung von Kohlendioxid, auf die Produktion von Sauerstoff, auf die Lärmminderung, auf die Temperaturerniedrigung und andere kleinklimatische Folgen sind heute gesichert. (BERNATZKY 1972).

1.1 Das Augsburger Stadtklima

Augsburg liegt im Übergangsbereich vom maritimen zum kontinentalen Klima und zeichnet sich somit durch einen warmgemäßigten Witterungsablauf aus. Lokale Effekte werden durch unterschiedliche Oberflächenstrukturen sowie durch die orographische (orogr. = die Ebenheiten und Unebenheiten des Landes betreffend) Gliederung hervorgerufen. Diese wird im wesentlichen durch die in Nord-Süd-Richtung verlaufenden, relativ flachen Talniederungen der Wertach und des Lechs geprägt. (EMISSIONSKATASTER/ IMMISSIONSKATASTER DER STADT AUGSBURG 1988, S. 12)

Das Stadtgebiet von Augsburg umfaßt eine Fläche von etwa 14,6 km^2 mit 262.878 Einwohnern (Stand: 30.9.1992). Entlang der Nord-Süd-Achse zwischen Dom und der Kirche St. Ulrich entwickelte sich die städtische Siedlung. Die Maximilianstraße gliedert die Altstadt auch heute noch in zwei Teile: die durch regelmäßige Straßenführung und geräumige Grundstücke gekennzeichnete Oberstadt im Westen und die durch ein winkeliges Straßennetz und schmale Parzellen geprägte Unterstadt im Osten. (BAUMGARTNER 1985)

Der Augsburger Süden ist lufthygienisch nur wenig belastet, mit der wesentlichen Ausnahme der gasförmigen organischen Verbindungen (Schwermetalle, vgl. 6.1) und des Ozons (HILLER 1990).
Das Ozon ist ein Gas, welches überwiegend durch Einwirkung ultravioletter Strahlung in der Stratosphäre (= Ozonosphäre, 20–45 km über der Erdoberfläche) entsteht und in Spuren durch atmosphärische Transportvorgänge auch in erdnahe Schichten gelangt. Daneben bildet sich Ozon auch in der unteren Atmosphäre durch luftchemische Reaktionen aus Stickoxiden und Kohlenwasserstoffen (Photooxidantien). Ozon stellt die Leitkomponente des photochemischen Smogs dar.

Die Ozon-Moleküle (O_3) bestehen im Gegensatz zum zweiatomigen Sauerstoff (O_2) aus drei O-Atomen und weisen von daher eine stärkere Tendenz auf, das „überzählige" Sauerstoffatom abzugeben.
Ozon ist hierdurch sehr reaktiv und stellt ein starkes Oxidationsmittel dar, das z. B. Schäden bei Materialien (Autoreifen, Textilfarbstoffe u. a.), Pflanzen (Braunfärbung von Blättern, Absterben von Pflanzenpartien u. a.) und Gesundheitsschäden hervorrufen kann. Bereits in relativ niedrigen Konzentrationen können beim Menschen Funktionsstörungen der Lunge, funktionell-biochemische Wirkungen, Schleimhautreizeffekte und Geruchsbelästigungen auftreten. Ozon und andere Photooxidantien sind insbesondere in höheren Mittelgebirgslagen am Waldsterben beteiligt.
Ozon tötet Bakterien und Viren ab und wird deshalb in der Trinkwasseraufbereitung eingesetzt.
Das stratosphärische Ozon übt eine wichtige Schutzfunktion aus, indem es die gefährliche (z. B. Hautkrebs auslösende) UV-B-Strahlung der Sonne ausfiltert. (KOHLHAMMER 1989)

Für das Augsburger Windfeld gilt folgende Struktur: Die häufigsten Winde kommen aus westlichen Richtungen und sind zugleich die stärksten. Ein sekundäres Maximum der kräftigeren Winde liegt bei Nordost bis Ost, und die schwachen Winde kommen vor allem aus südlichen Richtungen. Ab einem Temperaturunterschied von 5 °C kann man mit der Entstehung von thermisch hervorgerufenen Ausgleichsströmungen („Flurwinden") rechnen, vor allem von der Wertachtalsohle zum Hauptbahnhof.

Es zeigen sich zwei Kernbereiche der städtischen Wärmeinsel; die eine um das Bahnhofsgelände und die andere in der südlichen Innenstadt; eine nur schwach ausgeprägte Zunge niedriger Temperaturen reicht vom Hochfeld über die Konrad-Adenauer-Allee zum Königsplatz. (HILLER 1990)

Die Autoren der Thermalkartierung (STADTKLIMA BAYERN, 1985, S. 115) schreiben zu diesen Strukturen: „Für die großräumige Durchlüftung des Ballungsraumes Augsburg ist es unter lufthygienischen Aspekten sehr günstig, daß das breite Band der Lech- und Wertachauen, das überwiegend aus Wiesen und landwirtschaftlich genutzten Flächen besteht und leicht nach Norden hin abfällt, keine wesentlichen Strömungshindernisse aufweist. Zusätzlich üben die stadtnahen, großen zusammenhängenden Waldgebiete um Augsburg zahlreiche Wohlfahrtswirkungen – Nah- und Fernwirkungen auf das Klima und die Lufthygiene (...) – aus, *so daß unter humanbiometeorologischen Aspekten unbedingt ihre Erhaltung in zusammenhängender Form gewährleistet werden sollte.*"

Benzopren sowie Sulfate, Nitrate u. a. Besonders gefährlich sind faserförmige Stäube wie z. B. Asbest aufgrund ihrer krebserzeugenden Eigenschaften. (KOHLHAMMER 1989)

Abb. 1: „Luftverschmutzung": Der rund zehnmal höhere Schwebestoff- und Staubgehalt in den Städten schädigt nicht nur die Atemwege, sondern schluckt auch einen beträchtlichen Teil des Sonnenlichts (im Winter rund 30 % der für die Vitamin-D-Bildung lebensnotwendigen UV-Einstrahlung), verhindert somit auch die Wärmeabstrahlung und erhöht die Temperatur in der Stadt. Die als „Kondensationskerne" wirkenden Schmutzpartikel fördern die Nebelbildung. Städte haben bis zu 15 % weniger Sonnenscheinstunden, die Nebelhäufigkeit ist im Sommer durchschnittlich um 30 %, im Winter sogar um 100 % erhöht (LÖTSCH 1981).

2. Staubbelastung

Stäube sind in der Luft verteilte Teilchen, die je nach Größe in Grobstaub und Feinstäube unterteilt werden. Grobstäube mit einem Durchmesser von über 100 µm verbleiben nur kurze Zeit in der Außenluft und sinken dann als Staubniederschlag zu Boden.
Zur Lufttrübung tragen am stärksten solche Partikel bei, deren Durchmesser im Bereich der Wellenlänge des sichtbaren Lichtes (0,4–0,7 µm) liegen.

Feinstäube sind durchschnittlich kleiner als 5 µm und verbleiben als Schwebestäube in der Luft, bis sie aufgrund entsprechender Reaktionsprozesse die Teilchengröße von Grobstaub erreicht haben. Die Verweilzeit von Feinstäuben in der Atmosphäre beträgt bis zu 14 Tagen, in der sie über große Strecken transportiert werden können.

Besondere Bedeutung hat Feinstaub, weil dieser vom Menschen eingeatmet und in der Lunge abgelagert werden kann!

Umweltschädliche Inhaltsstoffe der Stäube sind giftige Metalle wie Blei, Cadmium, Arsen, Nickel oder polyzyklische aromatische Kohlenwasserstoffe wie

2.1 Staubbelastung in Augsburg

Für das Jahr 1987 weist die Meßstation Augsburg, Königsplatz *innerhalb Bayerns die höchste Staubniederschlagsbelastung* von insgesamt 27 Meßstationen auf (EMISSIONSKATASTER/IMMISSIONSKATASTER DER STADT AUGSBURG 1988, S. 195).

Stäube werden zu 49,2 % von der Emittentengruppe Hausbrand freigesetzt. Die Beiträge der Industrie, des Verkehrs und des Kleingewerbes sind demgegenüber mit 26,2 %, 22,1 % und 2,5 % deutlich geringer. (EMISSIONSKATASTER/IMMISSIONSKATASTER DER STADT AUGSBURG 1988, S. 100).

Die mit Schwebestaub höchstbelasteten Flächen (0,06 mg/m³) in Augsburg konzentrieren sich im einzelnen auf folgende Teilgebiete:
– vom Bahnhofs- über das Bismarck- bis zum Textilviertel. Dieser Bereich, der zum Teil auch beim Staubniederschlag ein Maximum aufweist, ist durch sein hohes Verkehrsaufkommen besonders im westlichen Teil und erst im östlichen Teil durch Industriestandorte gekennzeichnet;

– ein zonal verlaufender Bereich von St. Max bis über die Lechhauser Straße hinaus, sowohl in Nähe etwas nördlich gelegener Industriebetriebe als auch östlich gelegener Verkehrsknotenpunkte;
– im Zentrum und Süden von Oberhausen, durch hohe Verkehrsbelastung (Wertachbrücke, Ulmer Straße, Donauwörther Straße) gleichermaßen gekennzeichnet wie durch starke heizungsbedingte Emissionen bei hoher Bebauungsdichte mit relativ engen Straßenschluchten und geringen Freiflächenanteilen;
– das industrienahe Gebiet der Wolfzahnau;
– das südliche Lechhauser Gewerbegebiet.
(JACOBEIT 1986)

2.2 Staubbindung durch Baumgrün

Hauptfunktion der Stadtbäume und der Grünflächen ist die Verbesserung des gestörten Stadtklimas.

Die Bleistaub-Adsorption (= Anlagerung von Gasen oder gelösten Stoffen an der Oberfläche eines festen Stoffes) einer nur ein Meter hohen Hecke, wie sie am Rand einer Schweizer Autobahnstraße ermittelt wurde, halbierte bereits die Bleibelastung der dahinterliegenden Vegetaion.
Dies erklärt sich aus der Porosität (= Luftdurchlässigkeit) der grünen Wand, die ein echtes Ausfiltern der durchstreichenden Luft ermöglicht. Demgegenüber würde eine niedere Steinmauer von der staubigen Luft nur überwälzt, so daß die Schmutzpartikel nur abgelenkt und dahinter verwirbelt, aber insgesamt nicht vermindert würden. (LÖTSCH 1981)

Abb. 2: „Windschutz/Staubbelastung": In Grünflächen eingewehter Staub wird vom Blattwerk festgehalten. Durch ein System von dichten und durchblasbaren Schutzpflanzungen kann man eine relative Säuberung der Luft erreichen.

***Tabelle 2**: Staubbindungsfähigkeit (Staubfilterkapazität) von Laubbäumen*

Kronenvolumen	Staubbindung
1000 m^3	25 Zentner
750 m^3	19 Zentner
500 m^3	13 Zentner
250 m^3	6,5 Zentner
5 m^3	0,8 Zentner

[(Quelle: vgl. Bunzel 1992, S. 62) Da aus der Quelle ein Zeitraum der Staubbindung nicht eindeutig hervorging, wird eine jährliche Staubbindungsfähigkeit, nach Rücksprache mit Herrn Bunzel (7.4.1993), als sinnvoll erachtet.]

Die Tabelle zeigt recht eindrucksvoll, daß abhängig von der Gesamtblattfläche/Kronenvolumen Bäume in unterschiedlichem Maße Stäube binden und somit zu einer spürbaren Verbesserung der Aerosol-Belastung führen. Sicherlich hat auch die Baumart, der Gesundheitszustand und der Standort des Baumes einen Einfluß auf die jährliche Staubbindungsfähigkeit von Bäumen!

Zur Verdeutlichung der Zahlen sei beispielhaft auf einen Augsburger Stadtbaum hingewiesen:
So steht in Augsburg ein besonders ausdrucksstarker ahornblättriger Platanenbaum im Stadtteil Göggingen an der Butzstraße, nahe der Verkehrskreuzung Bürgermeister-Aurnhammerstraße/Von-Cobres-Straße. Dieser malerisch gewachsene Baumriese ist ca. 30 m hoch, hat einen Kronendurchmesser von ca. 25 m und einen Stammumfang von 4,70 m. (...) Mechanische Beschädigungen am Stamm und nachfolgender Schädlingsbefall haben den zwischen 150 und 250 Jahre alten Baum stark gefährdet. Die Platane ist, am richtigen Standort gepflanzt, ein wertvoller Straßen- und Alleebaum. Wie der Standort des Baumes an der Butzstraße zeigt, gedeiht die Platane selbst noch unter recht schwierigen Standortbedingungen wie Platzmangel und teilweise befestigter Oberfläche. Ein weiterer Vorzug dieser Baumart ist auch, daß sie sehr widerstandsfähig gegen Umweltbelastungen wie Staub, Rauch, Abgase u. ä. ist. (SCHMIDT 1977, veröff. in AZ am 9.9.1977, S. 34)

Mit seiner weitausladenden Krone und seinem dichten Blätterdach, sein Kronenvolumen beträgt ca. 15.000 m^3, besitzt er eine jährliche Staubbindungskapazität von über 25 Zentnern! (Im Rahmen einer naturwissenschaftlichen Studie wäre vor Ort zu prüfen, wieviel Zentner Staub von dieser Platane tatsächlich gefiltert werden.)

Abends schlägt sich bei der Abkühlung der Luft der Wasserdampf an den Luftverunreinigungen nieder, so daß diese mit zunehmender Schwere nach unten sinken.

***Tabelle 3**: Teilchen/l Luft:*

	morgens	mittags	abends
baumlose Straße:	12.880	10.180	11.490
baumbestandene Straße:	3.870	3.040	3.830

(nach BERNATZKY 1972)

Hier sieht man deutlich, daß *baumbestandene Straßen über dreimal weniger Staubteilchen* in der Luft aufweisen als baumlose Straßen.
Baumbestandene Straßen und Parks fangen also diese abwärts schwebenden Verunreinigungen mit dem Kronendach der Bäume ab!
Abhängig von der Gesamtblattfläche binden Grünflächen in unterschiedlichem Maße Stäube und führen somit zu einer spürbaren Verbesserung der Aerosol-Belastung.

Im folgenden werden einige Baumarten, die im Hinblick auf die Luftverunreinigungen relativ widerstandsfähig sind, aufgeführt:

Gegenüber Luftverunreinigungen absolut widerstandsfähige Gehölze gibt es nicht. Die Widerstandskraft wird durch die Erbanlagen gesteuert, durch den Entwicklungszustand der Pflanze (z. B. Alter und Jahreszeit) sowie durch zahlreiche Umweltfaktoren.
Das Resistenzverhalten variiert innerhalb gewisser Grenzen. Unter den Laubgehölzen zeichnen sich durch eine relativ hohe Härte die Robinie (Robinia pseudoacacia), Schwarz- und Grau-Erle (Alnus glutinosa und A. incana), der Schwarze Holunder (Sambucus nigra) und verschiedene Eichen (Quercus sp.) aus.

Die Widerstandsfähigkeit der äußeren Kutin- und Wachsschichten (s. Kap. 11) gegenüber der zerstörenden Wirkung von Luftverunreinigungen beeinflußt das Ausmaß der Schäden. Verschiedene Beobachtungen weisen darauf hin, daß bei Gehölzen mit glänzenden Blättern der Resistenzgrad gegenüber Luftverunreinigungen oft höher ist.

Der Spiegelglanz entsteht unter anderem durch eine besonders kräftige Wachsschicht und ist bei folgenden, gegenüber Luftverunreinigungen einigermaßen resistenten Bäumen gegeben:
Spitz-Ahorn (Acer platanoides), Rotblühende Roßkastanie (Aesculus carnea „Briotii"), Italienische Erle (Alnus cordata), Baum-Hasel (Corylus colurna), Weißdorn (Crataegus lavallei), Ginkgobaum (Ginkgo biloba), Gleditschie (Gleditsia triacanthos), Tulpenbaum (Liriodendron tulipifera), Platane (Platanus acerifolia) und Simons-Pappel (Populus simonii). (MEYER 1983)

Baumstandorte in unserer Stadt sind keine natürlichen Standorte. Je unnatürlicher der Standort des Baumes, desto wichtiger ist seine Pflege (s. Kap. 6).
Wir können auf Bäume nicht verzichten, deshalb sollte jeder Baum gepflegt werden.
Den Baumbestand vermehren heißt Lebensqualität verbessern, und zwar überall dort, wo sich in unserer Stadt Lebensraum für einen Baum bietet. (SCHREKKENBERG 1982)

3. Lufttemperatur

Die auf die Erdoberfläche treffenden Sonnenstrahlen werden abhängig von der Oberflächenbeschaffenheit in unterschiedlichem Maß absorbiert oder reflektiert. Da insbesondere bei Beton-, Asphalt- und Natursteinbelägen das Reflexionsvermögen relativ gering ist, be-

Abb. 3: „Wärmespeicherung"

Abb. 4: „Luftstau"; Zeichnungen: Richard Keller

wirken die auftretenden Strahlen eine Aufwärmung der Oberfläche. Soweit die an der Oberfläche auftretende Wärme nicht in die Tiefe geleitet wird, wird die Wärme an die bodennahen Luftschichten weitergegeben und führt zu deren Aufheizung. (ERIKSEN 1983)

Die Überwärmung durch Versiegelung (vgl. 5.1) hängt von zwei, nach der Art des versiegelten Materials unterschiedlich ausgeprägten Eigenschaften der Bodenoberflächen ab:
- *dem Reflexionsvermögen* und
- *der Wärmeleitfähigkeit*.

Im einschlägigen Schrifttum wird auf die erheblichen Temperaturunterschiede zwischen innerstädtisch bebauten und unbebauten Gebieten hingewiesen. Die Angaben lassen trotz leichter Abweichungen eine eindeutige Tendenz erkennen. Die maximale Überwärmung im Verhältnis zum Umland an Tagen mit hoher Sonneneinstrahlung beträgt im innerstädtischen Bereich regional unterschiedlich 7–14 °C. (FRANKE 1977)

Gegenüber dem Umland weisen die Städte nicht nur an strahlungsreichen Tagen eine höhere Temperatur auf, sondern auch im Jahresdurchschnitt. Hierzu trägt neben der verminderten Transpiration die besonders im Winterhalbjahr verstärkte künstliche Energieerzeugung bei. (MEYER 1983)

Abb. 5: „Wärmeentwicklung"

Die auf der Oberfläche der Baukörper gespeicherte Energie trägt ebenfalls zur Aufwärmung der bodennahen Luftschichten bei. An windstillen Tagen staut sich die Wärme zwischen den Baukörpern. Mit steigender Wärme geht eine Steigerung der Wasserdampfaufnahmekapazität einher, die die Ursache für das Empfinden von Luftschwüle ist. Die dadurch entstehenden Belastungen wirken sich insbesondere für Menschen nachteilig aus.

3.1 Lufttemperatur in Augsburg

Dies läßt sich auch für das Stadtgebiet Augsburg belegen:
Am heißen Sommertag des 27.7.1983 wurde in der Innenstadt (St. Stephan) eine Tagesmaximaltemperatur von 39,8 °C und eine Nachttemperatur von 21,2 °C gemessen. Außerhalb der Stadt, in Mühlhausen, dagegen war die Tagesmaximaltemperatur am selben Tag um 2,7 °C niedriger, die Nachttemperatur um 5,1 °C.

So wurde nach einem sommerlichen Hitzetag zwischen der Innenstadt und dem stadtnahen Rand des Siebentischwaldes eine Temperaturdifferenz von 5,5 °C gemessen, die die Überhitzung der dicht bebauten und schlecht durchlüfteten Innenstadtbereiche klar dokumentiert.
Allerdings liegt das Temperaturmaximum nicht einmal in engen, hochbebauten und deshalb schattigen Gassen, sondern auf besonnten freien Plätzen, die asphalt- und betonversiegelt sind und bis zu 2 °C höhere Lufttemperaturen erzeugen.
Die Abkehr von der Totalversiegelung und eine Bepflanzung mit Bäumen könnten hier die übermäßige Aufheizung der Plätze reduzieren. (JACOBEIT 1986, S. 62 ff.)

Der Temperaturverlauf wird durch einen ausgeprägten Jahresgang gekennzeichnet. Dabei ist im langjährigen Mittel (1951–1980) der Juli mit 17,5 °C der wärmste Monat, während im Januar mit einem mittleren Monatsmittel von -1,3 °C die niedrigsten Temperaturen auftreten. Die Jahresmitteltemperatur liegt bei 8,2 °C.

Im Mittel treten an 34,3 Tagen maximale Lufttemperaturen über 25 °C (Sommertage) auf, wobei der größte Teil auf die Monate Juni (7,2), Juli (11,2) und August (9,2) entfällt. Temperaturen über 30 °C (heiße Tage) werden im langjährigen Mittel an 5,5 Tagen gemessen.

Die Zahl der Frosttage (Temperaturminimum ≤0 °C) liegt im langjährigen Mittel bei 103,4. Hier wird der Großteil von den Monaten Dezember (21,9), Januar (24,3) und Februar (20,0) gestellt. Eistage (Temperaturmaximum ≤0 °C) treten an 30,8 Tagen auf. (EMISSIONSKATASTER/IMMISSIONSKATASTER DER STADT AUGSBURG 1988, S. 12)

Wertvolle Einsichten in das unterschiedliche Temperaturverhalten verschiedener Oberflächenbedeckungsarten lassen sich darüber hinaus aus *Thermalbefliegungen* ziehen, wie sie im Rahmen des Forschungsvorhabens „Stadtklima Bayern" des Lehrstuhls für Bioklimatologie und Angewandte Meteorologie der Universität München auch über dem Großraum Augsburg durchgeführt worden sind. (JACOBEIT 1986, S. 64)

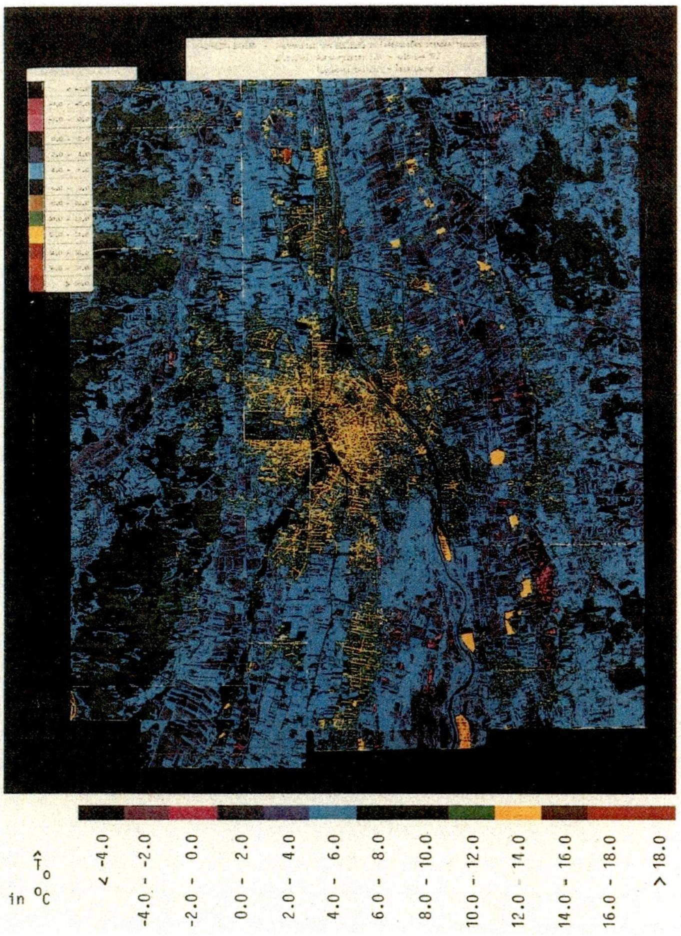

Abb. 6: „Thermalbild" (Morgenaufnahme)
Das Ergebnis der nächtlichen Abkühlung spiegelt sich besonders deutlich in der sommerlichen Morgenaufnahme wider. Als wärmste Flächen auf dem Thermalbild erscheinen neben den Wasserflächen die dicht bebaute und stark versiegelte Innenstadt. Der Wärmespeichereffekt der Häuser tritt hier recht eindrucksvoll hervor und verdeutlicht das Phänomen der „Wärmeinsel".

3.2 Stadtbäume als Wärmeregulatoren

In der Stadt ist wegen der nur spärlich entwickelten Vegetation die Transpiration stark reduziert, entsprechend die damit einhergehende Kühlwirkung.
Bei der Sonneneinstrahlung wird sich die Stadt also wie eine vegetationsarme Sandlandschaft verhalten, das heißt Oberflächen- und Lufttemperatur nehmen zu, und über dichten Baugebieten steigt erwärmte Luft empor. Der Ausdruck „Betonwüste" hat also eine gewisse Berechtigung. Grünanlagen in der Stadt, und kleinräumig auch Einzelbäume, wirken wie eine Temperatursenke. (MEYER 1983)

Während es für die anderen Faktoren des Stadtklimas verschiedene Möglichkeiten der Beeinflussung gibt, kann die Überwärmung der Stadtluft nur durch großflächige Grünanlagen gemindert werden. Technische Hilfsmittel dafür gibt es nicht.
Die temperatursenkende Wirkung wächst mit der Größe der mit Pflanzen bewachsenen Fläche, aber auch mit dem Blattflächenvolumen. (BERNATZKY 1972)

Abb. 7: „Klimawirkung": Vegetationsflächen wirken demgegenüber entlastend auf die bioklimatischen Belastungen. Die Temperaturen werden über vegetationsbedeckten Flächen gemindert, da die Vegetation einen großen Anteil der mit der Sonneneinstrahlung auftretenden Energie für die Wasserverdunstung und Photosynthese verbraucht. Die Wärmeabstrahlung über begrünten Flächen ist deshalb erheblich geringer als über versiegelten Flächen.

4. Luftfeuchtigkeit

Versiegelte Flächen (vgl. 5.1) wirken sich auch nachteilig auf die Luftfeuchtigkeit aus, da das durch die Kanalisation abgeführte Niederschlagswasser in der Regel nicht der Verdunstung zur Verfügung steht. Dadurch gehen im Durchschnitt 100 mm Niederschlag verloren, die nicht verdunstet werden können.

Infolge des Fehlens der Vegetation wird der „Verbrauch" von Wärme behindert. Die relative Luftfeuchtigkeit in bebauten Gebieten ist deshalb im Mittel um 2–8 % geringer als im Umland. Dadurch werden Erkrankungen des Nasen- und Rachenraums beim Menschen begünstigt. (BERNATZKY 1972)

Denn die Lungenbläschen müssen, um den Gasaustausch gegenüber der Blutbahn zu erfüllen, mit einem Feuchtigkeitsfilm ausgekleidet sein. Durch die trockene, staubige Stadtluft kommt es beim Menschen zu erhöhter Schleimsekretion, Reizung und schließlich zu erhöhter Infektionsanfälligkeit. (LÖTSCH 1981)

4.1 Niederschläge in Augsburg

Im Großraum Augsburg fallen jährlich durchschnittlich 830 mm Niederschläge, davon 480 mm in der

Hauptvegetationszeit von Mai bis September. Die niederschlagsärmsten Monate sind der März (48 mm) und der Dezember (49 mm).
So sind an sommerlichen Strahlungswettertagen zwischen versiegelten Plätzen im Innenstadtbereich und in Industriegebieten zwischen Lech und Wertach einerseits sowie baumbestandenen Grünflächen andererseits Unterschiede der relativen Luftfeuchtigkeit von 5–12 % gemessen worden, wobei die Differenz mit zunehmender Tageszeit anzusteigen tendiert und am Abend bei den größten Temperaturunterschieden auch ihr Maximum erreicht. Locker bebaute Stadtrandbereiche liegen durchgängig zwischen den beiden genannten Extremen.
Eine direkte Beeinflussung des Augsbürger Niederschlagsfeldes durch die urbane Bebauung konnte nicht festgestellt werden.
Es zeigt sich aber dennoch ein gewisser Einfluß der Bebauungsumgebung auf städtische Grünflächen, die im aufgelockerten Stadtrandbereich 1–2 % feuchter sein können als in stärker verdichteten Innenstadtgebieten. (JACOBEIT 1986)

4.2 Verdunstungsleistung von Bäumen

Für den Wasserhaushalt eines Baumes sind drei Komponenten maßgebend: die Wasseraufnahme aus dem Boden, die Wasserleitung im Stamm und in den Zweigen sowie die Wasserdampfabgabe durch die Blätter. In Vegetationsbeständen spielen tagsüber die Energieumsätze bei der Wasserverdunstung eine beträchtliche Rolle, und zwar von den Pflanzen selbst (Transpiration) und an der Bodenoberfläche. Da bei der Überführung von 1 l Wasser aus dem flüssigen in den gasförmigen Zustand eine Energiemenge von rund 600 kcal erforderlich ist, geht mit der Transpiration ein erheblicher Energieentzug einher. (MAYER 1983)

An einem klaren Sonnentag verdunstet z. B. eine Sonnenblume ca. 1 l, eine Birke mit 200.000 Blättern 60–70 l, eine gesunde Buche oder Linde ca. 500 l Wasser, wobei die Luftfeuchtigkeit von 100.000 m^3 Luft von 30 auf 60 % angehoben wird. (ADAM 1988)

Die Verdunstung erfolgt durch die vielen tausend Spaltöffnungen an den Unterseiten der Blätter. Sie ist bei trockener Luft, Sonne und Luftbewegung größer als bei feuchter Luft, Schatten und Luftruhe. Die Verdunstung hält die Wasserleitung der Pflanze sozusagen in Betrieb.

Die Baumwurzeln müssen das erforderliche Wasser dem Boden entziehen. Auf diese Weise gelangen die im Bodenwasser gelösten Nährsalze nach oben in die Pflanze. Diese Wasser-Nährsalzleitung ist nur möglich, wenn das überschüssige Wasser wieder abgegeben wird, eben durch die Verdunstung.

Weiterhin kühlt die Verdunstung die Pflanze, so daß eine Überhitzung durch die Sonne vermieden wird. Denn bei der Verdunstung wird Wärme verbraucht, und zwar soviel, wie die Wärmezufuhr der Sonne beträgt. (MEYER 1983)

***Tabelle 4**: Verdunstungsleistung von Laubbäumen*

Kronenvolumen	Verdunstung
>2700 m^3	ca. 500 l/d (Tag)
>700 m^3	ca. 400 l/d (Tag)
>500 m^3	ca. 300 l/d (Tag)
>200 m^3	ca. 200 l/d (Tag)
>100 m^3	ca. 100 l/d (Tag)
>50 m^3	ca. 50 l/d (Tag)
>25 m^3	ca. 10 l/d (Tag)
>1 m^3	ca. 5 l/d (Tag)

(nach BUNZEL 1992, S. 61; erw. n. BERNATZKY 1988)

Daß die Verdunstung entscheidend von dem Kronenvolumen abhängig ist, zeigt diese Tabelle deutlich. Je größer das Kronenvolumen, desto mehr Wasser kann verdunstet werden und desto mehr Wärme wird der Umgebung entzogen!

Für die Verdunstung von 500 l Wasser pro Tag entzieht eine 100jährige freistehende Buche mit einem Kronenvolumen von 2.700 m^3 ihrer Umgebung eine Wärmemenge von 300.000 kcal (vgl. BERNATZKY 1988).

Zur Verdeutlichung der Zahlen sei auch hier auf einen bekannten Augsburger Stadtbaum hingewiesen:
Einst außerhalb der Stadtmauer, heute mitten in der Stadt, steht auf dem Gelände der Industrie- und Handelskammer an der Stettenstraße im Bismarckviertel eine untypisch gewachsene Rotbuche mit weitausladender Krone.

Obwohl dieser Stadtbaum nicht völlig frei steht, sondern mit anderen Bäumen eine Gruppe bildet, ist dieses innerstädtische Naturdenkmal einzigartig in seiner Erscheinungsform.
Sein für eine Buche ungewöhnliches Erscheinungsbild läßt vermuten, daß der etwa 220 Jahre alte Baumriese im Jugendstadium ohne Schutz und Beschattung durch andere Bäume sich entfalten mußte und konnte; denn das typische Merkmal eines Baumes – der Stamm – ist nur im Ansatz in Bodennähe vorhanden.
Schon knapp 1 m über dem Erdboden setzt der die Krone bildende Astkranz an, bestehend aus 7–60 cm Durchmesser starken Einzelstämmen. Die teilweise waagerecht abstehenden und mit Drahtseilen gesicherten Astpartien haben sich im Laufe der Zeit nach

oben zum Licht hinstrebend zu einer artfremd wirkenden, ca. 25 m breiten Trichterkrone entwickelt.
Der von Narben und Rindenüberwucherungen stark gekennzeichnete Kurzstamm hat einen Stammumfang von 5,50 m.
Die natürliche Verankerung des Baumes im Boden ist ebenfalls sehr eindrucksvoll: Wie von Adlerkrallen festgehalten erscheint das durch die Erosionswirkung des Regens und andere Einflüsse freigelgte labyrinthische Wurzelwerk.

Auch dieser Baum ist ein hervorragendes Element zur Stadtgestaltung und Klimaverbesserung; seine verschiedenartigsten Wirkungen auf das Wohlbefinden des Menschen können nicht hoch genug eingeschätzt werden; so mag der Hinweis genügen, daß allein die beschriebene Buche bei der IHK in einem Jahr etwa 10.000 l Wasser über ihre Blätter verdunstet und dadurch die Stadtluft, neben der ständigen Abgabe von lebensnotwendigem Sauerstoff, verbessern und kühlen hilft! (SCHMIDT 1978, veröff. in AZ am 14.3.1978, S. 30)

5. Versiegelung

5.1 Begriffsbestimmung

Als Bodenversiegelung wird eine mit baulicher Nutzung im Zusammenhang stehende Veränderung der Bodenoberfläche verstanden: „Bodenversiegelung bedeutet, daß offener Boden sehr stark verdichtet und

Abb. 8: „Bodenversiegelung“: Bei Straßenbäumen wirkt sich die unmittelbar angrenzende Versiegelung und Verdichtung des Bodens besonders nachteilig aus. Häufig findet keine für die Wasserversorgung ausreichende Versickerung von Niederschlägen statt, da die Baumscheiben, d. h. die um den Baumstamm offengelassenen Flächen, zu klein oder durch Überfahren oder Betreten stark verdichtet sind.

mit impermeablen (undurchlässigen) Substanzen wie Teer, Beton oder mit Gebäuden bedeckt wird. Die Austauschvorgänge zwischen Boden und Atmosphäre, die sowohl den abiotischen (nicht belebten) Bereich – z. B. Versickerung von Bodenwasser – als auch den biotischen (belebten) Bereich betreffen – z. B. Luftaustauschprozesse zwischen Boden und Luft durch Mikroorganismen – werden unterbunden.“ (BÖCKER 1985)

5.2 Negative Auswirkungen versiegelter Flächen

Durch Versiegelung von Flächen gehen diese weitgehend als Standort für Vegetation und als Lebensraum für Tiere verloren.
Neben dem Verlust an Lebensraum für Flora und Fauna wirken sich das trockene Stadtklima, die Veränderung des Bodenwasserhaushalts und gegebenenfalls die Absenkung des Grundwassers belastend auch auf die Pflanzen- und Tierwelt aus. Auf Grund der geringeren relativen Luftfeuchtigkeit sowie der verminderten nächtlichen Abkühlung kann z. T. nachts keine Taubildung mehr erfolgen. Bei Straßenbäumen wirkt sich die unmittelbar angrenzende Versiegelung und Verdichtung des Bodens besonders nachteilig aus.
Häufig findet keine für die Wasserversorgung ausreichende Versickerung von Niederschlägen statt, da die Baumscheiben, d. h. die um den Baumstamm offengelassenen Flächen, zu klein oder durch Überfahren oder Betreten stark verdichtet sind. Der Wassermangel geht dann einher mit zu geringer Sauerstoffversorgung der für die Nährstoffversorgung des Baumes unersetzlichen Bodenbakterien. (BUNZEL 1992, S. 62)

Zwar ist in Augsburg lediglich 1/3 der Stadtgebietsfläche bebaut (SCHMIDT 1988; VERMESSUNGSAMT AUGSBURG 1991), der Versiegelungsgrad der Innenstadt erreicht jedoch bis zu 90 % (HAASE und SÖHMISCH 1989, S. 1 f.).

Bodenversiegelung hat in ökologischer Hinsicht insbesondere Auswirkungen auf den Wasserhaushalt, das Stadtklima sowie die Pflanzen- und Tierwelt. Die wichtigsten Auswirkungen sind:

5.2.1 Auswirkungen auf den Wasserhaushalt

Wegen der *Veränderung des Bodenwasserhaushalts* aufgrund eines *verminderten Feuchtigkeitsgrades*, da das *Niederschlagswasser in die Kanalisation abgeführt* wird, kommt es zu einer *Verringerung der Grundwasserneubildung* und somit zu einer *negativen Beeinflussung der Grundwasserqualität*.

5.2.2 Auswirkungen auf das Stadtklima

Im Hinblick auf das *Stadtklima* ergeben sich *höhere Durchschnittstemperaturen* infolge einer *veränderten Strahlenbilanz*, die aufgrund fehlender Vegetation eine *Verringerung der Luftfeuchte* nach sich zieht und zur *Windschwäche* und somit auch zur *Verringerung des Frischluftaustausches* führt.

5.2.3 Auswirkungen auf die Flora

Die *Pflanzenwelt* wird beeinträchtigt durch eine *Verringerung des Vegetationsbestandes*, die *Verdrängung weniger anpassungsfähiger Arten*, durch die Dominanz einiger weniger widerstandsfähiger und wärmeliebender Arten, die jedoch nicht immer standorttypisch sind.

Kleinräumige Temperaturgegensätze fördern den horizontalen und vertikalen Luftmassenaustausch in der Stadt. Fortschreitende Versiegelung ist hier schädlich (HILLER 1990); das Forschungsprojekt „Stadtklima Bayern" weist nach, das bei einer gegebenen Stadtfläche eine Erhöhung des Versiegelungsgrades um 10 % nicht nur die Oberflächentemperatur erhöht, sondern auch das Mittel der jährlichen Lufttemperatur über dieser Stadtfläche; auch nimmt die Tagesschwankung der Temperatur zu.
Durch zunehmende Versiegelung und Verbauung in der Stadt werden also die Temperaturgegensätze abgebaut und somit wird der mikroklimatische Austausch vermindert, der zu einer Verdünnung der Schadstoffe sowie zu den gewünschten Kühleffekten im Sommer führen würde.
Diese Folgen der Bodenversiegelung sind in ihrer Qualität und Wirkungsrichtung nachgewiesen und im Hinblick auf einzelne Faktoren auch quantitativ gemessen.

5.3 Positive Auswirkungen unversiegelter Baumscheiben

Der derzeitige Forschungsstand ist ausreichend, um gesicherte *qualitative* Aussagen über die Auswirkungen der Bodenversiegelung zu treffen und die positiven Wirkungen von Entsiegelung zu begründen.

So leistet die *Verminderung* des Versiegelungsgrades nach GIESEKE et. al. (1988) einen Beitrag zur: *Erhaltung und Erhöhung der Grundwasserneubildungsrate* und somit auch zur *Stabilisierung des Hochwasserspitzenabflusses, Erweiterung* des Anteils *stadtklimatischer Ausgleichsflächen, Erhaltung der Bodenschichten* und damit der biotischen (lebenden) und abiotischen (nicht lebenden) Funktionen des Bodens und zur *Stabilisierung* des Bestandes an *innerstädtischer Flora und Fauna*.

Die Verkehrslast, der die Stadtböden ja in besonderem Maße ausgesetzt sind, vermindert durch die Bodenverdichtung den Anteil der Grob- und Mittelporen, so daß damit die Wasserspeicherfähigkeit des Bodens und davon abhängig wiederum die Wasserversorgung der Bäume verschlechtert wird. Der Wurzelbereich der Bäume sollte daher überhaupt nicht befahren werden. Um den Bäumen an versiegelten Flächen einigermaßen ausreichende Lebensmöglichkeiten zu sichern (s. Kap. 5, 6 und 10), müssen die offenen Baumscheiben mindestens eine Fläche von 6 m^2 haben und gegen Verdichtung durch Überfahren und Betreten gesichert sein. Der durchwurzelbare Raum sollte eine Grundfläche von mindestens 16 m^2 und eine Tiefe von mindestens 80 cm haben (DIN 18 916).

6. Schadstoffbelastung und Verkehrssituation

Maßgeblich für die Verursachergruppe Verkehr und damit auch entscheidend für kommunale Strategien der Luftreinhaltung sind die bisher ständig anwachsenden Emissionsmengen der Komponenten Kohlenmonoxide, Stickstoffoxide, organische Verbindungen und Stäube.
Im folgenden soll lediglich auf die Verursachergruppe Verkehr näher eingegangen werden. Andere Quellgruppen, z. B. Haus- bzw. Industriebrand, emitieren zum Teil auch andere Schadstoffe (z. B. SO_2 und Schwermetalle). Die Immissionsbelastungen sind aufgrund der unterschiedlichen Ausbreitungsbedingungen für Schadgase und Stäube an Autobahnen und Landstraßen bzw. in offen und geschlossen bebauten, innerörtlichen Straßen verschieden.
Insbesondere auf innerstädtischen Hauptverkehrsstraßen werden über 90 % der Kohlenmonoxid-, 76–89 % der Kohlenwasserstoff- und 80–90 % der Stickoxidkonzentrationen dem Kfz-Verkehr zugeschrieben, wobei sich die bodennahen Konzentrationsfelder aufgrund der städtebaulichen Situation und der jeweiligen meteorologischen Gegebenheiten als besonders schadstoffbelastet ausprägen. (MATERIALIEN ZUM IMMISSIONSSCHUTZBERICHT DER BUNDESREGIERUNG 1977)

Abb. 9: „Dunstglocke/Smog": Smog ist eine aus dem Englischen stammende Wortkombination aus „smoke" (Rauch) und „fog" (Nebel). Smog ist durch starke Anreicherung von Luftverunreinigungen gekennzeichnet und kann entstehen, wenn die in der Luft enthaltenen Schadstoffe auf Grund austauscharmer Wetterlagen (Inversion) nicht mehr in die höheren Luftschichten entweichen können. Die Konzentration der Schadstoffe kann schnell ein gesundheitsgefährdendes Ausmaß erreichen und zu Beeinträchtigungen der Atmung, zur Reizung der Schleimhäute und zu Kreislaufstörungen führen. (KOHLHAMMER 1989)

6.1 Schadstoffbelastung in Augsburg

Entsprechend für Augsburg lauten die Prozentwerte für die Emittentengruppe Verkehr (EMISSIONSKATASTER/IMMISSIONSKATASTER DER STADT AUGSBURG 1988, S. 100) für:

– Kohlenmonoxid	64,6 %
– Schwermetalle	82,9 %
– Stickoxid	58,0 %

Die an der Meßstation Augsburg Königsplatz bestimmten Staub- sowie Blei- und Cadmiumniederschlagsbelastungen sind *im bayerischen Vergleich sehr hoch* und vergleichbar mit den Niederschlagsbelastungen, die an den Münchner Meßstationen Stachus und Effnerplatz bestimmt werden. Diese *hohen Niederschlagsbelastungen an der Meßstation Augsburg* Königsplatz sind sicherlich zu einem großen Anteil auf die exponierte Lage dieser Meßstation zurückzuführen. Für das Jahr 1987 weist die Meßstation Augsburg Königsplatz innerhalb Bayerns die zweithöchste – nach der Meßstation München, Stachus – Bleiniederschlagsbelastung (von insgesamt 27 Meßstationen) auf. (EMISSIONSKATASTER/IMMISSIONSKATASTER DER STADT AUGSBURG 1988, S. 155)

6.2 Schadstoffiltration von Bäumen am Beispiel von CO_2

Unter Photosynthese (s. Kap. 11) versteht man die Festlegung der Strahlungsenergie im Zusammenhang mit der CO_2-Assimilation durch die autotrophen (sich selbst ernährenden) Pflanzen.

Was das genau bedeutet und wie die Pflanze das zustande bringt, soll im folgenden kurz dargestellt werden:
Die Photosynthese, also die Umwandlung von Kohlendioxid in Sauerstoff vollzieht sich in den grünen Blättern, indem die Pflanze Kohlendioxid (CO_2) assimiliert (siehe unten) *und Sauerstoff (O_2) abgibt.*

Assimilation = Überführung der von einem Lebewesen aufgenommenen Nährstoffe in →

Assimilate = die Bildung von Kohlenhydraten aus Kohlendioxid der Luft und Wasser unter dem Einfluß des Lichtes, wobei Sauerstoff abgegeben wird.

Es handelt sich dabei um den qualitativ wie quantitativ wichtigsten biochemischen Vorgang auf der Erde! Denn alle organischen Stoffe und die klassischen Energiequellen (Kohle, Öl) stammen aus der CO_2-Assimilation der grünen Pflanzen.
Gleichzeitig wird der gesamte, ständige Energiezufuhr beanspruchende Prozeß „Leben" dadurch aufrechterhalten.

Baumkronen sind wie nach außen gestülpte Lungen – ihre Funktion ist die Aufnahme von Kohlendioxid. Fast unglaublich, daß der Kohlenstoff für dieses tonnenschwere Gerüst aus Holz, Zellulose und die jährlich erneuerte Blattmasse ausschließlich aus den CO_2-Spuren der Luft stammt. (LÖTSCH 1981)

***Tabelle 5**: Die Arbeitsleistung (in Tageswerten von 12 Stunden) einer 100jährigen frei stehenden Buche, nach BERNATZKY (1988), mit einer*

Höhe:	25 m
Kronenbreite:	14 m
Kronenvolumen:	2.700 m^3
Standfläche:	160 m^2
äußerlichen Blattfläche:	1.600 m^2
verdunstet ca.:	500 l H_2O/d(Tag) und
entzieht der Umgebung:	ca. 300.000 kcal/d(Tag)
resorbiert:	*2,3552 kg Kohlendioxid CO_2*
und	
produziert:	*1,712 kg Sauerstoff O_2 pro Stunde*

(das wäre hochgerechnet der Jahresbedarf an Sauerstoff für 10 Menschen, denn 150 m^2 Blattfläche erzeugen den notwendigen Sauerstoff für einen Menschen pro Jahr!)

In 100 Jahren hat der Baum demnach mindestens 20.000 kg Sauerstoff den Menschen zur Verfügung gestellt (die zur Baumatmung wieder verbrauchte Menge Sauerstoff ist bereits abgezogen).
Um diesen Baum in seiner Leistung hinsichtlich der Sauerstoffproduktion zu ersetzen, müßten 5.400 junge Bäume mit einem Kronenvolumen von je 0,5 m^3 gepflanzt werden! (BERNATZKY 1972)

Durch die Photosynthese und die daraus resultierende CO_2-Assimilation bewirken Grünflächen also eine Verringerung zu hoher Kohlendioxid (CO_2)-Werte und die Anreicherung der Luft mit Sauerstoff (O_2)! Positive Wirkungen für das örtliche Kleinklima können deshalb schon von einem einzigen Baum ausgehen! (ADAM 1988)

Doch Vorsicht:
Es sollte jedoch nicht der Eindruck erweckt werden, als stünde man unter einem Baum wie unter einer Sauerstoffdusche (LÖTSCH 1981)!

6.3 Verkehrsgrün – Funktion und Wirkung

Verkehrsgrün ist ein Sammelbegriff für grüne und begrünte Freiräume sowie Grünelemente an Straßen und auf Plätzen und in städtebaulichen Übergangszonen (RICHTER 1981).

Zur Verbesserung der lufthygienischen Situation gerade auch mit Blick auf die stärker belasteten Gebiete in Augsburg muß grundsätzlich festgestellt werden, daß die wirksamste und langfristig auch einzig erfolgversprechende und allseits vertretbare Maßnahme in dieser Richtung nur eine möglichst starke Reduktion der Emissionen am Entstehungsort sein kann. Dies gilt für alle Quellgruppen und bedeutet im Bereich des kommunalen gestaltbaren Verkehrsgeschehens vor allem eine Einschränkung des städtischen Individualverkehrs durch Verlagerung auf öffentliche Personennahverkehrsmittel, der langfristig der Vorzug gegenüber einem Ausbau des innerstädtischen Straßennetzes zu geben ist.

Letzteres bedeutet nämlich nicht nur eine stadtklimatisch nachteilige Verschiebung des Verhältnisses von versiegelten Flächen zu Frei- und Grünflächen, sondern vermag, bei zu erwartenden gesteigerten Fahrthäufigkeiten und Durchflußgeschwindigkeiten, auch keine Reduktion des gesamten Schadstoffausstoßes zu erreichen; vielmehr muß bei den Stickoxiden sogar mit einer weiteren Steigerung gerechnet werden. (JACOBEIT 1986, S. 159)

Um eine thermisch günstige Stadt entwickeln zu können, müßte man u. a. den Kfz-Verkehr massiv reduzieren!

Diese Forderung findet sich auch in den Leitlinien zum Generalverkehrsplan der Stadt Augsburg (GVA) vom Juni 1992, Seite 8:
„Rück- und Umbau von Straßen ist wo immer möglich, vor allem wo städtebaulich erforderlich anzustreben."

Auch das Verkehrsgrün trägt in erheblichem Maße zur Gestaltung einer thermisch günstigeren Stadt bei.

Die vielfältigen Funktionen und Wirkungen von Bäumen im Verkehrsraum sind nach Professor MÜRB (1986), stichwortartig aufgelistet:
- Bäume geben Maßstäbe für Räume und Dimensionen.
- Sie prägen entscheidend das Bild von Straßen, Plätzen, Höfen und Städten.
- Grünelemente wie Alleen, Baumreihen, Baumgruppen und Einzelbäume tragen zur Raumbildung bei und stellen selbst ein Raumerlebnis dar.
- Sie sind ein Mittel zur Orientierung in der Stadt.
- Bäume markieren durch ihre Laubkrone auch die dritte Dimension eines Verkehrsraums.
- Bepflanzte Freiräume fördern das Wohlbefinden und erzielen einen beachtenswerten psychologischen Effekt.
- Auch auf Flächen des ruhenden Verkehrs, auf Parkplätzen und in Parkbuchten ermöglichen Bäume eine optische Einbindung, Raumbildung und Beschattung.

Bäume brauchen zum Leben die Atmung der Wurzeln. Daher brauchen Bäume an der Straße Platz und Raum. Bäume müssen überall dort gerettet werden, wo sie unsere Stadt bereichern, ihre Existenz jedoch gefährdet ist.
Grundsätzlich bedarf jeder Baum des Schutzes. Die bauliche Erweiterung der Städte greift ständig in die Grundsubstanz der Grünflächen ein. Diese Eingriffe haben nachteilige Folgen für das Stadtklima, die auch durch außerhalb der Stadt gelegene Landschaftsräume nicht ausgeglichen werden können. (vgl. SCHRECKENBERG 1982)

7. Weitere Funktionen von Stadtgrün

7.1 Lärmschützende Wirkung?

Objektiv verändern Bäume in Stadtstraßen die Lärmbelastung kaum. Ihre positive Wirkung liegt mehr im subjektiven Bereich. Der Grad der Lärmbelastung ergibt sich nämlich nicht allein aus der in dB(A) (Dezibel) angegebenen Intensität der Schallausbreitung, sondern hängt in großem Maße auch von der subjektiven Lärmempfindlichkeit des Betroffenen ab. Lärm ist kein physikalischer, sondern ein sozialpsychologischer Begriff. Er bezeichnet die Schallausbreitung, die als störend oder belästigend empfunden wird. (BUNDESMINISTER FÜR UMWELT, NATURSCHUTZ UND REAKTORSICHERHEIT 1986)

In Augsburg liegt das Maximum der Lärmbelästigung im Bereich der Karlstr.-Leonhardsberg-Pilgerhausstraße (JACOBEIT 1986).

Bäume und andere Pflanzungen im Straßenraum schaffen zwar nicht immer eine Sichtbarriere zur Lärmquelle Auto, sie bewirken jedoch zumindest eine Verbesserung des Raumempfindens und damit tendenziell auch eine Verminderung der Empfindlichkeit gegenüber Lärm. Hierfür sprechen jedenfalls die Erfahrungen im Zuge von Verkehrsberuhigungsmaßnahmen, die von Anwohnern besser beurteilt wurden, als dies auf Grund der objektiven Geräuschminderung zu erwarten war. (BUNZEL 1992)

7.2 Soziale und psychohygienische Funktion

Zunehmend wird erkannt, daß die negativen stadtökologischen Auswirkungen der Bodenversiegelung zugleich auch ein wichtiges städtebauliches Problem darstellen. Die direkten und indirekten Folgen der Bo-

Abb. 10: „Lärmminderung": Schutzpflanzungen gegenüber Lärmemittenten (Lärmverursachern) kommt deshalb vor allem eine psychologische Funktion zu. Als Sichtbarrieren verhindern sie das visuelle Erkennen der Störquelle. Sie schaffen damit eine psychische Distanz, die sich mindernd auf die Lärmempfindlichkeit der Betroffenen auswirkt.

Abb. 11: „Entspannung und Wohlbefinden": Die ästhetische Wirkung der Umwelt, in der die Menschen leben, ist von entscheidendem Einfluß auf die psychische Verfassung und das Wohlbefinden.

denversiegelung verschlechtern die städtische Umweltqualität und – hiermit in Zusammenhang stehend – die Attraktivität der Städte als Wohn- und Gewerbestandorte. (GIESEKE et. al. 1988)

Gleichzeitig ist auf der Wirkungsseite festzustellen, daß der „Umweltstreß" und die Belastung von Menschen, Tieren und Pflanzen in städtischen Regionen weiter zunehmen. Alles spricht dafür, daß die Vitalität der Abwehr- und Immunsysteme bzw. die Puffer- und Ausgleichsmechanismen weiter abnehmen.
Die Schadensentwicklung bei den Waldbeständen und bei Stadtbäumen, Nahrungsmittelpflanzen, Böden, Gewässern und anorganischen Materialien sowie die gesundheitliche Beeinträchtigung insbesondere der Risikogruppen (Kinder, Kranke, Alte, ...) deuten darauf hin, daß hier Summations-, Langzeit-, Akkumulations- und synergistische Wirkungen zum Tragen kommen, die von der bisher betriebenen Luftreinhaltepolitik zwar vermutet, aber nicht ausreichend berücksichtigt werden. (FIEBIG et. al. 1990)

Diese Entwicklung ist in ihren Ausmaßen und in ihren ökologischen, gesundheitlichen und volkswirtschaftlichen Konsequenzen noch nicht abzuschätzen.

Deshalb ist auf der Ebene der Landschafts- und Grünordnungsplanung (in Verbindung mit der Bauleitplanung) den klimatisch-lufthygienischen Aufgaben ein wachsender Stellenwert beizumessen. Dies gilt generell für die Erhaltung und Erweiterung des vegetationsbestandenen Grün- und Freiflächenangebotes sowie insbesondere für die Sicherung und den Ausbau klimaökologisch wirksamer Grün- und Freiflächen (vgl. 1.).

Aus diesem Grund sind die staatlichen und kommunalen Behörden im besonderen Maße aufgefordert, Rahmenbedingungen, Instrumentarien und Zielsetzungen für Sanierungs- und Vorsorgeaufgaben der Luftreinhaltung zu entwickeln, die weit unterhalb der heute bestehenden Eingriffsschwelle ansetzen müssen. Erst auf dieser Grundlage werden die Städte, Gemeinden und Kreise eine wirksame Vorsorgepolitik betreiben können, die sich wesentlich von den bisherigen (defensiven) Immissionsschutzbemühungen im Rahmen der Stadtplanung unterscheiden. (FIEBIG et. al. 1990)

8. Schlußbemerkung:

Ob eine Stadt lebenswert ist, hängt wesentlich von ihrem Naturpotential ab.
Bäume sind ein solches Potential. Sie spenden im Sommer Schatten, also dann, wenn man ihn braucht; im Winter und Frühling lassen sie die Sonne durch. Bäume geben Windschutz, binden Staub, produzieren Sauerstoff, befeuchten die Luft und werden mit jedem Jahr schöner und leistungsfähiger, vorausgesetzt, man gönnt ihnen den erforderlichen Lebensraum und bewahrt sie vor Verstümmelung und leichtfertiger Zerstörung.

Das als eine Aufgabe anzusehen, die jeden angeht und für die auch jeder die Verantwortung trägt, ist Ziel dieses Beitrages.

Auf Grund einer Geschäftsanweisung des OB von 1988 „Über die Belange des Umweltschutzes", kurz „GA Umweltschutz", wurde verfügt, eine Arbeitsgrup-

pe „Umweltschutz" zu bilden, die unter anderem einen Umweltbericht „Luftreinhaltung und Stadtklima" erarbeiten soll.
In diesem Bericht wird vertiefend und wesentlich ausführlicher, als dieser Beitrag es in seiner Kürze zu leisten vermag, auf die Ziele und Maßnahmen eingegangen, die für diesen Themenkomplex relevant sind.

9. Literatur

ADAM, K., 1988: Stadtökologie in Stichworten; Würzburg, 78 f.
BAUMGARTNER, A. et. al., 1985: Untersuchung des Einflusses von Bebauung und Bewuchs auf das Klima und die lufthygienischen Verhältnisse in bayerischen Großstädten, „Thermalbefliegung"; München
BAUREFERAT DER STADT AUGSBURG, 1992: Fortschreibung des GVA; Entwurf für Leitlinien, Ziele und Planungsprogramm; Augsburg, 8
BAYER. LANDESAMT FÜR UMWELTSCHUTZ, 1988: Belastungsgebiet Augsburg Emissionskataster/Immissionskataster; München
BERNATZKY, A., 1972: Grünplanung in Baugebieten; Wiesbaden-Dotzheim, 17 ff.
ders., 1988: Baumchirugie und Baumpflege; Braunschweig
BOECKER, R., 1985: Bodenversiegelung – Verlust vegetationsbedeckter Flächen in Ballungsräumen (Berlin), 57–61
BUNDESMINISTER FÜR UMWELT, NATURSCHUTZ UND REAKTORSICHERHEIT, 1986: Was Sie schon immer über Lärmschutz wissen wollten, 2. Aufl., Berlin
BUNZEL, A., 1992: Begrenzung der Bodenversiegelung; Planungsziele und Instrumente; Berlin, 61 ff.
DEUTSCHER BUNDESTAG, (Hrsg.), 1983: Waldschäden und Luftverunreinigungen; Sondergutachten März 1983 des Rates von Sachverständ gen für Umweltfragen/Drucksache; Bonn
ERIKSEN, W., 1983: Die Stadt als urbanes Ökosystem; Paderborn/München
FIEBIG, K.-H., et. al., 1990: Luftreinhaltung in Städten; Berlin
FRANKE, E. (Hrsg.), 1977: Stadtklima, Ergebnisse und Aspekte für die Stadtplanung; Stuttgart
GIESEKE, U., et. al., 1988: Städtebauliche Lösungsansätze zur Verminderung der Bodenversiegelung als Beitrag zum Bodenschutz; IfS, Institut für Stadtforschung und Strukturpolitik GmbH Berlin; Schriftenreihe „Forschung" Nr. 456; Bonn-Bad Godesberg
HAASE, R. und SÖHMISCH, R., 1989: Gehölzkartierung Augsburg, Projektbericht; Augsburg, 77
HEISIG, M., 1984: Entsiegelung und Vegetation bei der flächenhaften Verkehrsberuhigung, in: Das Gartenamt, 15 ff.
HILLER, O., 1990: Stadtklimatologisches Standortgutachten; Augsburg
HUBER, E., 1989: Physik Mechanik; München, 82
HUTTER, S. und MÜLLER, N., 1984: Stadt Augsburg – Zustandserfassung der Bäume an Straßen und Plätzen in Augsburg Teil I/II, Hrsg. Amt für Umweltschutz und Grünordnung Augsburg
JACOBEIT, J., 1986: Stadtklimatologie von Augsburg unter besonderer Berücksichtigung der lufthygienischen Situation sowie des Lärms; Augsburg
KOHLHAMMER, W. (Verlag), 1989: Was Sie schon immer über Luftreinhaltung wissen wollten, Stuttgart-Berlin-Köln; Umweltbundesamt
KRATZER, A., 1956: Das Stadtklima
KULOW, K.-H., 1990: Tageszeitliches Temperaturverhalten verschiedener Baukörperstrukturen in Augsburg anhand Thermalbildauswertungen ..., aus Augsburger Geographische Hefte Nr. 8; Augsburg, 77 ff.
LAMP, W., 1947: Untersuchungen über den Staubgehalt einer vom Krieg teilweise zerstörten Großstadt
LINKE, F., 1940: Das Klima der Großstadt
LÖTSCH ,B., 1981: Stadtklima und Grün, aus: Grün in der Stadt, von Andritzky, M. und Pitzer, K.; Hamburg, 134–146
MAYER, H., 1959: Stadtklima und Lufthygiene; München
MEYER, F. H. (Hrsg.), 1982: Bäume in der Stadt; Ulmer, Stuttgart
MÜRB, 1986: Neue Landschaft, 31
SCHLEE, D., 1991: Wirkung von Luftschadstoffen auf den pflanzlichen Organismus; Landsberg-Zürich
SCHMIDT, K. R., 1988: Grün im Lebensraum Stadt – Erfahrungshintergrund Augsburg, Das Gartenamt 37, Augsburg, 413–422
ders., 1984: Sterben Bäume wirklich in der Stadt? – Neue Landschaft 29, 785–794
ders., 1977/78: Bäume stellen sich vor: (2) Platane (Platanus acerifolia); veröff. in AZ am 9.9.1977 unter: Die Rotbuche auf dem IHK-Gelände, S. 34 und (8) Rotbuche/Buche (Fagus sylvatica); veröff. in AZ am 14.3.1978 unter: Platanen-Riese überragt die Butzstraße, S. 30; Augsburg
RICHTER, G., 1981: Handbuch Stadtgrün, München 42–49
SCHRECKENBERG , K. P., 1982: Die Bedeutung des Stadtbaumes für die Umwelt; aus: Das Gartenamt 31. Jahrgang, Nürnberg
STRASSBURGER, E., 1983: Lehrbuch der Botanik; Stuttgart – New-York
TROYCKE, A. G., 1982: Baumkataster der Stadt Augsburg
VERMESSUNGSAMT AUGSBURG, 1991: Flächen der Nutzungsarten entsprechend der Gliederung im Statistischen Jahrbuch Deutscher Gemeinden, Augsburg
ZIEGLER, I. et. al., 1983: Wirkung luftverunreinigender Stoffe auf Pflanzen, Naturwissenschaftliche Rundschau 36: 339–344

Anschrift der Verfasserin:

Dipl. Biol. Gerlinde Höppler
Stadt Augsburg – Amt für
Grünordnung und Naturschutz
Dr.-Ziegenspeck-Weg 10
86161 Augsburg

Kapitel 13
Bäume im Glauben und Brauchtum

Hans Frei

Inhalt Seite

Weltenbaum und Lebensbaum 266
Der heilige Baum 266
Der Baum im christlichen Brauch 267
Der Maibaum 267
Der Baum in der Sakrallandschaft 268
Der Baum als Ort der Liebe und der Heilkraft 268
Der Baum als Ort der Kommunikation und des Gedenkens 269
Der Baum als Ort des Schutzes 269
Schlußgedanken 270

Literatur 270

Der Baum in Redensarten 270

Zahlreiche Gegenstände und Lebewesen haben für uns symbolische Bedeutung. Eine zentrale und vielfältige Bedeutung hat in der Menschheitsgeschichte der Baum. Ihm werden verschiedene Funktionen, Wirkungen und Kräfte zugeschrieben (Sibylle Selbmann, 1984, S. 5). Nicht zufällig beginnt und endet mit diesem Symbol die Heilige Schrift: „Und Gott der Herr pflanzte einen Garten in Eden gegen Morgen und setzte den Menschen hinein, den der gemacht hatte. Und Gott der Herr ließ aufwachsen aus der Erde allerlei Bäume, lustig anzusehen und gut zu essen, und den Baum des Lebens mitten im Garten und den Baum der Erkenntnis des Guten und Bösen" (Genesis 2, 8). Als Zeichen der Entscheidung steht der Baum der Erkenntnis am Lebensbeginn der Menschheit: „Und Gott der Herr gebot dem Menschen und sprach: Du sollst essen von allerlei Bäumen im Garten; aber von dem Baum der Erkenntnis des Guten und Bösen sollst Du nicht essen; denn welches Tages Du davon ißt, wirst Du des Todes sterben" (Genesis 2, 16).

Adam und Eva mißachten das Gebot Gottes, sie essen vom Baum der Erkenntnis und sie werden aus dem Paradies vertrieben. Der Baum wird zum Symbol des Sündenfalls, verloren ist das Paradies und damit die Nähe Gottes. Der Baum schafft eine Distanz zwischen Gott und den Menschen. Der Baum, der auf der Erde wurzelt und in den Himmel ragt, wird zum Symbol für die Polarität des Menschen, die er erkennen und durchleben muß.

Weltenbaum und Lebensbaum

Viele Völker sprechen von einem Welten- oder Himmelsbaum, der tief unter der Erde wurzelt und dessen Krone bis zum Himmel reicht. Als Weltachse verbindet er die drei kosmischen Bereiche: Himmel, Erde und Unterwelt. Er ist Mittelpunkt der Welt und Stütze des Universums wie die Weltenesche Yggdrasil in den Edda-Liedern. Der Weltenbaum ist zugleich Sinnbild ständiger Erneuerung und universaler Fruchtbarkeit. „Der Weltenbaum überspannt Raum und Zeit, überbrückt Leben und Tod, überwindet alle Pole des Seins und ist damit auch ein Sinnbild für die Einheit des Kosmos" (Manfred Lurker, 1960, S. 29).

Der Mythos des Weltenbaumes überschneidet sich mit den Vorstellungen vom Lebensbaum, der ständig grünt und blüht. Wer seine Früchte ißt, bleibt gesund und jung. Im Schöpfungsbericht der Bibel steht der Lebensbaum mitten im Paradies. Mit dem Sündenfall ist für den Menschen das Paradies verloren. Die Welt ist für den Menschen zweideutig geworden, sein Leben vollzieht sich zwischen Gut und Böse, zwischen Freude und Leid, zwischen Wachsen und Vergehen. Der Mensch ist an die irdische Welt gebunden, doch sein Streben ist auf das Überirdische ausgerichtet.

Der heilige Baum

Die Religionen und Kulturen aller Völker kennen den heiligen Baum. Im Gilgamesch-Epos, der ältesten Dichtung der Menschheit, ist der heilige Baum eine mächtige Zeder. In Indien ist der Feigenbaum das heiligste buddhistische Symbol. Buddha wurde unter einem Feigenbaum geboren und erhielt unter einem Feigenbaum seine Erleuchtung. Bei den Griechen wurde fast jedem Gott ein Baum zugeordnet. Die Eichen waren dem Zeus geweiht, eine Priesterin verkündete und offenbarte aus dem Rauschen der Blätter die Zukunft. Mit dem Lichtgott Apollo wurde der Lorbeer verbunden, und seiner Schwester Artemis, der Göttin der Wälder, teilte man den Nußbaum und die Weide zu. Die Linde galt als Symbol der Liebesgöttin Aphrodite. Dem Kult des Dionysos waren der Efeu und der Weinstock zugeordnet. Daß Tanne und Fichte ausgerechnet dem Meeresgott Poseidon gewidmet waren, hängt wohl damit zusammen, daß die hohen Nadelbäume große Bedeutung für den Schiffsbau hatten.

Abb. 1: Der Baum als Symbol des Lebens und der Fruchtbarkeit. Stilisierte Darstellung aus Relief von Persepolis, 5. Jh. v. Chr.

Man weihte die Bäume, indem man sie mit Wasser aus nahe gelegenen Quellen besprengte, mit Öl salbte, den Stamm und die Zweige mit Kränzen schmückte und ihnen Namen gab. Als Weihegeschenke hängte man die unterschiedlichsten Opfergaben auf. Oft vollzog man unter dem Baum auch blutige Tier- und Menschenopfer und stellte brennende Lichter auf. Das Anzünden von Lichtern unter dem Baum gehörte in der Antike zum Ritus der Baumverehrung. Aus den heiligen Bäumen entwickelte sich in der Antike die kultische Architektur. Aus Baumstämmen wurden Säulen, aus dem heiligen Hain, der Opferstätte der Antike, wurde der von Säulen getragene Tempel. Im heiligen Hain durfte niemand getötet werden. Bäume konnten für Verfolgte zum Asyl werden. (Selbmann, 1984, S. 34 f.).

Die Kelten hatten eine sehr tiefe Beziehung zu den Bäumen. Das Alphabet der keltischen Priester, der Druiden, bestand aus einer Reihe von Baumnamen. Es beginnt mit der Birke (Beth), dem ersten sich begrünenden Baum, als Symbol für den Sieg des Lichtes über die Dunkelheit des Winters, den zweiten Buchstaben symbolisierte die Eberesche, der Baum des Lebens. Ihm sprachen die Druiden die Kraft zu, vor Unheil und bösem Zauber zu schützen.

Unsere Kenntnisse über den germanischen Baumkult gehen auf die Nachrichten der römischen Schriftsteller zurück. Tacitus nennt die Wälder und Haine „Tempel der Germanen", unter denen sie die Namen von Göttern anrufen. Besonders verehrt wurden die Eichen. Hier unterhielten die Priester Feuer zu Ehren Donars, hier brachten sie die Opfertiere dar, hier segneten sie die Waffen mit dem heiligen Hammer. Wenn der Blitz in die Eichenstämme fuhr, so bedeutete das für die Germanen die Gegenwart des Gottes. Als Bonifatius 724 auf einer Missionsreise eine verehrte Donareiche im Land der Chatten umlegen ließ und nicht vom Blitz Donars zerschmettert wurde, galt dies als ein Sieg des Christentums über den heidnischen Baumkult. Aus dem Stamm ließ man eine Kapelle zu Ehren der Apostelfürsten Petrus und Paulus errichten. Die Germanen wurden gezwungen, das Christentum anzunehmen, und die Verehrung von Bäumen wurde unter Androhung drakonischer Strafen verboten. Zahlreiche Verordnungen, Predigten und Schriften der Kirche konnten allerdings die den Bäumen entgegengebrachte Ehrfurcht nicht auslöschen.

Der Baum im christlichen Brauch

Im Laufe der Jahrhunderte hat die Kirche die Symbolik des Baumes in das religiöse Leben einbezogen. Das Kreuz Christi, das Todesholz, wurde zum neuen Lebensbaum, von dem die Erlösung ausgeht. Der Opfertod Christi verwandelt das tote Holz in den grünenden Baum des ewigen Lebens. Der Baum wird in der christlichen Liturgie zum Symbol der Erneuerung nach der Sünde. Im Karfreitagshymnus wird die Bedeutung des Baumkreuzes gepriesen:

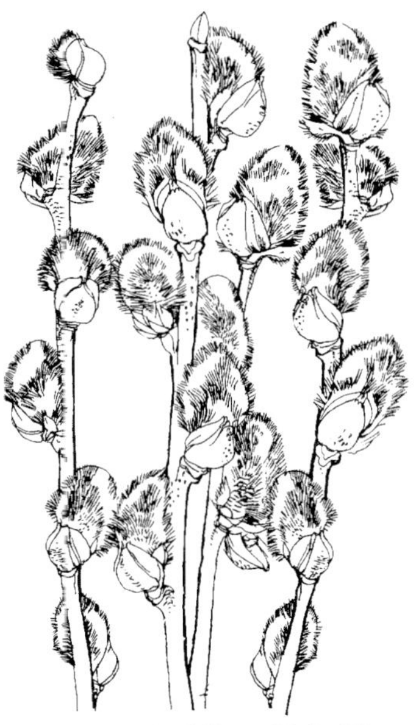

Abb. 2: Weidenblüten (Palmkätzchen) im Frühjahr

„Treues Holz, von allen Bäumen einzig du an Ehren reich, denn an Zweigen, Früchten, Blüten ist im Wald kein Baum dir gleich."

Der Baum, seine Blüten, Früchte und Zweige gehören zu vielen christlichen Festen. Die Weidenzweige mit den Palmkätzchen sind eingebettet in die Liturgie der Passionszeit. Sie schützen als Segenszweig im Herrgottswinkel Mensch und Tier. Die Birke säumt die Fronleichnamsprozession. Die frisch gesegneten Birkenzweige in der Nähe der Altäre werden zum Schutz und Segen ins Haus geholt. Eine ähnliche Wirkung erwartete man von den Zweigen der Eibe, Tanne oder Fichte, die in der Zeit der Wintersonnenwende in Haus und Stall aufgesteckt wurden. Mit der allmählichen Ausgestaltung des Weihnachtsfestes zum höfischen und bürgerlichen Familienfest entwickelte sich seit dem 17. Jahrhundert der immergrüne Tannenbaum zum reichgeschmückten Festbaum, der in vielen Liedern besungen und in zahlreichen Erzählungen geschildert wird. Die erste Beschreibung stammt von 1606 aus dem Elsaß: „Auf Weihnachten richtet man Dannenbäum zu Strasburg in Stuben auff, daran hencket man Rosen, aus vielfarbigem Papier geschnitten, Äpfel, Obladen, Zischgold, Zucker." Dieser Brauch breitete sich im 19. Jahrhundert in allen Schichten der Bevölkerung aus. In den Kirchen beider Konfessionen erhielt der Weihnachtsbaum seinen Platz im Altarraum. Mit dem Aufstecken der Kerzen bekam er einen zusätzlichen christlichen Sinngehalt. Die brennenden Lichter symbolisieren das von der Geburt Christi in Bethlehem ausgehende Licht der Welt, der Weihnachts- und Lichterbaum wird zum Christbaum, der in den meisten europäischen Ländern und in Amerika das wichtigste Kennzeichen des Weihnachtsfestes darstellt.

Der Maibaum

Als Symbol der wieder aufblühenden Natur nach dem Winter begegnet uns der Maibaum. Mit dem Suchen und Einholen des „Maien" holte man einst die zu neuem Leben erwachte Natur in das Dorf. Kein Baum wirkt im Frühling so zart und frisch wie die junge Birke. In der Nacht vor dem 1. Mai schmückten die jungen Burschen junge Birkenbäumlein mit bunten Bändern und stellten sie vor das Haus ihrer Angebeteten. Dies galt als eine Art Heiratsantrag.

Der Brauch, einen Maibaum für das ganze Dorf zu errichten, ist in Deutschland bereits seit dem 13. Jahrhundert nachgewiesen. Der Maibaum sollte Siedlung und umliegende Felder vor Hagel und Unwetter schützen, das Vieh vor Verhexung bewahren. Nach 1700 entwickelte sich das Aufstellen des Maibaumes zu einem Fest mit Musik, Tänzen und leiblichen Genüssen. Die zu Anfang des 19. Jahrhunderts neu gebildeten Gemeinden schmückten die Maibäume mit verschiedenen Zeichen und Darstellungen des täglichen und religiösen Lebens wie Zunftzeichen oder Bauerngeräten. Dabei wurde der Maibaum auch zum Symbol für Eigenständigkeit und Zusammenhalt der Dorfgemeinschaft.

Nachdem das Aufstellen des Maibaums in der Nachkriegszeit stark zurückgegangen war, hat ein Wettbewerb der großen schwäbischen Tageszeitung dieses Brauchtum wieder kräftig belebt. Heute stellen die Vereine in den einzelnen Stadtteilen, in den Dörfern und Weilern mit Stolz als Zeichen der Dorfgemeinschaft ihren Maibaum auf. Er ist wohl das bekannteste Baumbrauchtum in unserer Zeit. Die Fichte hat dabei vielerorts die Rolle der Birke übernommen. Bei der Baumgestaltung sind dem Ideenreichtum und dem Schmuckbedürfnis keine Grenzen gesetzt. Der Stamm wird mit Girlanden verziert oder weiß-blau bemalt, die Rinde beschnitzt, der Wipfel mit Bändern verziert. Mit dem Tanz um den Maibaum wird der Beginn des Frühlings gefeiert.

Der Baum in der Sakrallandschaft

Bäume bei Wegkapellen, Bildstöcken oder Feldkreuzen sind ein vertrautes Bild in unserer Kulturlandschaft und gehören zum kulturellen Erbe. Es ist kaum feststellbar, ob man ein Baumpaar neben eine Feldkapelle gepflanzt hat oder ob man das Kreuz neben einem schon vorhandenen Baum aufstellte. Baum und religiöses Denkmal entfalten in einer oft belanglosen Landschaft eine weithin reichende Wirkung. Bäume geben dem Platz eine besondere Stimmung und Weihe, sie laden zur Rast und Besinnung ein. Das Pflanzen von Baumgruppen und Baumkulissen bei Feldkapellen und Wallfahrtskirchen ist seit dem 18. Jahrhundert archivalisch belegt. Bevorzugt wurden dabei vor allem Linden.

Landschaftsprägende Wirkung besitzen auch die straßenbegleitenden Bäume. Im 18. Jahrhundert wurden sie entlang der Zufahrtswege von Schlössern und Landsitzen als Ausdruck herrschaftlicher Gestaltung gepflanzt. Sie markierten damit den Besitz eines Grund- oder Landesherren und hatten eine ähnliche Funktion wie Grenzbäume, die als lebende Grenzsteine an der Gemarkung standen. Um 1840 wurde eine solche Lindenallee zwischen der Wertachbrücke in Göggingen und dem Fuggerschloß Wellenburg gepflanzt. Sie bildet heute ein vielbeachtetes und geschütztes Naturdenkmal in einer weiträumigen Ebene. Neben den gestalterischen Aspekten haben die Bäume bei Sakraldenkmälern auch einen historischen Stellenwert. In zahlreichen Legenden wird die Wallfahrt zu Gnadenbildern und heiligen Stätten auf die Verehrung sogenannter „Bildbäume" zurückgeführt. Das Aufstellen und Auffinden von Heiligenstatuen und Marienbildern in Baumhöhlen war der Ausgangspunkt für den Bau von Kapellen oder großen Wallfahrtskirchen. Zahlreiche Kirchennamen wie Maria Eich, Maria Buch, Maria Birnbaum, Maria Tann, Sieben Linden erinnern an die oft nicht mehr aufklärbaren Zusammenhänge zwischen dem Baumkult und der naturverbundenen Volksfrömmigkeit. Die Anhänglichkeit des Volkes an einzelne Bäume kommt auch in den vielerorts bezeugten Votivbäumen zum Ausdruck. Opfergaben, Dankvotive oder Identifikationsopfer wie Krücken und Prothesen brachte man an den Bäumen neben der Wallfahrtskirche an. Als ein solcher Votivbaum im Wallfahrtsort Altötting für einen Neubau der Kirche 1674 gefällt werden mußte, geschah dies „nicht ohne Murren des Volkes" (Werner, 1991, S. 452).

Der Baum als Ort der Liebe und der Heilkraft

Der Baum ist Treffpunkt und Zufluchtsort der Liebenden. Unter dem Baum schwören sie sich Treue und geben sich das Eheversprechen. In die Rinde des Baumes schnitzen sie ein Herz mit ihren Initialen. „Ich schnitt in seine Rinde so manchen süßen Traum", heißt es in dem bekannten Schubert-Lied von dem Lindenbaum. Ein Tanz unter dem Laubdach der Dorflinde war das sichtbare Zeichen, daß sich ein junges Paar versprochen hatte.

Abb. 3: Bauerntanz unter der Linde. Holzschnitt von 1546

Obstbäume dienten früher als Liebesorakel. Der Apfelbaum sollte die Fragen des jungen Mannes, der Birnbaum die des Mädchens beantworten. In den Rauhnächten zwischen Weihnachten und Neujahr schlichen sich die jungen Leute zu den Apfel- und Birnbäumen im Garten, schlüpften aus ihren Holzschuhen und warfen sie auf die Bäume. Blieb der Schuh an einem Zweig hängen, bedeutete dies, daß im nächsten Jahr ein schöner Ehepartner an ihnen hängenbleiben würde. Die Zweige des Kirschbaumes stellte man Anfang Dezember als sogenannte Barbarazweige in einer mit Wasser gefüllten Vase an einen warmen Ort. Wenn die Kirschzweige bis Weihnachten aufblühten, bedeutete das Glück und baldige Heirat. Heutzutage üben wir diesen Brauch mit den Forsythien aus, und wir freuen uns über die frischen Blüten zum Weihnachtsfest.

Weissagende Kraft wird der Haselnuß zugeschrieben. Man verwendet ihre Zweige seit dem Altertum als Wünschelruten, mit denen Wasseradern, Quellen oder Bodenschätze gesucht werden. „Ich schneide dich liebe Ruten, daß du mir mußt sagen, um was ich dich tu fragen. Und dich solang nicht rühren, bis die Wahrheit tust spüren". Wahrscheinlich verhalfen die elastischen, leicht biegsamen Äste dem Haselnußstrauch zu dieser Bedeutung. Nußbäume gelten auch als Symbol der Fruchtbarkeit. ,,Wenn es im Herbst viele Nüsse gibt, so gibt es im kommenden Jahr viele Kinder", heißt ein alter Bauernspruch. Einer frischgebackenen Braut empfahl man deshalb, möglichst viele Nüsse zu essen. Um die Fruchtbarkeit der Kühe zu erhöhen, verabreichte man im Allgäu den Tieren an ganz bestimmten Tagen drei Nüsse, oder man schlug sie mit Zweigen der Haselnuß oder der Eberesche, um sie vor Krankheit zu schützen. Damit verbindet sich die Vorstellung, daß die im Baumzweig wirkende Lebenskraft auf Mensch und Tier übertragen werden kann.

Die Heilkräfte ihrer Blätter, Blüten und Früchte verhalfen zahlreichen Bäumen zu hoher Bedeutung in der Volksmedizin. Der Holunderstrauch stand in so hohem Ansehen, daß er nicht ohne besonderen Grund gefällt werden durfte. Er gehört noch heute zu den bekanntesten Volksheilmitteln. Holunderblütentee hat eine schweißtreibende und schmerzlindernde Wirkung, Holundersaft und Holundermarmelade sind sehr vitaminreich und stärken die Abwehrkräfte des Körpers, Holundersekt und Holunderküchle sind darüber hinaus ein Gaumenschmaus. Auch die Blüten und Früchte der Birke, Buche, Eiche, Esche, Kastanie und Linde spielen in der Volksheilkunde eine wichtige Rolle. Erinnert sei an die Wirkungen der Eichenrinde für Hautkrankheiten, an den Lindenblütentee bei Erkältungen, an das Birkenwasser bei Rheuma und Gicht, an die Tannen- und Kiefernsprossen für Bronchial- und die Lungenkrankheiten oder an die Verwendung des Harzes von Nadelbäumen für Salben und Öle. Auf Grund der Vielfalt an heilbringender Wirkung hat man die Bäume mit Recht als ,,Herrgottsapotheke" bezeichnet.

Abb. 4: Holunderblüte und Holunderbeere. Der Holunderbaum spielt eine wichtige Rolle in der Volksmedizin.

Der Baum als Ort der Kommunikation und des Gedenkens

Die Bibel erzählt von Abraham, daß er eine Tamariske pflanzte und so eine Versammlungs- und Predigtstätte schuf. Unter den Bäumen hielt man im Altertum Beratungen und Versammlungen ab. Bei den Germanen fanden die Gerichtsverhandlungen unter einer Linde statt. Die Linde besaß für sie die Kraft der Weissagung, und man glaubte, daß die Wahrheit dort am besten ans Licht komme. Sogenannte Thingbäume standen meist bei einer Burg oder auf einer Anhöhe.

Abb. 5: Auf dem Weihenstephaner Berg ragte bis 1865 eine der gewaltigsten Linden Deutschlands, die Korbinians-Linde, die der Heilige († 730) selbst gepflanzt haben soll.

Unter der Linde wurden auch Feste gefeiert und Tänze gepflegt. Auf der Rundbank um die Dorflinde traf man sich abends zum Gespräch. ,,Wo wir uns finden, wohl unter Linden", heißt es in dem Volkslied: Kein schöner Land in dieser Zeit. In den Namen zahlreicher Wirtshäuser lebt die alte Funktion der Bäume als Versammlungsort fort: Alte Linde, Grüner Baum. In Berlin war der Boulevard ,,Unter den Linden", einstmals als Lindenallee zwischen dem Schloß und dem Tiergarten angelegt, ein beliebter Treffpunkt für jung und alt, eine Stätte der Lebensfreude und des Vergnügens. Und wer sitzt nicht gern im Biergarten unter Kastanienbäumen, um sich mit Freunden zu unterhalten.

Auf wichtige Termine in der Geschichte weisen die Gedenk- und Jubiläumsbäume hin. Man pflanzte sie zur Erinnerung an Kriegs- oder Friedensereignisse, an Geburtstage (z. B. Kaiserlinden), an Hochzeitstage oder zum Gedächtnis an berühmte Persönlichkeiten (Schiller-Linde oder Jahn-Eiche). Viele prächtige Einzelbäume in Städten und Dörfern, deren Geschichte oft durch Schrifttafeln erläutert wird, verdanken wir solchen Anlässen. Das Setzen von Bäumen durch prominente Personen bei Eröffnungen, Festen oder Gedenktagen gehört auch heute noch zu den offiziellen Gepflogenheiten und reicht bis zu Aktionen für Wiederaufforstung und Appellen gegen das Baumsterben. Obwohl der Glaube an die geheimnisvolle Kraft der Bäume in unserer nüchternen Zeit geschwunden ist, spiegelt sich in solchen Aktivitäten der Symbolcharakter der Bäume für Mensch und Gesellschaft.

Der Baum als Ort des Schutzes

Schon seit frühester Zeit ist der Baum eine Zufluchtsstätte für Mensch und Tier. Das Laubdach schützt vor Regen und Sonne, auf den Ästen kann man sich vor angreifenden Tieren in Sicherheit bringen, von den

Früchten kann man sich ernähren. Das schützende Geäst der Bäume wurde zum Vorbild für Zelt und Haus. Aus dem Baum wird die schützende Wiege für das neugeborene Kind gefertigt und schließlich der Holzsarg für die letzte Ruhestätte. Die alemannische Bezeichnung „Totenbaum" deutete auf die einfache Form eines ausgehöhlten Baumstammes hin. Ähnlich wie Tempel und Kirchen dienten die Bäume in der Antike für Verfolgte als Asyl. Niemand durfte im heiligen Hain getötet werden. Den Germanen galten die weithin sichtbaren Linden als freie Bäume, wer sie erreicht hatte, durfte nicht mehr verfolgt werden.

Bäume bieten Schutz für Haus und Hof, für Kirchen und Klöster. Häufig wurde ein Nußbaum vor das Haus gepflanzt, weil er vor Blitzen schützt. Im Märchen begegnen wir oft dem Motiv des hohlen Baumes. Er ist Rückzugs- und Schutzort für verlassene und vertriebene Kinder. „Brüderchen und Schwesterchen" verbringen ihre erste Nacht in einem hohlen Baum, nachdem sie ihr Elternhaus verlassen haben. Hänsel und Gretel schlafen unter einem Tannenbaum und im Traum erscheinen ihnen 14 Schutzengel. Der Held in Eichendorffs „Aus dem Leben eines Taugenichts" verbringt eine Nacht in den Zweigen eines Baumes.

Zu einem Zufluchtsort wird der Haselbaum, den Aschenputtel auf das Grab der Mutter pflanzt und mit Tränen begießt. „Bäumchen rüttel dich und schüttel dich, wirf Gold und Silber über mich", ruft das Kind den Baum in seiner Not an. Er hilft dem Kind und schenkt ihm Glück. Der Baum wird in dem tiefsinnigen Märchen zum Trostspender für alle, die einen lieben Menschen für immer verloren haben oder in der Angst leben, ihn einmal zu verlieren.

Schlußgedanken

Bäume sind über ihre wirtschaftliche Bedeutung und ihre ökologischen Funktionen hinaus symbolträchtige Wesen und legendenumwobene Geschöpfe. Der knappe Blick auf die Bäume im Glauben und Brauchtum zeigt, mit welch großer Achtung und Ehrfurcht die einst naturverbundenen Menschen den Bäumen gegenüberstanden. Dagegen hat unser Jahrhundert den Bäumen übel mitgespielt. Niemals vorher wurden so viele Bäume in kurzer Zeit gefällt und vernichtet. Ehrwürdige Baumriesen in den Tropen dienen als Holzlieferanten, Straßenbäume und Alleen müssen dem Auto weichen, Obstbäume werden umgeschlagen, weil sie unrentabel sind, Laubbäume im Garten verschwinden, weil ihre Blätter die Dachrinnen verstopfen, Gehölze an Bächen fallen der Begradigung zum Opfer. Bei einer oberbayerischen Wallfahrtskirche wurden vor einigen Jahren Bäume gefällt, weil sie die Fernsehaufnahmen beim österlichen Georgiritt behinderten. Dazu kommen die akuten Gefahren für Bäume und Wald durch Schadstoffe der Luft. Baumsterben und Waldsterben bedrohen die Natur und damit den Lebensraum des Menschen und seine Kultur. Das Schicksal des Menschen ist eng mit den Bäumen verknüpft. Der schonende Umgang mit dem alten Baumbestand und das Pflanzen neuer Bäume gehören deshalb zu den wichtigsten Aufgaben einer verantwortungsbewußten Stadt- und Landesplanung.

Literatur

BERNATZKY, A., 1973: Baum und Mensch. Frankfurt

FISCHER, S., 1981: Blätter von Bäumen. Legenden, Mythen, Heilanwendung und Betrachtung von einheimischen Bäumen. Frankfurt

FOCHLER, R., 1985: In den Wipfeln der Bäume. Vom Baum in Brauchtum und Glauben. Linz

GOLLWITZER, G., 1980: Bäume. Bilder und Texte aus drei Jahrtausenden. Herrsching

LURKER, M., 1960: Der Baum in Glauben und Kunst. Studien zur deutschen Kunstgeschichte 328, Baden-Baden

ROTH, H., 1986: Baumfällaktion für den Georgiritt. Schönere Heimat 1/1986, S. 316 f.

SELBMANN, S., 1984: Der Baum. Symbol und Schicksal des Menschen. Ausstellungskatalog der Badischen Landesbibliothek Karlsruhe

WEBER-KELLERMANN, I., 1978: Das Weihnachtsfest. Eine Kultur- und Sozialgeschichte der Weihnachtszeit. Luzern und Frankfurt

WERNER, P. und R., 1991: Vom Marterl bis zum Gipfelkreuz. Flurdenkmale in Oberbayern, Berchtesgaden

Anschrift des Verfassers:

Prof. Dr. Hans Frei
Mößmannstr. 31
86199 Augsburg

Der Baum in Redensarten

- Man muß den Baum biegen, solange er noch jung ist.
- Das ist ein Kerle wie ein Baum.
- Er reißt keinen Baum um.
- Der Tod bricht auch die stärksten Bäume entzwei.
- Es ist dafür gesorgt, daß die Bäume nicht in den Himmel wachsen.
- Die hohen Bäume müssen am meisten aushalten.
- Je höher der Baum, desto schwerer der Fall.
- Es fällt kein Baum auf einen Streich.
- Es ist der Baum noch nicht verloren, wenn auch ein Ast verdorrt ist.
- Den Wald vor lauter Bäumen nicht sehen.
- Einen alten Baum verpflanzt man nicht.
- Wie der Baum so die Früchte.
- Der Apfel fällt nicht weit vom Stamm.
- Das ist, um auf die Bäume zu klettern.
- Mir ist nicht nach Bäume ausreißen zumute.

Augsburger Ökologische Schriften

ISSN 0941–2123

Hrsg.: Stadt Augsburg
Referat Umwelt und Kommunales
Amt für Grünordnung und Naturschutz

Zu beziehen: Stadt Augsburg
Amt für Grünordnung und Naturschutz
Dr.-Ziegenspeck-Weg 10
86161 Augsburg

Heft 1 **Biotopkartierung**
1988 — DM 15,–

Vorwort von Oberbürgermeister Hans Breuer und Umweltreferent Heinz Münzenrieder

Hintergründe und Ziele ökologischer Grundlagenforschung in Augsburg — KURT R. SCHMIDT

Floristisch-vegetationskundliche Biotopkartierung im Augsburger Stadtgebiet — NORBERT MÜLLER

Selektive zoologische Kartierung im Augsburger Stadtgebiet — REINHARD WALDERT

Zustandserfassung der Bäume an Straßen und Plätzen in Augsburg — SUSANNE HUTTER und NORBERT MÜLLER

Heft 2 **Der Lech – Wandel einer Wildflußlandschaft**
1991 — DM 44,–

Vorwort von Oberbürgermeister Dr. Peter Menacher

Einführung von Umweltreferent Reinhold Wenninger und Kurt R. Schmidt, Leiter des Amtes für Grünordnung und Naturschutz

Veränderungen alpiner Wildflußlandschaften in Mitteleuropa unter dem Einfluß des Menschen — NORBERT MÜLLER

Geographie und Flußbettmorphologie des Lech — ANDREAS BÜRGER

Der alte Lech — HEINZ FISCHER

Der Lech südlich Augsburg, einst und heute – und was weiter — FRITZ HIEMEYER

Die Trockenrasen des Lechfeldes: Arteninventar und Konsequenzen für den Schutz von Pflanzenarten — ANDREAS BRESINSKY

Auenvegetation des Lech bei Augsburg und ihre Veränderungen infolge von Flußbaumaßnahmen — NORBERT MÜLLER

Auswirkungen von wasserbaulichen Maßnahmen am Lech auf die Insektenfauna flußtypischer Biozönosen — REINHARD WALDERT

	Auswirkungen der Flußbaumaßnahmen auf die Avifauna des Lech	UWE BAUER
	Die Bedeutung des Lechtales für die Schmetterlingsfauna und Auswirkungen von Flußbaumaßnahmen	EBERHARD PFEUFFER
	Die Lechlandschaft im Stadtgebiet Augsburg Entwicklungen – Fragen – Lösungen	KURT R. SCHMIDT
	Bibliographie zur Flora, Vegetation und Fauna des Lechtales	NORBERT MÜLLER, PETER HUEMER, WOLFGANG NEUNER und REINHARD WALDERT
Heft 3	**„Bäume im Lebensraum Stadt" Straßen und Plätze – Extremstandorte** 1993	DM 45,–
	Vorwort von Oberbürgermeister Dr. Peter Menacher	
	Einführung von Umweltreferent Reinhold Wenninger und Kurt R. Schmidt, Leiter des Amtes für Grünordnung und Naturschutz	
	Öffentliches Baumgrün in Augsburg – Eine historische Betrachtung	KURT R. SCHMIDT
	Augsburger Straßenbäume und Alleen – Situation heute	KURT R. SCHMIDT
	Bestandsentwicklung der Augsburger Straßenbäume	ULRICH SCHNEIDER
	Qualitätsanforderungen an Straßenbäume in der Stadt	HARTMUT TAUCHNITZ
	Das Baumumfeld der Augsburger Straßenbäume	ULRICH SCHNEIDER und MARIA DOBNER
	Maßnahmen zur Pflege, Entwicklung und Erhaltung eines gesunden Baumbestandes an Straßen	MARIA DOBNER, FRANZ SCHINDELE und ULRICH SCHNEIDER
	Ökonomischer Wert von Bäumen	MARIA DOBNER
	Krankheiten und Schädlinge an verschiedenen Straßenbaumarten – Möglichkeiten einer umweltverträglichen Behandlung	HARTMUT BALDER
	Holzzerstörende Pilze an Stadtbäumen – Erkennung und fachgerechte Behandlung	HERMANN REINARTZ und MICHAEL SCHLAG
	Verordnung zum Schutz des Baumbestandes in der Stadt – Erfahrungen aus der Praxis	ULRICH SCHNEIDER und GERHARD SCHMIDT
	Bau und Funktion der Bäume	MARIA DOBNER
	Stadtbäume – ihre klimatologische und lufthygienische Wirkung	GERLINDE HÖPPLER
	Bäume im Glauben und Brauchtum	HANS FREI